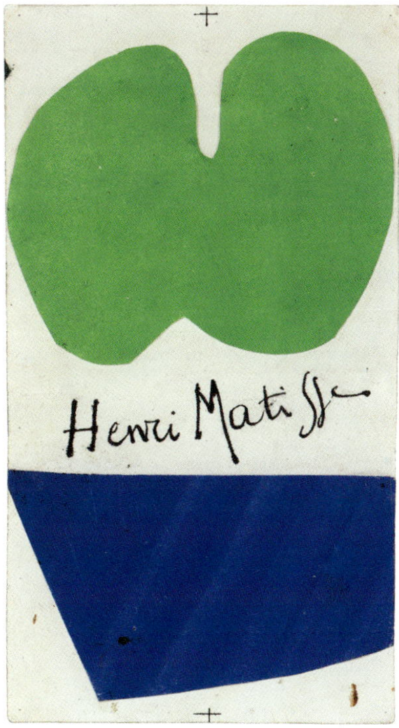
Henri Matisse

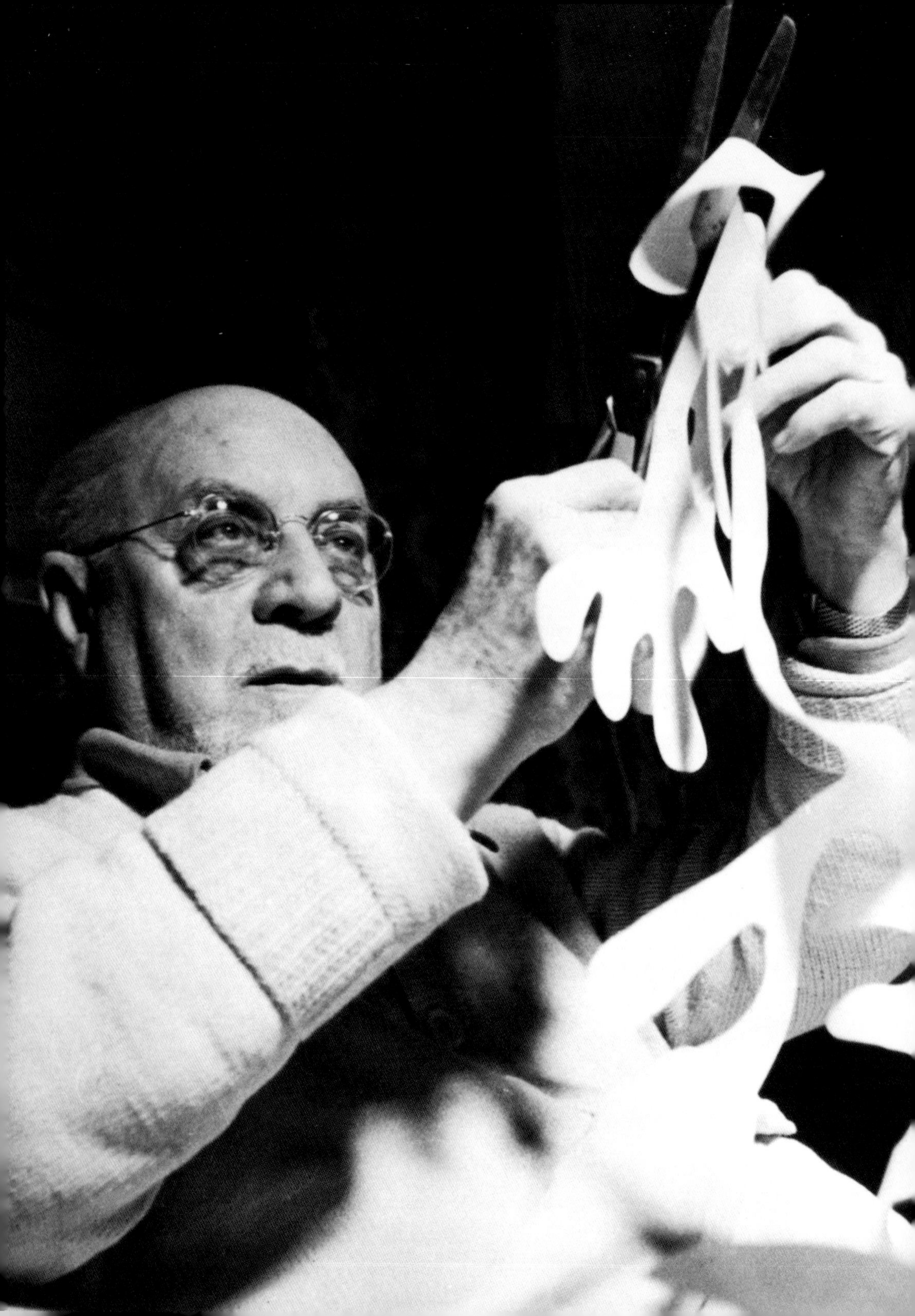

Henri Matisse
Papiers découpés

Dessiner avec des ciseaux

Édité par
Gilles et Xavier-Gilles Néret

Auteur
Xavier-Gilles Néret

Directed and produced by
Benedikt Taschen

TASCHEN

Introduction

IV Océanie

V La Chapelle du Rosaire

VI Les dernières gouaches monumentales

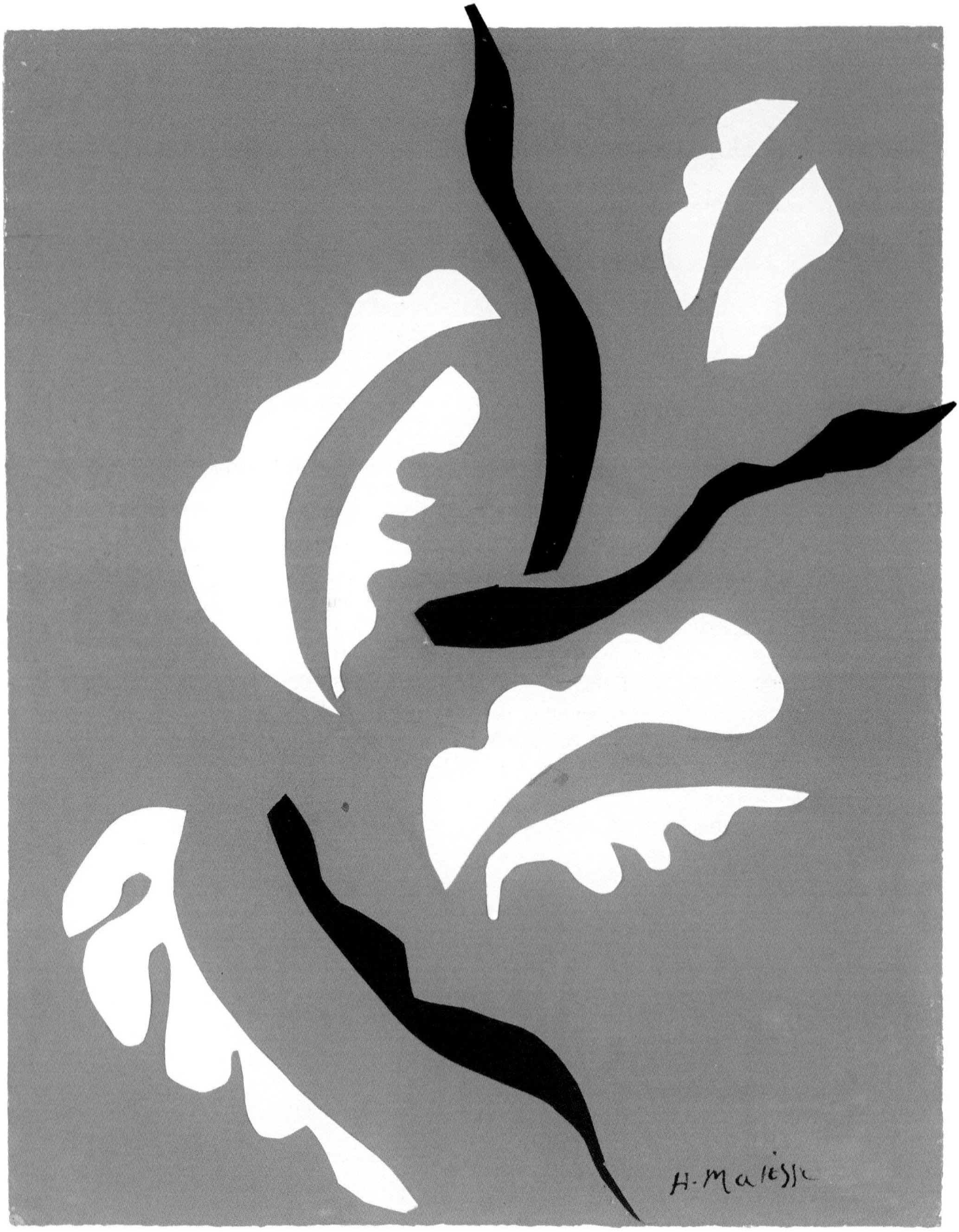
H. Matisse

Xavier-Gilles Néret

Le décoratif cosmique

Les papiers découpés de Matisse

De la fin des années 1930 jusqu'à sa mort en 1954, Henri Matisse créa des œuvres d'art d'une puissance extraordinaire, à partir d'une toute nouvelle technique : les « papiers gouachés et découpés ». L'artiste découpait avec une paire de ciseaux des motifs dans des feuilles de papier préalablement peintes à la gouache par une aide d'atelier selon la nuance souhaitée, avant de les assembler en une composition. Par ce travail, cet homme de près de 70 ans renouvela en profondeur l'un des œuvres les plus décisifs du XXe siècle, sans rompre pourtant avec ce qui était au cœur de sa démarche et avait fait de lui le chef de file du fauvisme. « Il n'y a pas de rupture entre mes anciens tableaux et mes découpages, seulement, avec plus d'absolu, plus d'abstraction, j'ai atteint une forme décantée jusqu'à l'essentiel et j'ai conservé de l'objet que je présentais autrefois dans la complexité de son espace, le signe qui suffit et qui est nécessaire à le faire exister dans sa forme propre et pour l'ensemble dans lequel je l'ai conçu[1]. » Entre ses « anciens tableaux » et ses « découpages », comme il les nomme modestement, Matisse percevait donc une continuité, les seconds venant radicaliser « avec plus d'absolu, plus d'abstraction » la démarche qui était au cœur des premiers.

Les « anciens tableaux » étaient déjà l'aboutissement d'une nouvelle manière de peindre, laquelle causa en 1905 le scandale de la « Cage aux fauves », apportant brutalement à Matisse la notoriété, et faisant de lui, assez involontairement, le chef de file momentané du fauvisme, et le peintre le plus important de l'école de Paris jusqu'à la Première Guerre mondiale. À partir de 1898, année de sa bouleversante découverte de la lumière du Midi, sa palette s'était éclaircie et il avait commencé à pousser ses tons vers leur intensité maximale. Au moment du scandale de la « Cage aux fauves », sa peinture avait déjà rompu avec la tradition occidentale de la perspective, du modelé et de la représentation littérale, au profit de la simplification des formes et de leur coloration par aplats. Dans *La Joie de vivre* en 1905–1906 (ill. p. 23), par exemple, il eut l'audace de suggérer la figure par l'emploi de la couleur en aplats intégraux et la systématisation du dessin linéaire entre deux surfaces colorées. Revenant lui-même sur les principes essentiels qui opéraient au cœur de la démarche fauviste, Matisse affirma, en 1929 : « On

Page 1
Gravures récentes, *1952*
Maquette de la couverture pour le catalogue de l'exposition à Berggruen & Cie, Paris, 19 juin – 12 juillet 1952
Papiers gouachés, découpés, collés sur papier, 21,6 x 11,6 cm
Nationalgalerie, Musée Berggruen, Staatliche Museen zu Berlin

Page 2
Henri Matisse travaillant à ses découpages, *Vence 1948*

Danseuse acrobatique, *1950*
Papiers gouachés, découpés, collés sur papier, encre
53,3 x 40,6 cm
Fondation Pierre et Tana Matisse

ne peut pas vivre dans un ménage trop bien fait, un ménage de tantes de province. Alors on part dans la brousse ; pour se faire des moyens plus simples qui n'étouffent pas l'esprit. Il y a aussi, à ce moment, l'influence de Gauguin et de Van Gogh. Voici les idées d'alors : construction par surfaces colorées. Recherche d'intensité dans la couleur, la matière étant indifférente. Réaction contre la diffusion du ton local dans la lumière. La lumière n'est pas supprimée mais elle se trouve exprimée par un accord des surfaces colorées intensément. » Pour illustrer ces principes, Matisse prenait l'exemple de l'une des deux grandes compositions que lui avait commandées Chtchoukine en 1909 pour son appartement de Moscou : « Mon tableau *La Musique* était fait avec un beau bleu pour le ciel, le plus bleu des bleus (la surface était colorée à saturation, c'est-à-dire jusqu'au point où le bleu, l'idée du bleu absolu, apparaissait entièrement), le vert des arbres et le vermillon vibrant des corps. J'avais, avec ces trois couleurs, mon accord lumineux, et aussi la pureté dans la teinte. Signe particulier, la couleur était proportionnée à la forme. La forme se modifiait selon les réactions des voisinages colorés. Car l'expression vient de la surface colorée que le spectateur saisit dans son entier[2]. »

Dès lors, l'usage de la paire de ciseaux rendant plus radicale encore la rencontre de deux couches de couleurs en aplat, y avait-il meilleure technique que celle des papiers gouachés et découpés pour pousser jusqu'à leurs ultimes conséquences les principes qui opéraient déjà au cœur du fauvisme ? Le « découpage » allait ainsi permettre à Matisse, dans les dernières années de sa vie, de se renouveler en profondeur, tout en accomplissant l'une de ses ambitions essentielles. En dessinant avec une paire de ciseaux directement dans la couleur, en appliquant la technique de la statuaire à la substance de la peinture, en taillant dans un bloc qui n'est plus que chromatisme, il éleva au plus haut point la synthèse et l'intensité de la ligne et de la couleur, sans jamais toutefois renoncer à la figure, poussée à la limite de l'abstraction.

Mais la création des papiers découpés ne fut pas seulement pour Matisse l'accomplissement d'une démarche formelle de simplification des moyens de la peinture – répondant par là à la prophétie du peintre Gustave Moreau, le seul de ses professeurs qui ait compté pour lui, et qui déclara un jour au jeune Henri qu'il serait « le simplificateur de la peinture ». Les œuvres créées par le moyen des papiers découpés ont également une dimension existentielle, dont la prise en compte renvoie au séjour de Matisse à Tahiti en 1930. Ce voyage eut une importance considérable, notamment parce que, selon ses propres termes, il y emmagasina des sensations nouvelles qui allaient ressurgir des années plus tard dans son travail, et faire de lui le grand peintre paradoxal par excellence. Alors que le terme « décoratif » est le plus souvent employé en un sens péjoratif dans le champ de l'art, Matisse n'a cessé de le revendiquer pour qualifier ses œuvres. Mais chez lui le décoratif s'élève au niveau cosmique et s'accomplira pleinement à travers les papiers gouachés et découpés. Avec ce matériau qui semble on ne peut plus plat, Matisse fera surgir du « volume », comme on le constate aussi bien en contemplant les grandes gouaches des dernières années, qu'en feuilletant l'album *Jazz*. La dimension existentielle du décoratif chez Matisse peut donc s'énoncer – de manière énigmatique pour l'instant – à travers ce paradoxe : élever le décoratif au cosmique en créant du volume à partir d'aplats de couleur. Le peintre se révèle alors poète, l'œuvre permettant à l'homme d'habiter poétiquement, selon le mot de Hölderlin, ou encore d'éprouver la « joie [...] de se percevoir, simple, infiniment sur la terre », comme l'écrit Mallarmé que Matisse a si magnifiquement illustré.[3]

Matisse était un artiste d'une lucidité exemplaire. Ses propos seront la principale source où nous irons puiser de quoi éclairer sa démarche, restant en ceci fidèle à la méthode de Gilles Néret, qui était à l'origine de ce livre et qui aurait dû le mener à bien, si la mort ne l'en avait empêché. Que ce texte lui soit dédié.

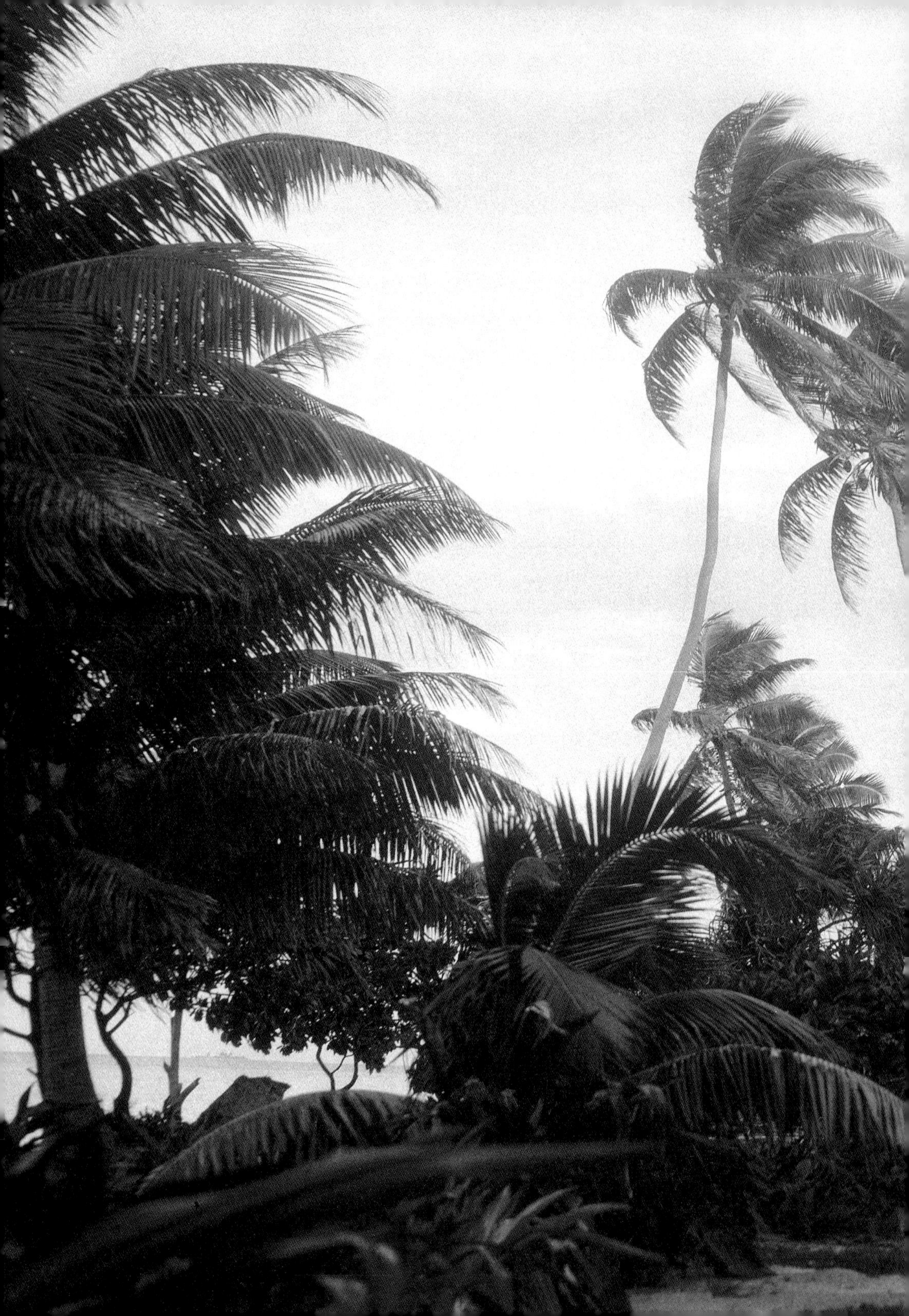

I. Tahiti

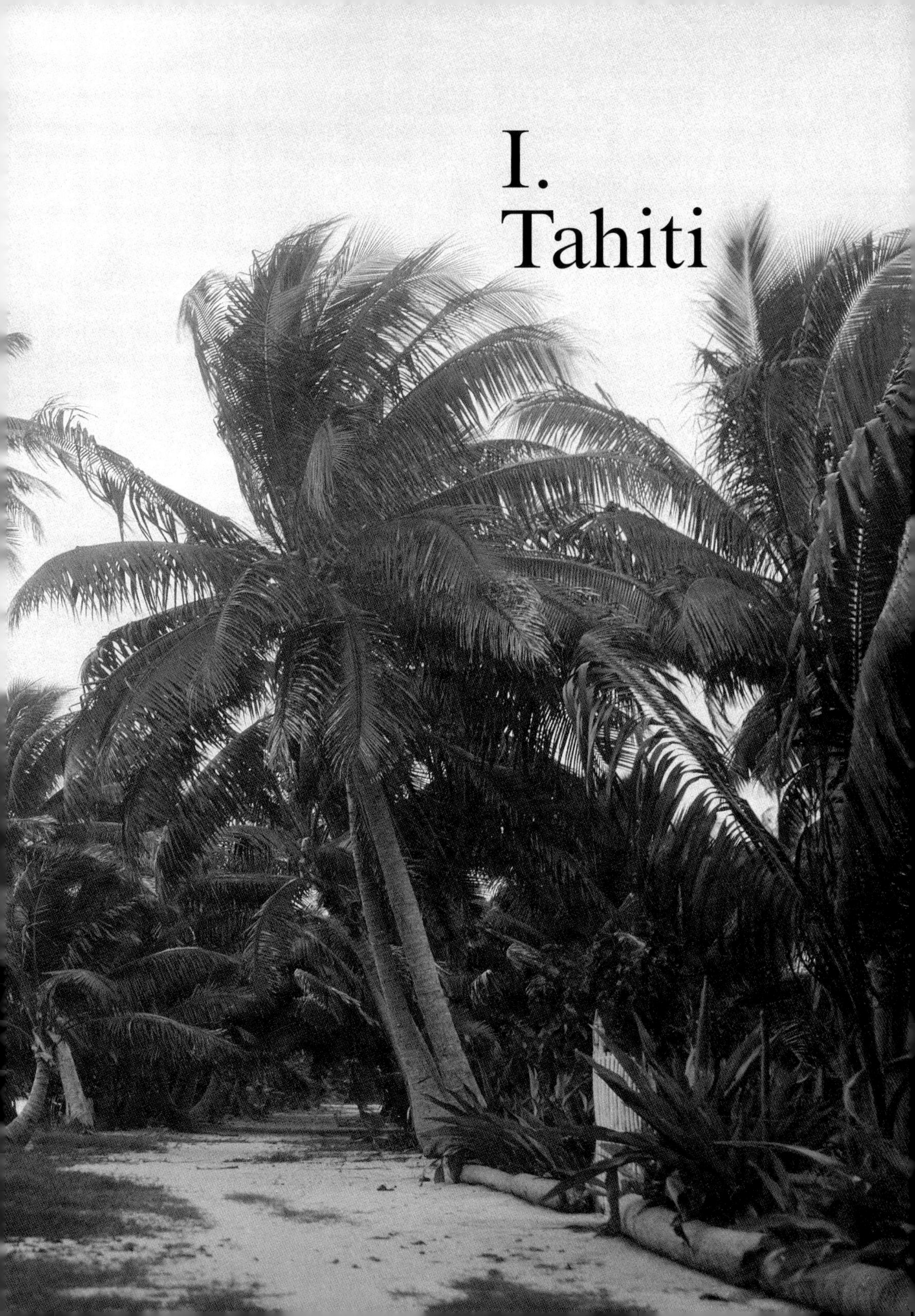

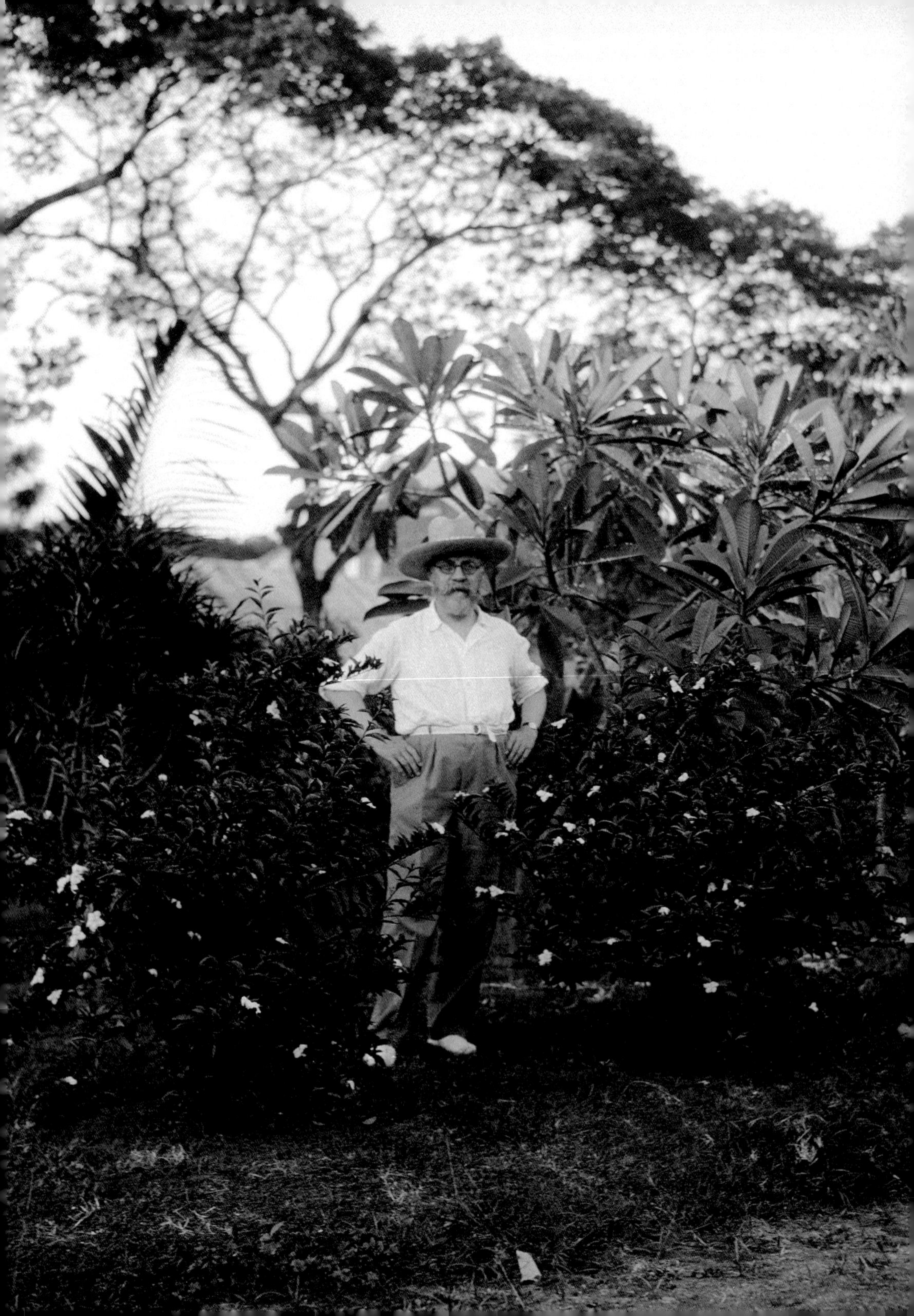

Xavier-Gilles Néret

Tahiti

La recherche d'un « autre espace », 1930

« Voilà l'utilité des voyages, ils agrandissent l'espace qui est autour de nous. »
Lettre de Matisse à Pauline Schyle, 30 août 1930

Les raisons du voyage

Pages 10/11
Tahiti : « J'ai fait plusieurs fois la même rue. Je n'étais pas certain de la pose. »
Photo Henri Matisse

Le soir de l'arrivée,
29 mars 1930
Photo Henri Matisse

Pour Matisse, 1930 représenta d'abord l'année de son premier véritable « voyage », qui le conduisit dans les mers du Sud, par différence avec ce qu'il nommait ses précédents « déplacements » à travers le monde, qui l'avaient déjà conduit notamment dans les régions françaises, en Angleterre, en Espagne, en Italie, en Russie et au Maroc[1]. Ce qui distinguait pour un artiste de cette trempe un « voyage » d'un simple « déplacement », ce n'était pas tant la distance parcourue et la durée que les puissances de renouvellement qu'il impliquait. Les quelques semaines passées à Tahiti, du 29 mars au 15 juin 1930, ont profondément marqué Matisse. La chose allait se révéler peu à peu dans son œuvre, en particulier à travers la grande création des dernières années, les papiers gouachés et découpés.

En 1930, Matisse avait 60 ans. Après les audaces triomphantes des années fauves, il semblait s'être assagi, et sa peinture s'était faite plus intimiste. Sa dernière exposition internationale venait de s'ouvrir à Berlin et témoignait d'une grande notoriété : il était d'ores et déjà considéré comme une figure majeure de l'histoire de l'art. Pourtant, malgré les honneurs et le succès, le vieux fauve ressentit une fois encore la nécessité de se renouveler. Le voyage solitaire à Tahiti allait être pour lui l'occasion d'une radicale purification du regard, condition nécessaire pour l'intensification du processus créateur.

« Créer, c'est le propre de l'artiste ; – où il n'y a pas création, l'art n'existe pas. Mais on se tromperait si l'on attribuait ce pouvoir créateur à un don inné. En matière d'art, le créateur authentique n'est pas seulement un être doué, c'est un homme qui a su ordonner en vue de leur fin tout un faisceau d'activités, dont l'œuvre d'art est le résultat. C'est ainsi

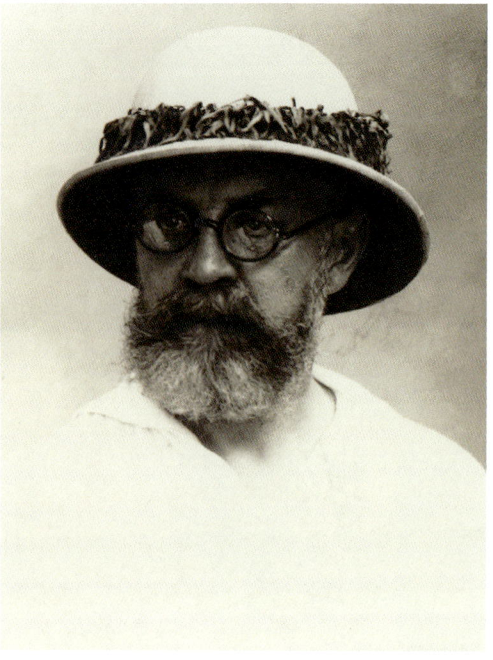

Henri Matisse, *1930*
Photo F. W. Murnau
Musée Matisse, Le Cateau-Cambrésis, don de Matisse au musée

Tahiti : « La Buick avec laquelle j'ai fait le tour de l'île », *1930*
(au verso)
Photo Henri Matisse

que pour l'artiste, la création commence à la vision. Voir, c'est déjà une opération créatrice, et qui exige un effort. Tout ce que nous voyons, dans la vie courante, subit plus ou moins la déformation qu'engendrent les habitudes acquises, et le fait est peut-être plus sensible en une époque comme la nôtre, où cinéma, publicité et magazines nous imposent quotidiennement un flot d'images toutes faites, qui sont un peu, dans l'ordre de la vision, ce qu'est le préjugé dans l'ordre de l'intelligence. L'effort nécessaire pour s'en dégager exige une sorte de courage ; et ce courage est indispensable à l'artiste qui doit voir toutes choses comme s'il les voyait pour la première fois : il faut voir toute la vie comme lorsque l'on était enfant ; et la perte de cette possibilité vous enlève celle de vous exprimer de façon originale, c'est-à-dire personnelle[2]. » Matisse semble ici faire sienne la célèbre caractérisation baudelairienne du génie comme « enfance retrouvée à volonté[3] ». Se libérer des « habitudes acquises », des « images toutes faites » véhiculées par les nouveaux moyens de communication, afin de rendre possible une vision « comme pour la première fois », « comme lorsque l'on était enfant » : tout cela implique en effet un effort délibéré. Mais cet effort ne peut lui-même être fécond que si les conditions sont favorables. Trouver ces conditions, tel est l'enjeu du voyage dans les îles du Pacifique. Matisse suit les traces de Gauguin, dont il avait pu lire la description de l'éblouissement des premiers jours à Tahiti : « Le paysage, avec ses couleurs franches, ardentes, m'éblouissait, m'aveuglait. Jadis toujours incertain, je cherchais de midi à quatorze heures... Cela était si simple pourtant de peindre comme je voyais, de mettre sur ma toile, sans tant de calculs, un rouge, un bleu ! Dans les ruisseaux, des formes dorées m'enchantaient : pourquoi hésitais-je à faire couler sur ma toile tout cet or et toute cette joie du soleil ? Vieilles routines d'Europe, timidités d'expression de races dégénérées[4] !... »

Dès le début de sa carrière artistique, Matisse avait fait preuve du « courage » qu'exige l'effort nécessaire pour se dégager des « habitudes acquises ». Si « le point de départ du fauvisme » avait bien été, comme il l'affirma lui-même, « le courage de retrouver la pureté des moyens[5] », cette démarche fut d'abord corrélative du rejet des formes normatives de l'art académique personnifiées par Adolphe William Bouguereau, l'un de ses professeurs à l'Académie Julian en 1891. Ce peintre à succès, qui enseignait le modelé en vingt leçons, lui avait dit un jour, en examinant son travail : « Il vous faudra apprendre la perspective », avant de lui enjoindre de demander des conseils à un ancien ; il lui avait aussi reproché, avec plus d'humeur, de « ne pas savoir dessiner[6]. » À ce type d'enseignement qui faisait obstacle à la vision personnelle de l'étudiant et l'empêchait de l'exprimer de manière originale, Matisse avait préféré celui de Gustave Moreau, dont il fréquenta l'atelier à partir de 1893 jusqu'à la mort du maître symboliste, en 1898. « La grande qualité de Gustave Moreau a été de considérer l'esprit d'un jeune élève comme devant subir un développement continu pendant toute sa vie, et non de le pousser à satisfaire à différentes épreuves scolaires qui, même quand l'artiste a réussi au plus grand des concours, le laisse aux environs de la trentaine avec un esprit faussé[7]. » Le voyage à Tahiti s'inscrit dans la continuité de cet enseignement, auquel Matisse, éternel « jeune élève », resta fidèle jusqu'au dernier jour. C'est ce qui fit dire en 1940 à son ami Bonnard, admiratif devant une telle capacité de renouvellement : « Quand je pense à vous, je pense à un esprit nettoyé de toute vieille convention esthétique, c'est cela seul qui permet une vue directe sur la nature, le plus grand bonheur qui puisse arriver à un peintre[8]. »

Matisse espérait donc trouver aux antipodes une vision nouvelle. Mieux encore, il comptait y découvrir une nouvelle lumière, source de toute vision. « J'irai vers les îles – dit-il avant son départ –, pour regarder, sous les Tropiques, la nuit et la lumière de l'aube, qui ont sans doute une autre densité[9]. » Et, des années après son retour, il réaffirma ainsi le but de son voyage : « J'avais une grande envie de connaître la lumière de l'autre côté de l'Équateur, de prendre contact avec les arbres de là-bas, d'y pénétrer les choses. Chaque lumière offre son harmonie particulière. C'est une autre ambiance. La lumière du Pacifique, des Îles, est un gobelet d'or profond dans lequel on regarde[10]. » Pour Matisse comme pour Gauguin, tous deux chercheurs

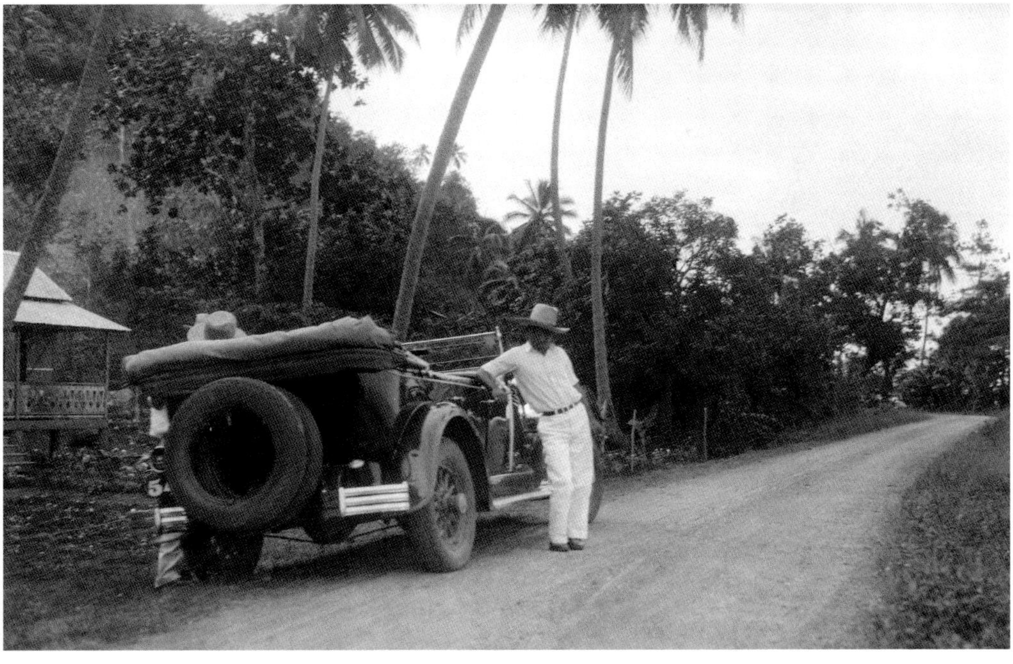

d'or – d'or pictural –, une lumière différente était la source d'un nouvel espace : « En travaillant depuis quarante ans dans la lumière et l'espace européens, je rêvais toujours à d'autres proportions qui pouvaient se trouver peut-être dans l'autre hémisphère. J'ai toujours eu conscience d'un autre espace dans lequel évoluaient les objets de ma rêverie. Je cherchais autre chose que l'espace réel. D'où ma curiosité pour l'autre hémisphère où les choses pouvaient se passer différemment[11]. » Une autre densité, une autre ambiance, d'autres proportions, un autre espace : tel était ce que Matisse espérait trouver dans son voyage.

Avant d'embarquer sur le *Steamer* qui devait le conduire de San Francisco à Papeete, le peintre avait pu découvrir la « lumière de cristal » du Nouveau Monde : les espaces urbains de San Francisco, donc, mais aussi ceux de New York, Chicago et Los Angeles. Il n'avait pas échappé au choc produit par New York, comme la plupart de ceux, à commencer par Louis-Ferdinand Céline, qui, entre les deux guerres, découvrirent cette ville. Mais alors que l'auteur de *Voyage au bout de la nuit* avait exacerbé la part d'ombre de New York, Matisse avait surtout été sensible à sa lumière : « La première fois que j'ai vu l'Amérique, c'est-à-dire New York, à 7 heures du soir, ce bloc noir et or dans la nuit se reflétant dans l'eau, je fus complètement extasié. [...] New York m'apparaissait comme une pépite d'or. [...] Les proportions de la rue et la hauteur des maisons donnent une sensation d'espace. On respire mieux que dans les vieilles rues étroites. [...] À partir du dixième étage, c'est le ciel qui commence parce que la maçonnerie est déjà mangée par la lumière. » En définitive, la lumière de New York ravit Matisse parce qu'elle était à ses yeux « une lumière excessivement picturale, comme la lumière des ciels primitifs italiens[12] ». Cette entrée en matière marquait une première rupture avec le Vieux Continent aux rues étroites, où, depuis quarante ans, il avait vécu et travaillé. Puis il y eut la traversée des États-Unis en train : Chicago, Los Angeles, San Francisco enfin, où il embarqua sur le *Tahiti*.

À Papeete

Matisse passa plus de la moitié de son séjour tahitien à Papeete. À son arrivée, le 29 mars, il fut accueilli par Pauline Otureau Aitamai (Schyle), belle et sculpturale métisse polynésienne de 26 ans, à la longue chevelure fleurie, vêtue d'un paréo éclatant (ill. p. 34). Elle avait été la compagne de l'écrivain Marc Chadourne lorsque celui-ci, par ailleurs haut fonctionnaire, se trouvait en poste à Tahiti. À son départ, en 1924, Chadourne lui avait laissé un fils âgé d'un an, dont le peintre était chargé de rapporter des nouvelles. Pauline et ses amis allaient s'occuper dans la bonne humeur des aspects matériels du séjour de Matisse, notamment son compagnon et futur mari, Étienne Schyle, beau Polynésien de 27 ans, qui mit à sa disposition une grande Buick bleu marine dans laquelle les deux jeunes gens allaient promener autour de l'île l'illustre visiteur aux yeux pétillants de malice (ill. p. 15).

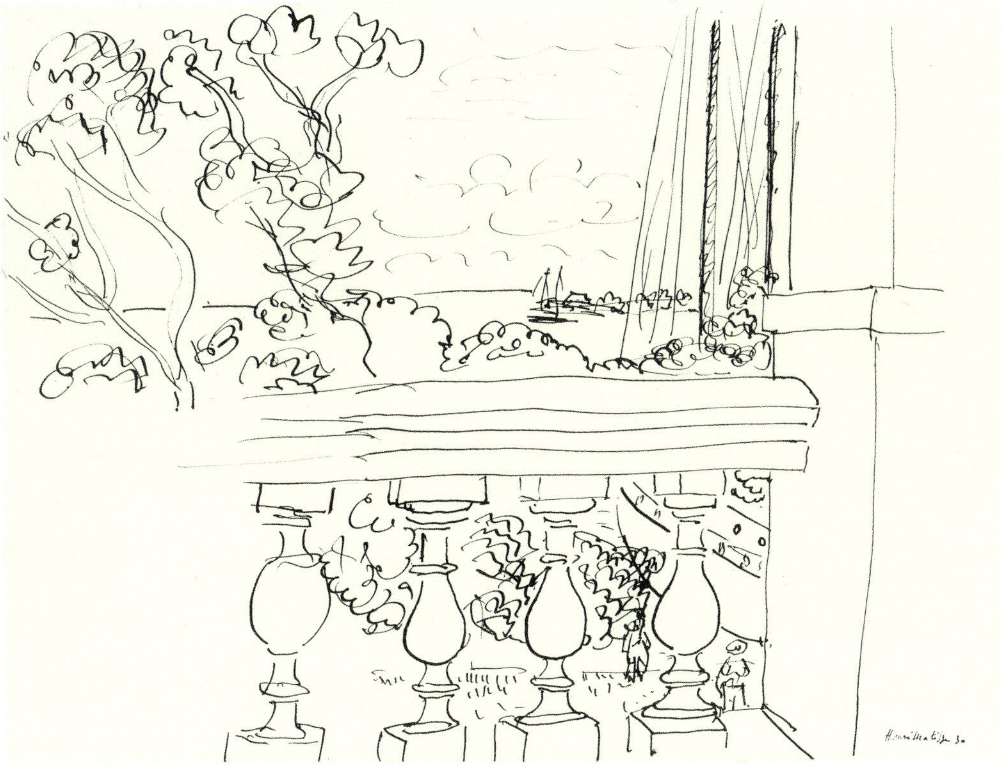

Vue du port de Papeete, *1930*
Encre et plume sur papier
32,5 x 25 cm
Collection particulière

N'étant pas venu pour peindre le pittoresque ou l'exotisme, mais pour voir une nouvelle lumière, Matisse n'avait aucunement à son arrivée l'attirail de la plupart des autres peintres du Territoire qui se prenaient pour Gauguin et déambulaient harnachés de chevalets, palettes et autres boîtes de couleur. Cette simplicité étonna la belle Pauline. Le fait est que Matisse, durant son séjour, n'allait peindre qu'une seule huile, de petit format. En revanche, il prit de nombreuses photographies et surtout ne quitta presque jamais son carnet de croquis, dessinant abondamment afin de préciser ses visions et de s'en imprégner durablement, avant qu'elles ne ressurgissent, de manière obsessionnelle, dans les gouaches découpées des dernières années.

Après avoir pris ses quartiers à l'hôtel Stuart, construction récente sur le boulevard du front de mer, où étaient amarrés voiliers et goélettes, Matisse put monter sur la terrasse aux balustres blanches de ce bâtiment, le plus élevé du territoire, afin d'y contempler le paysage. Côté mer, au-delà du port, la perspective s'offrait à perte de vue ; à l'ouest, apparaissait Moorea « la Rouge », l'île voisine au relief fascinant ; côté montagne, il vit les flancs du volcan qui s'élevaient jusqu'à deux mille mètres, et fut émerveillé par « la configuration volcanique toute verte de verdure normande[13] ». Sur cette terrasse

Paul Gauguin
Les Pourceaux noirs, *1891*
Huile sur toile, 95,5 x 72,2 cm
Szépmûvészeti Múzeum, Budapest

« **Un Gauguin sur nature** », *1930*
(au verso)
Photo Henri Matisse

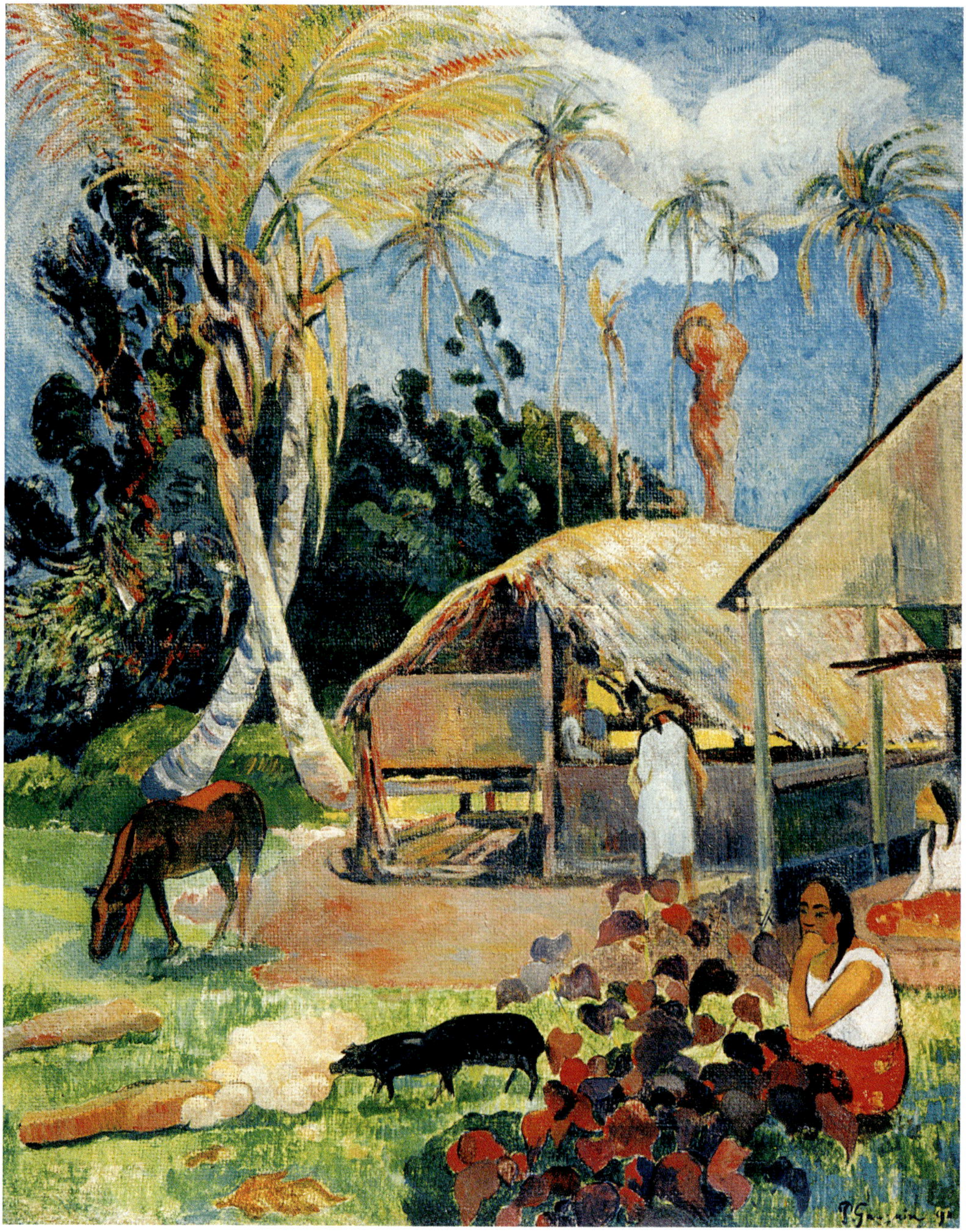

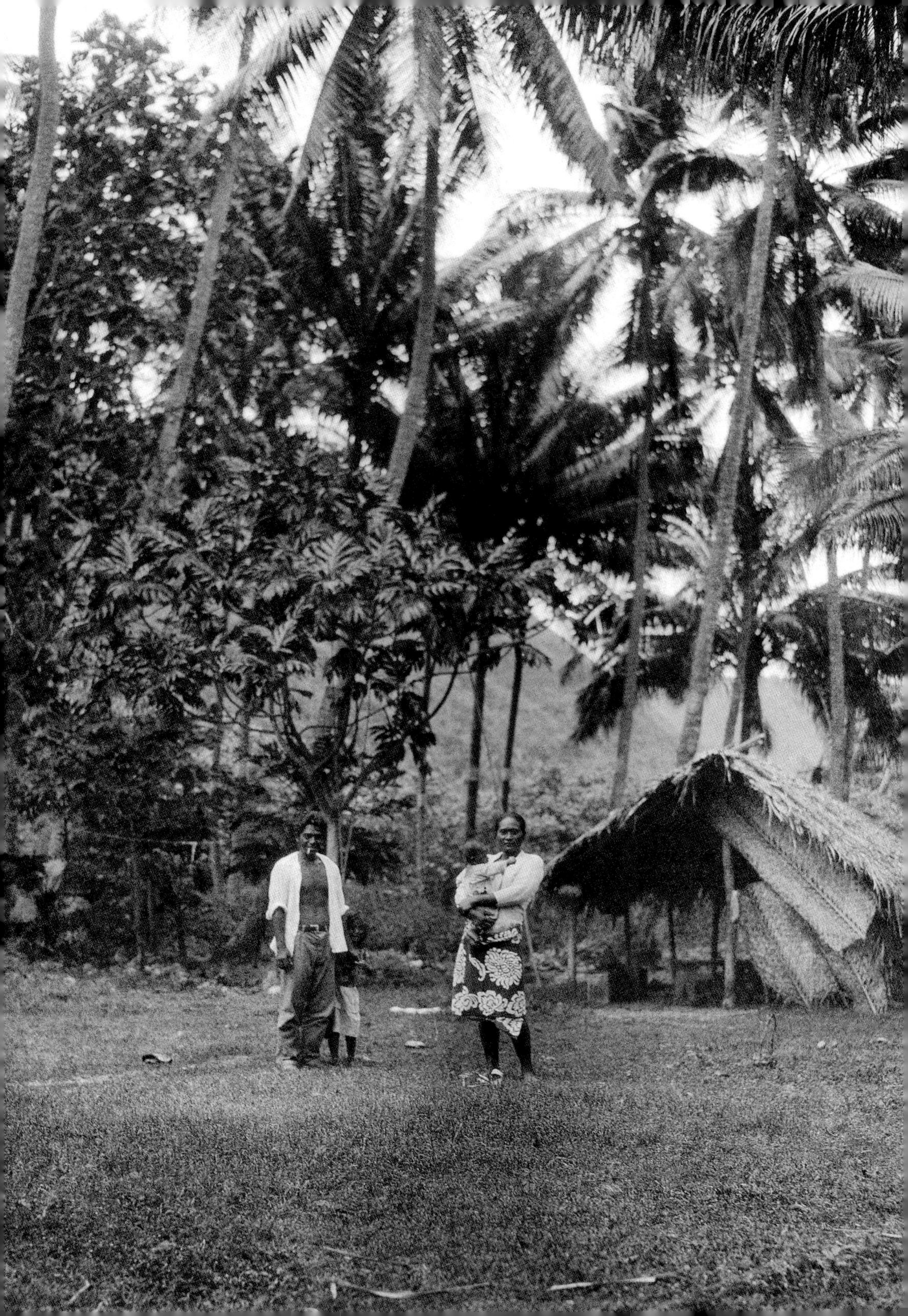

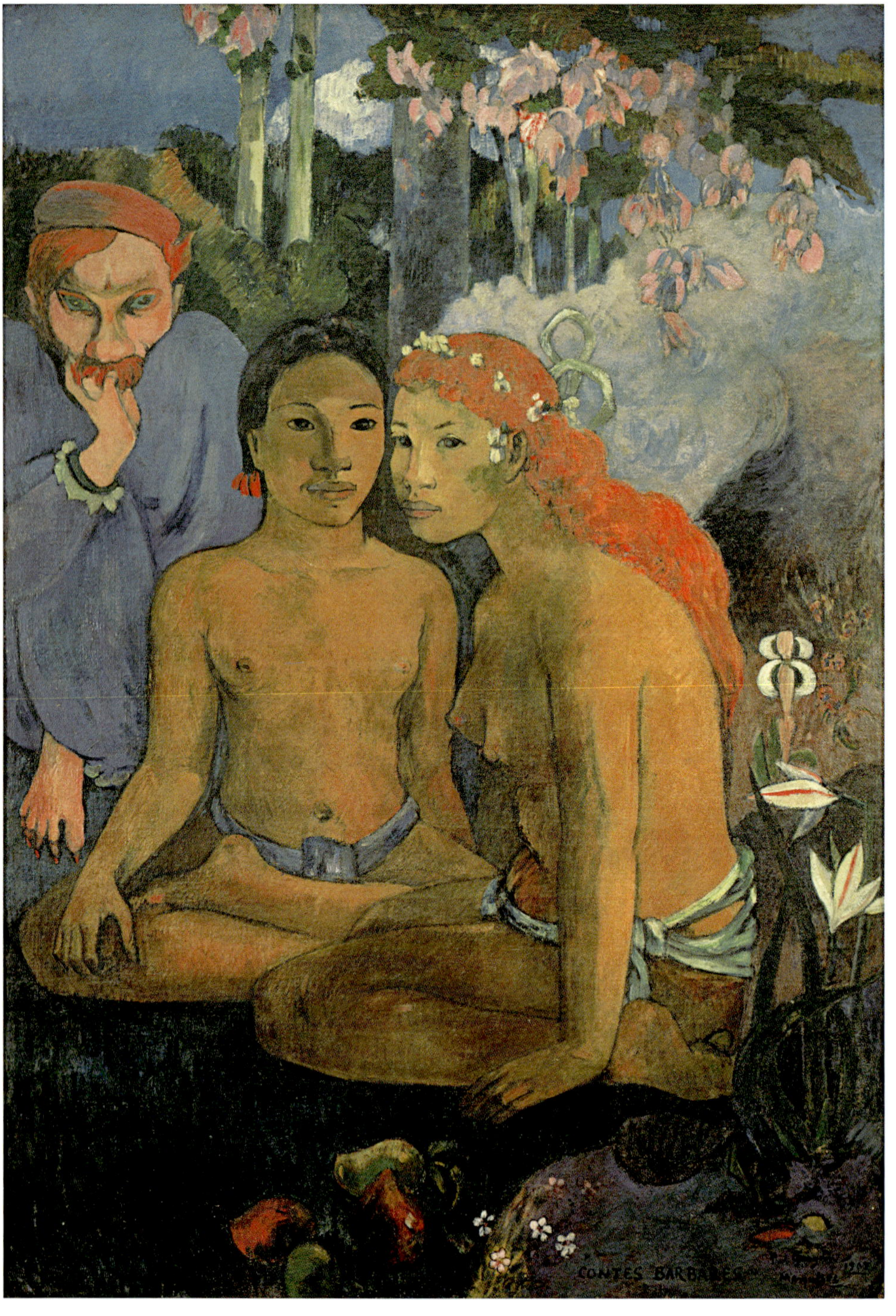
CONTES BARBARES

Paul Gauguin
Contes barbares, *1902*
Huile sur toile, 131,5 x 90,5 cm
Museum Folkwang, Essen

Portrait d'après Gauguin,
vers 1930
Encre et plume sur papier
29,8 x 23,2 cm
Collection particulière

Nu assis, *1909*
Huile sur toile, 33,4 x 40,9 cm
Musée de Grenoble

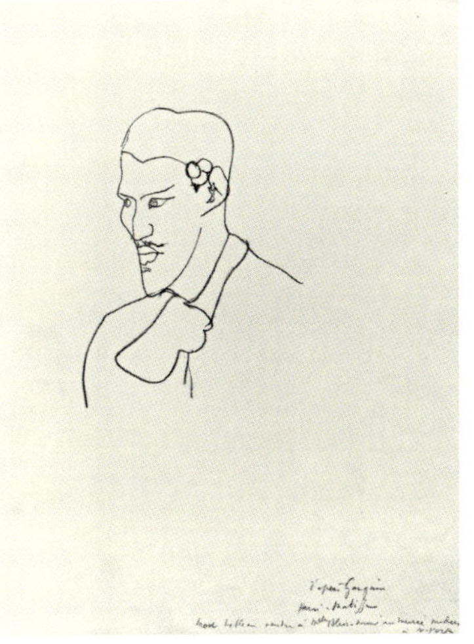

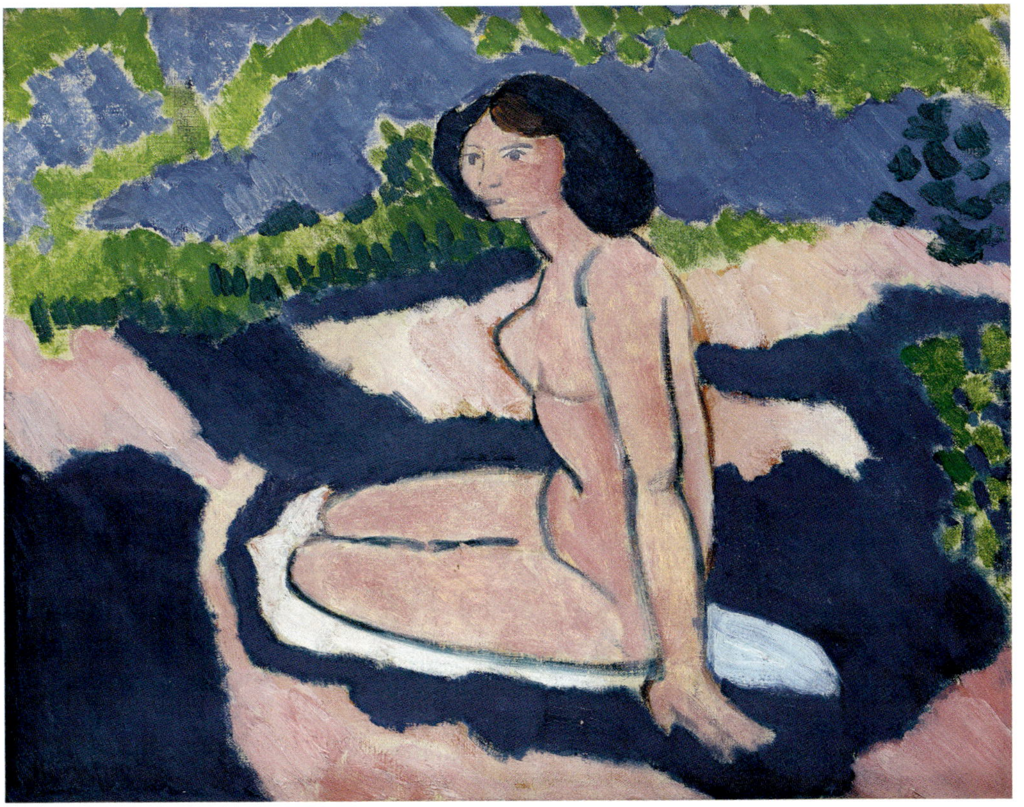

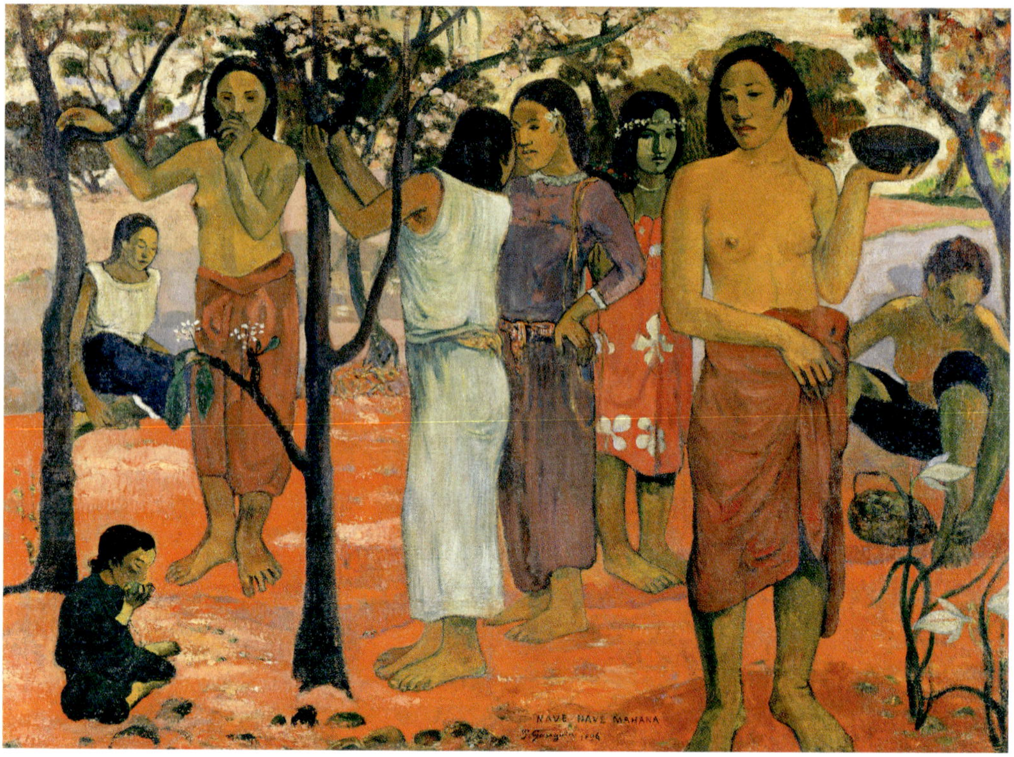

Paul Gauguin
Nave Nave Mahana, *1896*
Huile sur toile
95 x 130 cm
Musée des Beaux-Arts, Lyon

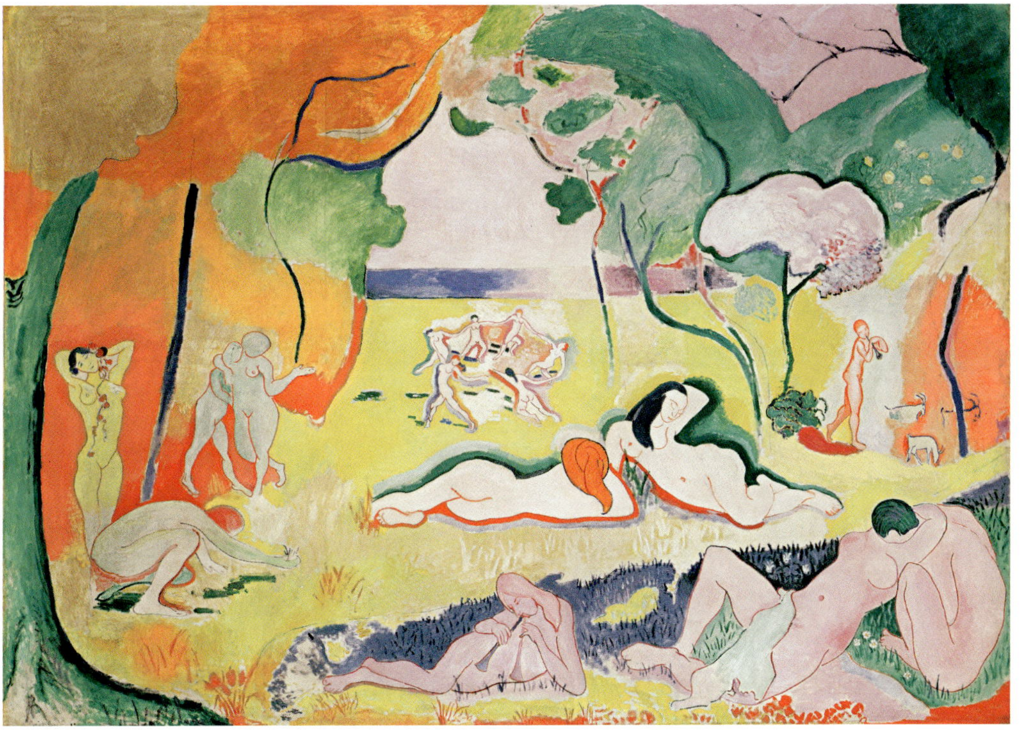

La Joie de vivre, *1905–1906*
Huile sur toile
175 x 241 cm
The Barnes Foundation,
Merion (PA)

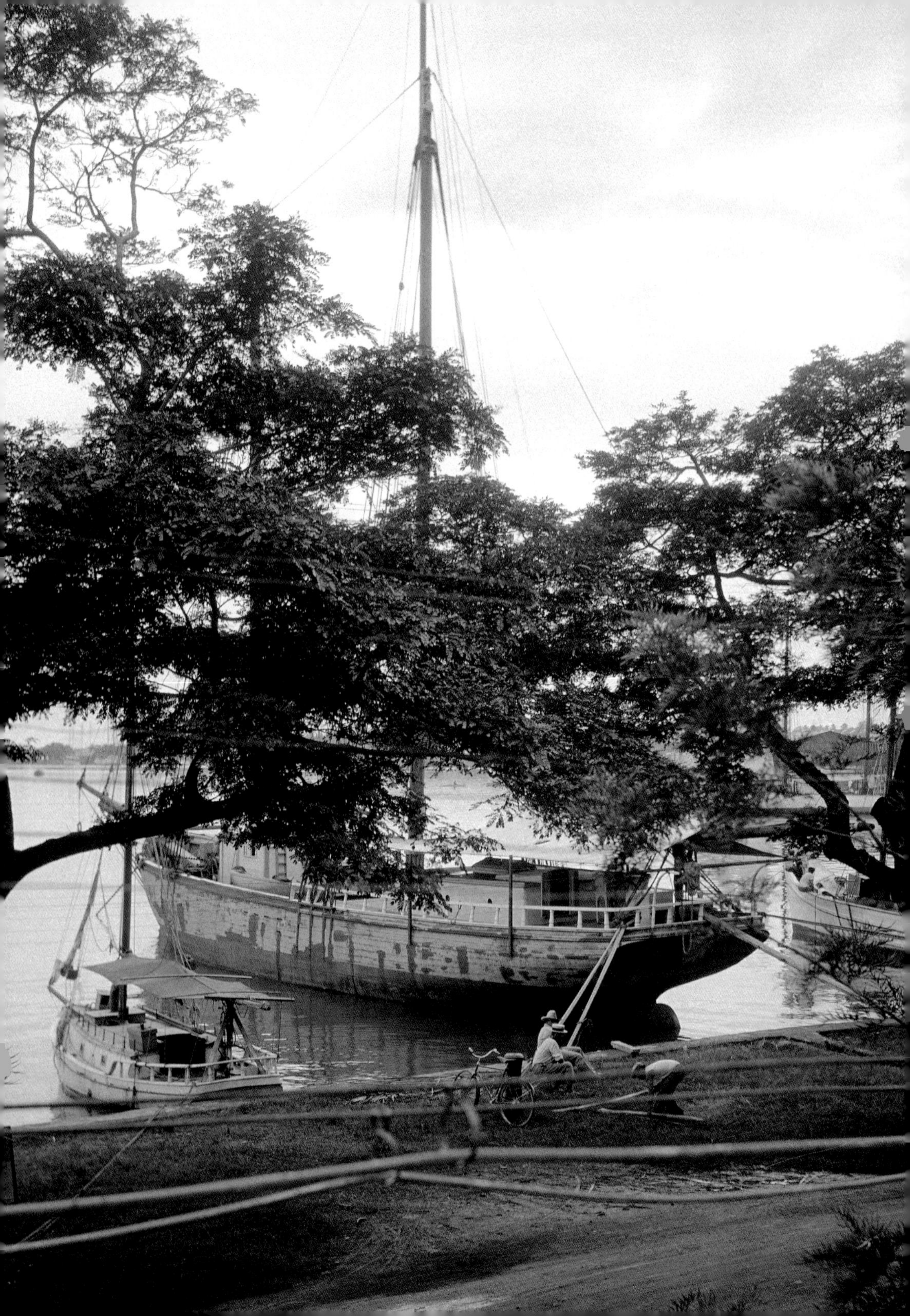

Le Port de Papeete, *1930*
Photo Henri Matisse

Vue du balcon, *1930*
Encre et plume sur papier
25 x 32,5 cm
Collection particulière

Bateau à l'amarre, *1930*
Encre et plume sur papier
25 x 32,5 cm
Collection particulière

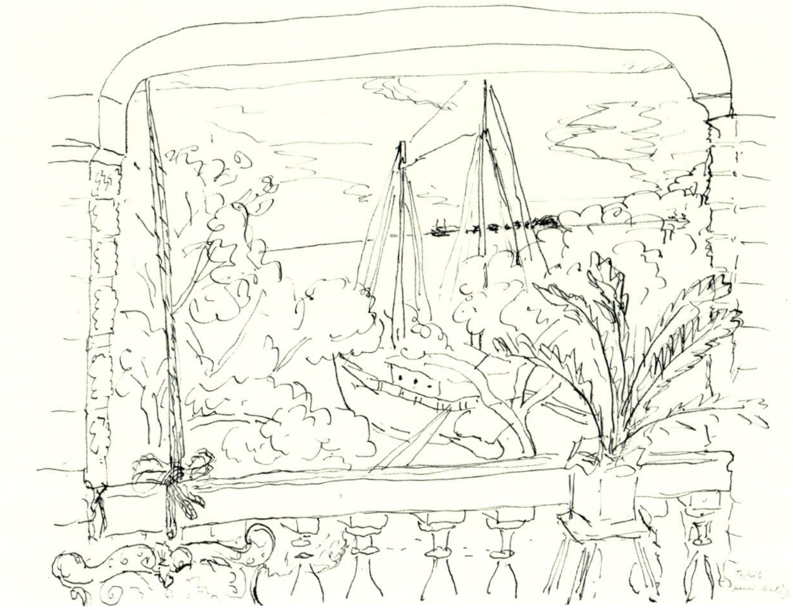

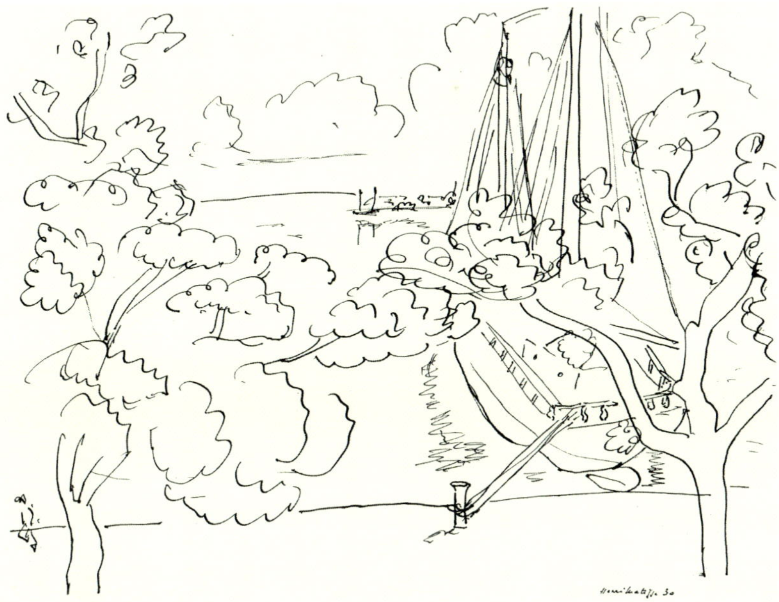

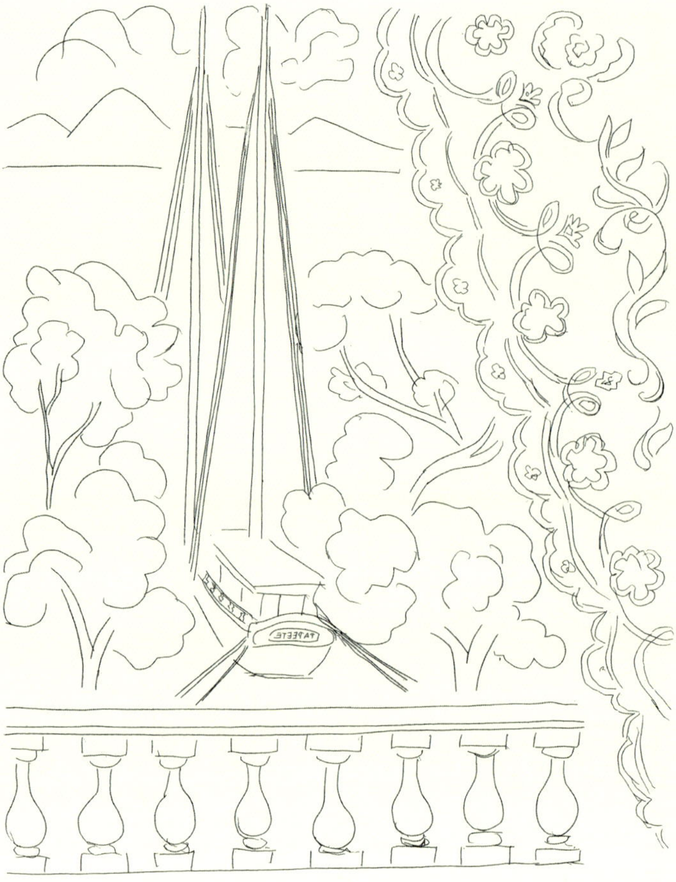

Les Fenêtres, *1932*
Eau-forte pour Poésies
de Stéphane Mallarmé
Albert Skira & Cie, Lausanne

qu'il photographia, il put s'enivrer de la lumière océanienne dont il avait rêvé : « La lumière du Pacifique a cette particularité qu'elle a une qualité enivrante pour l'esprit, comparable à celle que donne l'intérieur d'une coupe en or quand l'œil s'y plonge[14]. » Le lendemain de son arrivée, le peintre qui, quelques semaines plus tard, allait plonger au milieu des poissons du lagon de Fakarava, fut intensément impressionné par l'inouïe symphonie de couleurs jouée par ceux fraîchement pêchés du marché : « Poissons : mulets, grosses dorades, rougets orangés, rougets rose garance foncé, poisson bleu de Prusse et vert émeraude mélangé avec du blanc – tous extraordinaires, on dirait… (impossible à définir). » Dans cette même lettre écrite à sa femme le lendemain de son arrivée, il exprimait un enthousiasme sans réserve : « Tout est tellement nouveau pour moi malgré tout ce que j'ai lu et vu en photo, et Gauguin, je trouve tout merveilleux – paysages, arbres, fleurs et gens – et je n'ai encore rien vu[15]. »

Matisse a été profondément marqué à Papeete par les jardins aux feuillages et aux fruits extraordinaires pour les yeux d'un Occidental pourtant déjà familier des paysages méditerranéens. Le grand parc de l'Évêché, où Pauline et Étienne l'avaient conduit le jour même de son arrivée, le captiva, notamment l'arbre à Pain, dont « chaque fruit est jaune vert clair, le feuillage beau vert riche profond et lumineux. Tout cela est un peu affolant. » Souvent, le matin, dès 7 heures, avant la forte chaleur, il allait s'y promener pour s'imprégner de cette flore tropicale et baroque, armé de son carnet de croquis. « Parti à 7 heures pour dessiner dans le jardin de la Mission (évêché) – dessins de cocotiers, hibiscus et bananiers. Si ça continue je manquerai de papier[16]. » (ill. p. 33) Pour Matisse, dessiner était une manière de répondre à l'émotion suscitée par une nature trop puissante : « Pour moi,

Fenêtre à Tahiti,
Octobre 1935–1936
Huile sur toile, 225 x 172 cm
Musée Matisse, Nice

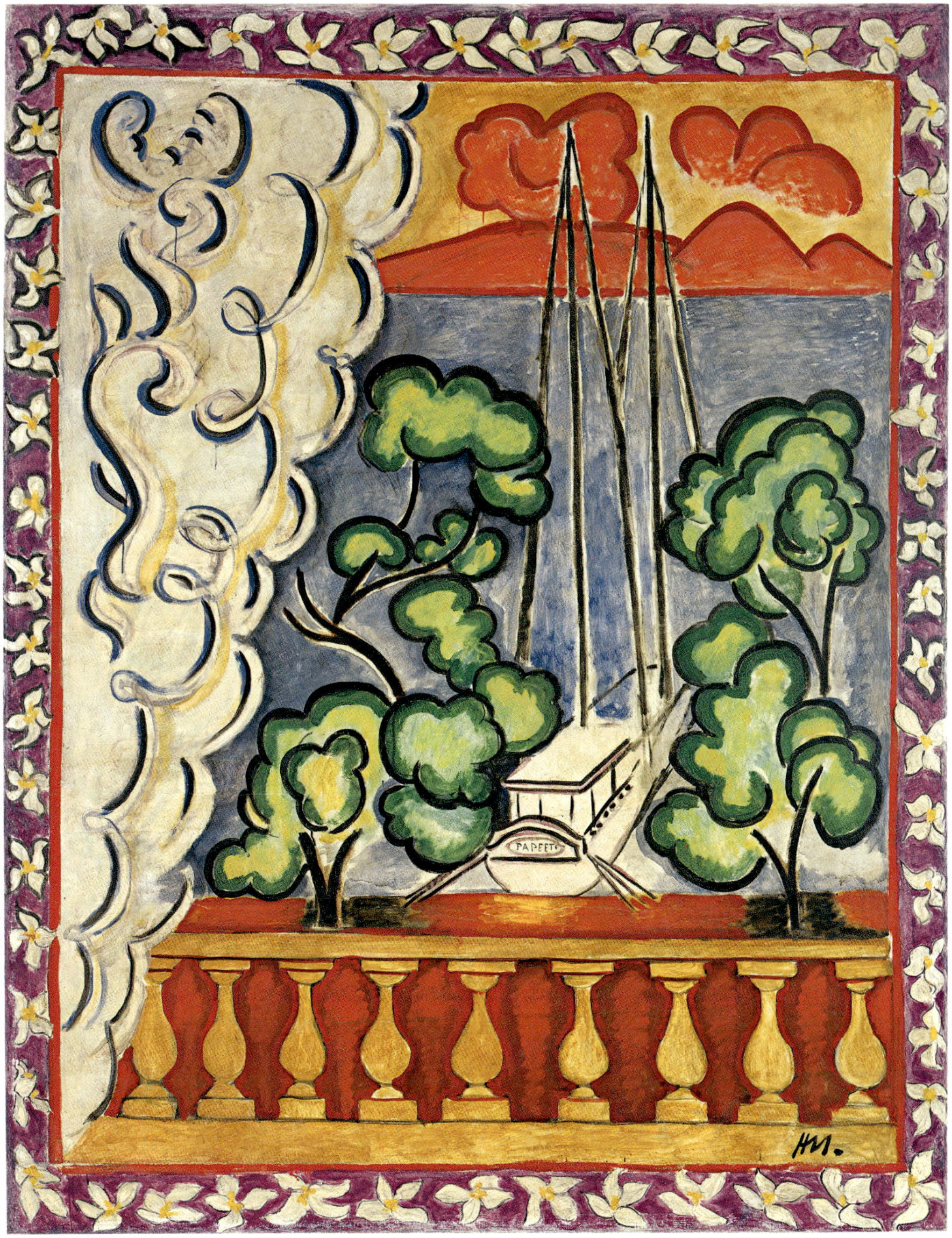

Xavier-Gilles Néret : Tahiti

dira-t-il plus tard, le dessin est une peinture faite avec des moyens réduits et qui peut être tout à fait intéressante, qui peut très bien soulager l'artiste de ses émotions[17]. » Il s'agissait alors d'emmagasiner par le dessin des sensations et de préciser, autant que possible, des idées. Et, s'il n'a peint qu'une petite huile durant son séjour, une « pochade » selon ses propres termes, ce fut sans doute d'abord, comme le rapporte frère Rayssiguier, parce qu'il n'était pas resté assez longtemps : « Il aurait fallu rester un certain temps là-bas pour peindre, y avoir sa femme, ses enfants, sa maison. » Mais ce fut aussi en raison de la trop grande puissance de la nature, qui fit dire à Matisse, près de vingt ans plus tard, au sujet des planches de *Jazz* inspirées des lagons océaniens : « Vous savez, cela n'est rien à côté, c'est impossible à représenter », avant d'ajouter, songeur : « C'est trop puissant[18]. » Cette huile, peinte dans une cocoteraie déserte, Matisse allait la ramener précieusement à Nice. Il la montra d'ailleurs deux ans plus tard à André Masson, en ajoutant : « J'ai essayé de noter seulement ce côté diamant » – allusion à l'affirmation de Renoir émerveillé devant les oliviers illuminés de son jardin de Cagnes : « La nature, c'est du diamant[19]. » N'est-ce pas un peu de cette puissance de la nature polynésienne, dont il essaya de noter « le côté diamant », qui allait rejaillir après une longue incubation dans les grandes gouaches découpées des dernières années, ou dans la chapelle de Vence, que Matisse lui-même allait comparer à un diamant ?

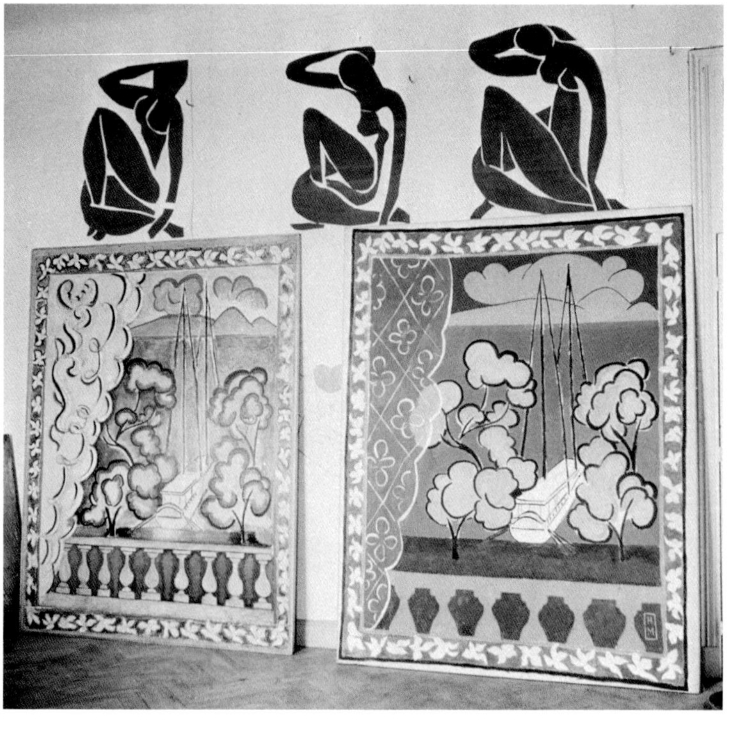

Fenêtre à Tahiti, Fenêtre à Tahiti II et Nu bleu I, II, III sur le mur du « Grand Atelier » de l'hôtel Régina,
Cimiez-Nice
Photo Hélène Adant

Fenêtre à Tahiti II,
15 décembre 1935 – 18 mars 1936
Gouache sur toile
240 x 195 cm
Musée Matisse,
Le Cateau-Cambrésis

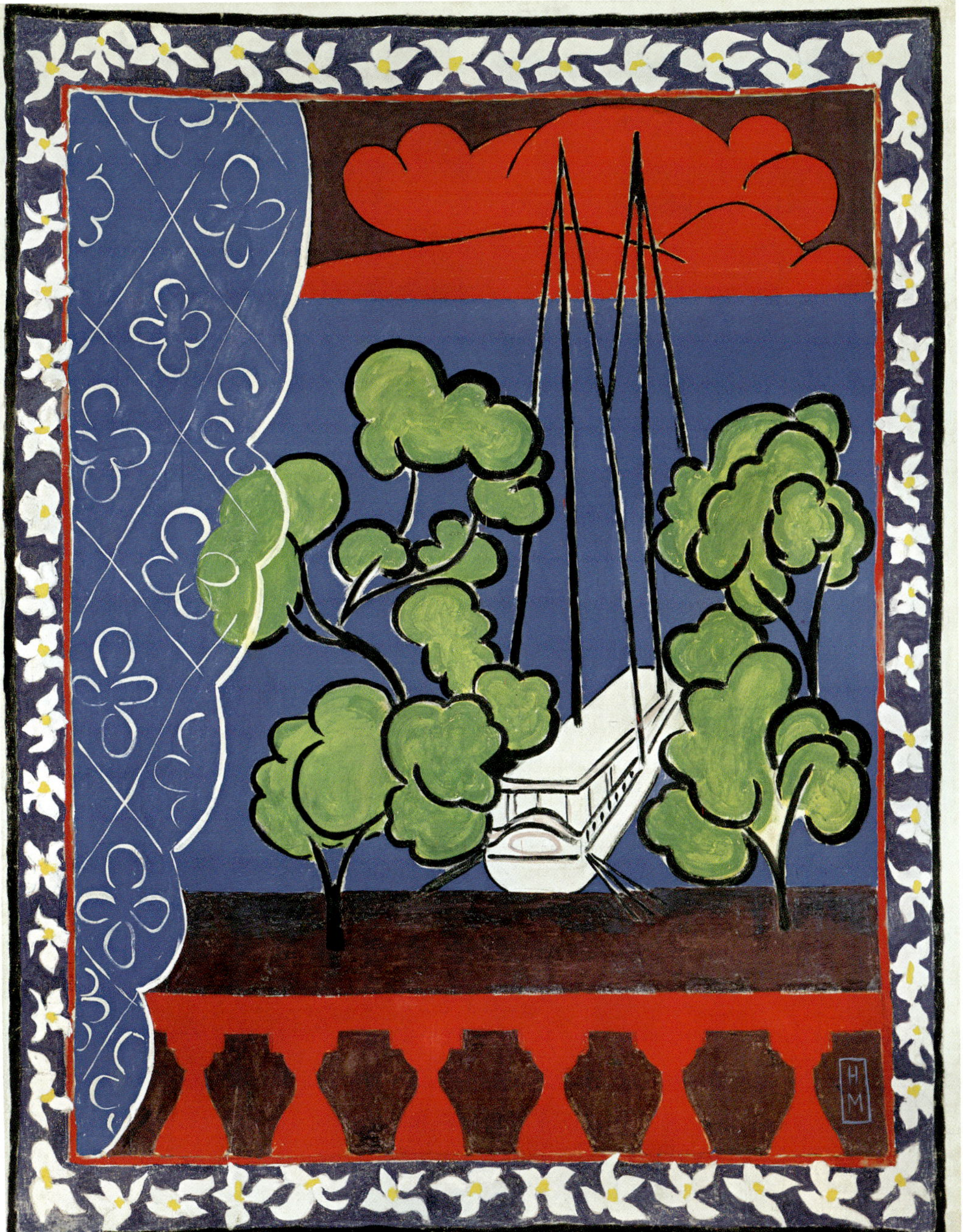
HM

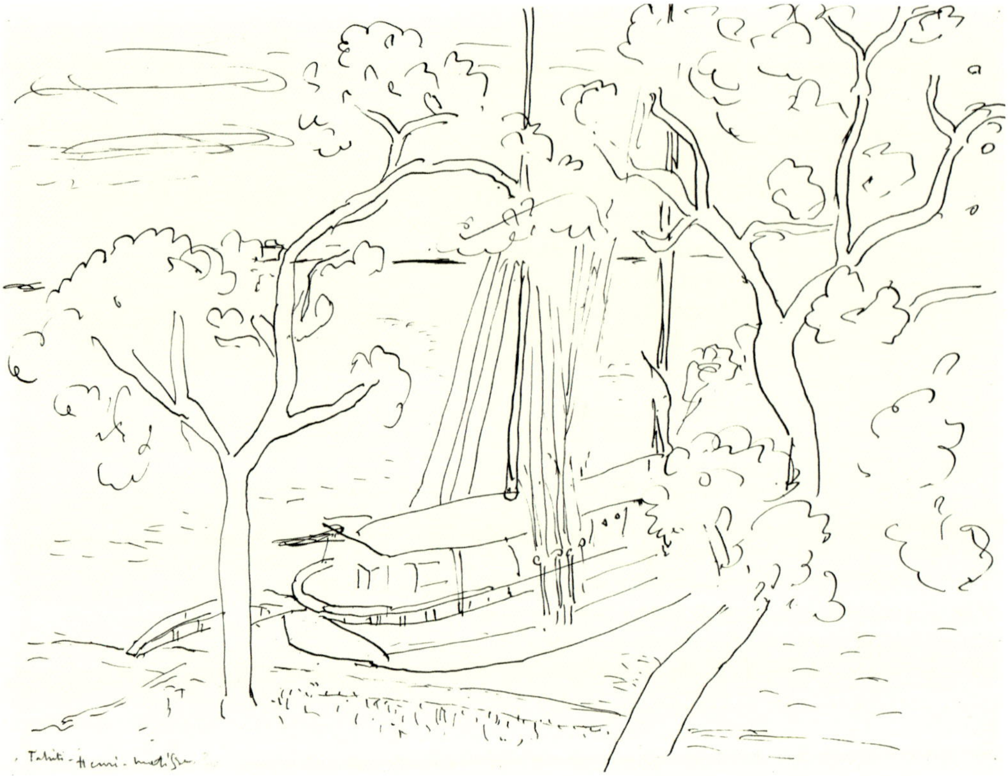

Paysage de Tahiti, *1930*
Encre et plume sur papier
25,1 x 32,4 cm
Musée Matisse, Nice

Il contempla, dessina et photographia aussi cette nature aux paysages de montagne, de mer et de ciel, lorsqu'il fit le tour de l'île dans la Buick d'Étienne et Pauline, en pensant souvent à Gauguin, comme en témoignent les titres inscrits au verso de certaines photographies qu'il prit : « Un Gauguin sur nature », « Un vrai Gauguin » (ill. p. 19). Déjà, quelques jours après son arrivée, Matisse s'était fait conduire hors de Papeete pour rencontrer le fils du peintre, Émile, qui vivait en indigène, ne savait ni lire ni écrire, et ne parlait que le tahitien. « Il ressemble à son père dont il a la paupière lourde et le nez busqué. Un homme superbe d'une trentaine d'années, avec des bras puissants. Il passe ses nuits à faire des pêches miraculeuses. Signe particulier : il ne parle pas le français. C'est même une exception à Tahiti. À l'encontre de son père, son caractère très doux le rend très populaire[20]. » Lors de son périple autour de l'île, Matisse passait parfois sans le savoir près des lieux arpentés par Gauguin. Cela ne l'empêchait pas, au contact de cette nature tropicale, d'avoir « vraiment l'impression que Gauguin [avait] exprimé quelque chose de ce mystère[21]. » En revanche, lorsque Matisse contempla longuement le paysage de Mataiea et le photographia (ill. p. 36), il savait que son illustre prédécesseur y avait séjourné de 1891 à 1893, et qu'habitant alors une simple case en bambou recouverte de feuilles de pandanus, il y avait passé sa période océanienne la plus heureuse.

À Papeete, aux heures les plus chaudes, Matisse dessinait dans sa chambre d'hôtel, assis dans un rocking-chair baroque. Il reprenait sans relâche ce qu'il voyait par la fenêtre : le port, la passe, l'océan et l'horizon barré ça et là par quelques cocotiers au loin, à l'est de la rade (ill. p. 17, 25 et 26). « Les fenêtres m'ont toujours intéressé car elles sont un passage entre l'extérieur et l'intérieur[22]. » Celle de sa chambre à l'hôtel Stuart était extraordinaire : non seulement elle semblait s'ouvrir sur l'infini, au-delà du port, mais en plus elle offrait un double cadrage, par la porte-fenêtre et par la véranda dont on peut apercevoir les balustres sur diverses œuvres telle *Fenêtre à Tahiti* (ill. p. 27, 28 et 29). Matisse dessina aussi des portraits, féminins principalement, à commencer par ceux de la belle Pauline et de ses amies (ill. p. 35 et 38). Mais il déclara avoir eu des difficultés à trouver des modèles, surtout pour les nus, et même avec des prostituées. Les missionnaires, il faut dire, en imposant les vêtements, avaient fini par susciter une pudeur extrême. « Influence des missionnaires, nota-t-il dans une lettre à sa femme, qui ont introduit chez ces gens si simples l'hypocrisie : les tahitiennes font tout pudiquement. » Dans ce même courrier, il s'étonne du comportement européanisé de ces femmes, victimes consentantes de la mode parisienne, qu'elles suivent en lisant les catalogues saisonniers des grands magasins. « Toutes les filles de Papeete ont les jupes courtes au-dessus du genou, les cheveux à la garçonne[23]. » Toutefois, comme il allait le confier quelques mois plus tard à Tériade, ce n'était là qu'imitation superficielle : « Les filles de Tahiti conservent leur nature sauvage et ignorante sous leurs modes fragiles de Paris[24]. » D'ailleurs, Mihi, la bonne du restaurant où Matisse prenait quotidiennement ses repas finit par accepter de poser pour lui. Eurent alors lieu plusieurs séances de deux à trois heures, mais pour la tête uniquement – du moins à en croire les lettres envoyées par le peintre à sa femme … « Elle a trouvé qu'elle était affreuse, qu'elle ressemblait à une Chinoise (ce qui est méprisable ici) enfin elle a posé tout de même gentiment et j'ai fait deux bonnes heures – mais la tête seulement – il n'y a pas une jeune fille ici qui voudrait se montrer nue même les prostituées[25]. »

Dans les magasins et les intérieurs de ses hôtes à Papeete, Matisse avait pu découvrir les *tifaifai* (du verbe *tifai* « raccommoder, rapiécer »), ces draps de coton typiques, sur lesquels sont cousus des motifs découpés dans une autre cotonnade colorée, et utilisés pour décorer les murs ou couvrir les lits (ill. p. 46 et 53–56). Les motifs, disposés en rayonnement ou en double symétrie, sont le plus souvent des formes végétales ou animales simplifiées : feuilles et fleurs, oiseaux et poissons – en somme, tout ce que Matisse ne cessait de contempler, photographier et surtout dessiner depuis qu'il était arrivé à Papeete, ou qu'il allait découvrir sur la presqu'île de Tautira et sur les îles Tuamotu. Bien que le peintre n'ait mentionné les *tifaifai* dans aucun texte ni entretien connus à ce jour, il est difficile de ne pas constater leur influence dans plusieurs gouaches découpées, notamment *Grande Décoration aux masques*, œuvre créée en 1953 (ill. p. 50–52). Il est donc probable qu'ils aient contribué, avec d'autres éléments, à l'inspirer et le soutenir dans

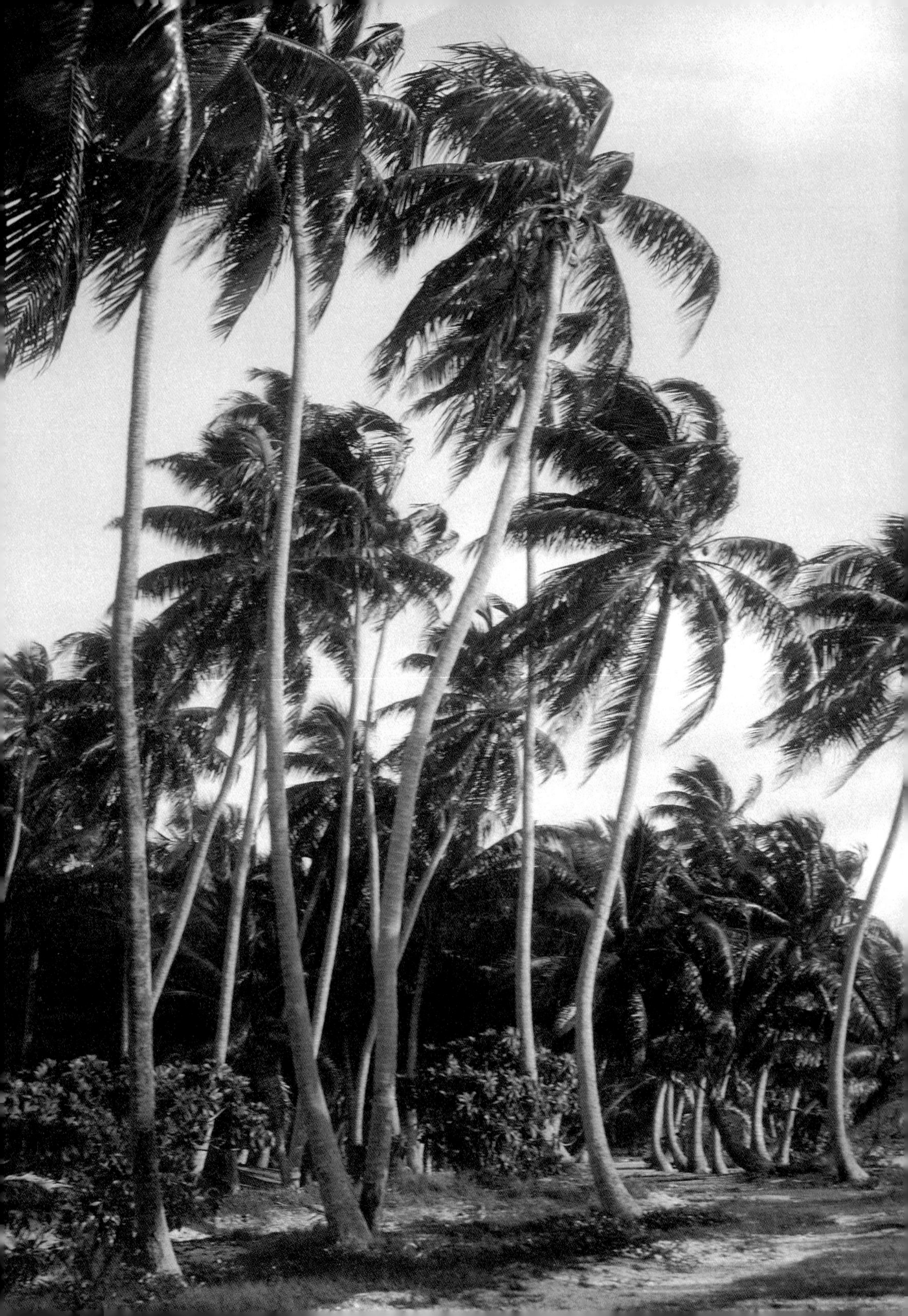

son grand travail des papiers gouachés et découpés des dernières années. Les *tifaifai* constituent ainsi un exemple illustrant l'affirmation de Matisse selon laquelle « en matière d'art, le créateur authentique [...] est un homme qui a su ordonner en vue de leur fin tout un faisceau d'activités, dont l'œuvre d'art est le résultat[26]. »

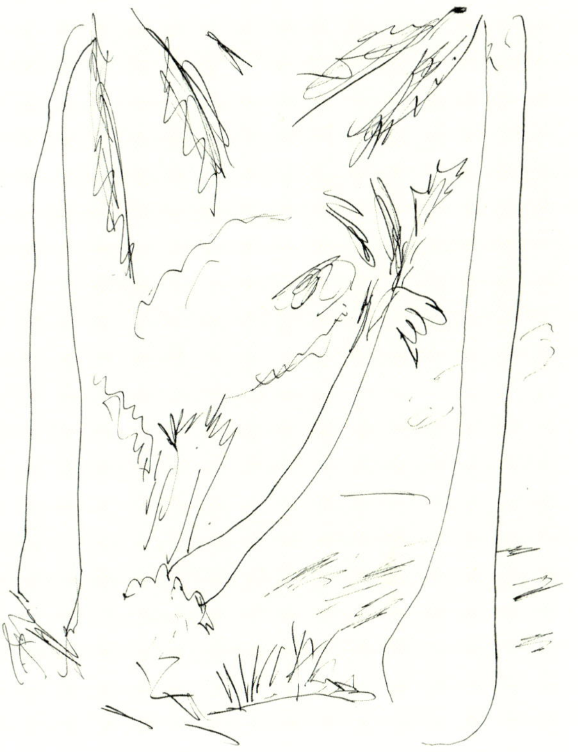

Cocotiers, *1930*
Encre et plume sur papier
32,5 x 25 cm
Collection particulière

« Loin de la route de ceinture Apataki. L'Alizé souffle, vent courant et frais »
(au verso)
Photo Henri Matisse

À Papeete, les illuminations et les moments de bonheur qui donnaient à Matisse le sentiment d'avoir rajeuni de trente ans alternaient avec les périodes d'ennui. Alors, il trouvait le pays « barbant », offrant « toujours la même chose », « un pays où on ne pense à rien », « un pays à la fois superbe et plein d'ennui[27] ». La chaleur le contraignait souvent à une activité moindre, d'où l'impression de ne rien faire. En réalité, il s'imprégnait de sensations qui allaient ressurgir plus tard dans son travail. Il s'agissait de l'ennui fécond des artistes et des contemplatifs, caractérisé par Nietzsche dans *Le Gai savoir* : « Ils ne craignent pas tant l'ennui que le travail dépourvu de plaisir : ils ont même besoin de beaucoup d'ennui pour réussir *leur* travail. Pour le penseur et pour tous les esprits inventifs, l'ennui est ce désagréable "temps calme" de l'âme qui précède la traversée heureuse et les vents joyeux ; il doit le supporter, il doit *attendre* qu'il produise son effet sur lui[28]. »

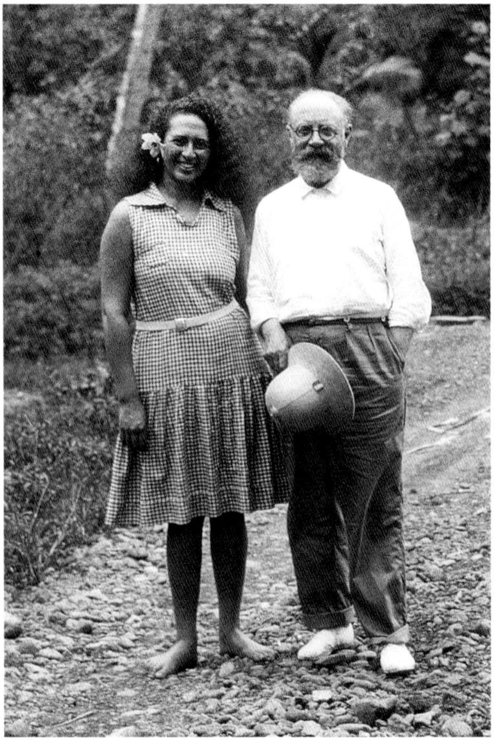

Henri Matisse et Pauline Schyle, *1930*
Archives Matisse

Sur la presqu'île de Tautira avec Murnau

Après plus d'un mois passé à Papeete, Matisse accepta avec joie l'invitation de Friedrich Wilhelm Murnau et Robert Joseph Flaherty à venir séjourner une semaine sur la presqu'île de Tautira, au bout du bout du monde. Les deux cinéastes y réalisaient alors, après plus d'un an de tournage à Bora Bora, la dernière partie de *Tabou*, poème d'amour célébrant une nature édénique, qui allait devenir l'un des films mythiques du cinéma muet (ill. p. 43). L'enthousiasme du peintre fut d'autant plus grand qu'il était cinéphile et admirait Flaherty dont il avait beaucoup apprécié *Moana*, filmé en 1923–1924 aux îles Samoa. Curieusement, il connaissait assez peu l'œuvre de Murnau, qui avait pourtant réalisé quelques-uns des grands chefs-d'œuvre du septième art, au premier rang desquels *Nosferatu le Vampire* et *L'Aurore*.

En compagnie de Murnau, qui parlait bien le français, Matisse allait vivre en Robinson, dans une case de bambou et de roseau, sans confort, sur un rivage désert, loin de la fin de la route de Tautira, au rythme du soleil. Il s'éveillait aux lueurs de l'aube et plongeait dans l'eau fraîche de la rivière en écoutant les oiseaux. Il se couchait avec le jour, n'ayant d'autre éclairage que la bougie. « Notre confort extrêmement réduit nous forçait à déjeuner sous une moustiquaire et à nous coucher avec le soleil[29]. » L'équipe du film, levée à 5 heures, se rendait en pirogue sur l'îlot en face de la passe et commençait à travailler à 6 heures. Matisse, qui fut frappé par l'énergie de Murnau dans un tel climat de torpeur, n'était jamais loin, dessinant encore et encore sur son carnet de croquis le paysage aux cocotiers penchés sur l'eau, les pirogues, les barques et les pêcheurs (ill. p. 44–45). Bien qu'il se dît peu fier de ces dessins, il emmagasinait des formes et s'imprégnait de la lumière : « J'en prends avec les yeux autant que je peux, tant pis pour le reste[30]. » Dans cette presqu'île où Stevenson, pour sa part, se crut au Paradis quand il y séjourna en 1888, Matisse s'adonna également aux joies de la pirogue, comme en témoigne cette photographie de Murnau où on le voit pagayer sous un soleil écrasant (ill. p. 45). Il n'était d'ailleurs pas tout à fait novice en la matière, lui qui avait affirmé un an plus tôt à Tériade : « J'adore le canotage. J'en fais tous les après-midi et je ne peins que le matin avec la bonne lumière », avant d'ajouter, fièrement : « Regardez les callosités que j'ai encore dans les mains[31]. » Murnau, qui allait disparaître de manière tragique en 1931, la veille de la première de *Tabou*, photographia Matisse à plusieurs reprises, immortalisant ainsi certaines de ses habitudes à Tautira, comme celle, presque quotidienne, où on le voit en train d'écrire à sa femme, assis sur l'un de ces cocotiers penchés sur l'eau qu'il aimait tant dessiner (ill. p. 59).

Aux îles Tuamotu, la merveille des merveilles : le lagon de Fakarava

L'expérience la plus bouleversante de Matisse à Tahiti fut probablement sa découverte du lagon de Fakarava, l'un des soixante-seize atolls qui constituaient les Tuamotu. Mais avant de s'y rendre, il séjourna plus de deux semaines sur l'atoll d'Apataki, où la goélette gouvernementale la Mouette (dont les marins étaient des condamnés aux travaux forcés) l'avait débarqué le 17 mai, soit quarante-huit heures après son départ de Papeete (ill. p. 37). Selon la description qu'il en fit à son fils Pierre dans une lettre du 6 juin, il y « emmagasina de la santé », faisant tous les jours plusieurs fois le tour de cet atoll si tranquille, et dormant « comme un ange » dans son bungalow de palmes aux larges baies qui s'ouvraient sur le lagon (ill. p. 32). Il éprouvait sur la plage des moments de bonheur intense, de véritables illuminations : « lumière pure, air pur, couleur pure : diamant saphir émeraude turquoise[32] ». Près de vingt ans plus tard, le souvenir d'Apataki serait encore vif en son esprit : « Le corail à peine au-dessus de la mer, très vite profonde, frissonnant continuellement, les cocotiers qui s'élevaient sans que l'on sache pourquoi ils s'étaient soudainement arrêtés de croître couchés dans le sens des alizés, le vent retroussant leurs feuilles qui faisaient un bruit continu,

Pauline, *1930*
Encre et plume sur papier (dessin de fleurs au crayon)
25 x 32,5 cm
Collection particulière

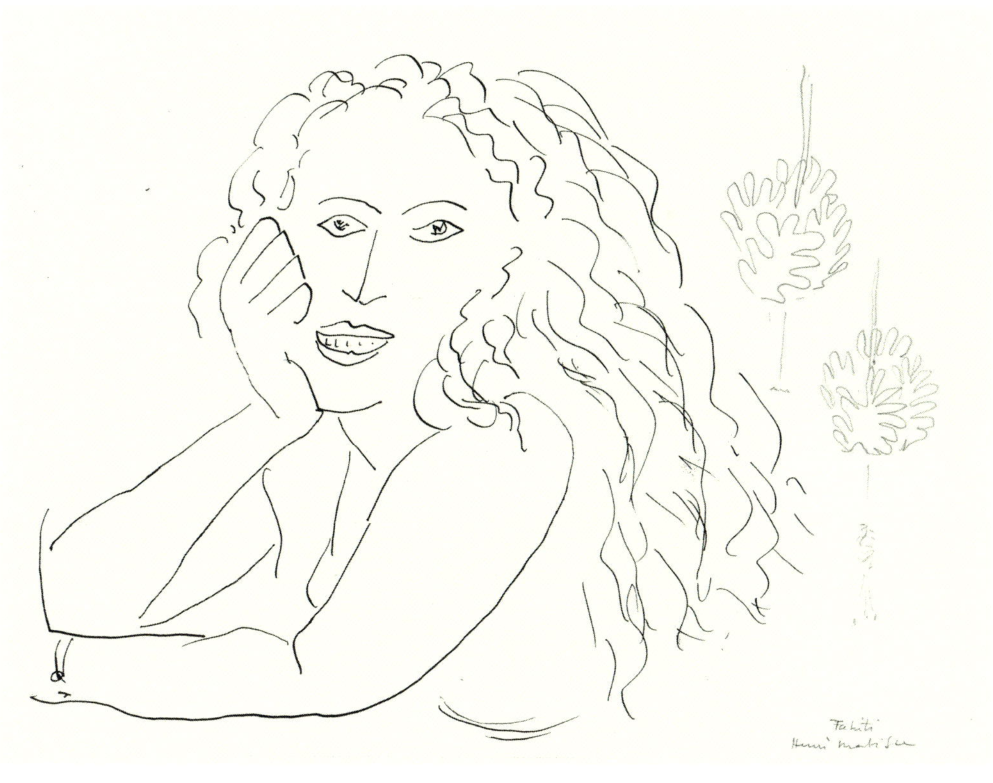

étonnant : le tout donnant une impression de puissance, de jeunesse, d'épanouissement[33]. »

Toutefois, ce fut à Fakarava – immense et fragile anneau de corail posé sur l'océan – que Matisse éprouva la fascination la plus forte. Le lagon, si étendu que l'on ne voyait pas la barrière en face, apparaissait comme une mer intérieure et faisait perdre tout repère, l'osmose de la mer et du ciel constituant le seul horizon. Durant les quatre jours passés dans ce lieu merveilleux, Matisse l'explora sans relâche, comme en témoignent ses lettres extraordinaires d'humour, avec leurs irrésistibles dessins où il se mettait en scène (ill. p. 47). Il passa beaucoup de temps assis dans l'eau, immergé jusqu'aux épaules, le corail faisant office de siège. La tête dans une boîte en bois avec un fond de verre, il contemplait la faune et la flore qu'il pouvait voir jusqu'à vingt-cinq mètres, tant l'eau était transparente. Cette « épatante » boîte était identique à celles qu'utilisaient les aides-plongeurs pour seconder, depuis la pirogue, les pêcheurs de nacre qui descendaient en apnée jusqu'à quarante mètres de fond. Matisse lui-même plongea tous les jours à Fakarava, souvent seul, avec des lunettes en bois, de fabrication locale tout comme la boîte. Bien qu'il ne pût prétendre rivaliser avec les pêcheurs de nacre, il se livrait là à une pratique exceptionnelle à l'époque pour un Occidental, sexagénaire de surcroît. Mais Matisse n'était pas novice en la matière, il avait appris à plonger en Méditerranée. Ainsi, pendant qu'en surface des oiseaux pêchaient, il était littéralement « comme un poisson dans l'eau », poisson barbu à lunettes, tandis que ses congénères, de toutes tailles et aux couleurs vives, le frôlaient (ill. p. 47). Il y avait même des requins. En principe sans danger, lui avait-on assuré. De cette expérience bouleversante, voici la description qu'il rapporta à Pierre Courthion : « Dans l'une des quatre-vingts îles Tuamotu, qui sont éparpillées autour de Tahiti, souvent au niveau des flots, des îles de corail, j'ai été à

La Rade de Papeete, *1930*
Photo Henri Matisse

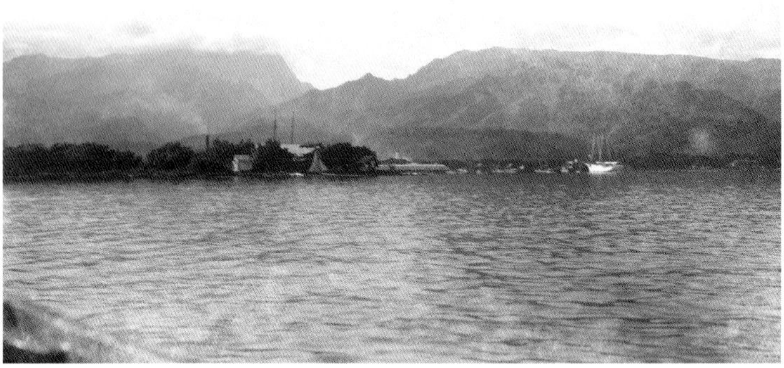

Mataiea, *1930*
Photo Henri Matisse

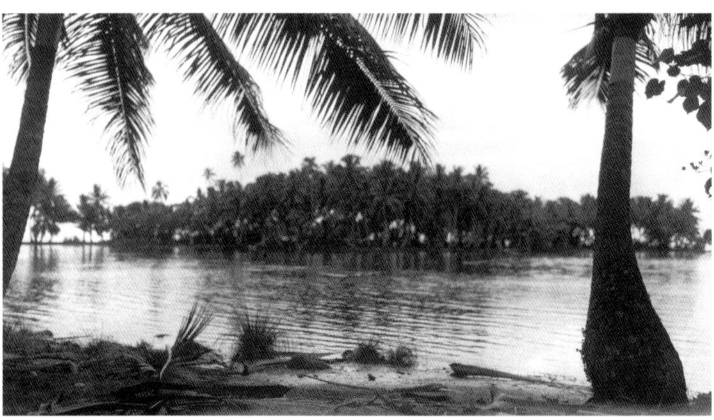

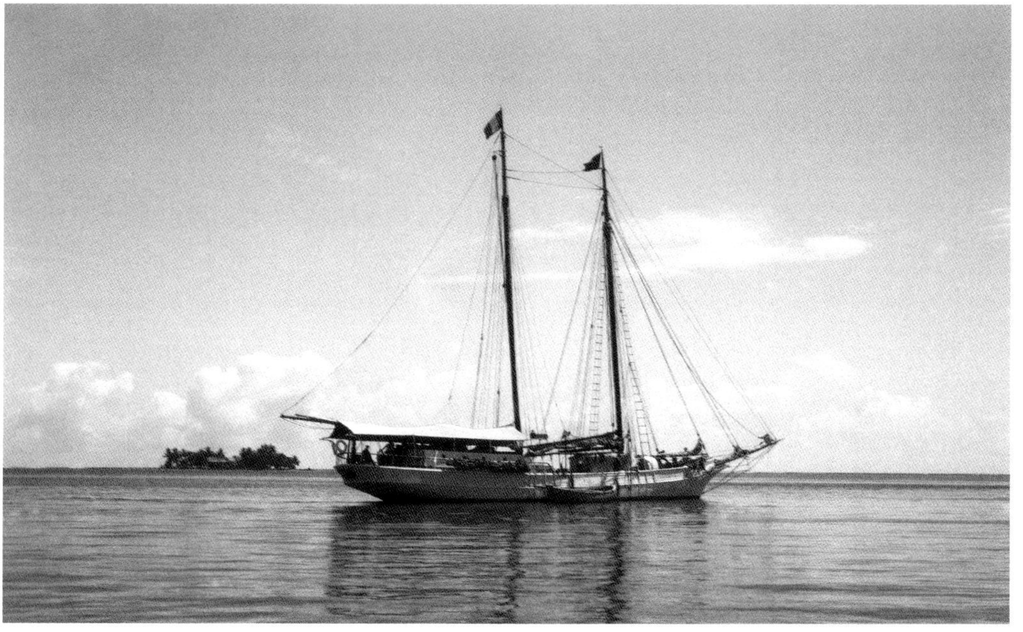

La Mouette, Motu-Uta, *1930*
Photo Henri Matisse

Fakarava – qui est le morceau d'un anneau de madrépores coralliens, fragment d'un atoll. J'étais sur l'une de ces pointes, qui a quelques kilomètres de long sur trois cents mètres de large. Le sol est une espèce de béton de corail. Là, l'eau de mer est d'une pureté tout à fait primitive. Le ciel aussi, car il n'est pas troublé par le vent. L'eau contient des poissons aux couleurs les plus riches. On entre facilement dans l'eau tiède. On s'assied sur un morceau de corail et, à l'aide d'une boîte munie d'un fond de verre (ce qui empêche toute réverbération du ciel), on regarde à l'intérieur de l'eau. Les poissons (ceux que nous voyons prisonniers dans les grands aquariums) viennent autour de vous, à peu près comme les mouches chez nous, sans méfiance. Dans cette eau, d'une trentaine de mètres de profondeur, j'ai vu évoluer de grosses truites de mer, comme de gros dirigeables noir foncé[34]. »

Matisse, ainsi, devenant tour à tour poisson, lagon, mer, faisait corps avec un monde nouveau de formes et de couleurs, et s'imprégnait d'images qui, une quinzaine d'années plus tard, allaient devenir obsessionnelles. À partir de 1944, avec les lagons de *Jazz*, les souvenirs polynésiens commenceraient en effet à envahir les murs de ses appartements (ill. p. 64–66 et 238), aboutissant notamment aux diptyques monumentaux *Océanie, le ciel*, *Océanie, la mer* (ill. p. 68–71), et *Polynésie, le ciel*, *Polynésie, la mer* (ill. p. 60–63).

Pauline, *1930*
Photo Henri Matisse
Musée Matisse, Nice

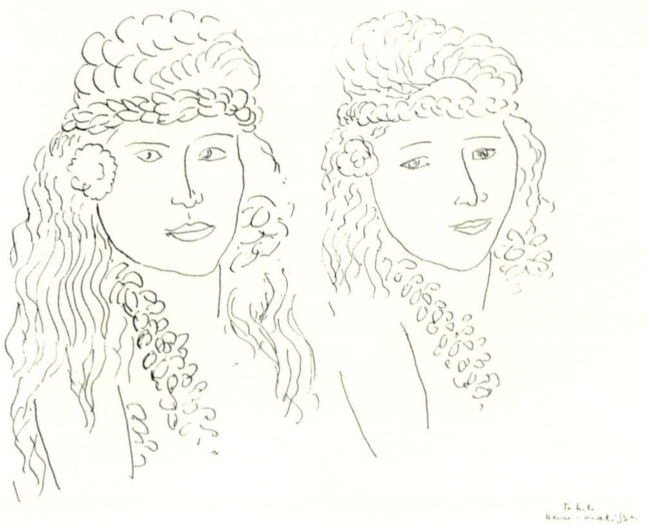

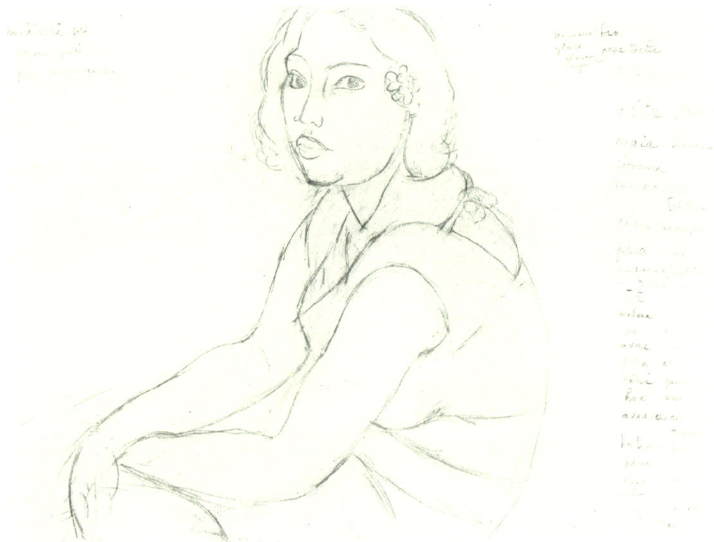

Tahitiennes, *1930*
Crayon et encre sur papier
25 x 32,5 cm
Musée du quai Branly, Paris

Tahitienne, *1930*
Crayon sur papier, 28,2 x 38 cm
Collection particulière
Annoté des mots tahitiens avec leur traduction : ami, soleil, pluie, nuit, lune, étoile, famille, cigarette, aigre, crayon, nez, photo, purée, banane, amidon, glace, papaïe, cochon.

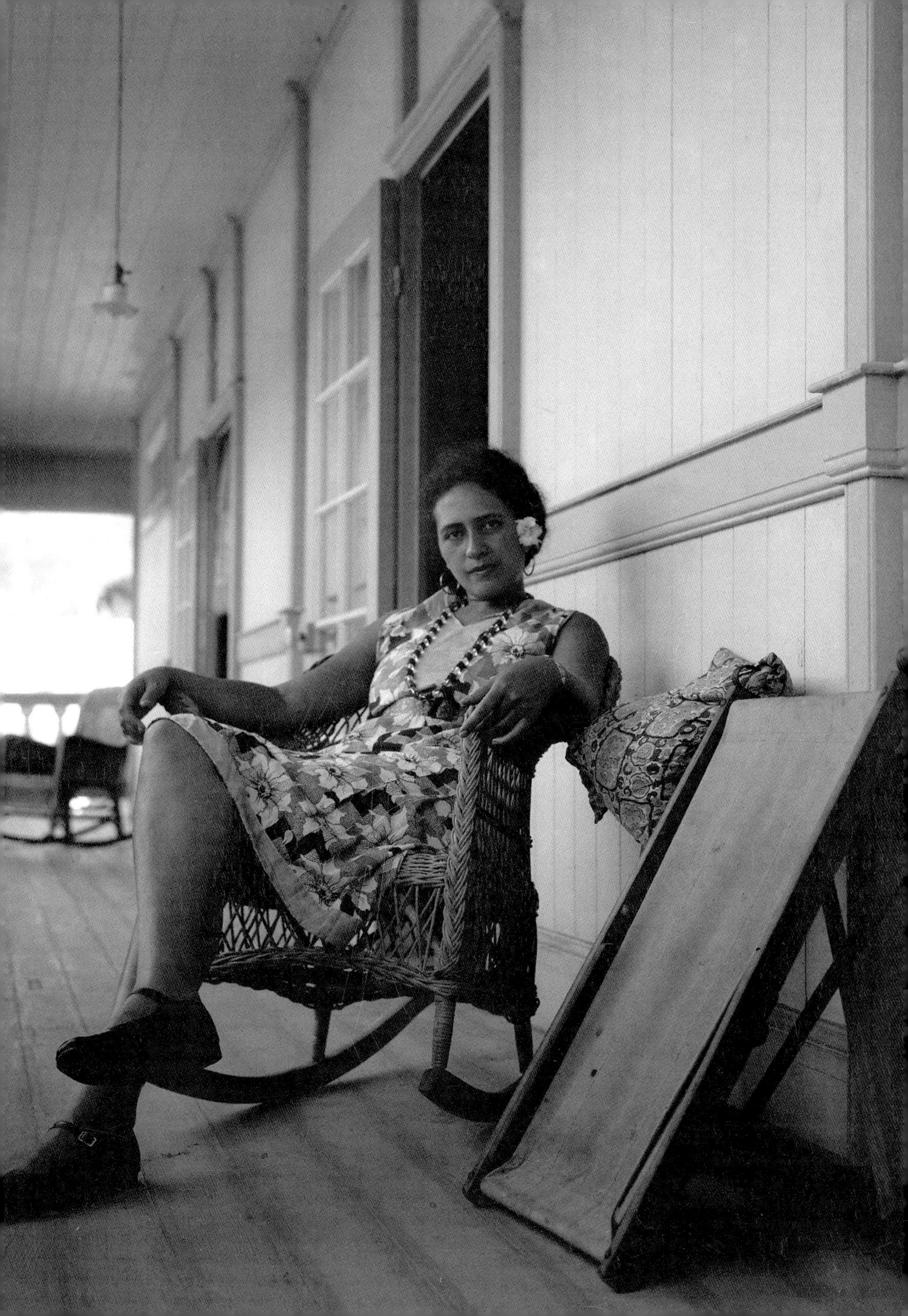

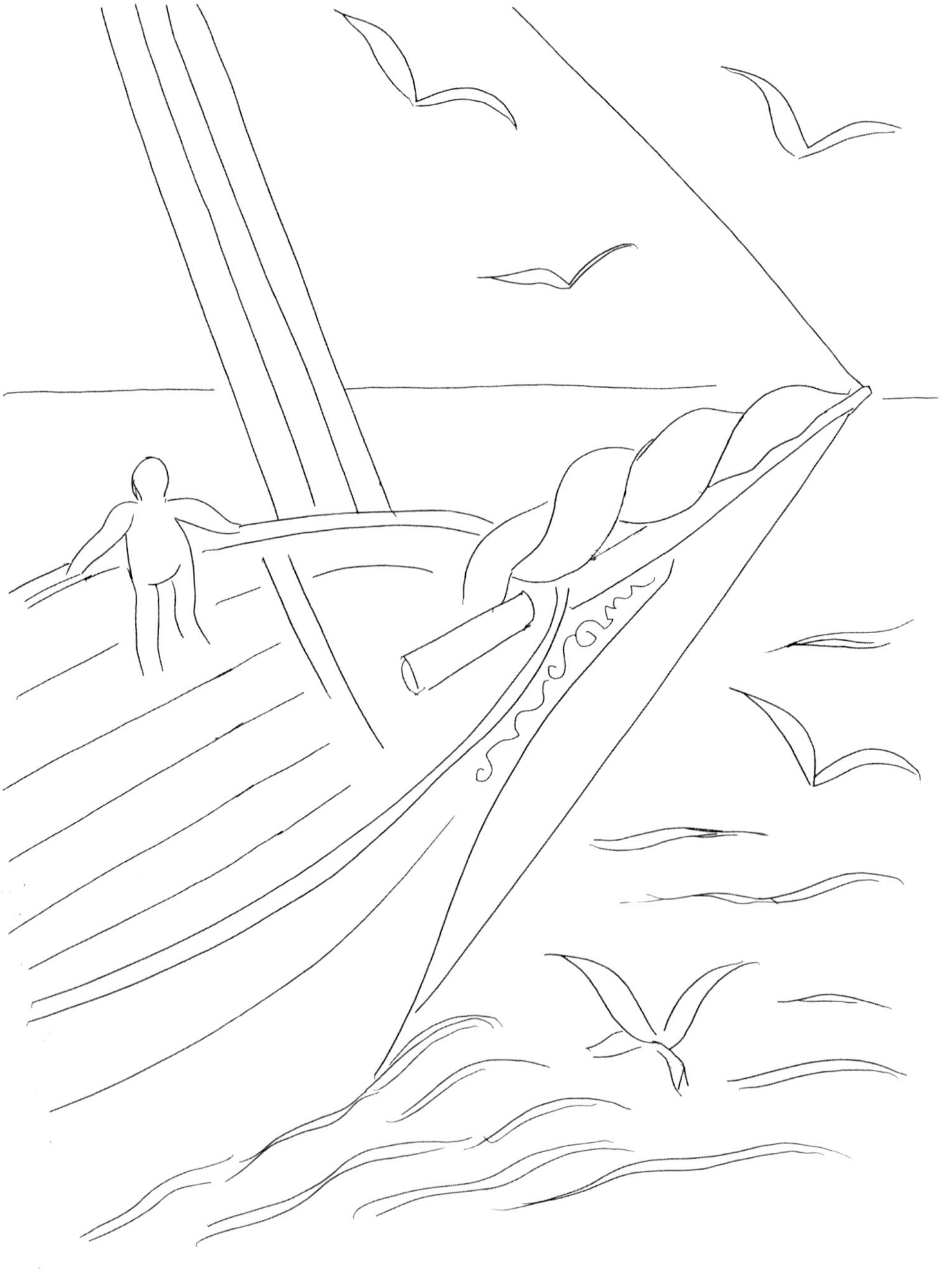

Entretien avec Tériade

L'Intransigeant, octobre, 1930[1]

Nice-Le Havre. Le Havre-New York. De là Chicago, Los Angeles, San Francisco. À San Francisco, embarquement sur le *Tahiti* qui fait naufrage trois mois après, pour l'île du même nom. Dix jours de traversée. Trois mois de séjour à Tahiti en passant plusieurs semaines sur une île de corail du nom d'Apataki, en face d'Apakaka, et quelques jours à Fakarava.

Retour par la *Ville-de-Verdun* jusqu'à Marseille. Le voyage se décompose en dix-neuf jours de Tahiti à Panama. Solitude absolue, ni terre, ni bateaux. Le 14 juillet, la Martinique. Le 16, la Guadeloupe. Tournée autour de Madère sans arrêt. Enfin, arrivée à Marseille après quarante-six jours de mer. Matisse revenait ainsi du bout du monde à dix-huit kilomètres à l'heure.

« Brise Marine », *1932*
Eau-forte pour Poésies *de Stéphane Mallarmé*
Albert Skira & Cie, Lausanne
The Baltimore Museum of Art

Il reste un mois à Nice et repart à Pittsburg pour siéger parmi les jurés du prix Carnegie.

Le voici maintenant au repos dans le hall tiède d'un grand hôtel de la rive gauche.

Je posai d'abord à Matisse les questions d'usage sur le besoin de voyager, sur l'utilité du voyage pour le peintre, sur ses réactions devant les lumières nouvelles et les paysages différents, enfin sur le rôle qu'un tel tour de la terre a joué déjà ou pourrait jouer dans son œuvre.

« Si vous voulez bien », me dit Matisse, « je vous répondrai d'abord par un exemple cueilli dans mon travail, et qui situera sans doute clairement, sur leur plan réel, toutes ces questions.

Dans mon atelier de Nice, j'avais travaillé plusieurs mois sur un tableau[2] sans le finir et avant de partir pour Tahiti. Au cours de mon voyage, tout en étant fortement impressionné par ce que je voyais tous les jours, j'ai pensé à plusieurs reprises à mon travail laissé en train. Je pourrais même dire que j'y pensais constamment. En rentrant à Nice, cet été, pour un mois, je repris mon tableau et j'y travaillai

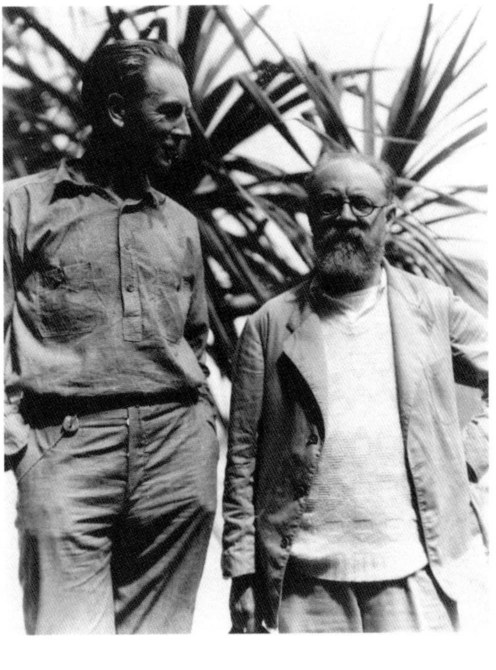

Henri Matisse et F. W. Murnau, *1930*
Collection Solera & Cie

tous les jours. Puis je partis de nouveau pour l'Amérique. Et c'est pendant la traversée que je sentis ce que je devais faire, c'est-à-dire la faiblesse de la construction de mon tableau et sa continuation possible. J'ai hâte de le reprendre aujourd'hui.

Ceci prouve peut-être que mon travail est le dédoublement de la vie de mon cerveau. Peut-être est-ce aussi l'idée fixe d'un vieil abruti qui fait le tour du monde et qui recherche en rentrant la blague à tabac qu'il a égarée avant de partir.

Quand on a travaillé longtemps dans le même milieu, il est utile d'arrêter à un moment donné la marche habituelle du cerveau par un voyage qui en repose certaines parties et en laisse affluer d'autres, celles-ci comprimées par la volonté. Et puis cet arrêt permet un recul, par conséquent un examen du temps passé. On reprend son chemin avec plus de certitude quand la préoccupation de la partie antérieure du voyage n'ayant pas été détruite par la quantité d'impressions reçues du monde nouveau dans lequel on s'est plongé, reprend possession du cerveau.

L'ivresse des pays comme Tahiti est possible sur un cerveau d'un homme en formation chez lequel les différentes jouissances se confondent (c'est-à-dire quand il a senti la rondeur voluptueuse d'une Tahitienne, il s'imagine que le ciel est plus clair). Mais quand l'homme est formé, organisé, avec le cerveau ordonné, il ne fait plus ces confusions et il sait davantage d'où lui vient son euphorie, sa dilatation.

Par conséquent, il n'y risque pas d'interrompre le cours de son propre développement. Ainsi pour le peintre. Le voyage fait à l'époque où l'esprit est déjà formé a une autre utilité que celui du jeune homme, si l'on veut bien admettre que l'artiste ne peut atteindre son complet développement que sur le sol où il est né.

Tahitien vêtu d'un paréo, *1930*
Photo Henri Matisse

Scène du film *Tabou* de F. W. Murnau, *1930*
Collection Solera & Cie

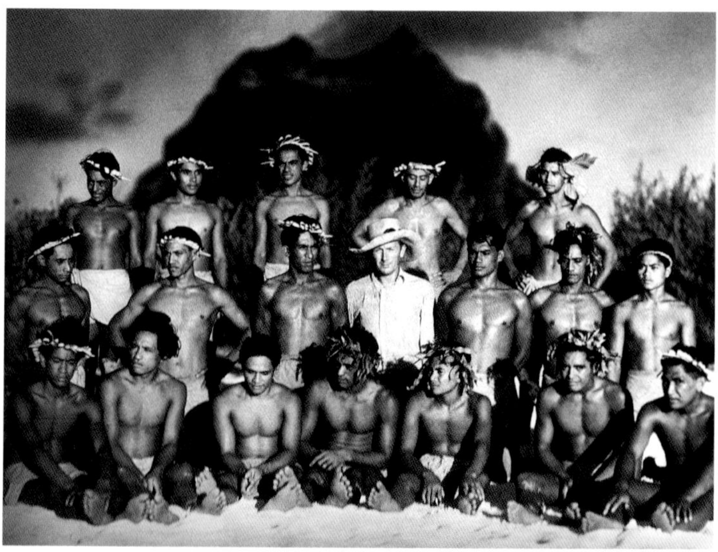

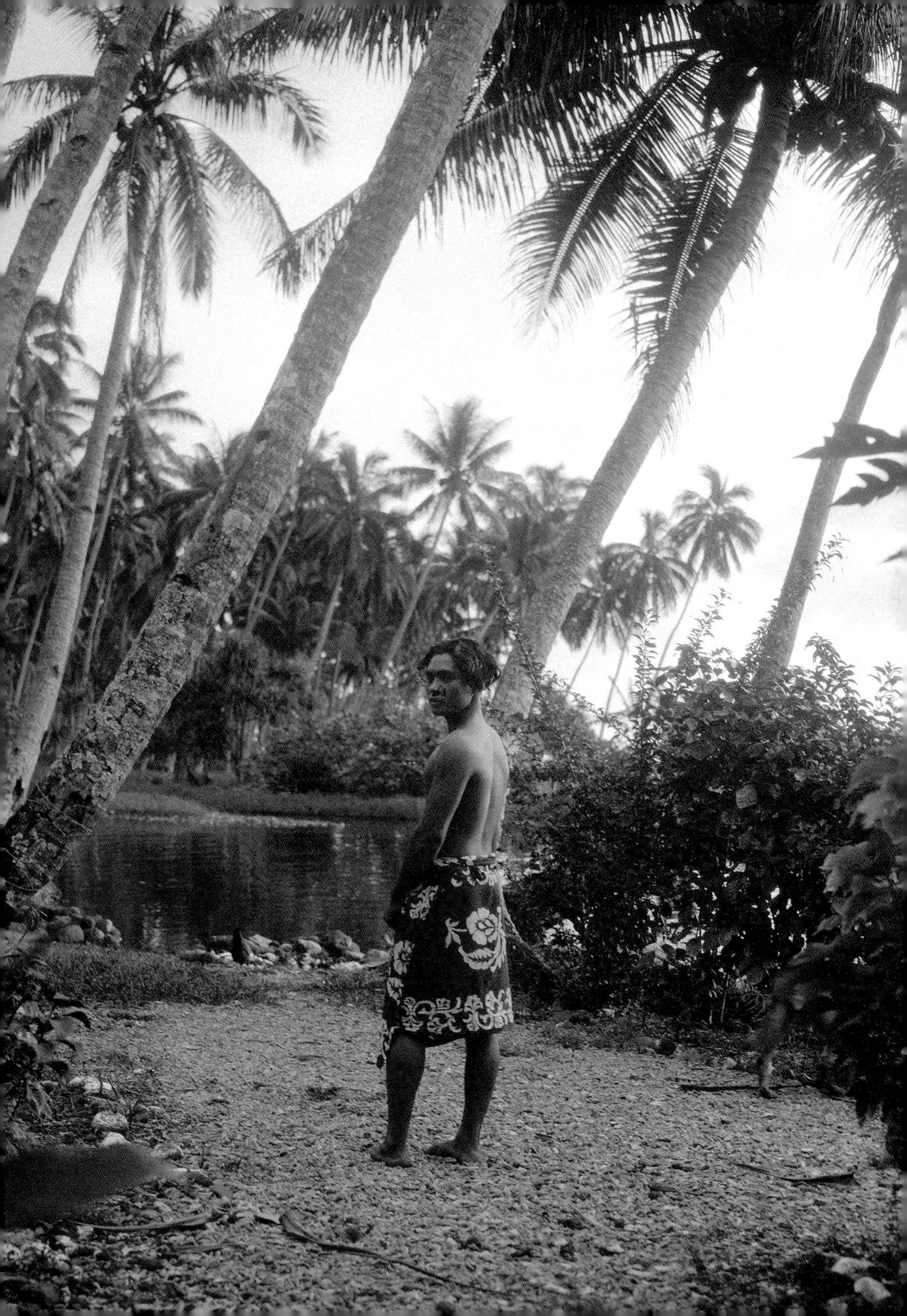

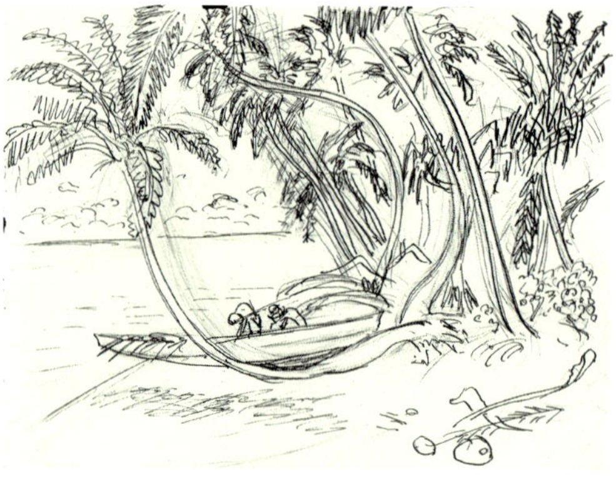

Arbres et pirogue, bord de mer, *1930*
Encre et plume sur papier
25 x 32,5 cm
Collection particulière

Pirogue sur le rivage, Tahiti, *1930*
Encre et plume sur papier
25 x 32,5 cm
Collection particulière

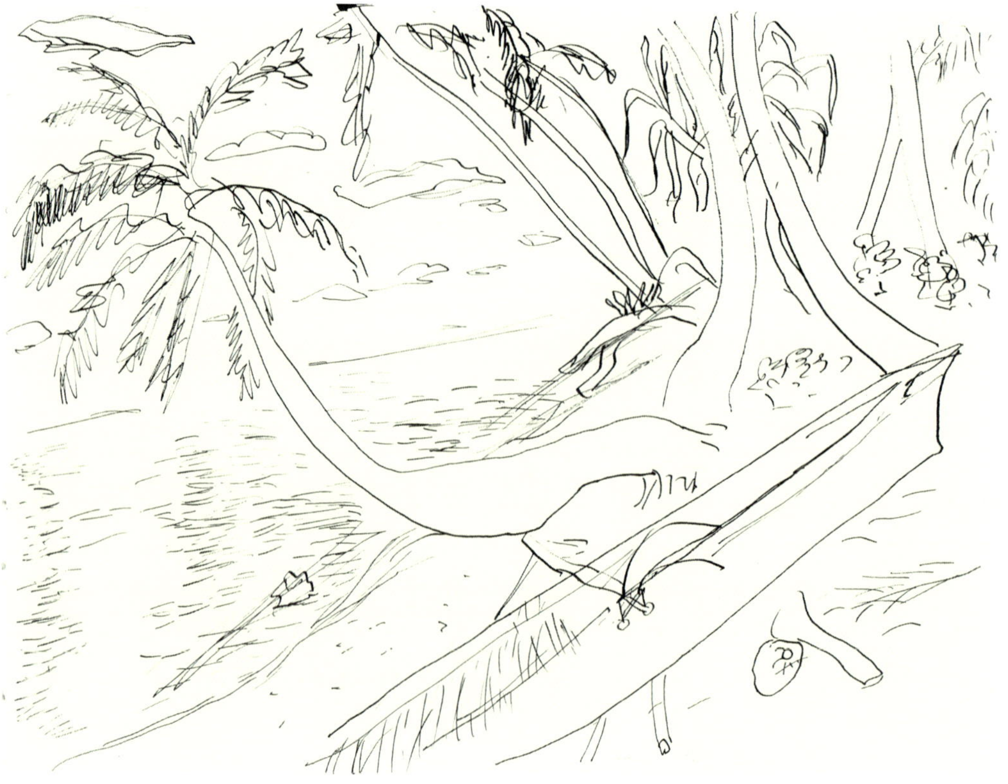

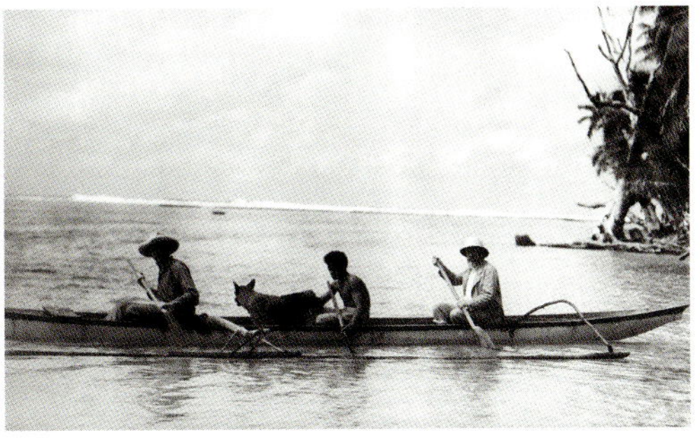

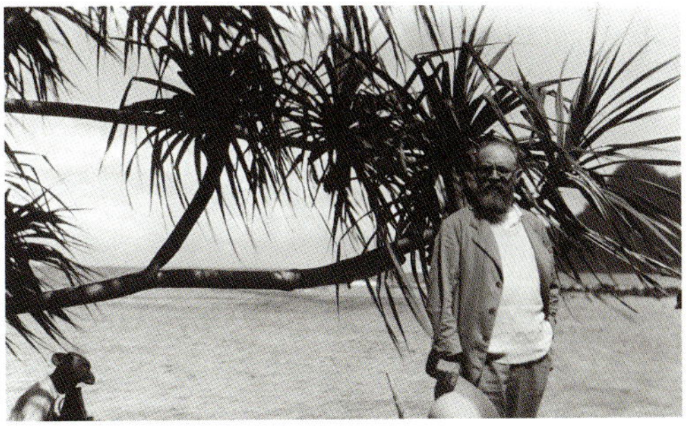

Henri Matisse en pirogue, *1930*
Photo F. W. Murnau
Collection Solera & Cie

Paysage de Tahiti, *1930*
Encre et plume sur papier
25 x 32,5 cm
Collection particulière

Henri Matisse devant un pandanus, *1930*
Photo F. W. Murnau
Musée Matisse, Le Cateau-Cambrésis, don de Matisse au musée

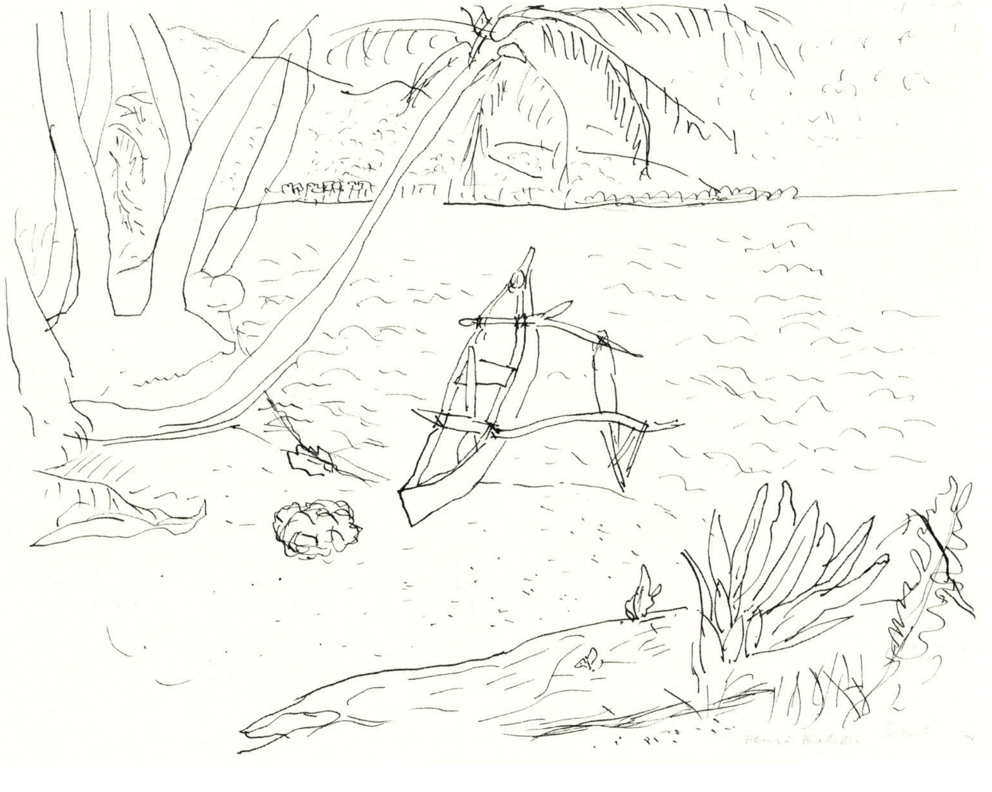

Tifaifai, motif de roses,
Maupiti, vers 1940
Joséphine Tainarova
Îles de la Société
Collection Joyce Hammond

Évidemment ceci s'applique aux artistes chez lesquels l'imagination joue le plus grand rôle. Quant aux réalistes, si l'on prend le mot réalisme dans son sens étroit, objectif, ils peuvent s'exprimer partout, leur vie intérieure n'étant pas modifiée.

En travaillant depuis quarante ans dans la lumière et l'espace européens, je rêvais toujours à d'autres proportions qui pouvaient se trouver peut-être dans l'autre hémisphère. J'ai eu toujours conscience d'un autre espace dans lequel évoluaient les objets de ma rêverie. Je cherchais autre chose que l'espace réel. D'où ma curiosité pour l'autre hémisphère où les choses pouvaient se passer différemment. (Je peux d'ailleurs vous dire que je ne l'ai pas trouvé en Océanie.)

En art, ce qui importe surtout, ce sont les rapports entre les choses. La recherche de la possession de la lumière et de l'espace dans lesquels je vivais me donnait le désir de me rencontrer avec un espace et une lumière différents qui permettraient de saisir plus profondément cet espace et cette lumière dans lesquels justement je vivais, ne fût-ce que pour prendre conscience de ces derniers.

Voilà pourquoi, quand j'étais à Tahiti, je me recueillais pour rechercher les visions de la Provence, pour les opposer brutalement à celles du paysage océanien. »

Et Matisse conclut : « La plupart des peintres ont besoin du contact direct des objets pour sentir qu'ils existent et ils ne peuvent les reproduire que sous leurs conditions strictement physiques. Ils cherchent une lumière extérieure pour voir clair en eux-mêmes. Tandis que l'artiste ou le poète possèdent une lumière intérieure[3] qui transforme les objets pour en faire un monde nouveau, sensible, organisé, un monde vivant qui est en lui-même le signe infaillible de la divinité, du reflet de la divinité.

C'est par là d'ailleurs qu'on pourrait expliquer le rôle de la réalité créée par l'art et l'opposer à la réalité objective, par son essence indifférente. »

Voici maintenant quelques remarques de Matisse sur Tahiti :

« La nature est somptueuse, mais pas exaltante, une somptuosité d'appartement familière tout de suite, sans surprises presque. On n'a pas une réaction immédiate qui fait qu'on a besoin de se détendre en travaillant.

La lumière est belle, mais sur des motifs petits, sur des arbres qui ne sont pas grands et qui ont l'air de plantes d'appartement.

J'ai constaté là-bas que je n'avais aucune réaction picturale[4] et qu'il n'y avait pas autre chose à faire qu'à pratiquer la noce dans les ombrages épais et frais des montagnes de l'île, à moins que ce ne soit au "Lotus", au "Lido", au "Lafayette", boîtes de nuit à la mode, ouvertes sans doute pour que les Européens ne perdent pas leur inspiration ni leurs habitudes dionysiaques de la métropole.

L'on est saisi là-bas par cette ambiance qui consiste à ne rien faire. La paresse est plus forte que tout. C'est elle qui confère cette aimable amoralité aux mœurs des insulaires, amoralité qui devient d'ailleurs bien démoralisante au bout d'un court espace de temps. Les Tahitiens sont comme des enfants. Ils n'ont pas le sentiment de ce qui est défendu, ni la notion du bien et du mal. Voler une bicyclette ? A quoi bon ? Où aller avec ? Il faudra bien la remettre, après un tour, à sa place. Prendre la femme du prochain ? Aucun mal à cela. Si l'on est même un blanc, c'est un honneur pour la famille et sa postérité.

Les filles de Tahiti conservent leur nature sauvage et ignorante sous leurs modes fragiles de Paris. Elles vont au bar, elles boivent des cocktails et leur unique lecture sont les catalogues saisonniers des grands magasins parisiens.

Il est vrai aussi que, là-bas, tout arrive de si loin et si tard. *L'Intran*, on le lit trois mois après. Quant aux actualités du cinéma, elles passent souvent après quatre ans. Ainsi j'ai pu admirer là-bas cet été la somptueuse réception d'Amanoullah par le roi d'Angleterre qui, si elle n'était pas d'une brûlante actualité, était tout au moins ironiquement irrévérencieuse. »

Et Gauguin ?

« Gauguin, lui, est parti en révolté. C'est ce qui l'a tenu au milieu de cette ambiance qui vous liquéfie comme on dit là-bas. Son caractère combatif, son état de crucifié l'ont préservé de l'engourdissement général. Ses blessures d'amour-propre le tenaient en éveil.

Aucun souvenir de lui là-bas. Sinon, pour les gens qui l'ont connu, le re ent si cher aujourd'hui. Il y a aussi une petite "rue Gauguin" tout près des

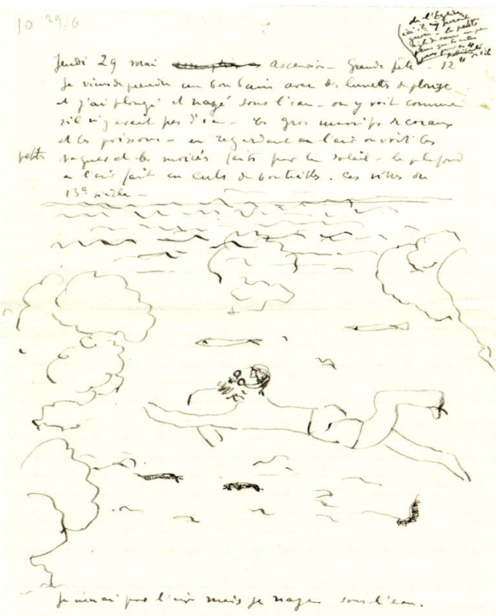

Jeudi 29 mai Ascension – Grande fête – 12h

Je viens de prendre un bon bain avec des lunettes de plonge et j'ai plongé et nagé sous l'eau – on y voit comme s'il n'y avait pas d'eau – les gros rochers de corail et les poissons – en regardant en l'air on voit les petites vagues et les moirés faits par le soleil – le plafond a l'air fait en culs de bouteilles. Ces vitres du 13e siècle –

Je n'en ai pas l'air mais je nage sous l'eau.

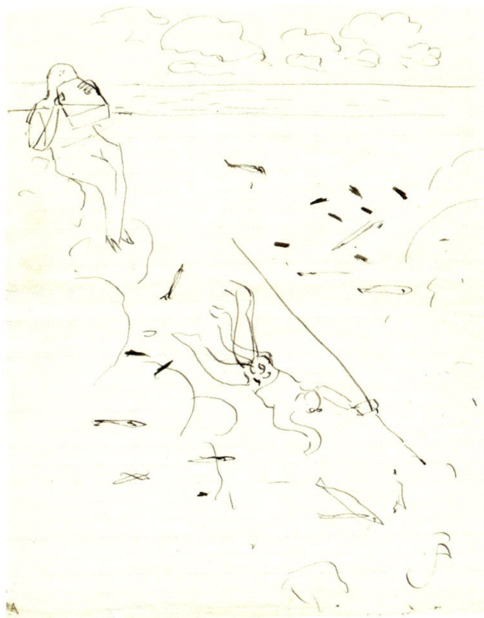

« Je nage sous l'eau... », **lettre à Amélie**, *jeudi 29 mai 1930* *Extrait*

Dessin sur une lettre à Amélie, *jeudi 29 mai 1930* *Détail*

Pages 48/49
Henri Matisse dans sa chambre de Vence devant le tissu qui figure dans son œuvre *Intérieur au rideau égyptien*, *1944*
Photo Henri Cartier-Bresson

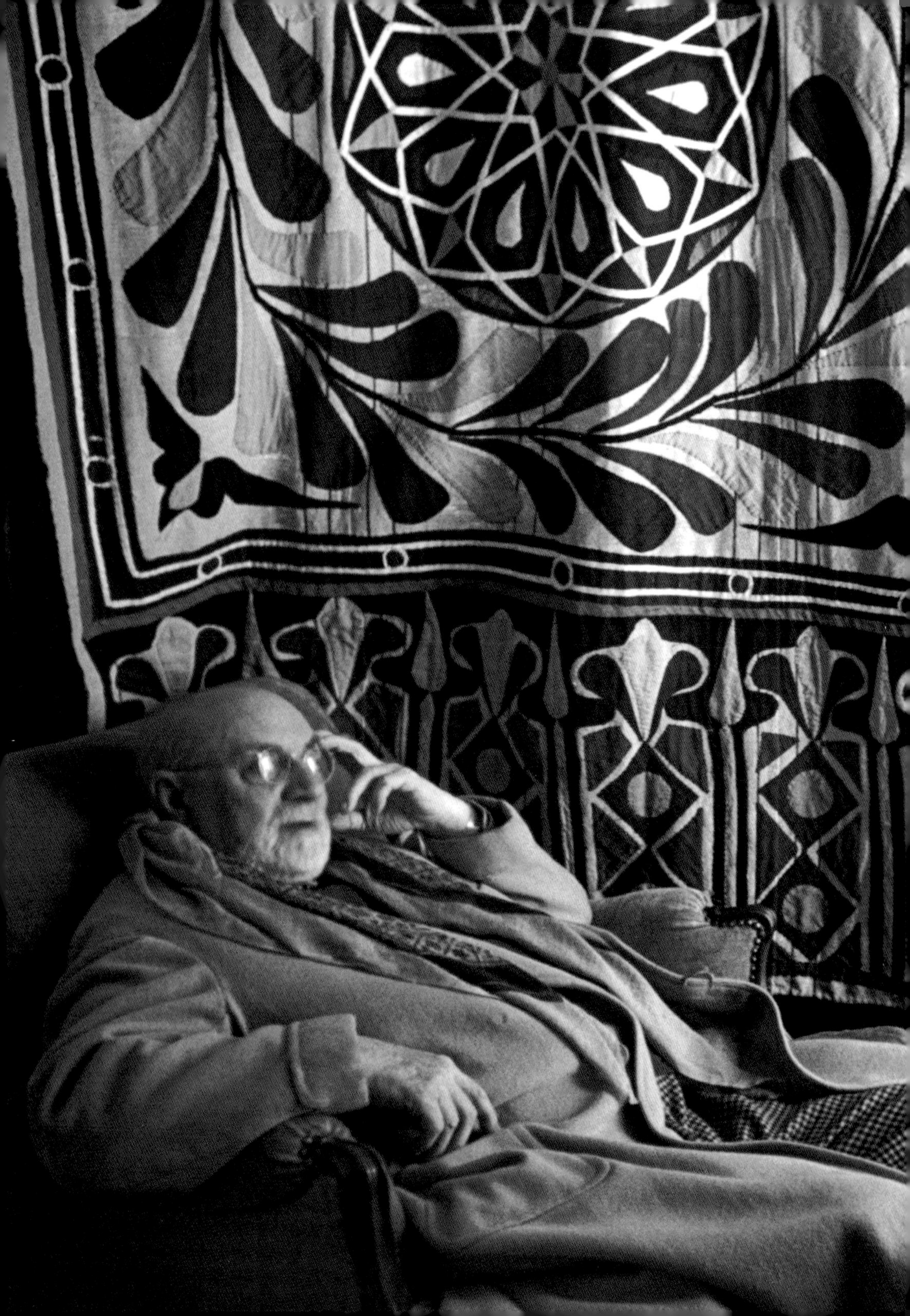

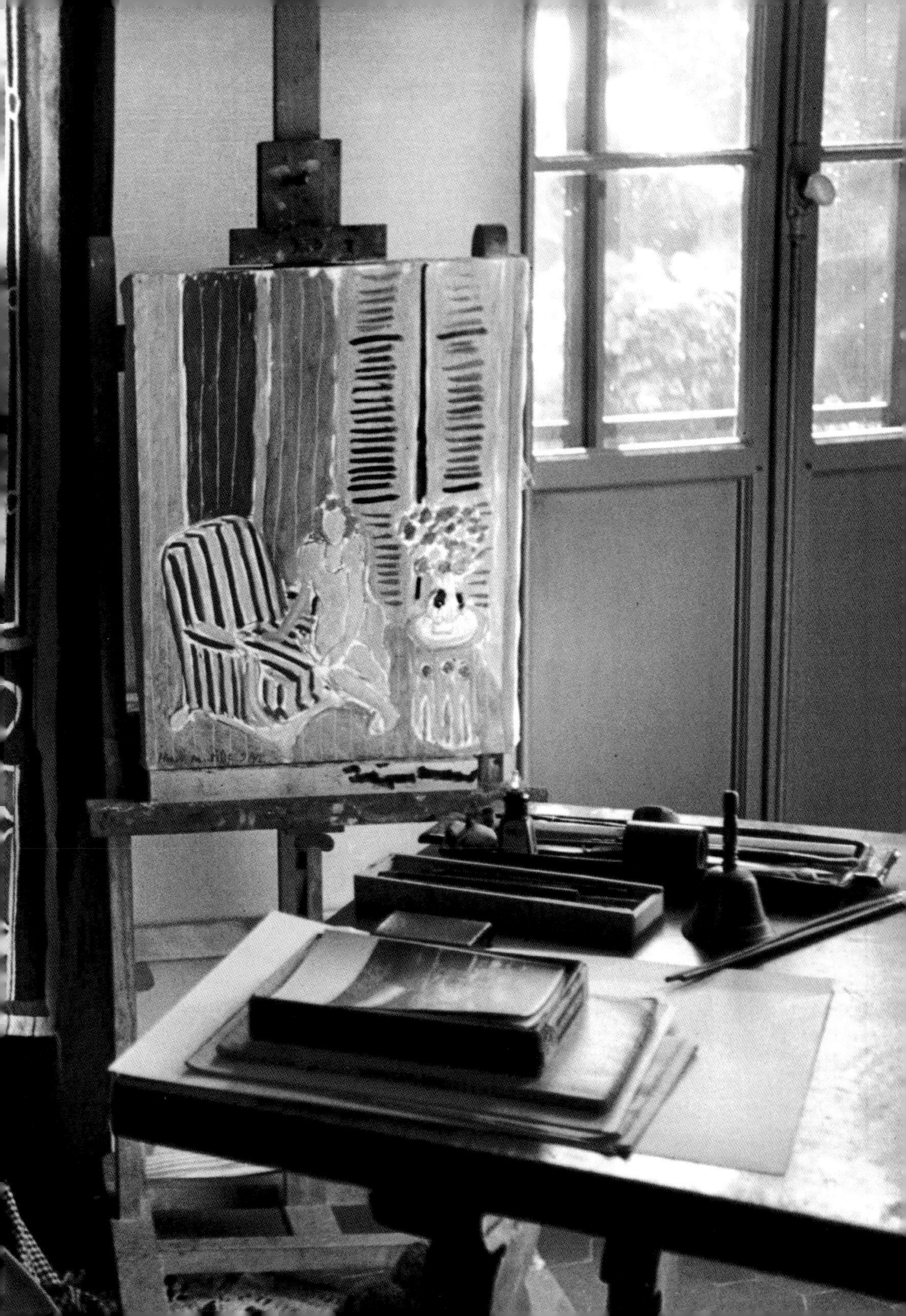

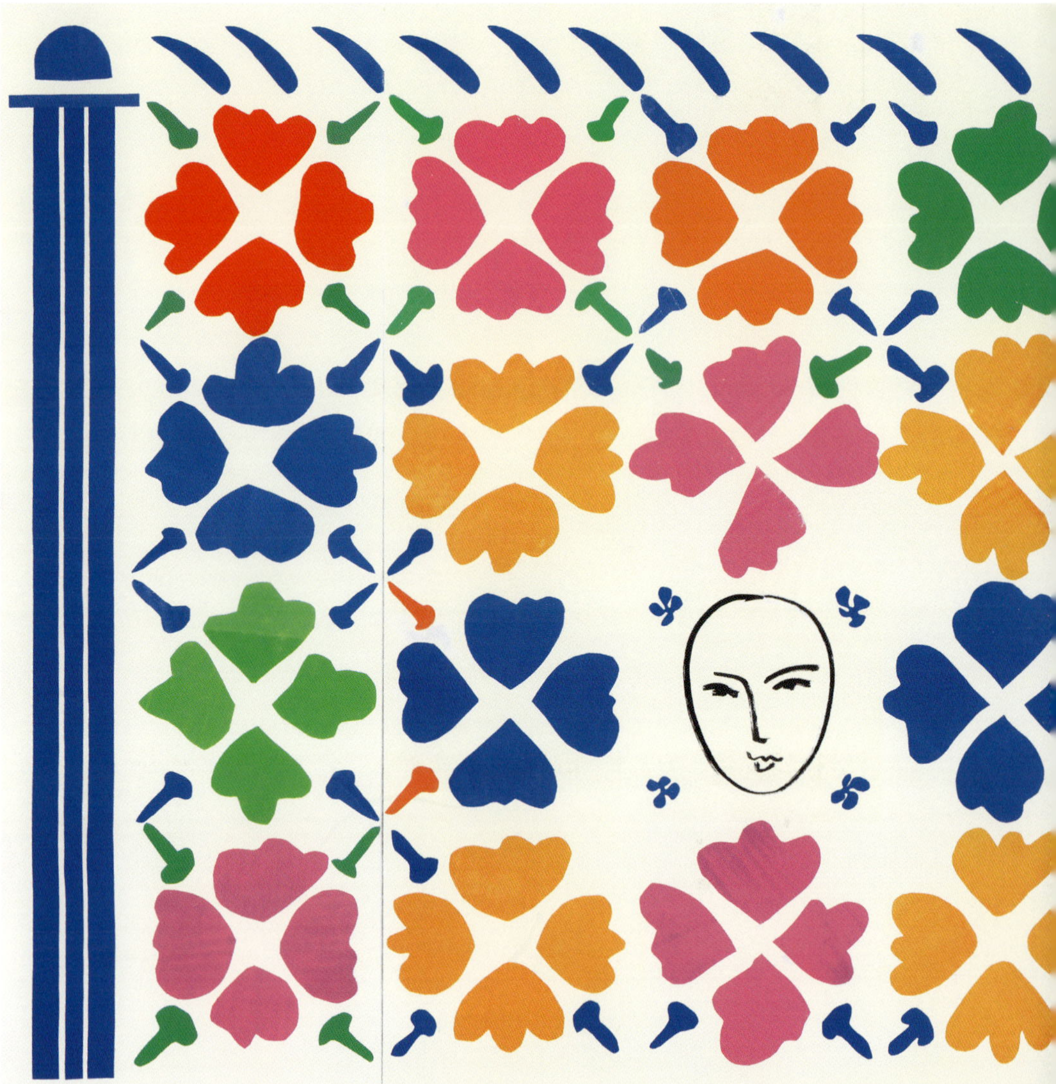

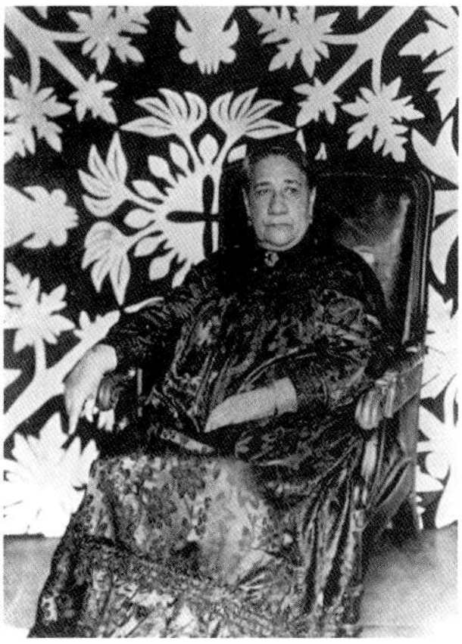

Madame Marau-Taaroa, ancienne reine de Tahiti, *1885*
Photo Charles Spitz
Collection Bishop Museum, Honolulu (HI)

Tifaifai, motif de fruits de l'arbre à pain, *vers 1955*
Collection Suzanne Ebb

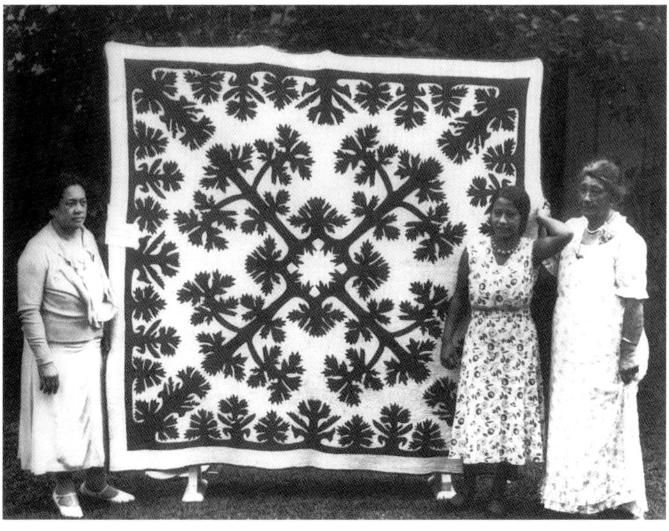

Dorothy Dudoit avec sa couverture brodée et des membres du jury, *Hawaï, vers 1930*

Pages 50–52
Grande Décoration aux masques, *1953*
Papiers gouachés, découpés, collés sur toile
353,6 x 996,4 cm
National Gallery of Art, Washington D. C.
Ailsa Mellon Bruce Fund
Reproduction lithographique du découpage original sur papier

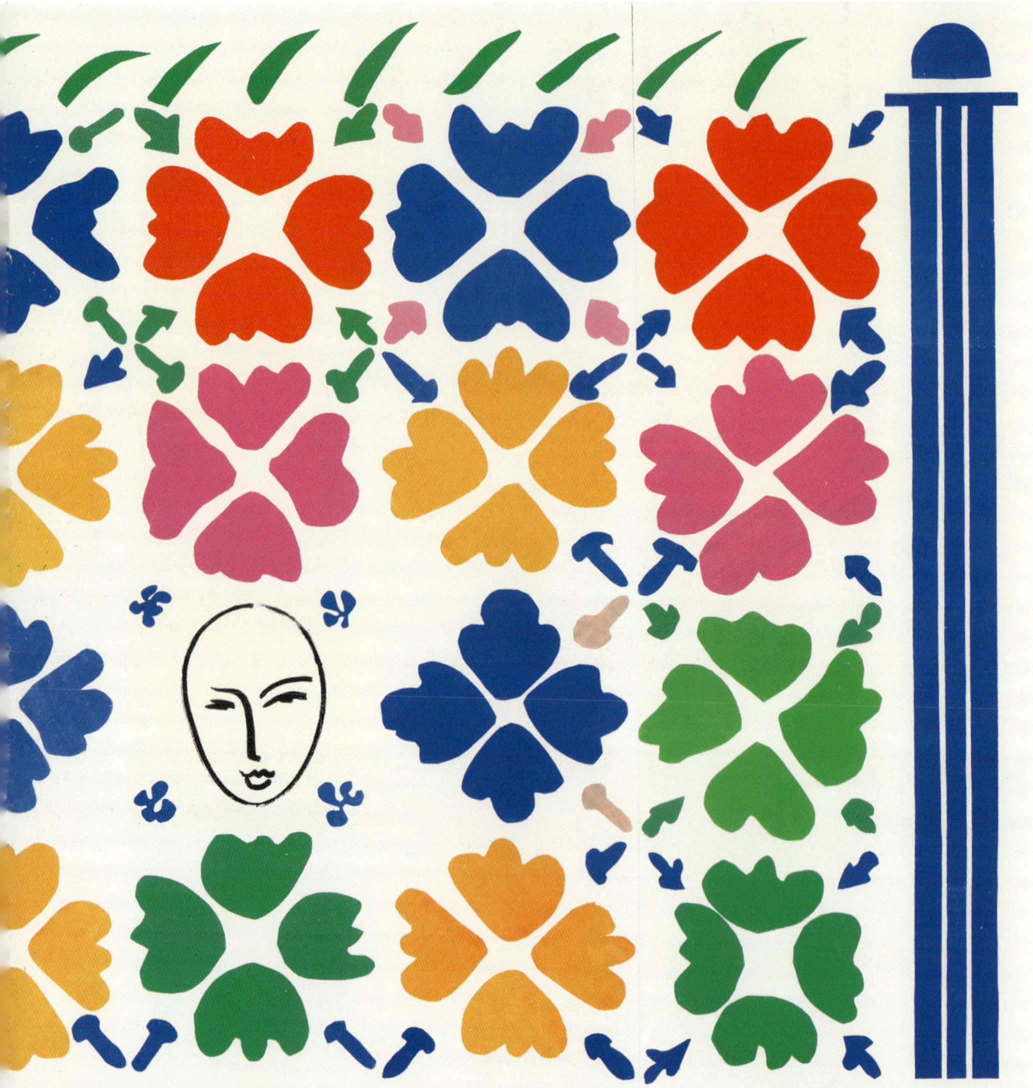
HM 53

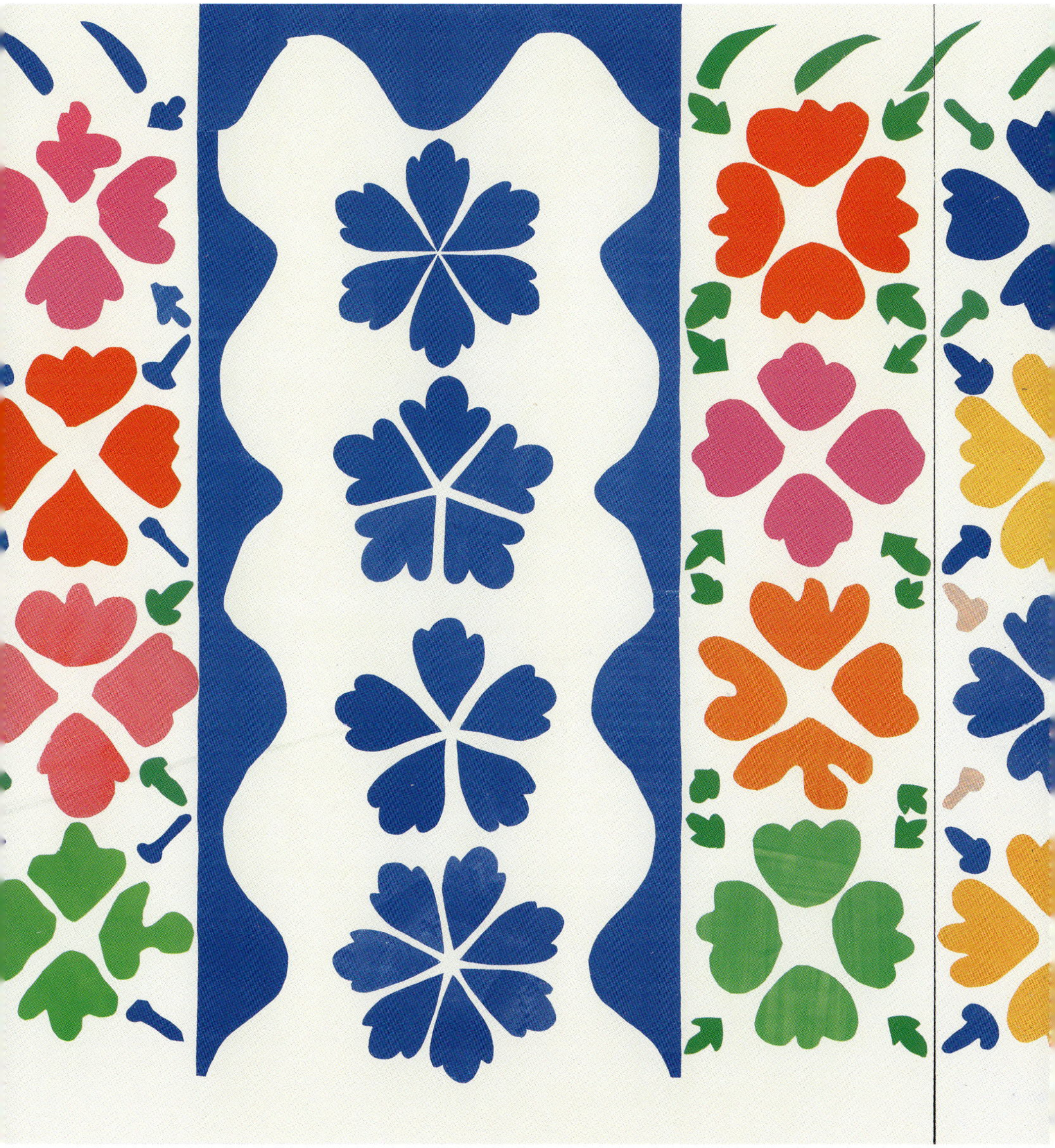

établissements des Phosphates d'Océanie, mais le directeur de cet établissement ne l'avait jamais remarqué.

Puis il y a son fils qui vit à Punaauia. Tout le monde l'appelle Gauguin. Il ressemble à son père dont il a la paupière lourde et le nez busqué. Un homme superbe d'une trentaine d'années, avec des bras puissants. Il passe ses nuits à faire des pêches miraculeuses. Signe particulier : il ne parle pas le français. C'est même une exception à Tahiti. À l'encontre de son père, son caractère très doux le rend très populaire.

À l'instar de Gauguin, d'autres peintres vivent là-bas et peignent "d'un bras puissant" les beautés de l'île. Ils sont généralement encouragés par les habitants qui espèrent ainsi avoir leur revanche. Tous ils admirent la nature, mais uniquement au coucher du soleil : le coucher du soleil sur Moorea. Et ils ne peignent que cela toute leur vie.

Il est vrai que le soir est magnifique. Avant le coucher flamboyant du soleil, le ciel est blond comme du miel. Puis il bleuit avec une douceur infinie.

Par contre, à 6 heures du matin, il fait beau, trop beau, férocement beau. Un temps si brillant, si épanoui déjà qu'on se croirait en plein midi. Alors, je vous assure, on a peur. On est effrayé de toute une journée qui commence par un soleil éclatant et qui ne changera pas jusqu'au couchant. C'est comme si la lumière s'immobilisait pour toujours. C'est comme si la vie se figeait dans une attitude magnifique.

Avant de partir, tout le monde me disait : *Que vous avez de la chance ! Je répondais : Je voudrais bien être déjà de retour.* Voilà qui est fait. »

« La première fois que j'ai vu l'Amérique », dit Matisse, « c'est-à-dire New York, à 7 heures du soir, ce bloc noir et or dans la nuit se reflétant dans l'eau, je fus complètement extasié. Quelqu'un disait près de moi sur le bateau : *C'est une robe pailletée,* ce qui m'aida à préciser ma vision. New York m'apparaissait comme une pépite d'or.

Plus tard, en touchant le trottoir de la Cinquième Avenue, je fus véritablement électrisé et je pensai : Est-ce bien la peine d'aller si loin (je traversais alors l'Amérique pour aller à Tahiti), quand je me sens ici plein d'énergie.

Les proportions de la rue et la hauteur des maisons donnent une sensation d'espace. On y respire mieux que dans les vieilles rues étroites. On y a une impression d'ampleur où l'ordre vous donne un sentiment de sécurité. Vous pouvez penser très confortablement dans une rue new-yorkaise ce qui est devenu presque impossible, il faut bien le dire, dans notre cafouillis parisien.

Évidemment, je ne parle pas des petites rues, mais plutôt de cet esprit américain qui semble se réaliser de plus en plus librement dans le cœur d'une ville comme New York.

Tapa océanien, *non daté*
Peinture sur écorce
125 x 163 cm
Musée Matisse,
Le Cateau-Cambrésis

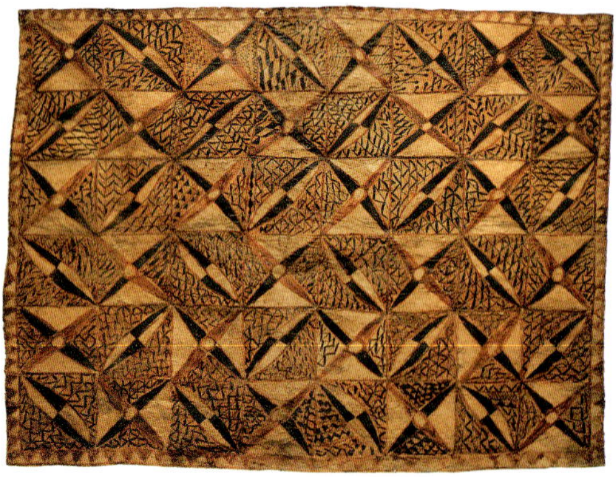

Les gratte-ciel ne sont pas du tout ce que l'on se figure d'après les photographies. À partir du dixième étage, c'est le ciel qui commence parce que la maçonnerie est déjà mangée par la lumière. La lumière et ses reflets enlèvent la matérialité du bâtiment. Quand on est dans la rue, le gratte-ciel nous donne la sensation d'une dégradation de tons qui va de la base jusqu'au sommet. La dégradation d'un ton qui s'évanouit dans le ciel en prenant la douceur de la matière céleste avec laquelle il se confond confère au passant une sensation d'allégement tout à fait inattendue pour un visiteur européen. Cet allégement, qui correspond à un sentiment de délivrance, est bien utile pour contrebalancer la suractivité accablante de la ville.

Souvent même, les bâtiments modernes, blancs pour la plupart, sont parcourus de la base au sommet par de grandes nervures brillantes d'aluminium qui font saisir la proportion d'un seul coup sans la décomposer, comme un miroir d'eau. Nous pouvons ainsi associer cette dimension à toutes celles qui nous sont déjà familières et le gratte-ciel rentre en nous comme un objet palpable, avec des proportions humaines. Ceci élargit sans doute notre espace.

Au musée de Cluny, par exemple, vous êtes étreint par des murs dont les proportions étaient nécessitées par la vie du Moyen Âge. Dans les châteaux de la Renaissance, on respire déjà mieux. Et ainsi de suite. Dans le voisinage des gratte-ciel, la sensation de liberté par la possession d'un plus grand espace s'affirme pleinement.

L'espace que j'ai cherché à Tahiti et que je n'y ai pas trouvé, je l'ai rencontré à New York.

Ceci est indéniable quand on contemple la ville du treizième ou du quatorzième étage de l'hôtel Plaza par exemple, où l'on voit Central Park devant soi, et, de chaque côté, les gratte-ciel des grandes avenues. C'est une vision prodigieuse, mais pas inhumaine, comme celle par exemple des grandes montagnes suisses[5].

Quant à Broadway la nuit, tant vanté, cela n'a aucun intérêt persistant. Il suffit d'imaginer le boulevard des Italiens multiplié en hauteur. La tour Eiffel illuminée est un objet autrement plus précieux. Les Américains eux-mêmes l'avouent.

Par contre, quand on voit New York de la rivière vers la fin du jour, tous ces grands buildings à des plans différents se colorent différemment et donnent un spectacle ravissant dans le ciel de l'été indien. Jusqu'à fin novembre, c'est une lumière très pure, immatérielle, une lumière de cristal, contrairement à celle de l'Océanie qui est pulpeuse, moelleuse comme celle de la Touraine et qui semble caresser les choses.

C'est une lumière excessivement picturale, comme la lumière des ciels des primitifs italiens. »

Existe-t-il un climat pictural américain ?

Tapa océanien, *non daté*
137 x 162 cm
Collection particulière, ancienne collection Henri Matisse

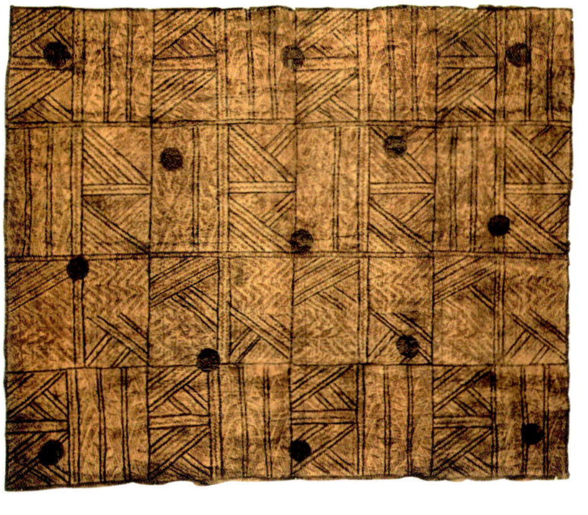

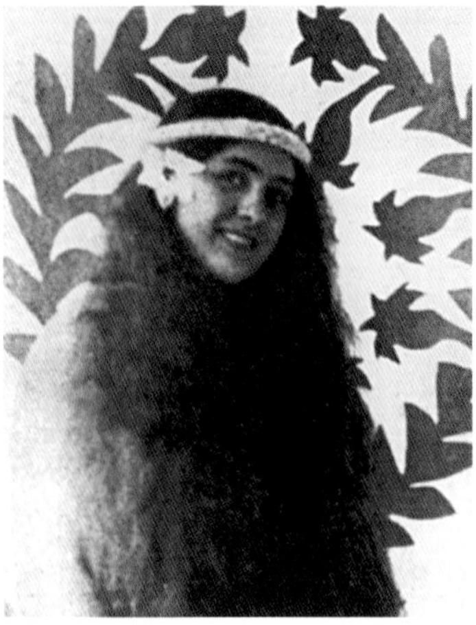

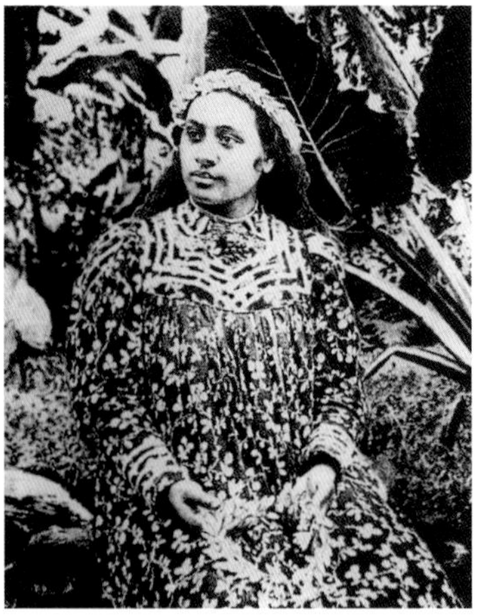

« Sans doute, mais qui n'a pas été encore exploité. Quand les Américains auront suffisamment parcouru le vieux monde pour s'apercevoir de leur richesse, ils pourront alors voir leur pays tel qu'il est.

Et je ne parle pas seulement du climat physique américain, mais de l'ambiance morale elle-même. Cette tension, ce dynamisme constant peuvent se transformer, chez l'artiste, en activité artistique en provoquant chez lui la réaction bienfaisante. » [6]

À gauche
Tahitienne et Tifaifai, *vers 1932*
Tiré de Jean Ably
Chroniques de Tahiti
Paris, 1932

À droite
Carte postale d'Henri Matisse à Pierre Bonnard, *3 avril 1930*

Comment les Américains sont-ils venus à notre peinture moderne ?

« Les Américains s'intéressent à la peinture moderne à cause de sa traduction immédiate du sentiment. Elle est plus directe que l'ancienne. Les matériaux utilisés perdent moins leur côté naturel. C'est bien plus des lignes et des couleurs en mouvement que la reproduction de tel objet ou de tel personnage. Par elle, les Américains communient davantage de plein-pied avec eux-mêmes. Elle est plus en rapport avec l'activité de leur esprit. Elle ne les oblige pas à une sorte d'identification des conditions de vie matérielle des objets représentés.

Quand ils sont fatigués, leur esprit ne se trouve pas devant un "vide d'action", mais ils retrouvent devant les tableaux modernes, et sur un autre plan, leur propre activité.

Alors ils se détendent.

C'est ce que j'ai dit, il y a vingt-cinq ans, dans *La Grande Revue : La peinture doit être un lénifiant pour le cerveau fatigué par la journée de travail d'un homme d'aujourd'hui.*

Une des choses les plus frappantes en Amérique, c'est la collection Barnes[7], qui est installée dans un esprit très utile pour la formation des artistes américains. Là, les tableaux anciens sont mis à côté des modernes, un Douanier Rousseau à côté d'un Primitif, et ce rapprochement aide les étudiants à comprendre bien des choses que les académies n'enseignent pas.

Cette collection présente les tableaux en toute franchise, ce qui n'est pas fréquent en Amérique. La fondation Barnes arrivera sans doute à détruire la présentation artificielle et faisandée des collections de là-bas où les tableaux se révèlent à peine, hypocritement, dans une lumière mystérieuse de temple ou de cathédrale. Selon une esthétique courante en Amérique, cette présentation veut introduire un certain mystère soi-disant favorable entre le spectateur et l'œuvre, mais elle n'est au fond qu'un grand malentendu.

En tout cas, la vogue de la peinture moderne en Amérique est certainement une préparation pour l'épanouissement d'un art américain.

D'ailleurs, en d'autres domaines, l'expression de l'énergie américaine s'affirme, que ce soit dans le cinéma, que ce soit dans l'architecture, où l'on quitte délibérément et sans regrets les imitations des châteaux de la Loire. On en trouve cependant, suprêmes vestiges, quelques petits morceaux survivant au vingt-sixième étage d'un building sous forme de chapeau, ou alors dans Wall Street, les corniches qui couronnent le bâtiment en créant des barres noires inquiétantes pour l'esprit du passant.

On va dire sans doute que je flatte les Américains, comme on a dit, il y a quelques années, que j'ai laissé pousser ma barbe pour faire plaisir aux Russes. Mais il est de toute évidence, pour quelqu'un un peu éveillé, que les nouveaux bâtiments sont plus satisfaisants pour l'esprit que les mauvais assemblages de nos divers styles qui constituaient l'architecture précédente. Il en reste d'ailleurs des échantillons dans la Cinquième Avenue. Il est donc facile de comparer.

La grosse qualité de l'Américain moderne, c'est de ne pas tenir à ses acquisitions. C'est l'amour du risque qui fait qu'on détruit, là-bas, les résultats de la journée avec l'espoir que le lendemain donnera mieux. L'Amérique a la forme et l'esprit d'un grand champ d'expériences qui, pour un artiste, doit être extrêmement sympathique. »

Et le prix Carnegie ?

« Le but du prix Carnegie[8] est de montrer en Amérique ce qui se fait de peinture en Europe, et cela, sans esprit de jugement, sans donner la préférence à une tendance plutôt qu'à une autre. Mais ce qui est légèrement troublant, c'est que le jury est constitué par des artistes de tendances si irrémédiablement différentes que le résultat ne comporte aucune signification.

La partie européenne du jury se compose de trois membres : d'un Français (toujours choisi parmi les peintres aux idées avancées), d'un Anglais (toujours membre de la Royal Academy de Londres), et d'un troisième peintre cueilli indifféremment dans l'un des autres pays européens. Cette année, c'était un Autrichien. Il est à remarquer que ce troisième membre doit être de préférence sans nuance marquée, le "peintre moyen" par excellence, pour établir sans doute l'équilibre souhaité.

Cette année, le premier prix a été décerné à Picasso. Le second à un Américain, Brook. Le troisième à Dufresne. »

Louis Aragon

La Grande Songerie ou le retour de Thulé

Extrait, 1945–1946

« L'Œil de l'oiseau », *1930*
(au verso)
Photo Henri Matisse

Henri Matisse écrivant, *1930*
Photo F. W. Murnau

Ce n'était aucunement de Pétrarque aujourd'hui que je voulais parler, mais d'Henri Matisse, et je ne sache pas qu'il ait jamais fait de croisière aux Orcades. Mais, dans la vie de tout homme, il y a toujours quelque Thulé qui sommeille, quelque songe latent, qui vous pousse un jour à des voyages. Et pour Matisse, Thulé était une île, sans doute, et où l'on faisait aussi des chapeaux de paille, mais où l'on portait des couronnes de fleurs et de coquillages. L'ukelele y remplaçait avantageusement les bag-pipers, le tiaré la bruyère, et Tahiti Thulé.

Il est facile de comprendre quels mirages mouvants et croisés décidèrent le peintre à visiter les Iles. Quels signes miraculeux, quelles aventures antérieures l'y décidèrent. Et moins l'histoire de Gauguin que tout ce qui se disait de la beauté hors nature de la nature et des êtres dans ce paradis attardé ; des coraux, des eaux transparentes, de la lumière surtout. Je pense que ce fut surtout le piège de cette lumière incomparable et lointaine qui attira Matisse pendant les années trente dans les eaux pacifiques. Inutile de l'interroger : assurément toutes les tentations se croisèrent, et même celles dont il n'eut pas conscience, toutes ces légendes modernes qui faisaient alors le succès du film *Ombres blanches*, et ce goût d'évasion où il y a toujours un peu de Rimbaud. C'étaient les dernières années où les Iles avaient encore ce mystère de l'inatteignable, il n'y avait pas de service d'avions, et la guerre n'avait pas encore fait de l'Océan tranquille une banlieue de Chicago. Mais on peut assurer qu'au milieu de mille rêveries seule une raison qui tient à la peinture pouvait emporter la décision de ce départ. Chez Matisse [...] *le Chinois au cœur limpide et fin*, la peinture est bien plus qu'un art, c'est un sentiment, je serais tenté d'écrire, c'est le seul sentiment, au peu de place en tout cas qu'elle a laissé dans sa vie à tout le reste. Quand Matisse se promène, quand il voit quelqu'un, quand il lit, toujours la peinture intervient qui l'interroge : et dans tout ça, quel bénéfice pour moi ? Bien sûr qu'il aime les fleurs, les femmes, les oiseaux. Mais pas comme vous et moi. Pas gratuitement. Tout ce qui est aux autres le rêve est chez lui l'élément, élément d'un ordre implacable, d'un ordonnancement de la pensée.

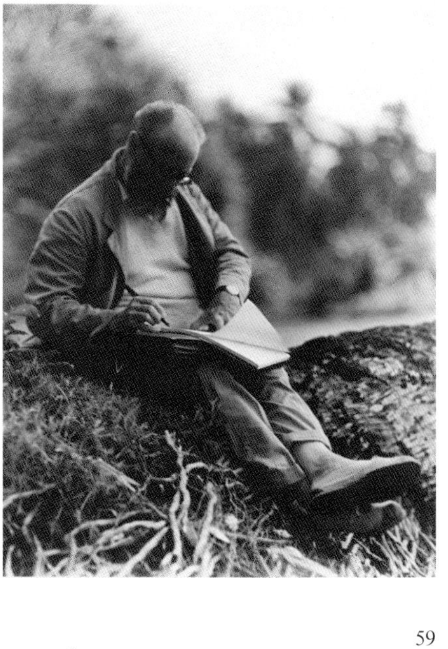

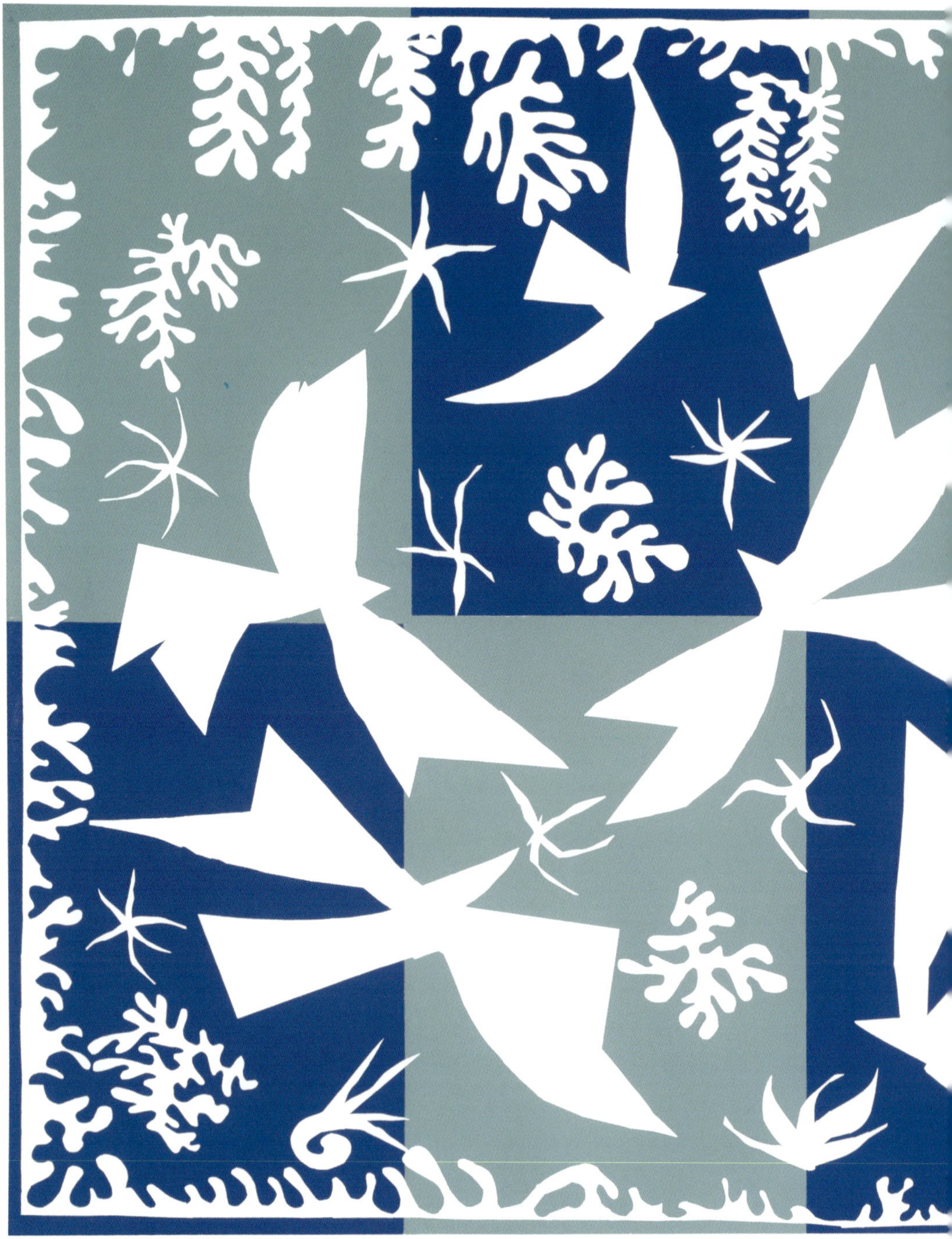

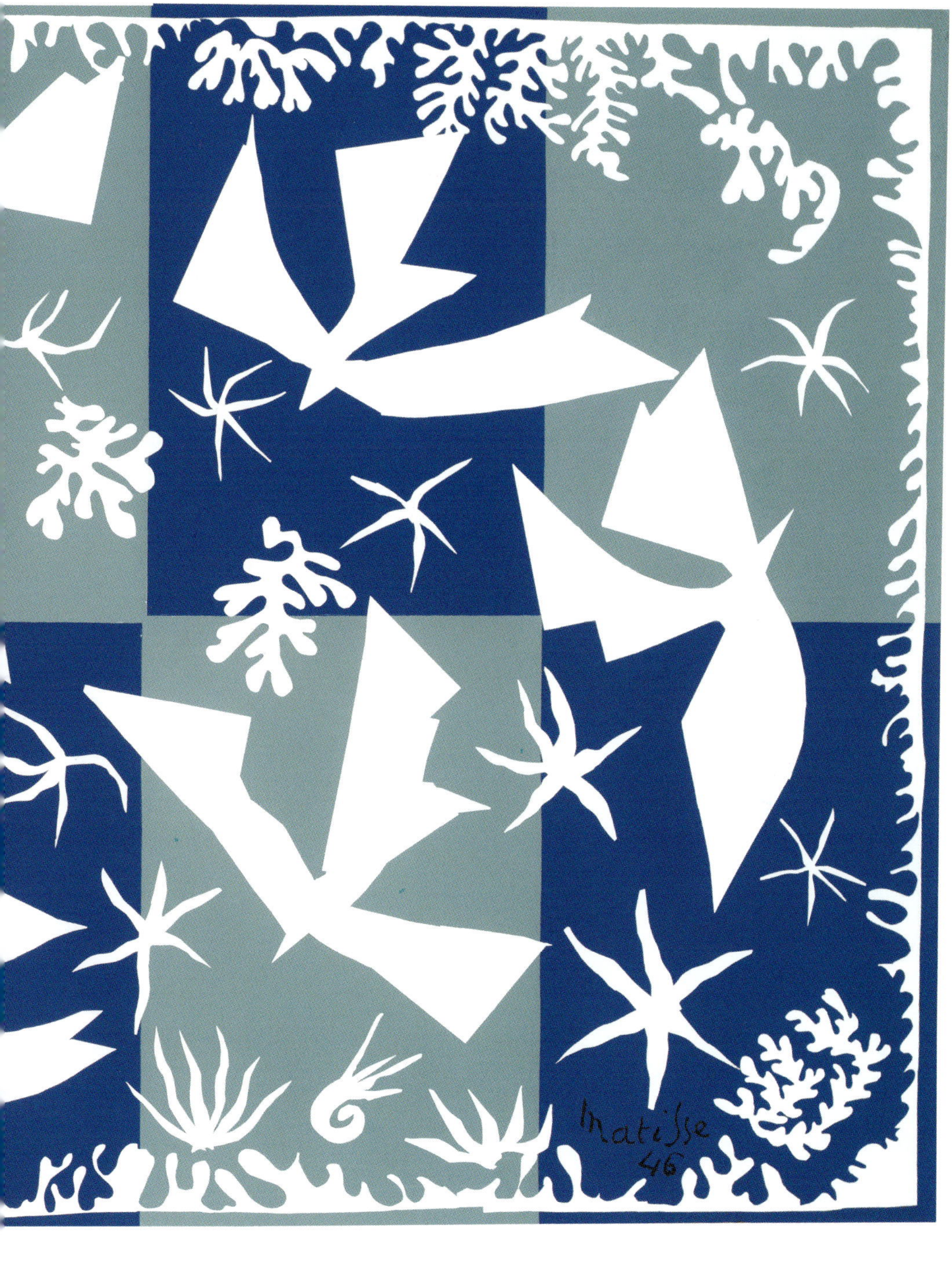
Matisse
46

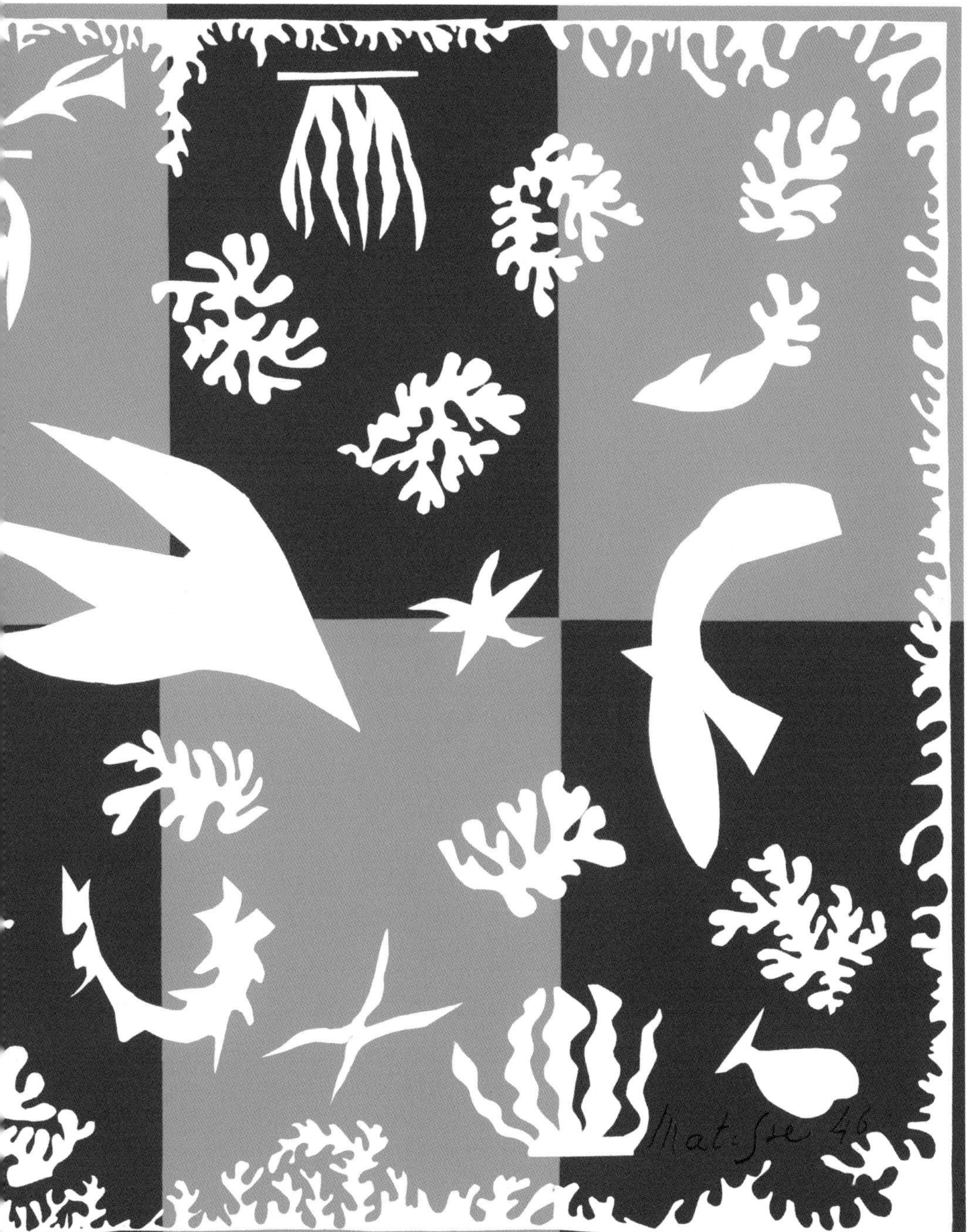
Matisse 46

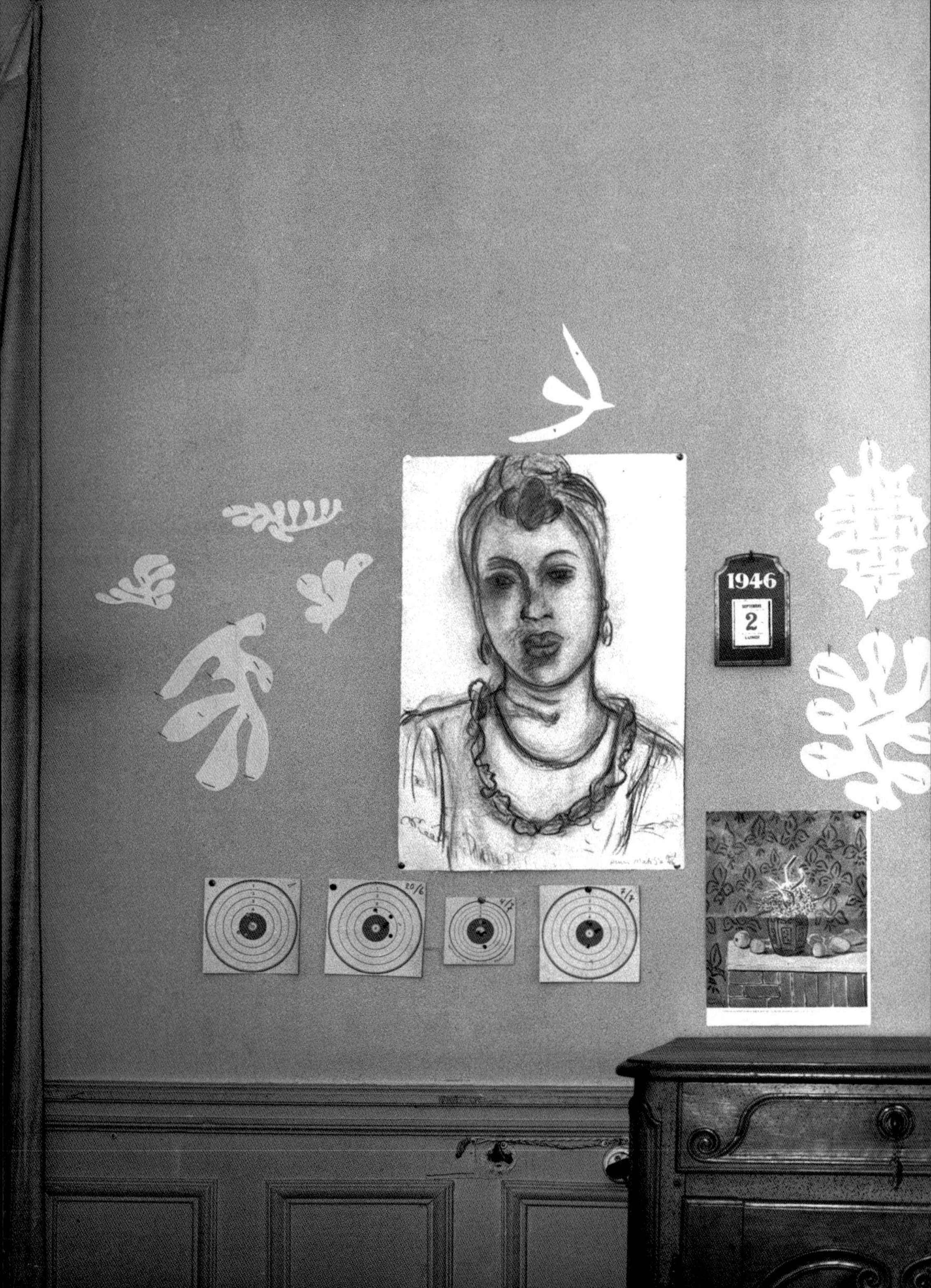
1946
2

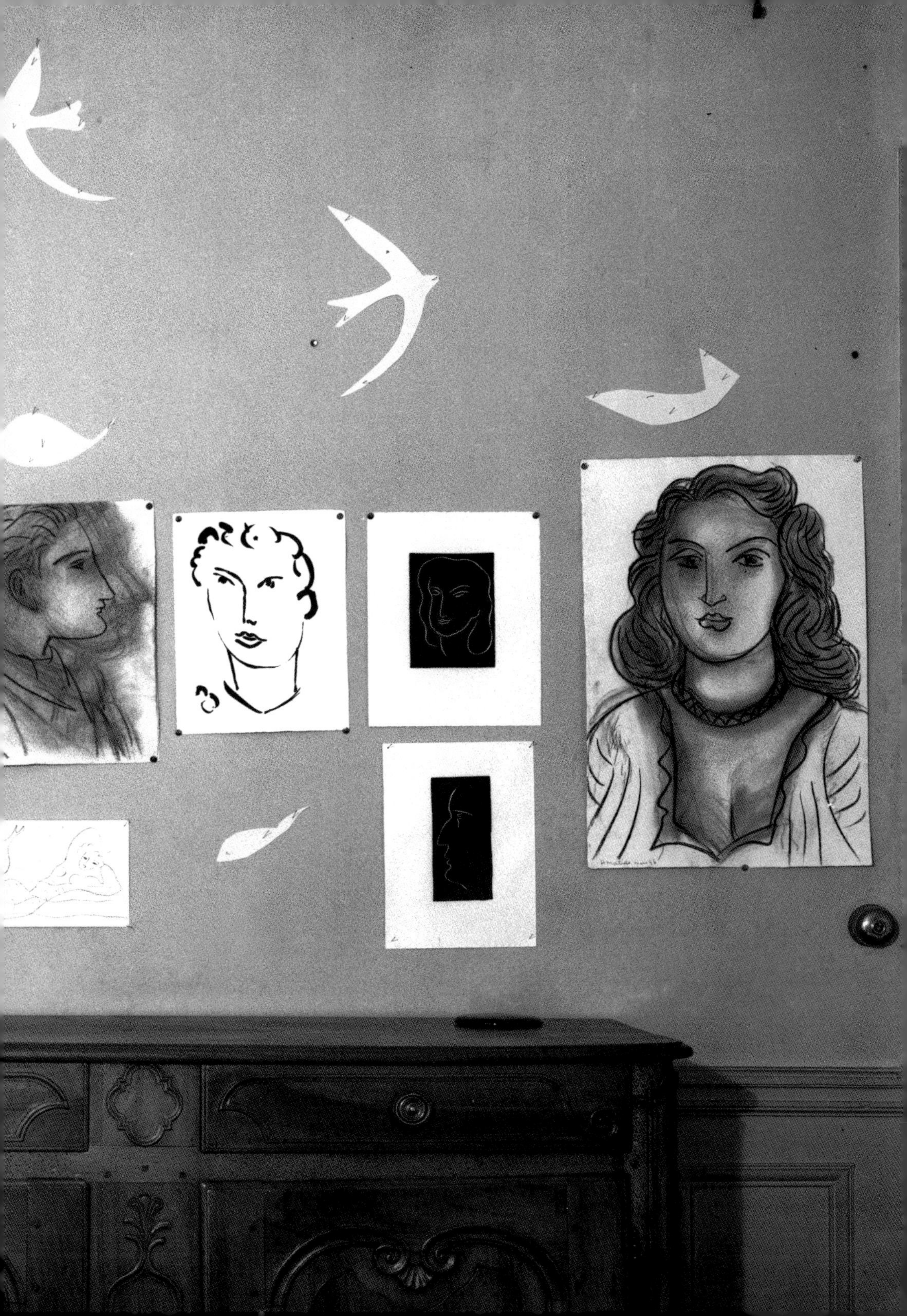

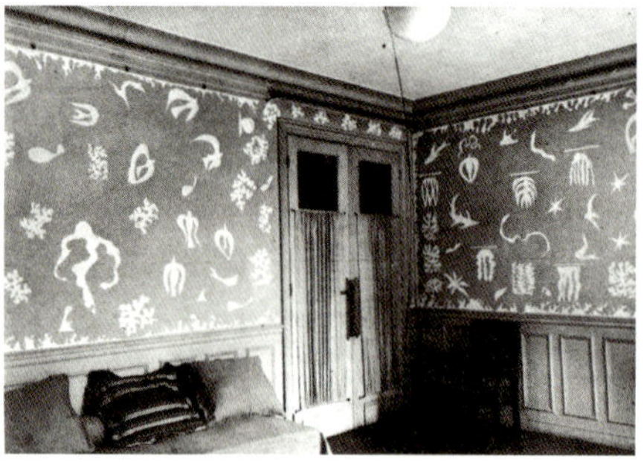

La chambre-atelier d'Henri Matisse, boulevard du Montparnasse, *Paris, octobre 1946*
Les murs sont couverts des gouaches découpées d'Océanie
Photo Hélène Adant

Coquillage, *1941*
Encre et plume sur papier
20,5 x 26,5 cm
Collection particulière

Pages 60/61
Polynésie, le ciel, *1946*
Carton pour une tapisserie de laine. Papiers gouachés, découpés, collés sur papier marouflé sur toile, 200 x 314 cm
Musée national d'Art moderne, Centre Pompidou, Paris

Pages 62/63
Polynésie, la mer, *1946*
Carton pour une tapisserie de laine. Papiers gouachés, découpés, collés sur papier marouflé sur toile, 196 x 314 cm
Musée national d'Art moderne, Centre Pompidou, Paris

Pages 64/65
La chambre-atelier d'Henri Matisse, boulevard du Montparnasse, au début des gouaches découpées d'Océanie, *juin – août 1946*
Photo Hélène Adant

Page 67
Couverture pour « Les Fleurs du Mal » de Charles Baudelaire, *1947*
Eau-forte
Bibliothèque nationale de France, Paris

Pages 68/69
Océanie, le ciel, *1946*
Tenture imprimée sur lin
177 x 370 cm
Musée national d'Art moderne, Centre Pompidou, Paris

Pages 70/71
Océanie, la mer, *1946*
Tenture imprimée sur lin
166 x 380 cm
Musée national d'Art moderne, Centre Pompidou, Paris

Pages 72/73
Henri Matisse dans sa villa « Le Rêve », *Vence, 1948*
Photo Michel Sima

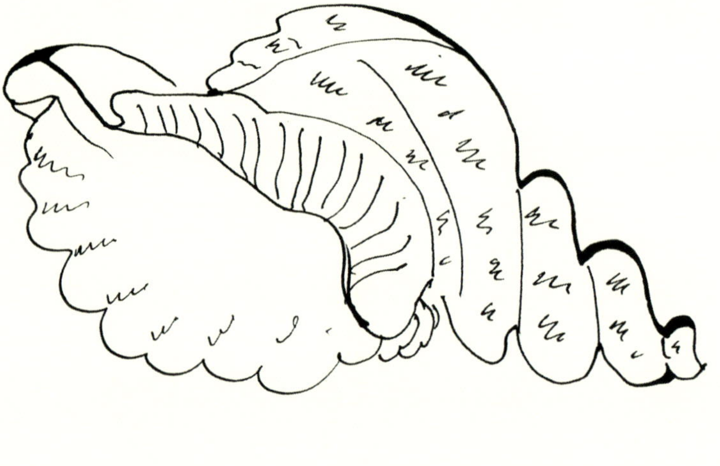

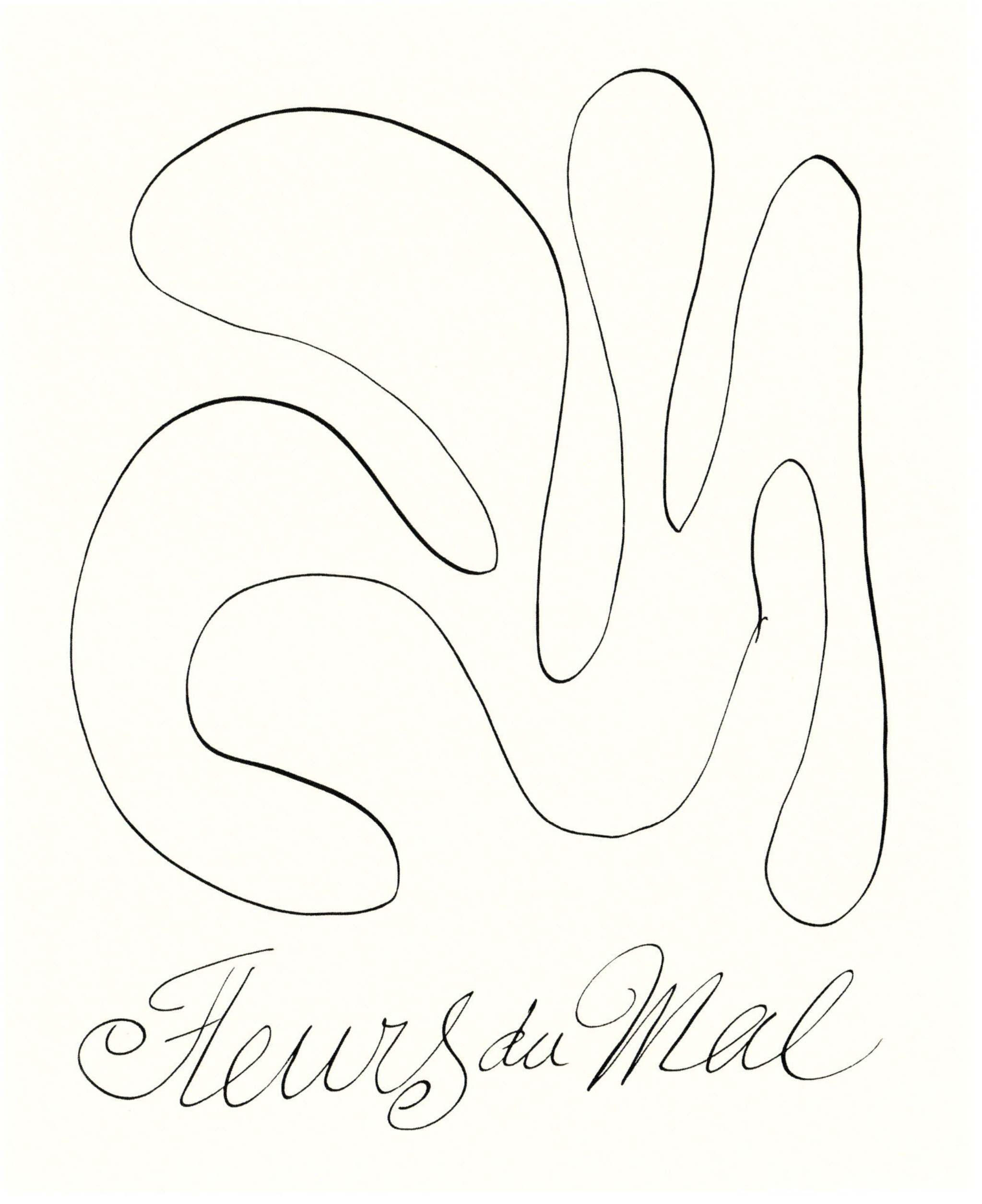
Fleurs du Mal

H. Matisse
6/20

H. Matisse

II. La Danse

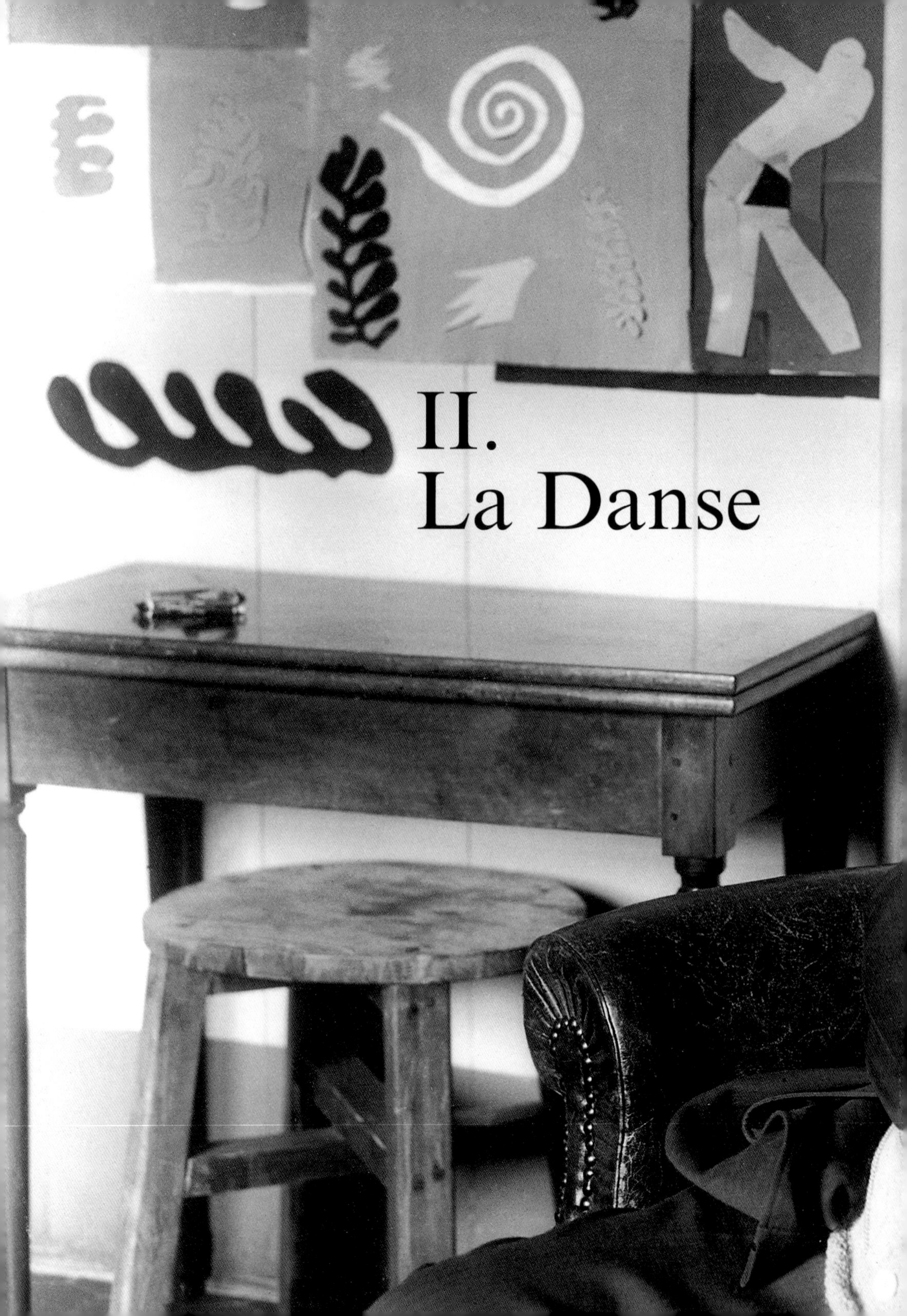

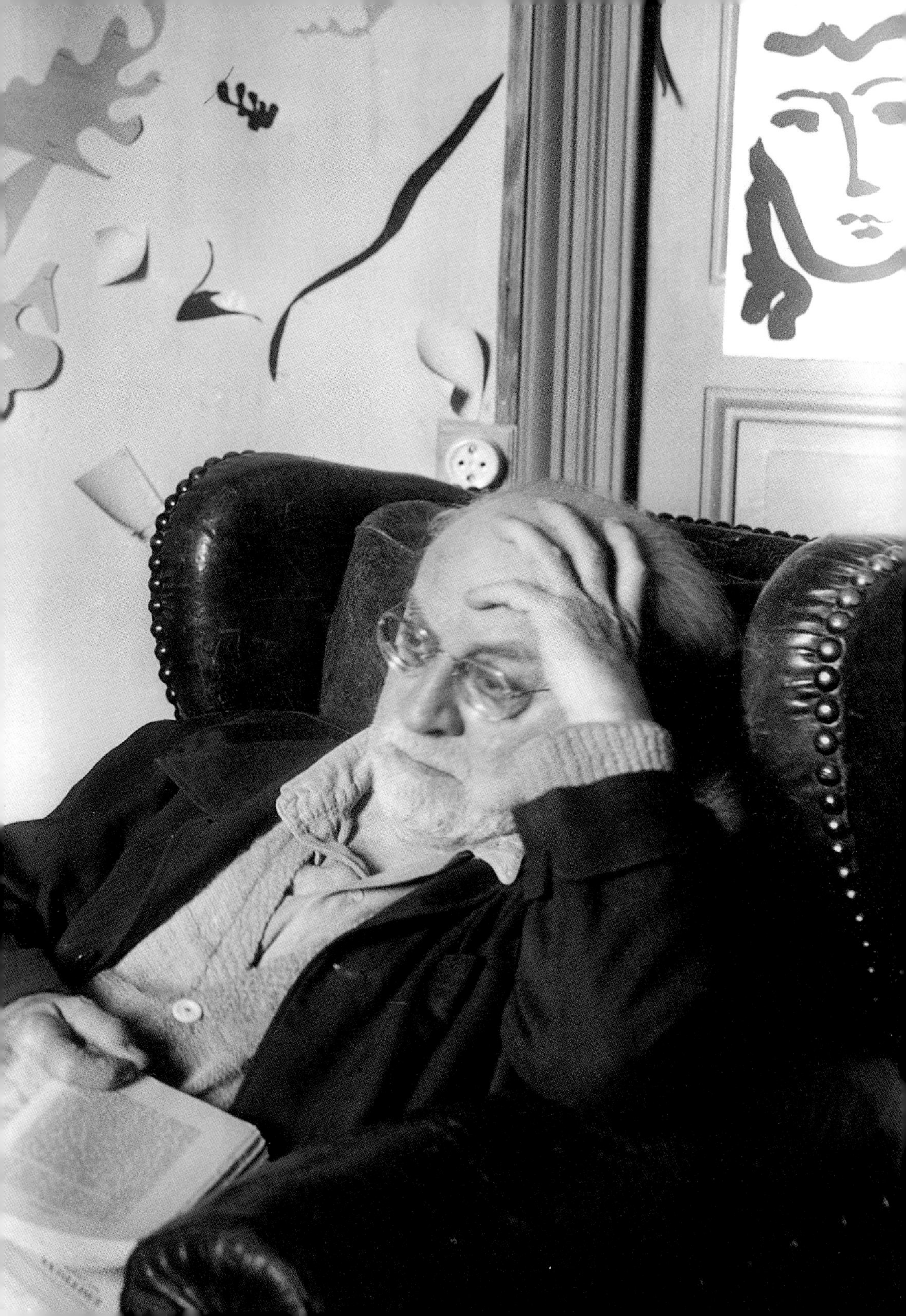

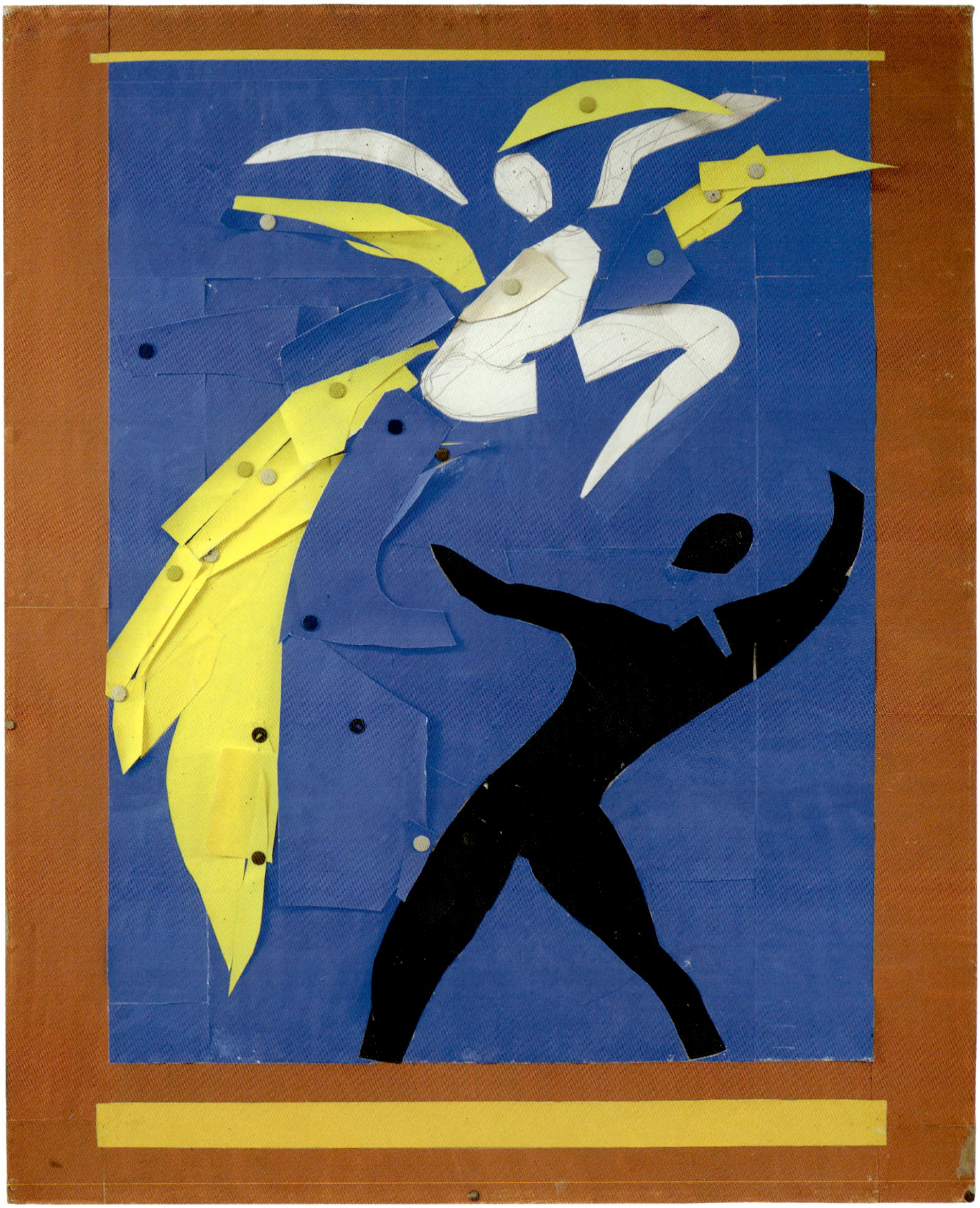

Xavier-Gilles Néret

Vers le dépassement de la peinture de chevalet

La Danse pour Barnes, 1930–1933

Un procédé au service de la grande décoration

Même si les sensations emmagasinées à Tahiti n'allaient ressurgir explicitement qu'une quinzaine d'années plus tard, on peut toutefois constater que le voyage dans l'autre hémisphère fut rapidement suivi par la création d'une œuvre marquant chez Matisse le passage de la peinture de chevalet à une peinture architecturale. Cet « autre espace » dont il rêvait et qu'il avait espéré, avant son départ, trouver en Océanie, il commença à le construire à l'occasion d'une commande exigeant un travail à l'échelle monumentale et permettant la dilatation de l'espace pictural. Telle fut l'importance capitale de *La Danse*, créée entre 1930 et 1933, où il utilisa pour la première fois le procédé des papiers découpés.

Deux Danseurs, *1937–1938*
Étude pour le rideau du ballet L'Étrange Farandole
Crayon, papiers gouachés, découpés, collés sur carton
80 x 64,4 cm
Musée national d'Art moderne, Centre Pompidou, Paris

En septembre 1930, Matisse fut membre du jury du prix Carnegie qui se tenait à Pittsburgh aux États-Unis, et qui couronna Picasso. Il partit ensuite pour Philadelphie et y rencontra le Docteur Barnes, magnat de la pharmacie et grand collectionneur. Celui-ci, déjà propriétaire de *La Joie de vivre* (ill. p. 23), lui proposa de créer une grande décoration murale dans le palais qu'il venait d'édifier à Merion pour y exposer sa somptueuse collection. Il s'agissait de peindre la paroi supérieure de la salle principale – trois alvéoles entre la retombée en saillie très apparente des arcs qui soutenaient le plafond –, et l'œuvre devait dialoguer avec des chefs-d'œuvre de Cézanne, Seurat, Renoir et Matisse lui-même. L'échelle était pour le moins monumentale : plus de 13 m de long et entre 3,85 m et 4 m de haut, soit près de 52 m^2, haut placés, au-dessus de fenêtres, dans une lumière faible. Matisse accepta cette commande qui allait lui permettre de s'approprier l'espace d'un musée, et de donner à son œuvre la mesure qui était la sienne. « Mon but a été de traduire la peinture en architecture, de faire de la fresque l'équivalent du

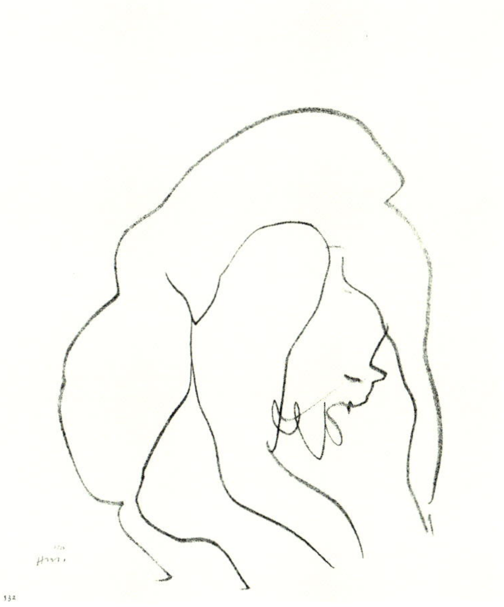

Danseuse acrobate, *1931–1932*
Lithographie, 38 x 29,7 cm
Collection particulière

ciment ou de la pierre. Cela n'est plus souvent fait, je crois. Le peintre mural aujourd'hui fait des tableaux, non des peintures murales[1]. » Ayant choisi la technique du marouflage pour réaliser cette œuvre, Matisse put travailler chez lui, à Nice. Mais cela ne se fit pas sans difficultés, puisqu'il dut élaborer pas moins de trois projets successifs, entre 1931 et 1933, élaboration au cours de laquelle il mit au point le procédé des papiers découpés.

La première tentative fut un échec. Commencée dans l'enthousiasme en avril 1931, cette *Danse inachevée* (ill. p. 78/79) fut abandonnée au début de l'automne suivant. Son ambition étant de « faire de la fresque l'équivalent du ciment ou de la pierre », il fallait conserver au moyen du dessin, maître des contours, le caractère charnel des figures tout en leur conférant, grâce à la couleur, la minéralité de la pierre. Autrement dit, il s'agissait de faire de ses danseuses des êtres hybrides, à mi-chemin entre l'organique et l'inorganique ou, pour citer Baudelaire, de « vivants piliers » s'inscrivant dans une architecture. Or, malgré sa conviction, confiée à Aragon, que « l'art de la Renaissance, c'est la décadence » – car l'anatomie, en creusant et en bosselant le corps humain, met à mal la planéité de la surface picturale –, Matisse était néanmoins tombé dans le piège qu'il avait tenté d'éviter. D'abord, son gris « pilier » n'était pas attrayant pour lui, le chantre de la couleur, et de surcroît, il n'était pas uniforme. Par le jeu de nuances plus ou moins claires, Matisse avait greffé sur les silhouettes abstraites des éléments anatomiques : jeux d'os, muscles, tendons, avec les ombres qu'ils portent.

La Danse I, *1909*
Huile sur toile
259,7 x 390,1 cm
The Museum of Modern Art, New York, don de Nelson A. Rockefeller en l'honneur de Alfred H. Barr, Jr.

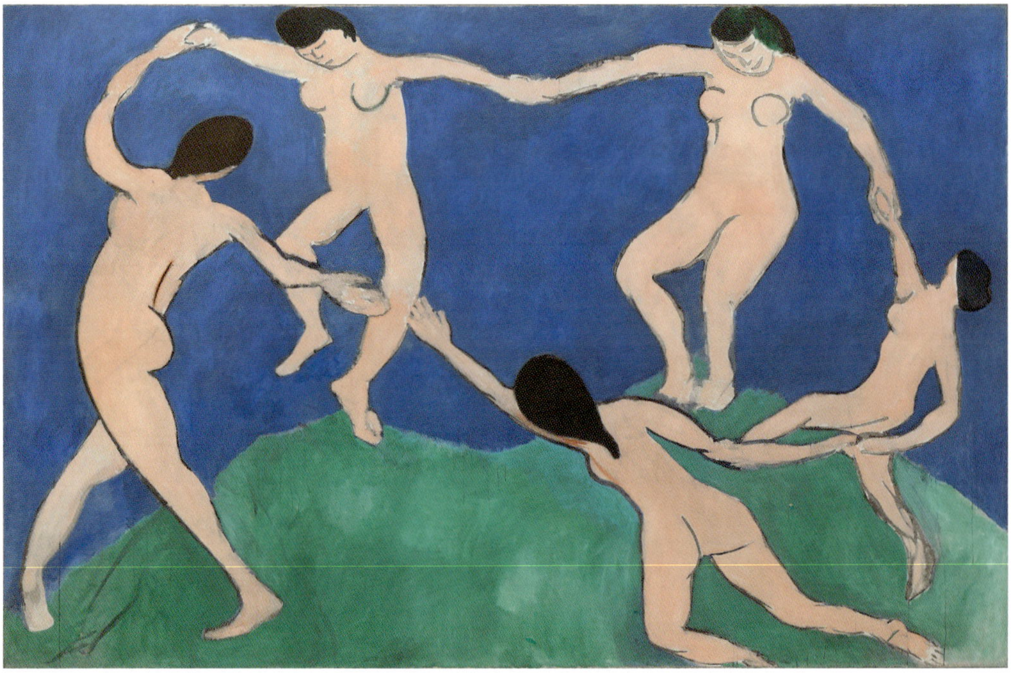

Dès lors, comment « pétrifier la vie et vivifier des piliers » ? Dans la deuxième tentative de *La Danse*, dite « Première version » (ill. p. 80/81), l'élément humain fut atténué au profit de sa traduction en termes d'architecture : les nymphes dansent moins mais la composition danse plus. Et ce fut pour résoudre ce problème que Matisse eut, en septembre 1931, l'idée tout à fait nouvelle d'employer des papiers de couleur découpés qu'il pouvait ainsi changer de place à volonté jusqu'à ce qu'il trouvât satisfaction. « C'est ainsi que j'ai travaillé pendant trois ans [...], déplaçant constamment onze aplats de couleur, un peu comme on déplace les jetons pendant une partie dans le jeu de dames (il faut dire que ces aplats étaient du papier coloré), jusqu'à ce que j'aie trouvé un arrangement me satisfaisant entièrement[2]. »

Ce procédé fut d'une grande utilité, non seulement parce qu'il permettait à un artiste de plus de 60 ans d'économiser ses forces, en lui évitant de se fatiguer à effacer et repeindre sans arrêt la composition, mais aussi et surtout en raison de la difficulté intrinsèque du projet. Il fallut en effet à Matisse de longs tâtonnements pour parvenir à modeler architecturalement sa vision. « Cette danse, je l'avais en moi depuis longtemps [...]. Cependant, cette fois, lorsque je voulus faire des esquisses sur trois toiles d'un mètre, je n'y arrivais pas. Finalement, je pris trois toiles de cinq mètres, aux dimensions mêmes de la paroi, et un jour, armé d'un fusain au bout d'un long bambou, je me mis à dessiner le tout d'un seul coup. C'était en moi comme un rythme qui me portait. J'avais la surface dans la tête. Mais le dessin terminé, quand j'ai entrepris de mettre la couleur, il

La Danse II, *1909–1910*
Huile sur toile
260 x 391 cm
Musée de l'Ermitage, Saint-Pétersbourg

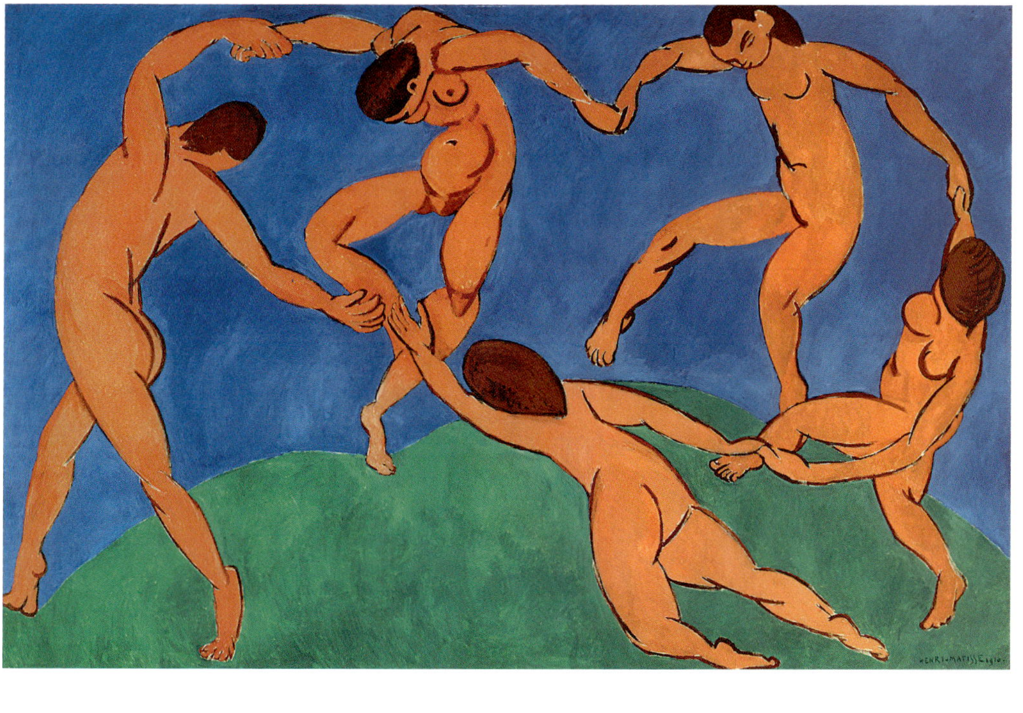

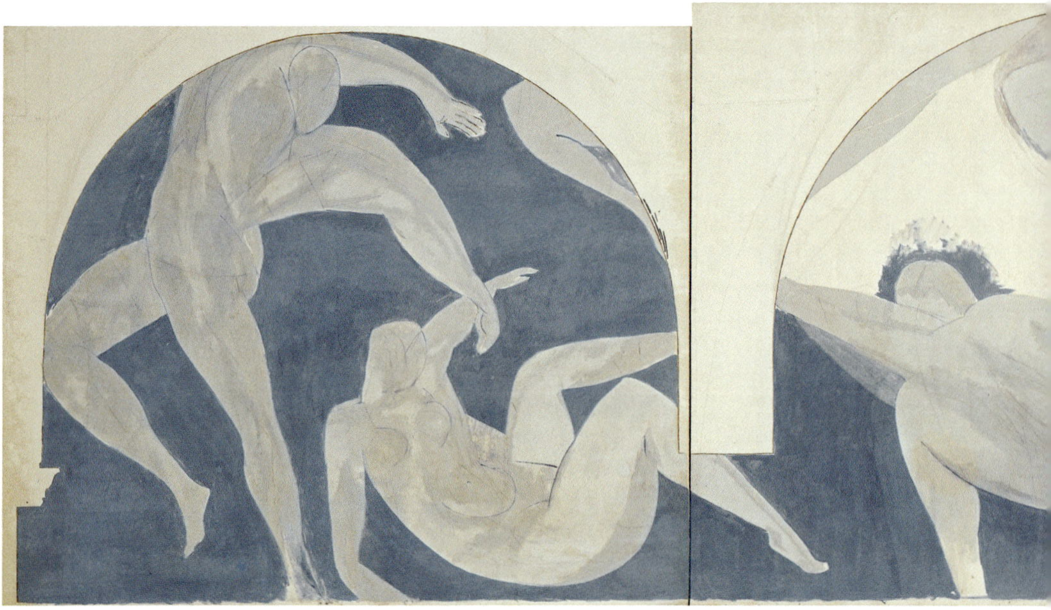

La Danse (inachevé), *1931*
Huile sur toile, fusain,
3 panneaux,
à gauche : 344 x 402 cm,
au milieu : 358,2 x 499 cm,
à droite : 344 x 398 cm
Musée d'art moderne de la Ville de Paris

me fallut changer toutes les formes prévues. Je devais remplir tout cela et faire en sorte que l'ensemble demeurât architectural. D'autre part, je devais m'associer étroitement à la maçonnerie pour que les lignes résistent aux énormes blocs en saillie de la retombée des arcs ; et mieux, pour qu'elles les traversent et aient assez d'élan pour se raccorder les unes aux autres. Pour composer avec tout cela et obtenir quelque chose qui vit, qui chante, je ne pouvais chercher que par tâtonnements, en modifiant sans cesse mes compartiments de couleur et mes noirs. »[3]

Toutefois, après la première tentative, dite *Danse inachevée* (ill. p. 78/79), la version suivante de *La Danse*, conservée aujourd'hui au musée d'Art moderne de la Ville de Paris (ill. p. 80/81), ne convenait pas aux dimensions de l'architecture, suite à une erreur dans les chiffres qui lui avaient été fournis. Il allait falloir composer avec des masses d'architecture plus fortes du double. Matisse créa donc une dernière version à la composition entièrement différente, achevée en mai 1933 (ill. p. 84/85). « Ainsi pendant trois ans j'avais dû reconcevoir constamment mon œuvre comme un metteur en scène. Quand je travaille, c'est vraiment une sorte de cinéma perpétuel. Mais là, je n'en restais pas moins lié à l'architecture, car c'est elle qui commande[4]. »

Le procédé des papiers découpés fut donc au départ pour Matisse un moyen ingénieux lui permettant de remanier la composition monumentale à volonté, sans avoir à se fatiguer en l'effaçant et en la repeignant sans arrêt. Il allait d'ailleurs utiliser les papiers découpés dans ce but à plusieurs reprises, notamment en 1935 pour travailler aux diverses versions du *Grand nu couché*, avant d'élever ce procédé, dans les années 1940, à la dignité d'un art à part entière.

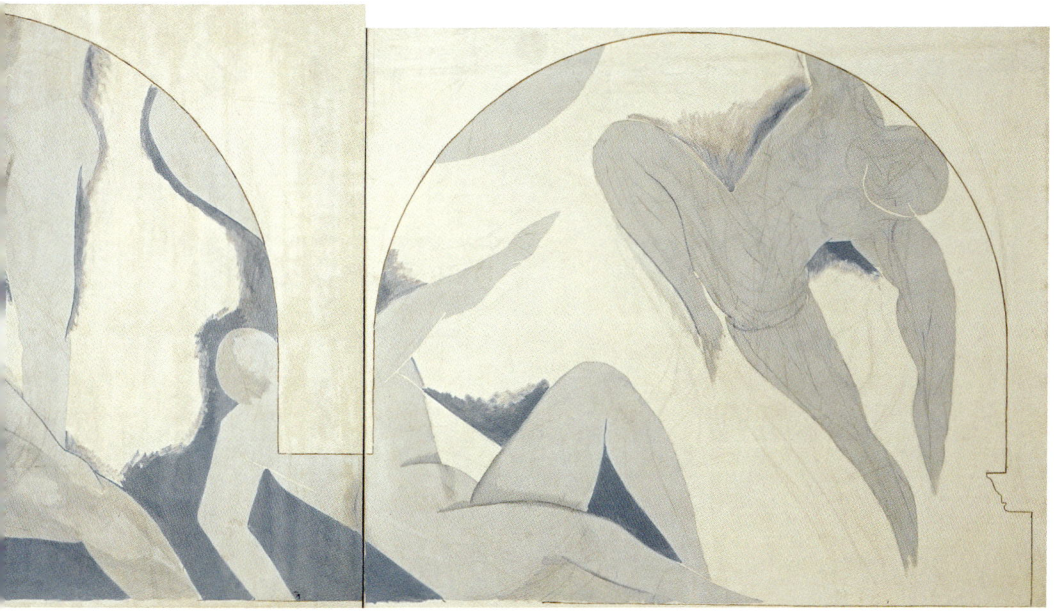

La danse comme signe du rythme vital universel

La Danse pour Barnes est une étape très importante dans le cheminement de Matisse, un des points d'orgue dont découle toute une série d'œuvres parmi lesquelles de nombreuses gouaches découpées. Avant tout, elle marque le dépassement de la peinture de chevalet vers la décoration à l'échelle monumentale par le procédé des papiers découpés. De l'aveu de Matisse lui-même, ce changement de proportion est un effet dû au voyage à Tahiti, comme le rapporte Georges Duthuit : « L'aisance avec laquelle Matisse évoluait parmi des formes de plusieurs fois les proportions humaines était le fruit de son court séjour en Océanie [...] C'est à ces longues heures passées à contempler les cocotiers immenses dans un ciel qui renchérissait sur eux d'immensité, sur le paysage plat des lagons, qu'il attribuait sa possibilité de camper et de manœuvrer ces grandes formes sans que le spectateur puisse en sentir les dimensions. »[5]

Cette œuvre est remarquable car elle constitue une mise en abîme du travail de Matisse dans son ensemble, par la reprise du thème obsédant de la danse. « Je n'ai pas eu besoin de me chauffer : j'ai marché sur des éléments vivants. »[6] Lui qui en effet ne cachait pas son obsession du tournoiement et de la saltation[7], et qui se plaisait à évoquer la farandole du spectacle du Moulin de la Galette, où « les danseurs se tiennent par la main, courent à travers la salle, entortillent les gens qui sont un peu égarés... [8] », déclara, à propos de la grande décoration pour Barnes : « Cette danse, je l'avais en moi depuis longtemps et l'avais déjà placée dans *La Joie de vivre*, puis dans ma première grande composition [celle pour Chtchoukine]. [...] C'était en moi comme un rythme qui me portait[9]. » Il souligna cette continuité :

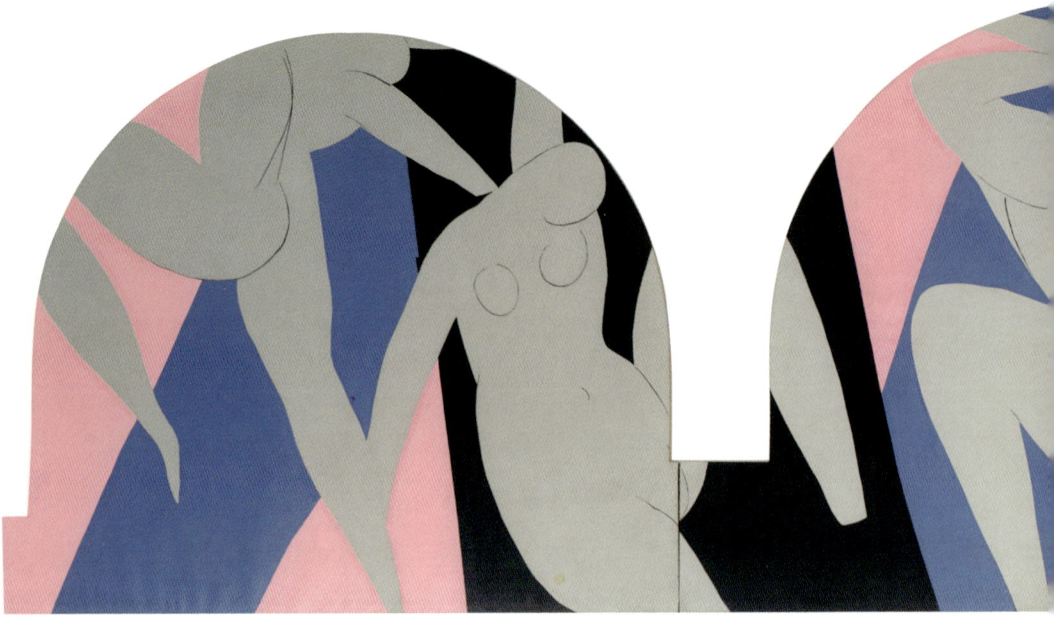

La Danse, *1931–1933*
Huile sur toile, 3 panneaux,
à gauche : 340 x 387 cm,
au milieu : 355 x 498 cm,
à droite : 335 x 391 cm
Musée d'art moderne de la
Ville de Paris

« La décoration de Merion continue l'idée qui est dans les panneaux de Moscou – idée déjà exprimée dans une partie du tableau qui est au musée de Merion et qui s'appelle *La Joie de vivre* – il contient une ronde dansante d'où est sortie celle de Moscou. »[10] Ainsi, la farandole de *La Danse* pour Barnes (1932–1933 ; ill. p. 84/85) constitue explicitement un commentaire de la ronde de *La Joie de vivre* (1905–1906 ; ill. p. 23), ronde sur laquelle *La Danse* pour Chtchoukine (1909–1910 ; ill. p. 77)[11] était déjà comme un zoom avant. Ces trois créations majeures peuvent apparaître comme des évocations de l'âge d'or, à travers des corps progressivement épurés de tout caractère anecdotique. La mise en abîme de l'œuvre est d'autant plus appuyée que *La Danse* monumentale était vouée à coexister à Merion non seulement avec les chefs-d'œuvre de Cézanne, Renoir ou Seurat, mais aussi avec *La Joie de vivre* et sa petite ronde. La danse allait d'ailleurs continuer de hanter le travail de Matisse jusqu'à sa mort, de nombreuses gouaches découpées pouvant apparaître comme autant de farandoles ou de rondes, à l'instar de *La Piscine* (ill. p. 372/373), de *Femmes et singes* (ill. p. 375–378), de la composition chromatique dite *L'Escargot* (ill. p. 320), de *La Tristesse du roi* (ill. p. 316/317), et de tant d'autres, jusqu'à la danse des abeilles du vitrail pour l'école maternelle du Cateau-Cambrésis (ill. p. 276/277).

La Danse est la meilleure réponse à l'académisme qui fige la forme, symbolisé par l'enseignement de Bouguereau. En définitive, elle se confond avec l'arabesque même du dessin et la tourbillonnante vibration des couleurs, dont la synthèse allait trouver son expression la plus aboutie dans les papiers gouachés et découpés. Par là, le peintre atteint la compréhension de ce qui vit, les rondes et farandoles constituant des microcosmes et des signes du rythme vital universel, avec lequel il s'agit de renouer, à la fois pour l'artiste

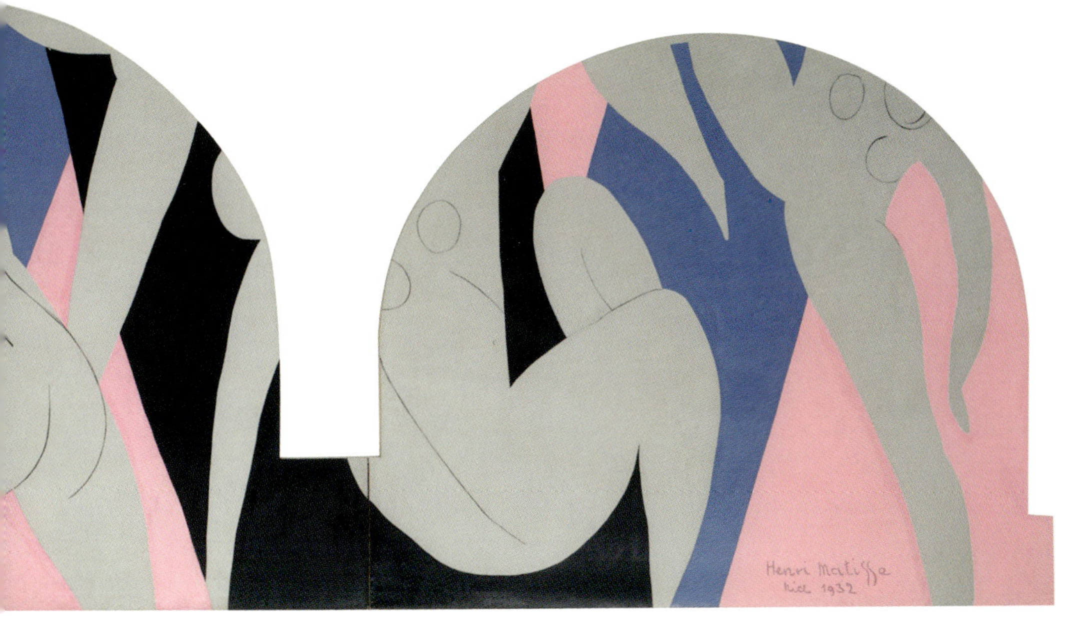

et son public. En effet, selon sa conception, la danse n'est pas seulement un sujet représenté à regarder de l'extérieur ; c'est d'abord un rythme dilatant l'espace au point que le spectateur éprouve le sentiment de la totalité :

« Il fallait surtout que je donne, dans un espace limité, l'idée de l'immensité. C'est pourquoi j'ai mis des personnages qui ne sont pas toujours entiers, il y en a la moitié qui est dehors… Si, par exemple, je disposais de trois mètres de haut, je plaçais des personnages dont la hauteur totale, si j'avais pu les représenter en entier, aurait été de six mètres. Je donne un fragment et j'entraîne le spectateur, par le rythme, je l'entraîne à poursuivre le mouvement de la fraction qu'il voit, de façon à ce qu'il ait le sentiment de la totalité[12]. »

Signification du « décoratif » chez Matisse

Ce propos est d'une importance considérable, dans la mesure où il permet de comprendre le sens de l'ambition décorative que Matisse n'a cessé d'affirmer pour son œuvre, et dont les papiers gouachés et découpés peuvent apparaître comme l'achèvement. Ce n'est pas un hasard si le peintre, qui s'exprime toujours dans un langage d'une grande précision, a choisi à plusieurs reprises le terme « décoratif » pour qualifier le résultat de son travail. Cet adjectif peut sembler paradoxal, puisqu'il est communément utilisé avec une nuance péjorative dans le champ de l'art, pour signifier ce qui permet simplement d'embellir, de manière superficielle, avec une dimension souvent utilitaire. Dimension explicite lorsqu'il s'agit des « arts décoratifs », autrement appelés « arts appliqués » ou « arts industriels ». La découverte des céramiques, icônes et tissus au cours de ses déplacements en Espagne, à Moscou ou au Maroc avait d'ailleurs confirmé et renforcé le goût de Matisse pour le décoratif, qu'il intégra dans ses toiles au cours des années 1910. Mais, chez lui, le terme ne se réduit pas à ce sens ; plus profondément, il a une signification cosmique. D'abord, l'adjectif « décoratif » renvoie au *decor*, *decoris* latin, dont le verbe *decorare* signifie « orner ». La racine de sens en est l'impersonnel *decet*, le verbe de la décence, de l'observation de ce qui convient. Une œuvre est donc « décorative », étymologiquement parlant, dans la mesure où elle convient. C'est-à-dire, pour Matisse, quand elle traduit parfaitement « le sentiment [qu'il a] de la vie ». Le « décoratif » est alors l'indice de pure beauté. Il s'agit pour l'artiste d'exprimer son « sentiment intime », de le rendre à la mesure d'un espace « décoratif », ou encore, de lui donner la dimension d'un décor. Et c'est ici qu'il importe de souligner la signification cosmique du décoratif, dont la définition la plus pertinente a été donnée par Georges Duthuit, précisément à propos des gouaches découpées, dans son très beau texte « Le tailleur de lumière » : « Décoration, oui, mais seulement en ceci : que le monde environnant, la terre et ses formes, le ciel et ses feux, notre décor, ne nous soient plus étrangers, grâce à cette note médiatrice introduite par elle. Elle est une écluse, un porche de la nature, un pavillon au sein de sa luxuriance, un prolongement de ses vertus généreuses jusqu'au centre des villes damnées. Et son message est si vaste qu'il s'accommode du langage le plus dépouillé, presque du silence : un art de respirer de concert avec les éléments, retrouvés et offerts[13]. »

L'œuvre décorative est une médiation entre l'homme et le cosmos – son « décor », « la terre et ses formes, le ciel et ses feux ». Si les villes sont « damnées », comme l'affirme Georges Duthuit, c'est dans la mesure où elles nous font perdre ce « sentiment de la totalité », avec lequel le décoratif nous permet de renouer, produisant en nous la paix et la tranquillité. Et le voyage à Tahiti eut à cet égard une vertu purificatrice, permettant à Matisse de se libérer des « habitudes acquises », des « images toutes faites » véhiculées par les nouveaux moyens de communication, afin de rendre possible une vision « comme pour la première fois », « comme lorsque l'on était enfant[14]. » C'est pourquoi l'artiste, sans jamais abandonner la figure, sa grande passion, la poussa jusqu'à la limite de l'abstraction, la purgeant ainsi de tout caractère anecdotique, selon une logique qu'il achèverait avec les papiers gouachés et découpés des dernières années. En effet, dans la peinture décorative telle qu'il la conçoit, « l'élément humain » doit « être tempéré sinon exclu ». La raison qu'il donne est du même ordre que celle qui expliquait le fait que ses personnages n'étaient « pas toujours entiers » : « L'esprit du spectateur ne peut être arrêté par ce caractère humain avec lequel il s'identifierait et qui le séparerait en l'immobilisant de la grande association harmonieuse, vivante et mouvementée, de l'architecture et de la peinture[15]. »

Dès lors, on comprend mieux le sens des trop célèbres propos de Matisse affirmant que le tableau doit exercer par sa disposition décorative un effet tranquillisant sans que le spectateur ait à fournir le moindre effort. « Ce que je rêve, c'est un art d'équilibre, de pureté, de tranquillité, sans sujet inquiétant ou préoccupant, qui soit, pour tout travailleur cérébral, pour l'homme d'affaires aussi bien que pour l'artiste des lettres par exemple, un lénifiant, un calmant cérébral, quelque chose d'analogue à un bon fauteuil qui le délasse de ses fatigues physiques[16]. » Ce rêve, proclamé en 1908, auquel Matisse est toujours resté fidèle, n'est pas celui d'un art se réduisant à une simple décoration divertissante, détournant le spectateur de toute réflexion inquiétante, qui serait comme un « opium du peuple » autant que des élites, apaisant tout travailleur, « à quelque condition qu'il appartienne[17]. » Le spectateur tranquillisé n'en est pas pour autant amoindri, il est un être humain toujours capable de « haute gravité[18]. » Et, si Matisse donne au décoratif une dimension cosmique, alors le sentiment de paix et de tranquillité produit par l'œuvre est plus profond qu'il n'y paraît, comparable à l'ataraxie ou paix de l'âme que prétendaient accomplir les écoles de sagesse de l'époque hellénistique. L'artiste ne serait-il pas ainsi, à sa manière, par des moyens purement picturaux, un digne continuateur des pratiques épicuriennes ou stoïciennes ? Cette paix, loin d'être une « anesthésie » au sens étymologique du terme, c'est-à-dire une privation de l'*aisthesis*, de la sensation, consiste au contraire en une intensification des sensations permettant d'exalter la sensibilité. Ce dernier point, Matisse l'a exprimé de manière très claire à Picasso et Françoise Gilot, lorsque celle-ci lui demanda, en 1946, comment il avait réussi à exprimer autant de joie de vivre et d'enthousiasme dans un tableau de 1912 qui se trouvait dans l'atelier de Picasso, *Nature morte aux oranges*. Matisse lui avait alors répondu que « pareille explosion de joie provenait de l'idée que l'œuvre d'art devait aboutir à une intensification de toutes les sensations susceptibles d'enrichir la vie intérieure de celui qui la regarde[19]. »

Matisse, qui n'a pas moins souffert qu'un autre homme, dans son âme et, surtout, dans son corps, avait cette volonté délibérée de dépasser le nihilisme caractérisant son époque, volonté appuyée par une force intérieure, une foi inébranlable en la vie. Et cette joie si intense que l'on peut éprouver à la contemplation de ses œuvres vient de ce qu'elles sont des « écluses » ou « porches » de la nature, dans la mesure où elles suscitent un sentiment de tranquillité, diversement nommé par Matisse : « sentiment de la totalité », « sentiment de la vie », « sentiment pour ainsi dire religieux que je possède de la vie », « extase », « sentiment de joie », ou encore, selon une formule de Georges Duthuit, « le sentiment de l'unité de toutes choses, dont le symbole est la lumière[20] ». Le peintre est donc aussi poète, non plus seulement avec des mots, mais par la lumière, le dessin et la couleur, puisque son œuvre a en définitive pour vocation de faire que « l'homme habite poétiquement », selon le mot de Hölderlin, éprouvant la « joie [...] de se percevoir, simple, infiniment sur la terre », évoquée par Mallarmé dans *Divagations*[21].

L'Étrange Farandole

Ainsi, la création de *La Danse* au début des années 1930, fut pour Matisse l'occasion de commencer à réaliser son ambition de dépasser le tableau de chevalet pour tendre vers une « peinture architecturale », sans modelé ni perspective, monumentale et décorative par la suggestion d'un

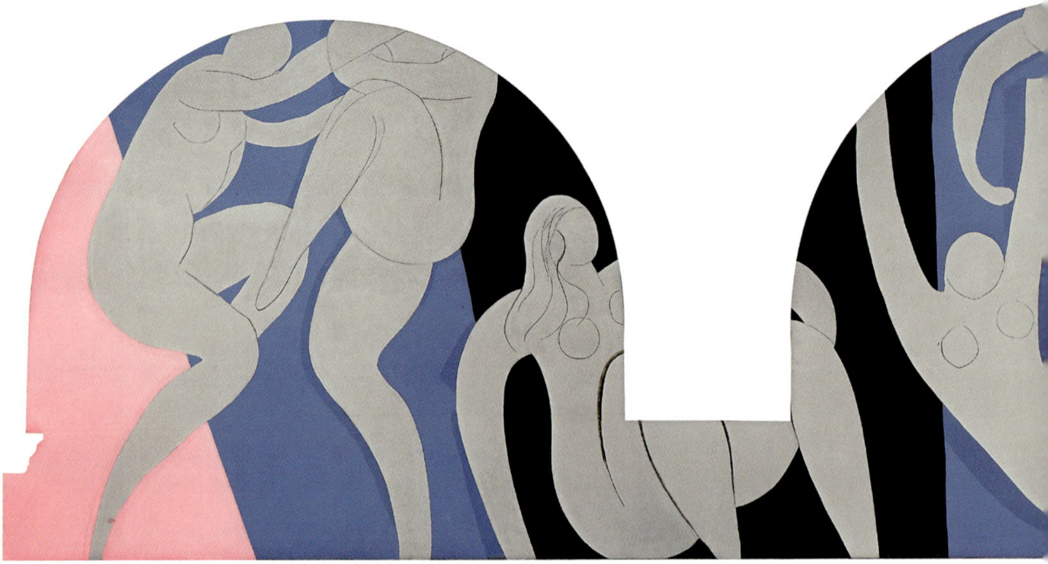

La Danse, *1932–1933*
Huile sur toile, 3 panneaux,
à gauche : 339,7 x 441,3 cm,
au milieu : 355,9 x 503,2 cm,
à droite : 338,8 x 439,4 cm
The Barnes Foundation,
Merion (PA)

espace se prolongeant au-delà de la surface peinte. Certes, il n'abandonna pas alors la pratique de la peinture de chevalet; mais il multiplia les travaux décoratifs et l'illustration de livres, en utilisant, de plus en plus, le procédé des papiers gouachés et découpés.

En ce qui concerne les travaux décoratifs, outre des cartons à tapisseries, comme *Fenêtre à Tahiti* en 1935–1936 (ill. p. 27 et 29), ou *Nymphe dans la Forêt* entre 1935 et 1943, la conception des décors et costumes du ballet *L'Étrange Farandole*, en 1937–1938 (ill. p. 86–91) est remarquable. Si Matisse inventa le procédé des papiers découpés pour *La Danse* et apporta alors ses danseuses en aplats à une architecture, ce fut pour les Ballets de Monte-Carlo qu'il l'expérimenta véritablement, en offrant cette fois-ci un décor à des danseurs en chair et en os. C'est ainsi qu'il put affirmer : « C'est pour le rideau du Ballet *Étrange Farandole* que j'ai usé de papiers découpés pour la première fois et ensuite pour des couvertures spéciales pour les revues artistiques *Verve* et *Cahiers d'art*[22]. » Les différentes versions du *Danseur* (ill. p. 74 et 86–91) peuvent donc être considérées comme les premières gouaches découpées indépendantes (1937–1938), bien que les couvertures pour *Cahiers d'art* (ill. p. 105) et *Verve* n° 1 (ill. p. 112/113) aient été en réalité créées auparavant, respectivement en 1936 et 1937.

En 1919, il avait déjà dessiné des décors pour *Le Chant du rossignol*, sur une musique d'Igor Stravinsky, avec une chorégraphie de Léonide Massine, dans le cadre des Ballets russes dirigés par Serge de Diaghilev. Pour *L'Étrange Farandole – Rouge et noir*, il travailla à nouveau avec Massine, qui conçut une chorégraphie pour les Ballets de Monte-Carlo, sur une musique de Chostakovitch. Le décor reprenait le jeu d'angles et d'arcs voûtés dont la composition ordonnait *La Danse* pour Barnes. « Le livret de ce ballet – ainsi que le résume Lydia Delectorskaya –, esquissé en commun par L. Massine et

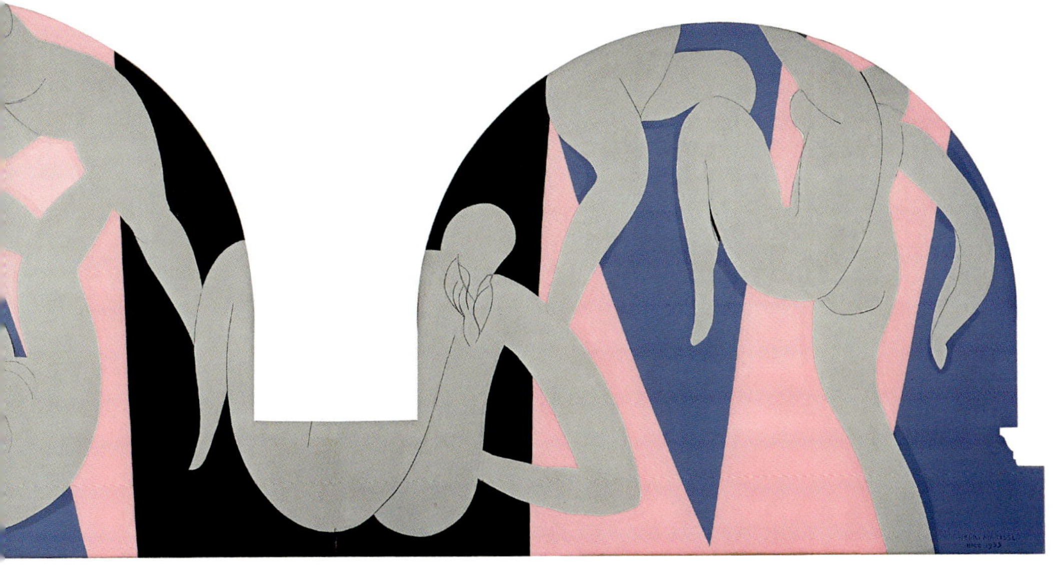

H. Matisse, a pour sujet l'éternelle lutte intérieure entre l'esprit et la matière, à laquelle l'homme est soumis au cours de sa vie. On y voit un couple vêtu de blanc, figurant l'esprit poétique, affronter les attaques des personnages noirs ou rouges, qui symbolisent les forces brutales et néfastes, que l'homme réussit à dominer, mais provisoirement, puis il subit *son destin*[23]. »

Ce travail décoratif peut apparaître a posteriori comme un véritable laboratoire ayant permis à Matisse d'expérimenter ses idées et d'élaborer des formes qu'il allait réutiliser plus tard en diverses occasions pour des gouaches découpées. Notamment, on peut rapprocher, avec Lydia Delectorskaya, *L'Étrange Farandole* d'une des planches à venir de *Jazz*, « Le Destin », composée en 1943. « On y retrouve, dans un cadre de bleu, de jaune et d'un rouge paisible, un petit couple blanc, agenouillé, la femme craintivement serrée contre l'homme, alors que sur la page opposée se dresse et les domine une composition faite de noir et de rouge, à l'expression violente. C'est, en fait, le résumé de *L'Étrange Farandole*[24]. »

De même, les formes des deux danseurs de la couverture du numéro 13 de *Verve*, élaborée durant l'été 1943 (ill. p. 130/131), allaient être reprises de l'une des planches d'étude de 1938 pour le décor de *L'Étrange Farandole* (ill. p. 90). L'une de ces formes serait d'ailleurs elle-même réutilisée par ce grand inventeur de signes qu'était Matisse dans une planche de *Jazz*, « Le Toboggan » (ill. p. 187).

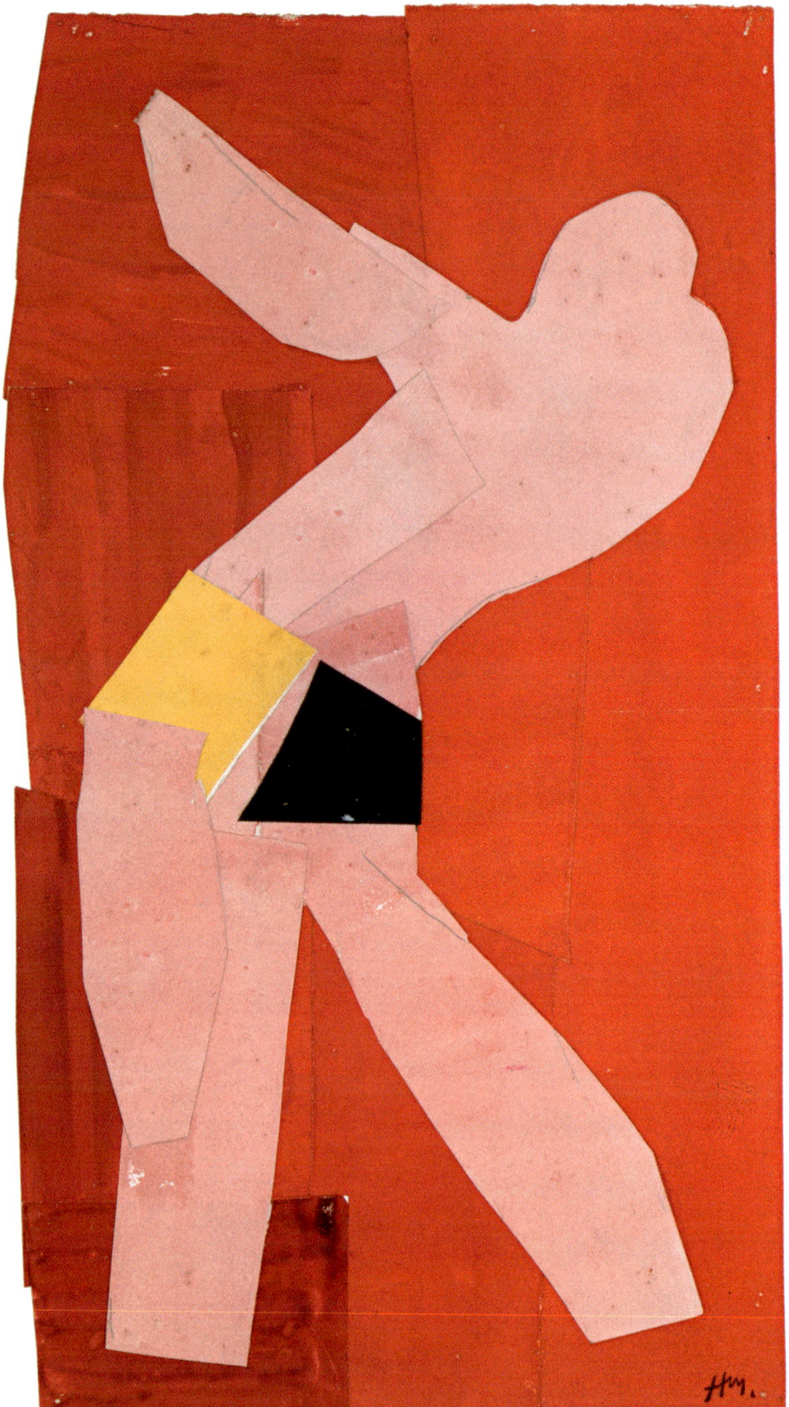

Henri Matisse

Notes sur *La Danse* de Merion

Petit Danseur sur fond rouge, *1937–1938*
Papiers gouachés, découpés, collés sur papier
37 x 19,5 cm
Collection particulière

Grâce à la magie du contraste, il a été possible de rendre favorable à la peinture décorative, une masse architecturale dépourvue de lumière.

Le Dr Barnes s'est adressé à moi pour décorer dans la grande salle de la Fondation, la partie sombre du plafond, opposée à la lumière violente d'une immense verrière formée par trois portes placées sur le même plan et très rapprochées les unes des autres, ayant chacune 6 m de hauteur et environ 2 m de largeur, ainsi que le fait voir ce croquis.

Après avoir observé sur place les conditions particulières d'éclairage, je suis revenu à Nice pour y exécuter les 13 x 3 m de peinture. J'y ai travaillé pendant trois ans, déplaçant constamment comme les figures d'un échiquier et en modifiant aux ciseaux, onze aplats de papiers de couleur à l'échelle de la décoration, jusqu'au moment où j'ai obtenu l'équilibre qui m'a satisfait.

C'est seulement lorsque j'ai vu la décoration en place à la Fondation que j'ai compris que pendant l'exécution j'avais été conduit par la nécessité de donner à ma peinture la visibilité que les dispositions de l'architecture lui refusaient.

C'est ainsi que deux grandes surfaces d'un noir absolu se sont placées au-dessus des entreportes, déterminant de cette façon la valeur la plus forte du mur entier[1]. Cette valeur crée par contraste sur l'ensemble du mur une lumière générale dans laquelle la valeur des entreportes se réunit à celle des portes, au lieu de leur être opposée. Ainsi la décoration était soutenue par cet ensemble lumineux.

Ma décoration liait entre elles les différentes parties du plafond et du mur dans son entier pour en faire un vaste ensemble lumineux. Je l'ai comparée à la grande porte d'une cathédrale surmontée de son tympan.

[…] Quand je déambulais, ne sachant par quel bout y rentrer[2], devant mes 72 m^2 de toile blanche destinés à devenir la décoration du Dr Barnes, je vis par hasard une corde allant d'un vasistas à un point quelconque de mon grand atelier, se détachant et se projetant sur ma grande toile en une certaine courbe, j'eus devant moi la relation de cette courbe avec le grand rectangle des bords de ma décoration.

Elle formait le premier rapport avec la surface composée de trois ogives à décorer et c'est ce rapport imprévu qui m'a permis de prendre un commencement de possession[3] de cette grande surface…

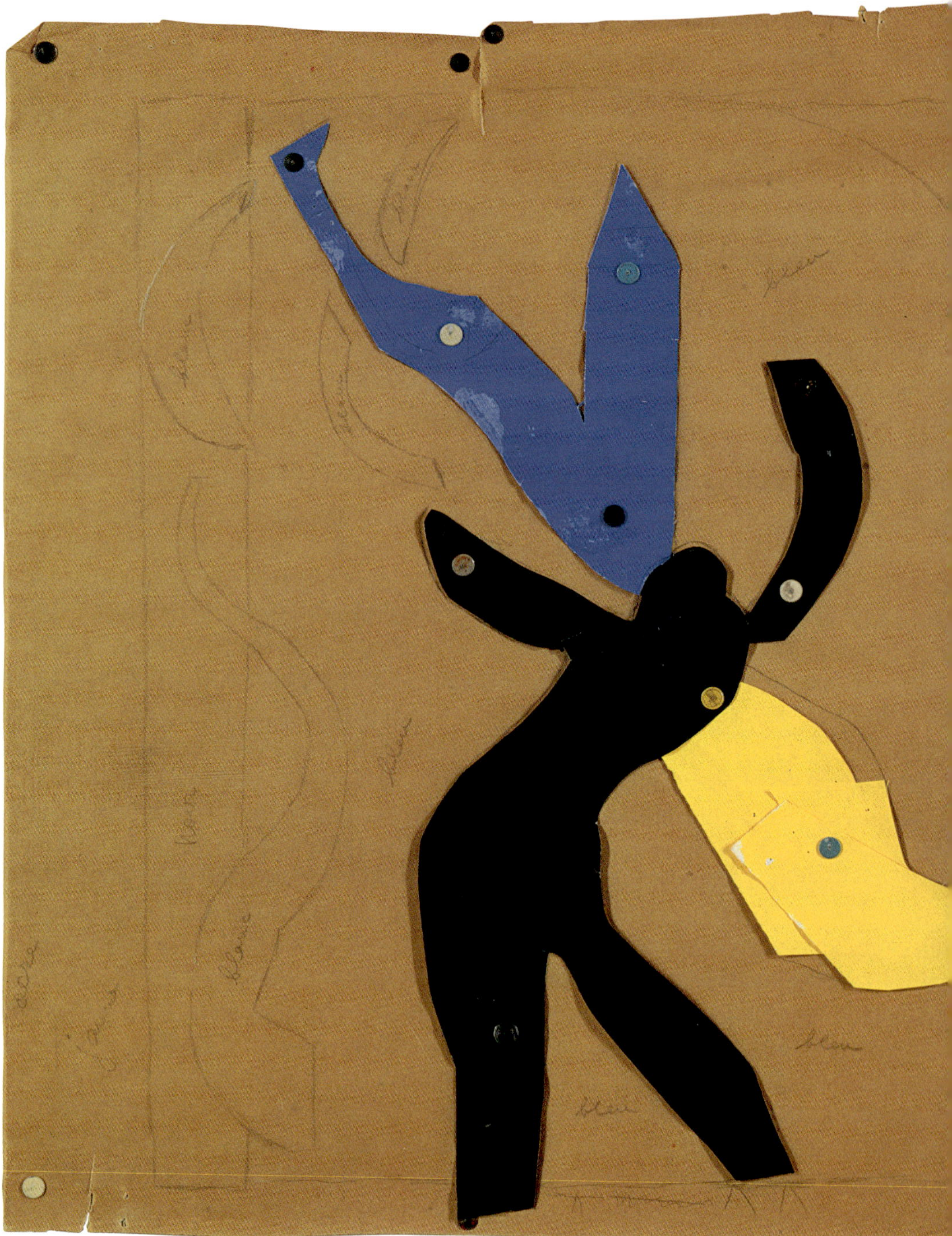

Danseur, *1937*
Étude pour le rideau du ballet
L'Étrange Farandole
58,5 x 69,8 cm
Musée national d'Art moderne,
Centre Pompidou, Paris

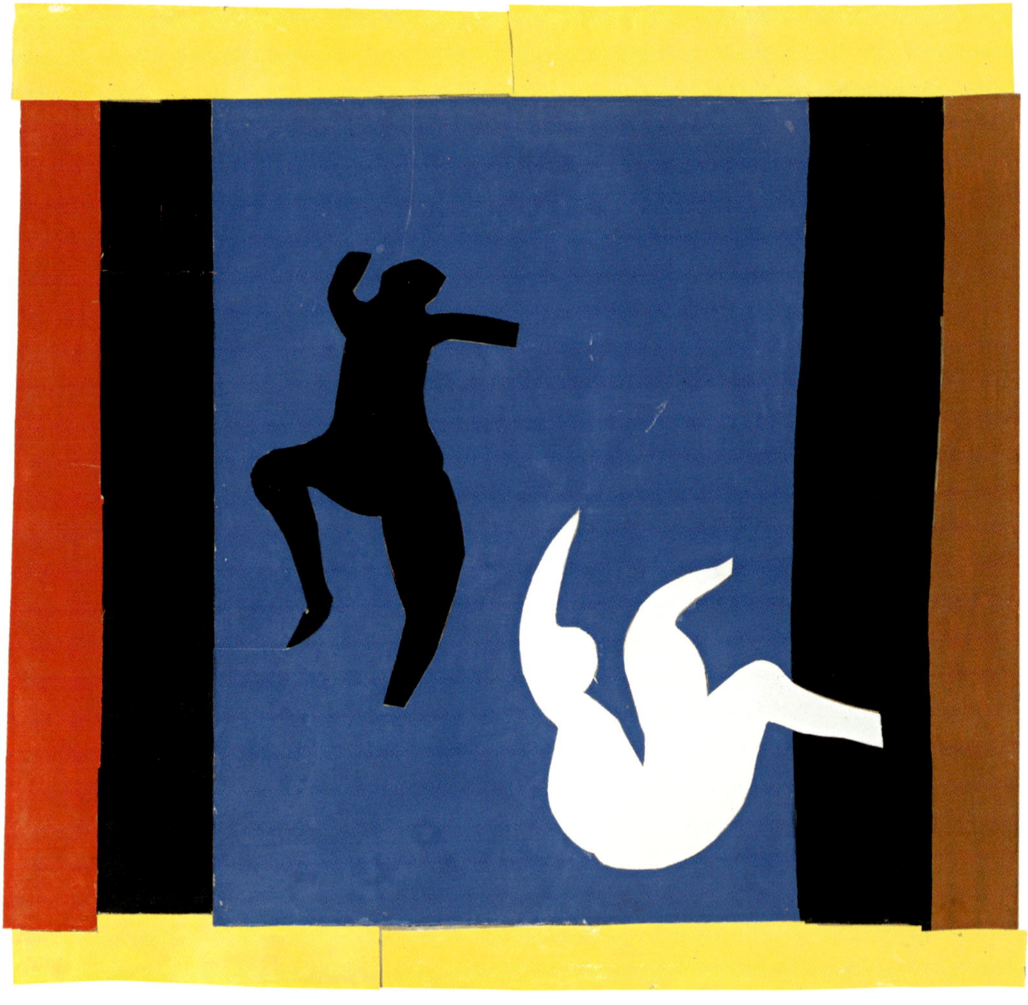

Deux Danseurs, *1937–1938*
Esquisse pour le rideau du ballet
L'Étrange Farandole
Papiers gouachés, découpés,
collés sur papier
61 x 62 cm
Collection particulière

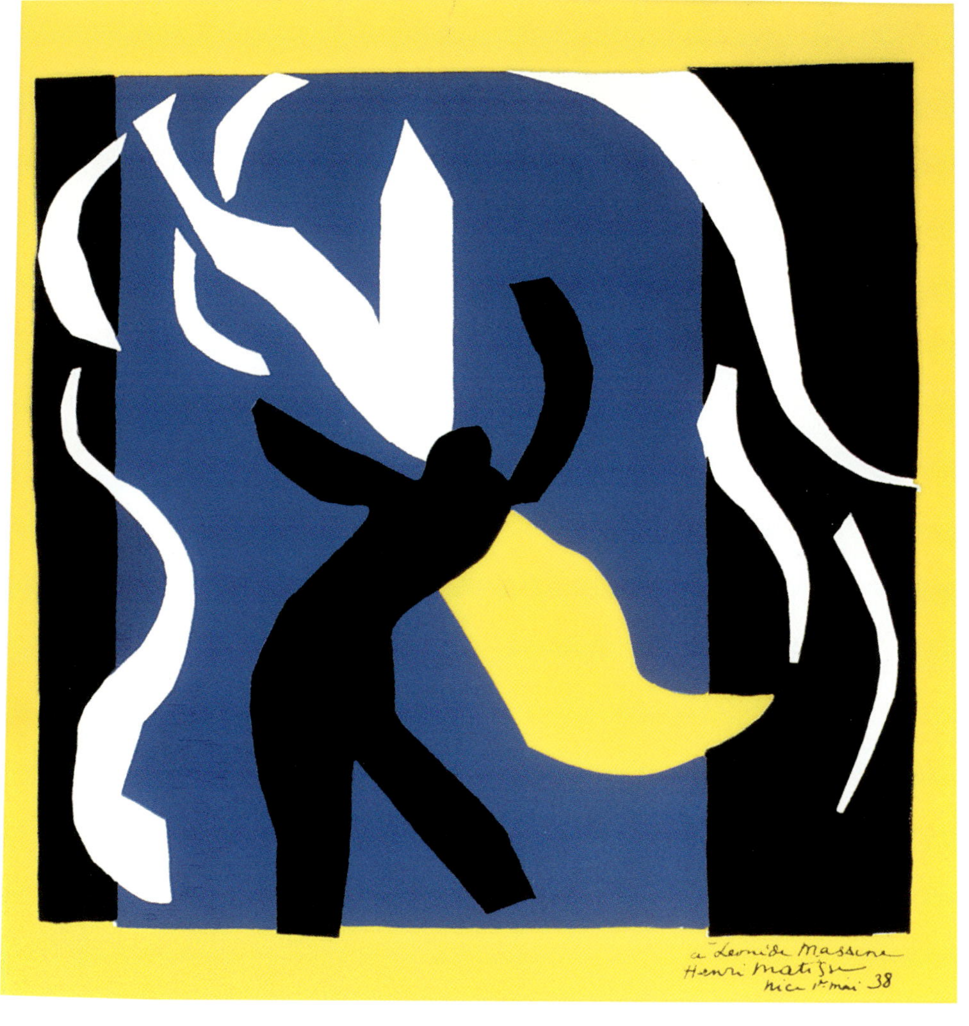

Danseur, *1937–1938*
Projet de rideau du ballet
L'Étrange Farandole
Papiers gouachés, découpés, collés sur papier, 61 x 61 cm
Collection particulière
Reproduction lithographique du découpage original sur papier

Pages 92/93
La Danse
Verve, *n° 4, novembre 1938*
Maquette pour une reproduction lithographique dans Verve

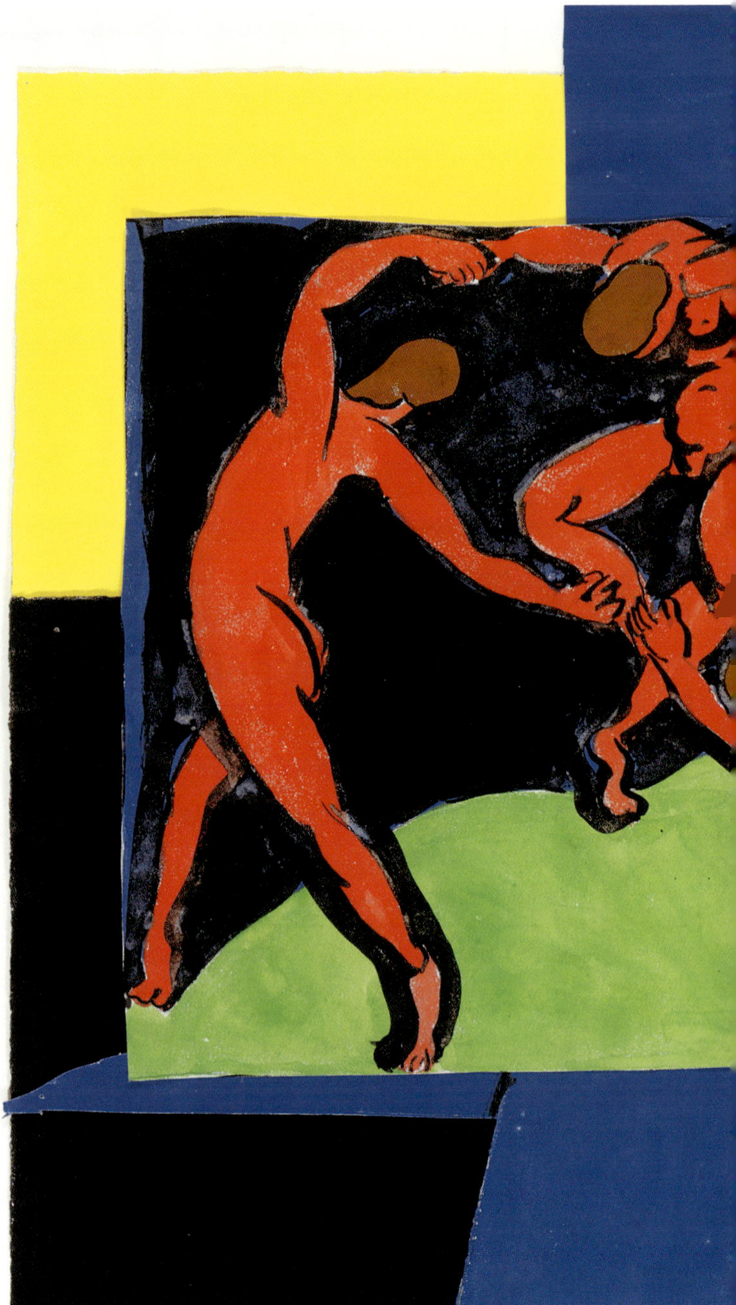

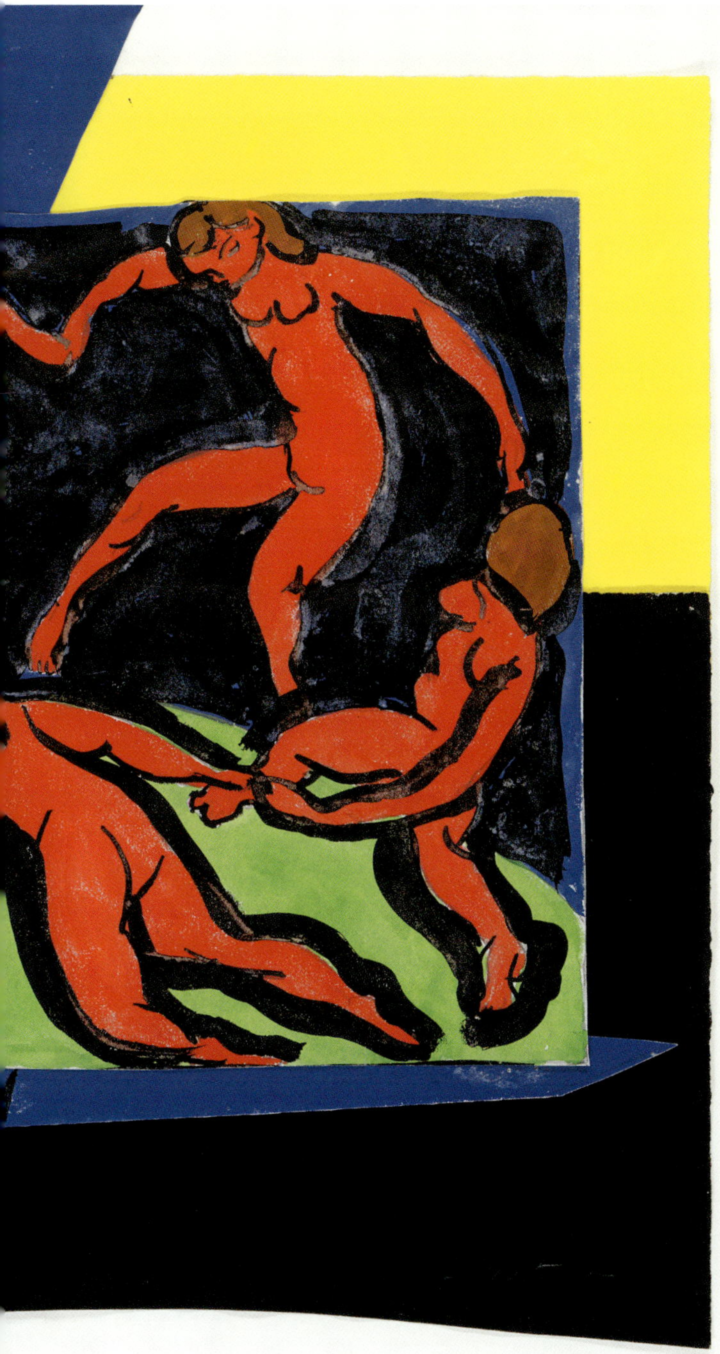

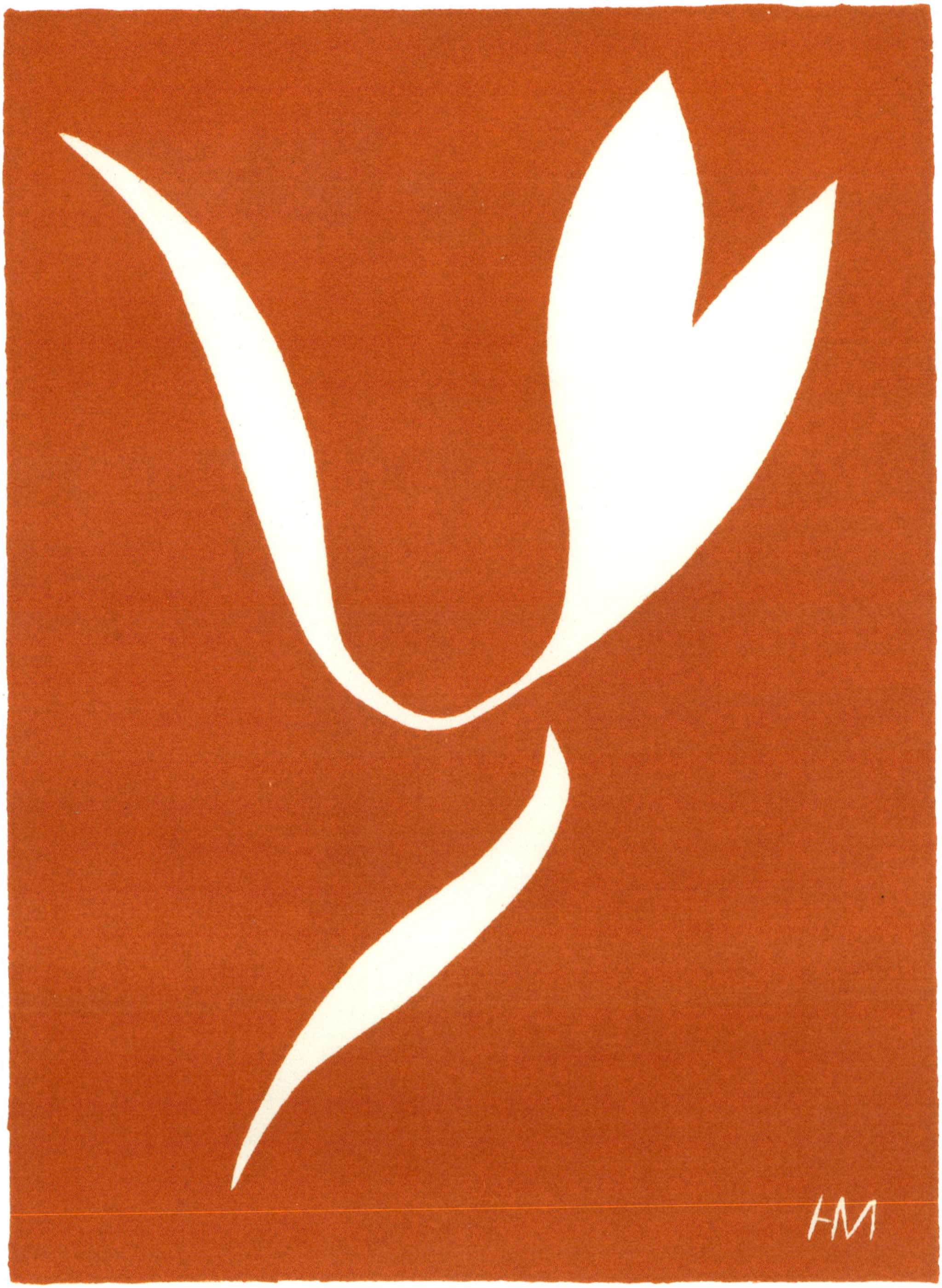
HM

Henri Michaux

Danse
1938

Autrefois, la danse était pour moi la pétrification. Quand j'en voyais, je devenais de pierre. Non seulement je ne marchais pas, j'étais comme quand vous entendez sans envie la radio, vous faites en vous une sorte de coffre de silence, un contre-bruit, une formidable barre de mutisme.

Patineur : Le Lancé
Linogravure
20,5 x 14,7 cm
Ill. p. 51 du Verve, *n° 4, novembre 1938*

Je me dérouillai en Orient. Drôle d'impression. Le corset tomba. Non pas que je me mis à danser, mais je trouvai la danse, tandis que je ne connaissais que l'agitation.

Je voyais dans des corps devant moi se répandre d'étranges idées. Je voyais des corps habités comme des fronts, et ce bizarre rassemblement, cette circulation en soi avec un repos parfait et sensible que l'on voit parfois chez nous en des filles qui cousent sous la lampe, ou brodent, ne se sachant pas observées, qui unissent et désunissent des mailles, tout en s'occupant ailleurs, en elles-mêmes et comme dans le sommeil.

Je voyais affluer en des corps le monde entier, et l'inexprimé y apparaissait avec autant de force que l'exprimé grâce à une grande soumission et à un extraordinaire recueillement.

Des mouvements si légers qu'ils en étaient imperceptibles et inanalysables inscrivaient la largeur de la vie, la méditation, les mythes, le monde, les raisons d'exister et j'étais enfin nourri de quelque chose après quoi j'avais toujours été, sans m'en douter vraiment, comme tant de personnes.

Non la joie, mais la lumière de la vie, non le malheur mais l'immensité s'y voyaient. Non le combat mais l'éternel.

Il y avait plein de mouvements secrets quoique ordonnés et précis, mais si réduits, comme dans la nature le soir quand les insectes se retirent et qu'on « entend » un grand silence qui s'agrandit.

Sorte de paradis perdu du mouvement, de cosmique appartenance, quand on n'était pas encore ces pauvres diables qui font de la culture physique.

Mais le regret du danseur est en beaucoup : le regret de n'être pas poisson nageant ou oiseau ou tigre ou gazelle, non certes pour leur humeur, leur force, leur milieu ou leurs exploits, mais pour leur mouvement. C'est par le mouvement que l'homme voudrait appartenir au Monde.

Dans tous les pays on voit périodiquement l'homme revenir à son corps comme au parent pauvre oublié. On revient. On se penche. Pourquoi

Patineur : Le Retenu
Linogravure
19,8 x 15,1 cm
Ill. p. 54 du Verve, *n° 4, novembre 1938*

n'a-t-il pas monté lui aussi ? On veut le remettre au rang et à la hauteur de la partie de nous qui fit des progrès. Mais on n'arrive pas à le retrouver, on lui fait faire la gymnastique, ce qui ne peut que l'éloigner. Il reste toujours un grand hiatus et le corps qui paraissait si maniable et à portée de soi devient lointain et lourd dès qu'on veut le faire parler. De tous les signes, de tout le matériel pictographique, le corps humain est le plus encombrant, le plus lourd, le plus destiné à influencer, à empiéter, à fausser ; celui qui vous fait dire plus que vous ne voulez, et moins, quand il fallait plus. Si bien qu'on ne l'utilise presque plus, sauf dans un de ses faubourgs appelé *figure*, qui tire tout à soi – gênante dualité !

On préférerait dans le secret de soi un corps plus uniquement corps (corps : émouvant infirme) bondissant aveugle, sans tête, beau bâton blanc, sorte d'amant acéphale de la mère Terre, infirme écoutant avec ses veines et son occulte, libéré du Maître-cerveau, véritablement perdu dans la Ténèbre de son ivresse.

Dans quantité de danses, le corps fait les figures de la libération. Ce pesant objet destiné à retomber lourdement à chaque demi-seconde ne s'occupe qu'à s'élancer, à tenter de se libérer. C'est en effet au corps dansant que l'on revient quand il s'agit d'être libéré.

La parole ne le peut, car la parole est déjà de l'excès, du luxe, de la superstructure et d'ailleurs il n'y a qu'à se taire.

Le corps dans la danse, si difficile qu'elle soit, si précédé de fatigants exercices qu'elle ait pu être, apparaît comme le capital universel que possède chacun de nous, la franche unité, le jeton auquel on peut se fier et auquel il suffit de revenir.

Il y a peut-être aussi là le vague rêve de rendre l'homme homogène comme la silice dans le caillou. Plus que le mouvement, c'est l'homogénéité qui serait le paradis perdu de l'homme et nullement l'unique spirituel.

Qui n'a rêvé d'un philosophe qui ne s'exprimerait qu'avec la danse de son corps ? Il ferait quelques mouvements. On saurait tout de suite à quel stade de nourrissante et transformante compréhension du monde il est arrivé et chacun voudrait devenir son disciple.

Le Bouddha, son corps témoigne ; ses bras croisés, sa façon d'être immobile est sa danse.

Mais c'est un autre Bouddha peut-être impossible qui cherche l'Europe, le Bouddha du mouvement, celui qui l'identifierait au Monde par ses mouvements.

Le Bouddha de l'éruption, de l'explosion, du mouvement des corps planétaires, de la gravitation, des étoiles doubles, des novae des comètes, du mouvement brownien, du rayonnement gamma, de la propagation du froid, du mouvement du poumon, des valves du cœur, de la formation de l'erreur, de la crédulité, de la psychose de guerre, de l'orgueil, de la déchéance, du mouvement des petites mers fermées et celui des Océans, du mouvement de la sève, des feuilles et des graines à vider qui germent à travers le couvercle obscur des champs, si lourd pour elles.

Il ferait se mouvoir en ses spectateurs, les êtres et leur façon d'être, en leur trajet, en leur démarche.

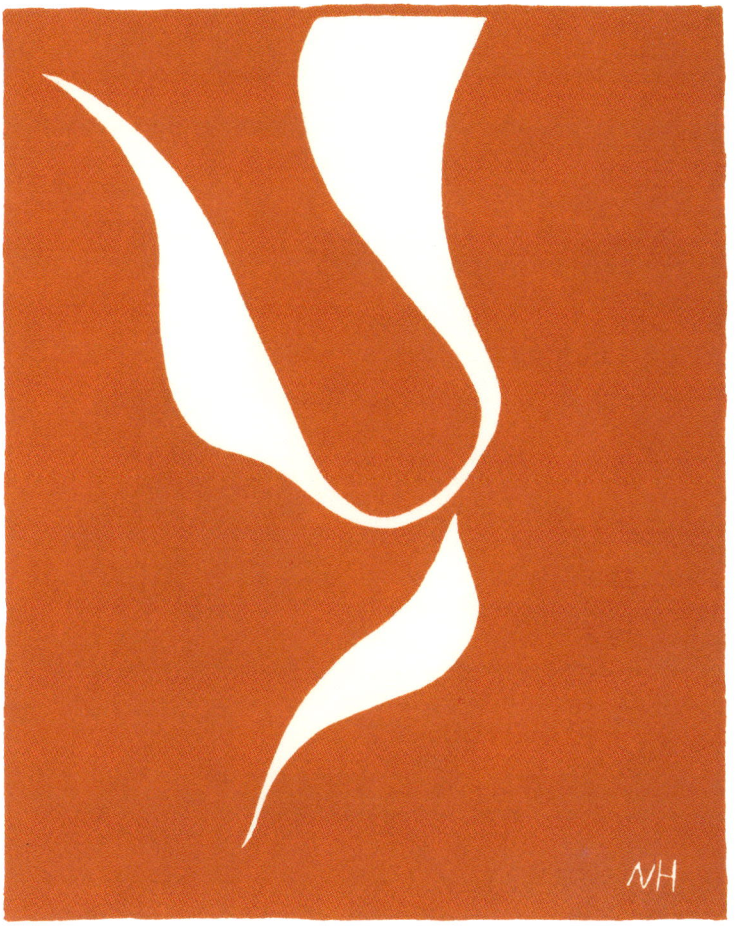

Tout serait là, non en substance, non en notions, mais en passages. (Est-il meilleure science ?)

Tout viendrait dans cette danse, et non le misérable peu de chose qu'exprime ordinairement le danseur. Tout, la conscience du Monde.

L'Inspiré, seul, danse.

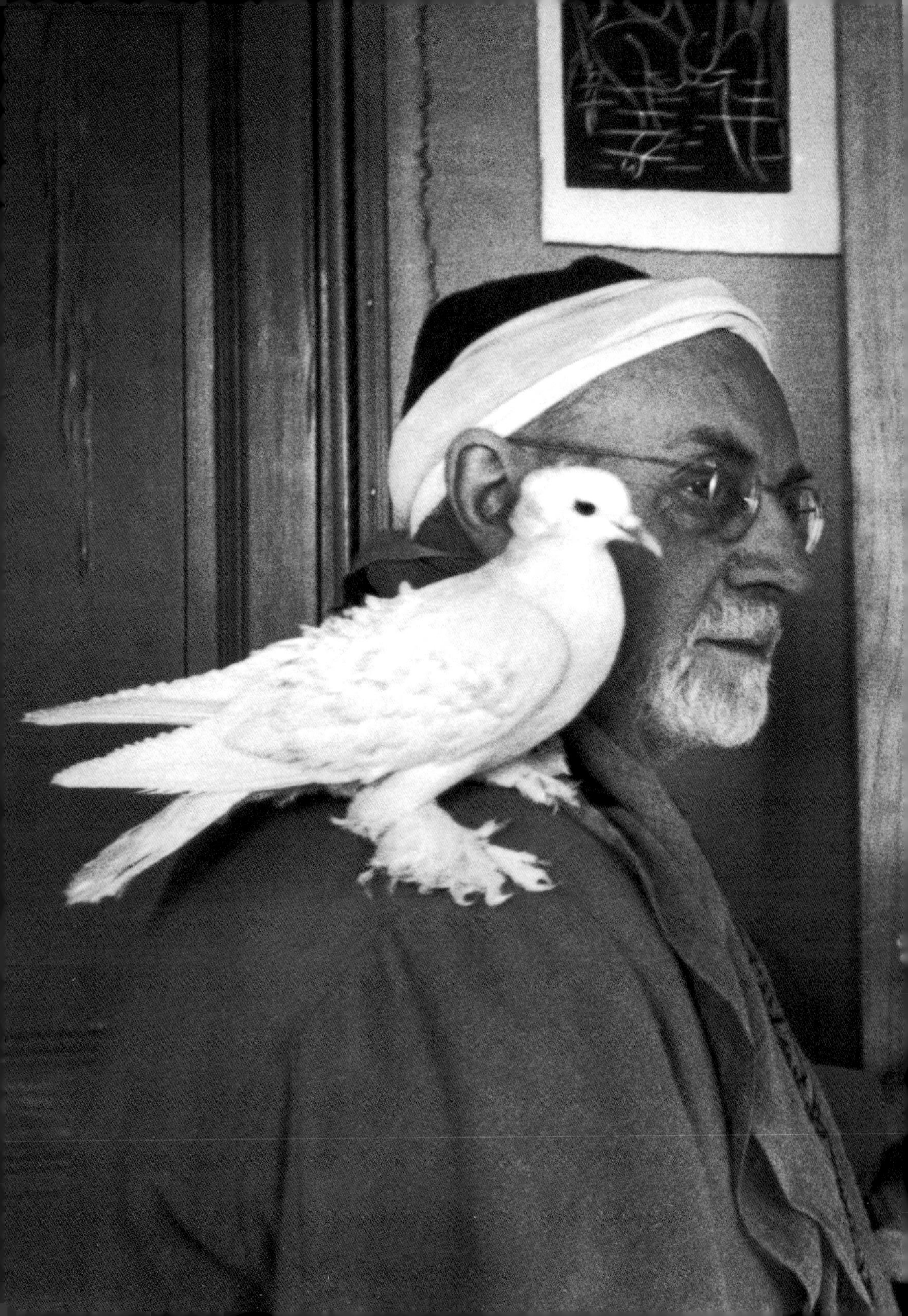

III
Verve et Jazz

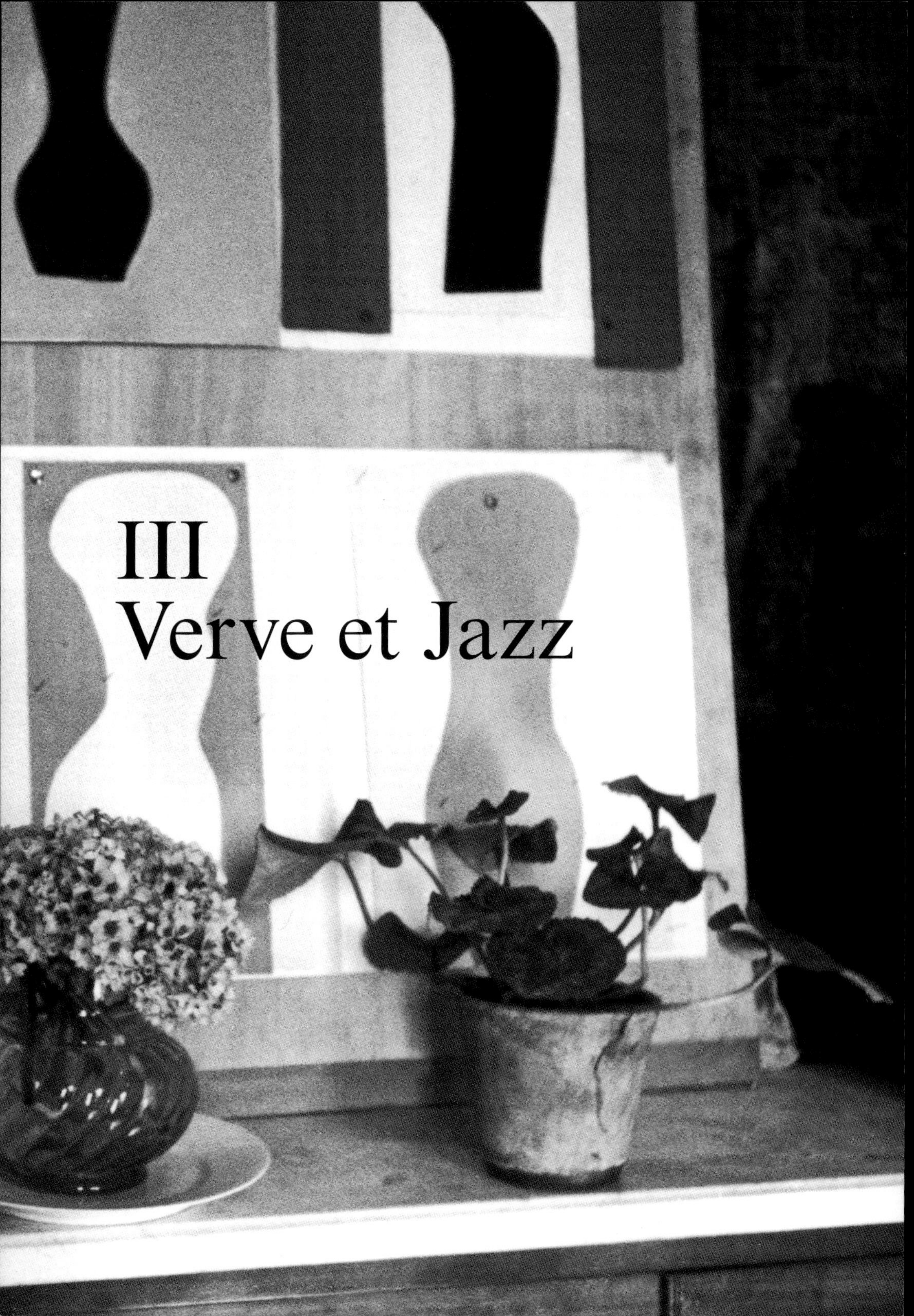

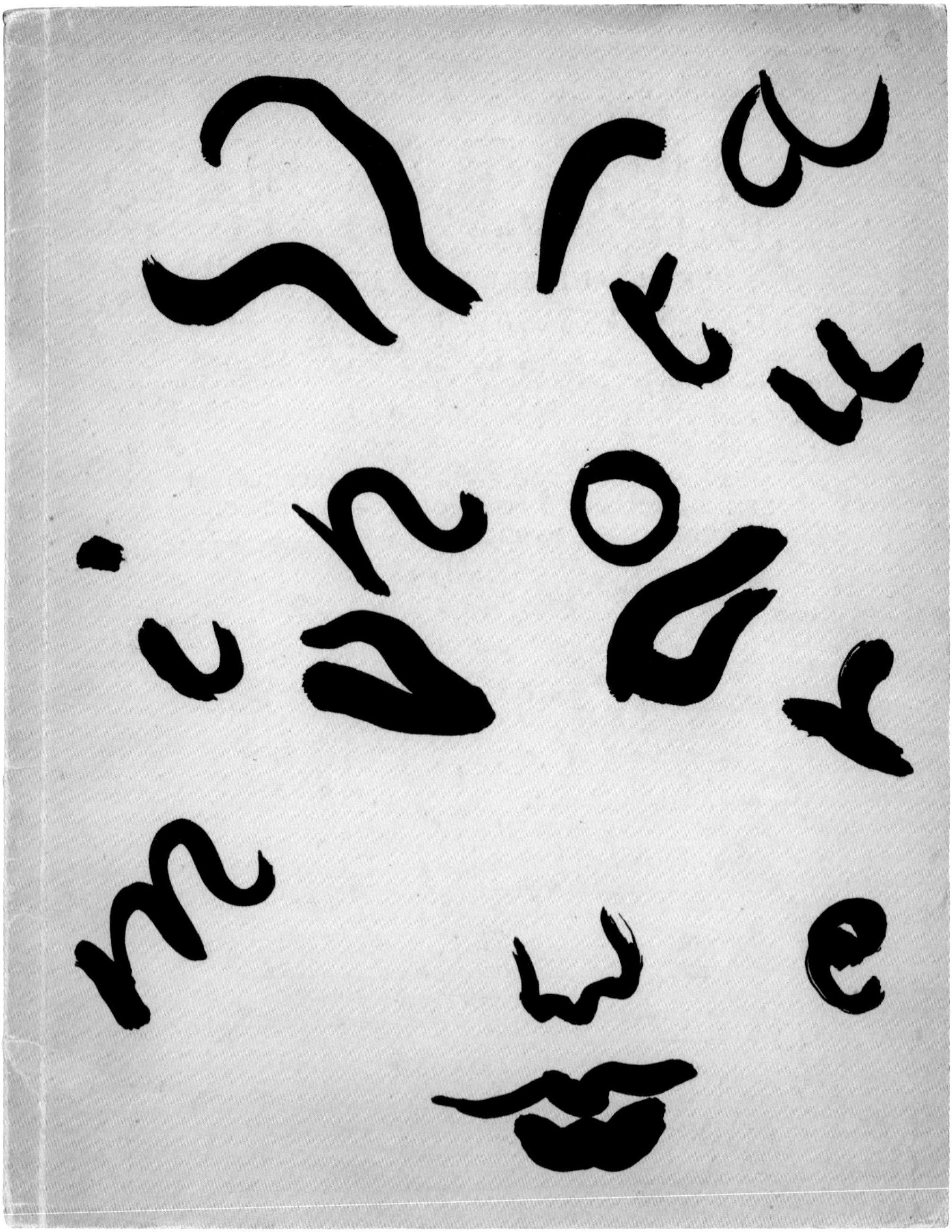
minotaure

Xavier-Gilles Néret

Verve

Les prémisses de *Jazz*, 1936–1940

À partir de 1936, Matisse utilisa les papiers gouachés et découpés pour créer des couvertures de revues, de livres et de catalogues d'expositions, ainsi que des affiches. Cette pratique, dans laquelle on pouvait ne voir au départ qu'un procédé graphique, faisant tout de même éclater les limites traditionnelles du genre, allait, peu à peu et souvent dans la difficulté, le conduire beaucoup plus loin, et aboutir à la réalisation de l'un des plus importants livres d'artiste du XXe siècle, *Jazz*. Ces couvertures, notamment celles pour la revue *Verve*, et ce livre furent le fruit d'une féconde collaboration avec un éditeur exceptionnel, Tériade, originaire des îles grecques, qui était, selon Adrienne Monnier, « fort sauvage, aussi contemplatif qu'un sage oriental, craignant toujours de déranger ou d'être dérangé »[1]. Ce trait de caractère, ainsi que le partage d'un même idéal – la conviction que la peinture était la vie même et que l'exigence de perfection n'avait pas de limites en ce domaine –, permettent de comprendre le lien privilégié qui a pu unir les deux hommes (ill. p. 132 et 162).

Pages 98/99
Henri Matisse dans sa villa « Le Rêve »,
Vence, vers 1944
Photo Henri Cartier-Bresson

Minotaure, n° 9, *1936*
Couverture

Matisse et Tériade avant *Verve*

Avant de créer la revue *Verve*, en 1937, Tériade avait déjà acquis une riche expérience éditoriale. De 1926 à 1931, il avait pris en charge la « section moderne » de la revue *Cahiers d'art*, fondée par son compatriote et aîné Christian Zervos. Sur les quarante-deux textes qu'il y publia, il en consacra un, dans le dernier numéro de 1929, à Matisse, qui représentait à ses yeux « l'équilibre en liberté, la spontanéité simple au jaillissement profond, la finesse la plus noble ». Parallèlement à cette tâche, il devint, à partir de 1928, collaborateur permanent de la rubrique artistique d'un quotidien national, *L'Intransigeant*, où il s'engagea avec son ami Maurice Raynal dans le combat de défense de l'art moderne. Il le fit en donnant le plus possible la parole aux artistes eux-mêmes, à travers d'importants entretiens et récits de voyage, notamment ceux de Matisse. En effet, celui-ci, à partir de 1929 et pratiquement jusqu'à sa mort, lui confia une suite de témoignages remarquables, Tériade laissant l'artiste livrer le fond de sa pensée, tant par les questions qu'il lui posait que par sa probable contribution à la formulation des réponses.

Minotaure, nº 9, *1936*
Quatrième de couverture

Après qu'eut pris fin la collaboration avec Zervos, rendue difficile par la force de caractère des deux éditeurs, Tériade fit la connaissance d'Albert Skira, alors courtier en beaux livres. Ils s'associèrent pour réaliser deux magnifiques livres de peintres – *Les Métamorphoses* d'Ovide avec Picasso et les *Poésies* de Mallarmé avec Matisse –, et pour fonder la revue *Minotaure*. Par « livre de peintre », Tériade, digne continuateur d'Ambroise Vollard, entendait des ouvrages entièrement conçus par un artiste : le choix du texte, de sa calligraphie ou typographie, du format, des éventuels ornements, bandeaux, lettrines, ou culs-de-lampes et, bien sûr, la conception et la réalisation des images, lesquelles n'apparaissent plus alors comme de simples « illustrations », mais sont aussi importantes que le texte et constituent avec lui un objet d'art à part entière. Pour Tériade, les livres de peintres renouaient avec la tradition des manuscrits enluminés du Moyen Âge et des débuts de la Renaissance, qui reposaient sur la rencontre entre un écrivain et un artiste, l'un et l'autre se confondant parfois, comme cela allait être le cas pour *Jazz*.

Le 1er décembre 1932, Tériade décida avec Skira de fonder la revue *Minotaure*, dont il devint le directeur artistique, jusqu'au neuvième numéro, en 1936. Il y publia régulièrement des propos de Matisse, qui réalisa d'ailleurs la couverture du neuvième numéro (ill. p. 100 et 103). La raison principale du départ de Tériade fut sa prise de distance vis-à-vis du groupe surréaliste qui avait, peu à peu, au cours de ces quatre années, fait de *Minotaure* l'un de ses lieux d'expression privilégiés. André Breton y usa en effet de toute son influence – notamment en s'opposant à la collaboration du dionysiaque Georges Bataille, ami très admiré de Tériade –, même s'il ne chercha pas à en prendre le contrôle. L'enjeu était pour Breton et ses camarades, en collaborant à une publication régulière ouverte à des artistes et écrivains non surréalistes, de faire sortir son groupe du ghetto dans lequel il menaçait de s'enfermer. Tériade, quant à lui, appréciait le surréalisme, mais n'adhéra jamais au groupe, en raison de sa propre conception de la peinture, qu'il exprima à plusieurs reprises dans *Minotaure*, et dont Matisse pouvait apparaître comme l'incarnation la plus haute. S'il avait fondé cette revue, c'était, comme il allait le déclarer à Michel Anthonioz, « par réaction contre l'aspect puriste du cubisme, et par une sorte d'attirance pour un brassage d'idées, une certaine fébrilité qui semblait très fertile et très saine[2] ». Telle était la grande vertu du surréalisme. Mais comme il l'écrivit dans le numéro 7 de juin 1935, « la peinture n'a que sa peau, une peau qui ne la couvre pas, comme elle voudrait le faire croire, mais une peau qui la fait elle-même entièrement. […] La peinture moderne crève la peau. Elle montre sa carcasse mince, sa construction d'ondes à travers lesquelles la lumière fixe son mystère noir ![3] ». C'est cette conception, affirmant le primat du plastique sur l'invention, qui allait le conduire à prendre de plus en plus ses distances à l'égard des surréalistes. Ainsi, dès le numéro 8, de juin 1936, il rendit un hommage paradoxal à leur peinture. Certes, il voyait en elle « une réaction salutaire contre un matérialisme de mauvais aloi, cuisiné et académique, dans lequel sombraient, par la faute de copieurs indifférents, les pommes de Cézanne, les guitares de Picasso

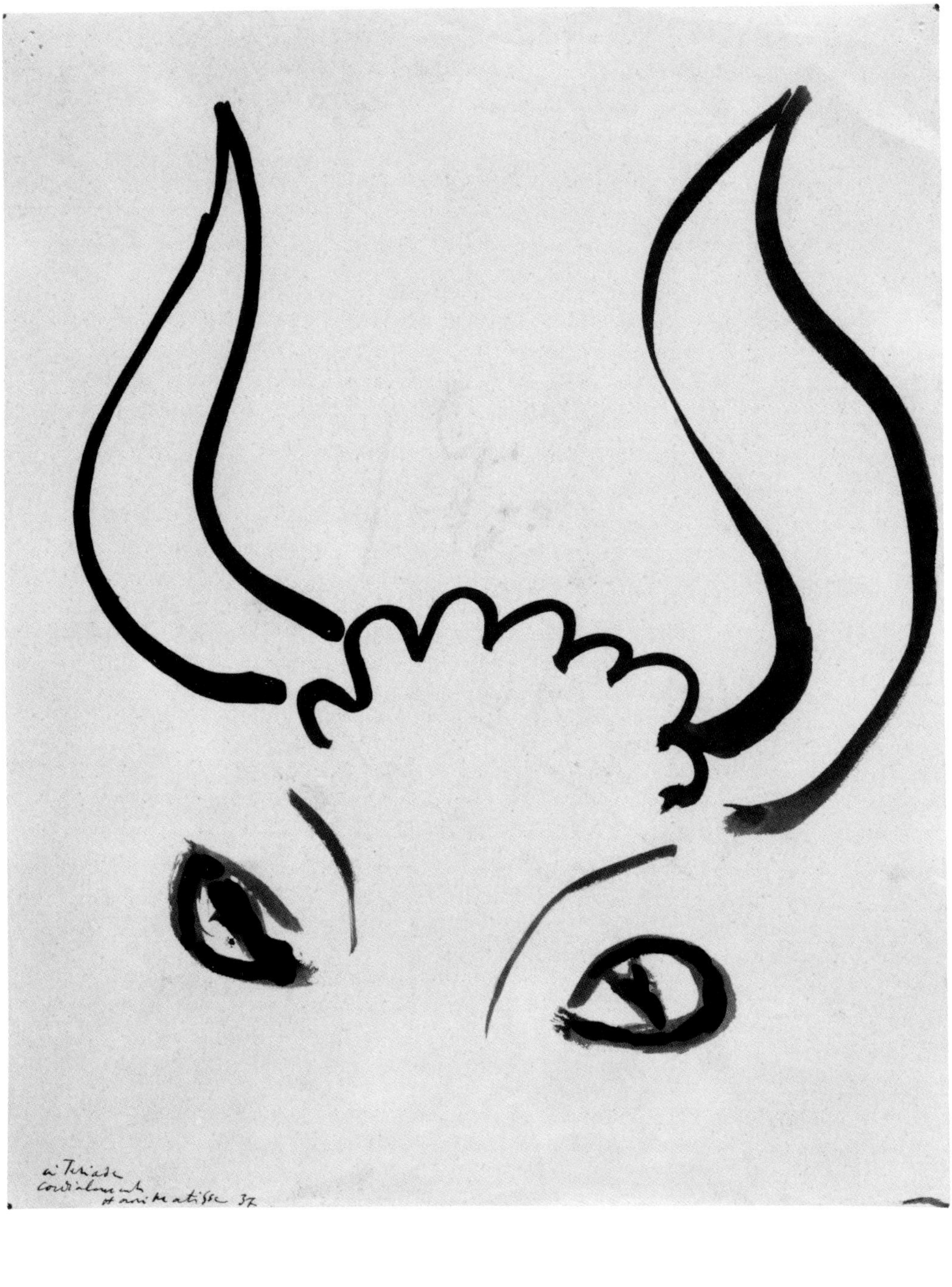

et les intérieurs de Matisse ». Mais cette réaction surréaliste s'était opérée, selon Tériade, en subordonnant la peinture à la poésie, oubliant que « la peinture n'a que sa peau » et qu'elle doit reposer sur l'autonomie de ses propres moyens : « Des peintres, fuyant la triste et stérile vulgarisation qui semblait anéantir tout un système de belles vérités plastiques passablement épuisées par l'effort qu'on leur avait brusquement demandé, s'adressèrent directement à la poésie, préférant emprunter aux conventions poétiques ce que la matière picturale ne pouvait plus alors leur donner réellement. La peinture, à un moment donné, désespérant de retrouver en elle-même une matérialité fraîche et sûre d'un nouveau pouvoir créateur, s'était mise résolument au service de la poésie[4]. » Et, précisément, aux yeux de Tériade, personne mieux que Matisse ne pouvait régénérer le pouvoir créateur de la peinture par la seule puissance de la matière picturale elle-même, redevenant souveraine. Tel allait être pour lui l'un des enjeux de la revue *Verve*, enjeu que le temple du surréalisme qu'était devenu *Minotaure* ne permettait pas de réaliser. Ce fut donc avec le numéro suivant, en octobre 1936, que prit fin la collaboration de Tériade à *Minotaure*, avec la couverture de Matisse.

Verve avant *Jazz*

Ce serait donc dans le cadre de *Verve* que la collaboration avec Matisse allait prendre toute sa mesure, et préparer l'élaboration de l'album *Jazz*. Tériade avait pu réaliser la création de cette grande revue artistique et littéraire, grâce à l'apport de capitaux américains, à la suite d'une rencontre organisée par Coco Chanel avec David Smart, directeur d'une compagnie d'édition américaine, qui voulait créer « la plus belle revue du monde ». Tériade eut carte blanche, et devint enfin, à 40 ans, seul maître à bord. La force de *Verve* qui rend cette revue unique vient de plusieurs qualités conjuguées. D'abord, Tériade et sa fidèle collaboratrice, Angèle Lamotte, parvinrent à réunir une pléiade particulièrement éclectique d'écrivains – Gide, Valéry, Claudel, Bataille, Michaux, Reverdy, Sartre, Malraux, entre autres – et d'artistes – outre Matisse, Picasso, Braque, Miró, Léger, Masson, Bonnard, Giacometti, ou encore Chagall – parmi les plus importants de l'époque. Ensuite, à cette variété s'ajoutait la diversité des types de documents et d'œuvres reproduits, textes, enluminures, peintures, sculptures, gravures, photographies, ou « curiosités ». Enfin, l'exceptionnelle qualité de la revue tient à l'exigence de son maître d'œuvre quant à la qualité technique de la réalisation, exigence exprimée dès le premier numéro en ces termes programmatiques :

« *Verve* se propose de présenter l'art intimement mêlé à la vie de chaque époque et de fournir le témoignage de la participation des artistes aux événements essentiels de leur temps. *Verve* s'intéresse dans tous les domaines et sous toutes ses formes à la *création artistique*. *Verve* s'interdit toute fantaisie dans la présentation des documents. La valeur de ses éléments dépend de leur qualité, du choix qui en a été fait et de la signification qu'ils

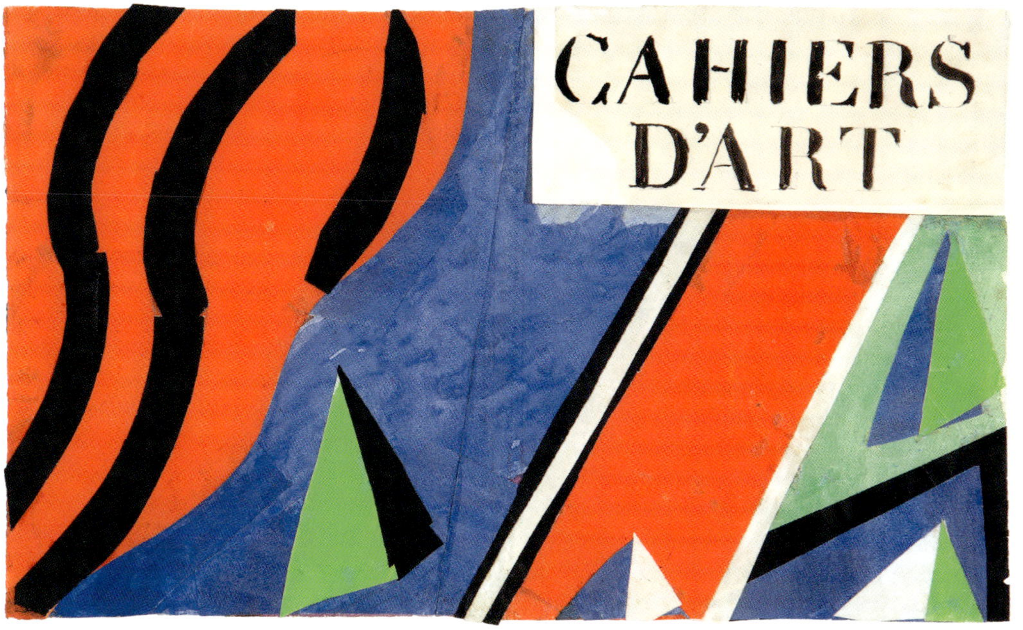

Maquette de la couverture de *Cahiers d'art*, n° 3–5, *1936*
Papiers gouachés, découpés, collés sur papier
32 x 51,5 cm
Nationalgalerie, Musée Berggruen, Staatliche Museen zu Berlin

prennent par leur disposition dans la revue. Pour que les images gardent le sens des pièces originales, *Verve* utilise les moyens techniques les mieux appropriés à chaque reproduction : héliogravure en couleurs, héliogravure en noir, typographie. Elle ne dédaigne pas de se servir du procédé oublié de la lithographie. »

Le résultat fut à la hauteur des exigences. Rien n'était trop beau pour *Verve*, et il faut bien admettre que nul éditeur ne fut plus rigoureux que Tériade quant à la recherche de la fidélité à l'intention des artistes, lui qui parvint par le luxe des techniques mises en œuvre à satisfaire même les plus perfectionnistes d'entre eux, au premier rang desquels se trouvait Matisse.

Tériade allait en effet offrir dans sa revue, durant plus de vingt ans, une grande place au peintre de *La Danse*, qui allait en retour l'illuminer de ses couleurs pures, à travers notamment de nombreuses lithographies réalisées à partir du procédé des papiers découpés, dont six couvertures mémorables[5], et trois numéros entièrement consacrés à son travail[6]. Auparavant, Matisse avait déjà eu l'occasion de créer une couverture à partir des papiers colorés et découpés, pour les exemplaires de tête du numéro 3–5 de *Cahiers d'art*, en 1936 (ill. p. 105). Pour le premier numéro de *Verve*, paru en décembre 1937, il fit spécialement la couverture, exécutée en lithographie dans les ateliers de Fernand Mourlot, à partir de papiers qu'il découpa directement dans trois couleurs pures d'échantillons d'encre d'imprimerie, des nuanciers qui traînaient sur le bureau de Tériade (ill. p. 112/113). Au centre de la composition, sur une vignette, Matisse a dessiné au pinceau et à l'encre de Chine les courbes d'un nu qui font écho au nom de la revue, calligraphié par ses soins sur un bandeau vertical blanc. Une lettre à Tériade, du 1er décembre 1937, témoigne de l'importance qu'avait pour Matisse cette couverture et du soin qu'il accorda à sa réalisation, comme cela allait d'ailleurs être le cas pour chacune des couvertures qu'il réaliserait pour *Verve* : « Je vous envoie deux encadrements pour mettre sous verre les deux maquettes de la couverture – *auxquelles je tiens beaucoup* – et qui peuvent être clichées à travers le verre – les collages ont plusieurs chances d'être préservés. Dans le cas où il y en aurait qui tomberaient, je vous supplie de me prévenir que j'aille le replacer moi-même – faites-le comprendre à l'imprimeur – car c'est un rien qui pourrait compromettre mon travail[7]. » Matisse donna par ailleurs pour ce numéro varié une suite de dessins au trait de 1935, accompagnés d'un texte, *Divagations*, et d'une peinture. Dans le numéro 3, de l'été 1938, étaient reproduits des travaux récents de Matisse, des fusains et des huiles. Ce fut pour le numéro suivant, de l'automne 1938, lui aussi varié, qu'il réalisa, outre une suite de dessins à la plume formant un calendrier, une extraordinaire lithographie originale sur double page, *La Danse*, variation peinte du grand tableau éponyme de 1910, encadrée de papiers découpés, bleu, jaune et noir (ill. p. 92/93). Comme le précise un texte publié alors, « Henri Matisse a peint spécialement pour *Verve* une réplique de son grand tableau *La Danse*, du musée de Moscou, et que nous reproduisons dans les pages suivantes. Pour précéder et suivre *La Danse*, Henri Matisse a composé sur lino deux figures de mouvement des patineurs, *Le Lancé* et *Le Retenu*. » (ill. p. 94 et 97) Ces lithographies étaient accompagnées d'un texte d'Henri Michaux, intitulé « Danse ».

L'une des couvertures les plus remarquables fut celle du numéro 8, de l'été 1940, la très singulière « symphonie chromatique » (ill. p. 120/121). Comme l'indique Tériade en ouverture de ce numéro : « La veille de la guerre, Henri Matisse terminait la couverture de *Verve*. Les vingt-six tirages nécessités par les vingt-six couleurs différentes exigeaient un travail difficile. Nous avons pu lentement imprimer cette symphonie chromatique, comme la nomme Matisse. Au mois de février, il nous écrivait : "Je suis heureux de voir que votre persévérance a été récompensée par ce numéro de guerre qui paraissait presque imprévisible lorsque j'allais vous voir rue Férou. Il est vrai que c'est là et à ce moment que j'en ai fait la couverture : j'ai du cran aussi". » Le chiffre de « vingt-six tirages » nécessaires pour reproduire cette « symphonie chromatique » est énorme comparé aux quatre, voire six passages en machine pratiqués habituellement. Sur le plan technique, l'œuvre ayant été composée, comme pour la couverture du premier numéro, avec des papiers de couleur qui étaient des échantillons d'encre d'imprimerie, le tirage lithographique fut réalisé avec les couleurs exactes, ce qui permit d'obtenir des reproductions fidèles à l'original. Cela donna beaucoup de travail à Tériade et au lithographe Fernand Mourlot. Mais, à nouveau, rien n'était trop beau pour *Verve*, d'autant plus que l'artiste et l'éditeur vivaient la publication de ce numéro comme une forme de résistance face à la barbarie nazie. En effet, si Matisse, vouant toute sa vie à son travail solitaire, n'a jamais été ce que l'on nomme communément un artiste engagé politiquement, il faut toutefois convenir qu'en créant cette couverture, composée en août 1939 et publiée durant l'été 1940, il se battit avec ses propres armes, couleurs découpées scintillant sur fond noir, laissant poindre l'espoir de jours meilleurs. Selon l'interprétation proposée par Michel Anthonioz dans son livre consacré à *Verve* : « L'extraordinaire couverture originale que Matisse réalise pour ce numéro de *Verve* – comme des pierres précieuses multicolores jetées sur un drap noir – est à la fois réaliste et symbolique. Elle évoque le couvre-feu imposé par les alertes : des fenêtres colmatées des immeubles sourdaient des rais de lumière qui trouaient la nuit. La vie continuait et crevait le lourd catafalque que l'ennemi avait étendu sur Paris. Des lumières étincelantes, brillantes comme des feux rimbaldiens, continuaient de resplendir, malgré tout : tel était le message de Matisse[8]. »

Cette couverture a aussi joué un rôle important dans la genèse de l'album *Jazz*, dans la mesure où elle a contribué, avec *La Danse* créée pour le quatrième numéro de *Verve* (ill. p. 92/93), à faire naître chez Tériade le rêve d'un livre qui serait réalisé à partir des papiers découpés. Ce fut le 20 août 1940, dans une lettre au peintre, qu'il commença à formuler ce projet, qui n'allait aboutir que sept années plus tard. « Je rêve d'un livre sur "la couleur de Matisse" qui contiendrait toutes vos pensées déjà exprimées et nouvelles sur la couleur et serait illustré de grandes planches (beaucoup plus grand format que *Verve*) à la manière de la "symphonie chromatique" et de *La Danse*. Ce serait passionnant que vous exprimiez tout le développement possible de la couleur avec la plus grande liberté puisque la reproduction des collages colorés peut être absolument fidèle. L'idée vous intéresserait-elle ? Pourriez-vous y penser à vos loisirs ? Ma réaction dans ces périodes troublées me pousse à fixer des grandes choses immuables. Demandez à Madame Lydia si elle voudrait m'aider à la préparation de ce monument de votre œuvre. J'ai besoin d'alliés[9] ! » Si l'éditeur de *Verve* ressentit alors le besoin d'avoir des alliés, tels que la belle assistante du maître, pour réaliser son rêve d'un livre sur « la couleur de Matisse », c'était probablement parce que sa pratique des « collages colorés » n'avait été jusqu'alors qu'occasionnelle. Pour qu'elle fût élevée à la dignité d'un art à part entière, il fallait que se produisît un événement dramatique dans la vie de Matisse : une grave maladie suivie d'une « résurrection ».

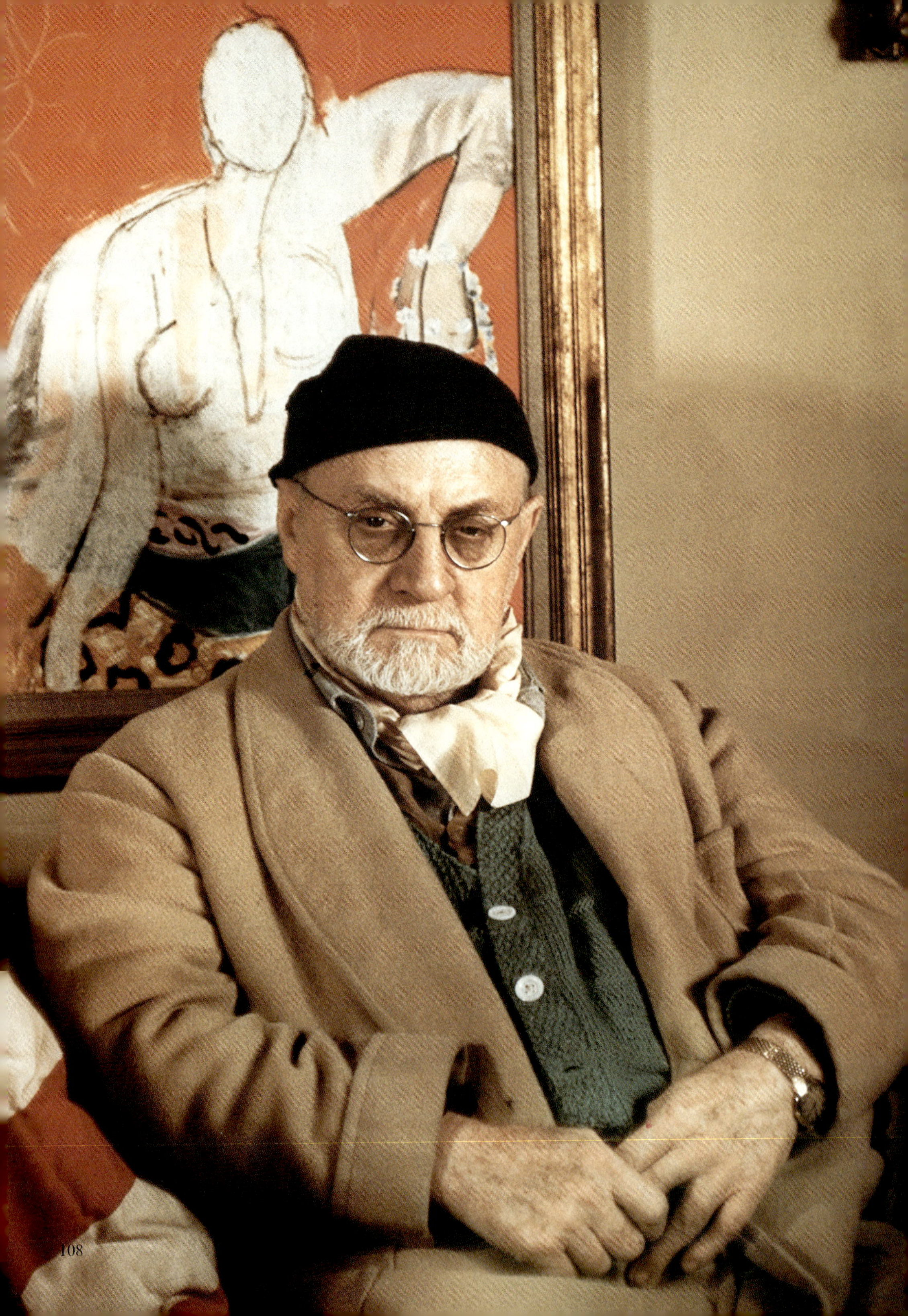

Michel Anthonioz

Verve
Numéro 1 : hiver 1937

Le premier numéro de *Verve* !

Henri Matisse en 1948 avec *Jeune Femme au collier de perles* (1942)
Photo Gisèle Freund
Bibliothèque nationale de France, Paris

Comme les cent jours d'un homme politique, la première livraison d'un périodique révèle les lignes de force qui se développent par la suite. *Verve* ne déroge pas à cette règle. Dès le premier numéro, tout est là : Tériade, seul maître à bord, libéré de la contrainte surréaliste avec laquelle il avait dû composer dans *Minotaure* pour décliner tous les genres que l'on retrouvera orchestrés dans les numéros qui suivent : la peinture, la sculpture, la littérature, la photographie, l'histoire de l'art, les enluminures et ce que j'appellerais les « curiosités ».

La couverture de ce premier numéro est de Matisse : en trois couleurs pures – rouge, bleu et noir – que le maître a découpées directement dans des échantillons d'imprimerie. Au centre de cette composition aux lignes vives, une vignette en hauteur : les *courbes* d'un nu font écho aux « coups de ciseaux à vif dans la couleur » et au titre de *Verve* déroulé en un bandeau vertical. Matisse en a calligraphié lui-même les lettres au pinceau et à l'encre de Chine. Ce titre et ce bandeau ont une histoire. Au départ, *Verve* devait s'appeler « Pan ». En effet, lors des premières conversations avec un éditeur américain qui devait rendre financièrement possible ce grand projet – David A. Smart, président de *Esquire-Coronet* – deux titres avaient été retenus pour leur signification et leur consonance s'adaptant aussi bien au français qu'à l'anglais : « Pan » et, à défaut, « Creation ». Aussi la première maquette de Matisse comporte-t-elle en marge le titre « Pan ». Mais très rapidement, Tériade se ravise et donne à la revue et aux éditions qu'il créait le titre lumineux et génial de « Verve ».

La couverture de Matisse, exécutée en lithographie dans les ateliers de Fernand Mourlot est une œuvre originale, spécialement créée par l'artiste, comme le seront pratiquement toutes les couvertures de la revue, mis à part certains numéros parus pendant la guerre. Henri Matisse accorda un soin tout particulier à la mise au point de cette couverture. Une lettre à Tériade datée du 1er décembre 1937 en témoigne :

« Je vous envoie deux encadrements pour mettre sous verre les deux maquettes de la couverture – *auxquelles je tiens beaucoup* – et qui peuvent être clichées à travers le verre – les collages ont plusieurs (sic) chances d'être préservés. Dans le cas où il y en aurait qui tomberaient, je vous supplie de me prévenir que j'aille le replacer moi-même – faites-le comprendre à l'imprimeur – car c'est un rien qui pourrait compromettre mon travail.

Cordialement, Henri Matisse

Si les maquettes sont chez l'imprimeur, le porteur de la présente peut y déposer les cadres. »

L'expression « je vous supplie » – que l'on ne trouve jamais sous la plume de Matisse dans sa correspondance avec Tériade – dit assez l'importance qu'avait pour Matisse cette couverture et la précision de son travail « qu'un rien pouvait compromettre ». Il en sera d'ailleurs de même pour chacune des couvertures qu'il réalisera pour Tériade, exigeant souvent des prouesses techniques exceptionnelles. Cet extraordinaire soin que Matisse apporte à ce qui pourrait être considéré par d'autres comme une tâche mineure constitue l'une des marques distinctives des réalisations de Tériade. Par quel ressort mystérieux Tériade parvint-il à obtenir des plus grands artistes de ce siècle qu'ils donnent ainsi le meilleur d'eux-mêmes ? L'amitié ? Sans doute. Mais cela ne peut tout expliquer. La renommée ? Matisse est déjà très connu et Tériade est un jeune éditeur qui se lance dans une aventure périlleuse. D'argent, enfin, il ne semble pas avoir été question entre eux, du moins à cette époque. L'explication est d'un autre ordre, n'en déplaise peut-être à certains esprits sceptiques et chagrins : Matisse et Tériade partageaient un même idéal. La peinture était pour l'un et l'autre la vie même. Leur correspondance, comme l'importance de leur collaboration en témoigne. Matisse mentionne dans cette lettre « deux maquettes ». À notre connaissance, il n'en existe qu'une : la « deuxième » pourrait bien n'être que la quatrième de couverture, l'ensemble étant composé comme un tout.

C'est dans ce premier numéro qu'apparaît, placé immédiatement après le sommaire, le « programme » de la revue. Et, de façon très significative, Tériade donne aux techniciens la place noble en plaçant leurs noms immédiatement après, dans le déroulant du générique, accolé au programme : « Typographie, imprimerie des Beaux-Arts. Héliogravure en couleurs : Néogravure. Lithographie : Mourlot frères. » Ces artisans et leurs techniques demeureront peu ou prou les mêmes jusqu'à la fin. Tériade ne parlait jamais « technique ». Mais il accordait une immense importance à la qualité de reproduction et d'impression. Rien n'était trop beau pour *Verve*. À chaque mode d'expression devait correspondre une technique particulière. Je ne connais guère d'autres exemples de revues qui aient ainsi recouru régulièrement à la lithographie et à l'héliogravure. Cette exigence de qualité ne répondait à aucune logique commerciale, mais au plaisir de l'éditeur, des artistes, des techniciens… et des lecteurs. Cette qualité exceptionnelle a certainement contribué à inciter les très grands artistes à y participer : quelle autre revue leur offrait pareil luxe ?

De fait, Tériade et sa collaboratrice Angèle Lamotte[1] – qui, à travers Adrienne Monnier, apportait la collaboration des grands écrivains reconnus comme Valéry et Claudel – réunissaient d'emblée une pléiade exceptionnelle. Le numéro s'ouvre sur un important texte d'André Gide : « Quelques réflexions sur l'abandon du sujet dans les arts plastiques ». Gide y montre qu'en peinture comme en musique la figuration est une illusion qui n'a que peu de rapport avec la nature de l'art. En face, Tériade place une superbe lithographie de Fernand Léger, puis une non moins belle lithographie de Joan Miró. Immédiatement, suit un ensemble éblouissant de photographies de

Brassaï offrant le spectacle de Matisse avec ses oiseaux dans son atelier parisien. Gide, Léger, Miró, Matisse, Brassaï, donc. Puis, tout de suite : Bataille ! Tériade me confessa en 1973 que l'un de ses espoirs en créant *Minotaure* avec Skira avait été de transgresser l'anathème de Breton sur ce grand écrivain dionysiaque et de l'imposer aux côtés des surréalistes, qui tenaient alors le haut du pavé, mais c'était compter sans l'intolérance …

Pages 112/113
Verve, n° 1, *décembre 1937*
Quatrième de couverture et couverture

Après Bataille, Caillois et René Huyghe, Dos Passos et Bergamin. Le texte de Bergamin « Le musée des merveilles », la place de la grande galerie du Prado encombrée de sacs de sable, une splendide lithographie sur fond noir de Borès et surtout l'exceptionnelle photo, prise par Dora Maar, de *Guernica* dans l'atelier de la rue des Grands-Augustins témoignent des combats qui se déroulaient en Espagne. Paraissent ici, en avant-première, les premières pages de *La Psychologie de l'art*, d'André Malraux grâce à l'intercession de Schiffrin. Après une suite exceptionnelle de photos – Man Ray, Cartier-Bresson, Brassaï, Blumenfeld… –, Tériade ouvre aussi ses colonnes à Henri Michaux. Bataille et Michaux réunis ! Mais, nous l'avons dit, *Verve* se compose aussi de « curiosités » : Tériade donne à voir une suite étonnante, reproduite en sépia, de photographies anciennes prises par un pharmacien en 1850. Scènes de la vie bourgeoise, documents donc, mais aussi « modestement, il travaille comme les artistes, avec enthousiasme et pour son plaisir ».

Hommage aussi au précurseur, Ambroise Vollard. De qui d'autre Tériade pourrait-il être rapproché sinon de ce grand éditeur, découvreur, qui plus est, de Cézanne et Picasso et qui donna toute sa force à la notion de « livre de peintre », fit réaliser les premiers bronzes de Degas et conduisit Chagall, Rouault et tant d'autres à la gravure et à la lithographie ? Point de départ à sa contribution, un questionnaire que lui a adressé Tériade. Curieusement, cet article fait pendant à celui de Gide : Vollard y proclame – à travers le témoignage de plusieurs artistes – le peu de cas qu'il convient de faire du sujet en peinture ! Cet article, fourmillant d'anecdotes, écrit à la manière d'une conversation de café brillante et inspirée, nous émeut par la filiation qu'il révèle entre Vollard – qui mourra deux ans plus tard – et Tériade qui achèvera une partie de l'œuvre de son aîné en publiant notamment *La Bible, Les Âmes mortes* et *Les Fables* illustrées par Chagall. Il faudra un jour écrire l'histoire de cet étonnant personnage, né à La Réunion, que la vie prédisposait à une étude de notaire et dont le destin fut de devenir l'un des plus grands sourciers de l'histoire de l'art moderne.

« L'influence de la peinture sur le moral est si réelle qu'un tableau peut avoir même un effet thérapeutique » : la transition entre Vollard et Matisse est toute trouvée. Celui-ci manifeste avec éclat son incomparable génie de dessinateur dans une suite de dessins au trait datés de 1935. Ces encres sont accompagnées d'un texte, *Divagations* et d'une peinture. Après Derain et Bonnard, vient un cahier consacré à Maillol : de merveilleuses photos de l'atelier de Marly-le-Roi par Blumenfeld et Brassaï. Un ensemble conçu comme un reportage : des archives de « l'œuvre en train de se faire », qui détruisent les stéréotypes et laissent tout entier l'humble mystère de la création dans cette remise d'un jardinet de l'Île-de-France.

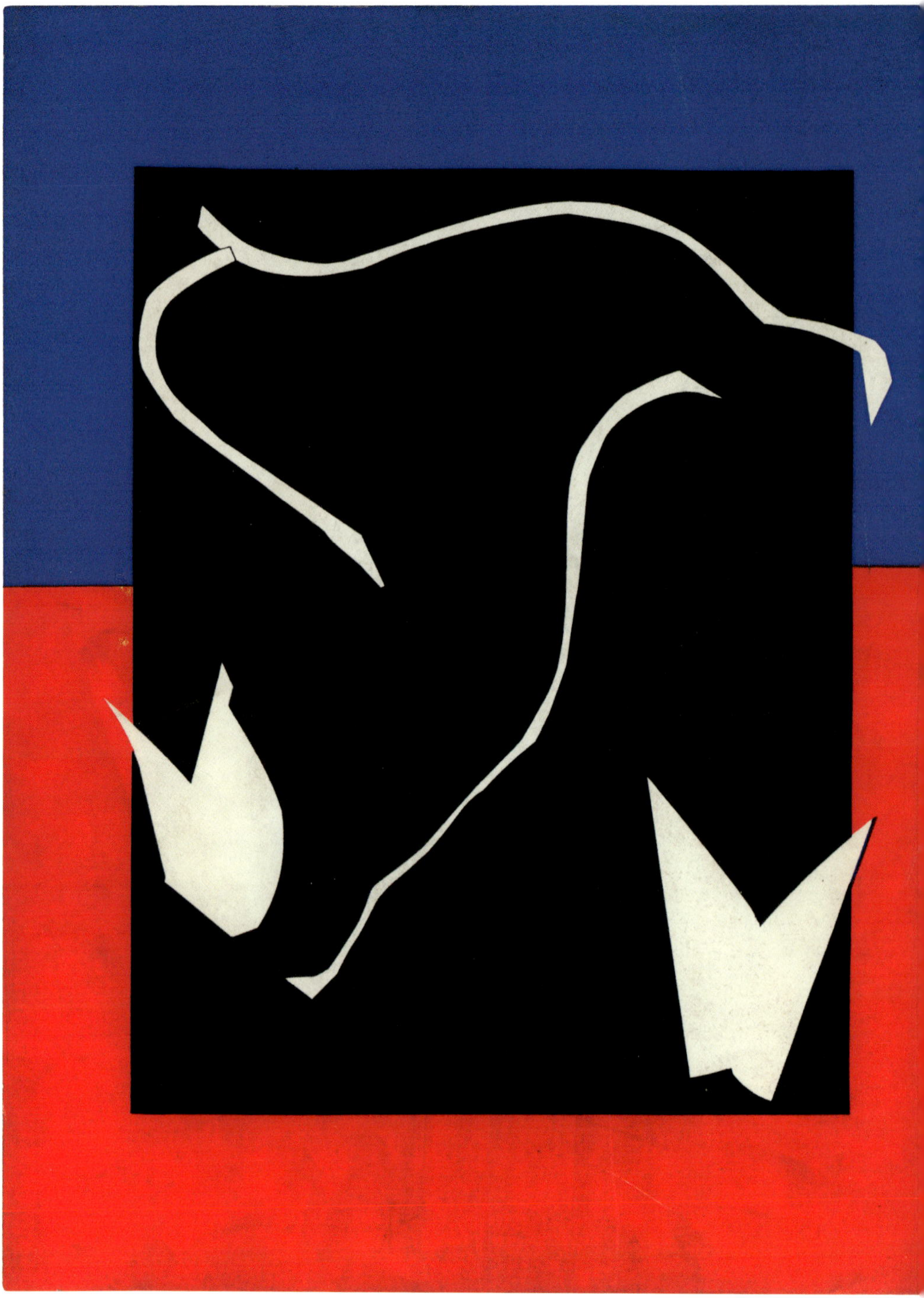

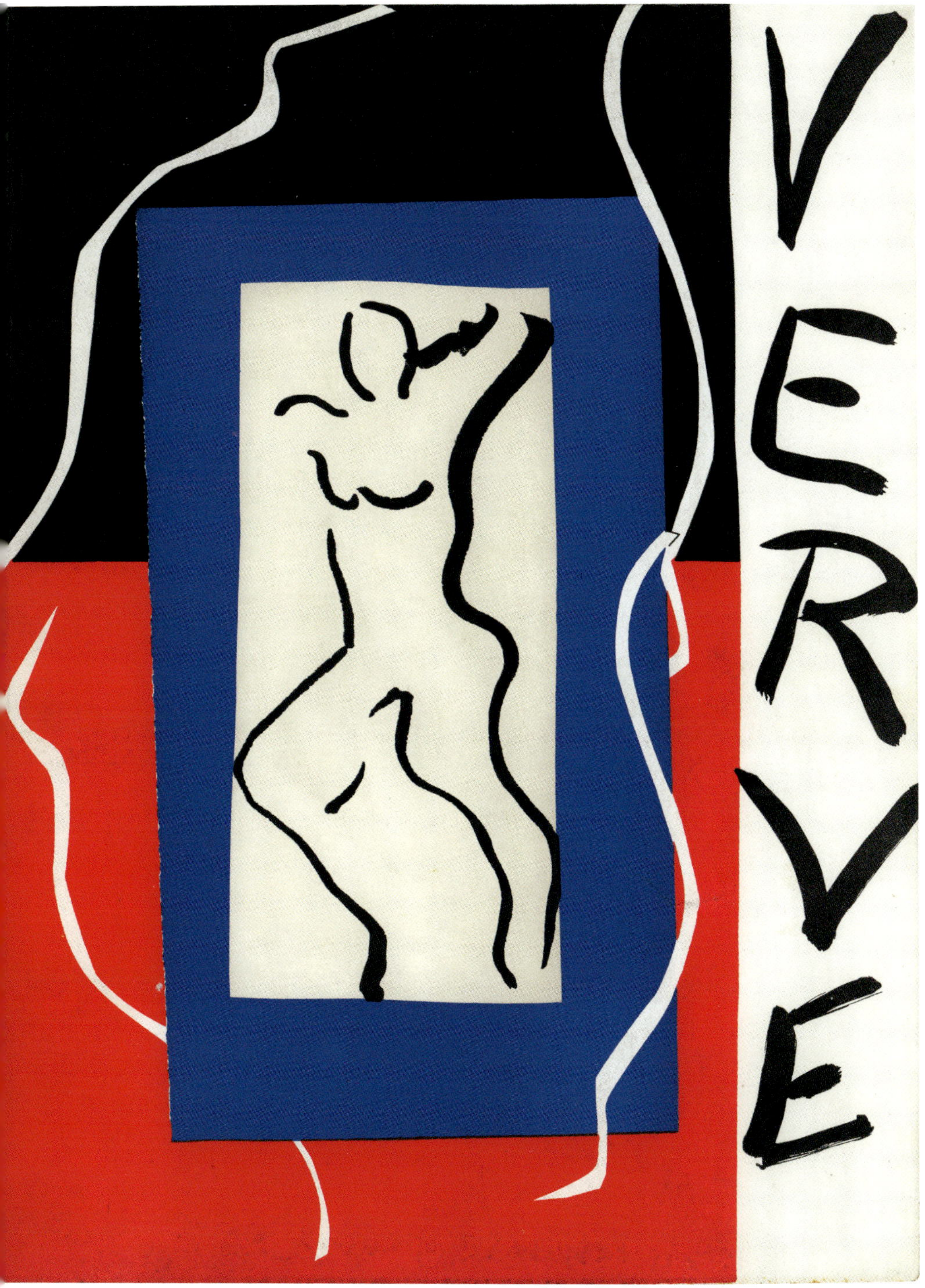
VERVE

Nu debout devant la cheminée, *1936*
Huile sur toile
46,4 x 36,2 cm
Collection particulière
Reproduit en couleur p. 85 du Verve, *n° °1, décembre 1937*

Le principe du « reportage d'artistes » que « les deux aveugles » avaient mis en pratique dans *L'Intransigeant*, Tériade le reprend aussi en demandant à Fernand Léger de consigner ses impressions visuelles de l'Exposition universelle de 1937.

Le premier *Verve* se clôt sur un texte de Maurice Raynal, l'ami et le complice de toujours, des lettres de jeunesse de Cézanne à Zola remises à Tériade par John Rewald, un article autobiographique d'Élie Faure et un portfolio d'enluminures – *Les échecs amoureux*, manuscrit exécuté pour l'instruction de… François Ier.

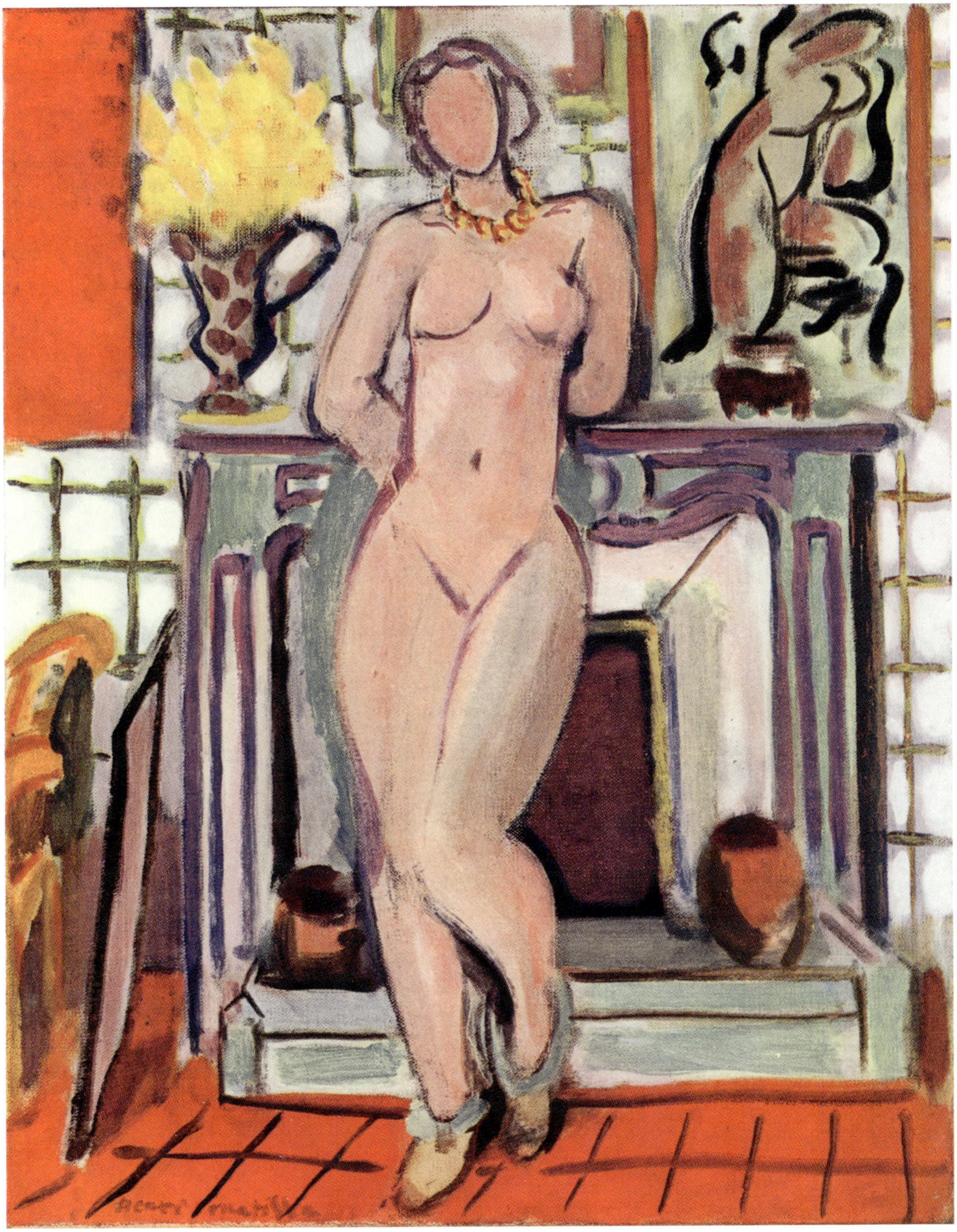

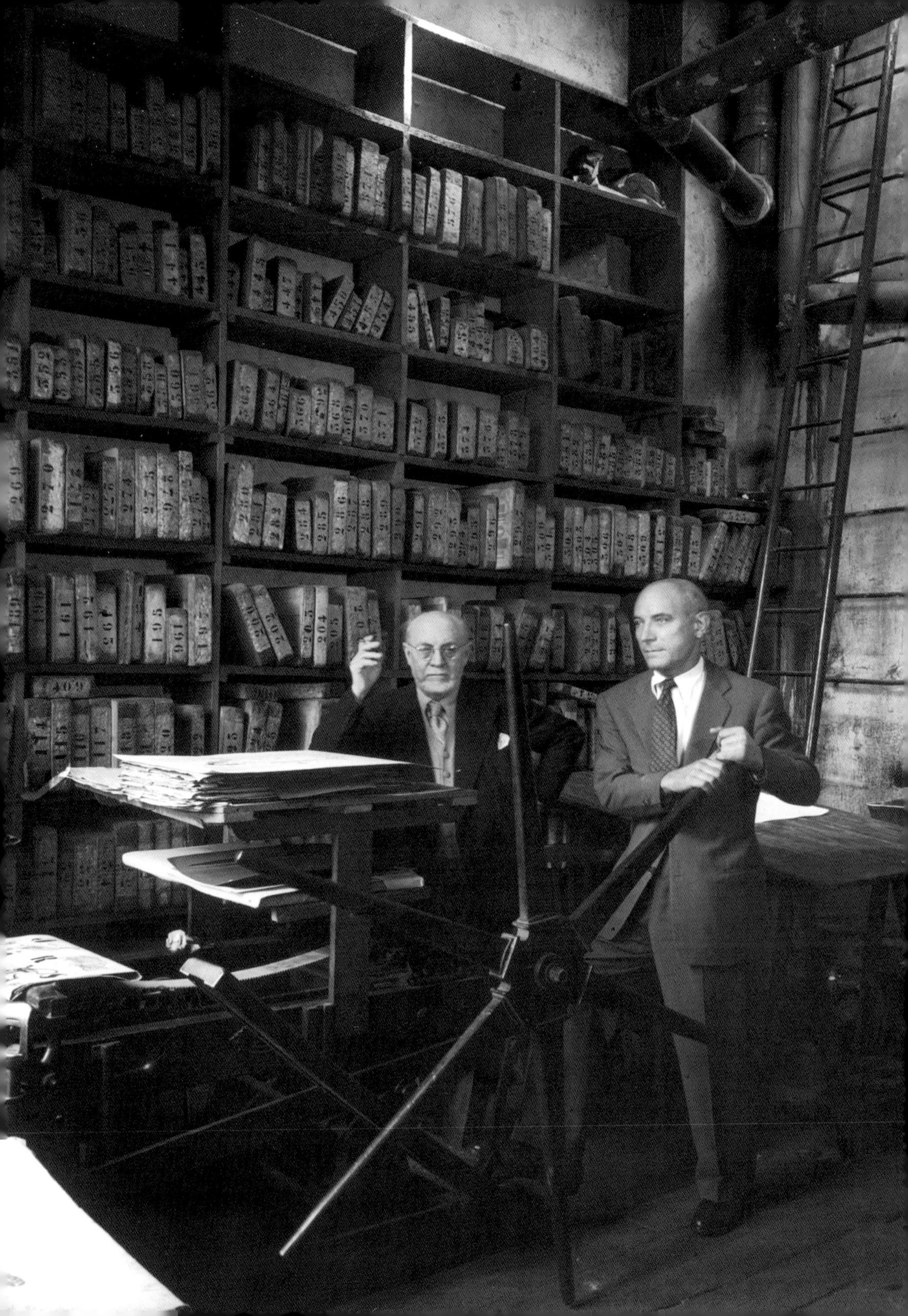

Michel Anthonioz

Verve

Numéro 8 : été 1940

La guerre qui grondait en Europe s'était déchaînée en cette année 1940 sur le territoire français. Ce numéro de *Verve* voit donc le jour en l'un des moments les plus sombres de l'histoire du XXe siècle. Tériade avait coutume de nommer cette livraison de deux appellations : *Le numéro de la guerre* ou *Nature de la France*, titre qui figure en dernière page du recueil. Il s'agit, d'une certaine façon, d'un manifeste : Tériade, de nationalité grecque, prenait ainsi parti, à sa façon, contre la barbarie nazie. L'extraordinaire couverture originale que Matisse réalise pour ce numéro de *Verve* – comme des pierres précieuses multicolores jetées sur un drap noir – est à la fois réaliste et symbolique. Elle évoque le couvre-feu imposé par les alertes[1] : des fenêtres colmatées des immeubles sourdaient des rais de lumière qui trouaient la nuit. La vie continuait et crevait le lourd catafalque que l'ennemi avait étendu sur Paris. Des lumières étincelantes, brillantes comme des feux rimbaldiens, continuaient de resplendir, malgré tout : tel était le message de Matisse. On a beaucoup glosé sur la distance que Matisse garda toujours avec la vie politique, comportement opposé à celui, par exemple, de Picasso. Pierre Schneider a écrit sur cette question de façon si complète et définitive qu'il est inutile d'y revenir[2] ; pour Matisse, cette œuvre exceptionnelle, placée en couverture de la plus importante revue artistique du moment, couverture destinée à être exposée, à circuler, constituait un acte de foi et, à sa manière, de courage. Il se battait avec ses armes d'artiste et tenait ainsi à dire, avec éclat, que tout n'était pas compromis, que « la France avait perdu une bataille, mais qu'elle n'avait pas perdu la guerre ».

Dans une très brève introduction liminaire, non signée, Tériade écrit : « La veille de la guerre, Henri Matisse terminait la couverture de *Verve*. Les vingt-six tirages nécessités par les vingt-six couleurs différentes exigeaient un travail difficile. Nous avons pu lentement imprimer cette "symphonie chromatique", comme la nomme Matisse. Au mois de février, il nous écrivait : "Je suis heureux de voir que votre persévérance a été récompensée par ce numéro de guerre qui paraissait presque imprévisible lorsque j'allais vous voir rue Férou. Il est vrai que c'est là et à ce moment que j'en ai fait la couverture : j'ai du cran aussi". »

Cette œuvre de Matisse est capitale à plus d'un titre. Il s'agit d'un des tout premiers « papiers découpés », cette « taille à vif dans la couleur » que

Henri Matisse dans l'atelier Mourlot (avec le directeur Fernand Mourlot)
Photo Hélène Adant

Matisse avait inaugurée plusieurs années auparavant avec la grande peinture de *La Danse* commandée par Barnes. Mais il s'agissait alors de papiers préalablement gouachés en à-plats colorés. Ici, en revanche, Matisse découpe directement dans des échantillons d'encre d'imprimerie, des nuanciers qui traînaient sur le bureau de Tériade, rue Férou : les ciseaux mordent et dansent dans la couleur pure, celle-là même que l'imprimeur va ensuite utiliser. Il s'agit de nuances brutes que Matisse exigea ensuite de retrouver strictement. D'où les vingt-six « passages », chiffre astronomique, à rapprocher des quatre, très exceptionnellement des six, passages en machine que l'on pratique normalement. Ce luxe, inimaginable aujourd'hui, même en lithographie – technique employée pour cette couverture comme pour toutes les autres couvertures originales de *Verve* – a permis d'atteindre ce résultat éclatant de fidélité.

Poussé par l'exigence de Matisse, Tériade, comme il le fera plus tard avec *Jazz* en recourant à la technique du pochoir, donne ainsi à la reproduction la dimension d'une œuvre originale. Cette réalisation de Matisse est en cela exemplaire du travail de Tériade : à l'occasion d'une couverture, il parvient à obtenir une œuvre hautement significative et historique, un chef-d'œuvre méritant de figurer au premier rang des œuvres sur papier d'Henri Matisse.

Après un sommaire, exceptionnellement illustré – quatre machines de guerre, d'après un manuscrit du XVIe siècle –, ce numéro s'ouvre sur les reproductions d'une peinture, placée en frontispice, et d'un dessin de Matisse. À propos de la reproduction de ces œuvres, et de la reproduction en général, Henri Matisse écrit à Tériade en février 1940 deux lettres riches d'enseignement :

« Nice, février 1940

Mon cher monsieur Tériade,

Vous devez être en possession de mon petit tableau. Pensez-vous qu'il puisse convenir comme frontispice ? Si oui, je voudrais faire plusieurs remarques. Dans quelle manière allez-vous le reproduire ? Pas en litho, je suppose. En tout cas je voudrais que vous fassiez respecter exactement la façon dont il est fait, et je me permets de vous faire les remarques suivantes : dans plusieurs parties le ton de la toile est à nu – il est nécessaire de ne pas y glisser la couleur qui lui est voisine – et de copier ce ton de toile – qui est en harmonie avec les autres couleurs – et que le ton avec lequel on le reproduira soit un ton plein et non une salissure. Les mains sont du ton de la toile – les traits sont souvent de différentes couleurs, il est nécessaire de les reproduire tels qu'ils sont.

Je ne puis vous donner de dessins de feuilles – ils sont intéressants pour moi seulement, ils n'ont pas permis de faire votre couverture, pour le moment. C'est tout ce qu'ils peuvent faire. »

Fort heureusement Matisse se laissera convaincre par Tériade que les dessins de feuilles ne sont pas intéressants pour lui seul, et ils paraîtront !

Dans une seconde lettre, qui semble suivre une lettre de Tériade en réponse à la première missive, Matisse revient sur ces questions de reproduction : « Je vous ai demandé deux pages pour deux dessins au trait. Il s'agit d'une tête qui est le résultat d'une suite de dessins d'étude, et qui a

Pages 120/121
Verve, n° 8, *juin 1940*
Quatrième de couverture et couverture

un côté fort et glorieux qui m'enchante. Le deuxième est une feuille d'album de dessins de mains. Je crois qu'il ferait bien car il a une certaine éloquence. Ces dessins sont au crayon mine de plomb – mais vraiment à moins d'un mètre de distance *pour la tête* on la croirait à l'encre tellement le trait prend sa place avec décision et précision quant au rôle qu'il doit jouer dans la feuille. Avec un bon cliché vous devez pouvoir faire quelque chose de bien.

Les tons d'imitation de crayon mine de plomb sont généralement fades, il vaut mieux imprimer avec un noir doux. Si les mains sont réduites à la dimension de la page, elles ne s'alourdiront pas ; avec une réduction plus grande il y aurait de la confusion. Pour celle-ci il vous faudra un bon cliché qui n'enlève pas la sensibilité. Cette feuille de mains est prise dans une suite. C'est celle que j'ai choisie comme la plus réussie. J'attache d'autre part une importance à ces mains parce qu'elles représentent pour moi une augmentation d'intérêt dans mon travail. Les mains, comme les feuilles des arbres, ont pris une réalité qu'elles n'avaient pas jusqu'ici ; je donnais toute mon ardeur dans la représentation de mon personnage par la tête, le corps, les bras et les jambes, comme pour les arbres, le tronc et les branches et les mains ou les feuilles je ne les considérais que comme des terminaisons qui ne me paraissaient pas nécessaires – donc ennuyeuses – maintenant je commence un personnage par les mains.

Toutefois si vous n'avez pas un cliché suffisant des mains, ne les donnez pas. »

Après cette introduction consacrée à Matisse suivent *Un coin de France,* texte inédit de Paul Claudel illustré d'une enluminure extraite d'un manuscrit du XVe siècle, *La Gaule.* Ce *Coin de France,* c'est bien sûr Brangues qui sera la dernière demeure de Claudel : « Alors, salut, étoile du soir ! Il y a pour t'indiquer pensivement dans le ciel au fond du parc, dans le coin le plus reculé de mon jardin, un long peuplier mince comme un cierge, comme un acte de foi, comme un acte d'amour ! C'est là sous un vieux mur tapissé de mousses et de capillaires que j'ai marqué ma place. »

Contemporain, et appartenant à la même famille que Claudel, Georges Rouault est rapproché de l'auteur de *Partage de midi* par Tériade : l'ignorance du poète pour la peinture contemporaine était confondante. Les deux tableaux choisis par lui et qui sont reproduits à la fin du présent recueil en témoignent de façon spectaculaire : « L'un est la reproduction d'un tableau d'Élysée Bourde qui fait revivre sous nos yeux, avec beaucoup de mouvement et de saveur, le conseil municipal du petit village de Saint-Benoît, dans l'Ain. L'autre, dû au pinceau de A. Moreau-Nélaton, c'est la fête de Saint-Georges, dans mon pays natal, Villeneuve-sur-Fère. J'ai connu tous les personnages criants de vérité … » On n'insistera jamais assez sur le rôle salutaire de « pont jeté entre les arts et la littérature » que fut *Verve.*

Dans ce numéro 8, donc, Rouault donne à lire un poème en vers libres intitulé *Visage de la France* : « Et ce Visage, je le retrouve encore, ô Péguy, dans l'air qu'on respire en arrivant à Chartres, sous un ciel gris que Corot eût aimé. » Poème illustré de quadrichromies de tableaux de Rouault de 1940, et dont il dessine à l'encre et au pinceau le titre et une correction.

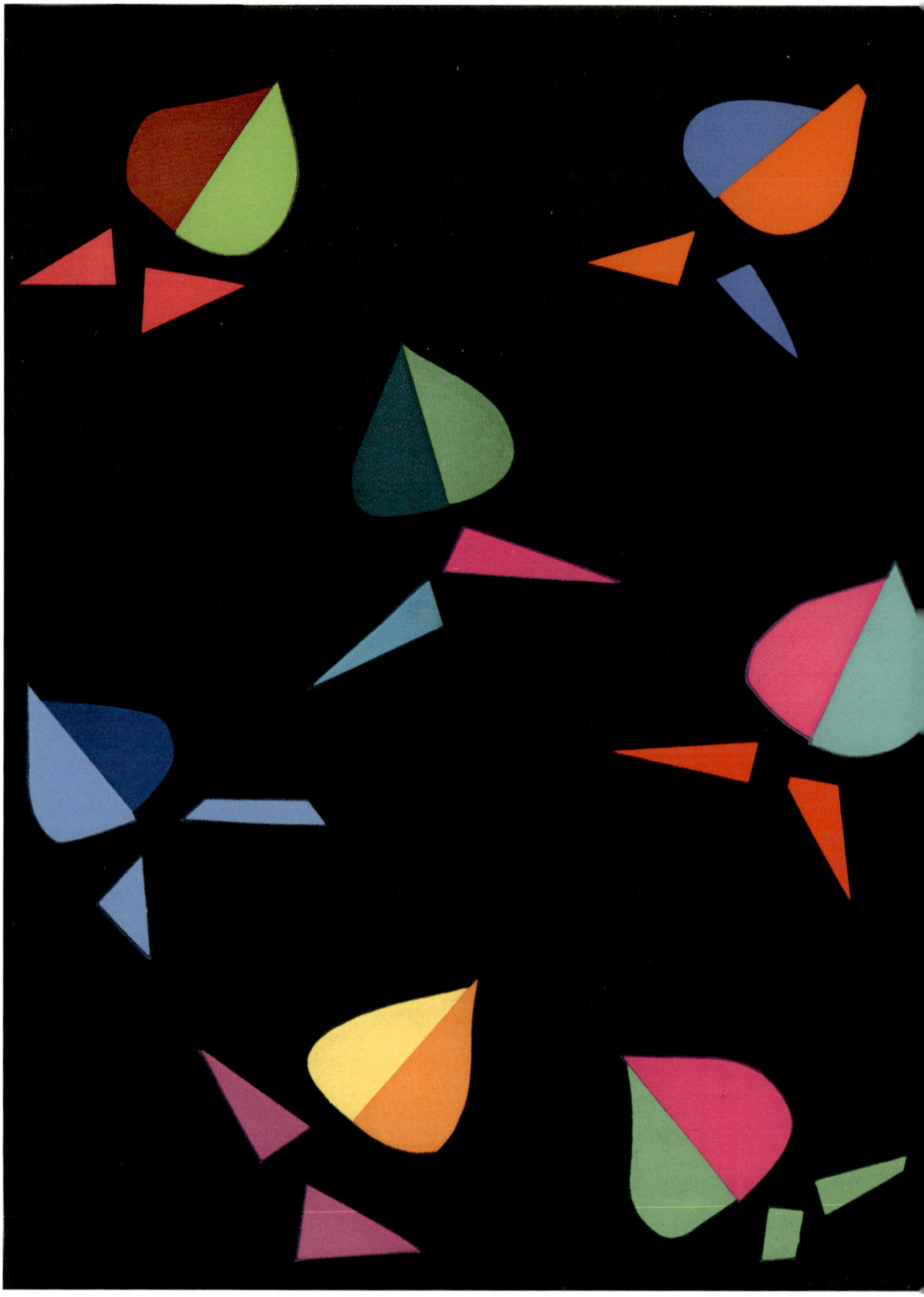

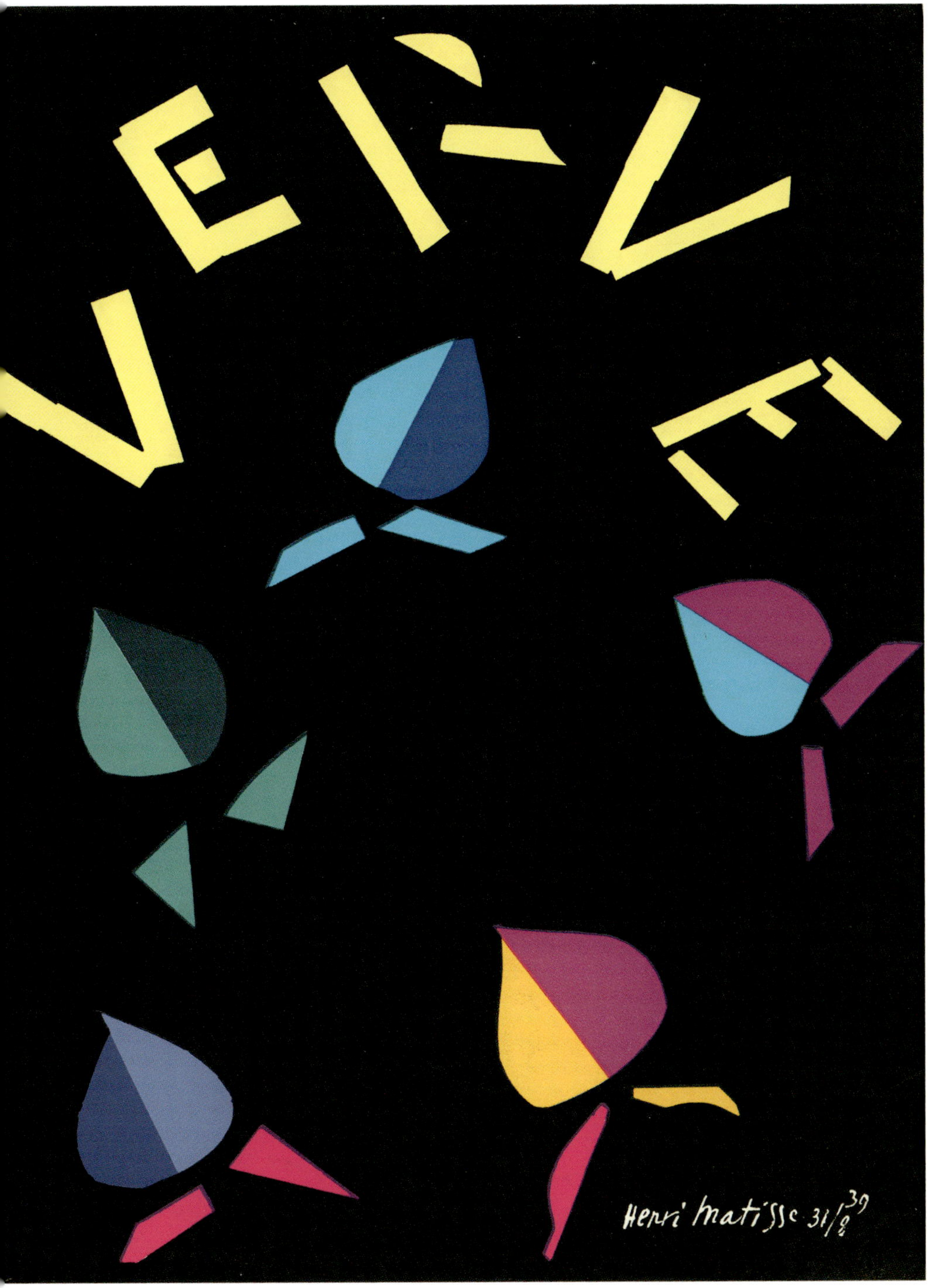
VERVE
Henri Matisse 31/8 39

Fruits de mer, tel est le titre des divagations de Paul Valéry que Tériade, grâce à l'intercession d'Adrienne Monnier, publie ici. Les premières lignes donnent le ton : « "Cette chambre" me dit l'homme à la clef, "a vue sur la mer." Il ment. Ce n'est point la mer. Cette chambre a vue sur le feu éternel. Tout le soleil ici remonte en force du miroir immense qui doit être un golfe, tape aux glaces, renaît en tout point de métal ou de verre, donne soif de ténèbres. » On retiendra que ce texte est illustré d'une eau-forte et d'un dessin au trait de Paul Valéry.

C'est dans ce numéro 8 que paraît le *Calendrier* composé par André Derain, calendrier composé en une suite de vis-à-vis avec le *Calendrier* de Charles d'Angoulême (manuscrit du XVIe siècle). Il s'agit de onze grands dessins au trait, de couleur orangée, d'inspiration bucolique : *Le Repos, Les Barques, La Ronde, Quatre baignades, Le Bouquet, Deux chasses.* Les noms des mois et les signes du zodiaque sont dessinés par André Derain.

Un important texte de Pierre Reverdy tourne autour de la nature morte en peinture en une suite de réflexions fulgurantes : « L'histoire c'est de l'héroïsme et de l'horreur mis en conserve, pour consommer pendant les temps heureux. » « L'Art c'est l'effort constant de ceux qui veillent à fixer dans le temps la saveur de la vie. »

En écho à Reverdy, et sur le même registre, Tériade réunit quelques pensées choisies de Georges Braque, illustrées de deux tableaux en vignettes : « L'art est fait pour troubler. La science pour rassurer. » « Je ne suis pas un peintre révolutionnaire, je ne cherche pas l'exaltation, la ferveur me suffit. » « On n'invente pas la vérité, on s'en approche. »

Plus directement liés à l'actualité tragique du moment, Jean Giraudoux écrit sa détresse et l'illustre de deux admirables dessins : « Il fut un temps où il était permis de penser aux paysages de la France comme à des images inaltérables … Ce Poussin et ce Bonnard me regardent aujourd'hui comme les personnages d'un album de famille, défunts ou futurs défunts. »

Après la reproduction d'un paysage d'André Derain, un beau texte d'Adrienne Monnier, *La Nature de la France,* entoure une très importante lithographie originale en couleurs de Pierre Bonnard sur une double page *Coucher de soleil sur la Méditerranée.* Bonnard est au Cannet. Il écrit deux fois par semaine à Tériade des lettres bouleversantes de solitude et de misère. Et pourtant, on le sent ici encore ébloui par la lumière méditerranéenne : le jaune presque pur de la mer et du ciel sont stupéfiants. Cette œuvre est sans doute l'une des plus importantes que Tériade ait édité de cet artiste, avec bien entendu *Correspondances* et *Couleur de Bonnard.*

Adrienne Monnier cherche, par touches, la nature profonde de la sensibilité et de l'art français. Ses réflexions sont au fond très proches de Tériade sur ce sujet :

« La discrétion dont, sans doute, dépendent le goût et la mesure. »

« Le goût français, la mesure française […]. »

Pour Tériade, la discrétion et la mesure faisaient partie des vertus cardinales. Ces sentiments, que ses compatriotes ne connaissent guère, étaient chez lui érigés en règle de vie. Tout dans sa conduite, son habillement, sa manière de parler relevaient de ces « qualités françaises » qui peuvent aussi quelquefois être considérées comme des défauts. Tériade était devenu plus français que beaucoup de Français. Cette définition d'Adrienne Monnier lui aurait parfaitement correspondu : « Les hommes de chez nous gardent volontiers le silence quand ils approchent des œuvres de la vie, ils ne veulent pas que *ce soit dit,* ils rient plutôt. »

Mais ce texte d'Adrienne Monnier, grande amie de la collaboratrice de Tériade, Angèle Lamotte, est aussi émouvant par l'évocation de celle qui fit tant pour *Verve,* en particulier pendant les années noires de la guerre. On imagine les deux amies découvrant ensemble les enluminures qui feront de si belles pages : « La première fois que je vis à Chantilly les miniatures de Fouquet et des frères Limbourg, mon ravissement fut tel que mes yeux se remplirent de larmes... Devant *Les Très Riches Heures du duc de Berry,* il me semble apercevoir, à travers une émeraude magique, la nature même de la France : Notre terre et ses gens vêtus de couleurs franches... les gestes de travail purs comme ceux des messes... dames aux robes-fleurs... fanfares du loisir... l'eau vive, la ramure... les désirs, les amours... de beaux châteaux lointains ; un ciel qui nous rassure... nos bêtes près de nous... des jours teints d'espérance et finement tissés... »

Clôturant ce numéro de guerre, « Esquisse d'une psychologie du cinéma », le texte fondamental et fondateur de Malraux paraît ici pour la première fois. En juillet 1940, lorsqu'il publie ce texte, Malraux a achevé un an plus tôt *Sierra de Teruel,* le film de long-métrage qu'il a tiré de son roman *L'Espoir*.

Ce numéro 8 de *Verve* se termine par un face à face surréaliste dans le style *rencontre d'un parapluie et d'une machine à coudre sur un étal de boucher* : à gauche, entourés par un texte de Claudel, deux tableaux pompiers d'Élysée Bourde et de Moreau-Nélaton (dont il fut question plus haut) et sur la page de droite *Le Coq* de Joan Miró (1940).

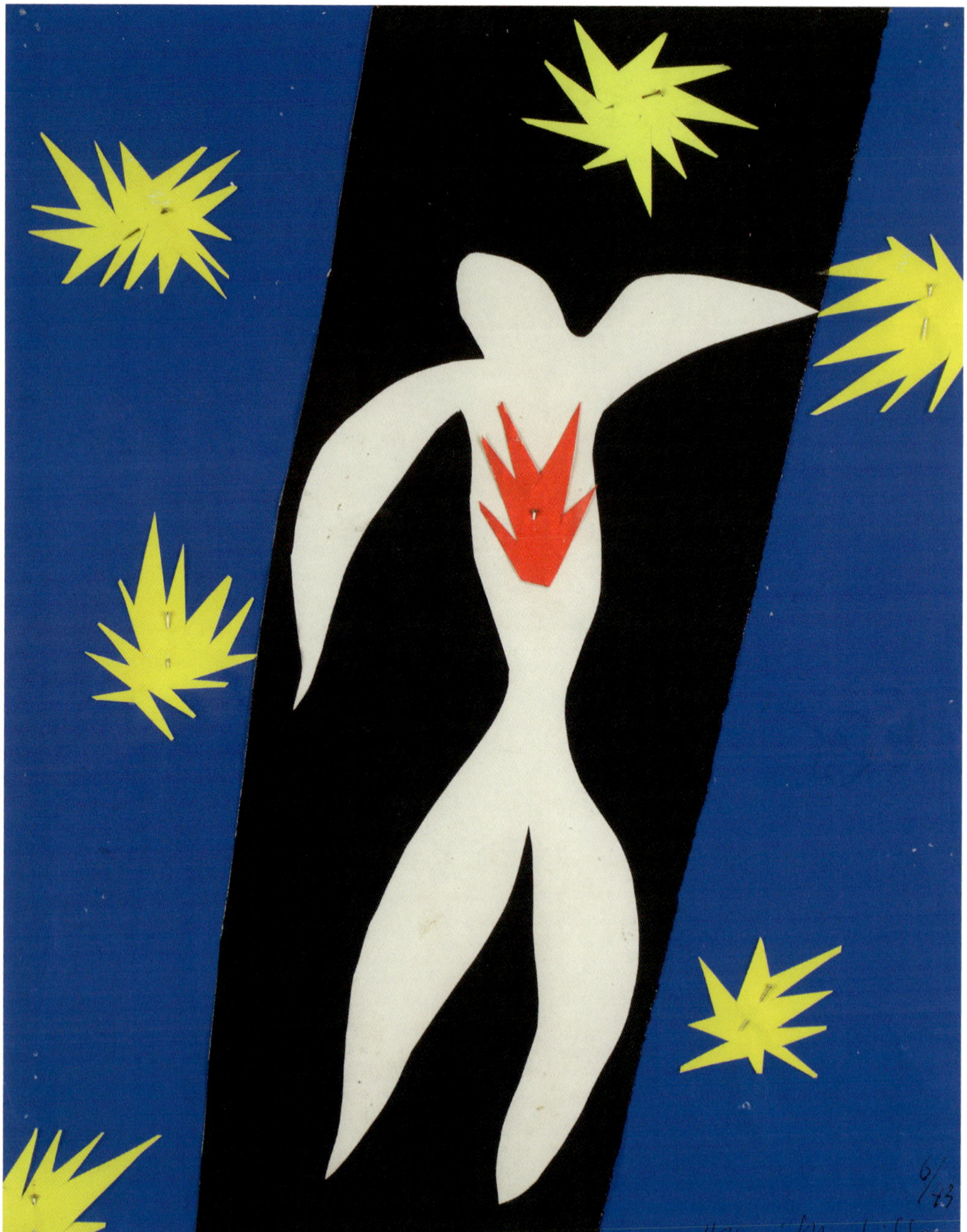
6/43
Henri Matisse

Michel Anthonioz

Verve

Numéro 13 : novembre 1945

De la couleur, Henri Matisse

Verve, vol. 4, n° 13, *juin 1943*
Frontispice : La Chute d'Icare

« On ne peut pas vivre dans un ménage trop bien fait, un ménage de tantes de province. Alors on part dans la brousse ; pour se faire des moyens plus simples qui n'étouffent pas l'esprit. » Ainsi s'exprimait Henri Matisse en 1929[1] parlant de la « tyrannie du divisionnisme » dont les peintres fauves eurent à se défaire. De cette conquête, Matisse dit encore : « Il y a aussi à ce moment l'influence de Gauguin et Van Gogh. Voici les idées d'alors : construction par surfaces colorées. Recherche d'intensité dans la couleur, la matière étant indifférente. Réaction contre la diffusion du ton local dans la lumière. La lumière n'est pas supprimée mais elle se trouve exprimée par un accord des surfaces colorées intensément. Mon tableau *La Musique* était fait avec un beau bleu pour le ciel, le plus beau des bleus [la surface était colorée à saturation, c'est-à-dire jusqu'au point où le bleu, l'idée du bleu absolu, apparaissait entièrement], le vert des arbres et le vermillon vibrant des corps. J'avais, avec ces trois couleurs, mon accord lumineux, et aussi la pureté dans la teinte. Signe particulier, la couleur était proportionnelle à la forme. La forme se modifiait selon les réactions des voisinages colorés. Car l'expression vient de la surface colorée que le spectateur saisit dans son entier. »

Ces propos de Matisse, que Tériade place en fin de volume, sont la clé de ce numéro 13 de *Verve*, en tous points exceptionnel. Cette livraison d'apparence si heureuse et sereine naît en fait pour Tériade comme pour Matisse en des moments particulièrement douloureux. Angèle Lamotte, qui travaillait depuis le commencement aux côtés de Tériade rue Férou, est morte prématurément, de maladie, en ce début d'année 1945. Dans un magnifique texte illustré de deux dessins au trait de Matisse, Adrienne Monnier évoque la mémoire de cet être exceptionnel qui donna toutes ses forces, sa compétence et sa foi à *Verve*.

Évoquant les derniers jours d'Angèle Lamotte, Adrienne Monnier écrit : « Elle avait toujours à portée de sa main des feuillets et un crayon et, quand la douleur la laissait tranquille, elle travaillait pour *Verve*, fixant tout ce qui lui semblait important, conseillant sa sœur[2] qui allait continuer sa tâche… *Verve*… Ce mot l'illuminait la veille de sa mort où elle tâchait encore de mettre au point des idées et des projets. »

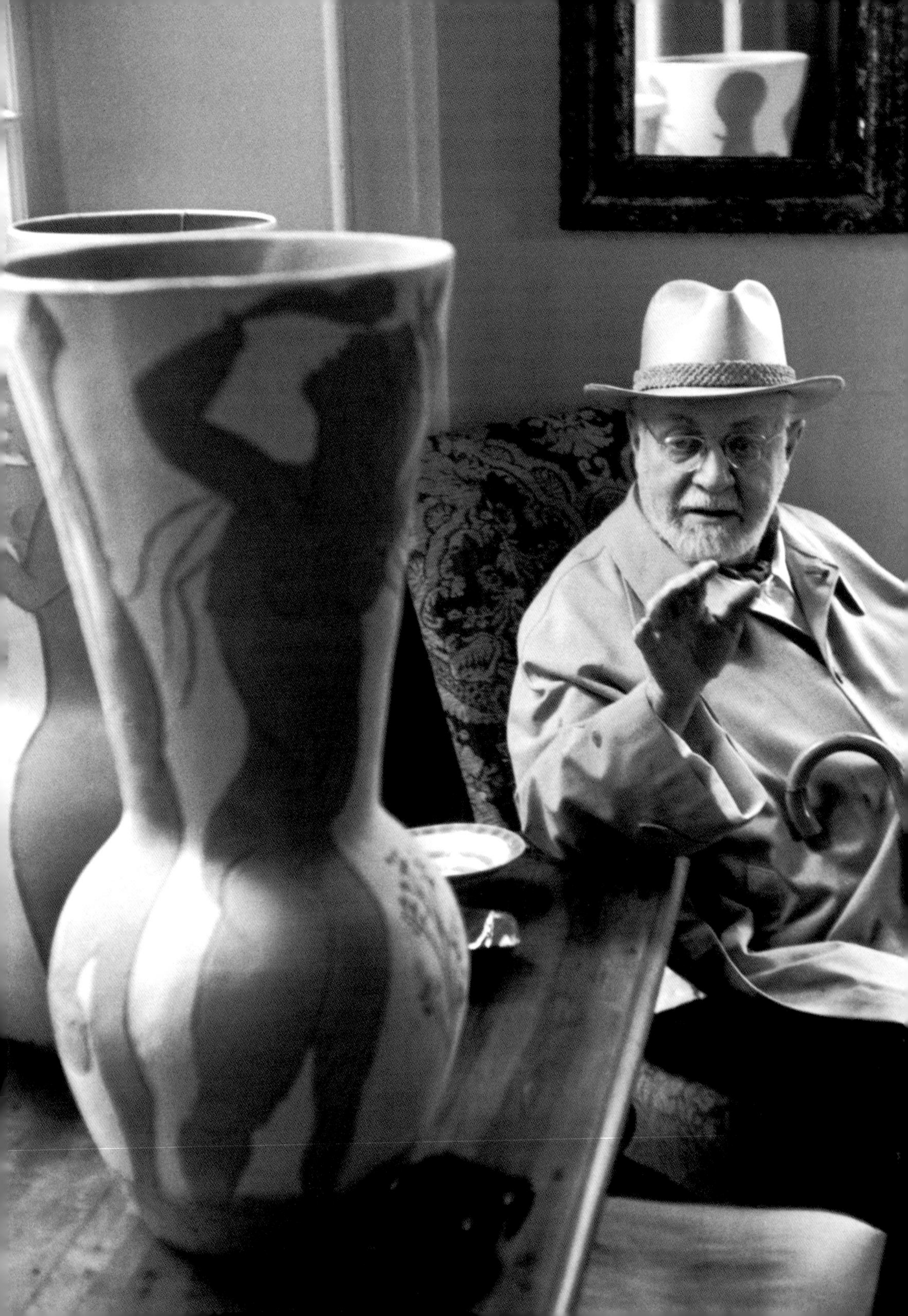

Henri Matisse contemplant une céramique de Picasso dans la villa de Tériade
Saint-Jean-Cap-Ferrat, juin 1951
Photo Henri Cartier-Bresson

Pages 130/131
Verve, n° 13, *novembre 1945*
Quatrième de couverture et couverture

Pour Matisse aussi, l'époque était difficile. Il avait subi, au début de 1941, une grave opération à l'hôpital de Lyon où il fut immobilisé pendant plusieurs mois[3]. Rentré à Nice, il s'installa d'abord au Régina, puis, fuyant les bombardements, à Vence en 1943, y louant une villa, « Le Rêve », que lui avait signalée André Rouveyre alors installé à l'hôtel « La Joie de vivre ». Souffrant de calculs de la vésicule biliaire qui provoquaient régulièrement des jaunisses et l'obligeaient à rester couché, il portait aussi un corset de fer depuis son opération et ne pouvait demeurer longtemps debout. À ces soucis physiques s'ajoutaient des préoccupations morales et affectives : Matisse n'ignorait pas non plus que sa femme, sa fille Marguerite et son fils Jean étaient engagés dans la Résistance. Il seront d'ailleurs arrêtés et Marguerite, torturée. Comme l'écrit Pierre Schneider[4] : « Sa volonté de se consacrer entièrement à une œuvre de joie n'était pas une forme d'"engagement", mais ce n'était pas non plus un abandon à la facilité. »

Seules consolations, la présence simultanée d'amis que la guerre a repoussés vers la Côte d'Azur : André Rouveyre, Bonnard, Camoin, Manguin, Marquet, Rouault… et Tériade qui s'est installé à Pâques 1943 à la villa Natacha à Saint-Jean-Cap-Ferrat, venant de Souillac. Du Lot, puis de Saint-Jean, en liaison épistolaire régulière avec Matisse et Angèle Lamotte qui est à Paris, Tériade conçoit ce numéro qui prendra forme au début de l'année 1943.

Il réalisera naturellement la couverture mais aussi la page de titre de *La Chute d'Icare* (que l'on retrouvera dans *Jazz*) en lithographies originales, et un texte original. La réalisation s'en étendra sur plus de deux années pendant lesquelles seront aussi conçus les premiers projets de *La Religieuse portugaise*, *Jazz* et *Charles d'Orléans*.

Sur la question des reproductions, Matisse avait des exigences et des idées très arrêtées. Nous l'avons vu avec le *Verve* n° 8. Dans une longue lettre à Tériade, lettre dactylographiée et corrigée de sa main, Matisse revient sur ces questions à propos de ce numéro *De la couleur* :

« Je viens de recevoir du "Chêne" le portefeuille de seize reproductions de mes tableaux. Il n'a pas changé l'opinion que j'ai sur le moyen de reproduction employé, opinion que vous connaissez bien. Je le répète : le procédé de quadrichromie ou trichromie ne peut donner que les rapports des choses, comme une photographie les donne par un certain côté. L'intensité des couleurs manque souvent. Certaines couleurs ne servent pas dans tout l'éclat qui se trouve dans l'original. Alors, par nécessité de présentation au public, qui a des idées superficielles sur les artistes, surtout quand il s'agit de nouveautés, dans l'admiration desquelles il entre une grande part de snobisme, donc d'incompréhension, les imprimeurs chromistes croient nécessaire de remonter ces couleurs qui ne viennent pas pour les rendre aussi vives que l'original. Le tableau se trouve alors tout à fait désaccordé. L'artiste, qui a fait le tableau, voit son œuvre démolie et perd l'espoir qu'un certain jour on puisse le comprendre par cette reproduction inexacte.

Quelqu'un me disait : "Évidemment, ce n'est pas tout à fait ça, mais ça fait autre chose." Quoi "autre chose" ? Une autre combinaison de couleurs ?

Non, ça ne fait absolument rien. Ça fait un ensemble de couleurs comme on en fabrique des quantité en secouant pendant quelques minutes un kaléidoscope : combinaison de pur hasard, surprenantes quelques secondes seulement, mais disparaissant aussitôt que la rétine en est saturée – mais totalement indifférentes pour l'esprit. C'est donc une chose totalement éloignée du tableau qu'on veut reproduire. »

Malgré ces réserves, Matisse fera parvenir à Paris à Tériade huit tableaux « pour les retouches des épreuves en couleurs » et quelques jours plus tard il lui demandera s'il est « satisfait des toiles qui sont enfin venues vers vous et vos traducteurs ».

Enfin le succès réservé à ce numéro de *Verve* dissipera toutes réserves.

Dans le texte liminaire à ce numéro, Matisse raconte comment il a pu découvrir la couleur.

Mais, comme il le disait « Je ne suis pas écrivain », et sa réflexion sur la couleur prend ici une forme beaucoup plus originale et spectaculaire : Tériade eut l'idée passionnante de présenter en face des seize tableaux réunis et reproduits en quadrichromie les dessins de travail de Matisse par lesquels l'artiste indique au chromiste les couleurs qu'il convient de placer, de façon précise, sur la reproduction de chaque œuvre. Ces dessins, dont nous ne connaissons pas d'équivalent, sont importants à plus d'un titre.

Matisse donne là une interprétation toute personnelle de l'intégration de la lettre et l'image. On sait que cette préoccupation, éternelle, avait été revivifiée par les cubistes, puis par les surréalistes. Il s'agissait dans un cas de l'intégration de la lettre comme élément plastique et dans l'autre d'un élément narratif, voire poétique. Sous une apparence de pure information technique, Matisse propose ici *un véritable manifeste de la couleur en noir et blanc*. Nous avons vu à propos du numéro 8 de *Verve*, comme au sujet de ce numéro, quelle attention il apportait à la reproduction : la complexité et la variété des couleurs, chaque teinte ayant son nom propre, compose un nuancier presque aussi varié que le jeu d'orgue du pastel.

Qu'on en juge : violet cobalt, pur bleu, bleu outremer clair Lefranc, les rinceaux du balcon, bleu comme le ciel, vert émeraude avec mouches + Sienne naturel, jaune citron, laque écarlate et violet cobalt Lefranc, ocre jaune frottis, rose blanc frotté teinté de bleu outremer clair, dessin demi-ton noir et milieu terre Sienne brûlée, laque écarlate Lefranc, rouge cadmium clair et blanc, ocre jaune, frottis bleus. Cette liste de couleurs s'applique au premier tableau du recueil *Jeune Fille devant la fenêtre rose blanche et ceinture noire* (1942).

Pour la reproduction du tableau *Le Tabac royal* (1943), Matisse place des numéros dans le dessin pour indiquer couleurs et teintes. Il n'y en a pas moins de quatorze.

Un troisième tableau, *La Robe jaune et la Robe écossaise*, mérite aussi l'attention. Matisse détaille dans le dessin en vis-à-vis non seulement les couleurs générales mais aussi les tons qui composent l'écossais.

Le rapport entre les reproductions des tableaux et les dessins légendés est si convaincant que l'on comprend l'accueil qui a été réservé à ce numéro de *Verve*, y compris à New York.

De beaux dessins au trait et des propos de Matisse recueillis par Tériade rythment la succession de ces tableaux, séries d'intérieurs représentant des jeunes filles à la fenêtre, entourant une table ou posant dans un fauteuil – et des natures mortes. Cet ensemble, très « féminin », une phrase de Matisse l'éclaire : « L'enrichissement inconscient de l'artiste est fait de tout ce qu'il sait et qu'il traduit picturalement sans y penser. Un acacia de Vésubie, son mouvement, sa grâce svelte, m'a peut-être amené à concevoir le corps d'une femme qui danse. »

Ce numéro de *Verve* comporte aussi un important texte d'André Rouveyre, l'ami et le confident et, à l'époque, le voisin, texte auquel Matisse tenait tant qu'il en négocia lui-même les conditions avec Tériade.

André Rouveyre décrit encore plusieurs des tableaux réunis dans le numéro de *Verve* et sa réflexion nous est d'autant plus importante qu'on la sait issue de conversations avec Matisse. Ne pouvant tout citer, nous retiendrons ce qu'il dit de ces tableaux singuliers et immenses que sont *La Robe violette, Jeune Fille à la robe rose, La Fenêtre ouverte et les volets fermés, La Porte noire, Le Repos de la danseuse, Carrelage rose et bleu, Danseuse, Fond noir, Fauteuil rocaille* et *L'Idole* qui datent de la fin 1942 – début 1943 et sont tous reproduits dans ce numéro : « [...] Une même femme se trouve absorbée mais bien existante pourtant, représentée dans sa chair en une vie toute exhalée, mêlée à la pensée et au regard du peintre en de frémissants et lumineux clairs-obscurs, devant lesquels on songe à la fois aux torridités du désert comme aux douceurs de nos nuits lactées. La femme est coffrée dans telle pièce aux persiennes closes, ou entrebâillées, prise dans cette palpitation lumineuse d'une paisible, profonde et caressante animation. Elle y est toute passive et intouchable, réduite ou exaltée (comme on voudra) à l'état de quelque rarissime et précieux végétal de serre. Autour d'elle et en elle-même l'esprit créateur est présent, vibrant, rythmé, enveloppant tout, dans la vaste chambre, d'une lumière confidentielle et phosphorescente. »

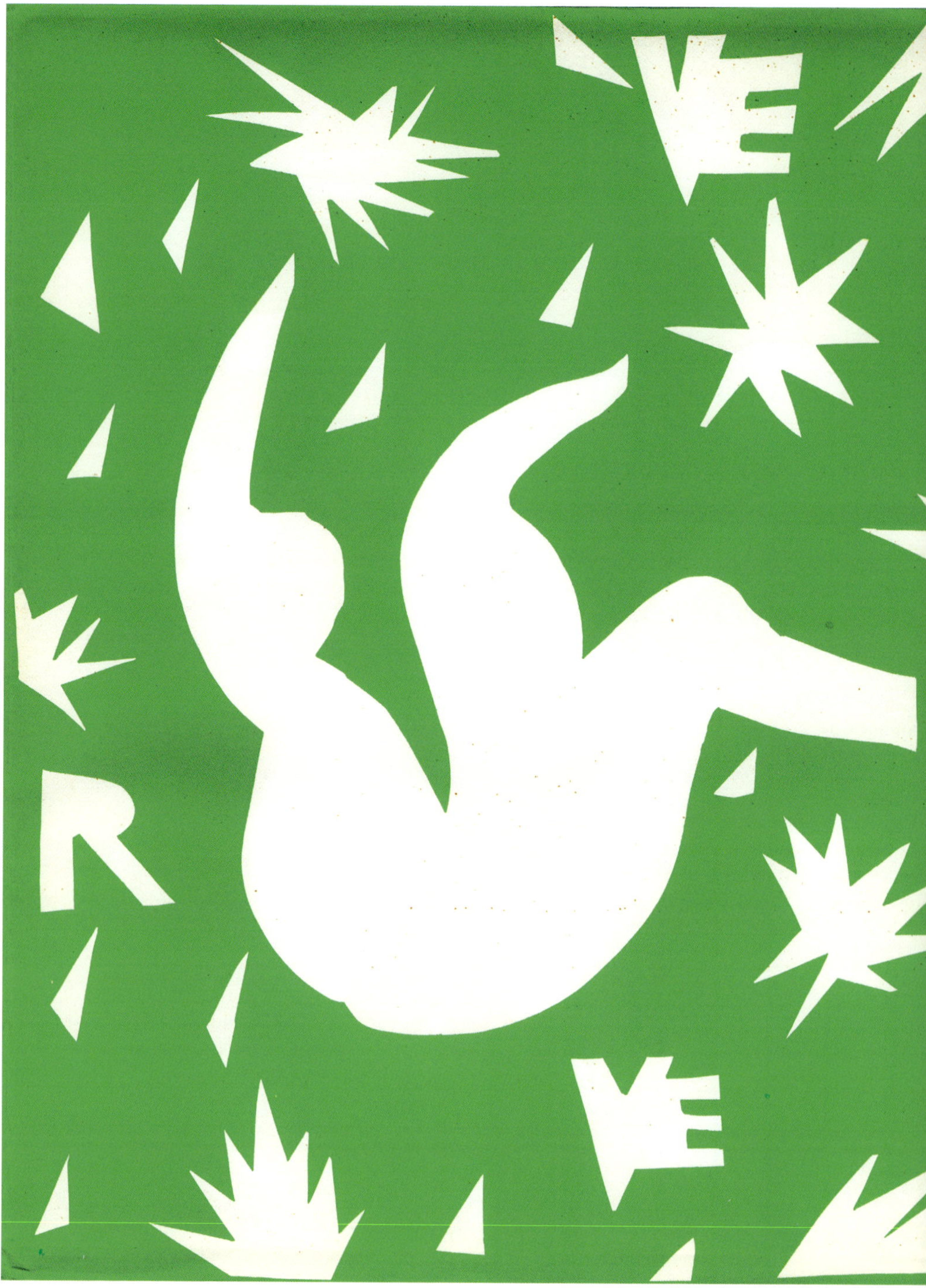
VE
R
VE

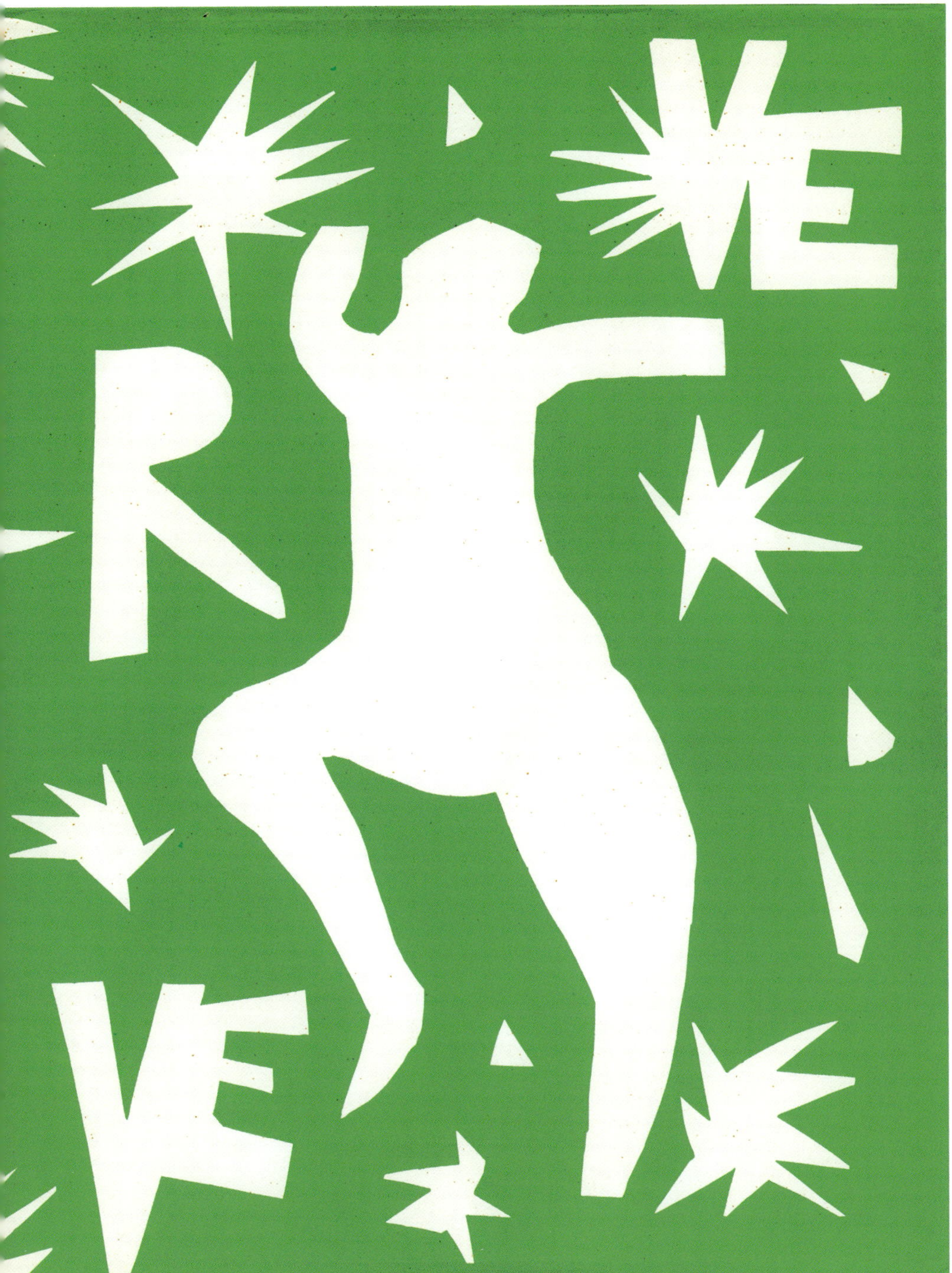

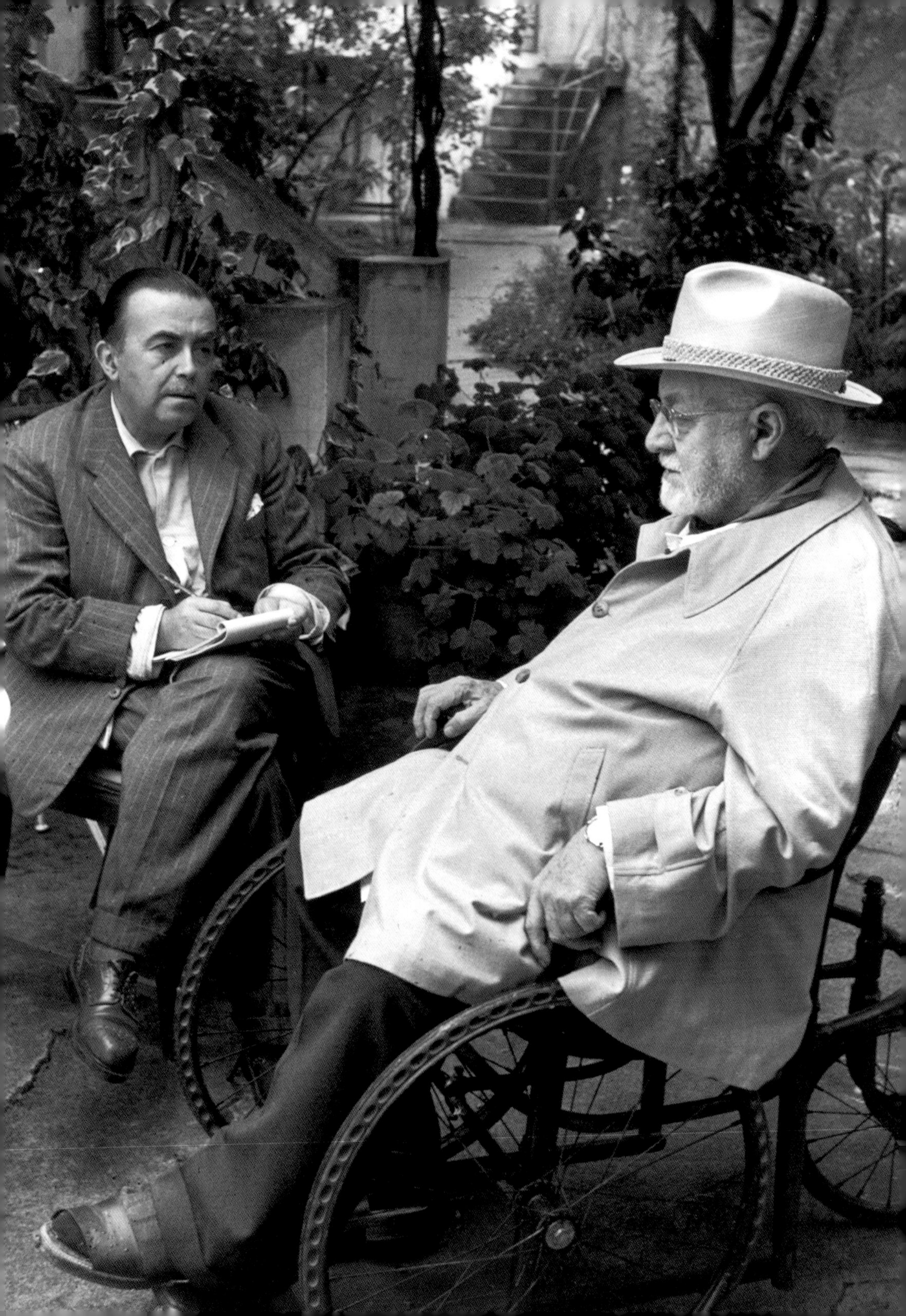

Xavier-Gilles Néret

Une « seconde vie »

Matisse « le ressuscité », 1941

L'éditeur Tériade (à gauche) avec Henri Matisse, dans le jardin de la villa de Tériade, *Saint-Jean-Cap-Ferrat, juin 1951 Photo Henri Cartier-Bresson*

En 1940, Matisse avait déjà à son actif une réelle pratique des papiers découpés, que ce fût pour des travaux décoratifs, comme *La Danse* ou le ballet *Étrange Farandole*, ou pour réaliser des œuvres lithographiques destinées à des revues comme *Verve*. Toutefois, ce n'était encore qu'un procédé commode pour travailler à une échelle monumentale, ou un moyen ponctuel permettant un renouveau de l'art graphique. En un mot, les papiers découpés n'avaient à ce moment-là pas encore été élevés par Matisse à la dignité d'un art à part entière, répondant à l'une de ses ambitions les plus essentielles, la grande synthèse de la ligne et de la couleur. Un événement allait alors jouer un grand rôle, la maladie et la « résurrection » d'Henri Matisse, en 1941.

Matisse « le ressuscité »

Si Matisse peut légitimement apparaître comme le peintre par excellence de la joie de vivre et de la danse, il n'a pourtant pas été épargné, lui qui a vécu deux guerres mondiales et dont le travail a entretenu à plusieurs reprises des liens importants avec la maladie, épreuve de la « négativité » dans son corps. Ce fut d'ailleurs après une première convalescence, en 1890, alors âgé de plus de 20 ans, qu'il décida de devenir peintre. Les complications d'une maladie du cæcum (intestin « aveugle », situé au début du gros intestin) l'ayant immobilisé, sa mère lui avait offert, sur le conseil d'un voisin, une boîte de couleurs, pour le distraire de son ennui. La maladie a donc d'abord été pour lui l'occasion qui a rendu possible la naissance de sa vocation.

En janvier 1941, Matisse, qui était loin de ses 20 ans, tomba à nouveau malade, mais cette fois-ci beaucoup plus gravement. À l'âge de 72 ans, il fut en effet opéré à Lyon d'un cancer du duodénum, opération suivie de deux embolies pulmonaires, quatre-vingt-dix jours de clinique, et deux mois de grippe. De retour à Nice le 23 mai 1941, il resta physiquement handicapé par une éventration le contraignant à porter un corset et l'empêchant de rester longtemps debout. À partir de 1943, il commença à souffrir de maux divers lui imposant de rester couché. Dans de telles conditions, beaucoup d'artistes auraient cessé de travailler, d'autant plus qu'à ce moment de sa vie, Matisse avait déjà créé l'un des œuvres les plus importants du XXe siècle. Avec la

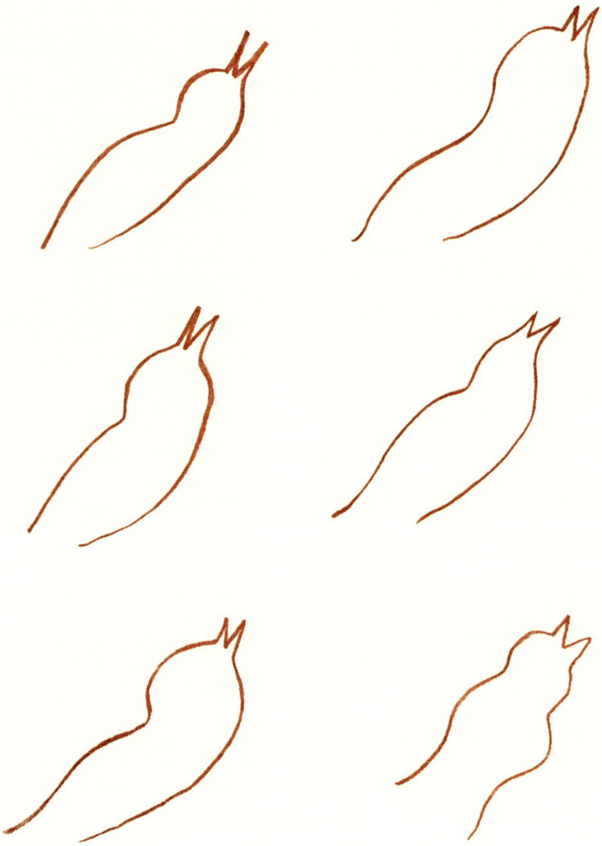

Sans titre, *1948*
Lithographie pour Florilège des Amours *de Pierre de Ronsard*
Albert Skira, Paris

reconnaissance et la gloire qui étaient les siennes, n'avait-il pas tout pour être heureux dans une retraite bien méritée ?

Pourtant, la maladie et la souffrance peuvent paradoxalement susciter chez certains êtres d'exception un regain de forces nouvelles. Matisse en fut très vite conscient, interprétant sa convalescence – c'est-à-dire en définitive la vie – comme une chance dont il lui fallait jouir, la plus haute jouissance passant pour lui, depuis un demi-siècle, par le travail créateur. Il confia à Simon Bussy, le 13 avril 1941 : « J'ai appris il y a quelques jours qu'à la clinique, les religieuses m'appelaient le ressuscité. C'est dire que j'avais désespéré tout le monde et qu'on s'apprêtait à me faire sortir par la petite porte. Ce surnom me fait très plaisir[1]. » Quelques mois plus tard, le 16 janvier 1942, il écrivit à Marquet : « Vraiment, sans blague, je bénis ma terrible opération qui m'a tout rajeuni et rendu philosophe, ce qui veut dire que je ne veux pas empoisonner le rabiot qui m'a été donné. J'avais tellement préparé ma sortie de la vie, qu'il me semble être dans une seconde vie[2]. » Matisse fait partie de ces rares cas exemplaires dont la force de vie indistincte d'une force de travail est telle, qu'elle leur permet de se relever des maladies les plus graves. Bien que diminué physiquement, il survécut plus de treize années à la terrible opération suscitée par le cancer, et renouvela, durant cette « seconde vie », son œuvre en profondeur. « Philosophe », il l'était d'abord parce qu'il ne voulait pas empoisonner le « rabiot » qui lui avait été donné, étant « ressuscité » donc définitivement libéré de ce qui empoisonne l'homme occidental depuis des siècles, l'idée du péché, la mauvaise conscience, et l'esprit de ressentiment. Mais il pouvait aussi à bon droit se dire « philosophe » parce qu'il allait savoir tirer la plus grande richesse de la plus grande pauvreté, renouant à sa manière avec Éros tel qu'il est caractérisé par Diotime dans *Le Banquet* de Platon. Éros le *daimon*, l'intermédiaire entre les mortels et les dieux, fils de Pénia (Pauvreté) et de Poros (Expédient), est philosophe.

Malgré ses moyens diminués, Matisse s'est donc rapidement remis à l'ouvrage. « J'ai repris mon travail en me ménageant, écrit-il à Charles Camoin cinq mois après son opération. Pourtant, depuis ma rentrée de Lyon, je me suis parfaitement bien porté, économisant mes forces pour ne pas avoir l'ennui de convalescence creuse. J'ai préféré me mettre au travail le plus tôt possible et j'ai pu faire une séance de trois heures tous les jeudis en me levant à midi[3]. » Ne pouvant rester debout, il était contraint de travailler assis ou, le plus souvent, couché, et avait de la difficulté à manipuler la couleur. Ce fut alors qu'il recourut à des papiers préalablement gouachés qu'il découpait à son gré. Déjà, entre 1931 et 1933, confronté à la nécessité physique imposée par l'échelle monumentale de *La Danse*, il avait dû transformer ses techniques et faire preuve d'ingéniosité. Dix années plus tard, les conséquences de la maladie le mettaient en situation d'explorer des moyens d'expression qu'il n'utilisait auparavant qu'épisodiquement. Et un passe-temps de convalescent allait se transformer en l'une des plus bouleversantes expériences artistiques de l'après-guerre, aboutissant à l'album *Jazz*, aux vitraux de la chapelle de Vence et aux dernières grandes gouaches découpées.

La synthèse de la ligne et de la couleur

Cet homme que l'on pouvait croire perdu pour la peinture a donc non seulement trouvé le moyen de surmonter le destin mais, il a saisi l'occasion d'œuvrer dans le sens d'une synthèse de tout son acquis. Par les moyens les plus simples – une paire de ciseaux et des papiers colorés aux teintes exactes qu'il requiert – il allait enfin parvenir à la grande synthèse recherchée : donner toute leur importance aux rythmes linéaires de l'arabesque sans sacrifier la couleur, au contraire, en l'exacerbant ; et, dans un même mouvement, opérer l'une des réconciliations les plus radicales de la figuration et de l'abstraction.

Une des ambitions essentielles de la démarche de Matisse a été la tentative de résoudre le problème de l'harmonisation des deux techniques à la base de l'art pictural : « l'éternel conflit du dessin et de la couleur dans un même individu[4] ». Comme il l'écrivait quelques mois avant son opération : « Le problème est pour moi de trouver l'accord entre mon dessin, les couleurs et mon sentiment[5]. » Cette ambition n'était pas nouvelle, puisqu'en 1905, l'année du scandale de la « Cage aux fauves », Matisse demandait déjà à Signac : « Avez-vous trouvé, dans mon tableau des *Baigneuses (Luxe, calme et volupté)*, un accord parfait entre le caractère du dessin et le caractère de la peinture ? Selon moi, ils me paraissent totalement différents l'un de l'autre, et même absolument contradictoires. L'un, le dessin, dépend de la plastique linéaire ou sculpturale, et l'autre, la peinture, dépend de la plastique colorée[6]. » La même année, à Collioure, il notait encore : « Employer le dessin pour indiquer l'expression des objets les uns par rapport aux autres […]. Employer la couleur pour son intensité lumineuse, dans ses diverses combinaisons, accords, et non pour définir les objets[7]. » En outre, les peintres qui intéressaient le plus Matisse étaient

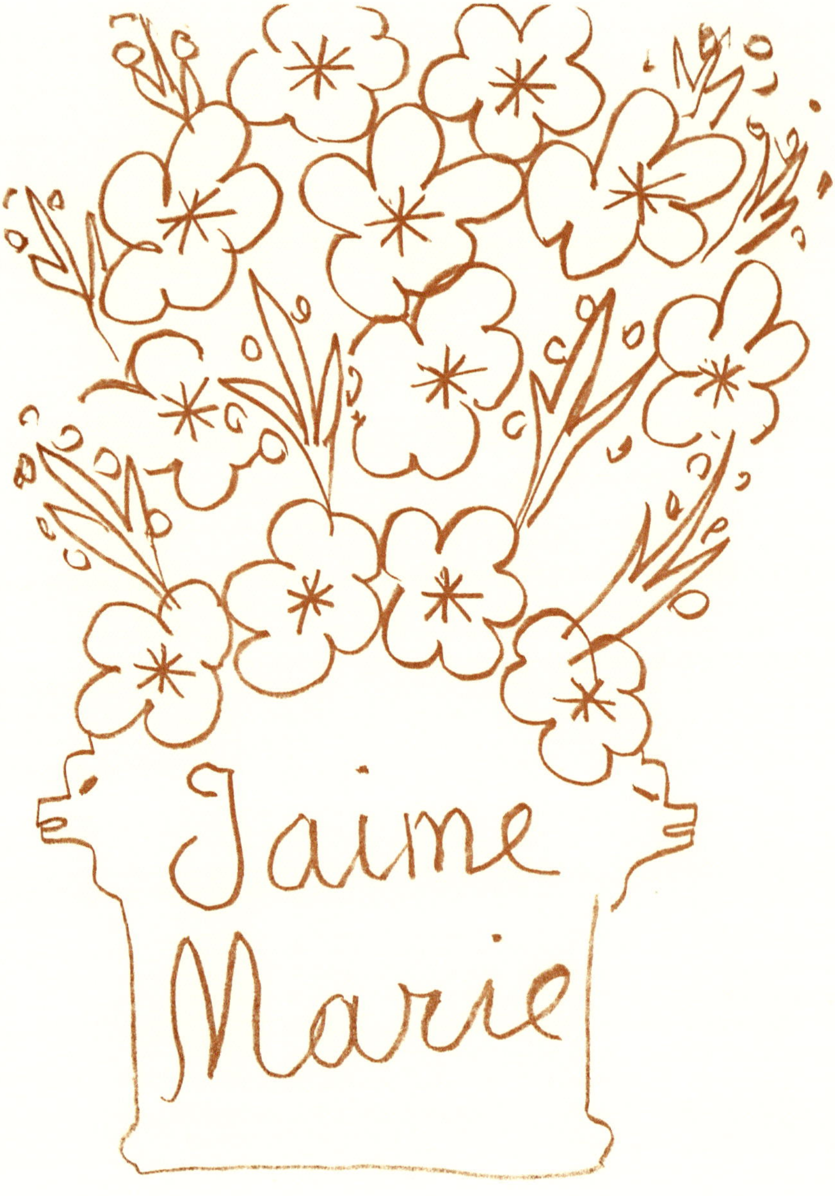
J'aime
Marie

ceux qui avaient, selon lui, côtoyé au plus près cet « accord parfait » dont il rêvait. C'est ce qui lui permit, par exemple, de rapprocher deux artistes aussi différents qu'Ingres et Delacroix : « Tous deux s'expriment par *l'arabesque* et *la couleur*[8]. » Telle était aussi la raison principale de son intérêt pour les *Trois Baigneuses*, la petite toile de Cézanne qu'il possédait, et qui se trouve aujourd'hui au Petit Palais, œuvre d'où émane « la puissance, le chant de l'arabesque en liaison avec la couleur, la fixité de la forme[9] ».

À la fin de l'année 1941, Matisse ambitionnait pour la couleur l'équivalent de ce qu'il avait commencé à faire pour le dessin : créer des « signes plastiques[10] ». Le « signe plastique » est l'expression ultime de l'émotion procurée par ce qui le sollicite et qu'il désire transmettre. Il s'agissait de s'approprier le modèle – visage, objet, paysage, etc. – et de le restituer, transmué par une lumière intérieure, sous la forme d'un signe qui se substitue à la vision rétinienne, dépassant la représentation des apparences. L'enjeu était d'atteindre « une forme décantée jusqu'à l'essentiel » en conservant de l'objet présenté « autrefois dans la complexité de son espace, le signe qui suffit et qui est nécessaire à le faire exister dans sa forme propre et pour l'ensemble dans lequel [l'artiste l'a] conçu »[11]. Or, la technique du papier gouaché découpé, unissant en un seul geste ligne et couleur, permettait de réaliser pour la couleur l'équivalent de ces « signes plastiques » qu'il fixait par le dessin. « Je suis actuellement tourné vers des matières plus mates, plus immédiates, ce qui me conduit à chercher un nouveau moyen d'expression. Le papier découpé me permet de dessiner dans la couleur. Il s'agit d'une simplification. Au lieu de dessiner le contour et d'y installer la couleur – l'un modifiant l'autre –, je dessine directement dans la couleur, qui est plus mesurée qu'elle n'est pas transposée. Cette simplification garantit une précision dans la réunion des deux moyens qui ne font plus qu'un… Ce n'est pas un départ, mais un aboutissement[12]. » Au cours des années 1940, Matisse allait plus que jamais concentrer son travail sur la recherche de l'arabesque, non seulement à travers le dessin linéaire, l'écriture manuscrite, ou la composition d'ornements pour ses livres et de plus en plus, à travers les papiers gouachés découpés, le geste des ciseaux prolongeant celui du pinceau, et créant une multitude de signes – rondes diverses, danseurs, nus, étoiles, et feuilles-algues. Ainsi, jouissant de son invention et victorieux, il put écrire le 31 mars 1943 à André Rouveyre : « Cet après-midi, levé de 3 à 7 heures et demie, j'ai travaillé avec la couleur et j'ai la conviction d'avoir vu surgir le grand progrès que j'attends de la couleur, l'analogue à ce que j'ai fait en dessin l'an dernier. Je suis profondément content, heureux ! J'ai de beaux jours en perspective, s'il plaît à Dieu[13]. »

Si la formule de Pasteur « le hasard ne favorise que les esprits préparés » vaut pour caractériser la recherche scientifique, elle est aussi adaptée à certains aspects de la création artistique. Bien que Galilée ne fût pas le seul à utiliser des lunettes astronomiques, il fut le premier à observer des taches sur le soleil, parce que son esprit, cherchant à réfuter la thèse aristotélicienne de l'incorruptibilité des astres, était préparé à les voir. Le hasard d'une grave maladie donna à Matisse l'occasion de développer sa pratique des papiers découpés au point de l'élever à la dignité d'un art à part entière, répondant de la manière la plus juste à sa volonté d'opérer la grande synthèse de la couleur et de l'arabesque.

J'aime Marie, *1948*
Lithographie pour Florilège des Amours *de Pierre de Ronsard*
Albert Skira, Paris

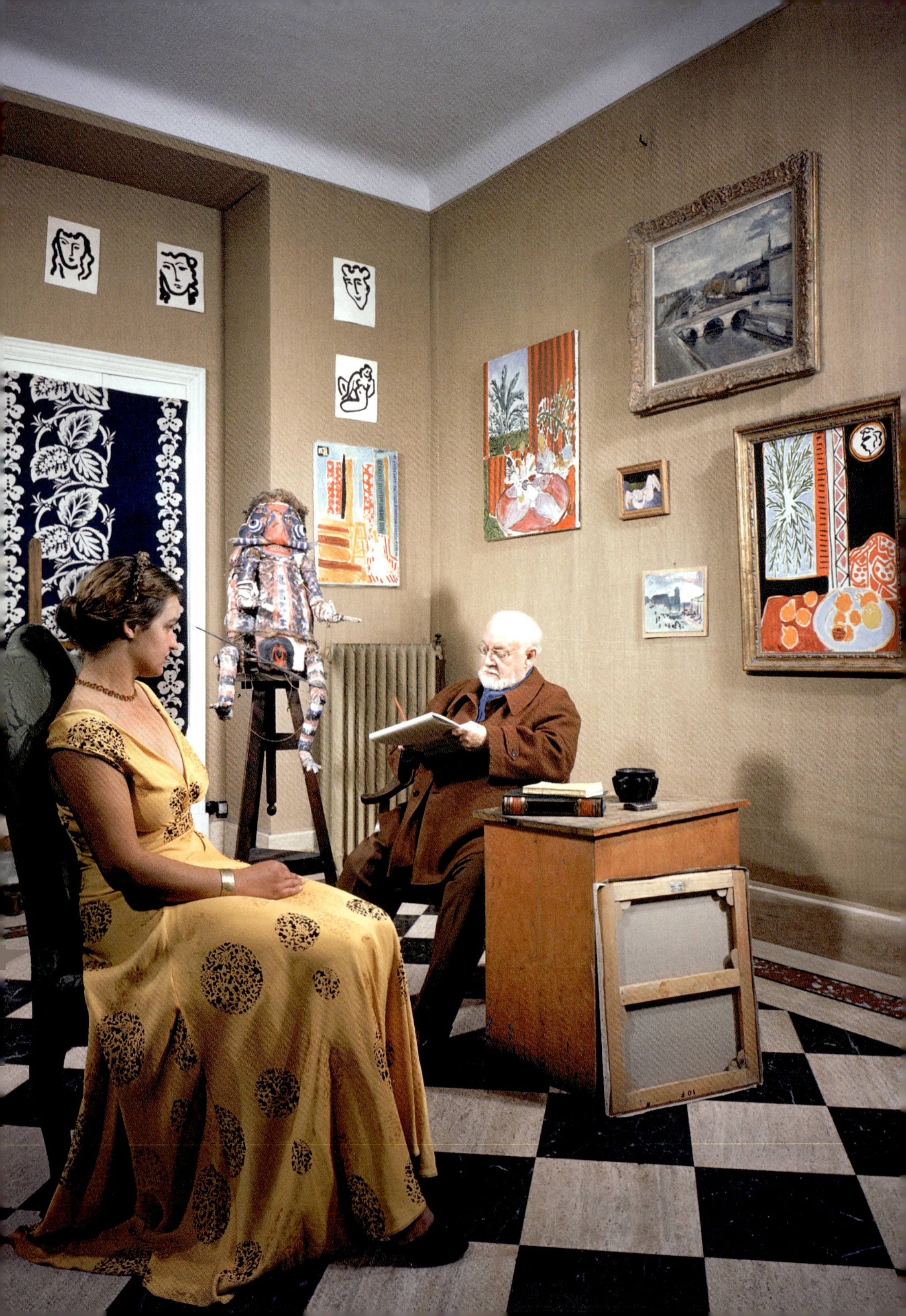

Henri Matisse

Lettres et extraits
1940–1947

Lettre à André Rouveyre sur le dessin de l'arbre[1]

Henri Matisse dessinant le modèle Carmen Leschennes, *1950*
Photo Dmitri Kessel

Mon cher Rouveyre,

Tu veux savoir comment m'est venue cette étude sentimentale de l'arbre qu'on peut appeler « la naissance de l'arbre dans une tête d'artiste ».

D'abord il y a deux façons de décrire un arbre :

1°) par le dessin d'imitation comme on l'apprend dans les écoles de dessin européennes,

2°) par le sentiment que son approche et sa contemplation vous suggèrent comme les Orientaux, je crois [...].

On m'a raconté que les professeurs chinois disaient à leurs élèves : *Quand vous dessinez un arbre, ayez la sensation de monter*[2] *avec lui quand vous commencez par le bas.* On m'a dit aussi que les japonais faisaient dessiner une chaise, par exemple, dans toutes les positions, pour demander ensuite à leurs élèves de la dessiner de mémoire dans la position que leur demandaient les sentiments de leur composition.

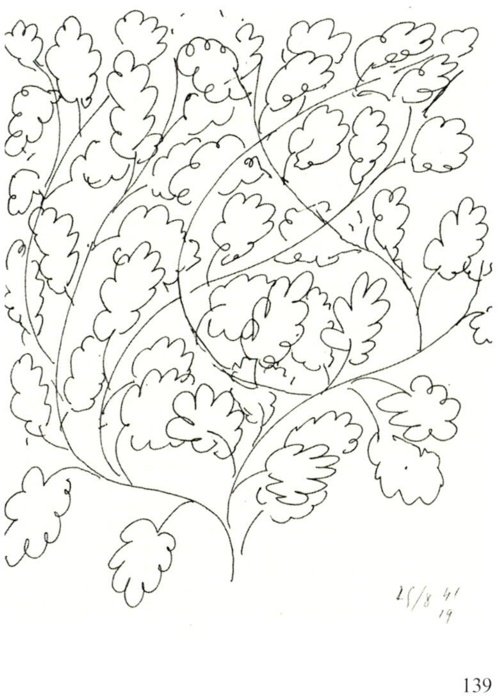

Étude d'arbre, nº 19, *25 août 1941*
Plume et encre noire sur papier à lettres, 29 x 22 cm
Collection particulière

J'ai, combien de fois, voulu dessiner des arbres, mais sans y parvenir. D'abord par l'imitation. Je n'ai jamais été encouragé à poursuivre mon dessin, car mon résultat était sans vie, sans aucun rapport avec le sentiment qui m'avait encouragé à dessiner l'arbre. Ensuite quand je ne mettais en jeu que mon sentiment, mon émotion, j'étais tellement pris par la beauté du tronc, sa puissance et son mystère que je ne pouvais dépasser ses branches maîtresses. Pourtant quand je me voyais sans idée de le dessiner, je le sentais en entier du bas au haut. Je me souviens de deux tilleuls qui étaient de chaque côté de la porte de ma propriété d'Issy et qu'on avait laissé pousser depuis cinquante ans, leur naissance, sans les élaguer. Je me complaisais, le matin, de mon lit d'où je les voyais, à les suivre de branche en branche jusqu'à leur extrémité, pris par leur mouvement si logique, si aisé et leur dépendance harmonieuse.

Un jardinier m'ayant persuadé après combien de tentatives sur la nécessité de leur couper la tête à 1 m 50 pour qu'ils ne filent pas en cheveux, j'ai perdu du même coup tout l'intérêt qu'ils m'inspiraient et même après plusieurs années, lorsque leur tête se fut reformée, j'ai toujours senti leur mutilation.

Donc quoique sentant l'arbre en son entier, quand je voulais le dessiner c'est le tronc qui m'absorbait. Quand il fallait le terminer, je ne le continuais par des branches que par un dessin d'explication sans intérêt pour moi.

Je me suis donc senti repoussé plusieurs fois de leur étude depuis longtemps, toujours, jusqu'il y a quelques mois, sans préméditation, j'ai pris un bloc de papier à lettres et j'ai essayé de dessiner des branches de feuillages par les moyens les plus simples, au fur et à mesure que sortait l'encre de ma plume sur le papier, je voyais se former des feuillages.

Toutefois j'avais déjà remarqué que dans les travaux des Orientaux le dessin des vides laissés autour des feuilles comptait autant que le dessin même des feuilles. Que dans deux branches voisines, des feuilles d'une branche étaient plus en rapport[3] avec celles de sa voisine qu'avec les feuilles de la même branche : les feuilles d'une branche étaient toutes dessinées dans la même direction, même forme, et auraient été monotones sans les feuilles de la branche voisine qu'elles contrepointaient par le dessin du vide qui séparait les deux branches. (Suis-je clair ?)

J'ai donc dessiné les feuilles au fur et à mesure que je montais mes branches, par un dessin simplifié, par exemple : les feuilles sans aucune nervure. Remarque que ces feuilles sont bien pleines. Si j'avais voulu ajouter leurs nervures[4], je les détruisais. Ce n'est que dans un autre dessin fait ensuite que j'ai pu introduire la nervure comme un nouvel élément de composition. Ensuite j'ai fait un tronc avec des branches dans le même plan, parallèles à l'horizon. Ensuite dans un autre dessin, j'ai pu mettre les branches dans des plans variés.

Étude d'arbre, nº 9, *25 août 1941*
Plume et encre noire sur papier à lettres
29 x 22 cm
Collection particulière

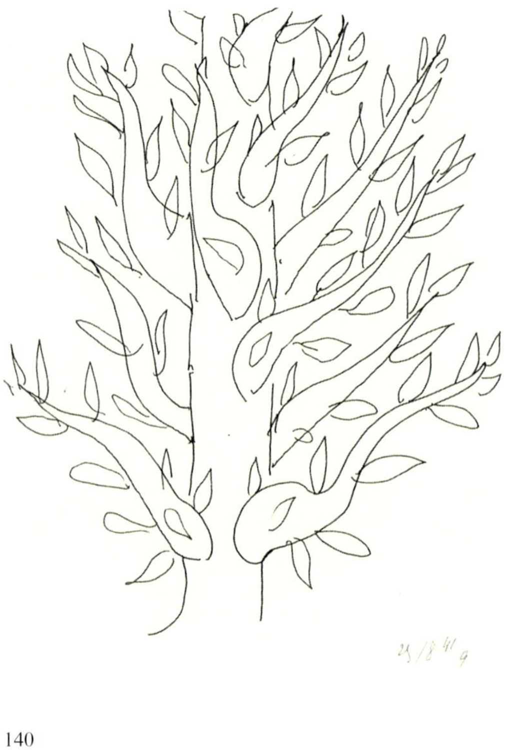

Je pense à un jongleur qui apprend à jongler avec deux balles ensuite avec 3, 4, 5, 6, ensuite, il ajoute à l'ensemble une cuillère, ensuite son chapeau. Il ne faut pas travailler avec des éléments de nature qui ne sont pas passés par le sentiment.

Je me rappelle qu'un de mes enfants, petit alors, croyait compter les voitures qui défilaient en sens contraire de la nôtre, en disant au moment où passait chacune : une voiture… une voiture… une voiture…

Le dessin d'imitation de l'école est ainsi, il ne crée aucun lien réel entre les objets, il les rapproche seulement, sans leur donner aucun lien sentimental. C'est le spectateur qui fait lui-même son histoire sur un titre proposé et des éléments qui soutiennent ce titre.

Il exprime un arbre en dessinant ses feuilles une à une, il ne crée pas un arbre avec 25 ou 30 feuilles comme l'a fait Poussin dans ses paysages. Je pense à *La Grappe* du Louvre et aux autres tableaux voisinants : *Apollon chez Daphnée,* ce tableau si profond (les rouges des vaches et le ciel bleu), au *Déluge*[5] (il y a un arbre à gauche).

À l'école on n'invente pas, ou bien on invente de la mauvaise façon, en ajoutant les choses les unes aux autres, sans les réunir dans le creuset de l'imagination. Il est possible que c'est à force de les dessiner par l'imitation que j'ai pu sortir mes feuilles, solides, pleines ; ça, c'est ma route ; j'y ai été engagé par les circonstances, mais est-elle nécessaire à tout le monde ?

Je suis d'une génération dans laquelle tout devait sortir de la sensation, constatée sur nature[6] et rendue immédiatement, donc sans la mémoire. Tout ce qui était ajouté, après la séance, était dit : *de chic*, donc mauvais, et c'est en réaction que Degas disait : *Quand je copie d'après nature un élément de mon tableau, c'est celui-là qui n'y est pas.*

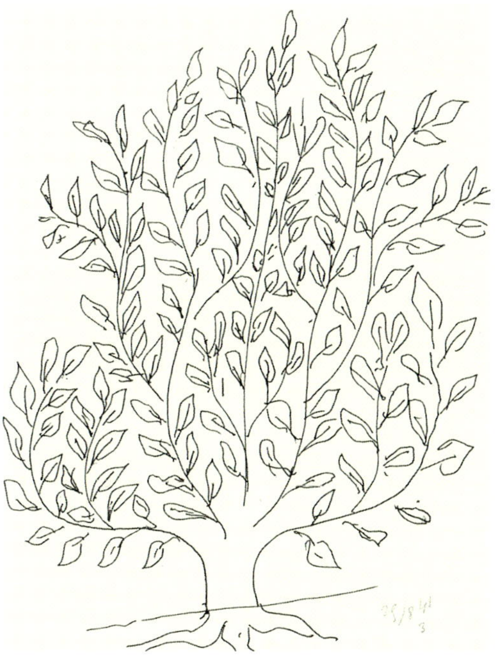

Étude d'arbre, nº 3, *25 août 1941*
Plume et encre noire sur papier à lettres
29 x 22 cm
Collection particulière

Dans ma jeunesse, donc lorsqu'on quittait son chevalet, on emportait un sentiment de bonheur ou de mécontentement selon que *ça avait plus ou moins bien marché,* mais on perdait tout contact avec son tableau en train.

Du reste les peintres changeaient de tableaux presque d'heure en heure, selon les modifications de lumière apportées aux objets par le mouvement du soleil (Monet, Marquet). On ne regardait pas le Louvre pour ne pas se foutre dedans, c'est-à-dire perdre sa route. Mais on regardait les Japonais parce qu'ils montraient de la couleur. En somme, on se développait en rétrécissant son cerveau au lieu de faire le contraire.

G. Moreau disait : on doit se développer comme ça : [*croquis*] et non comme ça : [*croquis*][7].

Quand un maître travaille simplement, avec des grands rapports – c'est que son sentiment se refuse aux choses compliquées qui ne lui viennent pas directement et qui ne vont pas directement au sentiment des autres. Ce qu'on prend quelquefois pour un défaut, pour un manque, devient ainsi une qualité essentielle.

Voilà mon cher vieux ce que je puis te dire – Mme Lydia ira demain à Vence –, elle te portera cette lettre, un volume nouveau de Braun sur mon œuvre, ainsi que les dessins d'arbre que je te recommande. Quand j'aurai les photos, nous ferons l'échange. J'espère ne pas avoir été trop confus. Toutefois je t'ai écrit ces choses au courant de la plume ; il est vrai que je les possède assez bien, mais si je me comprends ça ne suffit pas. […]

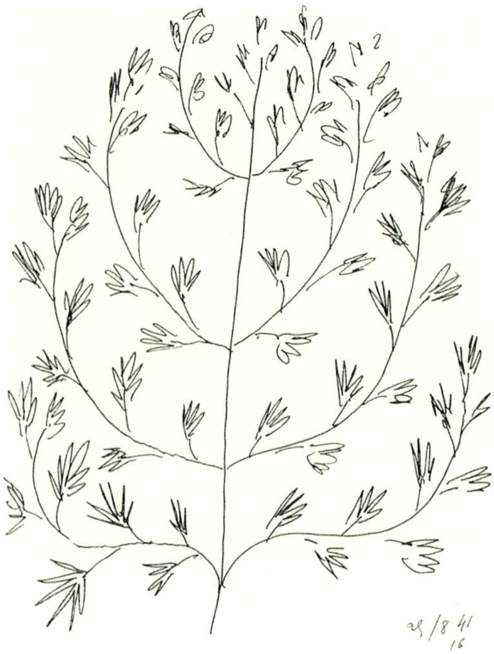

Étude d'arbre, nº 16,
25 août 1941
Plume et encre noire sur papier à lettres
29 x 22 cm
Collection particulière

Témoignage[8]

Je sens par la couleur, c'est donc par elle que ma toile sera toujours organisée. Encore convient-il cependant que les sensations soient condensées et que les moyens utilisés soient portés à leur maximum d'expression.

Pour aboutir à une traduction directe et pure de l'émotion, il faut posséder intimement tous les moyens, avoir éprouvé leur réelle efficacité. Les jeunes artistes n'ont pas à craindre de faire des faux pas. La peinture n'est-elle pas une incessante exploration en même temps que la plus bouleversante des aventures. Ainsi quand je faisais mes études, je cherchais tantôt à obtenir un certain équilibre et une rythmique expressive rien qu'avec des couleurs, tantôt à vérifier le pouvoir de la seule arabesque. Et lorsque ma couleur arrivait à une trop grande force d'expansion, je la meurtrissais – ce qui ne veut pas dire que je l'assombrissais – afin que mes formes parviennent à plus de stabilité et de caractère. Qu'importent les dérivations, si chacune permet d'avancer vers le but !

Il n'y a pas de règles à établir, encore moins de recettes pratiques, sinon on fait de l'art industriel. Comment d'ailleurs pourrait-il en être autrement puisque, lorsque l'artiste a produit quelque chose de bien, il s'est involontairement surpassé et ne se comprend plus. Ce qui importe ce n'est pas tant de se demander où l'on va que de chercher à vivre avec la matière, de se pénétrer de toutes ses possibilités. L'apport personnel de l'artiste se mesure toujours à la façon dont il crée sa matière et plus encore à la qualité de ses rapports.

On a trop souvent tendance à oublier que les anciens ne travaillaient que par les rapports. La question capitale est là. Que les rapports soient expressifs et toute la surface se trouve modulée, animée, la lumière exaltée, la couleur amenée à son plus haut degré de pureté et d'éclat.

Les quatre côtés du cadre[9] sont parmi les parties les plus importantes d'un tableau. Ne s'agit-il pas en effet que la rigidité de ce cadre ne vienne rien détruire.

Peinture ou dessin, inclus dans un espace donné, doivent donc être en accord étroit avec le cadre[10], comme un concert de musique de chambre sera interprété différemment selon les dimensions de la pièce où il doit être entendu. Là aussi le jeu des rapports, par exemple dans un dessin, entre les différentes surfaces encloses, les parties réservées, c'est-à-dire non touchées et le cadre, permettra d'obtenir la coloration et la hiérarchie nécessaires.

Mais il y a trop de mots usés, défigurés. J'ai renoncé autrefois à tout enseignement, je ne veux pas aujourd'hui bavarder sur la peinture. À chacun de courir sa chance. D'ailleurs notre civilisation n'a pas besoin des peintres ou tout au moins de si peu.

Ce qui m'importe le plus ? De travailler mon modèle jusqu'à ce que je l'aie suffisamment en moi pour pouvoir improviser, laisser courir ma main en parvenant à respecter la grandeur et le caractère sacré de toute chose vivante.

Rôle et modalités de la couleur[11]

Dire que la couleur est redevenue expressive, c'est faire son histoire. Pendant longtemps, elle ne fut qu'un complément du dessin. Raphaël, Mantegna ou Dürer, comme tous les peintres de la Renaissance, construisent par le dessin et ajoutent ensuite la couleur locale.

Au contraire, les Primitifs italiens et surtout les Orientaux avaient fait de la couleur un moyen d'expression. L'on eut quelque raison de baptiser Ingres « un Chinois ignoré à Paris », puisque le premier, il va utiliser les couleurs franches, les limiter sans les dénaturer.

De Delacroix à Van Gogh et principalement à Gauguin en passant par les impressionnistes qui font du déblaiement et par Cézanne qui donne l'impulsion définitive et introduit les volumes colorés, on peut suivre cette réhabilitation du rôle de la couleur, la restitution de son pouvoir émotif.

Les couleurs ont une beauté propre qu'il s'agit de préserver comme en musique on cherche à conserver les timbres. Question d'organisation, de construction, susceptibles de ne pas altérer cette belle fraîcheur de la couleur.

Les exemples ne manquaient pas. Nous avions devant nous, non seulement des peintres, mais aussi l'art populaire, et les crépons japonais que l'on vendait alors. Le fauvisme fut ainsi pour moi l'épreuve des moyens : placer côte à côte, assembler d'une façon expressive et constructive un bleu, un rouge, un vert. C'était le résultat d'une nécessité qui se faisait jour en moi et non d'une attitude volontaire, une déduction ou un raisonnement, dont la peinture n'a que faire.

Ce qui compte le plus dans la couleur, ce sont les rapports. Grâce à eux et à eux seuls un dessin peut être intensément coloré sans qu'il soit besoin d'y mettre de la couleur.

Sans doute, il existe mille façons de travailler la couleur, mais quand on la compose, comme le musicien avec ses harmonies, il s'agit simplement de faire valoir des différences.

Certes la musique et la couleur n'ont rien de commun, mais elles suivent des voies parallèles. Sept notes, avec de légères modifications, suffisent à écrire n'importe quelle partition. Pourquoi n'en serait-il pas de même pour la plastique ?

La couleur n'est jamais une question de quantité mais de choix. À leurs débuts, les ballets russes, et particulièrement *Schéhérazade* de Bakst, regorgeaient de couleur. Profusion sans mesure. On eut dit qu'elle avait été jeté au baquet. L'ensemble était gai par la matière, non par l'organisation.

Cependant, les ballets ont facilité l'emploi des moyens nouveaux dont ils ont eux-mêmes très largement bénéficié.

Une avalanche de couleurs reste sans force. La couleur n'atteint sa pleine expression que lorsqu'elle est organisée, lorsqu'elle correspond à l'intensité de l'émotion de l'artiste.

Dans le dessin, même formé d'un seul trait, on peut donner une infinité de nuances à chaque partie qu'il enclôt. La proportion joue un rôle primordial.

Il n'est pas possible de séparer dessin et couleur[12]. Puisque celle-ci n'est jamais appliquée à l'aventure, du moment qu'il y a des limites et surtout des proportions, il y a scission. C'est là où intervient la création et la personnalité du peintre.

Le dessin compte beaucoup aussi. C'est l'expression de la possession des objets. Quand vous connaissez à fond un objet, vous pouvez le cerner par un trait extérieur qui le définira entièrement. Ingres disait à ce propos que le dessin est comme un panier, dont on ne peut enlever un osier sans faire un trou[13].

Tout, même la couleur, ne peut être qu'une création. Je décris d'abord mon sentiment avant d'en arriver à l'objet. Il faut alors tout recréer, aussi bien l'objet que la couleur.

Que les moyens employés par les peintres soient happés par la mode, par les grands magasins, ils perdent aussitôt leur signification. Ils ne disposent plus d'aucun pouvoir sur l'esprit. Leur influence ne fait que modifier l'apparence des choses ; on change seulement de nuances.

La couleur contribue à exprimer la lumière, non pas le phénomène physique mais la seule lumière qui existe en fait, celle du cerveau de l'artiste.

Chaque époque apporte avec elle sa lumière propre, son sentiment particulier de l'espace, comme un besoin. Notre civilisation, même pour ceux qui n'ont jamais fait d'avion, a amené une nouvelle compréhension du ciel, de l'étendue, de l'espace. On en vient aujourd'hui à exiger une possession totale de cet espace.

Suscités et soutenus par le Divin, tous les éléments se retrouvent dans la nature. Le créateur n'est-il pas lui-même la nature ?

Appelée et nourrie par la matière, recréée par l'esprit, la couleur pourra traduire l'essence de chaque chose et répondre en même temps à l'intensité du choc émotif. Mais dessin et couleur ne sont qu'une suggestion. Par illusion ils doivent provoquer chez le spectateur la possession des choses. Mais c'est dans la mesure où l'artiste est capable de se suggestionner et de faire passer sa suggestion dans son œuvre et dans l'esprit du spectateur. Un vieux proverbe chinois ne dit-il pas : *quand on dessine un arbre, on doit, au fur et à mesure, sentir qu'on s'élève.*

La couleur surtout, et peut-être plus encore que le dessin, est une libération. La libération, c'est l'élargissement des conventions, les moyens anciens repoussés par les apports de la génération nouvelle.

Comme le dessin et la couleur sont des moyens d'expression, ils sont modifiés. D'où l'étrangeté des moyens nouveaux puisqu'ils se rapportent à autre chose que ce qui intéressait les générations précédentes.

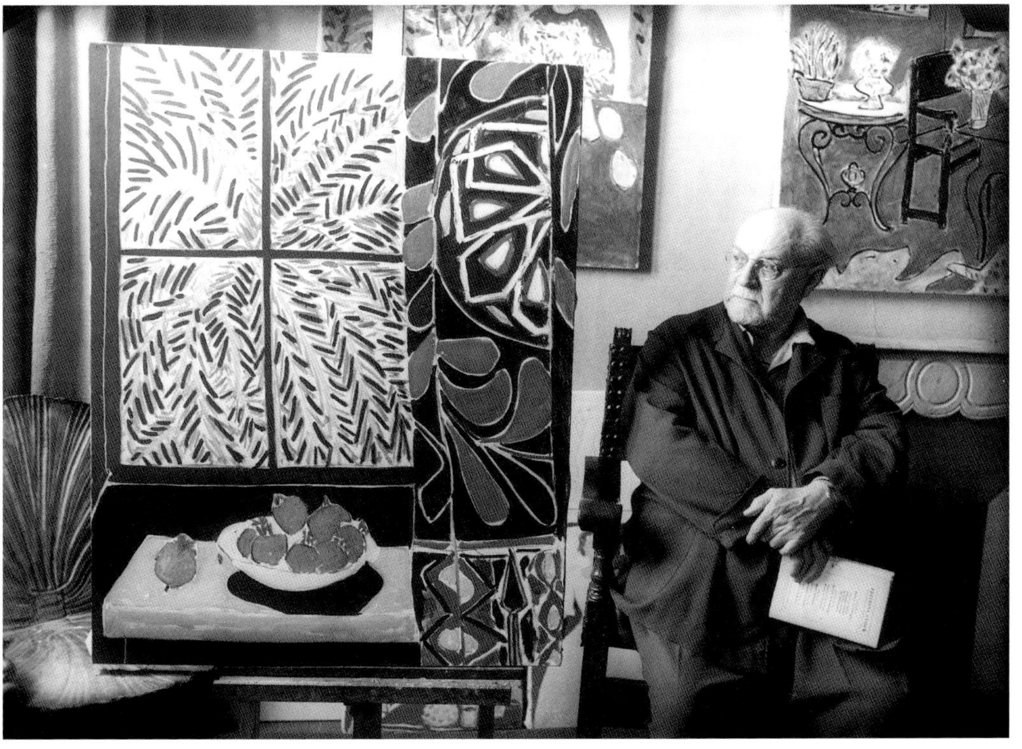

Henri Matisse avec *Intérieur au rideau égyptien*, *1948*

Branche de néflier, *1944*
Crayon noir ou fusain sur papier
42 x 32 cm
Musée national d'Art moderne, Centre Pompidou, Paris

Henri Matisse dans sa villa « Le Rêve », **Vence**, *vers 1950*

La couleur enfin est somptuosité et réclame. N'est-ce pas justement le privilège de l'artiste de rendre précieux, d'ennoblir le plus humble sujet.

Le noir est une couleur[14]

L'emploi du noir comme couleur au même titre que les autres couleurs : jaune, bleu ou rouge, n'est pas chose nouvelle.

Les Orientaux se sont servis du noir comme couleur, notamment les Japonais dans les estampes. Plus près de nous, d'un certain tableau de Manet[15], il me revient que le veston de velours noir du jeune homme au chapeau de paille est d'un noir franc et de lumière.

Dans le portrait de Zacharie Astuc par Manet, nouveau veston de velours exprimé aussi par un noir franc et lumineux. Mon panneau des *Marocains* ne porte-t-il pas un grand noir aussi lumière que les autres couleurs du tableau ?

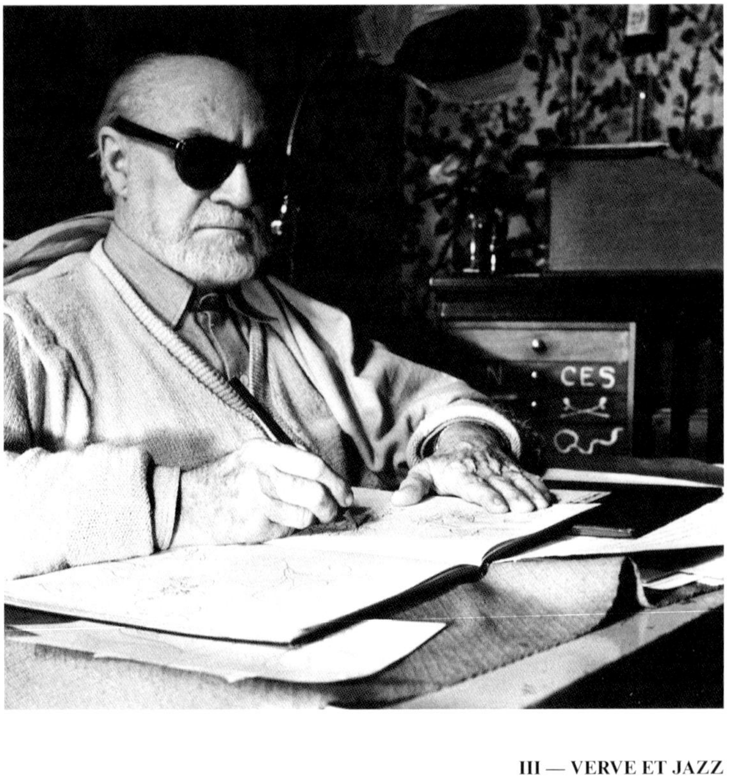

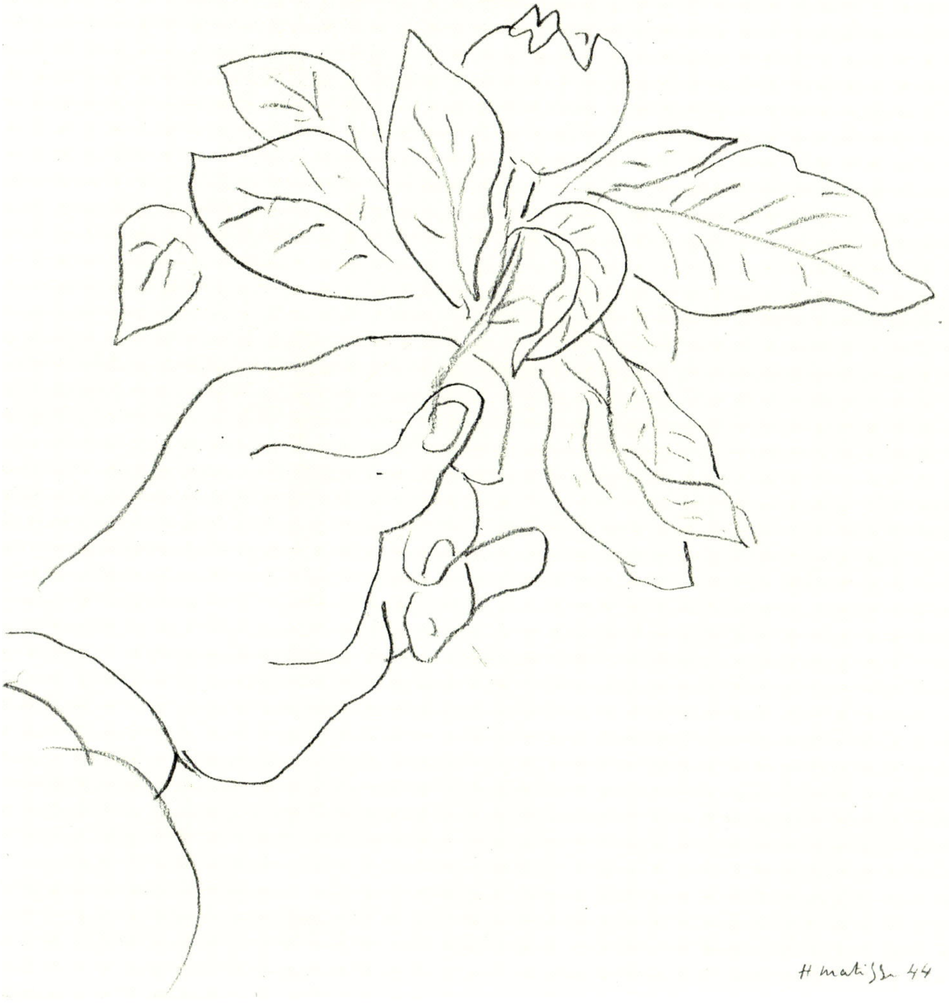
H Matisse 44

Henri Matisse à Vence, *1948*
Photo Michel Sima

Le chemin de la couleur[16]

La couleur existe en elle-même, possède une beauté propre. Ce sont les crépons japonais que nous achetions pour quelques sous rue de Seine qui nous l'ont révélée. J'ai compris alors que l'on pouvait travailler avec des couleurs expressives qui ne sont pas obligatoirement des couleurs descriptives. Certes, les originaux étaient sans doute décevants. Mais l'éloquence n'est-elle pas d'autant plus puissante, plus directe que les moyens sont plus grossiers ? Van Gogh aussi était fervent des crépons.

Une fois l'œil désencrassé, nettoyé par les crépons japonais, j'étais apte à recevoir vraiment les couleurs en raison de leur pouvoir émotif. Si j'admirais d'instinct les Primitifs du Louvre et par la suite l'art oriental, en particulier à l'extraordinaire exposition de Munich, c'est parce que j'ai trouvé là une nouvelle confirmation. Les miniatures persanes, par exemple, me montraient toute la possibilité de mes sensations. Je pouvais retrouver sur la nature comment elles doivent venir. Par ses accessoires, cet art suggère un espace plus grand, un véritable espace plastique. Cela m'aida à sortir de la peinture d'intimité.

La révélation m'est donc venue de l'Orient. C'est plus tard[17] que cet art m'a touché et que j'ai compris la peinture byzantine[18], devant les icônes à Moscou. On se livre d'autant mieux qu'on voit ses efforts confirmés par

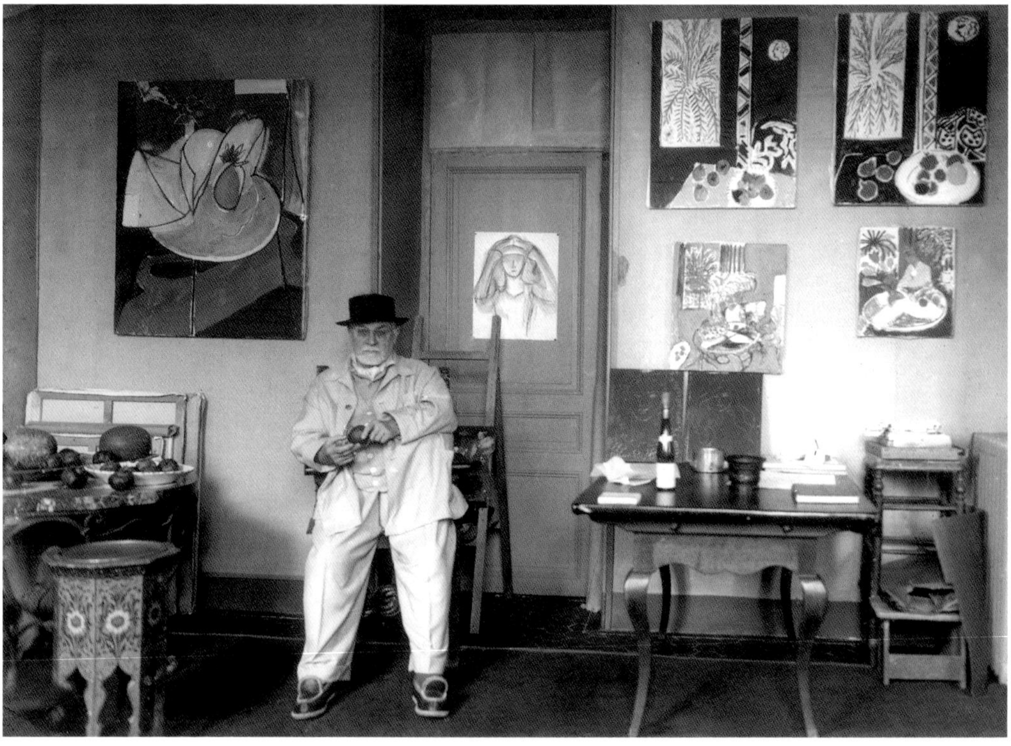

une tradition, si ancienne fût-elle. Elle vous aide à sauter le fossé.

Il fallait sortir de l'imitation, même de celle de la lumière. On peut provoquer la lumière par l'invention d'aplats comme on en use avec les accords en musique. Je me suis servi de la couleur comme moyen d'expression de mon émotion et non de transcription de la nature. J'utilise les couleurs les plus simples. Je ne les transforme pas moi-même, ce sont les rapports qui s'en chargent. Il s'agit seulement de faire valoir des différences, de les accuser. Rien n'empêche de composer avec quelques couleurs, comme la musique qui est bâtie uniquement sur sept notes.

Il suffit d'inventer des signes. Quand on possède un authentique sentiment de la nature, on peut créer des signes qui soient autant d'équivalents entre l'artiste et le spectateur.

Dans les premiers ballets russes, Bakst jetait les couleurs à pleins baquets. C'était magnifique mais sans expression. Ce n'est pas la quantité qui compte mais le choix, l'organisation. Le seul avantage qui en résulta, c'est que la couleur eut désormais droit de cité partout, jusque dans les grands magasins.

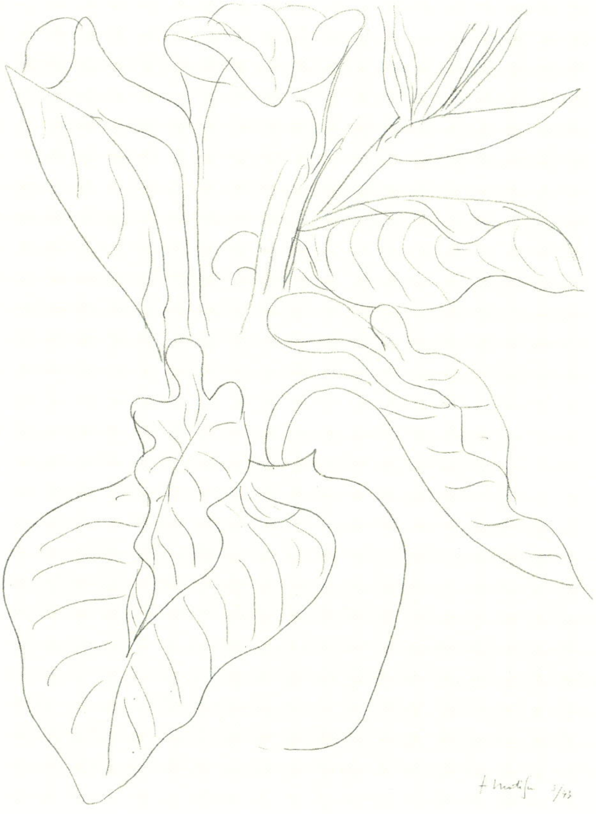

Vase aux arums, *1943*
Crayon sur papier
66 x 50 cm
Collection particulière

Ce choix, nous l'avons fait malgré nous-mêmes. Il était impossible d'y échapper, c'était une fatalité. C'est pourquoi il représente si profondément l'esprit d'une époque. Mais il n'y a pas besoin de s'y cantonner, il faut aujourd'hui continuer, aller plus loin.

L'éternel conflit du dessin et de la couleur[22]

À Pierre Bonnard, 13 janvier 1940 :

Votre lettre m'a trouvé ce matin aplati, complètement découragé ; aussi j'étais si loin de vos compliments pourtant si en accord cependant avec mes désirs. Car je suis paralysé par je ne sais quoi de conventionnel qui m'empêche de m'exprimer comme je le voudrais en peinture. Mon dessin et ma peinture se séparent[20].

J'ai le dessin qui me convient car il rend ce que je sens de particulier. Mais j'ai une peinture bridée par des conventions nouvelles d'aplats[21] par

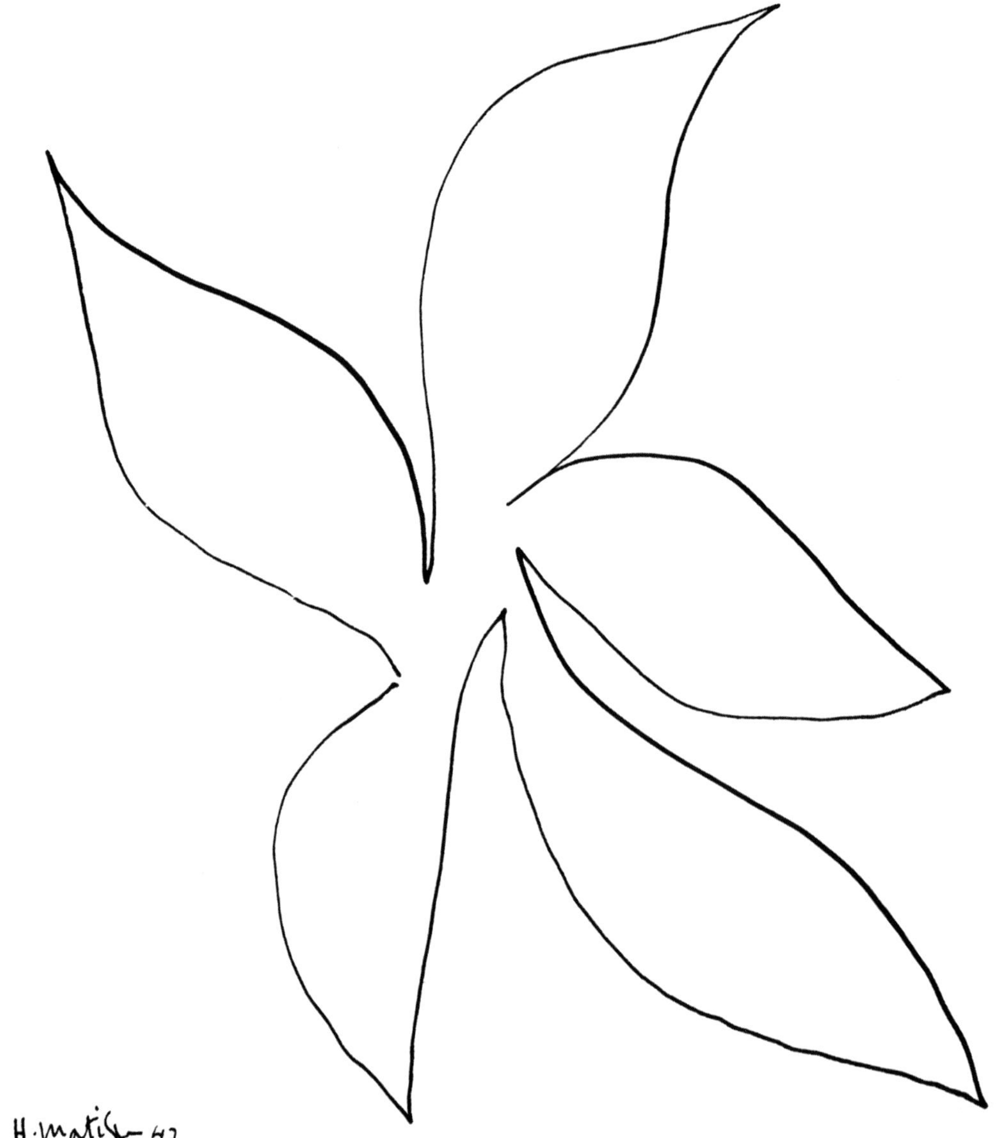
H. Matisse 47

lesquels je dois m'exprimer entièrement, de tons locaux exclusivement sans ombres, sans modelés, qui doivent réagir les uns sur les autres pour suggérer la lumière, l'espace spirituel. Ça ne va guère avec ma spontanéité qui me fait balancer en une minute un long travail parce que je reconçois mon tableau plusieurs fois au cours de son exécution sans savoir réellement où je vais, m'en rapportant à mon instinct.

J'ai trouvé un dessin qui, après des travaux d'approche, a la spontanéité qui me décharge entièrement de ce que je sens, mais ce moyen est exclusivement pour moi, artiste et spectateur. Mais un dessin de coloriste n'est pas une peinture. Il faudrait lui donner un équivalent en couleurs. C'est ce à quoi je n'arrive pas.

Tout de même je vous remercie de votre mot qui m'a fait le plus grand bien car il m'a obligé à me redresser pour arriver à le mériter. Comme c'est dommage que nous ne puissions pas nous voir plus souvent.

(Matisse-Bonnard, 1970)

Jacynthe stylisée, *1947*
Encre sur papier
Collection particulière

À Pierre Matisse, 15 février 1940 :

Le travail va mieux[22]. J'espère arriver à briser le mur qui m'entoure et à pouvoir chanter en toute liberté. J'ai vu Bonnard, il est au Cannet. Il se porte bien. Il a 72 ans.

(Schneider, 1970)

À Pierre Matisse, 1er septembre 1940 :

Je m'efforce de m'accrocher à mon travail[23]. J'avais projeté avant d'être ici de peindre des fleurs et des fruits – j'en ai plusieurs arrangements dans mon atelier mais cette espèce d'incertitude dans laquelle on est ici (car ce pays peut être occupé sous un prétexte quelconque) fait que je ne puis, ou je crains de me mettre au travail en tête à tête avec des objets, qu'il faut que j'anime par moi-même, par mon sentiment – aussi je me suis arrangé avec un groupe de figurants de cinéma, qui m'envoient ses plus jolies filles – quand je ne les garde pas je leur donne dix francs et j'ai ainsi trois ou quatre modèles jeunes et jolis que je fais poser séparément pour le dessin trois heures le matin, trois heures l'après-midi. Ça me tient là au milieu de mes fleurs et de mes fruits avec lesquels je prends contact tout doucement sans m'en apercevoir. Quelquefois je m'arrête sur un motif, un coin de mon atelier que je trouve expressif, même au-dessus de moi, de mes forces et j'attends le coup de foudre qui ne peut manquer de venir. Ça me prend toute ma vitalité.

[…] J'espère me remettre à la peinture bientôt, mais cela m'écrase – je dois inventer et cela demande un grand effort pour lequel il me faut avoir quelques réserves […].

(Schneider, 1970)[24]

À Pierre Bonnard, 7 septembre 1940 :

Je suis rentré à Nice depuis une dizaine de jours après un voyage assez pénible. Je me suis remis immédiatement au travail pour retrouver mon équilibre, mais il y a ici un tel cafard, une angoisse générale qui vient de tout ce qui se dit et se répète (sans grand fondement j'en suis certain) sur la prochaine occupation de Nice, que j'en suis très affecté par contagion et que mon travail est difficile, sans résultat. Je crois qu'une visite chez vous me ferait le plus grand bien. Certainement la vue de votre peinture allégera le mur que j'ai devant le nez en ce moment et me fera prendre les choses, et mon travail surtout, d'une façon plus simple, plus directe. [...].

(Matisse-Bonnard, 1970)

Henri Matisse, *1949*
Assis sur son lit, dessinant en l'air avec un crayon lumineux. Devant lui, quelques pages de l'ouvrage Poèmes de Charles d'Orléans *publié en 1950 par Tériade*
Photo Gjon Mili

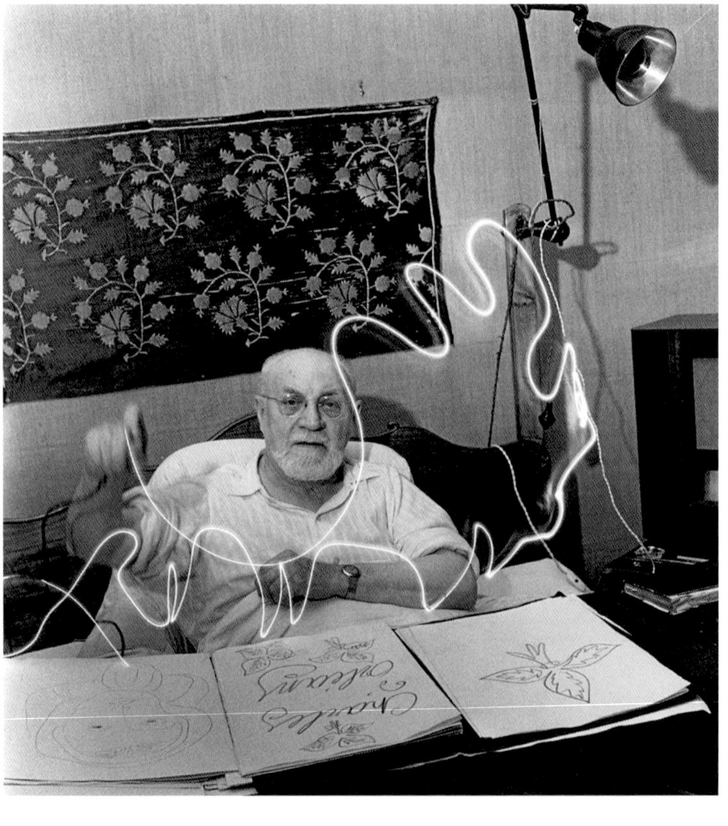

À Pierre Matisse,
18 septembre 1940 :

[…] Heureusement je viens de finir presque, ou peut-être tout à fait, un tableau commencé il y a un an[25] – et que j'ai mené à l'aventure – en somme presque chacun de mes tableaux est une aventure, c'est ce qui en fait l'intérêt – comme je ne le donne que lorsque l'aventure est terminée et réussie, il n'y a que moi qui en ai les risques. Donc ce tableau qui a commencé très réaliste par une belle brune dormant sur ma table de marbre au milieu de fruits est devenu un ange qui dort sur une surface violette – le plus beau violet que j'ai vu – ses chairs sont de rose de fleur pulpeuse et chaude – et le corsage de sa robe est un bleu pervenche pâle très très doux, et la jupe d'un vert émeraude (avec un peu de blanc dedans) bien caressant soutenu tout ceci par un noir lumineux de jais.

(*First Papers on Surrealism*, New York, Coordinating Council of French Relief Societies, 1942)

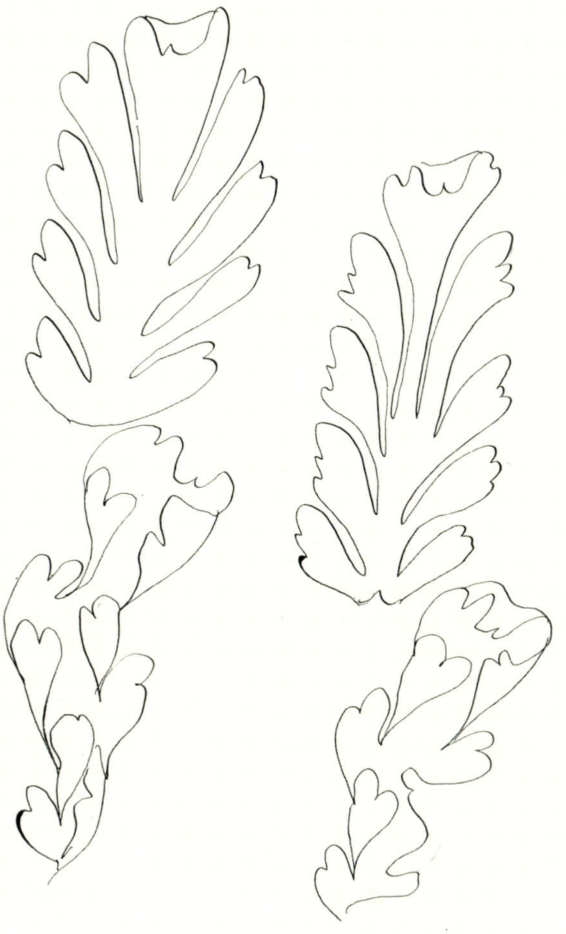

Cinéraire maritime, *1945–1946*
Plume et encre sur papier
49,8 x 32,5 cm
Collection particulière

À Pallady, 1940 ou 1941 :

J'ai trouvé une belle blouse roumaine[26] ancienne, une blouse de broderie au petit point vieux rouge qui a dû appartenir à une princesse et j'en désirerais bien d'autres que j'échangerais contre un beau dessin. – 1) bleu clair presque blanc, 2) rouge vermillon froid qui a pris par le voisinage, dans la combinaison, la profondeur, la souplesse du rouge de Venise (pourquoi n'ai-je pas pris alors du rouge de Venise, mais parce que ses réactions sur ses voisins sont moins intenses), 3) table violet de cobalt clair que tu m'as vu employer pour cela, donc tu en connais l'intensité, 4) ocre jaune pur en frottis, 5) chairs, rose cadmium vermillon un peu chaud, 6) fond de carré brodé jaune citron, 7) jupe et tout ce qui est linéaire est noir d'ivoire, 8) outremer et blanc en frottis même ton que la blouse en plus foncé, 9) toile blanche.

Voilà un tableau qui a duré un an – ceux qui ne verront que la façon dont j'ai représenté la chevelure et la broderie de l'épaule croiront que je suis un farceur – mais toi… tu sais.

(Correspondance Matisse-Pallady, publiée dans *Secolul 20*, n° 6, 1965, et dans le catalogue Schneider, 1970)

À Pierre Matisse,
25 octobre 1940 :

Je travaille en attendant – avec une certaine liberté sachant que mes tableaux ne sont plus attendus. On ne connaît pas l'avenir – personne. Je suis décidé à ne pas quitter Nice – ma vie est entre les murs de mon atelier. […] [Le problème est pour moi de] trouver l'accord entre mon dessin, les couleurs et mon sentiment.

(Schneider, 1970)

***Arbre* sur le mur de l'hôtel Régina**, *Cimiez-Nice, 1951*
Photo Hélène Adant

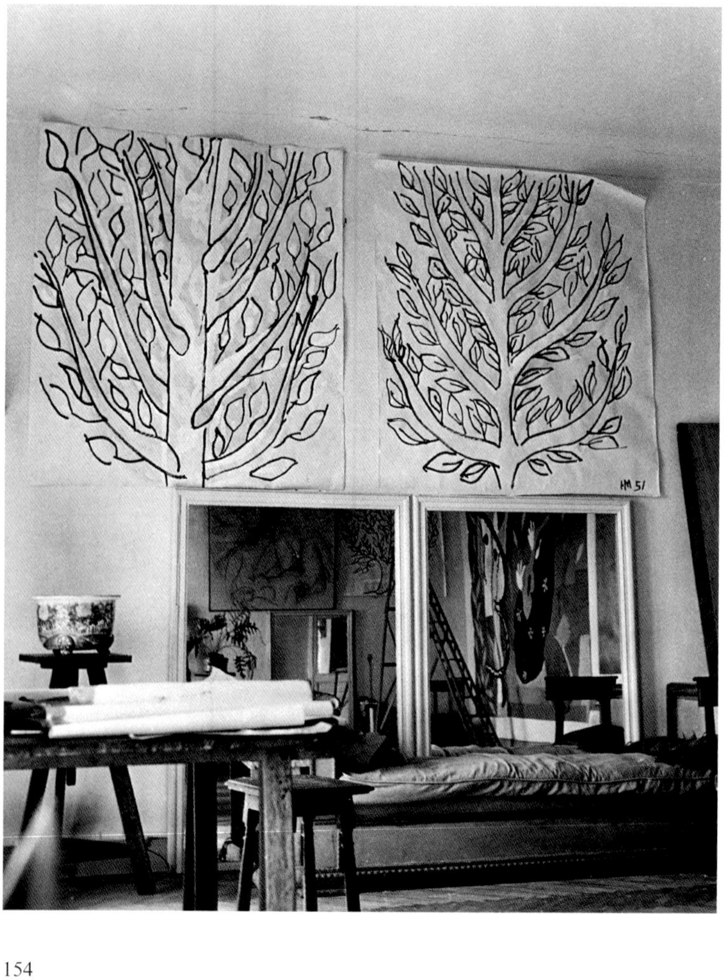

À Pierre Bonnard,
7 novembre 1940 :

Tant mieux que le travail marche bien pour vous. Pour moi, je n'arrive pas à terminer, je repars incessamment. J'ai terminé une figure dormante commencée en janvier il y a un an après quarante séances, et j'ai une nature morte qui n'est pas terminée et qui a déjà une trentaine de séances, et depuis mon retour à Nice je travaille tous les jours. Il est certain que notre inquiétude constante nuit au travail inconscient qui habituellement nous tient quand nous ne sommes plus devant le chevalet. Encore une fois, il faut attendre.

(Matisse-Bonnard, 1970)

À Pallady,
7 décembre 1940 :

Mais cependant avec une nature morte faite d'un coquillage[27], d'un pot à fleurs bleu, d'une tasse à café, d'une cafetière et de trois pommes vertes sur table de marbre noir et vert – et que j'ai travaillée (transformée) pendant trente séances – je me crois arrivé au bout de ce que je puis faire dans ce sens abstrait – à force de méditations, de rebondissements sur différents plans d'élévation, de dépouillement (j'espère que tu me comprends ou que je me fais comprendre plutôt). Présentement, je ne puis aller plus loin, et je ne puis même – il n'en est pas question – me répéter. Aussi je me suis entraîné à rester dans une conception moins extraordinaire, moins spirituelle – et je me suis rapproché de la matière des choses. Pour cela, j'ai peint des huîtres[28]. Là mon cher, des sensations gustatives sont nécessaires. Il faut qu'une huître en représentation reste un peu ce qu'elle est, un peu le rendu hollandais. Voilà la troisième toile que je fais sur ce sujet ; bien entendu je fais, tout en m'en défendant, cas de la pièce, de l'espace environnant. Je me suis laissé la bride sur le cou ; cela m'a demandé de grands efforts et je suis arrivé à retrouver des qualités naturelles mais que j'avais dû brider depuis longtemps, des saveurs de peinture savoureuse qui je crois t'intéresseront. Je ne sais ce que sera la suite, je ne suis pas certain de ce que vaut ce que je viens de faire, l'enfant vient de naître. Mais je suis certain que ces tableaux quoique vifs de couleurs ne peuvent se rendre qu'avec de la peinture à l'huile, tandis que depuis longtemps il n'était question pour moi que de lignes et de couleurs et n'importe quel moyen m'était indifférent, aquarelle, gouache ; il n'était question que de mariage expressif de surfaces colorées et proportionnées différemment. Je crois que c'est un résultat. Je voudrais vivre assez vieux pour revenir à ma précédente conception et voir ce que mon nouveau travail y pourrait ajouter.

(Schneider, 1970)

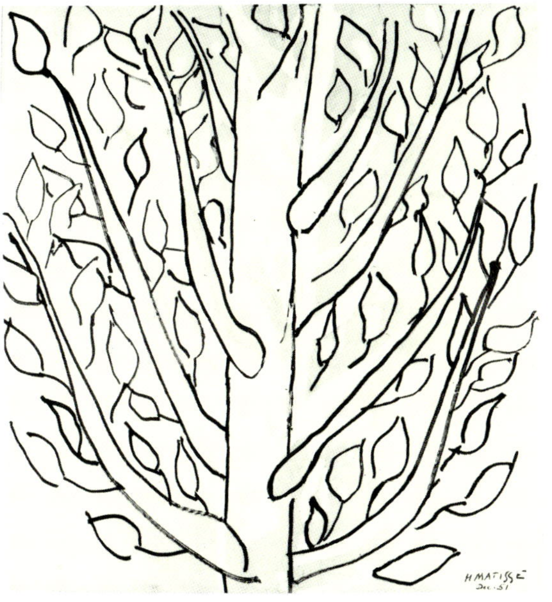

Arbre, *1951*
Encre et gouache sur papier
158 x 120 cm
Fondation Pierre et Tana Matisse
Reproduit p. 118 du Verve,
n° 35–36, été 1958

À André Rouveyre, 4 juin 1941 :

Je me suis remis au travail et j'ai commencé par des dessins d'après moi-même. Je t'en envoie quelques photos pour que tu me dises si je n'ai pas trop perdu d'énergie [...].

(Correspondance Matisse-Rouveyre publiée dans *La Revue des arts*, n° 2, juin 1956)

À André Rouveyre, 12 juin 1941 :

Après une triste séance[29] avec un modèle vide d'expression quoique belle fille, j'étais brisé de m'être battu les flancs pour lui donner un peu de vie [...].

À André Rouveyre, 6 octobre 1941[30]:

Mon voyage de retour s'est très bien passé, et après avoir déjeuné à Nice, je me suis trouvé à l'heure et après la sieste devant ma toile. Mais il m'a été impossible de poursuivre mon idée et Lydia a passé son après-midi – sa fin d'après-midi, car elle a dû monter à pied à Cimiez – à effacer toute la toile qui est maintenant tout à fait nette.

Je compte recommencer demain. Quelle vie de tourment quand on dépend, avec ma sensibilité aiguë, d'une méthode, ou plutôt quand une sensibilité aiguë vous empêche de se reposer sur une méthode de soutien. J'en suis tout chaviré – et je me souviens que toute ma vie s'est passée ainsi – moment de désespoir suivi d'un instant heureux de révélation qui me permet de faire quelque chose qui dépasse le raisonnement et me laisse aussi désemparé devant une nouvelle entreprise. Quoique je vois qu'il en sera toujours ainsi pour moi, je persiste à chercher le fil d'Ariane qui doit me conduire logiquement à m'exprimer en ce que je crois avoir d'exceptionnel, avec des moyens (couleurs) plus riches que le dessin au trait, avec lequel je sors ce qui m'émeut dans la nature, dans la sympathie que je crée entre les objets qui m'entourent, autour desquels je vis et dans lesquels j'arrive à placer mes sentiments de tendresse, sans risquer d'en souffrir, comme dans la vie. […]

À l'instant[31], je reçois l'art. de Lhote. Merci cher copain Rouveyre. Cet article intelligent m'intéresse, quoiqu'il ne m'apprenne absolument rien. C'est un simple constat que fait Lhote.

L'éternel conflit du dessin et de la couleur dans un même individu, c'est ce qu'il ne dit pas, heureusement car il laisse quelque espoir aussi. Je travaille[32] pour ne pas perdre cet espoir.

(Matisse-Rouveyre, 1956 et Schneider, 1970)

À André Rouveyre, 7 octobre 1941 :

J'ai, après le calme qui m'est revenu quand je t'ai eu écrit, attendu patiemment, et même avec le recueillement des veillées d'armes, la séance d'aujourd'hui (et m'y suis présenté avec candeur – à la séance. L'après-midi a été heureuse ; la toile est ce qu'elle est, ce n'est pas un chef-d'œuvre, mais elle est pure. J'ai encore une dernière couleur à poser qui est comme sa clef de voûte, et tout sera bien si je suis inspiré).

(Matisse-Rouveyre, 1956).

À André Rouveyre, 30 octobre 1941 :

[…] Mon inspiration dessinée tire à sa fin et je vais rentrer dans la peinture[33].

À André Rouveyre, début 1942

Je vais me mettre à la peinture avec la même ardeur que j'ai dessiné. Je vais faire de la peinture *avec des briques*. Je ne sais pourquoi cette expression s'est présentée ; je veux dire que je vais travailler en densité. Quelque chose dans le genre de ma nature morte rouge et noire au coquillage.

(Schneider, 1970)[34]

Extraits d'un entretien radiophonique, début 1942 :

Monsieur Matisse, pourquoi peignez-vous ?

« Pour traduire mes émotions, mes sentiments et les réactions de ma sensibilité en termes de couleur et de forme[35], ce que ne peuvent faire ni l'appareil photographique le plus perfectionné, même en couleurs, ni le cinéma. Du point de vue du spectacle et de la distraction le cinématographe a un grand avantage sur la peinture. [...] Quant aux portraitistes, ils sont surpassés par les bons photographes. [...] »

Dans ces conditions, qu'en est-il des artistes ? À quoi servent-ils ?

« Ils sont utiles en ce qu'ils peuvent ajouter à la couleur et à la forme par la richesse de leur imagination intensifiée par leur émotion et en réfléchissant les beautés de la nature tout comme les poètes et les musiciens. Par conséquent, nous n'avons besoin que de ceux d'entre les peintres qui ont le don de traduire leurs sentiments intimes en termes de couleur et de forme. J'ai dit à mes jeunes étudiants : *Vous voulez faire de la peinture ? Avant tout il vous faut vous couper la langue, parce que votre décision vous enlève le droit de vous exprimer autrement qu'avec vos pinceaux ».*

(Retraduit de l'anglais d'après des extraits cités dans Barr, 1951, p. 562)

À Pierre Matisse, 3 avril 1942 :

Depuis un an, j'ai fait un effort énorme en dessin[36]. Je dis « effort », c'est une erreur, car ce qui est venu, c'est une *floraison* après cinquante ans d'effort. J'ai à faire la même chose en peinture.

(Schneider, 1970)

À Pierre Matisse, 7 juin 1942 :

[...] faire en peinture ce que j'ai fait en dessin – rentrer dans la peinture sans contradiction comme dans les dahlias dans le bouquet de fleurs dont tu m'as envoyé la photographie et qui a besoin de la forte personnalité du peintre pour que la bataille laisse des restes intéressants.

(Lettre publiée dans *First Papers on Surrealism*, 1942)

À Louis Aragon, 24 août 1942 :

Ma santé se remet. J'ai fait même une séance de peinture de 2 à 6 heures et demie – je n'aurais pas dû passer 5 heures – mais ça allait si bien que je n'ai pas cru (devoir) arrêter ! et je ne m'en suis pas trouvé mal pour la suite. Ma nuit n'a pas été troublée, mais je ne crois pas que je vais partir pour la grande aventure, je fais du cabotage pendant ces séances de reprises[37]. J'espère arriver à perdre pied et alors je ne pourrai m'en tirer que par l'inconnu.

(*Un personnage nommé La Douleur*, Aragon, 1971)

À Louis Aragon, 1er septembre 1942 :

J'ai finalement engagé la partie sérieuse avec la *Peinture*[38] – à froid, sans surexcitation préalable. Mes premières séances n'ont pas été très significatives au point de vue de la campagne que j'entreprends, mais la dernière, celle d'hier, a marqué un point sérieux. Je me suis engagé dans une certaine couleur des idées depuis longtemps – si elle supprime beaucoup de moi dans la finesse, l'exquis, elle est remplie d'air pur. En somme, j'ai commencé à *labourer*. L'essentiel est que ma position dans cette lutte me paraît excellente. Je suis l'Espagnol, ou Romain passif qui assiste à un combat de coqs du haut de son estrade avec un calme presque indifférent – les champions sont un certain Matisse qu'il connaît et suit depuis si longtemps et une personne bien diverse, et bien perverse qui se comporte différemment avec chacun à qui elle demande tout entièrement, et qui s'appelle la Peinture. Il me semble que je vous écris une lettre de jeune rapin qui ne sait pas du tout de quoi il parle. [...] Je vous envoie cette drôle de lettre parce que je suis incapable d'en écrire une autre. J'ai l'attention prise entièrement par mon travail [...].

(*La Grande Songerie*, Aragon, 1971)

Étude d'arbre, nº 21, *25 août 1941* *Plume et encre noire sur papier à lettres* *29 x 22 cm* *Collection particulière*

À Louis Aragon, 20 janvier 1943 :

Je suis pour moi très satisfait : mon état maladif veut s'améliorer. [...] Aussi, j'ai profité de ce répit dans mes tourments pour travailler la *Peinture*[39], et j'ai produit des choses qui font espérer un progrès dans mon développement.

(*Un personnage nommé La Douleur*, Aragon, 1971)

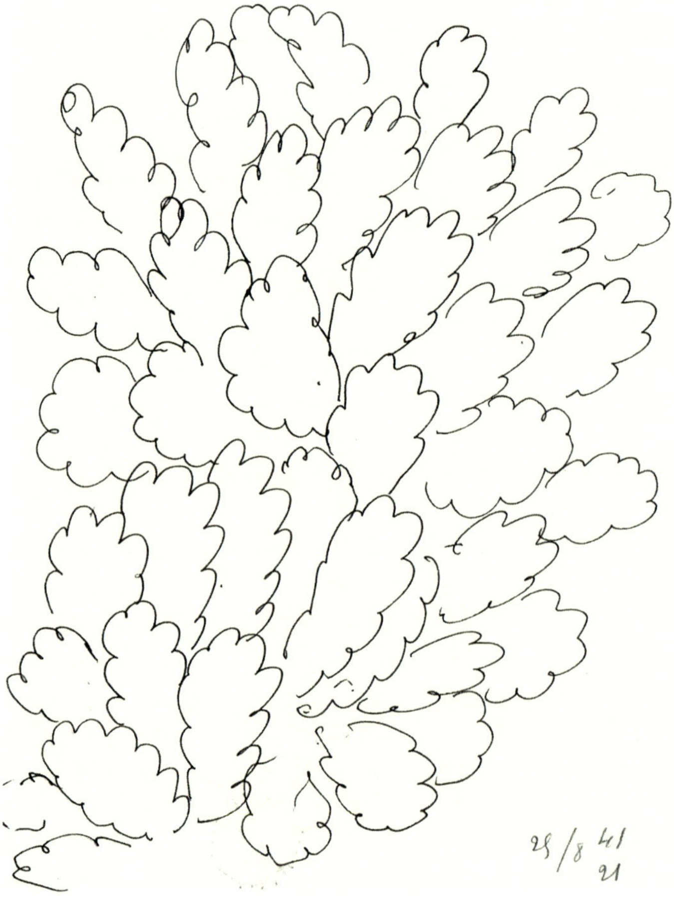

À André Rouveyre, 31 mars 1943 :

Cet après-midi, levé de 3 à 7 heures et demie, j'ai travaillé avec la couleur et j'ai la conviction d'avoir vu surgir le grand progrès que j'attends de la couleur[40], l'analogue à ce que j'ai fait en dessin l'an dernier. Je suis profondément content, heureux ! J'ai de beaux jours en perspective, s'il plaît à Dieu.

(Schneider, 1970)

À André Rouveyre, 14 mai 1947 :

J'ai reçu aujourd'hui les photos de Giraudon[41] et j'en suis très content car j'ai trouvé en les regardant confirmation de ce dont je me doutais. Avant tout, l'existence de dessin de sentiment dans ses batailles si belles et du dessin anatomique.

À André Rouveyre, 15 mai 1947 :
Je suis engagé dans la couleur définitivement car les dessins ne m'intéressent plus. J'ai éclairci ma cervelle de ce côté[42]. Ça me suffit. J'ai plusieurs toiles en train. J'éprouve les curiosités que donne un pays nouveau, car je n'ai jamais été aussi clairement en avant dans l'expression des couleurs. Jusqu'ici, j'ai piétiné à la porte du temple.
(Schneider, 1970)

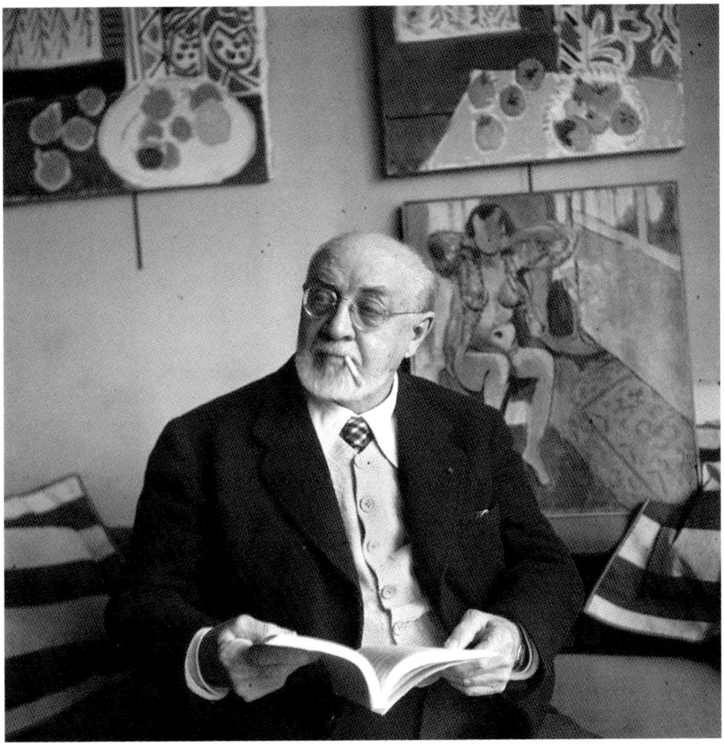

Henri Matisse, *1947*

À André Rouveyre, 3 juin 1947 :
Je sors d'une séance de peinture particulièrement pénible. Je pense comme tu es la sagesse même lorsque tu m'expliques pourquoi tu ne travailles pas. Pour moi je reste un vieux fou, comme Madame Paul Cézanne désignait son mari. On m'a dit que Madame Pissarro disait de même de son mari. Ces femmes d'extraction modeste avaient servi leur mari avec leurs modestes moyens en jugeant leurs héros comme s'ils avaient été de simples menuisiers qui se seraient entêtés à construire des tables avec les pieds en l'air.

Je suis donc un vieux cinglé, qui veut recommencer sa peinture pour mourir enfin satisfait, ce qui est pourtant impossible.

Voulant faire une peinture[43] en rapport avec mes dessins, ceux qui me viennent directement du cœur tracés avec la plus grande simplicité, je suis engagé dans une route bien pénible qui me semble démesurée à cause du peu de temps que mon âge m'accordera. Et pourtant, pour être d'accord avec moi-même, je ne puis faire autrement. Avec la sorte de rapports de couleur que je suis porté à employer pour rendre ce que je sens, dégagé de l'accidentel, je me trouve à représenter les objets dépourvus de lignes fuyantes. Je veux dire VUS DE FACE, presque les uns près des autres, rattachés entre eux par mon sentiment, dans une atmosphère créée par les rapports magiques de la couleur. Pourquoi pas pour être logique, n'employer que des tons locaux, sans reflets. Personnages sur le même plan comme un jeu de massacre, sur ces éléments de représentation simplifiée mettre une couleur venue du ton local sublimé, ou même inventé entièrement d'après mon sentiment chauffé par la présence de la nature même – genre de poème. Mais dans mon dessin synthétique, je laisse place à l'accidentel. J'en profite même : certains éléments accessoires me servent autant que le plus indispensable.

(Schneider, 1970)[44]

À André Rouveyre, également datée du 3 juin 1947 :

Je suis bien mordu par les tableaux en train et malgré mon habituelle prudence, je me suis laissé aller sur la pente glissante de l'aventure. J'ai la critique de moi-même assez excessive. Ne doit-on pas faire la part du mystère ? [...]

À André Rouveyre, juin 1947 :

La vie est courte moins le temps est long. Je veux dire que si la vie est courte, elle n'est pas toujours drôle. En ce moment elle est pénible pour moi. Je m'intéresse à un tableau de 10 heures à midi et demie. Le reste du temps, j'ai le poids de ce tableau qui me demande beaucoup d'efforts et le poids de la vie, mes insommnies qui me prennent beaucoup d'énergie ; je suis dans ce moment assez profondément découragé. Cependant depuis mon retour dans les quatre toiles que j'ai touchées, deux sont je crois, excellentes et j'ai quelques bons dessins.

Notes sur la couleur[45]

En peinture, les couleurs n'ont leur pouvoir et leur éloquence qu'employées à l'état pur quand leur éclat et leur pureté ne sont pas altérés, rabattus par des mélanges en opposition avec leur nature (le bleu et le jaune qui forment du vert, ne peuvent qu'être juxtaposés et non mélangés, ou bien on peut employer le vert tel que l'industrie nous le fabrique, de même que, pour l'oranger, le mélange du rouge et du jaune ne donne qu'un ton sans pureté et sans vibration). Il est évident que les couleurs employées à l'état pur ou dégradé avec le blanc, peuvent donner davantage que des sensations rétiniennes[46], elles profitent de la richesse du cerveau de celui qui leur donne la vie.

Les couleurs peuvent être multipliées par le blanc dans les dégradations, soit par leur addition au noir. Quelle différence entre un noir teinté de bleu de Prusse et un noir teinté de bleu outremer. Le noir avec l'outremer a la chaleur des nuits tropicales, teinté de bleu de Prusse, la fraîcheur des glaciers[47]...

De même que la modification de l'expression musicale peut venir d'un petit rien – il y a autant de différence entre les tons majeurs et les tons mineurs qu'entre le soleil et son ombre –, de même, pour la couleur, la diminution, dans un accord de plusieurs couleurs, d'un seul de ses éléments au profit d'un autre, change l'expression de l'accord, en supposant toutefois qu'il soit établi par le peintre ayant la possibilité de donner un caractère expressif à la réunion de plusieurs surfaces de couleurs. Aussi la couleur pure avec son intensité, ses réactions sur les quantités voisines, est-elle un moyen difficile. Les vitraux, comme les plus beaux de Chartres, sont rares. Non pas que les matières qui les composent soient particulières, mais c'est la proportion de la couleur qui leur donne leur qualité. Mais qu'on ne confonde pas vitrail et surface peinte. Le vitrail est éclairé par transparence et la toile peinte directement. Une surface peinte peut donner la sensation d'être éclairée en dedans ce qui est très mauvais, car elle doit offrir à l'œil la résistance d'une surface, sans quoi elle est insupportable.

Propos sur la couleur[48]

La couleur exige beaucoup de précision dans les apports des diverses parties composantes et aussi que son action soit employée de la façon la plus directe et la plus complète. Ceci donne de la fermeté ; les rapports vagues donnent des expressions vagues et molles. L'influence mutuelle des couleurs est tout à fait essentielle pour le coloriste, et les teintes les plus belles, les plus fixes, les plus immatérielles s'obtiennent sans qu'elles soient matériellement exprimées. Exemple : le blanc pur devient lilas, rose ibis, vert véronèse ou bleu angélique par le voisinage de ses contraires seulement. *Comme c'est simple*, disait Signac, *nous en savons tous trop pour agir*. Oui, c'est très simple : comme le violon = quatre cordes tendues à point et quelques crins de cheval montés en archet. Il ajoutait : *seule la divine proportion fait tout*.

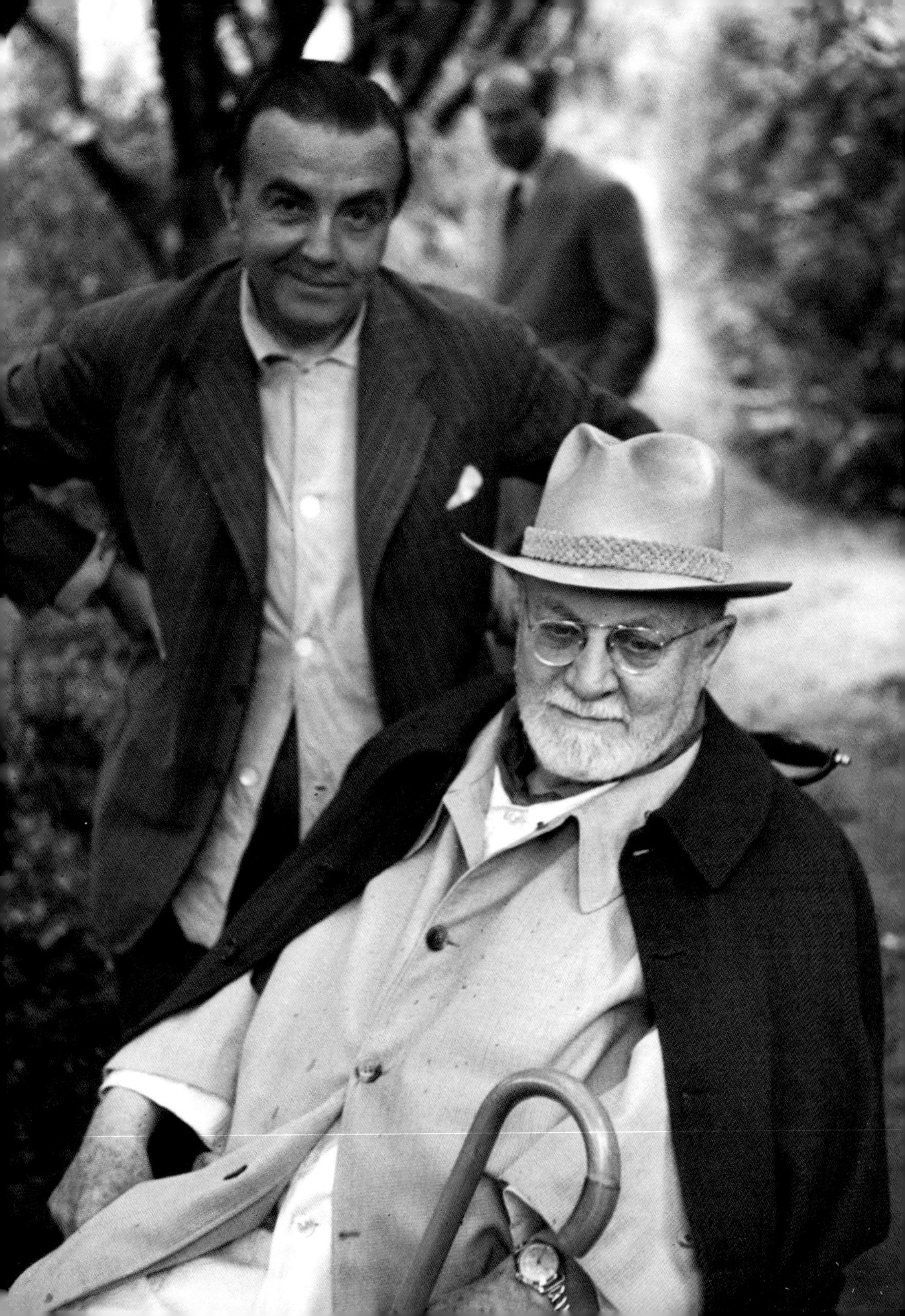

Henri Matisse

Lettre à Tériade[1]

Tériade et Henri Matisse dans le jardin de la villa de Tériade, *Saint-Jean-Cap-Ferrat, juin 1951*
Photo Henri Cartier-Bresson

Pages 164/165
Henri Matisse dans sa villa « Le Rêve », *entre 1943 et 1944*
Photo Henri Cartier-Bresson

Tériade,

Vous voulez une longue lettre que vous puissiez publier. Ne savez-vous pas qu'un peintre n'est pas un écrivain quand il est vraiment pour son métier ? Que les plus originales observations qu'il pourrait faire, qu'il pourrait écrire, qu'il écrirait ne pourraient être partagées par les autres que lorsqu'il les aurait fixées par des lignes ou des couleurs ? Que d'essayer de les écrire n'aboutirait qu'à des lieux communs qui feraient pitié à ceux qui estiment vraiment l'artiste ?

Je n'ai jamais pu m'intéresser à la lecture du journal de Delacroix. Ses recettes de couleurs et même ses réflexions sur l'art ne valent que pour lui. Ce sont les vêtements de sa pensée qui ne sont faits que pour elle, et l'intérêt qu'un journal de peintre peut inspirer ne vient que chez les dilettantes qui ne touchent, en général, aux choses, qu'incomplètement. Alors, une phrase écrite par un peintre les fait rêver… à la légère, dans le vague.

Les lettres de Van Gogh n'ajoutent rien à ses tableaux. C'est curieux et c'est tout. Pas davantage celles de Gauguin. Quant au livre de Fromentin, il est certain qu'il y a mis ce qu'il n'a pu mettre dans sa peinture. Ce qui reste de Seurat, ses idées, sa théorie, n'a pas été écrit par lui, mais par un disciple et reste une curiosité et une théorie intéressante mais tellement limitée !

Je me disais il y a un instant en observant la montagne rocheuse, qu'on appelle ici[2] Baou, se découpant sur le ciel avec ses parties éclairées et ombrées, en remarquant les contrastes de ton (selon Signac, d'après Seurat) marquant sur le ciel en parties foncées et en parties claires et réciproquement, que ce qu'en faisait Seurat n'était pas là-dedans, que s'il n'y avait pas dans ses peintures quelque chose de plus important, il ne compterait guère. On est étonné de voir que les couleurs de ses tableaux, posées avec tant de minutie dans l'application de sa théorie, ont pu changer au point que l'orangé de cadmium est devenu, par le temps, ocre jaune et même quelque chose de moins vibrant, sans que ses tableaux aient perdu leur principal intérêt.

« Le cerneau peut être meurtri sans enlever la saveur de la noix. »

Et vous voulez que j'écrive ? Non. Je n'écrirai que pour vous assurer que je ne le ferai pas.

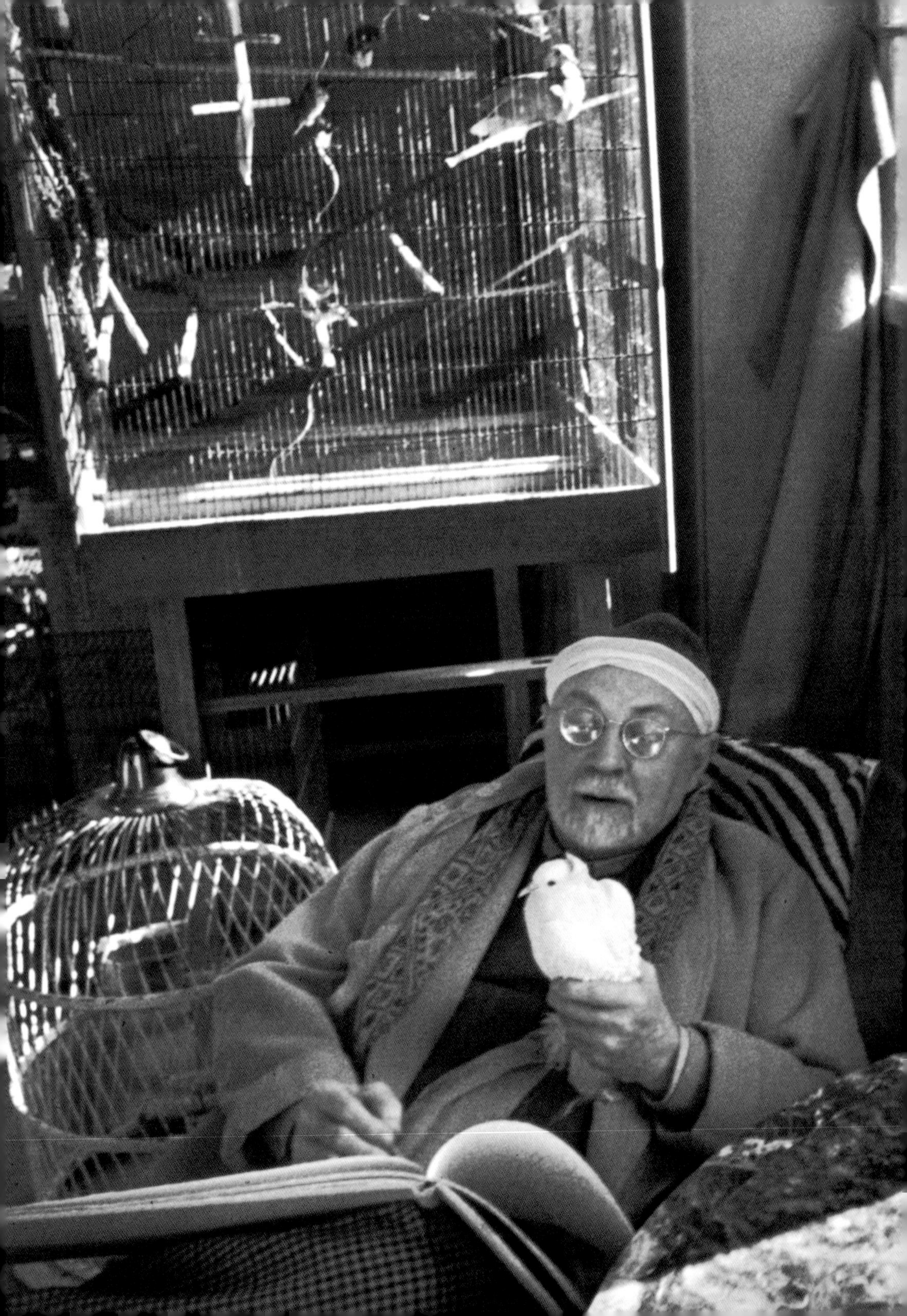

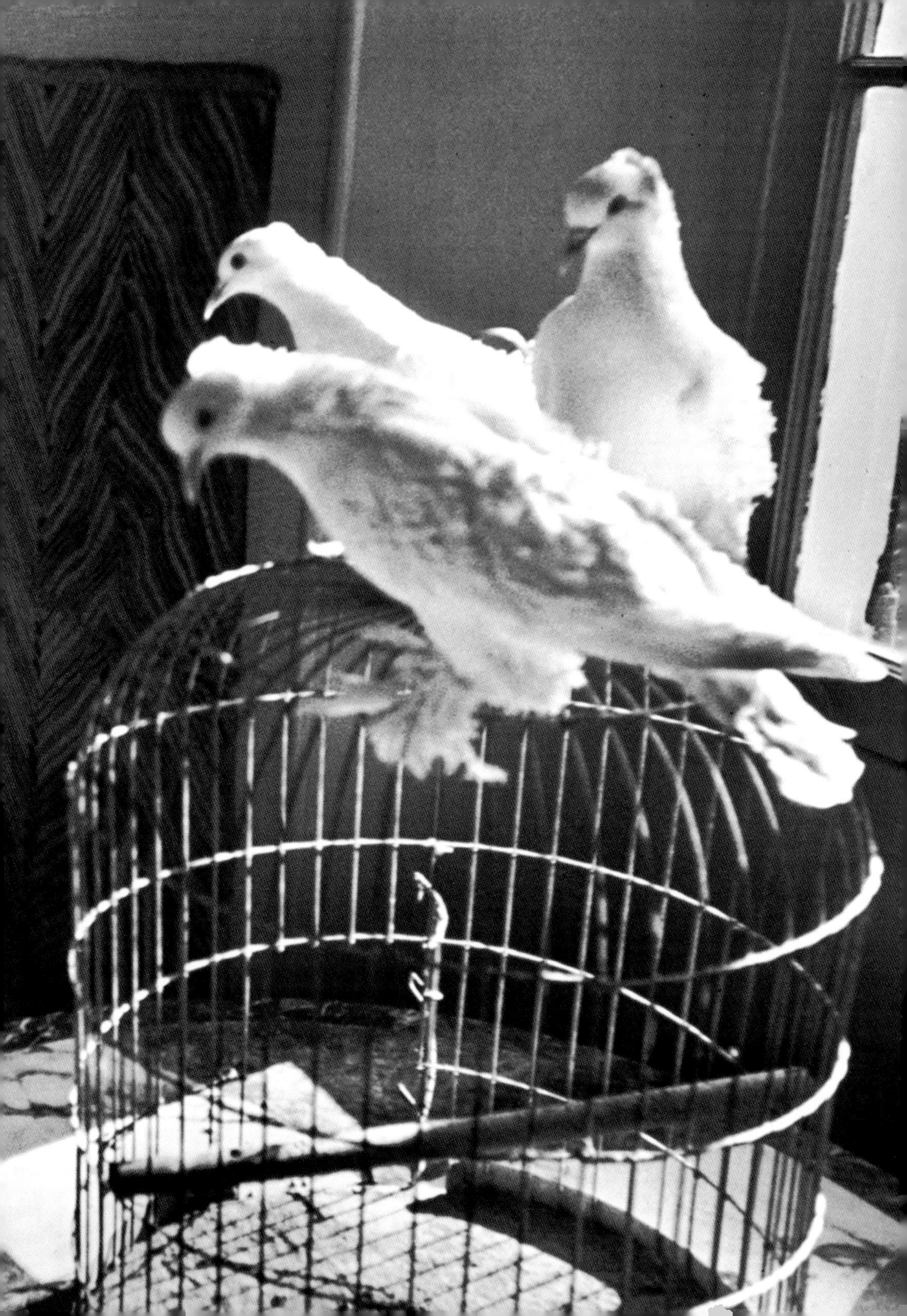

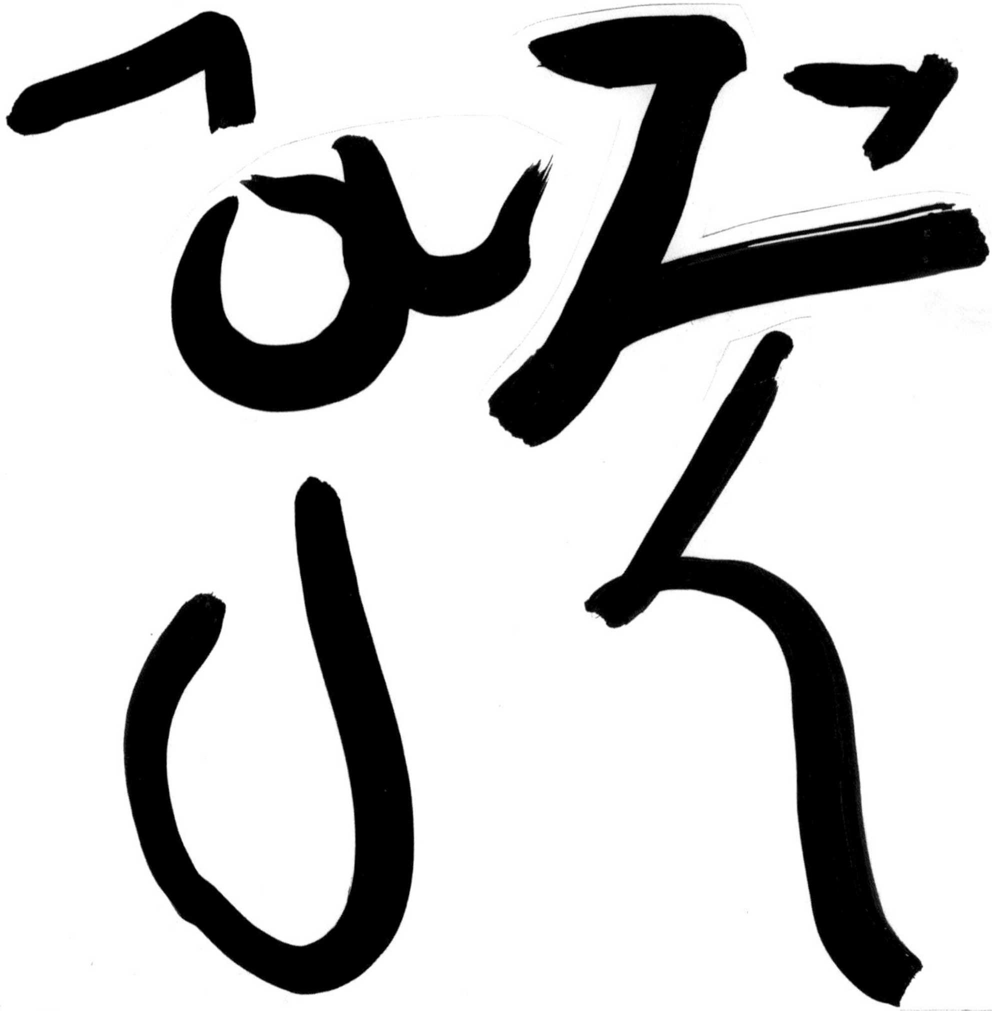

Xavier-Gilles Néret

Jazz

Le livre « décoratif » par excellence, 1943–1947

Ce ne fut qu'en 1943, soit dix ans après avoir achevé *La Danse* monumentale pour Barnes, que Matisse accepta le projet de Tériade proposé en août 1940 sous la forme du rêve d'un livre sur « la couleur de Matisse » qui contiendrait toutes ses pensées formulées à ce sujet et serait illustré de grandes planches faites à partir de « collages colorés[1] ». L'album *Jazz* ne verrait en définitive le jour qu'à la fin de l'année 1947, à cause de la guerre mais aussi des difficultés techniques rencontrées pour reproduire les images.

Étude pour la page de titre du livre illustré en 1947, *Jazz*
Pinceau et encre de Chine
Collection particulière

Étude pour la page de titre du livre illustré en 1947, *Jazz*
Pinceau et encre de Chine
Collection particulière

Verve numéro 13 : « De la couleur »

On peut considérer le numéro 13 de *Verve*, publié en novembre 1945, comme une première ébauche du rêve de Tériade. Ce numéro était en effet le premier de la revue à être entièrement consacré à un artiste contemporain, et il avait pour titre, précisément, « De la couleur ». Toutefois, seuls la couverture, le frontispice et la page de titre étaient des lithographies réalisées à partir de « papiers découpés », élaborés durant l'été 1943, soit au même moment que les premières planches de *Jazz*, conçues pour l'essentiel entre juin 1943 et 1944. Au départ, la couverture n'avait pas cette grande sobriété du vert et du blanc qui contribue à sa puissance suggestive (ill. p. 130/131), mais comportait de nombreuses couleurs. « Un jour, Tériade vint montrer à Matisse un essai d'imprimerie ne comportant que le fond vert, le reste étant laissé en blanc. Albert Marquet, qui était là, dit : “C'est suffisant.” Matisse lui donna raison se bornant à modifier légèrement les formes[2]. » Celles-ci, évoquant deux danseurs, peuvent apparaître comme de bons exemples de ces « signes plastiques » chers à l'artiste, puisqu'elles sont reprises de l'une des planches d'étude de 1938 pour le décor

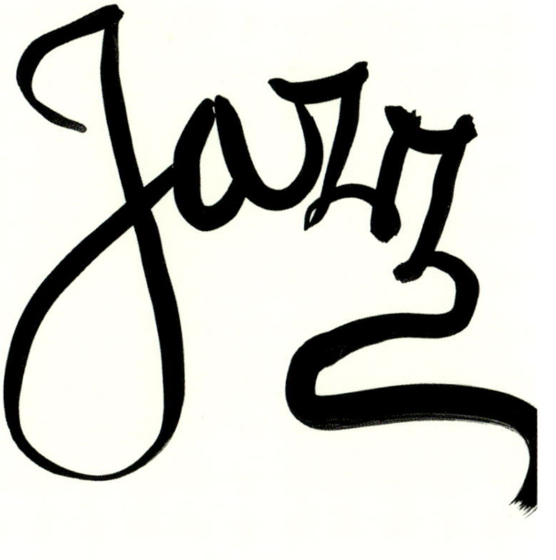

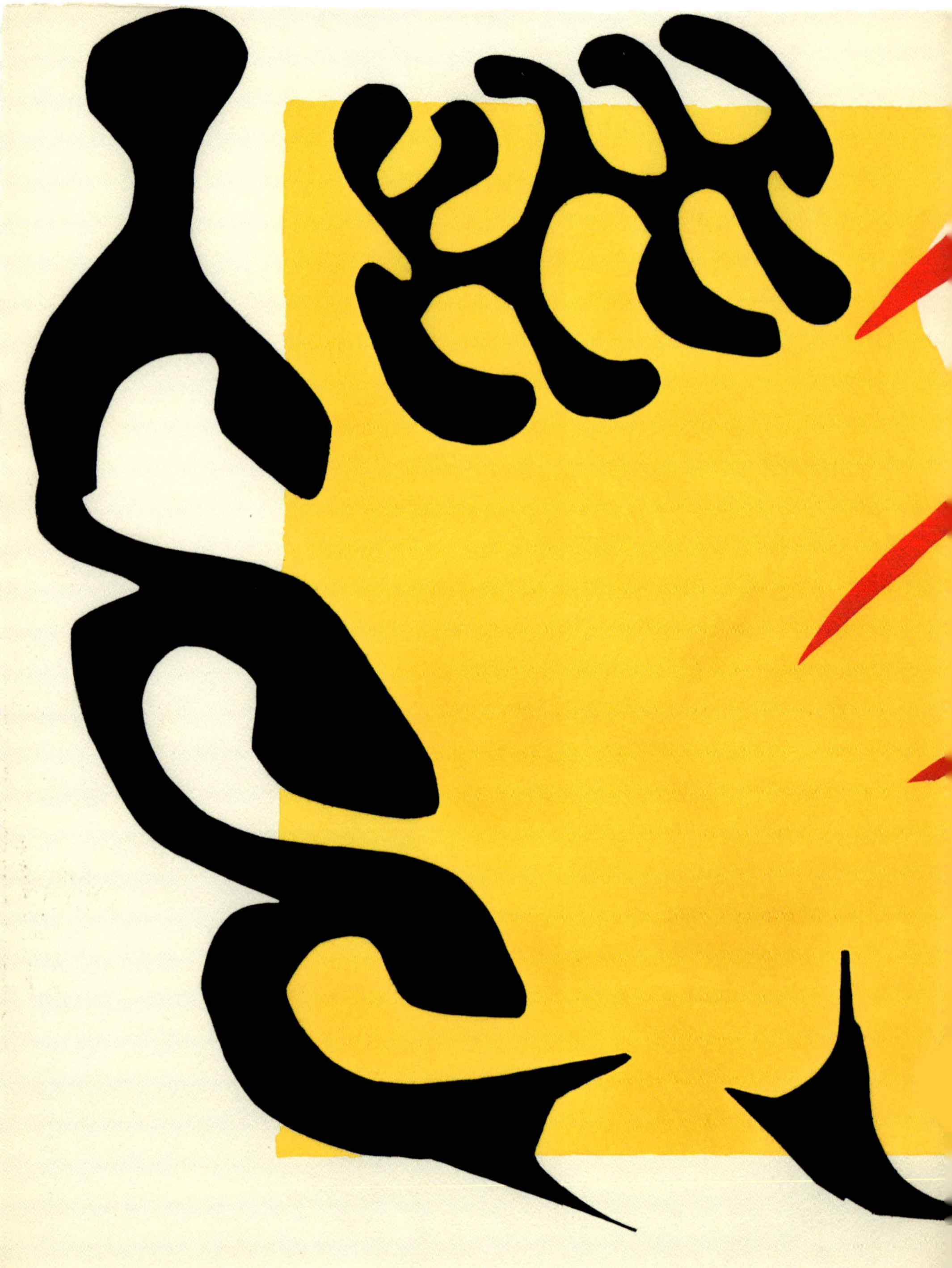

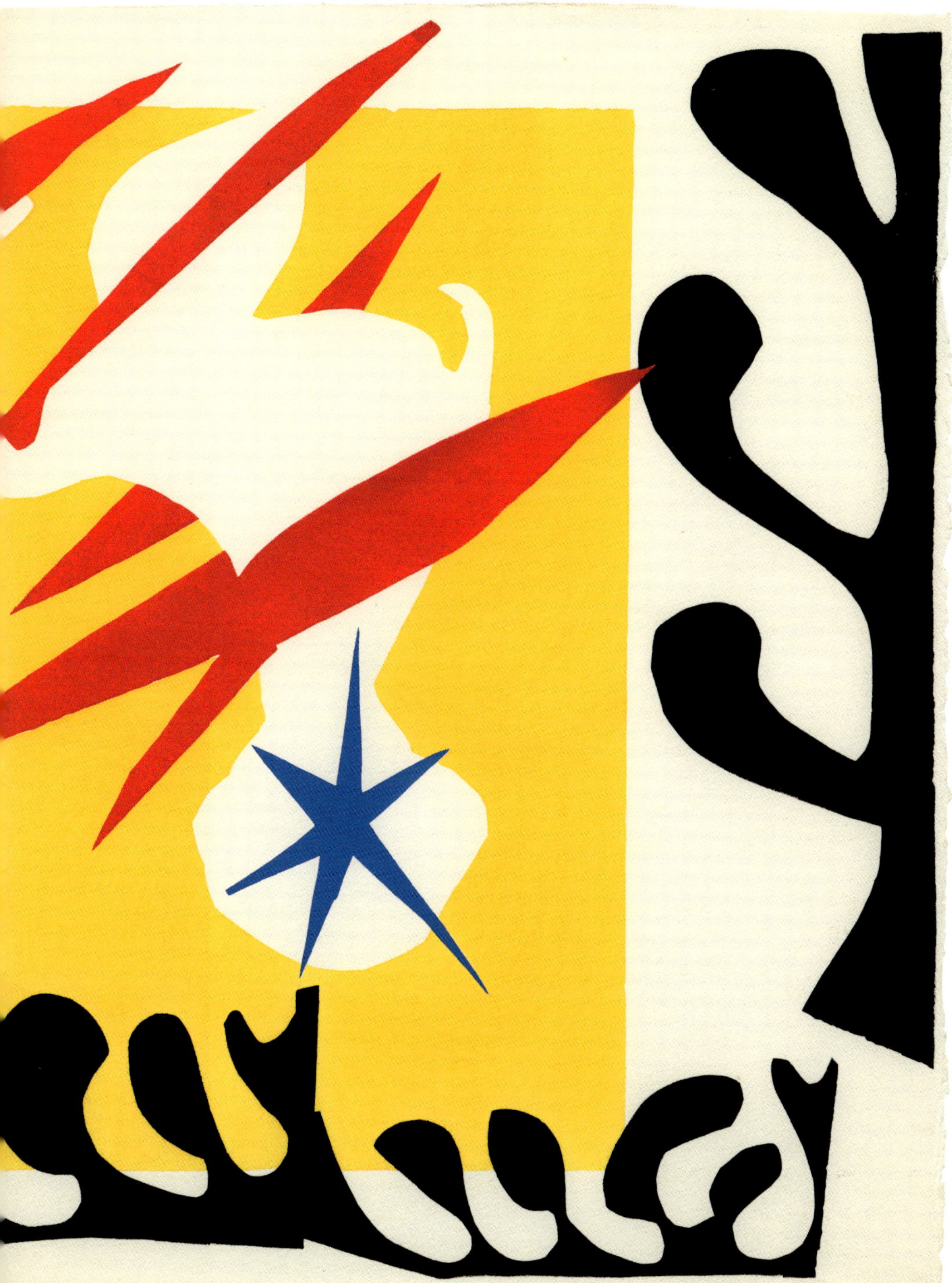

de *L'Étrange Farandole* (ill. p. 90), et que l'une des deux sera réutilisée dans une planche de *Jazz* (*Le Toboggan*; ill. p. 187). Quant au frontispice de ce numéro de *Verve*, *La Chute d'Icare* (ill. p. 124), on en retrouvera dans *Jazz* deux variations *Le Clown* et *Icare* (ill. p. 190 et 199). Enfin, la page manuscrite du titre comporte un soleil noir, autre signe plastique qui préfigure celui de la quatrième de couverture du numéro 21–22 de *Verve* (ill. p. 206). Le noir, chargé de toutes les couleurs portées à saturation, était pour Matisse une couleur de lumière. Ce n'est pas un hasard s'il l'utilisa souvent dans *Jazz*. Comme le souligne Georges Duthuit : « Il y a [...] beaucoup plus de noir qu'on ne se l'imagine dans cette peinture de la clarté. [...] Giacometti voyait du noir partout, chez Matisse ; il exagérait. Il pensait au sous-entendu dramatique, sans doute, de tout ce bonheur ensoleillé. [...] Et le plus souvent, le noir est là, qui casse les couleurs les plus lumineuses. [...] Giacometti a peut-être raison : cherchez le noir, dans l'œuvre de Matisse, si vous voulez la vérité[3]. » Bien avant Giacometti, un autre artiste, Renoir, avait immédiatement perçu l'importance de cette couleur paradoxale dans l'œuvre du peintre de *La Joie de vivre* ; lorsque celui-ci lui rendit sa première visite, vers la fin de la Première Guerre mondiale, le vieux maître lui déclara : « Dans vos tableaux, le noir est une couleur, le noir ne recule pas[4]. » Cette parole avait dû lui faire plaisir, son amour du noir étant aussi la raison principale de l'admiration qu'il vouait à Manet, qui « connaissait – selon Matisse – l'importance du noir en tant que couleur. Pissarro, l'impressionniste pur, admettait que Manet était plus fort qu'eux tous car il pouvait faire de la lumière avec du noir[5]. »

« Faire de la lumière avec du noir » : cette formule caractérise assez bien les circonstances dans lesquelles ce numéro de *Verve*, d'apparence si lumineuse et joyeuse, a vu le jour. Plus de deux années, souvent douloureuses, furent en effet nécessaires à sa conception et réalisation, dont *La Chute d'Icare*, placé en frontispice, peut apparaître comme le symbole. Pour fuir les bombardements, Matisse s'était installé à Vence en 1943, dans la villa « Le Rêve », près de l'hôtel « La Joie de vivre » où logeait alors son ami André Rouveyre. Au cours de cette même année, Tériade s'était quant à lui installé à la villa « Natacha », à Saint-Jean-Cap-Ferrat. Appréciant la lumière méridionale et la douceur du climat dans les jardins des villas « Le Rêve » ou « Natacha », Matisse resta plusieurs années à Vence où il put travailler à sa guise, malgré les conséquences de la maladie le contraignant le plus souvent à rester couché. À cela s'ajoutaient les circonstances de la guerre et les angoisses provoquées par l'engagement dans la Résistance de sa femme, de sa fille Marguerite – arrêtée et torturée –, et de son fils Jean. Par ailleurs, Angèle Lamotte, la dévouée collaboratrice de Tériade, mourut des suites d'une maladie au début de l'année 1945. Face à cette situation, loin d'abandonner son exigence de perfection, Matisse la renforça plus que jamais, comme en témoigne une très significative lettre à Tériade, écrite après qu'il eût reçu un portfolio de reproductions de ses tableaux :

« Il n'a pas changé l'opinion que j'ai sur le moyen de reproduction employé, opinion que vous connaissez bien. Je le répète : le procédé de quadrichromie ou trichromie ne peut donner que les rapports des choses, comme une photographie les donne par un certain côté. L'intensité des

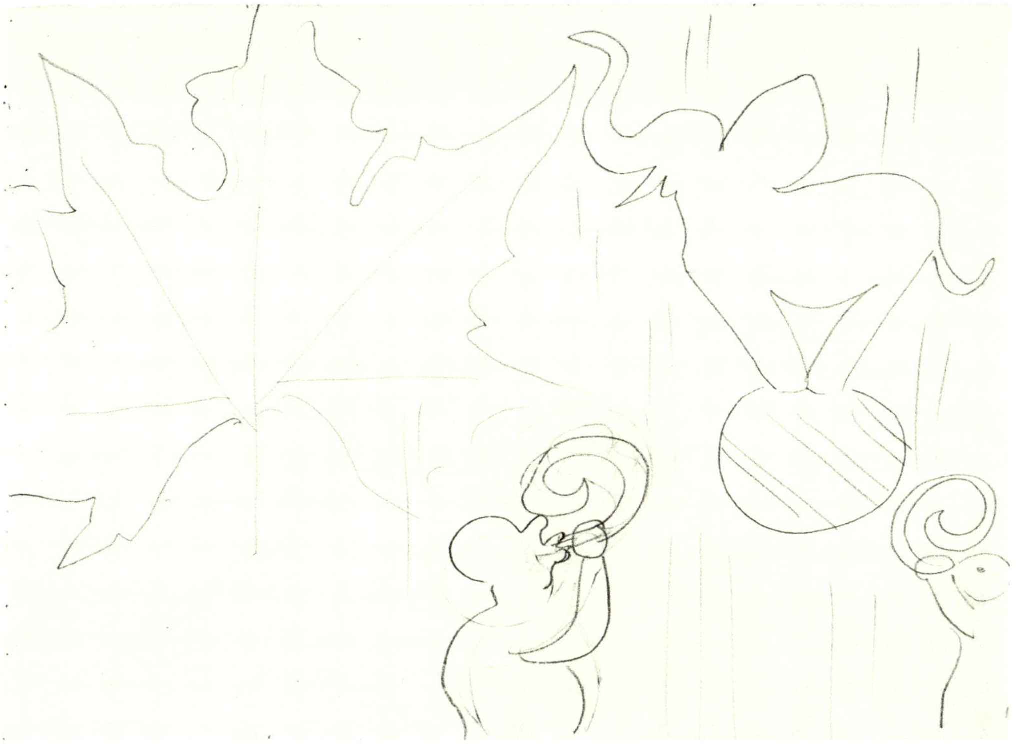

couleurs manque souvent. Certaines couleurs ne servent pas dans tout l'éclat qui se trouve dans l'original. Alors, par nécessité de présentation au public, qui a des idées superficielles sur les artistes, surtout quand il s'agit de nouveautés, dans l'admiration desquelles il entre une grande part de snobisme, donc d'incompréhension, les imprimeurs chromistes croient nécessaire de remonter ces couleurs qui ne viennent pas pour les rendre aussi vives que l'original. Le tableau se trouve alors tout à fait désaccordé. L'artiste, qui a fait le tableau, voit son œuvre démolie et perd l'espoir qu'un certain jour on puisse le comprendre par cette reproduction inexacte. » Et Matisse continue, affirmant que si quelqu'un lui disait avec légèreté : « Évidemment, ce n'est pas tout à fait ça, mais ça fait autre chose », il répondrait, avec toute la fermeté d'une rigueur inébranlable : « Quoi "autre chose" ? Une autre combinaison de couleurs ? Non, ça ne fait absolument rien[6]. »

Cette remarque fut faite à propos de la reproduction des toiles peintes à l'huile, et non de celle des papiers découpés, puisque Matisse taillait directement dans des couleurs pures d'échantillons d'encre d'imprimerie, ce qui résolvait le problème. Il n'en reste pas moins qu'une telle lettre, parmi beaucoup d'autres allant dans le même sens, montre à quel point sa collaboration à *Verve* n'était pas pour lui un simple divertissement, mais un travail auquel il attachait la plus haute importance. Il allait en être de même pour la lente élaboration de l'album *Jazz*.

Scène de cirque, *1943*
Crayon sur papier
28 x 38 cm
Fondation Pierre et Tana Matisse

Pages 172/173
Le Dragon, *1943–1944*
Papiers gouachés, découpés, collés sur papier
42,5 x 65,5 cm
Nationalgalerie, Musée Berggruen, Staatliche Museen zu Berlin

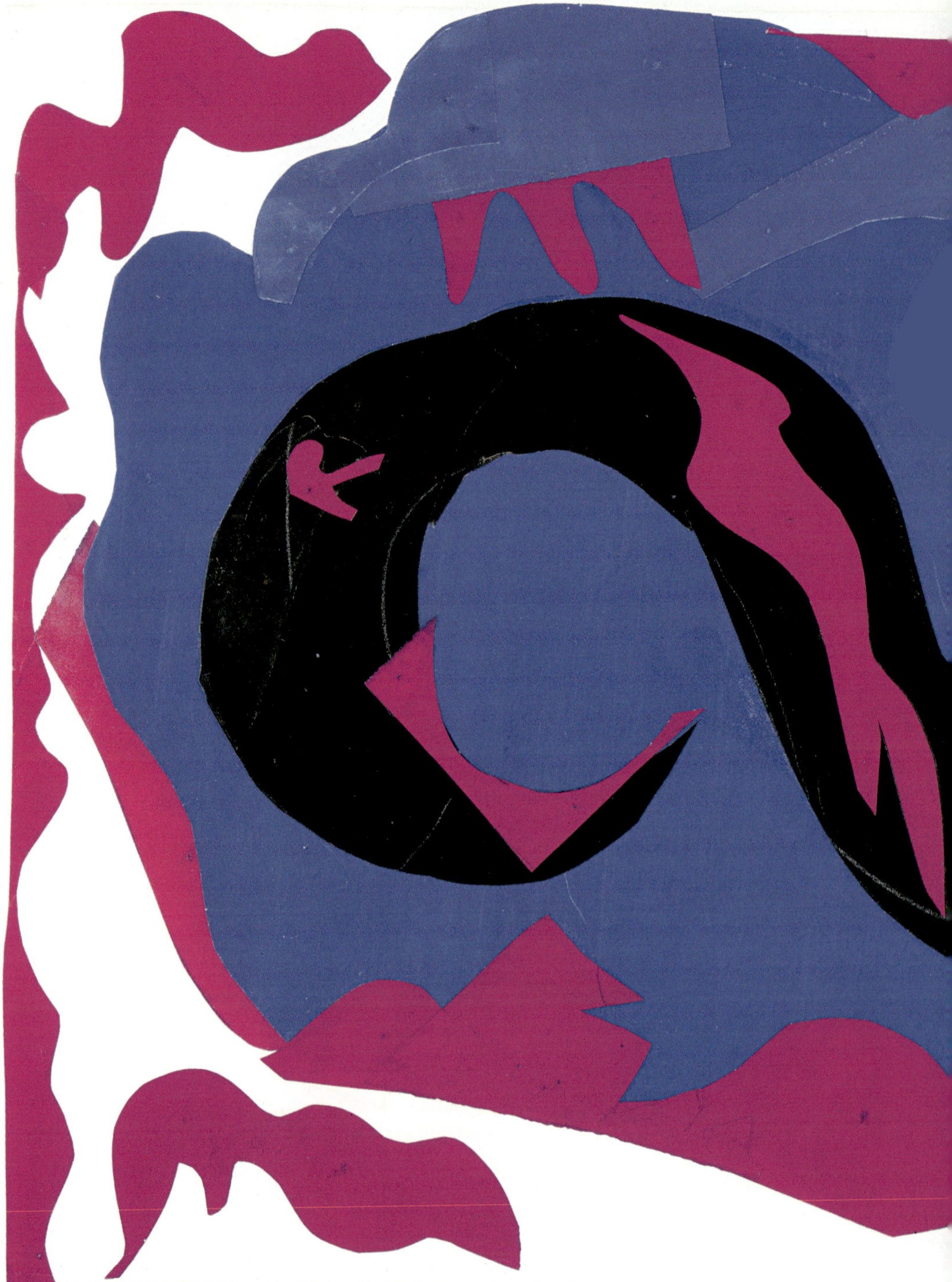

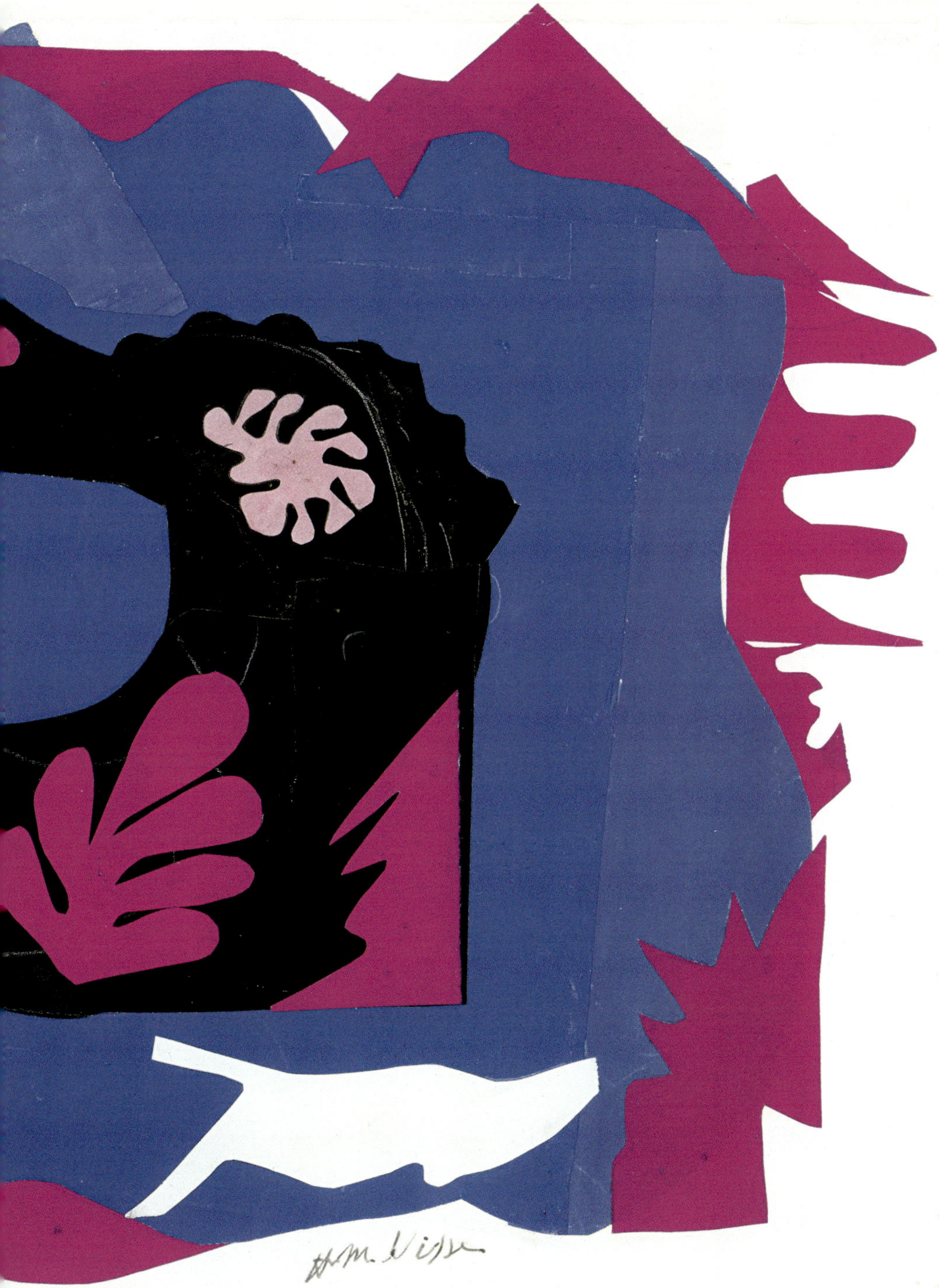

La Marguerite, *1945*
Papiers gouachés, découpés, collés sur papier
52,5 x 40,5 cm
Collection particulière

Les planches de *Jazz*

Selon le projet initial, l'ouvrage devait être uniquement composé de planches en couleurs sur le thème du cirque. Les images, « improvisations chromatiques rythmées », inspirèrent un autre titre à Matisse : *Jazz*. « Il y a, confia-t-il au frère Rayssiguier, d'excellentes choses dans le vrai jazz, ce don d'improvisation, de vie, d'accord avec l'auditoire[7]. » Et l'on peut trouver une analogie entre les rythmes entraînants, les harmonies violentes de cette musique, et les arabesques, les couleurs vives des gouaches découpées du livre.

Si la taille des papiers gouachés permit à Henri Matisse d'opérer la synthèse de la ligne et de la couleur, ce geste constitua aussi une simplification de la figure en la poussant à la limite de l'abstraction, sans jamais l'abandonner tout à fait. Les planches sont composées à partir de « signes plastiques » et apparaissent explicitement comme le résultat de « cristallisations de souvenirs ». La plupart des images naquirent de souvenirs d'enfance, à travers notamment les thèmes du cirque, du spectacle et des contes populaires. Les titres, ainsi que les précisions données par le maître, et pieusement notées par Lydia Delectorskaya, le suggèrent :

Le Clown : « À la parade, le Clown est debout près de la rampe. »

Le Cirque (ill. p. 178/179) : « La banderole, le tapis rouge, l'équilibriste. »

À droite
Petit Torse gros, *1929*
Bronze
Hauteur : 9,9 cm
Musée Matisse, Nice

À gauche
Petit Torse mince, *1929*
Bronze
Hauteur : 7,8 cm
Musée Matisse, Nice

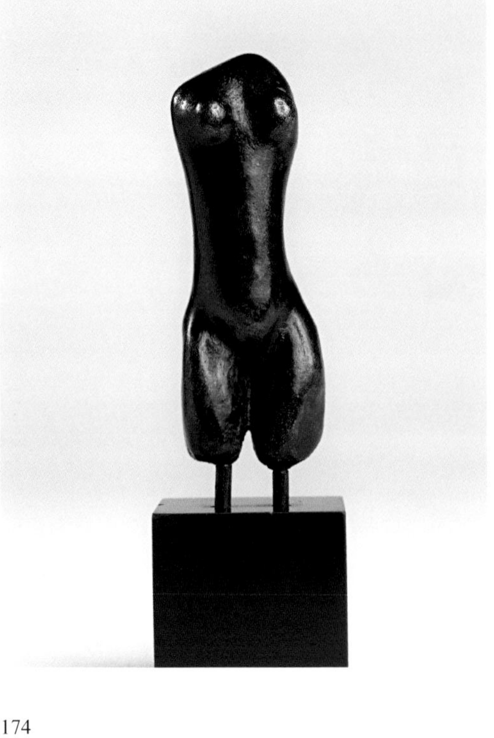

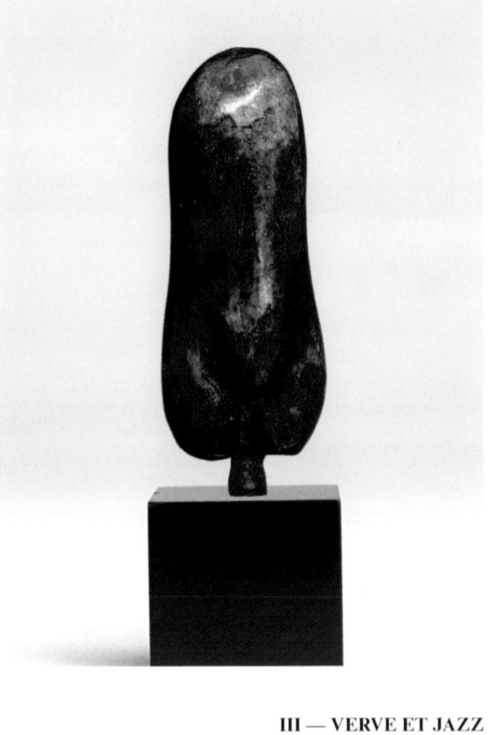

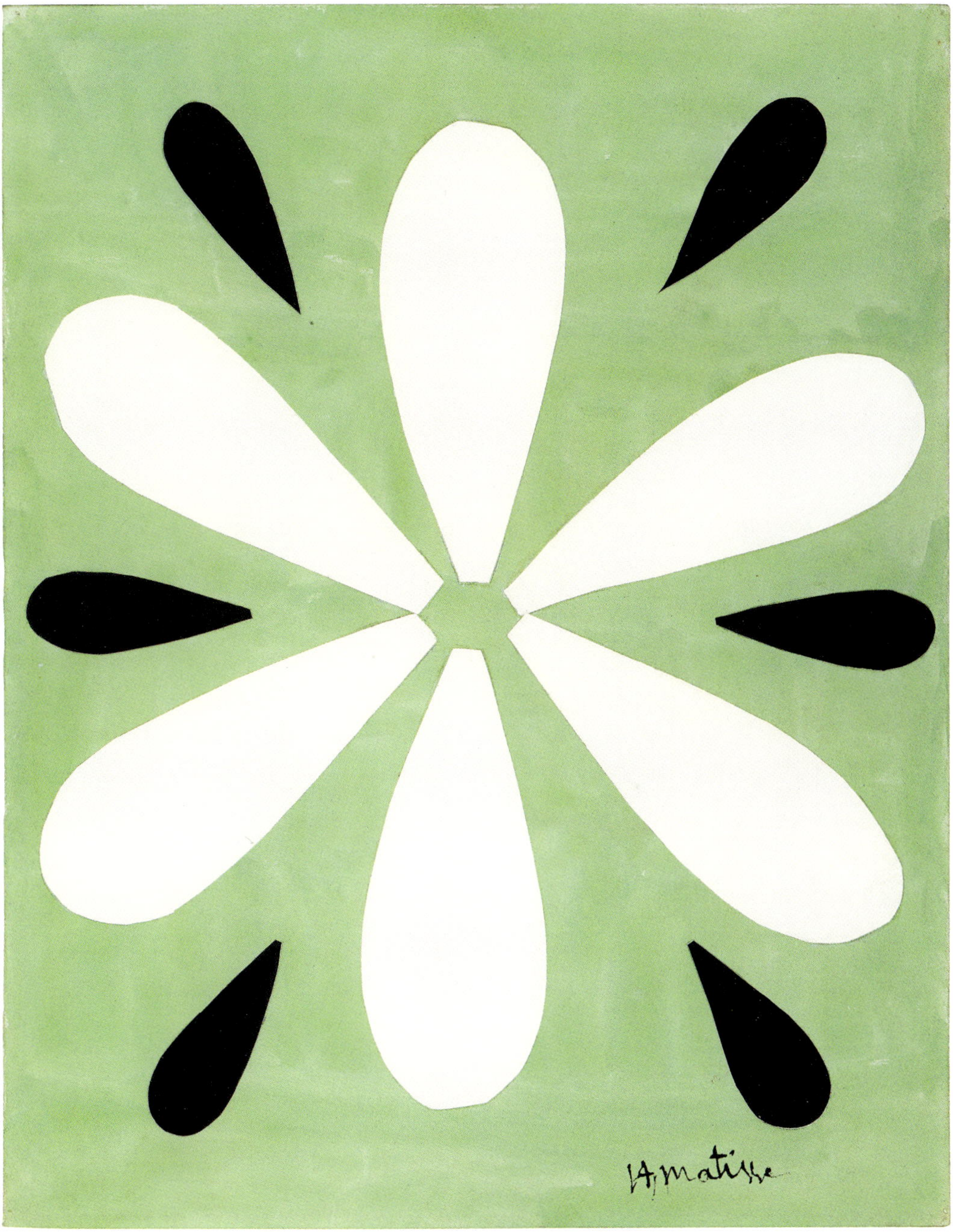

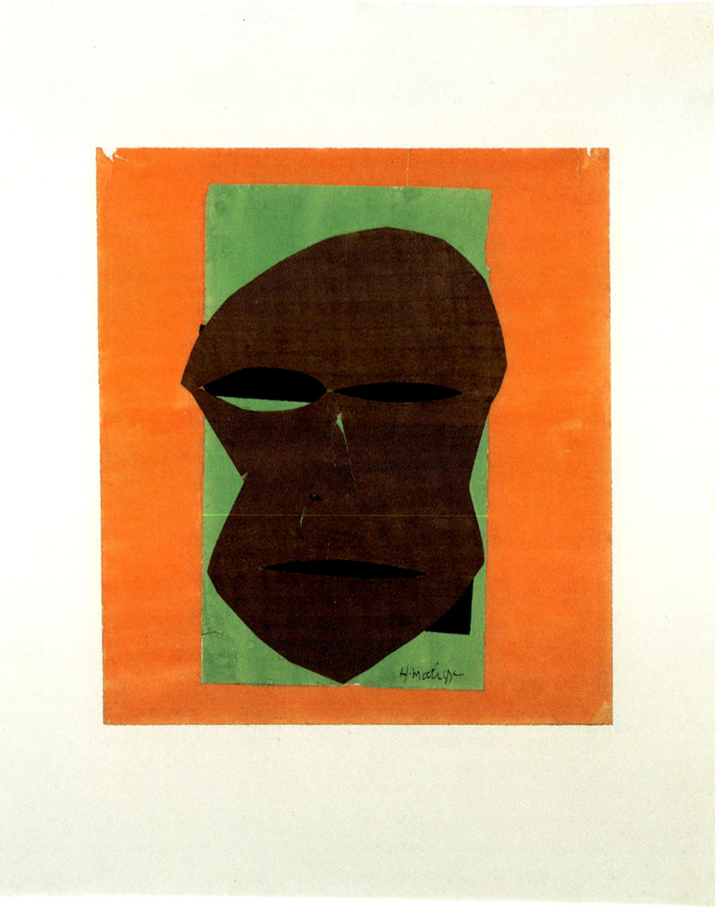

Masque nègre, *1950*
Papiers gouachés, découpés, collés sur papier
55 x 43 cm
Collection particulière

Pages 178/179
Le Cirque, *1947*
Planche II de Jazz
Sérigraphie après gouache sur papier découpé

Monsieur Loyal : « Le profil de Monsieur Loyal se détache sur le bleu de son habit traditionnel, aux boutons d'or. »

Le Cauchemar de l'éléphant blanc (ill. p. 168/169): « L'éléphant blanc (blanc symbole des animaux victimes du dressage, de la captivité) exécute son numéro debout sur une boule, dans la lumière éclatante du cirque tandis que les souvenirs de sa forêt natale noire (noire primitive et puissante) le harcèlent comme des langues de feu rouges, avec la violence de flèches. »

Le Cheval, l'Écuyère et le Clown (ill. p. 182/183): « L'Écuyère est évoquée par sa jupe (blanc et noir) qui s'étale sur le dos du cheval ; le Clown par son costume vert, noir et jaune ; la lanière jaune est celle du fouet de Monsieur Loyal. »

Le Loup (ou : « C'est pour mieux te manger mon enfant ») : « Le Loup à l'œil sanguinaire, la gueule prête à mordre. »

Le Cœur : « La tendresse du cœur humain. »

Icare : « Icare au cœur passionné, retombe du ciel étoilé. »

L'Enterrement de Pierrot : « Un enterrement, des feuilles d'automne, mortes ; mais comme c'est un enterrement d'un Pierrot, il est frais et pimpant. »

Les Codomas : « Les Codomas (frères trapézistes célèbres au début du siècle) qu'observe le Clown (violet), exécutent leur saut périlleux au-dessus du filet tendu. »

La Nageuse dans l'aquarium (ill. p. 188) : « La Nageuse dans l'aquarium (spectacle que Matisse a vu sur la scène d'un grand music-hall) et la face rubiconde du spectateur fasciné. »

Le Cow-boy (ill. p. 189) : « Le Cow-boy, dont le cheval se cabre, prend au lasso une femme. »

Le Lanceur de couteaux : « Le Lanceur de couteaux est traduit par une masse de couleur violente (pourpre), délimitée par un dessin dynamique. Il fait opposition à la couleur douce de la femme cible (bleu pâle) au cœur fleuri, confiant. »

Le Destin : « Le petit couple (blanc) agenouillé et craintivement enlacé fait face au destin (noir et pourpre), menaçant et redoutable tant par la couleur que par le dessin. Le même pourpre (d'une valeur légèrement modifiée) prend une expression différente sur les deux moitiés de la même feuille. »

Le Toboggan (ill. p. 187) : « Une forme humaine, féminine, chute en boule, comme dans une descente d'un toboggan. »[8]

D'autres images de *Jazz* sont des réminiscences explicites du séjour à Tahiti. Ainsi les trois planches intitulées *Le Lagon*, composées en 1944, qui « ne sont plus que couleurs chatoyantes des tropiques, aux formes animales ou ondoyantes, évoquant une eau paisible ». Dès *La Danse* pour Barnes, le voyage en Polynésie avait commencé à produire ses effets, dans un dépassement de la peinture de chevalet vers la décoration à l'échelle monumentale. Mais les sensations emmagasinées alors ne devaient ressurgir explicitement que près d'une quinzaine d'années plus tard, au moment, précisément, où il travaillait aux planches de *Jazz*. « Les souvenirs de mon voyage à Tahiti ne me sont revenus que maintenant, quinze ans après, sous forme d'images obsédantes : madrépores, coraux, poissons, oiseaux, méduses, éponges...[9] » Sans doute avait-il fallu attendre la maladie et la grave opération de 1941, pour que pussent s'actualiser les puissances accumulées à Tahiti, à travers ce que Matisse appelait sa « seconde vie ». Pour commencer, ce furent donc ces trois planches de *Jazz* intitulées *Le Lagon*. Mais, plus largement, toutes les planches de l'album sont à des titres divers investies par des images obsédantes à partir desquelles Matisse construisait ses compositions, à l'instar du motif de la feuille-algue qui commençait à apparaître et qu'il allait peu à peu décliner dans des variations presque infinies.

Enfin, certaines images des papiers découpés sont des souvenirs de travaux antérieurs, qui ressurgissent par le biais de citations opérant une mise en abîme de l'œuvre. Comme nous l'avons déjà évoqué, *Icare* rappelle *La Chute d'Icare* ; *Le Clown* et *Le Toboggan* reprennent des figures conçues pour la décoration du rideau du ballet *L'Étrange Farandole*, et dont *Le Destin* constituerait le résumé. De la même façon, *Formes* (ou « Poses plastiques ») peuvent apparaître comme des évocations de sculptures en bronze

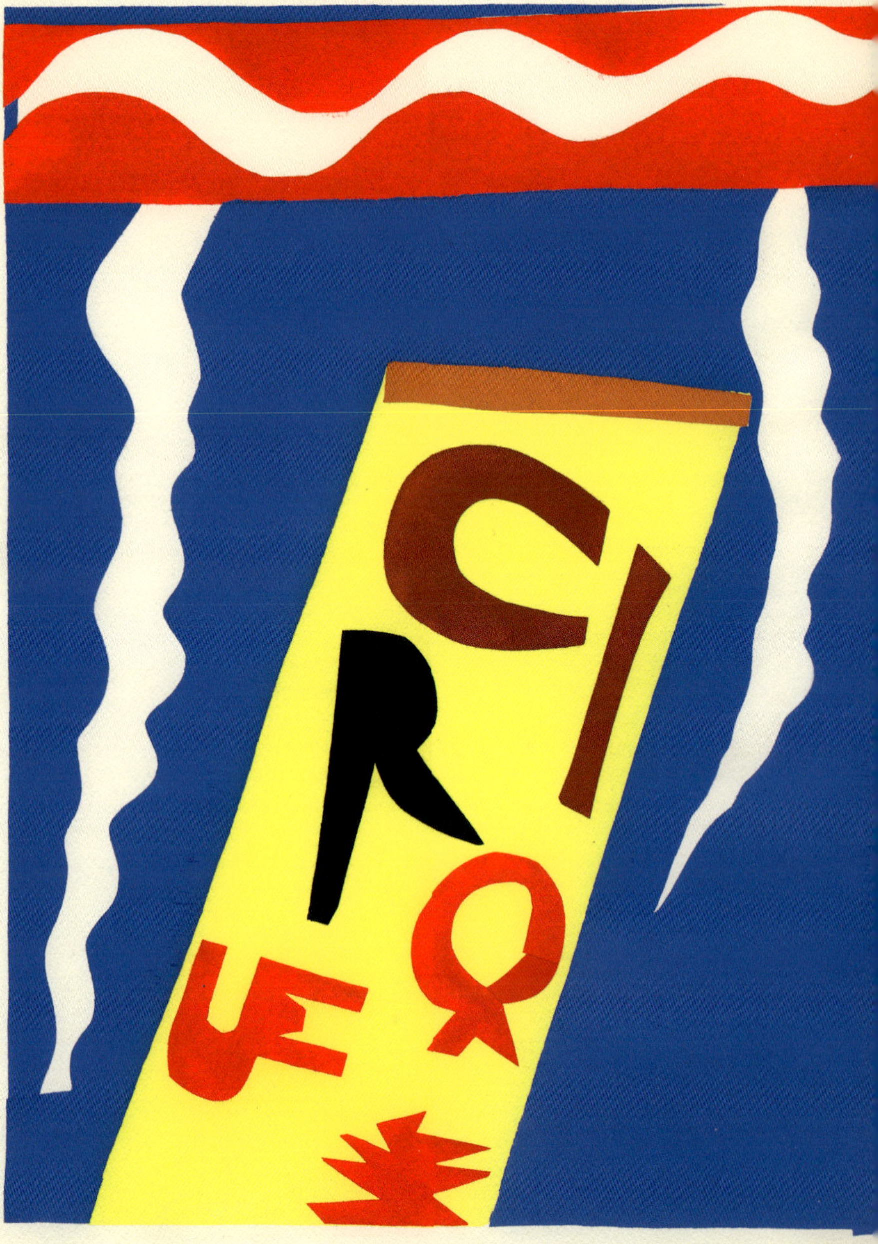
CIRQUE

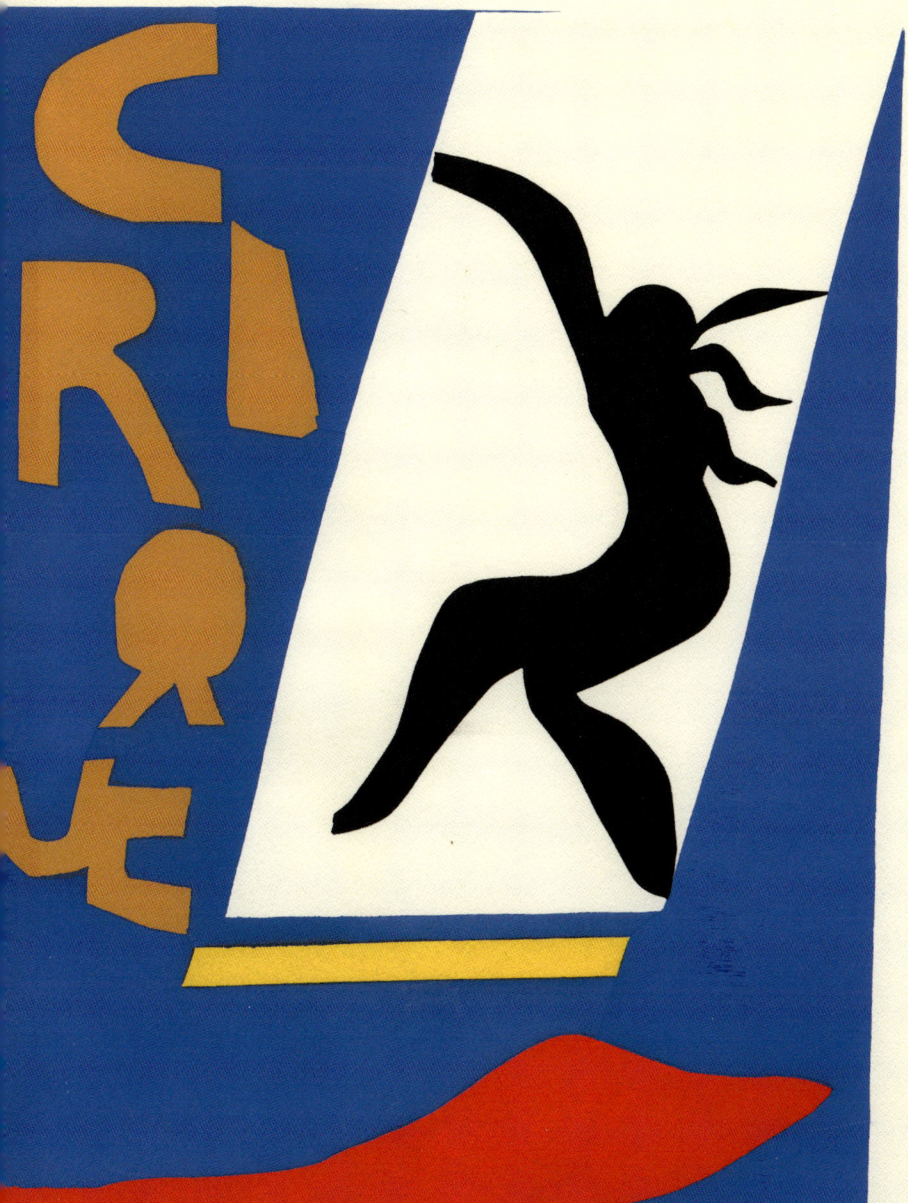
CIRQUE

datant de 1929 : *Petit Torse* et *Petit Torse mince* (ill. p. 174), d'autant plus que Matisse comparait explicitement sa pratique des papiers découpés à la taille des sculpteurs, mais ici accomplie directement dans la couleur. Comme le rapporte Lydia Delectorskaya : « Pour donner le même poids visuel aux torses blanc et bleu – identiques à l'origine – la partie supérieure du torse bleu a dû être alourdie (affirmation du fait : "un centimètre carré d'une couleur n'est pas de poids égal au centimètre carré d'une autre couleur." Ce principe est à la base de la science de la couleur. Dans le même ordre d'idées, Matisse affirmait que "un centimètre carré d'un bleu n'est pas aussi bleu qu'un mètre carré du même bleu" et s'insurgeait, à propos des peintures, contre le principe des maquettes au format réduit, que l'on agrandit au carreau, quasi mécaniquement).[10] » L'usage des papiers découpés avait d'ailleurs permis à Matisse de résoudre ce problème en travaillant à l'échelle réelle à *La Danse* pour Barnes, comme il allait aussi le faire pour la décoration de la chapelle de Vence.

Un texte « décoratif »

Au début de l'année 1944, alors qu'il avait déjà réalisé plusieurs planches, Matisse décida de modifier la composition du livre : les images seraient associées en un lien « décoratif » à des textes du peintre réfléchissant sur sa propre pratique, et dont la fonction était avant tout esthétique, « purement spectaculaire » ; d'où leur forme manuscrite et monumentale. Une telle pratique du dessin de l'écriture avait été peu à peu mise au point à travers une abondante correspondance avec André Rouveyre, auquel il envoyait des fragments de poèmes de Charles d'Orléans, recopiés à la main dans une écriture décorative, sertis d'arabesques ornementales exécutées au crayon de couleur. Rouveyre avait alors fait remarquer à Matisse qu'il y avait là « un mariage étroit, et délicieux entre la lettre et le dessin qui ne font qu'un… le dessin est lettre, la lettre est dessin… », avant d'ajouter : « Tu es porté à dessiner ton écriture, à faire passer dans ton écriture la sève qui est dans tes dessins… Il y a une sorte de transfusion[11]. » Matisse utilisa en premier cette pratique pour l'édition des *Poèmes* de Charles d'Orléans qu'il composa au début de l'année 1943. « J'ai écrit les caractères à la plume pour écriture décorative, c'est-à-dire comme dans une grosse plume de ronde[12]. » Ce fut en 1946 qu'il transcrivit les textes de *Jazz* au roseau à l'encre de Chine. La grande et harmonieuse écriture calligraphiée entre-chassée devait permettre de relier entre elles les images vives et violentes et d'apaiser leurs contrastes. Il s'agissait pour lui de se faire jongleur, pour reprendre une comparaison évoquée à propos de ses dessins pour les *Poésies* de Mallarmé : « Je compare mes deux feuilles à deux objets choisis par un jongleur. Supposons, en rapport avec le problème en question, une boule blanche et une boule noire et d'autre part mes deux pages, la claire et la sombre si différentes et pourtant face à face. Malgré les différences entre les deux objets, l'art du jongleur en fait un ensemble harmonieux aux yeux du spectateur[13]. » Pour *Jazz*, il choisit l'écriture manuscrite pour jongler encore une fois. Le rapport décoratif entre les textes et les images était assuré par le dessin linéaire, aussi bien celui du roseau à l'encre de Chine que celui des ciseaux sculptant dans la couleur pure.

Pour réaliser un tel livre, il fallut accomplir des prouesses techniques. Après avoir expérimenté la lithographie et la gravure sur bois, avec différentes qualités de couleurs[14], Matisse choisit en définitive le pochoir, utilisant les mêmes gouaches de chez Linel que celles des compositions originales. Comme à leur habitude, le peintre et l'éditeur travaillèrent ensemble avec un remarquable souci de perfection, Matisse faisant preuve d'une grande obstination pour obtenir les effets qu'il exigeait et Tériade tâchant de surmonter au mieux les difficultés techniques. L'artiste lui-même a d'ailleurs salué l'excellente qualité des couleurs, « bonnes et semblables exactement aux originaux [qu'il a] découpés dans des feuilles de papier [qu'il a] fait coucher à la gouache par [sa] dominicaine avant le couvent [...] Et les reproductions sont faites avec exactement les mêmes gouaches de chez Linel [...] les mêmes couleurs sont assemblées avec les mêmes rapports énergiques et harmonieux. Ces rapports sont nouveaux, le dessin s'y trouve aussi – et pour qui n'a pas vu les originaux ce que donne le livre est le principal[15]. »

Toutefois, Matisse avait d'abord été déçu par le résultat, un grand in-folio de 42 x 32,5 cm, tiré à 270 exemplaires avec images en couleurs et textes, et à 100 exemplaires avec les planches seulement, conformément au projet d'origine. Malgré les efforts et la qualité du travail accompli, la reproduction au pochoir des œuvres originales faisait en effet perdre l'insigne singularité des papiers gouachés et découpés, à savoir, comme le résume Anne Coron, « la matière sensible des papiers épinglés, leur vibration à l'air et à la lumière, la pureté du coup de ciseaux de l'artiste, enfin la couleur soumise aux irrégularités du mouvement de la brosse et de son empâtement plus ou moins dense[16] ». Disparaît en somme ce que Rouveyre appelait « la vie du papier », comme il le fit remarquer à son ami : « Ces papiers découpés ont leur existence très pure, alors qu'ils s'échappent de tes mains, de tes ciseaux. Leur matière papier avec les jeux menus de la lumière sur leur flexibilité, la physique même de cette flexibilité, tout cela concourt à faire une chose miraculeuse et qui perd son essence alors qu'on veut la mettre à plat. Mais ça la garde son essence alors que c'est piqué au mur avec des épingles par Lydia. Car alors, cela y garde cette vie du papier dont je parle et subissant des changements incessants[17]. » Matisse partageait cette analyse : « Je te remercie de ta franchise au sujet de *Jazz*. *Je suis absolument de ton avis*. Malgré toute la peine que je me suis donnée pour lui, je n'ai jamais pu, je n'arrive pas à l'encaisser moralement. C'est absolument un *raté*. Et pourquoi ces découpés, lorsque je les fais, que je les vois au mur, me sont-ils sympathiques et sans le caractère de puzzle que je leur trouve dans *Jazz*. Je crois que ce qui les gâte absolument est la transposition qui leur enlève la sensibilité – sans laquelle ce que je fais n'est rien. [...] Je sais que ces choses doivent rester comme elles sont, des originaux – des gouaches tout simplement[18]. » Une telle déception a eu le mérite de révéler à l'inventeur des papiers gouachés et découpés que ceux-ci recelaient des qualités esthétiques et sensibles propres

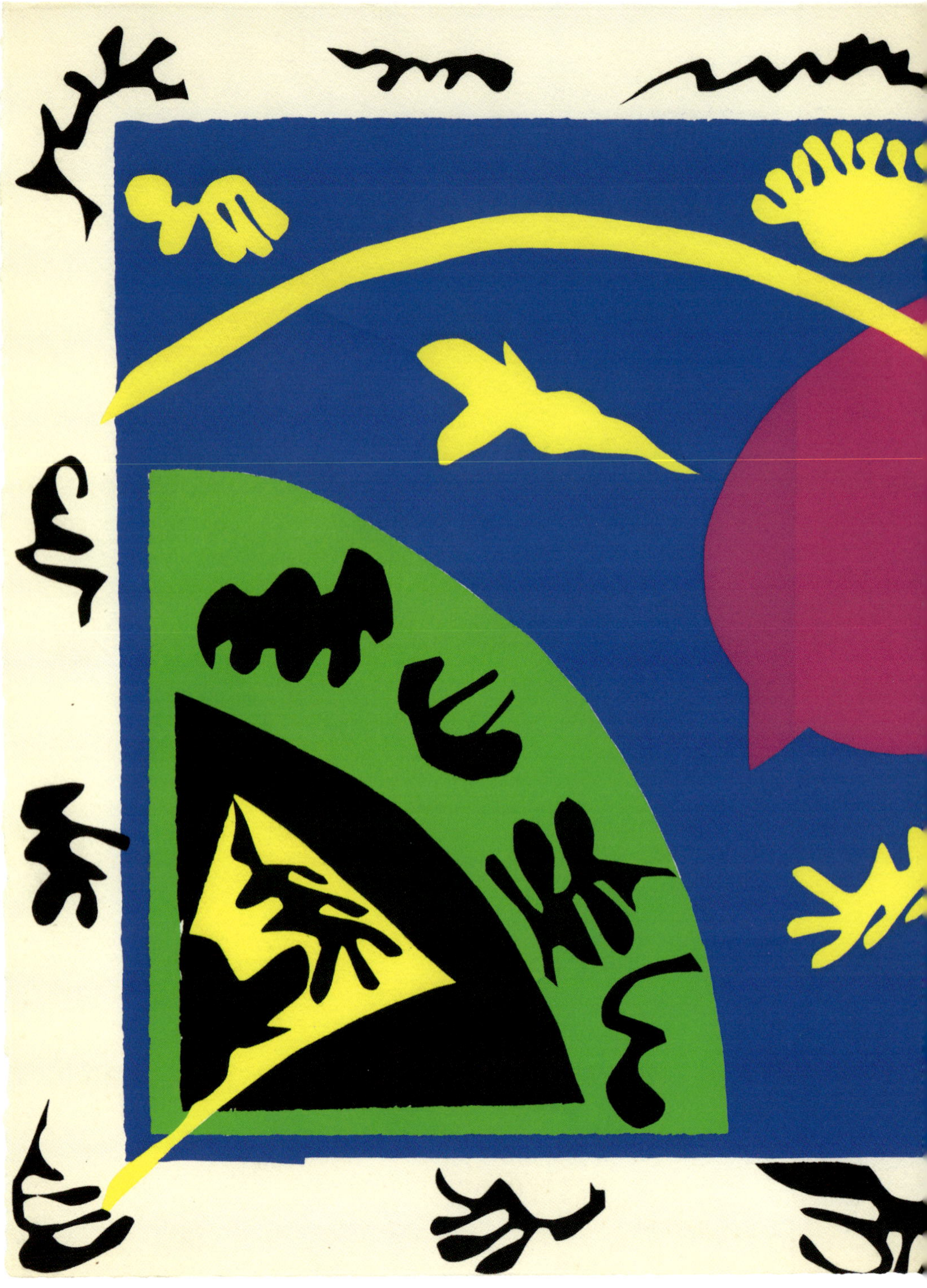

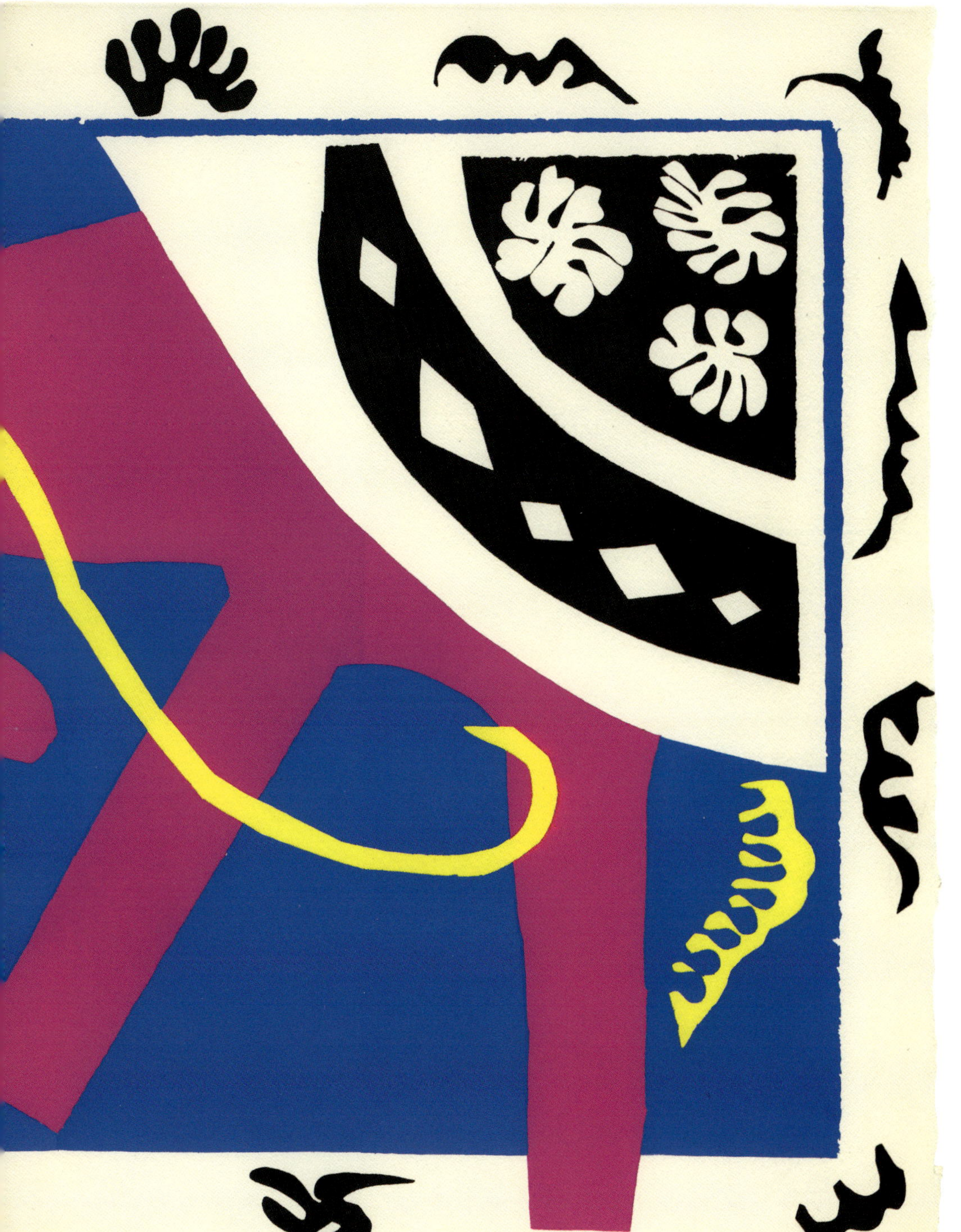

Pages 182/183
Le Cheval, l'Écuyère et le Clown, *1947*
Planche V de Jazz
Sérigraphie après gouache sur papier découpé

Maquette pour l'affiche de l'exposition : « Affiches d'exposition réalisées de puis 25 ans par l'imprimerie Mourlot », *1952*
L'exposition présentait dix affiches de Henri Matisse
Papiers gouachés, découpés, collés sur papier
54 x 49 cm
Collection particulière

à la technique elle-même. Ces « changements incessants », que le pochoir tendait à faire disparaître par sa mise à plat uniforme des couleurs, allaient d'ailleurs être au cœur de son travail pour la chapelle de Vence, le vitrail permettant de subtils jeux de lumière.

Malgré la déception de l'artiste, l'album, accueilli favorablement tant par le public que par la critique, fut immédiatement un succès mondial. Entre décembre 1947 et février 1948, il fut présenté dans des expositions, d'abord à Paris, par le libraire Pierre Berès qui en était le distributeur, et à Rio, puis à New York. Matisse nuança alors sa première réaction, reconnaissant la qualité des rapports de couleurs : « pour qui n'a pas vu les originaux, ce que donne le livre est le principal[19] ». D'ailleurs, les couleurs de certaines gouaches découpées ayant viré avec le temps, seuls les pochoirs de *Jazz*, préservés des effets de la lumière, permettent encore d'en restituer la vérité. En outre, s'il est vrai que la reproduction aplatit et solidifie l'original, lui faisant perdre son volume, il reste que le livre est en tant que tel un « volume » porteur d'un espace propre, créé par l'interaction entre le dessin du texte et celui des images aux couleurs flamboyantes.

Ainsi, Tériade, qui aimait à répéter qu'il fallait « donner la peinture à bout portant », avait pu réaliser son rêve d'un « livre de peintre » sur la couleur de Matisse. Le résultat était d'une originalité folle, mais renouait aussi avec la tradition des manuscrits enluminés du Moyen Âge. On trouve notamment dans *Jazz* tout un répertoire de formes spécifiques (étoiles à pointes multiples, feuilles, algues, etc.), comparables à celles du *Beatus* de Saint-Sever, réalisé principalement par Stephanus Garsia au milieu du XIe siècle, et qui fut l'une des sources majeures de la sculpture romane, son « livre à patron ». Matisse connaissait cet ouvrage que Mourlot, son graveur, avait d'ailleurs lithographié. Et, bien qu'il eût déploré que la transposition au pochoir des gouaches découpées leur enlevât la sensibilité, force est de constater que lorsque l'on a le bonheur insigne d'ouvrir un manuscrit peint du Moyen Âge ou un exemplaire de l'édition originale de *Jazz*, une sensation comparable s'impose : la couleur jaillit à l'état pur, à bout portant.

Quant aux textes de Matisse réunis dans l'album, s'ils ont une fonction « décorative », ils sont par ailleurs tous importants pour éclairer sa démarche. On n'en relèvera ici qu'un passage, capital : « En art, la vérité, le réel commence quand on ne comprend plus rien à ce qu'on fait, à ce qu'on sait, et qu'il reste en nous une énergie d'autant plus forte qu'elle est contrariée, compressée, comprimée. Il faut alors se présenter avec la plus grande humilité, tout blanc, tout pur, candide, le cerveau semblant vide, dans un état d'esprit analogue à celui du communiant approchant de la Sainte Table. Il faut évidemment avoir tout son acquit derrière soi et avoir su garder la fraîcheur de l'Instinct. » Ce qui frappe dans ce texte est avant tout le contraste entre l'humilité de l'artiste et sa maîtrise. Celui-ci doit être en état de pur accueil confiant, à l'image du communiant dans le culte catholique, prêt à recevoir la vie. « J'attends le coup de foudre qui ne peut manquer de venir », écrivait Matisse à son fils Pierre, le 1er septembre 1940[20]. Mais cette humilité ne réside pas en un simple abandon de

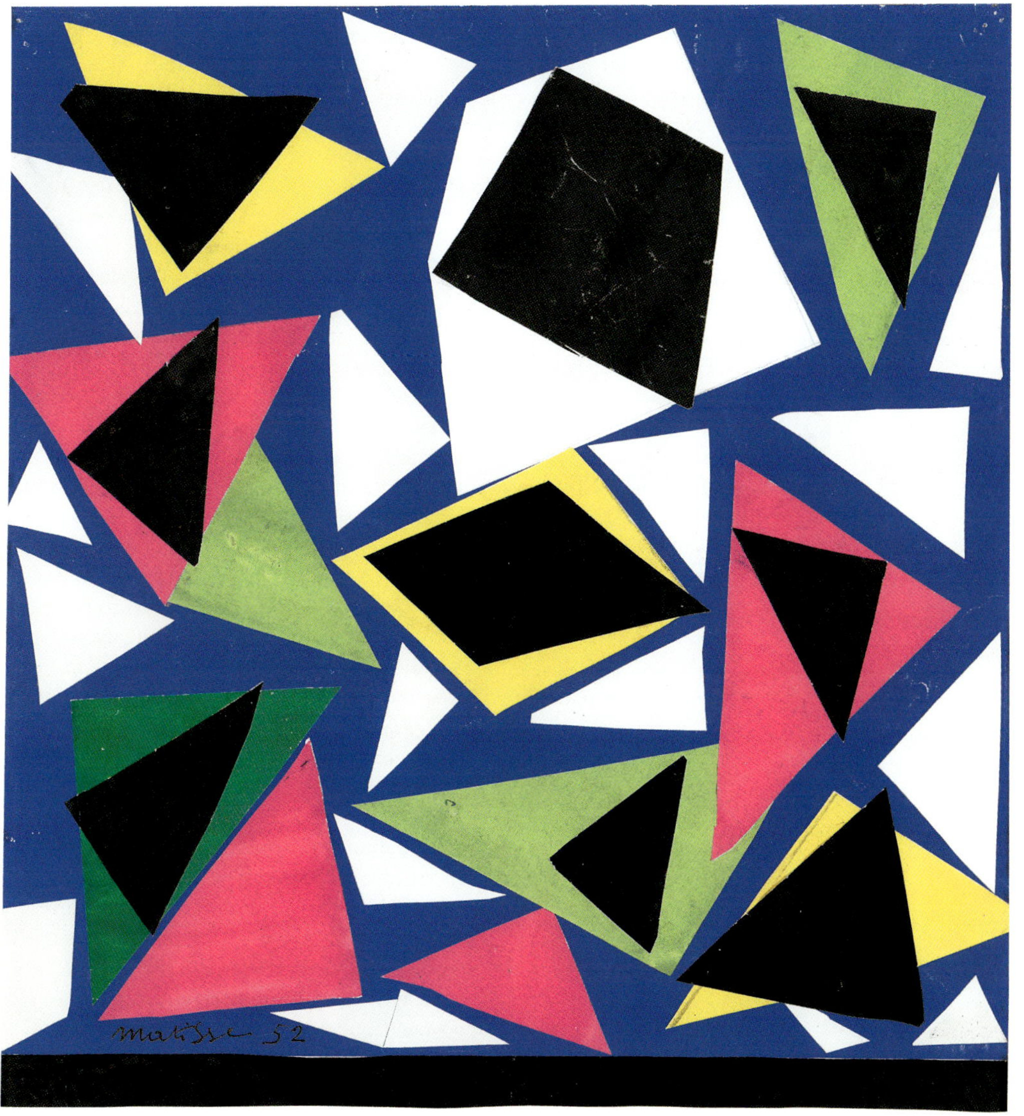
Matisse 52

Le Toboggan, *1947*
Planche XX de Jazz
Sérigraphie après gouache sur papier découpé

soi, puisqu'elle s'accompagne d'une maîtrise : il faut « avoir tout son acquit derrière soi ». Le propos est ici extrêmement subtil, Matisse écrivant acquit avec un *t*, non avec un *s*, comme l'on pourrait s'y attendre. En effet, « la nuance est de taille, remarque François Fédier, car l'acquis est le principe d'acquérir, alors que l'acquit, c'est ce dont on s'est acquitté. […] Ce dont on s'est acquitté, c'est tout l'acquis d'un travail, mais de sorte que ce n'est plus du tout acquis. L'acquitté est *derrière soi* : solidement en appui, certes, mais sans qu'il puisse fournir la moindre lumière pour ce qui est *devant soi*[21]. » Autrement dit, l'acquit n'est pas acquis, il n'est pas une possession, mais un savoir auquel « on ne comprend rien ». Avoir son acquit – la discipline du travail de l'artiste – derrière soi ne suffit pas, il faut aussi « avoir su garder toute la fraîcheur de l'Instinct ». On peut alors interpréter celle-ci comme l'instant du premier contact, là où l'on éprouve « comme pour la première fois ». Communier, pour Matisse, c'est sentir que nous sommes une partie de la nature, et ne pas l'oublier, comme nous le faisons souvent. Ainsi qu'il le déclarait à Apollinaire, en 1907, « il y a un rapport de nous au reste de l'univers, nous pouvons le découvrir et ensuite ne plus essayer de le dépasser[22]. » N'est-ce pas cette « fraîcheur de l'Instinct » qu'il recherchait aussi dans son voyage de 1930 aux antipodes et qu'il exprime de la manière la plus pure, parce que la plus simple, dans les gouaches découpées ? Et l'on retrouve ici l'enjeu cosmique du décoratif chez Matisse, ce grand « civilisé édénique », pour reprendre une formule mallarméenne. *Jazz* est bien un livre « décoratif » en ce sens qu'il est un microcosme ou, selon les métaphores de Georges Duthuit, « une écluse, un porche de la nature », une « note médiatrice » faisant « que le monde environnant, la terre et ses formes, le ciel et ses feux, notre décor, ne nous soient plus étrangers[23] ».

Les derniers numéros de *Verve*

Après *Jazz* – ce coup de maître –, Tériade et Matisse allaient encore travailler ensemble à plusieurs reprises pour *Verve*, jusqu'à l'apothéose du numéro 35–36.

Il y aurait d'abord le numéro 21–22, publié durant l'automne 1948, entièrement consacré à l'artiste : *Vence 1944–1948* (ill. p. 201). Comme le titre le suggère, y sont reproduites des toiles peintes dans le Midi au cours de ces quatre années, alternant avec des dessins au trait effectués dans les jardins des villas Le Rêve et Natacha, où Matisse contemplait avec bonheur les grenades, oranges et autres fruits, ainsi que les feuilles d'orangers, de lierre ou d'acanthe pour en extraire les signes essentiels (ill. p. 234/235). « J'ai eu ici [à Vence] plusieurs journées paradisiaques. Vive le Midi et Natacha », écrivit-il à Tériade à la fin de l'année 1947. Les dessins ou « ornements », selon son expression, surgissent de la page blanche et constituent autant de respirations entre les toiles reproduites (ill. p. 202–203 et 205), donnant à ce numéro un équilibre remarquable qui n'est pas sans rappeler la composition de *Jazz* enchâssant, entre les images colorées, des pages

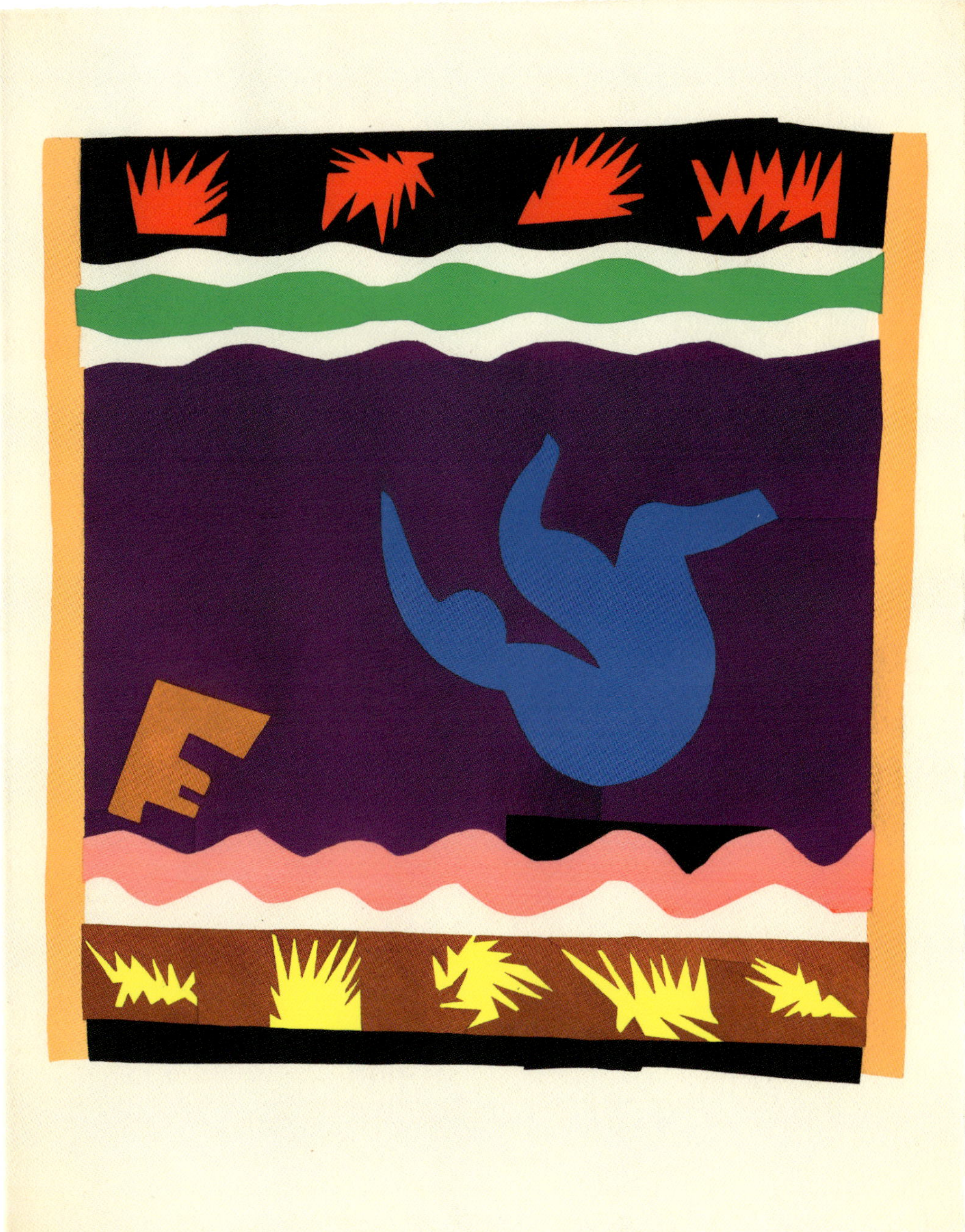

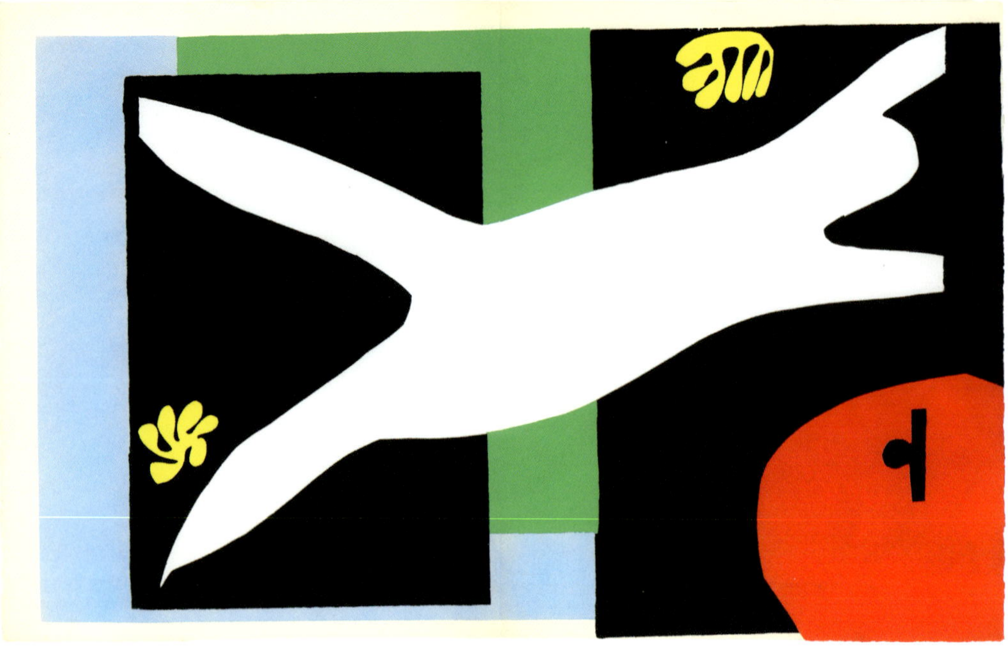

La Nageuse dans l'aquarium, *1947*
Planche XII de Jazz
Sérigraphie après gouache sur papier découpé

blanches aux textes spectaculairement calligraphiés. Enfin, la couverture et le frontispice sont des lithographies réalisées à partir de papiers découpés (ill. p. 200 et 206/207). La lumière méridionale chérie par Matisse resplendit sur la saisissante couverture au fond jaune vif d'où surgissent de luxuriantes formes noires, étrange végétation suggérant le nom de la revue ; sur le quatrième plat, apparaît une forme solaire blanche aux longs rayons noirs, que l'on peut considérer comme une variation de celle de la page de titre du numéro 13 de *Verve*, Matisse continuant à décliner ses « signes plastiques ». En harmonie avec la couverture, le frontispice figure une éclipse solaire, qui allait se métamorphoser en un cœur rouge, en avril 1949, sur la couverture composée par Matisse pour le numéro 23, *Le Livre du cœur d'amour épris du Roi René* (ill. p. 220), – cœur qui apparaissait déjà dans une planche de *Jazz*…

Pour le numéro 27–28, très varié, en décembre 1952, Matisse produisit deux nus au trait, et *La Tristesse du roi*, en lithographie, encadrée de deux grenades. Mais il fallut attendre l'été 1958 pour voir le magnifique numéro 35–36 : *Dernières œuvres de Matisse 1950–1954*, l'un des plus beaux témoignages de l'apothéose du maître, que l'on peut considérer comme l'autre chef-d'œuvre, après *Jazz*, issu de cette féconde collaboration avec Tériade (ill. p. 208–213). Selon la note liminaire de celui-ci : « Ce double numéro de *Verve* est entièrement consacré aux dernières œuvres de Matisse – 1950–1954. Ces œuvres reproduites en lithographie en couleur ont été réalisées par l'artiste, en papiers gouachés, découpés aux ciseaux

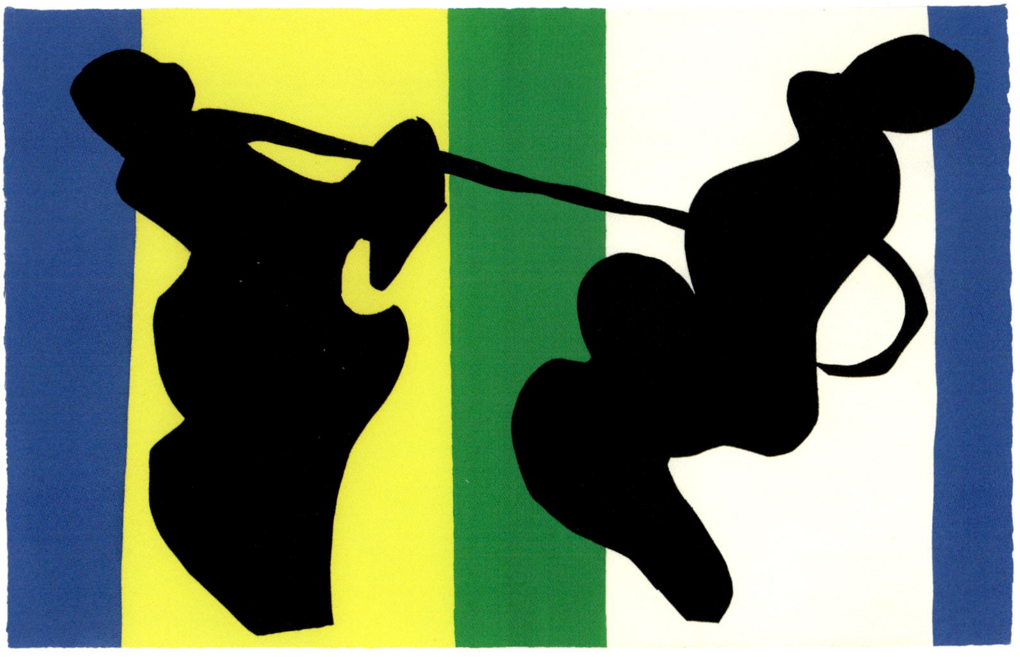

Le Cow-boy, *1947*
Planche XIV de Jazz
Sérigraphie après gouache sur papier découpé

et collés. Elles sont accompagnées de dessins exécutés pendant la même période ou antérieurement. Matisse a composé spécialement la couverture de ce volume. Sous sa direction ont été tirées, au cours de l'année 1954, les premières de ces planches lithographiques. » Ce volume est d'une puissance comparable à celle de *Jazz*, l'aplat lithographique donnant ici toute sa force, et alternant avec les dessins en noir (ill. p. 208–209, 212–213, 215, 225–226 et 229), réalisés au fusain ou au pinceau à l'encre de Chine, rappelant le vis-à-vis des pages de *Jazz* ou celui du numéro 21–22 de *Verve*. Les œuvres monumentales reproduites se déplient sur trois pages (pour *La Perruche et la sirène*) ou même quatre (pour *La Piscine*), donnant à ce numéro la dimension d'un véritable volume décoratif, répondant ainsi au souhait de l'artiste. Deux textes essentiels accompagnent les planches, hautement éclairants : « Matisse dans la lumière et le bonheur », de Pierre Reverdy, et « Le tailleur de la lumière », de Georges Duthuit. Cette apothéose constitue une sorte de testament de Matisse, les papiers découpés et les dessins reproduits accomplissant l'œuvre tout entier, « avec plus d'absolu, plus d'abstraction », mais sans rupture. D'ailleurs, les deux thèmes qui reviennent constamment dans ce recueil – les nus féminins et les décorations à base d'étranges motifs végétaux – étaient déjà au cœur du tableau *La Joie de vivre*, l'un de ses premiers chefs-d'œuvre.

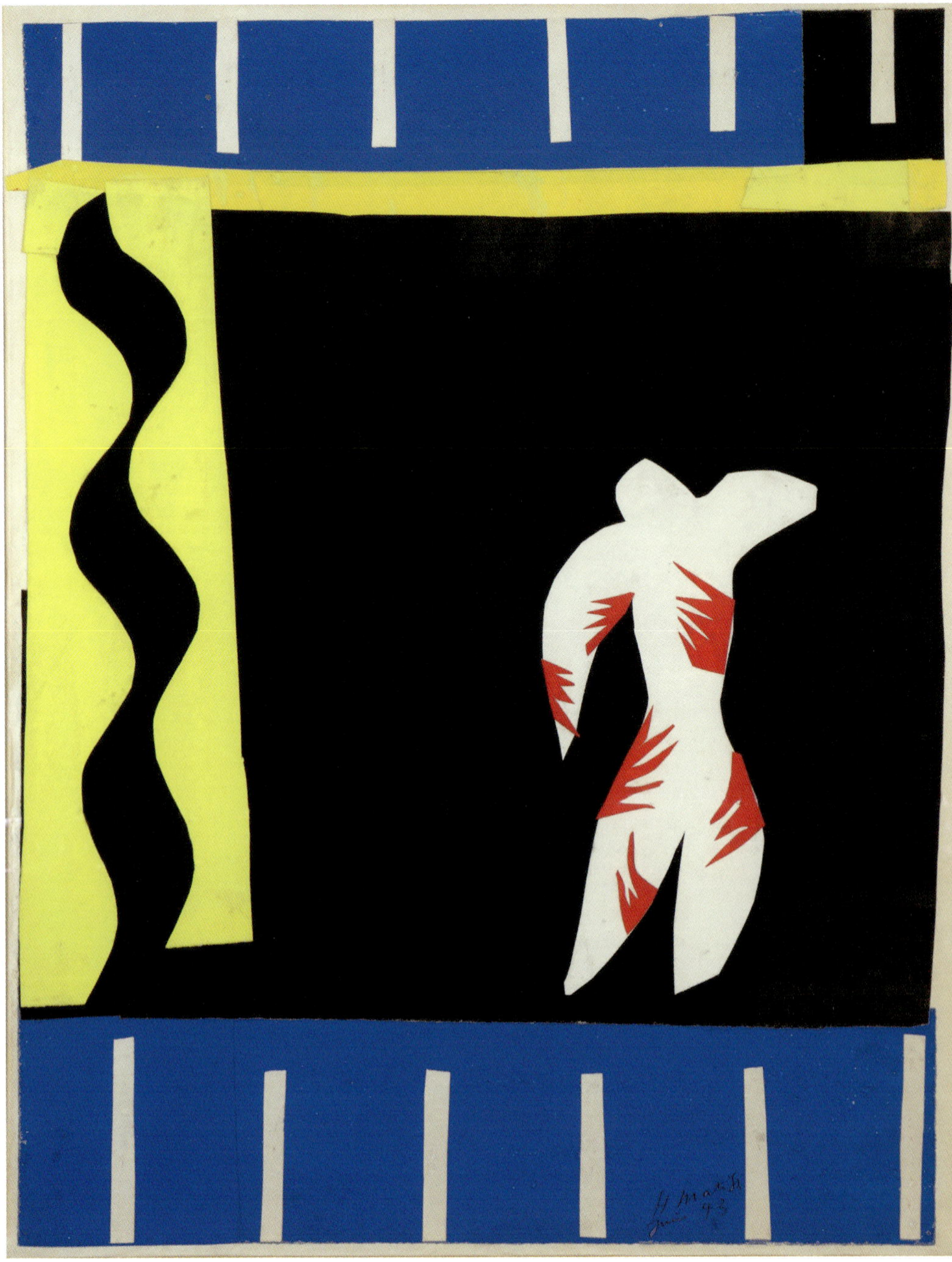

Henri Matisse

Les textes de *Jazz*[1]

1947

Notes

Pourquoi après avoir écrit : « Qui veut se donner à la peinture doit commencer par se faire couper la langue », ai-je besoin d'employer d'autres moyens que ceux qui me sont propres ? Cette fois j'ai à présenter des planches de couleur dans des conditions qui leur soient les plus favorables. Pour cela, je dois les séparer par des intervalles d'un caractère différent. J'ai jugé que l'écriture manuscrite convenait le mieux à cet usage. La dimension exceptionnelle de l'écriture me semble obligatoire pour être en rapport décoratif avec le caractère des planches de couleur. Ces pages ne servent donc que d'accompagnement à mes couleurs comme des asters aident dans la composition d'un bouquet de fleurs d'une plus grande importance. LEUR RÔLE EST DONC PUREMENT SPECTACULAIRE.

Que puis-je écrire ? Je ne puis pourtant pas remplir ces pages avec des fables de La Fontaine, comme je le faisais, lorsque j'étais clerc d'avoué, pour les « conclusions grossoyées », que personne ne lit jamais, même pas le juge, et qui ne se font que pour user une quantité de papier timbré en rapport avec l'importance du procès.

Il ne me reste donc qu'à rapporter des remarques, des notes prises au cours de mon existence de peintre. Je demande pour elles, à ceux qui auront la patience de les lire, l'indulgence que l'on accorde en général aux écrits des peintres.

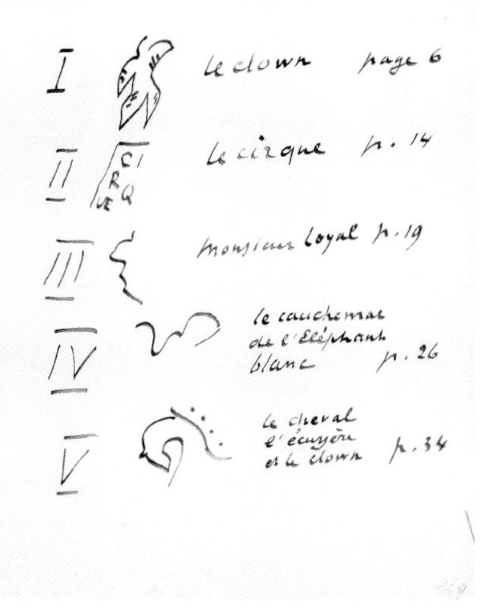

Page 1, Table des images de Jazz

Le Clown, *juin 1943*
Maquette pour la planche I de Jazz. *Papiers gouachés, découpés, collés sur papier, 67,2 x 50,7 cm*
Musée national d'Art moderne, Centre Pompidou, Paris

Le bouquet

Dans une promenade au jardin, je cueille fleur après fleur pour les masser dans le creux de mon bras l'une après l'autre au hasard de la cueillette. Je rentre à la maison avec l'idée de peindre ces fleurs. Après en avoir fait un arrangement à ma façon quelle déception : tout leur charme est perdu dans cet arrangement. Qu'est-il donc arrivé ? L'assemblage inconscient fait pendant la cueillette avec le goût qui m'a fait aller d'une fleur à l'autre est remplacé par un arrangement

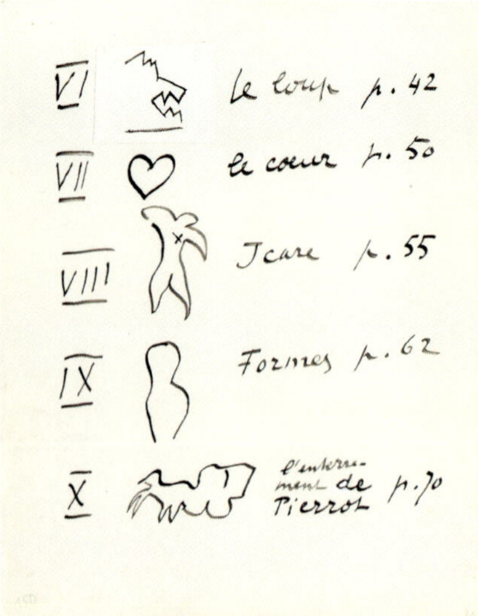

Page 2, Table des images de Jazz

L'Avaleur de sabres, *juillet 1946*
Maquette pour la planche XIII de Jazz. *Papiers gouachés, découpés, collés sur papier, 43,3 x 34,3 cm*
Musée national d'Art moderne, Centre Pompidou, Paris

volontaire sorti de réminiscences de bouquets morts depuis longtemps, qui ont laissé dans mon souvenir leur charme d'alors dont j'ai chargé ce nouveau bouquet.

Renoir m'a dit : « Quand j'ai arrangé un bouquet pour le peindre, je m'arrête sur le côté que je n'avais pas prévu. »

L'avion

Un simple voyage de Paris à Londres en avion nous donne une révélation du monde que notre imagination ne pouvait nous faire pressentir. En même temps que le sentiment de notre nouvelle situation nous ravit, il nous rend confus par le souvenir de soucis et d'ennuis par lesquels nous nous sommes laissés troubler, sur cette terre que nous apercevons au-dessous de nous, à travers les trous de la plaine de nuages que nous dominons, pendant qu'il existait un milieu enchanteur dans lequel nous sommes. Et lorsque nous serons revenus à notre modeste condition de piéton, nous ne sentirons plus le poids du ciel gris peser sur nous, car nous nous souviendrons que derrière ce mur facile à traverser, il existe la splendeur du soleil ainsi que la perception de l'espace illimité dans lequel nous nous sommes sentis un moment si libres. Ne devrait-on pas faire accomplir un grand voyage en avion aux jeunes gens ayant terminé leurs études.

Le caractère d'un visage dessiné ne dépend pas de ses diverses proportions mais d'une lumière spirituelle qu'il reflète. Si bien que deux dessins du même visage peuvent représenter le même caractère bien que les proportions des visages de ces deux dessins soient différentes. Dans un figuier aucune feuille n'est pareille à une autre ; elles sont toutes différentes de forme ; cependant chacune crie : figuier[2].

Si j'ai confiance en ma main qui dessine, c'est que pendant que je l'habituais à me servir, je me suis efforcé à ne jamais lui laisser prendre le pas sur mon sentiment. Je sens très bien, lorsqu'elle paraphrase, s'il y a désaccord entre nous deux : entre elle et le je ne sais quoi en moi qui paraît lui être soumis. La main n'est que le prolongement de la sensibilité et de l'intelligence. Plus elle est souple, plus elle est obéissante. Il ne faut pas que la servante devienne maîtresse.

Dessiner avec des ciseaux

Découper à vif dans la couleur me rappelle la taille directe des sculpteurs. Ce livre a été conçu dans cet esprit.

Mes courbes ne sont pas folles

Le fil à plomb en déterminant la direction verticale forme avec son opposée, l'horizontale, la Boussole du dessinateur. Ingres se servait du fil à plomb[3].

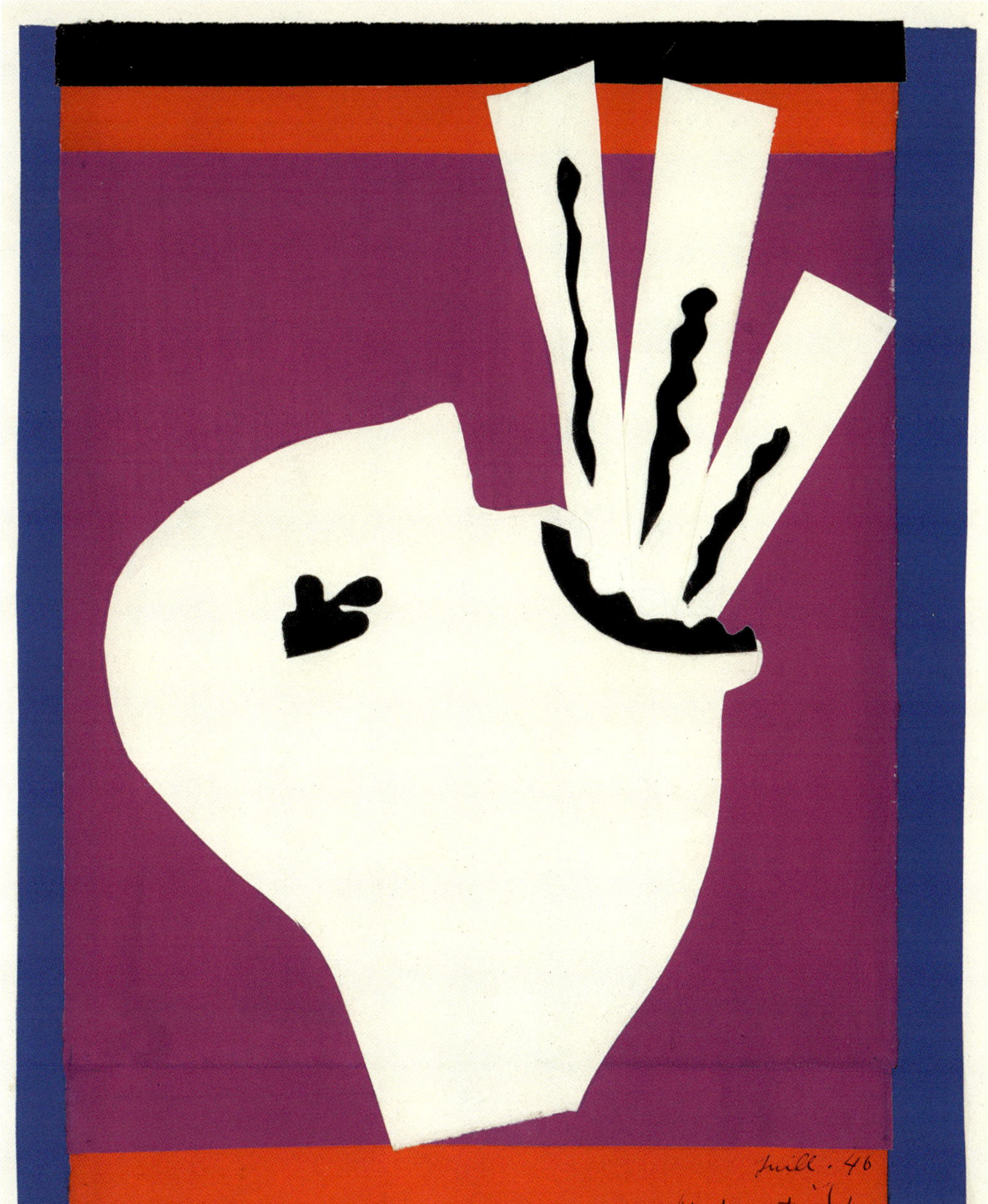
juill. 46
H Matisse

Page 3, Table des images de Jazz

Page 4, Table des images de Jazz

Voyez dans ses dessins d'études de figures debout cette ligne non effacée qui passe par le sternum et la malléole interne de la « jambe qui porte ».

Autour de cette ligne fictive évolue « l'arabesque ». J'ai tiré de l'usage que j'ai fait du fil à plomb un bénéfice constant. La verticale est dans mon esprit[5]. Elle m'aide à préciser la direction des lignes, et dans mes dessins rapides, je n'indique pas une courbe, par exemple celle d'une branche dans un paysage, sans avoir conscience de son rapport avec la verticale.

Mes courbes ne sont pas folles.

Un nouveau tableau doit être une chose unique, une naissance apportant une figure nouvelle dans la représentation du monde à travers l'esprit humain. L'artiste doit apporter toute son énergie, sa sincérité et la modestie la plus grande pour écarter pendant son travail les vieux clichés qui viennent si facilement à sa main et peuvent étouffer la petite fleur qui ne vient, elle, jamais telle qu'on l'attend.

Un musicien a dit :

En art, la vérité, le réel commence quand on ne comprend plus rien à ce qu'on fait, à ce qu'on sait, et qu'il reste en vous une énergie d'autant plus forte qu'elle est contrariée, compressée, comprimée. Il faut alors se présenter avec la plus grande humilité, tout blanc, tout pur, candide, le cerveau semblant vide, dans un état d'esprit analogue à celui du communiant approchant de la Sainte Table. Il faut évidemment avoir tout son acquit derrière soi et avoir su garder la fraîcheur de l'Instinct.

Si je crois en Dieu ?

Oui, quand je travaille. Quand je suis soumis et modeste, je me sens tellement aidé par quelqu'un qui me fait faire des choses qui me surpassent. Pourtant, je ne me sens envers *lui* aucune reconnaissance car c'est comme si je me trouvais devant un prestidigitateur dont je ne puis percer les tours. Je me trouve alors frustré du bénéfice de l'expérience qui devait être la récompense de mon effort. Je suis ingrat sans remords.

Jeunes peintres, peintres incompris ou tardivement compris pas de Haine

La haine est un parasite qui dévore tout. « On ne construit pas dans la haine mais dans l'amour. L'émulation est nécessaire, mais la haine…

L'amour au contraire soutient l'artiste.

« C'est une grande chose que l'amour, un bien tout à fait grand, qui seul rend léger ce qui est pesant et endure d'une âme égale ce qui est inégal. Car il porte le poids sans qu'il soit un fardeau et rend doux et savoureux tout ce qui est amer… »

« L'amour veut être en haut et n'être retenu par rien de bas… Rien n'est plus doux que l'amour, rien n'est plus fort, rien n'est plus haut, rien n'est plus large, rien de plus aimable, rien de plus plein, rien de meilleur au ciel et sur la terre, parce que l'amour est né de Dieu, et ne peut se reposer sinon en Dieu au-dessus de toutes les créatures. Celui qui aime vole, court et se réjouit ; il est libre et rien ne le retient.[4] »

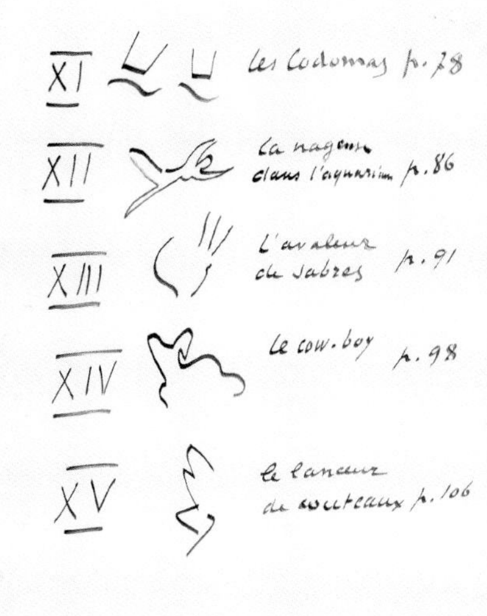

Bonheur

Tirer le bonheur de soi-même, d'une bonne journée de travail, de l'éclaircie qu'elle a pu apporter dans le brouillard qui nous entoure. Penser que tous ceux qui sont *arrivés*, en se souvenant des difficultés de leurs débuts, s'écrient avec conviction : « *C'était le bon temps.* » Car pour la plupart : Arrivée = Prison, et l'artiste ne doit jamais être *prisonnier*. Prisonnier ? Un artiste ne doit jamais être : prisonnier de lui-même, prisonnier d'une manière, prisonnier d'une réputation, prisonnier d'un succès, etc. Les Goncourt n'ont-ils pas écrit que les artistes japonais de la grande époque changeaient de nom plusieurs fois dans leur vie. J'aime ça : ils voulaient sauvegarder leurs libertés.

Lagons: ne seriez-vous pas une des sept merveilles du Paradis des peintres[5] ?

Heureux ceux qui chantent de tout leur cœur, dans la droiture de leur cœur. Trouver la joie dans le ciel, dans les arbres, dans les fleurs. Il y a des fleurs partout pour qui veut bien les voir.

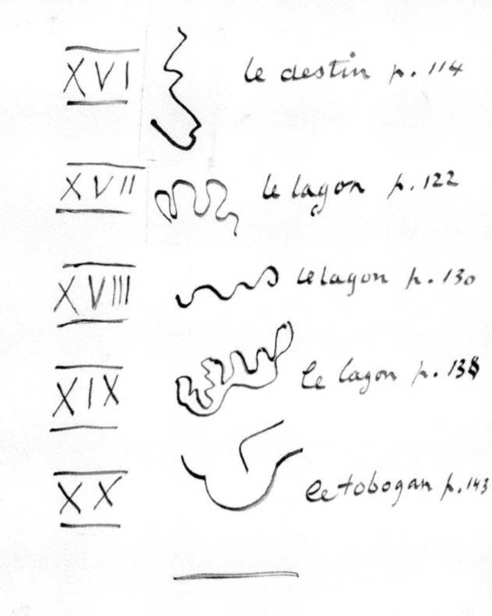

La vie future

Ne serait-il pas consolant, satisfaisant que tous ceux qui ont donné leur vie au développement de leurs dons naturels, au profit de tous, jouissent après leur mort, d'une vie de satisfactions en accord avec leur désir. Tandis que ceux qui ont vécu en étroits égoïstes…[6]

Jazz

Ces images aux timbres vifs et violents sont venues de cristallisations de souvenirs du cirque, de contes populaires ou de voyage. J'ai fait ces pages d'écritures pour apaiser les réactions simultanées de mes improvisations chromatiques et rythmées, pages formant comme un « fond sonore » qui les porte, les entoure et protège ainsi leurs particularités.

Je rends ici hommage à Angèle Lamotte et à Tériade, leur persévérance m'a soutenu dans la réalisation de ce livre[7].

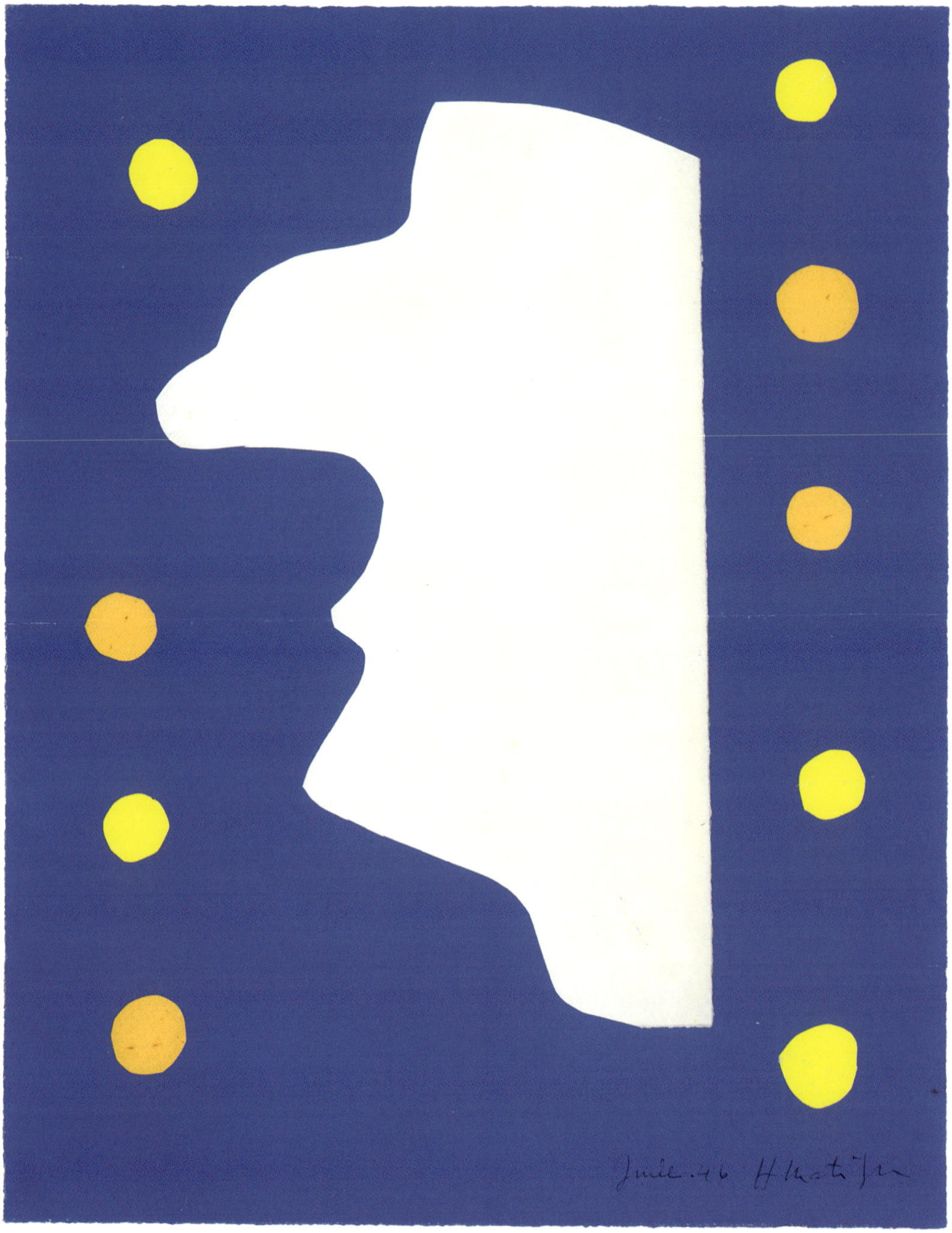

Henri Matisse

Lettres à André Rouveyre sur *Jazz*

1947–1948

Monsieur Loyal, *juillet 1946*
Maquette pour la planche III de Jazz. *Papiers gouachés, découpés, collés sur papier, 54,7 x 42,7 cm*
Musée national d'Art moderne, Centre Pompidou, Paris

25 décembre 1947 :

Je te remercie de ta franchise au sujet de *Jazz*. *Je suis absolument de ton avis*. Malgré toute la peine que je me suis donné pour lui, je n'ai jamais pu, je n'arrive pas à l'encaisser moralement[1].

C'est absolument un *raté*. Et pourquoi ces découpés lorsque je les fais, que je les vois au mur me sont-ils sympathiques et sans le caractère de puzzle que je leur trouve dans *Jazz*. Je crois que ce qui gâte absolument est la transposition qui leur enlève la sensibilité sans laquelle ce que je fais n'est rien. Aussi avant l'exposition[2], j'ai dit à Tériade le peu de contact que je trouve avec cette œuvre. Et voici que c'est un succès sans précédent, que le livre fera date, etc. Que dire pour ne pas décourager ceux qui y ont de gros intérêts d'engagés. Note que je ne m'en trouve nullement découragé, puisque je suis occupé l'après-midi à faire de nouvelles combinaisons de couleurs avec le système du papier découpé. Mais je sais que ces choses doivent rester comme elles sont, des originaux, des gouaches tout simplement. Je suis, depuis mon retour de Paris, dans une sorte de crise de conscience, et il se pourrait qu'un grand chambardement de mon travail arrive. Je vois la nécessité de m'éloigner de toutes contraintes, de toutes idées théoriques pour me livrer du fond et complètement, en me plaçant hors du moment, de cette mode de distinction du figuratif et du non-figuratif. Après tout, je me fiche des autres, mais il va falloir le formuler[3].

15 février 1948 :

Nous avons eu une sorte de malentendu au sujet de *Jazz*. Je t'avais demandé d'écrire un mot au *Figaro*. Je n'y tenais guère, c'était T. qui l'avait désiré. Au fond il a eu, le *Jazz*, un tel retentissement en France et à l'étranger, que si j'avais eu quelque chose de vraiment sérieux à te demander, c'eut été de le siffler et si tu as eu quelques conversations à ce sujet et que tu as eu à montrer son point faible, je t'en remercie, tant pis pour ceux qui n'en verront pas les qualités.

22 février 1948 :

[…] Pour *Jazz*, malgré que les contours des images n'ont pas la pureté de mon coup de ciseaux, les couleurs sont bonnes et semblables exactement aux originaux que j'ai découpés dans des feuilles de papier que j'ai fait coucher à

La Chute d'Icare, *juin 1943*
Maquette pour la planche VIII de Jazz. *Papiers gouachés, découpés, collés sur papier, 43,4 x 34,1 cm*
Musée national d'Art moderne, Centre Pompidou, Paris

la gouache par une dominicaine avant le couvent. Et les reproductions sont faites avec exactement les mêmes gouaches de chez Linel – même un certain roux foncé que Linel fabriquait avant la guerre avec des couleurs allemandes a demandé des recherches en Allemagne pour trouver exactement le même. Bien que le résultat n'ait pas le charme de l'opération de découpage, il n'en reste pas moins que les mêmes couleurs sont assemblées avec les mêmes rapports énergiques et harmonieux. Ces rapports sont nouveaux, le dessin s'y trouve aussi, et pour qui n'a pas vu les originaux, ce que donne le livre est le principal.

[…] D'après les journaux, et ce qu'on m'a fait savoir de divers côtés, ce livre a beaucoup de portée près des peintres qui voient la couleur et le dessin associés[4] sans que le sentiment souvent délicat en soit pour cela aboli.

À Londres, où un volume s'est trouvé porté par une amie, son succès a été grand. Le conservateur du Albert Museum va en faire une exposition. Aussi en Allemagne, le représentant culturel français va faire mettre sous verre toutes les feuilles d'un volume qu'un de mes amis veut bien lui prêter pour en faire une exposition circulante en Allemagne. Assez causé là-dessus. Les murs de ma chambre sont pleins de découpages […]. Je ne sais encore ce que je ferai de ces nouveaux découpages certainement pas un *Jazz*. C'est le résultat qui a plus d'importance qu'il n'en a l'air[5].

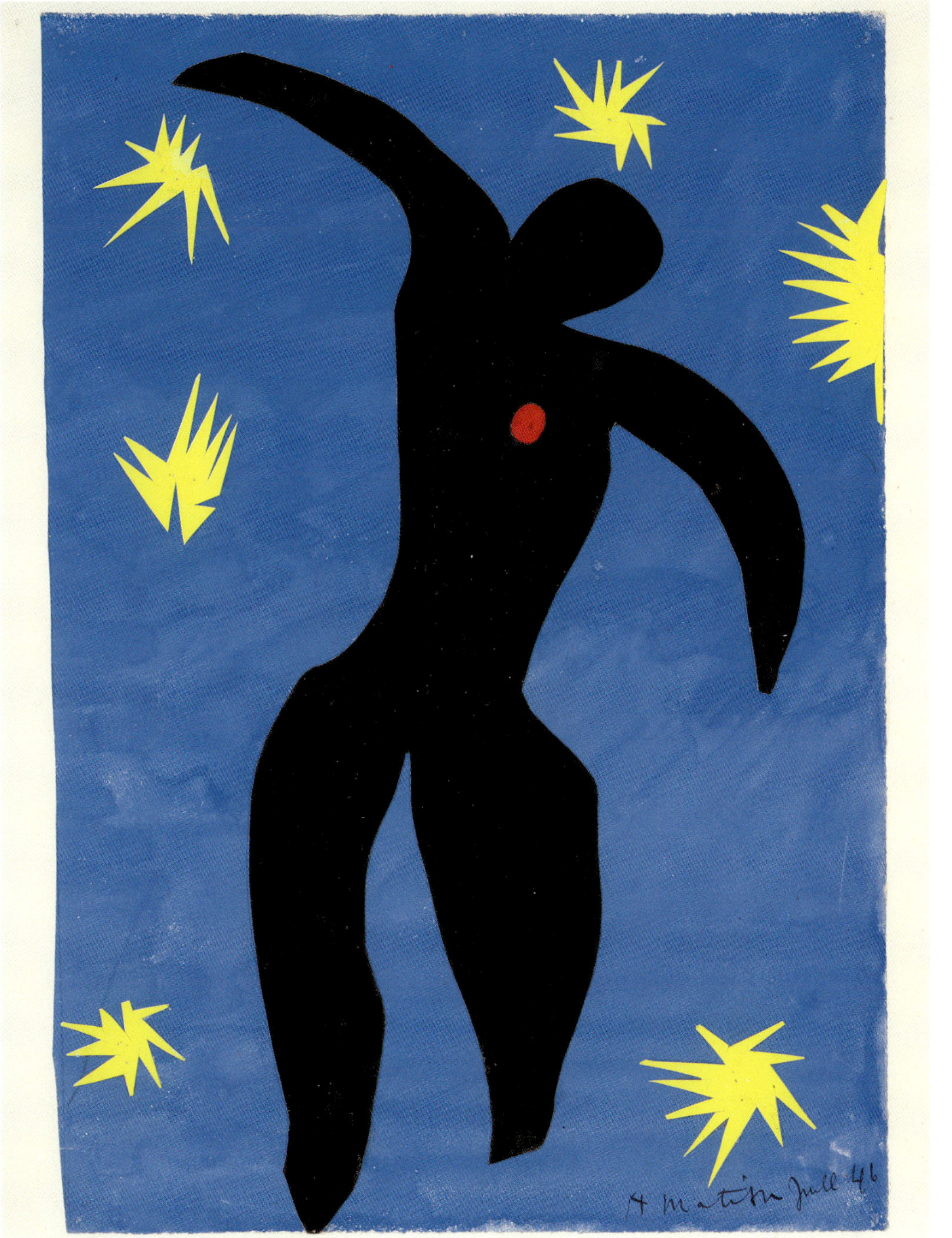
H Matisse juill 46

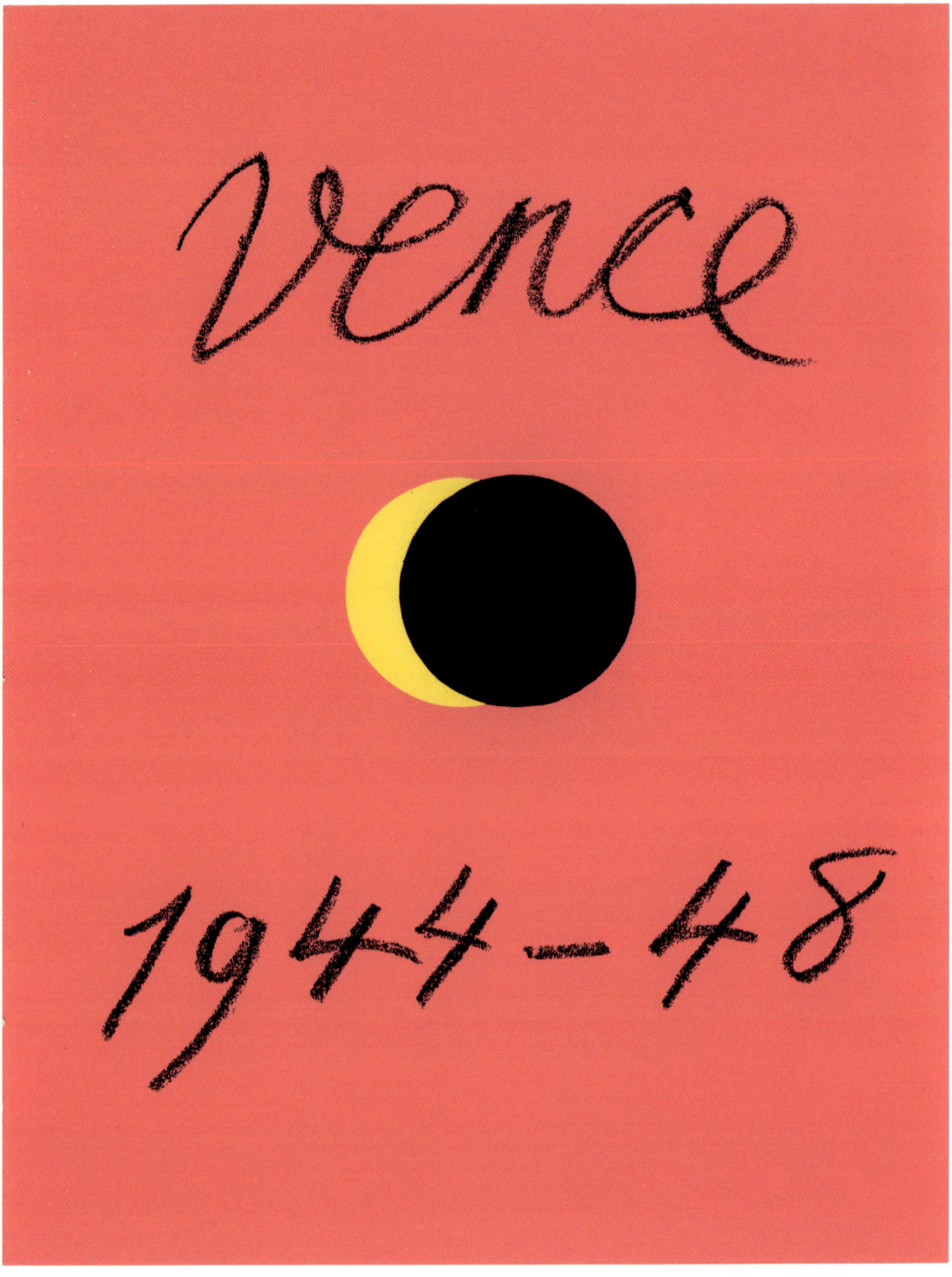
Vence
1944–48

Michel Anthonioz

Verve

Numéro 21–22 : automne 1948

Vence 1944–1948 : Henri Matisse

Verve, nº 21–22, *Vence 1944–1948* *Frontispice*

Le succès du numéro 13, *De la couleur*, paru en été 1945 ainsi que la fécondité créatrice de Matisse durant ces années d'après-guerre ne pouvaient qu'inciter Tériade à consacrer de nouveau un numéro de *Verve* à ses œuvres récentes.

Le séjour de Matisse à Vence se prolongeait. À l'origine, Matisse n'avait quitté le Régina et Cimiez que pour fuir les bombardements. Mais il avait trouvé à Vence un jardin, une maison, la proximité d'amis, qui lui convenaient parfaitement. Le titre de ce recueil – *Vence 1944–1948* – dit assez bien qu'il s'agissait aux yeux même de Matisse d'une période particulière dont il voulait conserver un témoignage.

Le projet de ce numéro est définitivement arrêté à Noël 1947, lors d'un séjour de Tériade à Saint-Jean-Cap-Ferrat : les tableaux, encore dispersés dans l'atelier et le logement de Vence, étaient assez nombreux et importants pour donner la matière d'un numéro de *Verve*. Matisse acceptera facilement, semble-t-il, de compléter ces reproductions par des dessins au trait qu'il effectuera dans son jardin et dans celui de la villa « Natacha » : grenades, feuilles d'acanthe, oranges et feuilles d'orangers, feuilles de lierre jetées dans la page blanche donnent au recueil sa respiration et le tissu interstitiel entre les toiles. Ces dessins au trait, sans ratures, répétitions d'un même motif, Matisse les réalisait assis sur sa chaise roulante, souvent au prix d'un grand effort physique. Aujourd'hui, ils nous apparaissent d'abord comme des exercices spirituels, une ascèse du regard. Ils préparent déjà les dessins des céramiques de la chapelle Saint-Dominique et de la salle à manger de Tériade.

À la fin de l'année 1947, Matisse écrit à Tériade sa joie d'avoir retrouvé Vence après un séjour parisien : « J'ai bien fait de revenir à Vence, car la radio de ce matin annonce deux degrés à Paris. Depuis mon retour, deux semaines, j'ai eu ici plusieurs journées paradisiaques. Vive le Midi et Natacha. »

Cette joie du soleil et de la lumière méridionale, Matisse la fait éclater dans la couverture en lithographie : sur un fond jaune cinglant sont posées des formes découpées – mi-végétales, mi-coquillages – que Matisse affectionnait. Réminiscences de Tahiti ? L'hymne au soleil se prolonge sur la quatrième de couverture où les rayons éclatent dans la largeur de la page et sur le frontispice (lithographie) qui figure une éclipse solaire.

Le présent recueil ne comporte pas de texte, hormis quelques lignes manuscrites et liminaires de Matisse : « Ces tableaux ont été peints à Vence entre 1944 et 1948. J'ai dessiné les ornements dans le jardin. » Cette absence de texte est étonnante : ce numéro de *Verve* est le seul qui ne soit accompagné ni d'un poème ni d'un article ou autre texte original. La raison en est intéressante à raconter.

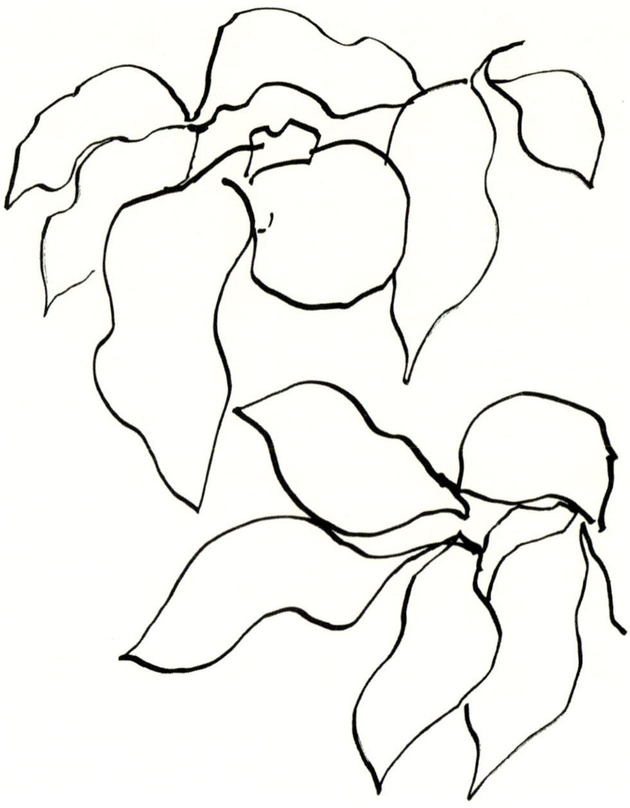

Verve, n° 21–22,
Vence 1944–1948
Ornements dessinés
Reproduit p. 60 du Verve, *n° 21–22, automne 1948*

Le texte initialement prévu pour ce volume devait être… d'André Breton. L'idée peut surprendre, Matisse n'ayant jamais approché le surréalisme. Le projet venait-il de Tériade ? Les relations tumultueuses du temps de *Minotaure* avec le groupe surréaliste permettent d'en douter. Tériade avait choisi son camp : il était du côté de Bataille, Michaux et Reverdy. Sans rejeter ce que l'héritage surréaliste avait apporté dans la littérature, il en savait l'influence pernicieuse en peinture et, surtout, il ne pouvait admettre le terrorisme de Breton.

Pour Pierre Schneider, le projet est né d'une rencontre : « Peu de temps après la Seconde Guerre mondiale, André Breton rendit visite à Matisse. Il fut question que le poète consacrât une étude au peintre[1]. » Pour Schneider, l'affaire n'aboutit pas du fait de Matisse : « Le projet échoua, Matisse se refusant à être qualifié de surréaliste. » L'explication est cependant un peu différente. Il semble bien que Tériade ait traîné des pieds pour demander personnellement à Breton le texte que celui-ci avait promis à Matisse. Plusieurs lettres de Matisse à Tériade nous permettent de l'affirmer, dont l'une du 10 mars 1948 :

« Breton accepte avec grand plaisir de faire un texte sur moi dans le prochain *Verve*, c'est-à-dire celui qui paraîtra en automne. Il est entendu qu'il ne fera pas de polémique. Il voudrait savoir quelle quantité de texte. Je lui ai dit que c'est vous l'éditeur qui fixerez ça. Que c'est vous qui lui demandez par ma bouche et que vous lui écrirez à ce sujet. Voilà ! »

Le 9 mai suivant, Matisse écrit une nouvelle lettre à Tériade où il lui dit son émotion devant le printemps méridional. « Les cerises se cueillent en ce moment au milieu des fleurs, iris et roses. » Dans une deuxième partie, il revient à la charge pour ce qui concerne Breton : « Avez-vous vu ou écrit à Breton ? Je ne vous l'ai pas rappelé à votre dernière visite. Je ne l'ai pas cru utile. Il serait bien que vous le fassiez le plus tôt possible comme vous me l'avez dit ici. Il n'y aura rien à gagner à le remettre encore après ne l'avoir pas fait ici. Mettez-vous à sa place. Son adresse ? 42, rue Fontaine. Peut-être est-ce déjà fait ? »

Verve, nº 21–22,
Vence 1944–1948
Ornement dessiné
Reproduit p. 21 du Verve, *nº 21–22, automne 1948*

Comme il en avait l'habitude, Tériade n'a pas dit non brutalement à Matisse. Il ne veut pas compromettre la réalisation de ce numéro de *Verve*. Il sait que Matisse tient à Breton mais il pense sans doute que le pape du surréalisme s'intéresse à Matisse pour de mauvaises raisons, littéraires, voire parapsychologiques[2]. Sur un plan plus personnel, Tériade ne souhaitait sans doute pas renouer avec Breton. La collaboration avec les surréalistes s'était pour lui achevée avec son départ de *Minotaure*. Il n'avait aucune raison d'accepter ce « retour en arrière ». Ses vrais et grands amis poètes et écrivains avaient eu à souffrir du sectarisme de Breton. Lui commander un texte eût constitué à ses yeux une forme de trahison. Enfin, Tériade se faisait à juste titre une idée très haute de *Verve*. On pourrait presque dire qu'il s'en était formé une conception idéale, au sens classique et grec, et aussi dans son acception hégélienne : il sentait que se jouait là une partie historique. À ses yeux, Breton aurait détoné dans son panthéon.

Il est peut-être un peu difficile de comprendre aujourd'hui la vivacité de ces sentiments, mais le fanatisme ne peut qu'entraîner des réactions en retour. Pour ne pas heurter Matisse de front en refusant la collaboration de Breton, Tériade « néglige » de lui commander son texte. Il cherche aussi à faire des contre-propositions à Matisse, qui les refuse au milieu de l'été 1948, dans une lettre du 21 août :

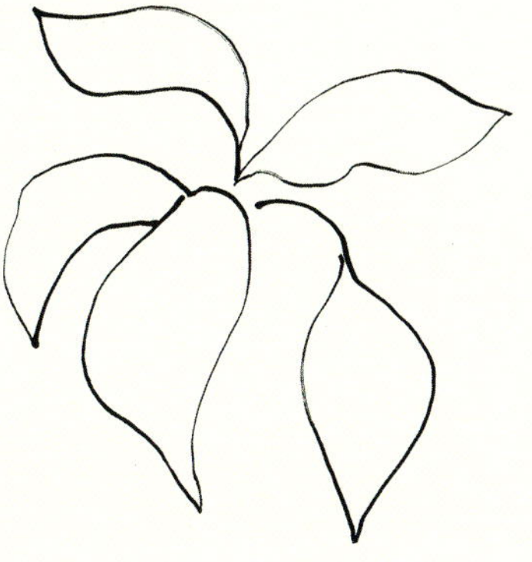

« Ne comptez pas sur mon texte pour *Verve*. Je suis bien contrarié qu'après tous mes efforts, je n'ai pu faire satisfaisant le texte que vous attendez. Quant aux citations d'écrivains célèbres – même pour Goethe –, elles prennent, accompagnant la reproduction de mes œuvres, des allures de lieux communs. Si les textes mêmes ne sont pas connus à la lettre de tous, ce qu'elles disent est archiconnu et les placer ainsi ferait rigoler les gens intelligents. Vous devez vous trouver très embarrassé, mais aussi pourquoi avoir apporté une négligence tellement évidente à demander à Breton le texte que vous m'avez fait lui demander de votre part ? Breton a bien insisté chaque fois que je lui ai parlé pour que vous fassiez votre demande en forme, c'est-à-dire directement. Devant votre manque de ce faire, après vous être servi de mon intervention pour expliquer

Verve, nº 21–22,
Vence 1944–1948
Ornements dessinés
Reproduit p. 61 du Verve, *nº 21–22, automne 1948*

Pages 206/207
Verve, nº 21–22, *automne 1948*
Maquette de la couverture et quatrième de couverture
Note de Matisse :
« … peint à Vence entre 1944 et 1948, j'ai dessiné les ornements dans le jardin ».

des retards possibles et invraisemblables, vous êtes arrivé par votre incorrection à le tourner contre moi après qu'il ait dit à quelqu'un, vous me l'avez répété, qu'il travaillait pour moi. Croyez, cher monsieur Tériade, que je suis très mécontent de cette affaire dont vous devez vous sentir entièrement responsable. »

Les vraies amitiés sont ainsi faites. Les affrontements n'effarouchent que les faibles. La réalisation de *Jazz* avait été, elle aussi, l'occasion de plusieurs échanges un peu vifs, voire de télégrammes cinglants. Mais Matisse est un caractère entier et sincère : il sait, à la fin, reconnaître le résultat ainsi qu'il l'écrit à Tériade, le 14 novembre à la parution dudit numéro :

« J'ai reçu hier deux numéros de *Verve*-Matisse. Ça va ! On m'a déjà écrit que Bérès en avait fait une exposition dans sa vitrine et que c'était très bien. Je ne m'étonne pas. Rouge-blanc-noir – bien proportionnés, ou suffisamment bien. »

« Je regrette que le rouge du grand intérieur ne soit pas meilleur. Vous devez savoir lequel car en me le montrant vous m'avez dit :"Ça sera mieux." Ça n'a pas été mieux. »

« Enfin souhaitons-lui le plus grand succès chacun a fait de son mieux. On sait que ces reproductions ne peuvent être que des approximations. »

Et quatre jours plus tard, le succès se développant, Matisse écrit une longue lettre à Tériade :

« Cher Solitaire de la rue Férou,

Regardez le *Combat*[3] du 15 novembre dernier : Monsieur Charles Étienne que je ne connais pas parle de notre dernier *Verve* qu'il veut bien regarder en son genre "comme un événement, car il nous donne en de parfaites reproductions en couleur la primeur des tableaux peints à Vence par Matisse".

C'est évidemment ce que nous avons tous désiré. Donc soyons contents et tous contents. »

Beau joueur, Matisse ! La suite de la lettre porte sur le *Charles d'Orléans*, grand livre de lithos qui paraîtra sous la marque de *Verve* quelque temps plus tard.

Cette suite éblouissante de tableaux d'intérieurs est pour Matisse une délivrance. La très grave opération qu'il a dû subir à Lyon au cours de l'hiver 1940–1941 lui a donné le sentiment d'être un ressuscité ; il entre dans une « seconde vie » et écrit en septembre 1942 à Aragon : « J'ai finalement engagé la partie sérieuse avec la peinture[4]. »

Et, six ans plus tard, il écrit à André Rouveyre :

« J'éprouve les curiosités que donne un pays nouveau. Car je n'ai jamais été clairement en avant dans l'expression des couleurs. Jusqu'ici j'ai piétiné à la porte du temple[5]. »

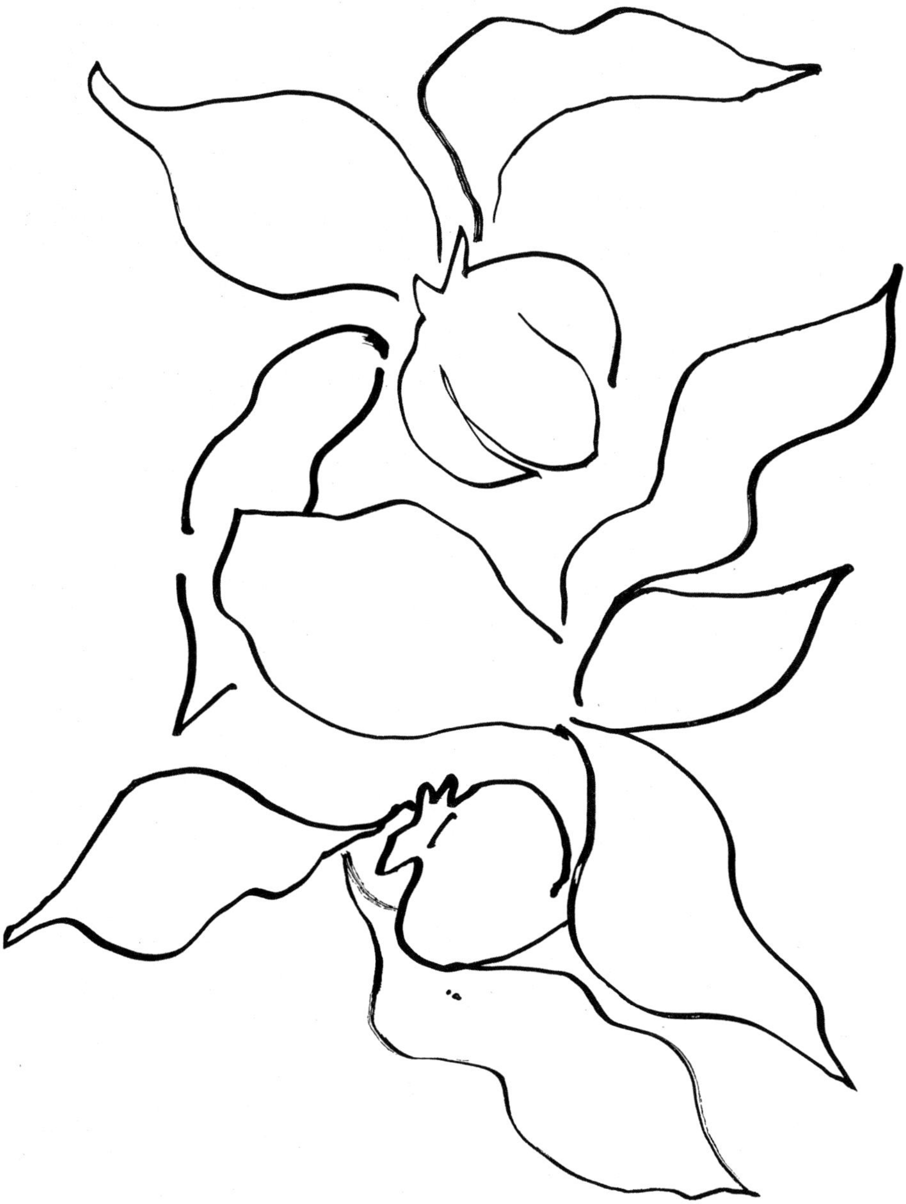

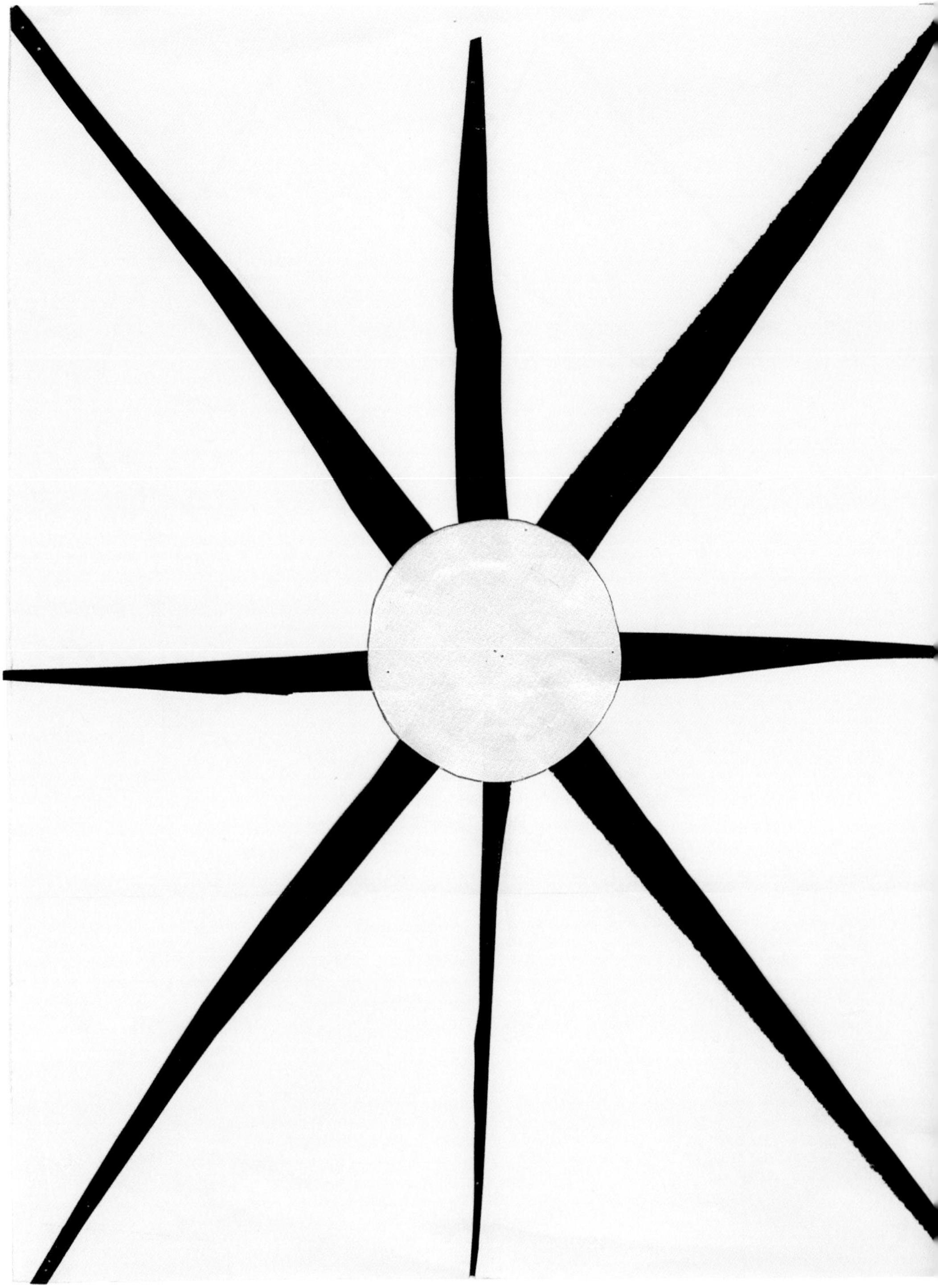

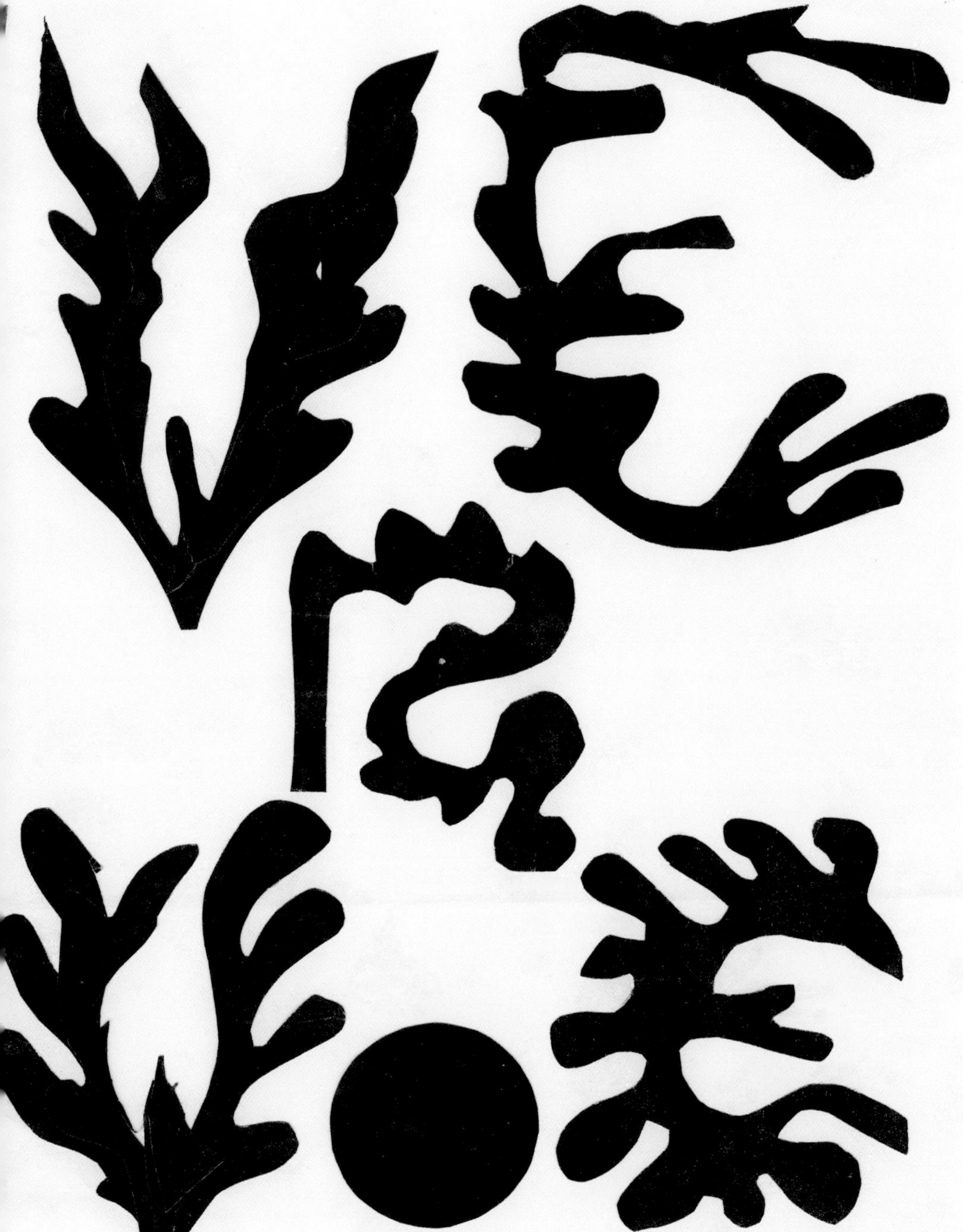
H. Matisse

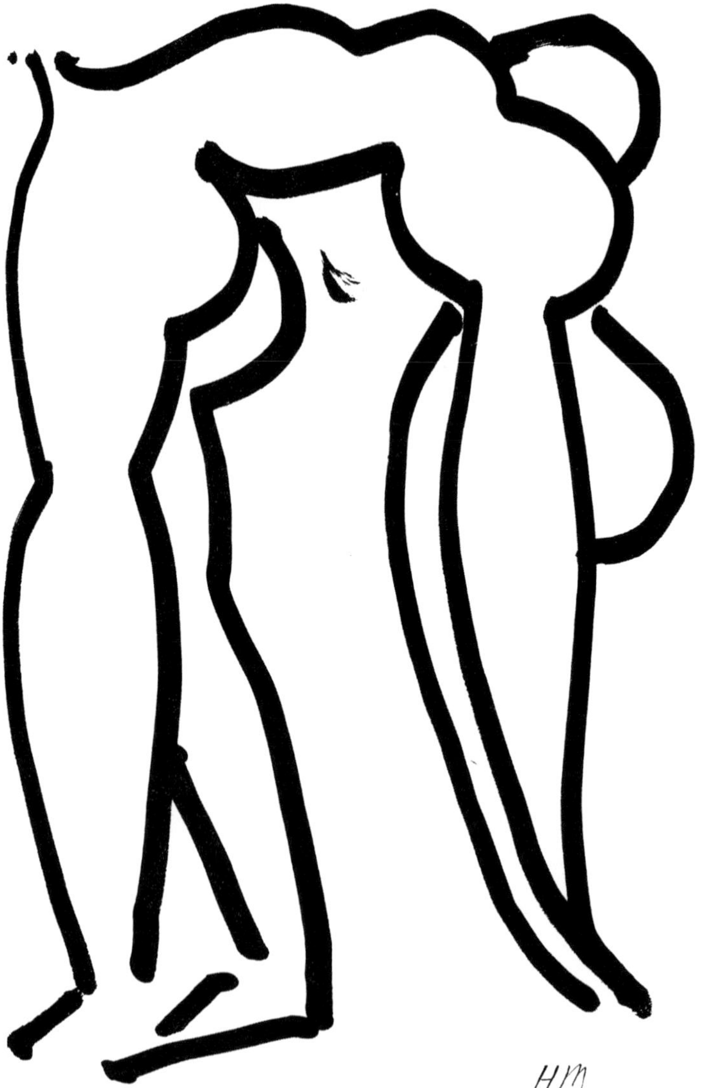
HM

Georges Duthuit

Le tailleur de lumière

Verve, numéro 35–36 :1958

La dernière étape de la carrière d'Henri Matisse restera pour l'avenir celle des papiers peints et découpés, celle des céramiques ou des vitraux qu'ils servent parfois à bâtir. Il semble qu'à son sujet tout soit vite dit : divertissements olympiens d'un maître si détaché déjà de sa maison et des siens qu'il ne saurait être loin de l'autre demeure, éblouissements du crépuscule qui rejoignent ceux de l'aurore, frivolité des sages. Cette sorte de propos est familière. Il se peut même qu'elle ne soit pas dénuée de vérité. D'une vérité tout au plus générale, cependant, aussi applicable à Goethe bavardant avec Eckermann qu'à l'auteur massif de *La Montagne magique*, laissant inachevé un roman picaresque. Elle n'interdit pas de penser à l'« un de ces grands artistes devenus vieillards », évoqués par Barrès, « pressés de s'expliquer, contractant leurs moyens d'expression comme ils ont resserré leur paragraphe » et qui atteignent « à la concision des énigmes ou des épitaphes ». Mieux vaut s'attacher à l'œuvre qui nous est proposée, pour en saisir le caractère unique.

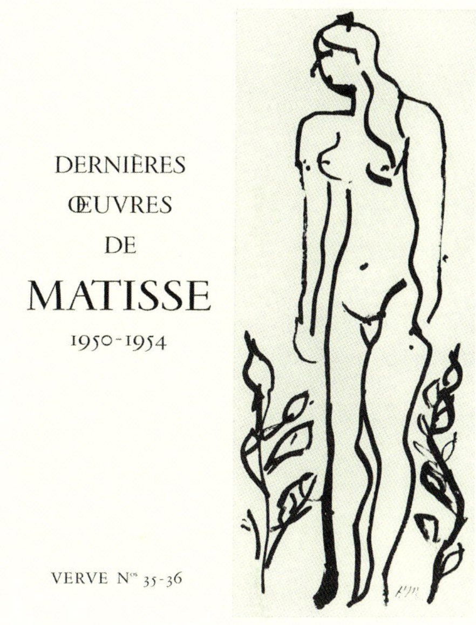

Verve, n° 35–36, *été 1958*
Page de titre

Acrobate, *1952*
Encre et pinceau
105,5 x 75,8 cm
Collection particulière
Reproduit p. 63 du Verve, *n° 35–36, été 1958*

Pages 210/211
Verve, n° 35–36, *été 1958*
Quatrième de couverture et couverture

Le procédé ? Il n'a rien de commun avec les « collages » du cubisme, qui visaient à l'approximation d'une architecture par l'assemblage de triangles ou de quadrilatères que le pinceau eût pu tout aussi bien déterminer. Pour que s'animât le spectacle d'une géométrie en elle-même trop sobre, l'introduction dans le cadre du tableau de matières très diverses et parfois inattendues devenait nécessaire. Ici, rien de tel. D'abord, des feuilles recouvertes de couleur (gouache) sur les indications du peintre même. Et, dans ces étendues de teinture plate, le ciseau de Matisse pénètre et avance, faisant surgir formes et figures.

Il apparaît aussitôt que ces papiers découpés concordent avec le dessein qui n'a cessé d'habiter l'artiste depuis que, fauve, il trouva sa voie ; que l'œuvre naisse de la pure confrontation des couleurs. En fait, ce projet ne laisse pas de s'affirmer ici, par certains côtés, avec une inégalable autorité : entre la couleur absolue et le peintre, il n'y a plus maintenant d'autre

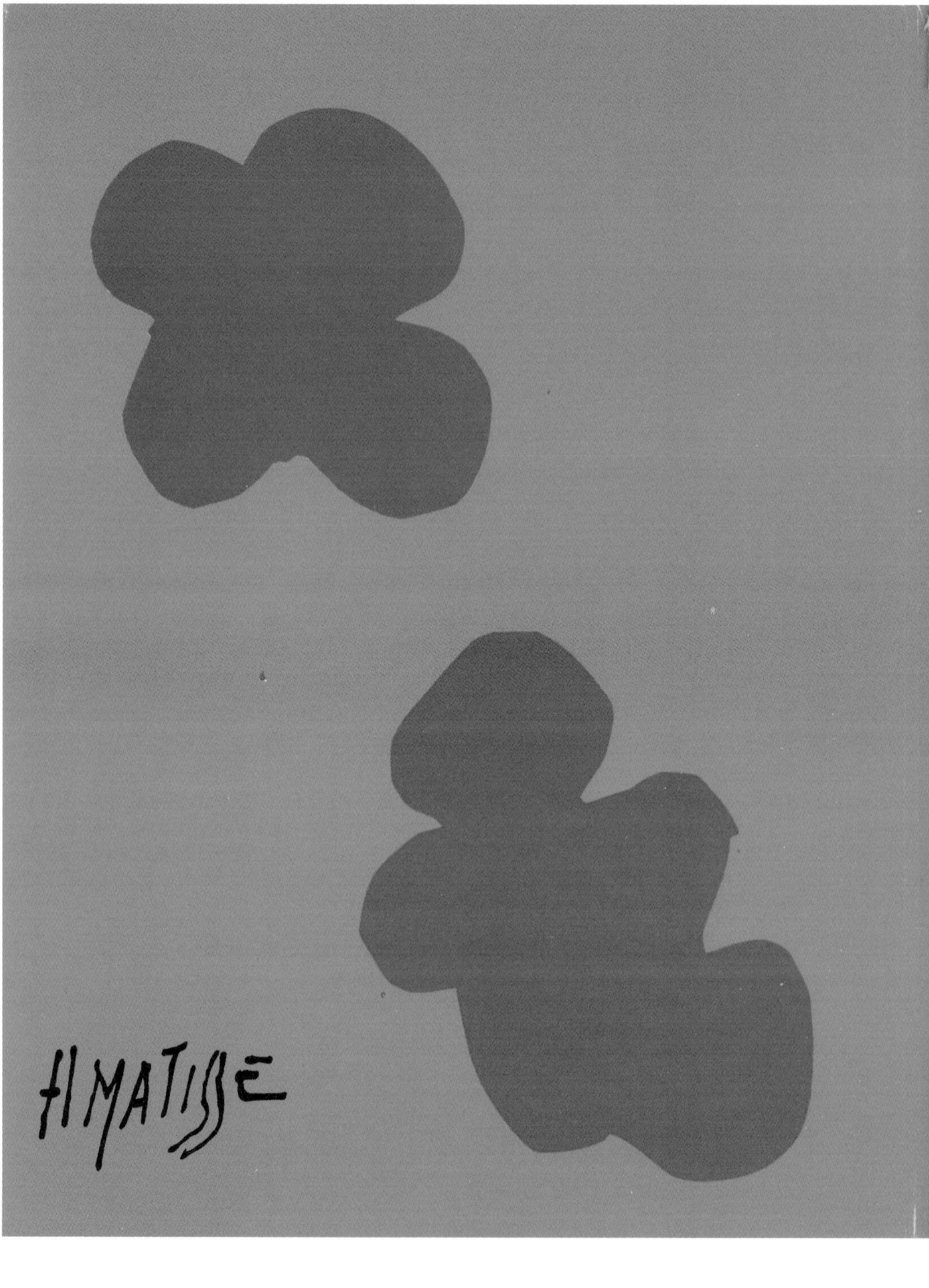
H MATISSE

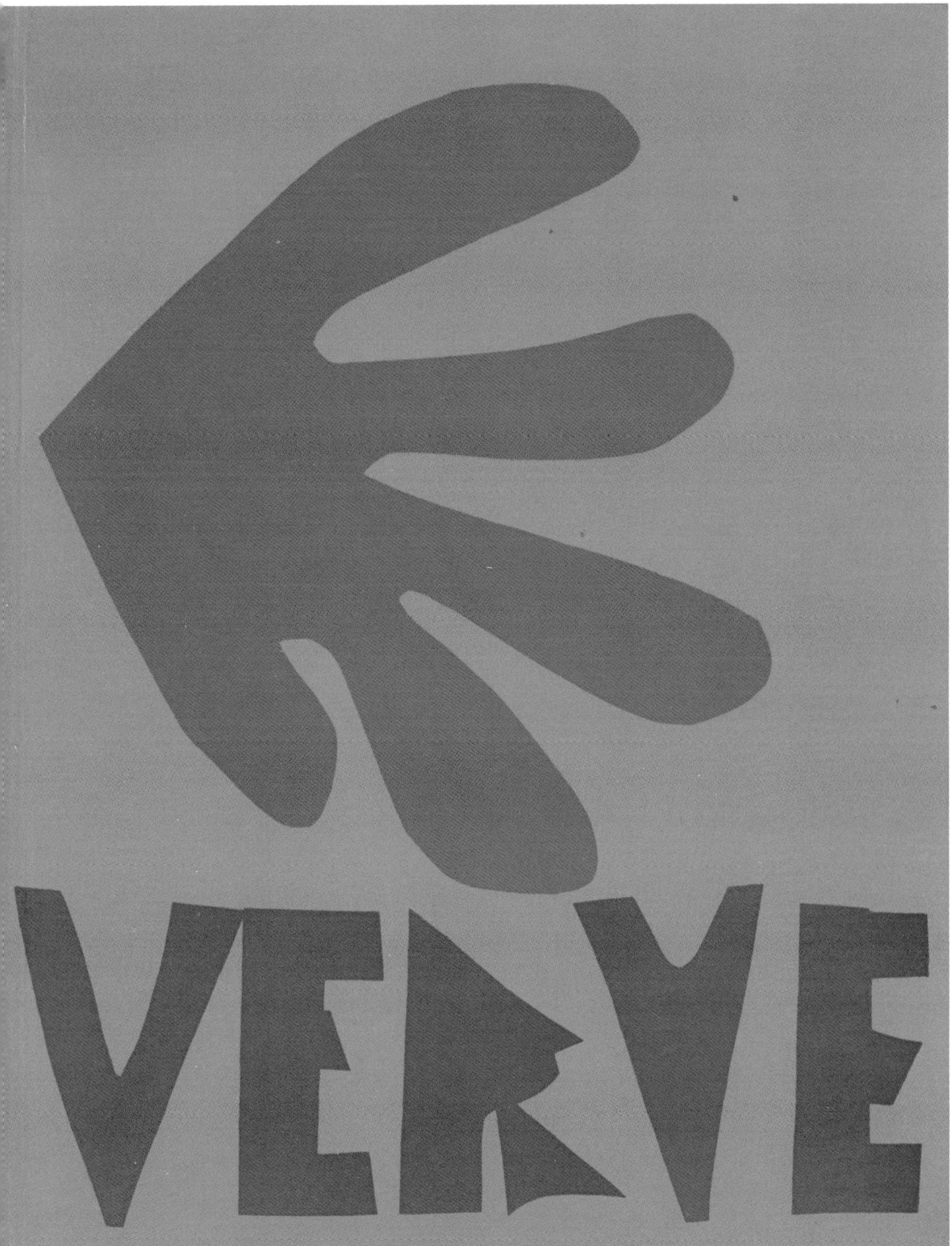
VERVE

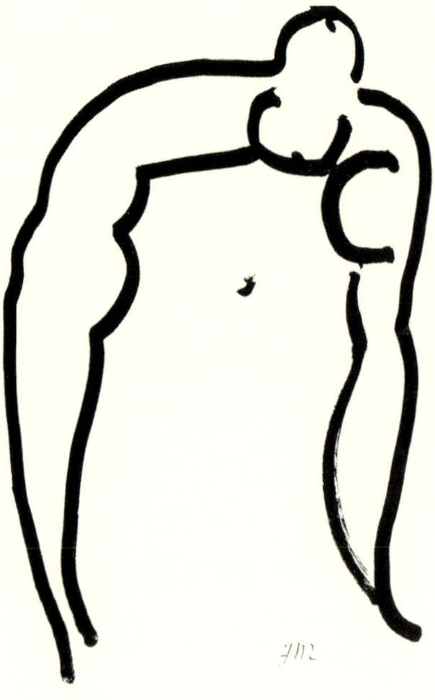

Acrobate, *1952*
Pinceau et encre de Chine
105 x 75 cm
Collection particulière
Reproduit p. 70 du Verve, *n° 35–36, été 1958*

médiation, d'autre accès à la création, que la ligne, sillage imprévisible et irréversible de l'acier. Du temps où Matisse peignait *La Danse* ou *La Musique*, ces grandes surfaces délivrées des tons locaux existaient certes, mais le parcours du pinceau y insinuait ses hauts et ses bas, ses assurances et ses hésitations, ses vitesses et ses retours. Il s'en tramait, touche après touche, un tissu d'acquiescements, de conciliations, de bonheurs, qui déjouait l'inertie de la toile, et lui permettait de palpiter, de respirer. Elle avait, en sa toute franchise, un déroulement : le labeur du peintre dans le temps, allant à contre-courant de la routine, modulant l'espace par son effort, retrouvant par lui volume et profondeur.

Tout a changé. Non pas que volumes et distances soient absents, mais l'expérience à laquelle on devait de préserver, dans le cadre du plan, l'impression de masse et de profondeur, grâce à la substitution aux repères analytiques traditionnels d'une syntaxe nouvelle, fondée sur la vision directe et globale, est à présent assimilée, infuse jusqu'à l'oubli apparent. Il s'agit d'un instant plutôt que d'un déroulement, d'un jaillissement plutôt que d'une modulation. Comme ces dieux qui pointent l'index vers la mer, et il en sort un monstre ou une Vénus anadyomène, enclos en leur immarcescible perfection, Matisse accomplit le geste suprêmement assuré – et peu importe qu'il ait été assoupli par une discipline de tant d'années – qui libère ses morphologies, celles de la fraîcheur même et de la vie invulnérable. Plus d'épaisseur matérielle, organique, entre Pygmalion et Galathée : rien que la richesse donnée et le bras qui l'informe. Rien que ce mariage, dans un moment si éblouissant qu'il paraît éternel, de l'âme de la couleur et de l'âme du ciseau.

Cette conjoncture, malgré la simplicité avec laquelle elle s'établit, n'en est pas moins troublante et neuve. Si neuve, si pleine encore d'inconnues, que Matisse envisageait son activité, non pas comme une fin mais comme un départ. N'est-ce pas la première fois, en effet, que la technique de la statuaire est appliquée à la substance de la peinture ? L'artiste taille dans un bloc qui n'est plus grès ou marbre, mais chromatisme. Il s'impose ainsi une exigence très onéreuse car la couleur ne se prête pas du premier coup au traitement sculptural. Rien ne l'eût empêché, évidemment, de s'en tirer à bon compte, s'il s'était contenté de prélever dans ces nappes étales de rouge, de jaune, de bleu bruts, ou indéfectiblement blanches, de ces arabesques, de ces taches ou de ces carrelages que l'on nomme, non sans intention péjorative et peut-être pas tout à fait à tort, décoratifs. Il n'est pas sûr d'ailleurs qu'il n'ait tout d'abord quelque peu séjourné dans ces agréables parages, mais pour pousser aussitôt vers des domaines plus astreignants. Il s'oblige à conférer le volume à une matière qui, moins encore que les supports du pinceau ou du crayon, adombrant ne serait-ce que le souvenir d'un contour, n'est apte à en porter les traductions accoutumées. Il lui faut imaginer un langage pour en dire encore les poids et les mesures. De même, les anciens moyens de marquer les distances, et donc d'aérer l'œuvre, ne lui sont plus d'aucun secours : pourtant elle doit continuer à respirer. Matisse se trouve dans la situation de l'organisme soudain mis en demeure de modifier radicalement son appareil respiratoire, de substituer aux poumons un système d'ouïes. L'œuvre respire à présent grâce à un jeu subtil d'expansions et de contractions, entièrement dû à la configuration des formes, puisque l'unidimensionnalité du plan et de l'intégrité de la couleur sont sans recours.

Si le problème du transfert des images, de ce terrain vague où nous claudiquons, à un autre champ, cette fois stable, équilibré, ouvert, où se dépensent en toute sécurité nos pirouettes et nos cascades, sans avoir perdu des yeux, en route, la terre quittée ; si le problème de la transposition est le même, dans sa structure la plus nue, avec ces gouaches cisaillées, que pour tout art, il n'a jamais été posé avec tant de rigueur que par elles. L'artiste n'a plus, comme avec la peinture, l'impression d'être seulement transporté dans une atmosphère d'une densité différente, à laquelle il lui suffit de s'adapter : c'est le passage dans un autre élément qui l'attend et le menace.

Voici la clé, peut-être, de l'inquiétante ambiguïté de ces papiers et de ces frises émaillées : quel est le lieu, où, restant identique, tout a changé ? Où les jours continuent à être eux-mêmes sans être les mêmes que ceux que nous connaissions ? Où les apparences subsistent, mais rendues à une autre dimension, et comme spiritualisées, désincarnées ? Où nul corps ne jette plus d'ombre, étant lui-même ombre brillante ? Où l'individu, dépaysé sans être pour autant égaré, doit se plier à une rééducation parfois douloureuse de ses réflexes : où l'on ne peut plus serrer dans ses bras ceux qui vous sourient, ni mordre aux fruits de l'offrande, ni recueillir les pleurs que l'on voit couler ? Où ce qui meuble l'univers est voué à une irrémédiable et merveilleuse légèreté ? Ce sont là les Champs-Élysées. L'art a toujours relevé de ces rives léthéennes, mais il était possible de l'ignorer ou de l'oublier : même le poids de la terre avait ses simulacres, au royaume bienheureux. Nous pénétrons pour la première fois, avec les gouaches découpées de Matisse, dans une contrée dont chaque visage, chaque enchantement, proclame qu'il n'est qu'élyséen. Rien ne nous retient plus alors de répondre par l'affirmative à la question du poète :

« Entendez-vous ces voix, charmantes et funèbres,
Qui chantent : Par ici ! vous qui voulez manger
Le Lotus parfumé ! C'est ici qu'on vendange

Acrobate, *1952*
Pinceau et encre de Chine
105 x 75 cm
Collection particulière
Reproduit p. 82 du Verve, *n° 35–36, été 1958*

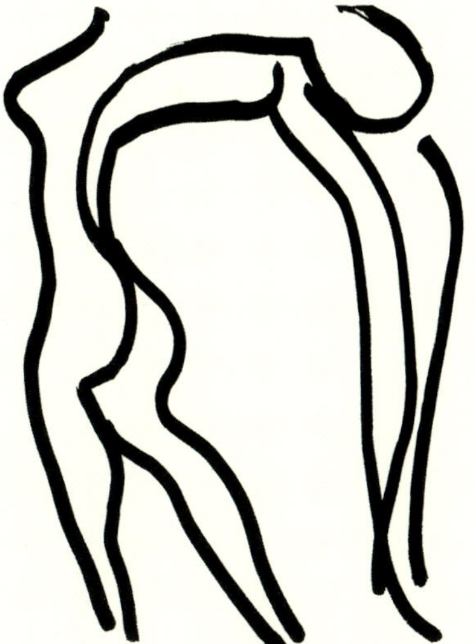

Les fruits miraculeux dont votre cœur a faim ;
Venez vous enivrer de la douceur étrange
De cet après-midi qui n'a jamais de fin ? »

Et, après lui, de soupirer :

« À l'accent familier nous devinons le spectre… »

Nous faudra-t-il encore montrer que cette œuvre est autre que de garniture raffinée, patio où déambulerait, cherchant luxe, calme et volupté, après une journée d'affaires heureusement conclues, une bourgeoisie qui a pour ces joyaux l'œil du propriétaire ? S'ils ont pris le chemin des *homes* dorés, c'est que nulle voie meilleure ne se présentait à eux. Matisse, à n'en pas douter, eût consenti à orner de la sorte piscines municipales, portiques, salles de réunion et autres endroits fréquentés, et cela sans considération d'intérêt autre que celui, capital, de voir son œuvre trouver son milieu favorable et y remplir la fonction à laquelle elle est propre. Mais les autorités incompétentes n'avaient à lui proposer que leurs musées : mieux valait encore l'ordre où l'on parvient à vivre, même si l'on y vit trop bien.

On ne saurait donc reprocher à ces panoplies vitrifiées des affectations qu'elles ont dû subir. Leur climat ne mérite pas le blâme : grave, et de toute légèreté. De cette légèreté dont on a voulu discuter, en objectant l'absence trop générale des ténèbres, le refus d'un pesant qui est celui de

Le grand studio d'Henri Matisse à l'hôtel Régina, *Cimiez-Nice, 1953*
Photo Hélène Adant

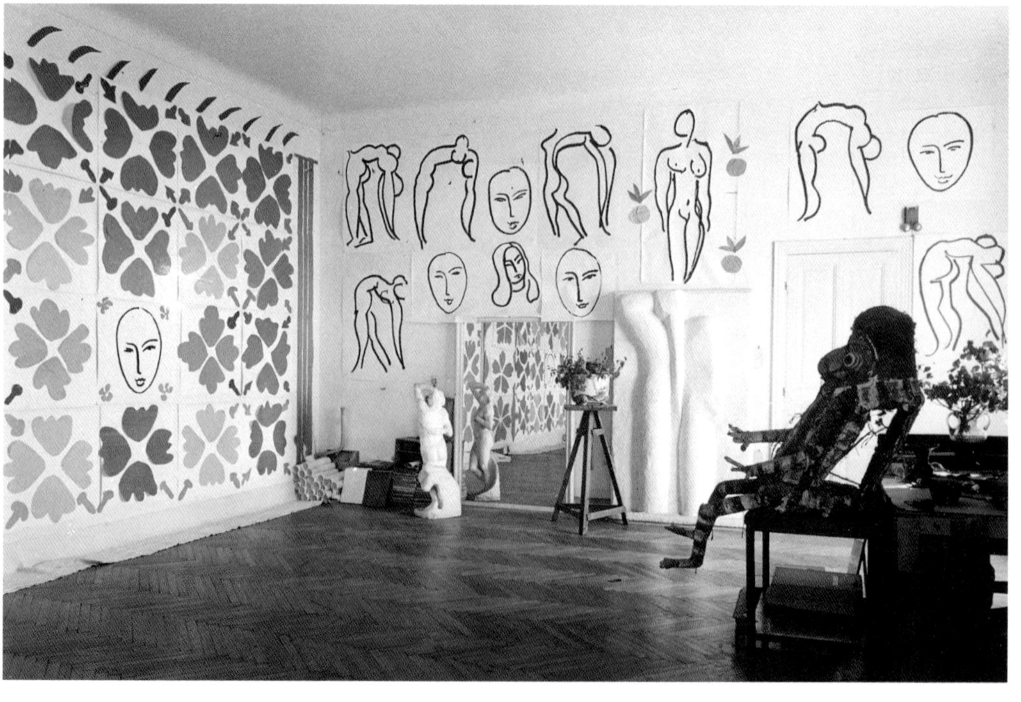

la souffrance humaine, le siège mis une fois pour toutes au cœur du bonheur et de la jeunesse. Soit, Matisse n'aura pas poussé son voyage jusqu'au bout de l'infinitude et de la nuit. Il n'aura pas été de ceux qui, effondrés dans l'abîme de leur esprit, s'exténuèrent à clamer vers l'abîme, et il se pourrait bien que, tour, montagne et rocher de l'éternité, la béatitude qu'il nous invite à partager, effleure les bords d'une certaine cruauté : l'ombre qui désaltère ne naît pas d'une conscience si claire. Critique abusive néanmoins que celle qui taxerait d'irréalité une œuvre ainsi fichée, flèche précise et vibrante, dans un instant de l'existence, le moment parfait, et en propageant la présence, par son insistance inspirée, jusqu'aux confins du temps et de l'espace. Ne convient-il pas de reconnaître qu'elle communiquait directement avec un aspect véritable de la vie ? Le reste est affaire d'usage. Pourquoi s'en prendre au jardin du fait que ce serait trahir notre expérience que de s'y prélasser à perpétuité ? Celui qui le plante et l'ordonne ne reçoit ni secours ni contrariété de telles considérations : sa tâche est de lui assurer constance et renouvellement pour que, l'heure venue où nous dirigeons nos pas vers ses dais versicolores, ses carrousels outremer et ses bassins dont le blanc diffère tellement du blanc, puisqu'il est le blanc de la lumière, il nous attende, prêt à nous accueillir et à nous restaurer.

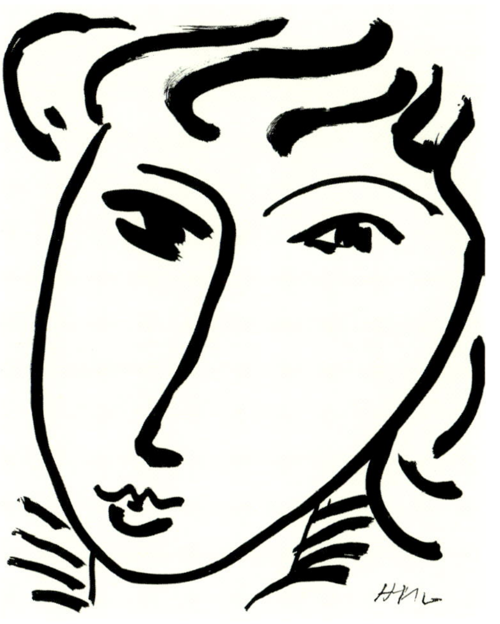

Tête de femme, *1952*
Pinceau et encre de Chine
65,3 x 50,0 cm
Collection particulière
Reproduit p. 131 du Verve, *n° 35–36, été 1958*

Ainsi, l'exclusivité dont se réclame Matisse n'est, somme toute, que besoin de ne s'attacher qu'à l'essentiel : de même, toutes les choses ne sont pas soleil, mais sans le soleil toutes dépériraient. On glisse ici à la seconde interprétation de cette période dans la longue trajectoire de l'artiste. Interprétation que l'on nommerait néoplatonicienne ou, puisque c'est une chapelle qui en fournit avant tout la matière, chrétienne, dans le sens d'un Denys l'Aréopagite. Le monde, dira-t-on, n'est qu'une hiérarchie, des ténèbres à l'ineffable lumière, du néant à l'être. L'homme doit en gravir les échelons pour se confondre avec le feu central. Matisse aurait obéi à cette sommation. Le rayonnement qu'il dispense à ses silhouettes météoriques lui est conféré par sa coïncidence avec la source incréée de la toute-clarté. Et si nous renâclons devant cette pure lumière « puisée au foyer saint des rayons primitifs », c'est parce que nos yeux mortels ne sont que des « miroirs obscurcis et plaintifs ». Ce n'est plus, comme tout à l'heure, le paradis sur terre à un prix presque abordable, mais le ciel septième et sans prix. Non vacances de gens aisés, mais vacance du mystique.

Ainsi nous hissons-nous de la volupté à l'hypostase, du sensuel au symbole. Mais il y a un je ne sais quoi d'un peu court dans l'une et l'autre de ces vues, et qui néglige le revers de l'étincelant pavanement. Ce n'est pourtant ni la Côte d'Azur ni le lieu céleste qui épuisent la substance de cette œuvre. Il nous faut, pour la définir, suivre de plus près nos réactions

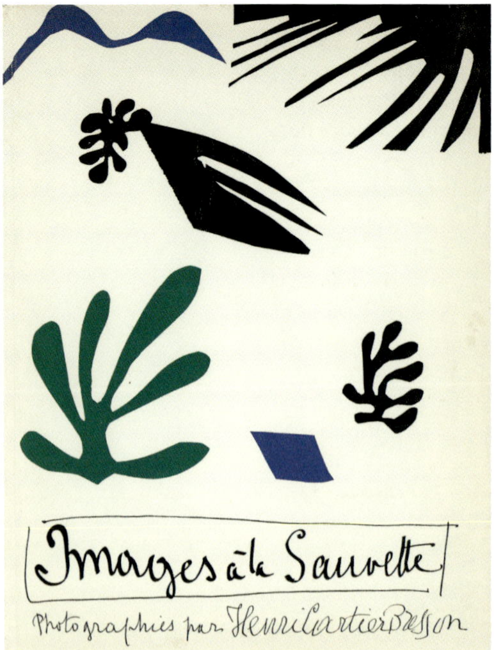

Images à la Sauvette, *1952*
Photographies par Henri Cartier-Bresson, publié par éditions Verve, 22 juillet 1952

et nos sentiments, et nous demander ce que cette halte aux Champs-Élysées, pour un être charnel, implique.

Impression de fraîcheur, oui, mais d'une intensité presque insoutenable : sensation de glace ardente. De même, s'il est ici question d'insolite, ce n'est point à coup sûr de celui qui prolifère dans les replis de l'obscurité, mais au contraire de la lumière, de la lumière si éclatante, si volontaire, si décisive, qu'elle occupe entièrement l'œil, et, crue soudain, nous envahit en notre tréfonds. L'étrange est là : cette lumière extérieure, physique, ou plutôt naturelle, brille si impérieusement qu'en elle se noie et se dissout son répondant de toujours, la lumière intérieure. Lumière vraie, puisqu'elle se fraye un chemin jusqu'en notre âme, absorbante pourtant, puisqu'elle l'investit tout entière. Si l'intime de l'être reçoit accès à la liberté, c'est pour se sentir aussitôt dissipé par elle, de même que s'évaporent les poches d'humidité lorsqu'elles sont exposées à l'été brûlant. L'atmosphère où évoluent ces filles-plantes et ces plongeurs en suspens est par trop tonifiante : oxygène plutôt qu'air. Presque à l'excès naturelle, comme touchée par cette férocité triomphale, cette joie acérée de mouettes clabaudantes. Ici trône une voix inexorablement mélodieuse, pénétrante, dont chaque son est de cristal, dont la moindre inflexion vous gagne, quels que soient les obstacles. On songe à une Reine de la nuit qui se nommerait alors reine du jour, de l'absolu midi, aux arpèges diamantins et qui transfixent les airs. Plainte et extase, rire et fureur, se haussent dans son chant, en deçà ou au-delà de l'humain, à une même transparence. Quant à l'homme, il semble qu'un tel monde ne puisse s'entrouvrir à lui qu'en rêve. Ainsi de Baudelaire :

« Architecte de mes féeries,
Je faisais, à ma volonté,
Sous un tunnel de pierreries
Passer un océan dompté ;
Et tout, même la couleur noire
Semblait fourbi, clair, irisé ;
Le liquide enchâssait sa gloire
Dans le rayon cristallisé. »

Ce n'était donc que cela ! Le moment vient tôt ou tard où :

« En rouvrant mes yeux pleins de flamme
J'ai vu l'horreur de mon taudis,
Et senti, rentrant dans mon âme,

La pointe des soucis maudits. »

L'homme retombe d'un bonheur inhumain, l'ombre renaît. Mais les rumeurs de ce moment, toujours perceptibles en sourdine chez Baudelaire, comme un frelon contre la vitre, ne frémissent plus à la dernière fenêtre de Matisse. La belle heure est saisie par lui, et clouée vive, comme un papillon impérial, sur l'étendue entière de l'existence. Qu'importe que sous elle le chasseur soit à bout de souffle, écroulé, désagrégé : telle est sa détermination, monstrueuse ou miraculeuse, que de tout ce qu'il garde de force, il s'emploie à larguer les ailes du socle bas qui les retenait. La main d'un gisant prend le ciseau et coupe le fil qui amarre l'œuvre à l'univers imparfait.

Tout entière abandonnée à cette pétulance qui ne peut être que cosmique. Les acrobates y deviennent lianes et les nageurs poissons-volants, le rythme du muscle et des reins se confond avec celui de la sève et de la ramure ; malgré des thèmes souvent empruntés au personnel du gymnase ou du gynécée, tout n'y est plus qu'astre, fontaine et frondaison.

Prêts à commettre une nouvelle injustice, arrêtons-nous : l'insolite est-il dans l'œuvre même ? Ceux qui la trouvent trop naturelle, n'est-ce pas simplement qu'ils ne tiennent plus à leur racine ? Et cette faculté d'éterniser les belles heures, si commune en d'autres âges, n'est-elle pas devenue pour eux un art oublié, presque incroyable ? Fera-t-on grief à Matisse de se souvenir ? Il fut de la génération qui connut encore le chemin au long duquel à certains intervalles dans le travail et la tribulation, l'ombre se fait rayons, la défaite victoire ; et, de toute sa vigueur, il tenta de s'y accomplir durablement. Il dressa ses portants et ses ajours, l'auberge qui, depuis les caravansérails musulmans, n'accueillait plus qu'en songe. Dans le promenoir aux multiples mansions espéré par Nietzsche pour son apaisement, l'une au moins s'accommoderait à merveille de la parure passementée par Matisse :

« Il faudra une fois comprendre, et sans doute bientôt, ce qui avant tout manque à nos grandes villes : une vaste étendue silencieuse réservée à la méditation, avec de hautes, spacieuses et longues galeries pour le mauvais temps et le trop grand soleil, où nul bruit de voitures, aucun cri des rues ne pénétreraient, où même au prêtre, une décence plus délicate interdirait la prière à haute voix : des architectures et des jardins qui, dans l'ensemble exprimeraient le côté sublime du recueillement et de l'éloignement du monde. Le temps est passé où l'Église eut le monopole de la méditation, ou la *vita contemplativa* devait être toujours d'abord *vita religiosa* (et tout ce que l'Église édifia est l'expression de cette pensée). Comment pourrions-nous nous contenter de ses monuments, même dépouillés de leur sens ecclésiastique ? Ces monuments parlent un langage bien trop pathétique et trop embarrassé : ce sont les maisons de Dieu et les lieux d'apparat du commerce avec l'au-delà, nous ne pouvons, nous autres sans Dieu, y poursuivre le cours de *nos pensées*. Nous voulons nous traduire nous-mêmes en pierre et en végétation, nous voulons nous promener en *nous-mêmes*, quand nous errons dans ces portiques et ces jardins. »

Avouons-le, nous étions peu préparés par la tournure des événements et l'inclination de nos esprits à comprendre ce que pareille entreprise avait et de simple et de grandiose. À l'abrutissement provoqué par la carence du siècle, nous ne savions guère que réagir par les contorsions et les signes de l'angoisse ou de la colère. Cependant, d'hérédité paysanne, Matisse se choisissait son registre et reprenait la prière de toujours de ses pères, où il passe un écho du lointain Orient :

« Un monde de douleur et de peine :
des cerisiers s'épanouissent ;
même alors… »

Les céramiques qu'il nous laisse – un phénomène assez étonnant, n'est-ce pas, ces serpents, ces danseuses et ces épis éclatés de leur axe, et fusant et virevoltant avec une célérité folle, dans une immobilité finale – on ne saurait plus les enfermer dans une collection sans aussitôt les corrompre : comme ces fleurs des champs que la chambre ternit. Son œuvre ultime est, en ce sens, d'une rigueur plus grande encore que les figures et les paysages fauves, elle ne se prête qu'au commerce courant, n'a de place que dans les lieux où l'on cause, où l'on se détend, où l'on joue, où l'on se tait. Il arrive que cette place soit par elle occupée souverainement.

Et peut-être ne faut-il pas parler de renoncement à certains pouvoirs d'expression, mais plutôt de leur conversion en la seule forme d'énergie qu'une initiative de ce genre tolérât. Bouillonnement de la conscience, non plus employée à racler les nerfs et à pincer la corde tragique, mais à transformer en ampleur la simplesse qui chez tant d'autres n'avait mené qu'à des constructions schématiques et maigres. Il élève les pétales de la mauve et du coquelicot à la puissance du firmament constellé. Décoration, oui, mais seulement en ceci : que le monde environnant, la terre et ses formes, le ciel et ses feux, notre décor, ne nous soient plus étrangers, grâce à cette note médiatrice introduite par elle. Elle est une écluse, un porche de la nature, un pavillon au sein de sa luxuriance, un prolongement de ses vertus généreuses jusqu'au centre des villes damnées. Et son message est si vaste qu'il s'accommode du langage le plus dépouillé, presque du silence : un art de respirer de concert avec les éléments, retrouvés et offerts. Et surtout, qu'on ne nous reprenne pas ce refrain de la splendeur matérielle, du lit de roses, des ébrouements de cacatoès : ce que Matisse réinvente à l'échelle de la plus totale candeur, c'est la cellule première de toute activité spirituelle, c'est le souffle qui est source de l'âme. *Anima* se fonde sur *animus*.

À ce tournant sans rémission, rien n'importe plus au voyageur que le point où s'opère l'accord entre l'œil et les objets, et l'univers. Qu'il y parvienne, nous en avons le signe irréfutable : de ce qui existe hors de nous, il n'est qu'une « chose » que l'homme partage sans discernement avec le monde, et qu'il puisse créer lui-même, de sorte que cette nouvelle création rejoigne l'autre et l'épouse, se mêle à elle – la lumière. L'entente est absolue, dans les derniers ouvrages de l'artiste, entre la clarté de la terre et celle que, de sa main, il allume. Là est le gage que nous sommes en présence d'un immémorial futur.

Lors des funérailles de Matisse, le temps était voilé et assez morne à Nice. Mais alors que le cortège se reformait, pour le conduire, après le rite, au lieu de son dernier repos, sur la hauteur de Cimiez, les rayons du soleil déchirèrent soudain la toile grise et inondèrent le ciel exactement avec la même radiance, le même lustre accueillant que durant sa vie entière Matisse s'était astreint à capter et à réfléchir. Il était difficile de ne pas penser, sans mettre là aucune sentimentalité, uniquement parce que c'était ainsi, que le soleil avait essayé, lui aussi, de payer son tribut de sympathie au plus fidèle de ses serviteurs et que son apparition disait alors : « Il vint comme un témoin pour rendre témoignage à la lumière. »

Georges Duthuit : Les Fauves
Genève, 1949
Couverture, avec les dessins des fleurs pour des « exemplaires de tête »

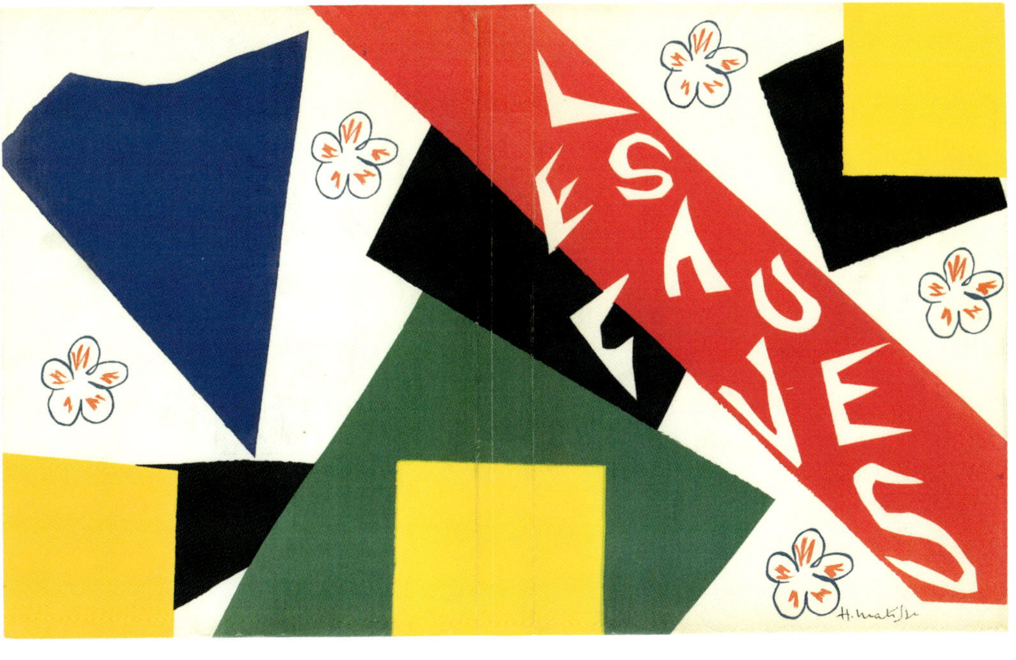

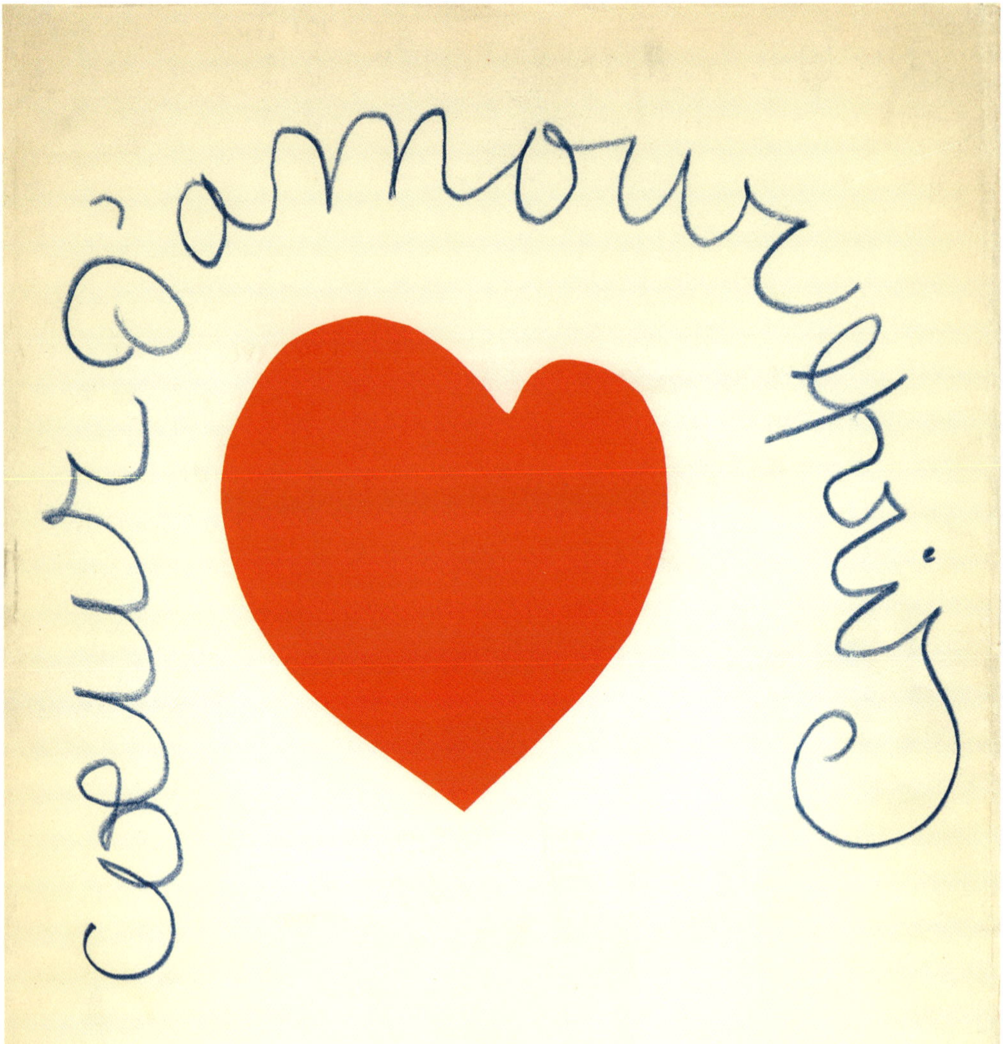
cœur d'amour épris
verve

Pierre Reverdy

Matisse dans la lumière et le bonheur

Verve, numéro 35–36 :1958

Verve, n° 23, *1949*
Première de couverture :
Cœur d'amour épris

Je ne pourrais vraiment pas dire que je crois dur comme fer à la prédestination des noms, mais j'y crois un peu, autant qu'il est permis de croire à quelque chose que ce soit dans nos bienheureux temps incertains. Pourtant, Matisse me semble un nom massif, un nom, un mot de poids qui indiquerait plutôt, que celui qui le porte se manifestera de préférence dans sa vie par des actes, non pas de brutalité mais de force, une main puissante à serrer et peser, mais non pas à frapper pour abattre, plutôt à pétrir et comprimer pour donner aux choses entreprises la plus grande densité. Mais il y a aussi la finale qui siffle un peu comme une fusée en montant – la flambée au-dessus de l'humus dans un éblouissant parterre de fleurs. Et justement, Matisse a parlé des fleurs et les a peintes comme personne – ce qui pourrait à la rigueur nous permettre, à cause du massif, un assez bon départ.

Ce qui offusque la raison, dès que l'on veut essayer de définir en quoi pourrait bien consister le bonheur sur cette terre, c'est qu'immanquablement s'interpose l'idée d'un bonheur parfait, telle qu'elle ne peut découler que de la conception d'un état de perfection absolue, uniquement concevable dans ce lieu si rebelle à l'investigation, même purement imaginaire, qu'on a, à peu près, tout dit de ce que l'on en sait, en le nommant simplement jardin ou Paradis.

Mais on ne peut pas toujours rester dans son jardin. Aussi n'est-ce pas de cette espèce de bonheur-là que j'entends parler en disant de Matisse qu'il me semble avoir été, par une attention tout particulièrement bienveillante des puissances occultes qui peuvent avoir présidé à sa naissance, aussi nettement orienté au bonheur que l'aiguille d'une boussole, qui fonctionne par hasard très bien, a jamais pu l'être au Nord.

Si ce propos très ancien, que l'on rapporte de lui, est vrai : « Je voudrais vivre comme un moine dans une cellule, pourvu que j'aie de quoi peindre sans souci ni dérangement », c'est qu'il sentit de très bonne heure que le plus grand bonheur ne lui viendrait, ne pouvait lui venir que du travail et, grand travailleur, qu'il aurait certainement par ce travail, une grande quantité de génie à délivrer. Ce qui en est découlé prouve surabondamment tout le reste. Mais encore, tout le temps de sa vie, cette orientation vers le bonheur s'affirme dans les propos et dans les faits. Et la conception de l'art même, quand il dit déjà en 1908 : « Ce que je poursuis, par-dessus tout, c'est l'expression. Ce que je rêve, c'est un art d'équilibre, de pureté, de tranquillité, sans sujet inquiétant ou préoccupant… quelque chose d'analogue à un bon fauteuil. » Ça, c'est pour l'esthétique, mais il y a, en plus, la jouissance des sens devant la nature que cette phrase, prononcée lors d'une interview, en parlant de son arrivée à Nice en 1917, exprime magnifiquement : « Il pleuvait, mais le lendemain, quand, en ouvrant ma fenêtre, je pensai que j'allais avoir tous les jours cette lumière devant les yeux, je ne pouvais pas croire à mon bonheur. »

Or la première condition du bonheur – qui est elle-même don primordial de nature et qui ne s'imite pas –, c'est la volonté innée et comme viscérale d'être heureux, la constance, la persévérance, ce que j'appelle précisément l'orientation au bonheur, comme d'autres ont reçu la malédiction de l'orientation contraire, de ne pas pouvoir ni savoir jamais être heureux.

Sans doute, la volonté d'être heureux ne crée pas, à elle seule, le bonheur, mais elle est une sorte d'assise, de sauvegarde qui permet, dans une certaine mesure, aux circonstances propres au bonheur de se présenter, de se former ; elle permet enfin et surtout de les accueillir, de profiter de leur présence au lieu de leur tourner le dos quand elles passent et de les laisser s'évaporer.

Ce que j'en dis, avec tant d'impertinence, peut-être, n'est pas pour me mêler, avec une intolérable indiscrétion, de la vie privée d'un homme dont c'est l'œuvre surtout qui nous intéresse, mais précisément parce que je ne pourrais rien dire de cette œuvre, moi qui n'entends proprement rien à la peinture, envisagée du point de vue critique, si je ne disais que ce qui s'en

Henri Matisse dans l'atelier de M. Mourlot, *1947*
Photo Ina Bandy

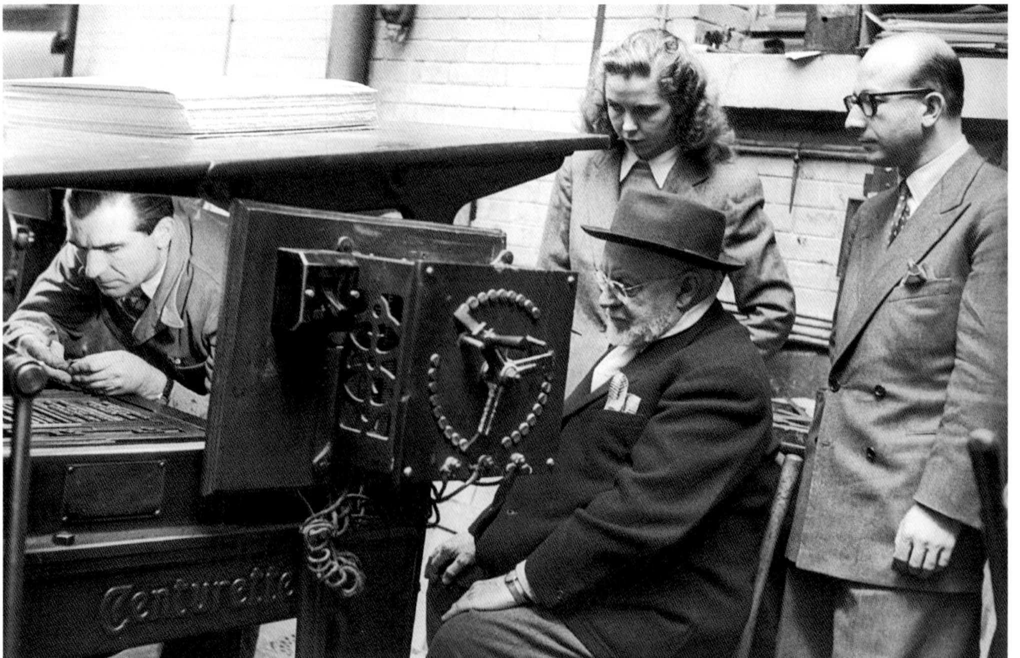

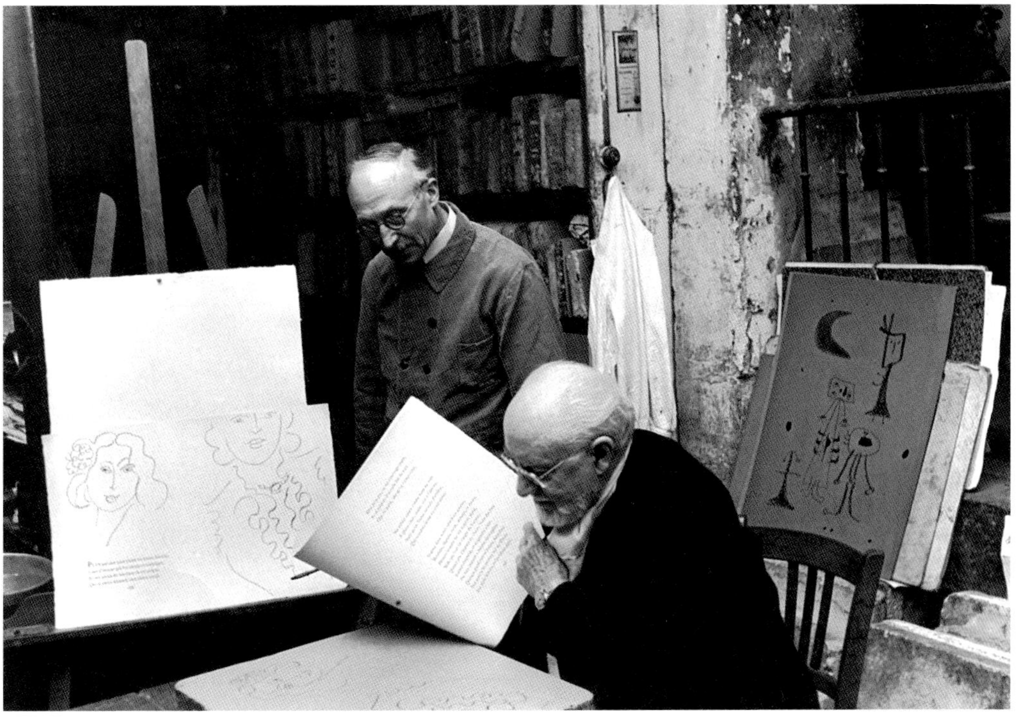

Henri Matisse regardant les lithographies de Ronsard dans l'atelier de M. Mourlot (à côté de Matisse, le lithographe Gaston Tutin), *1947*
Photo Ina Bandy

dégage, du premier au dernier coup d'œil, quand on a pris assez de temps pour qu'il y en ait entre les deux un très grand nombre d'autres, c'est l'impression d'une immensurable puissance de bonheur.

Il ne me semble pas très probable que Matisse se soit jamais beaucoup attardé à la recherche de l'absolu. Il avait beaucoup trop de lucidité et d'intelligence pour ça, mais il l'a peut-être trouvé. Il est peintre et, par son œuvre, il vous met devant « La Peinture ». Pas d'autre question.

Plus tard, beaucoup plus tard, car pour le moment, nous sommes malheureusement privés du plaisir de contempler, de ses œuvres, un nombre assez considérable à la fois, dispersées qu'elles sont dans les musées, les grandes collections, chez les marchands, j'espère qu'elles seront toutes réunies dans un même immense bâtiment où chacun pourra prendre la mesure exacte de l'importance monumentale d'une des productions les plus admirables de notre temps.

Pour le moment, en fermant les yeux, je me la représente comme un fabuleux arc-en-ciel enjambant, de très haut, ce côté-ci de la terre et qui provoque en moi cette effusion de joie que la vue de l'arc-en-ciel vrai, après l'orage, faisait naître en mon cœur d'enfant parce que l'on m'avait dit que de l'apercevoir portait bonheur.

De fait, et bien que j'aie connu Matisse il y a déjà plus de quarante ans, je ne peux jamais penser à lui que son image ne se présente à mon esprit toujours accompagnée de l'idée plus ou moins diffuse de bonheur, et cependant…

Nu de dos, *1951*
Fusain sur papier
50 x 65 cm
Collection particulière

Cependant si, c'est bien ce que je pense, malgré la terrible rançon que toute grande destinée, comme, aussi souvent, les petites d'ailleurs, ne saurait manquer d'acquitter au guichet, en entrant au théâtre du monde, que ce soit du côté de la salle ou de la scène – comme acteur ou comme spectateur – en attendant de se retrouver dans le même carrefour sombre, à la sortie.

Il y a une dispute intermittente sur le point de savoir à qui revient la plus grande part dans la création artistique, du sens critique ou de l'imagination. Il paraîtrait évidemment que le premier mouvement doive venir de l'imagination qui propose, d'après tout ce qu'elle a d'abord puisé dans la nature et forme en le transfigurant selon les facultés de l'auteur en question ; ensuite, celui de l'esprit critique, du même, qui choisit, repousse ou admet, entre ce qui lui est proposé en vrac, soit ce qui lui est inutile ou ce qui concorde avec sa sensibilité et qu'il estime le plus propre à la représenter. Il est le souverain juge et donc, naturellement, le principal responsable, en tout cas, du résultat. Mais cela n'est pas très sûr. Au surplus, ce qui serait le plus intéressant à éclaircir, c'est ce qui se passe quand l'émotion imaginative et le sens critique agissent simultanément. Et même, en certains cas, il semble bien que ce soit le sens critique qui précède le mouvement de l'imagination, qu'il la provoque et garde le commandement pendant tout le temps que dure l'opération. Il ne s'agit pas de retouches, de corrections à froid, mais de ce premier jet qui parvient d'un coup, comme il arrive encore assez souvent, à cet état où l'œuvre n'a plus que très peu de modifications à recevoir pour que soit atteinte sa perfection.

Quoi qu'il en soit, il est évident que le sens critique de Matisse est hors de pair et il fallait qu'il le fût pour organiser comme il a su le faire l'afflux énorme de possibilités que lui proposait sans cesse son intarissable et audacieuse imagination. Mais n'est-ce pas précisément la condition même du génie que cet équilibre entre sens critique et surabondance de moyens que suscite l'imagination ?

Mais ce que dit le peintre de son propre dessin est si rigoureusement exact qu'en le lisant on incline fortement à penser que ce serait décidément, en majeure partie, d'un sens critique très sûr et très aigu que dépendrait surtout la création dans tout grand art. « Mon dessin au trait est la traduction la plus pure de mon émotion. La simplification du moyen permet cela. Cependant, ces dessins sont plus complets qu'ils peuvent paraître à certains qui les assimileraient à une sorte de croquis. Ils sont générateurs de lumière ; regardés dans un jour réduit, ou bien dans un éclairage indirect, ils contiennent, en plus de la saveur et la sensibilité de la ligne, la lumière et des différences de valeurs correspondant à la couleur d'une façon évidente. Ces qualités sont aussi visibles en pleine lumière pour beaucoup. »

Bien entendu, la bonne peinture, et parfois même aussi, il faut bien le dire, la mauvaise, se fait plus avec la tête de celui qui en est capable qu'avec ses bras – mais pour ce qui est écrit, que ce soit littérature ou poésie, ce qui n'est cependant pas tout à fait la même chose, la tête ne s'appuie que sur la tête, les mots n'étant que des signes conventionnels de valeur locale, tandis que les formes et les couleurs, universellement comprises par tous les hommes ayant des yeux, sont, à elles seules, une aide plus qu'un obstacle à

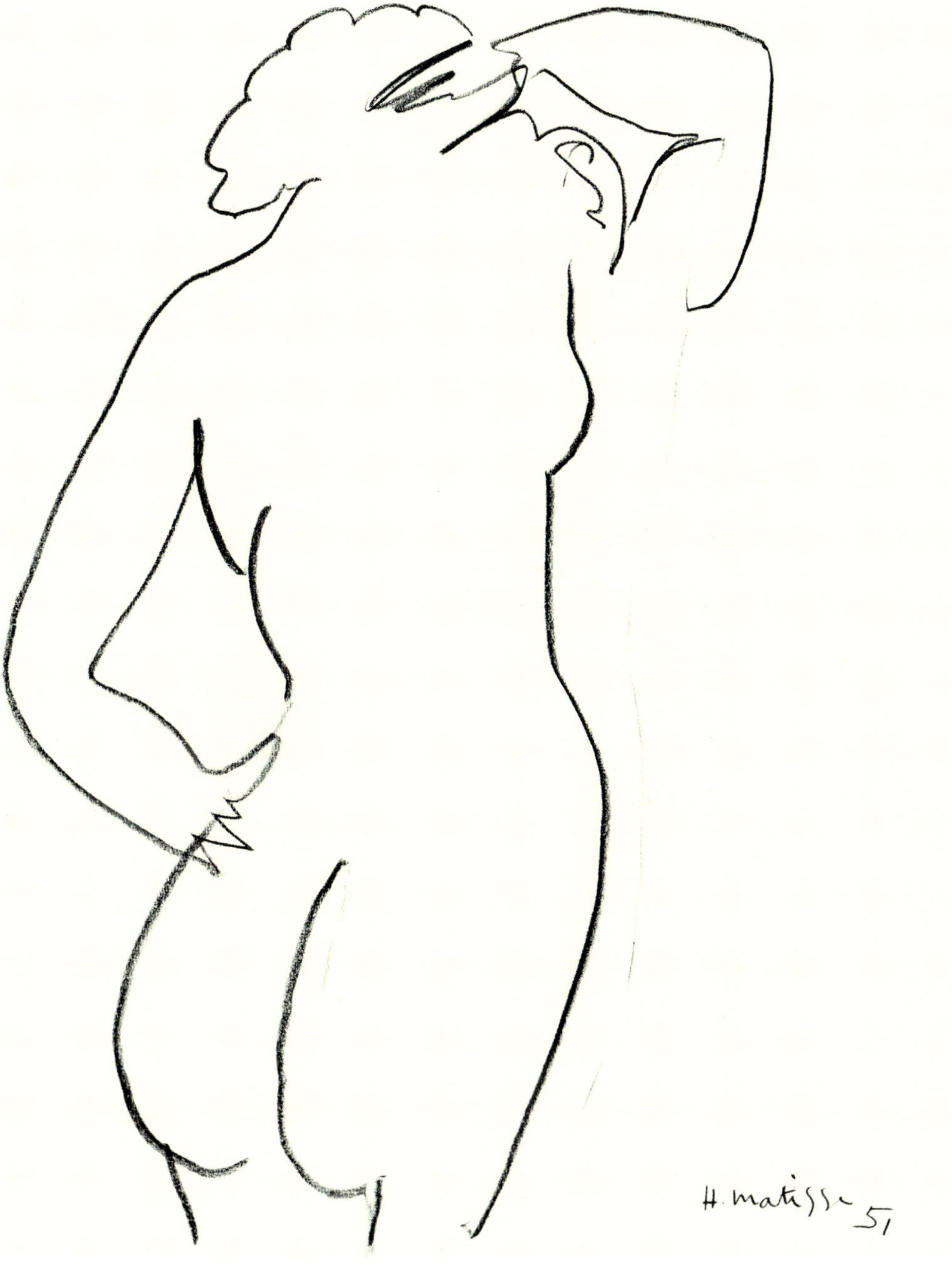
H. matisse
51

vaincre – la matière dont elles sont constituées étant déjà en soi une irrécusable réalité.

Si l'on dit d'un peintre comme Matisse qu'il est classique, ce n'est pas pour le jeu facile de scandaliser ceux qui le considéreront jusqu'à leur mort comme un boutefeu – et, par leur descendance, ils seront, en quelque sorte, immortels – mais pour dire que chez lui, l'idée prédomine toujours le sentiment, que la sensation ne s'exprime jamais directement, qu'elle vient seulement nourrir l'idée qui l'exprimera, au lieu de s'épanouir en trait direct ou par tâtonnements, sans aucune sorte de préméditation.

Nu de dos, *octobre 1949*
Crayon sur papier
56 x 37 cm
Collection particulière

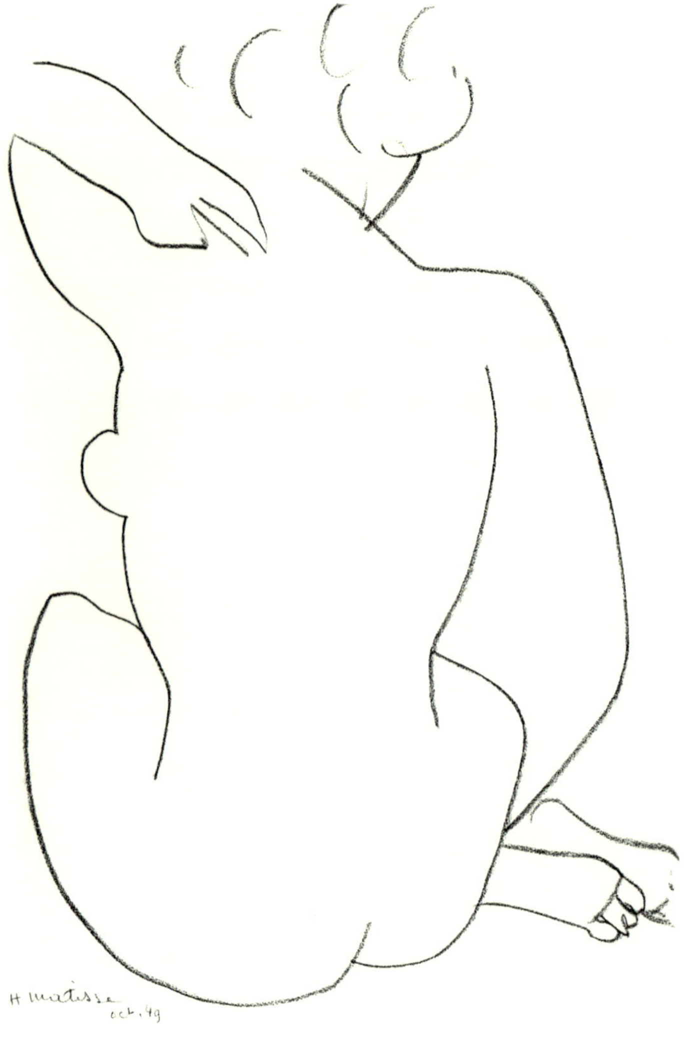

Plus que tout autre, il a contribué à débarrasser l'art pictural de tout ce qui n'était qu'insignifiant bavardage. C'est peut-être pourquoi, devant ses toiles, quelle que soit l'intensité du choc qu'elles provoquent, nous ne sommes pas portés à discourir, le plaisir et l'étonnement qu'elles nous procurent et dont elles nous frappent, nous incitent plutôt au recueillement. C'est que science et conscience sont les deux colonnes qui soutiennent son puissant génie et ennoblissent de gravité toute sa production, qui s'impose par sa vigoureuse ordonnance en même temps qu'elle garde toute l'éclatante fraîcheur de l'improvisation.

Matisse est classique parce que ses tableaux sont construits selon les règles les plus orthodoxes de la composition. Du reste, il a tenu dans les derniers temps de sa vie à le proclamer lui-même et à le prouver en publiant simultanément la reproduction de certains croquis et celle des tableaux terminés en vue desquels ces croquis avaient été exécutés. Ils sont au simple trait, hâtifs mais très complets, surtout quant aux indications de couleurs à placer. On y peut constater que les couleurs constituant le tableau sont rigoureusement celles qui étaient indiquées, et à la place exacte fixée sur le croquis. Le tableau était donc déjà très précisément conçu, établi et virtuellement fait dans l'esprit avant que la main saisisse le pinceau.

Par conséquent, ces œuvres ne sont pas et sans doute n'ont jamais été issues de procédés ou de moyens impressionnistes, mais des plus pures lois classiques qu'il avait si longtemps étudiées, approfondies et pratiquées par l'exercice de la copie dans les musées. Ce qui n'empêche d'ailleurs pas qu'il soit très vrai et très sincère quand il parle de sensation et d'émotion, à quoi ses toiles doivent tout l'éclat et la saveur qu'elles ont, mais leur densité, leur rigueur statique et leur force, elles les doivent à la plus patiente des préméditations.

Certains de ses tableaux, d'une richesse presque excessive, sont parfois si pleins, si garnis de formes et d'objets, tellement somptueux de couleurs et gonflés de décorations de toutes sortes – quoique toujours dans le plus grand ordre et sans jamais la moindre entorse au goût – qu'ils deviennent comme ces arbres trop nourris de sève et si touffus qu'on les préférerait presque émondés. On y respire de prime abord moins aisément que dans la plupart des autres, plus sobres et si amplement aérés. Mais, tout à coup, une simple ligne sur un fond de couleur ou une ligne de couleur sur une page blanche, et qui ne demandent rien d'autre, suffisent à nous combler.

En quelque endroit Matisse dit qu'il ne comprenait pas le mot d'Ingres que *le dessin est la probité de l'art*, mais au contraire très bien qu'on ait appelé Hokousaï *le vieillard fou de dessin*. De lui on pourra sans aucun doute dire qu'il est non seulement le plus grand coloriste de son temps, mais encore, le plus optimiste de la peinture française de tous les temps. Il broie du rose et du bleu comme d'autres des tons amers, ses toiles nous mettent du ciel dans les yeux comme certains coquillages de gros calibre dans l'oreille le sourd et lointain bruissement des vagues de la mer.

[...]

L'invention des formes a remplacé l'imitation conventionnelle du réel. L'imagination ne joue plus sur le sujet, réel ou littéraire, à représenter, mais librement, dans les limites de la toile qu'il s'agit de charger de formes et de couleurs qui lui conféreront, sur un autre plan, une réalité nouvelle dont le peintre est le seul inventeur.

L'un des plus étonnants coups de génie de ce grand novateur, et des plus heureux à la fois, est d'avoir su, sans l'escamoter en aucune manière, et sans lui ôter la moindre part de son importance ni de sa saveur, accorder au motif réel juste la place qu'il doit occuper pour donner au tableau l'appoint de valeur humaine, de force et de poids, sans qu'il vienne détourner au profit de l'anecdote pittoresque, la moindre parcelle de l'émotion esthétique qui revient de plein droit tout entière à ce qui relève de l'imagination.

Une des choses les plus remarquables aussi, c'est le rôle que joue la figure ou le corps humain dans ses tableaux. Par moyen de libération sans doute, il ne leur donne jamais plus d'importance qu'aux objets. Ce sont, comme eux, formes supports de couleurs, masses dans la composition. Suppression complète de tout détail trop caractéristique qui viendrait, accaparant l'attention, détruire ou déranger la partie que la masse de ce corps coloré est chargée de tenir dans l'ensemble de la composition. Ce qui importe, ce n'est plus que ce

Sirène, *1949*
Crayon Conté sur papier
56,5 x 38 cm
Collection particulière

soit un être ou une chose – en tout cas, la différence n'est pas de poids : *je ne fais pas une femme*, dit Matisse, *je fais avant tout un tableau*, c'est la valeur que cette forme et cette couleur doivent avoir dans le tableau. Cette indifférence, il l'a montrée même dans la décoration de la chapelle de Vence où il a voulu voir lui-même comme l'aboutissement parfait de tout son œuvre.

De même, les têtes de ses personnages, quand il n'inscrit aucun des attributs du visage dans l'ovale qui en tient lieu, montrent comment il savait jouer des valeurs et enlever ou donner à chacune ce qui aurait pu nuire au tableau ou qui allait au contraire le servir. Il en résulte une unité et une harmonie qui expriment parfaitement son besoin de placidité. Placidité dans la plasticité sont les deux termes qui s'appliquent sans doute le mieux à son genre de génie.

Il n'est pas douteux qu'il est statique mais il a dû être fou de mouvement et comme il semblerait que tout ce qu'il a voulu ait toujours réussi, il en est resté dans chaque toile une légèreté et une liberté que l'on ne trouve même pas dans une attitude fixée de danseuse réelle ou le vol d'un oiseau saisi par un instantané dès lors privé de mouvement. Il a très bien expliqué lui-même pourquoi il y a plus de spontanéité de sentiment dans ses dessins et qu'ils sont l'expression la plus directe de son émotion : « C'est pour libérer la grâce, le naturel que j'étudie tellement avant de faire un dessin à la plume. Je ne m'impose jamais violence ; au contraire, je suis le danseur ou l'équilibriste qui commence sa journée par plusieurs heures de nombreux exercices d'assouplissement, de façon que toutes les parties de son corps lui obéissent lorsque, devant son public, il veut traduire ses émotions par une succession de mouvements de danse, lents ou vifs, ou par une pirouette élégante. »

(Si, entre parenthèses, comme on l'a dit aussi, Matisse est un peintre secret, il faut avouer, d'autre part, qu'il en est peu qui se soient découverts plus libéralement.)

« À propos de perspective : mes dessins définitifs au trait ont toujours leur espace lumineux et les objets qui les constituent sont à leurs différents plans donc en perspective, mais en *perspective de sentiment*, en perspective suggérée. J'ai tenu toujours le dessin non comme un exercice d'adresse particulière, mais, avant tout, comme un moyen d'expression de sentiments intimes et de descriptions d'état d'âme, mais moyens simplifiés pour donner plus de simplicité, de spontanéité à l'expression qui doit aller sans lourdeur à l'esprit du spectateur. »

Certes, ce n'est pas la lourdeur qu'il viendrait à l'esprit de personne de reprocher à ce peintre si dégagé du poids de la matière, que ce soit aussi bien dans ses peintures que dans ses dessins. Mais, dans ces derniers, la raison intervient-elle sans doute moins despotiquement et laisse-t-elle à cette opération au trait, plus prompte, le champ plus libre à la sensibilité.

Cela ne veut pas dire qu'il ne tenait aucun compte de la réalité. Il en avait au contraire un besoin jamais rassasié, la plus cuisante curiosité. Il aurait voulu tout voir et tout connaître, surtout avoir tout vu et tout connu, mais au travail, et c'est en grande partie la raison de son étourdissante réussite, il savait tout oublier, de là la confondante sensation de fraîcheur qui s'exhale de ses œuvres, même les plus concentrées, les plus scrupuleusement équilibrées.

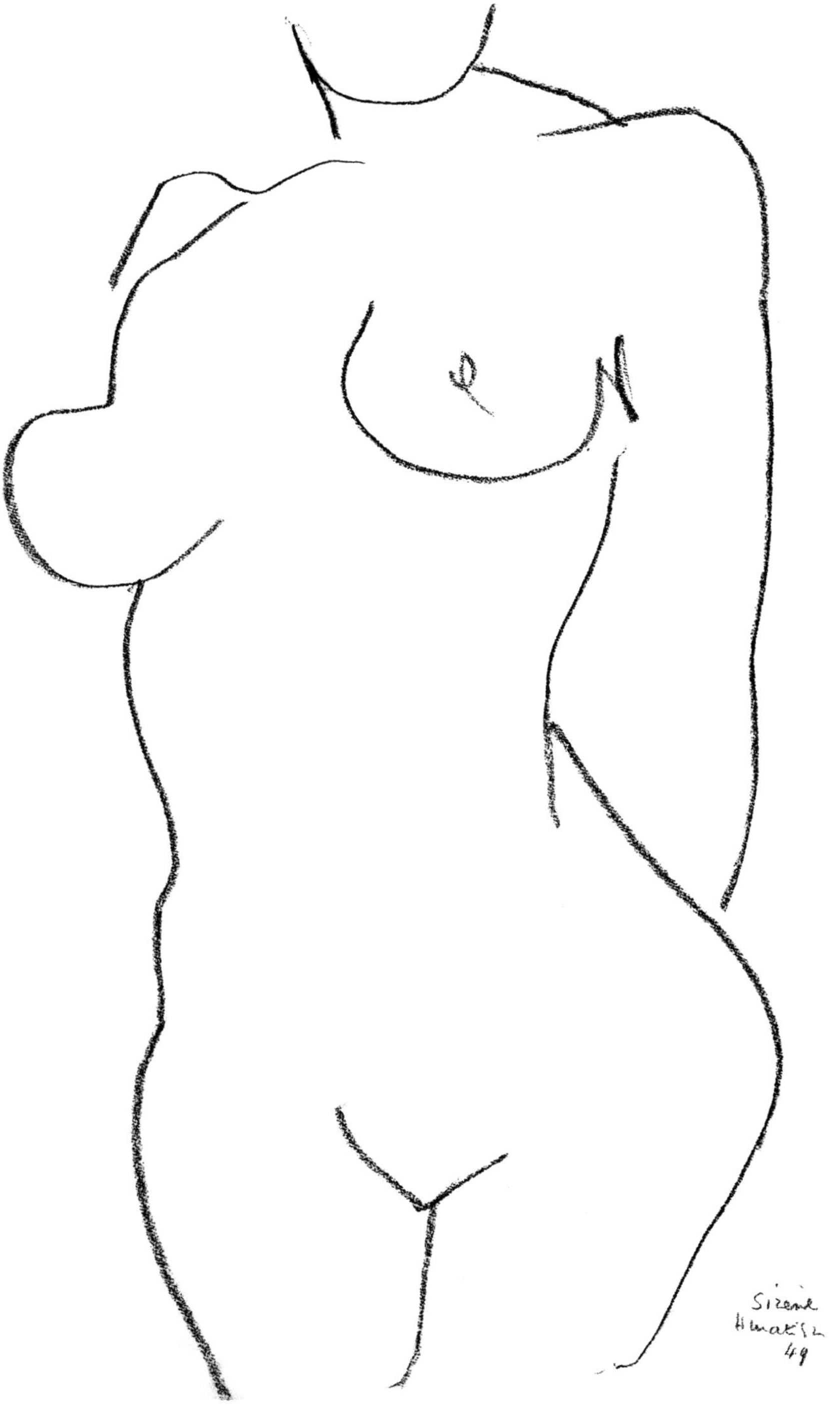

Pierre Reverdy : Matisse dans la lumière et le bonheur

Un autre caractère des plus frappants des toiles de Matisse, c'est l'extraordinaire ampleur que chacune d'elles acquiert, quelles que soient d'ailleurs ses dimensions réelles, quand elles passent à la reproduction, les plus petites même semblent être de très grandes mesures, tant la composition, le jeu des couleurs, la justesse des proportions des diverses formes, la liberté dans la disposition des objets aboutissent à la constitution d'un espace toujours prestigieusement suggéré. Et, petite ou grande, chacune pleine comme un œuf, avec tout ce qu'il faut et jamais ni plus ni moins qu'il ne faut. Et l'on pense au phénomène contraire qui se passe pour certains peintres dont les grandes toiles ont toujours l'air d'être de simples agrandissements.

Il est de ces auteurs dont les dons, les mérites et les pouvoirs sont si grands qu'on ne saurait, sans se faire violence, dire à froid tout le bien qu'on en pense et comme toujours il se pose pour lui, comme pour tant d'autres, l'éternellement mystérieux problème de la personnalité – que ceux chez qui elle doive s'affirmer plus tard de la façon la plus évidente n'aient pas craint de se plier aux disciplines pratiquées avant eux par leurs prédécesseurs, que ce soient les anciens ou simplement leurs aînés. Matisse copiant tard des toiles du Louvre. Toute sa vie attentif à la production de ses aînés, en méditant l'enseignement et l'exemple. Curieux des travaux de ses contemporains, d'une orientation différente ou même la plus opposée, puis l'explosion d'une personnalité si marquante et qui semble ne rien devoir à personne et ne venir particulièrement de rien.

L'une des choses qui éveillent le plus sensiblement en moi une estime singulière, en plus de l'admiration que j'ai pour sa peinture, c'est que, par cette dernière, Matisse n'a jamais provoqué qu'on en dise à aucun moment que, pour le fond ou par la forme, elle avait quoi que ce soit de commun avec la poésie. C'est une assez vicieuse habitude qu'on a prise depuis déjà trop longtemps et qui peut, en certains cas, paraître plus ou moins légitime, mais qui n'aurait vraiment aucun sens, s'agissant de lui.

Je ne me rappelle plus assez exactement le nom du grand peintre qui aurait dit d'un autre, sans aucun doute aussi célèbre : « Untel, ce n'est qu'un œil, mais quel œil. » De Matisse, à cause de l'expression poussée à l'extrême, mais toujours vers la joie esthétique, expression purement plastique – sans que jamais la forme ou la couleur deviennent moyens d'expression de sentiments étrangers à l'art – il me semble que l'on pourra aussi bien dire que les facultés de son âme s'étaient tout entières concentrées dans son œil.

À quelqu'un qui l'interrogeait sur la question du travail et de la distraction nécessaire au repos, il répondait : « Et si ça m'ennuie à moi de me distraire. »

Je ne sais qui pourrait mieux que moi comprendre le sens complet de ce propos, sachant fort bien que l'art lui-même est déjà le plus puissant moyen de distraction du monde, surtout pour ceux qui n'en font pas. Mais en plus que je n'ai, pour ma part, jamais particulièrement souffert d'un très impérieux besoin de me distraire de la vie en travaillant.

Comme homme, je crois qu'un certain air un peu sceptique et moqueur, surtout lorsqu'il était jeune, a pu beaucoup tromper sur sa nature vraie, telle qu'elle est apparue par la suite. Son apparente impassibilité n'était faite que de la constante répression d'une sensibilité qui aurait paru excessive

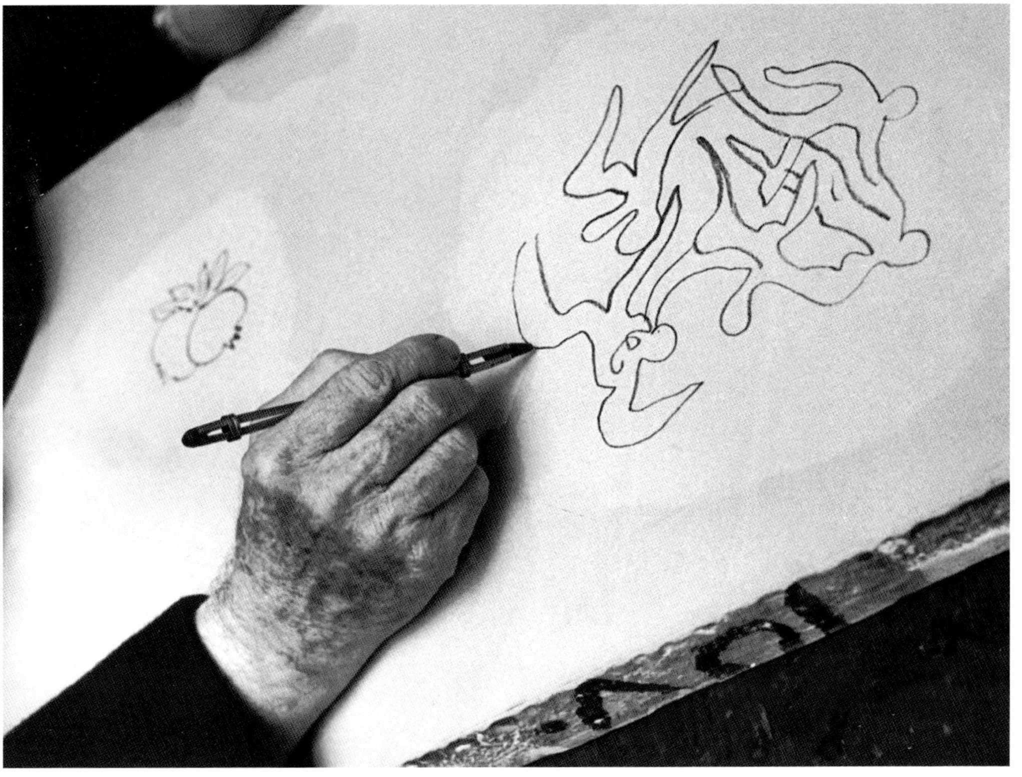

La main de l'artiste sur pierre lithographique dans l'atelier Mourlot, *1947*
Photo Ina Bandy

s'il n'avait si bien su toute sa vie la maîtriser et s'il n'avait pas disposé des miraculeux moyens qui lui ont permis de la dériver presque tout entière au profit de sa prodigieuse production. C'est ce qui, dans les dernières années de sa vie, lui a permis d'écrire : « Si je crois en Dieu ? Oui, quand je travaille. Quand je suis soumis et modeste, je me sens tellement aidé par quelqu'un qui me fait faire des choses qui me surpassent. Pourtant, je ne me sens envers *Lui* aucune reconnaissance, car c'est comme si je me trouvais devant un prestidigitateur dont je ne puis percer les tours. Je me trouve alors frustré du bénéfice de l'expérience qui devrait être la récompense de mon effort. Je suis ingrat sans remords. »

Comment une si forte organisation d'esprit et de tempérament n'eût-elle pas abouti à cet état, pour tant d'autres purement mythique, que l'on appelle le bonheur ?

Le tout est que Matisse, inépuisable inventeur de couleurs et de formes et travailleur inlassable, avait vieilli admirablement. Je veux dire que l'âge et le bonheur du succès, de l'inchiffrable réussite, avaient délivré la bonté foncière, les dons de sympathie qu'il tenait autrefois en garde et prenait tant de soin à réfréner et à dissimuler sous une assez piquante ironie.

Je ne pense pas qu'il soit guère possible de devenir bon si l'on n'a pas été, en naissant, au moins en si faible mesure que ce soit, doté de quelques dispositions à la bonté. On peut devenir meilleur, on ne devient pas bon. On peut très bien, par contre, devenir plus mauvais. Mais, d'état proprement natif, je crois qu'on ne change jamais. Or, ce que Matisse était à la fin de sa vie, c'est lui-même qui nous le dit : « Jeunes peintres, peintres incompris ou tardivement compris, pas de Haine. La haine est un parasite qui dévore tout… L'Amour au contraire soutient l'artiste. » Suit une page admirable de l'*Imitation*. Et puis : « La vie future, ne serait-il pas consolant, satisfaisant que tous ceux qui ont donné leur vie au développement de leurs dons naturels au profit de tous, jouissent, après leur mort, d'une vie de satisfactions en accord avec leur désir. Tandis que ceux qui ont vécu en étroits égoïstes… »

Comme il était certainement né bon, Matisse en vieillissant ne pouvait manquer de devenir meilleur, surtout après avoir su, tout au long d'une vie de labeur exemplaire, ravir au ciel son immobilité sereine et son perpétuel mouvement d'inquiétude à la mer.

Car lorsque je dis qu'il n'y avait pas d'autre question que l'art dans l'œuvre de Matisse, il faut entendre évidemment qu'en conséquence, sur cette question-là, et de celles qu'il se posait à lui-même, il ne tarissait jamais.

Si l'on veut bien s'arrêter un moment sur ces lignes, qu'il a écrites dans les toutes dernières années de sa vie, « Un musicien a dit : En art, la vérité, le réel commencent quand on ne comprend plus rien à ce qu'on fait, à ce qu'on sait et qu'il reste en vous une énergie d'autant plus forte qu'elle est contrariée, compressée, comprimée. Il faut alors se présenter avec la plus grande humilité, tout blanc, tout pur, candide, le cerveau semblant vide, dans un état d'esprit analogue à celui du communiant approchant de la Sainte Table. Il faut évidemment avoir tout son acquis derrière soi et avoir su garder la fraîcheur de l'Instinct », on peut imaginer sans trop de peine toutes celles qu'il a pu tourner et retourner depuis le temps qu'il passait à copier les toiles de maîtres dans les musées, celui qu'il consacrait aux discussions passionnées entre amis, dans les Académies, jusqu'au moment où interviennent les papiers collés…

Et justement, les fameux papiers collés. Pourquoi les papiers collés ? Les papiers collés ! Ils furent la magistrale parade au seul vraiment grand mauvais coup du Destin. Ne pouvant plus peindre au pinceau, le vieux maître aura, par ses papiers collés, fini, au delà de ses forces, dans une éblouissante apothéose de couleurs.

Il avait de surcroît reçu le don, très vif et très prononcé, de l'installation. Il était fait pour s'installer commodément dans la vie, sur la terre, moralement d'abord, il avait tout de suite compris, qu'il devait axer la sienne sur son art et la consacrer presque entièrement au travail. Mais il y avait aussi le côté matériel. Il voyagea, à partir d'un certain moment, beaucoup, et son art en fut considérablement influencé et même d'un certain point de vue enrichi.

Les jouissances que ces voyages lui procurèrent, il n'est que de l'avoir entendu parler pour comprendre combien elles se répercutèrent par le souvenir. Il eut aussi un assez grand nombre de domiciles, tous de plus en plus confortables et même, vers la fin, somptueux. Or, la possession de plusieurs domiciles ne suppose-t-elle pas beaucoup de quiétude d'esprit, de confiance, d'optimisme et de sécurité ? On est d'autant plus solidement enraciné sur la terre qu'on y peut poser et reposer à la fois ses pieds en plusieurs endroits préférés. Pas de doute qu'il fut de ceux qui s'y trouvent toujours fort bien assis. Et, par la fondation et la décoration de la célèbre chapelle de Vence, blottie et recueillie, comme une patiente coccinelle, sur le meilleur versant d'un vaste ravin du midi, le voilà plus profondément encore installé dans ce monde, à perpétuité, c'est-à-dire, aux termes mêmes de l'Apocalypse, jusqu'à la fin des Temps.

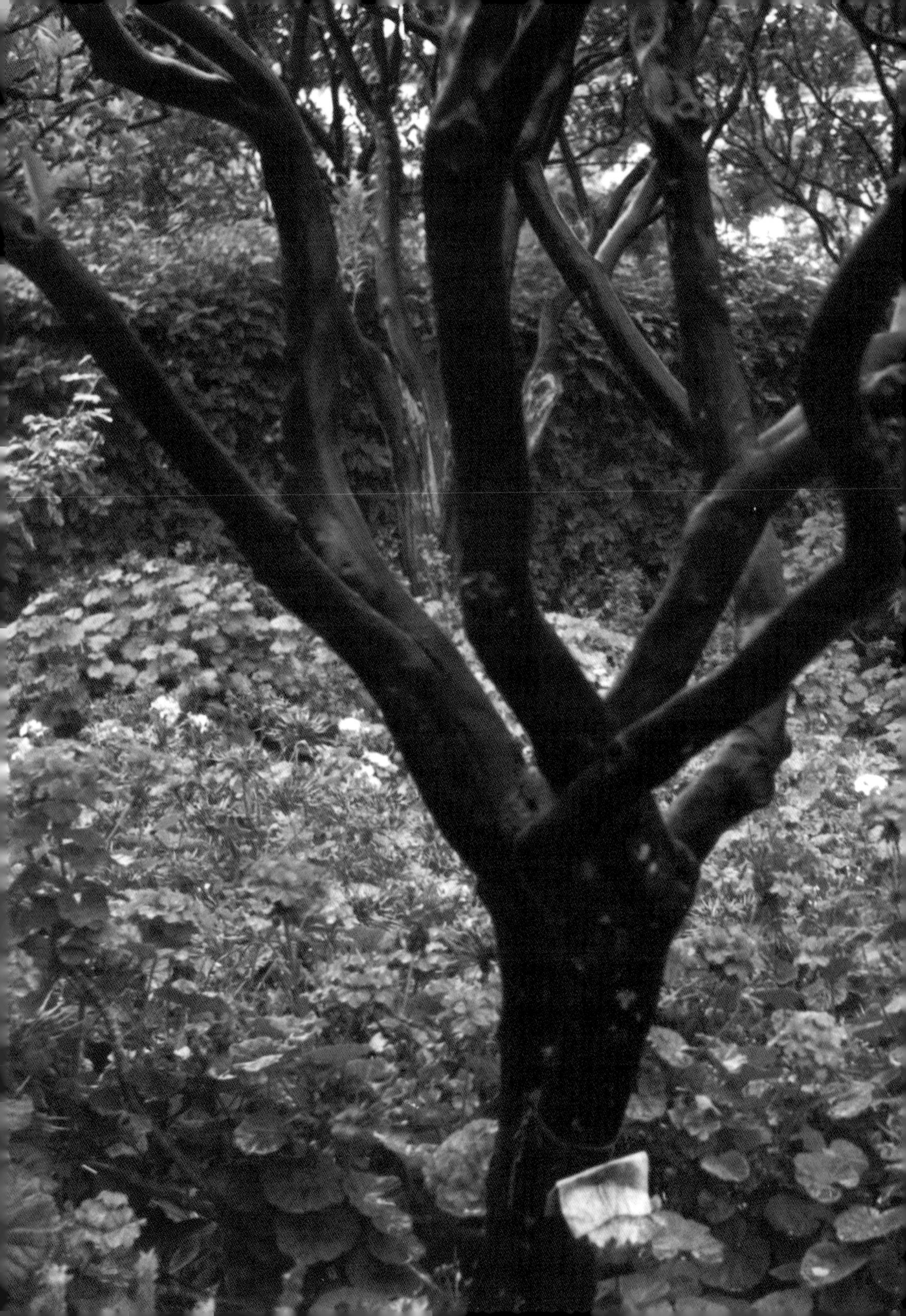

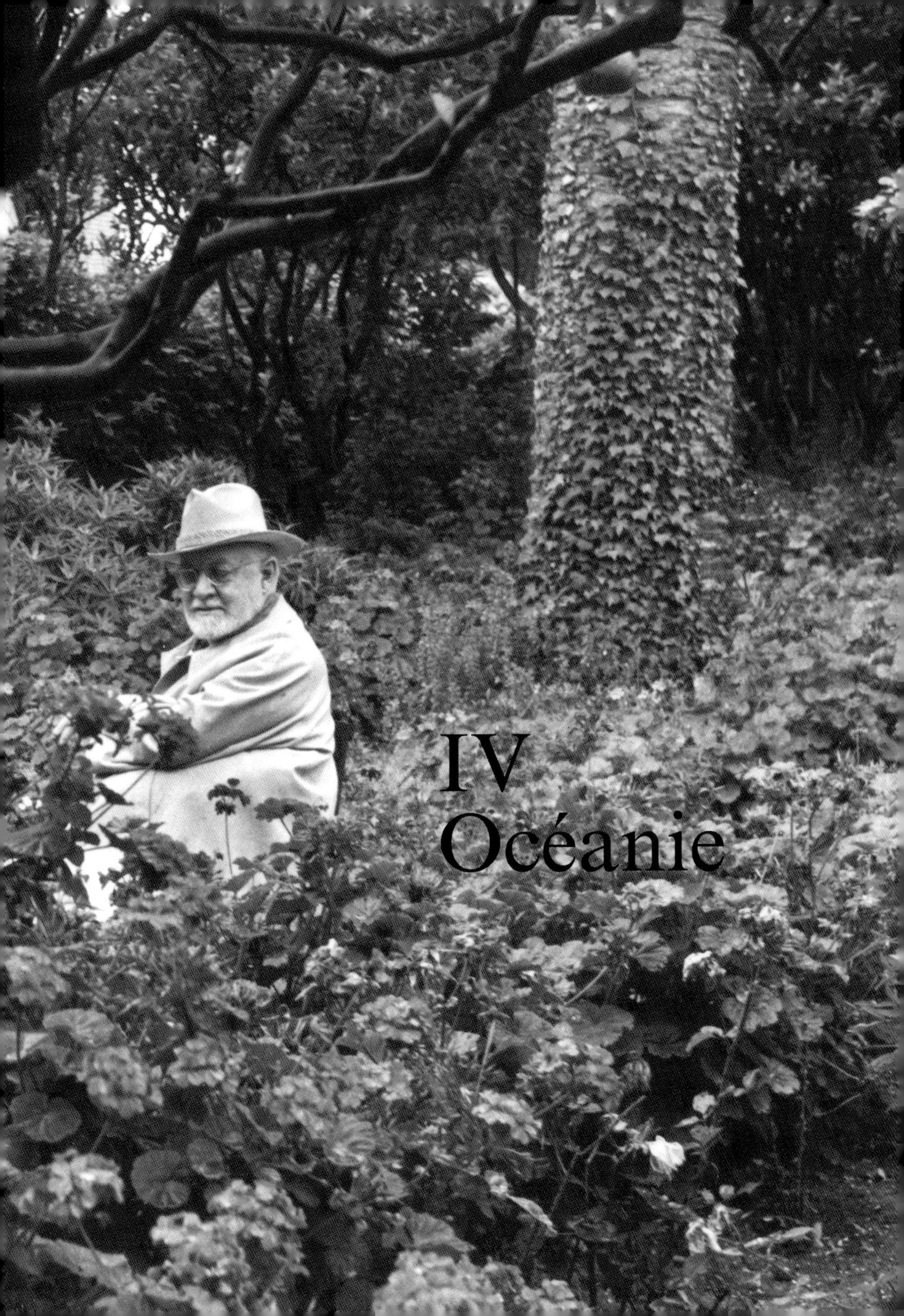

IV Océanie

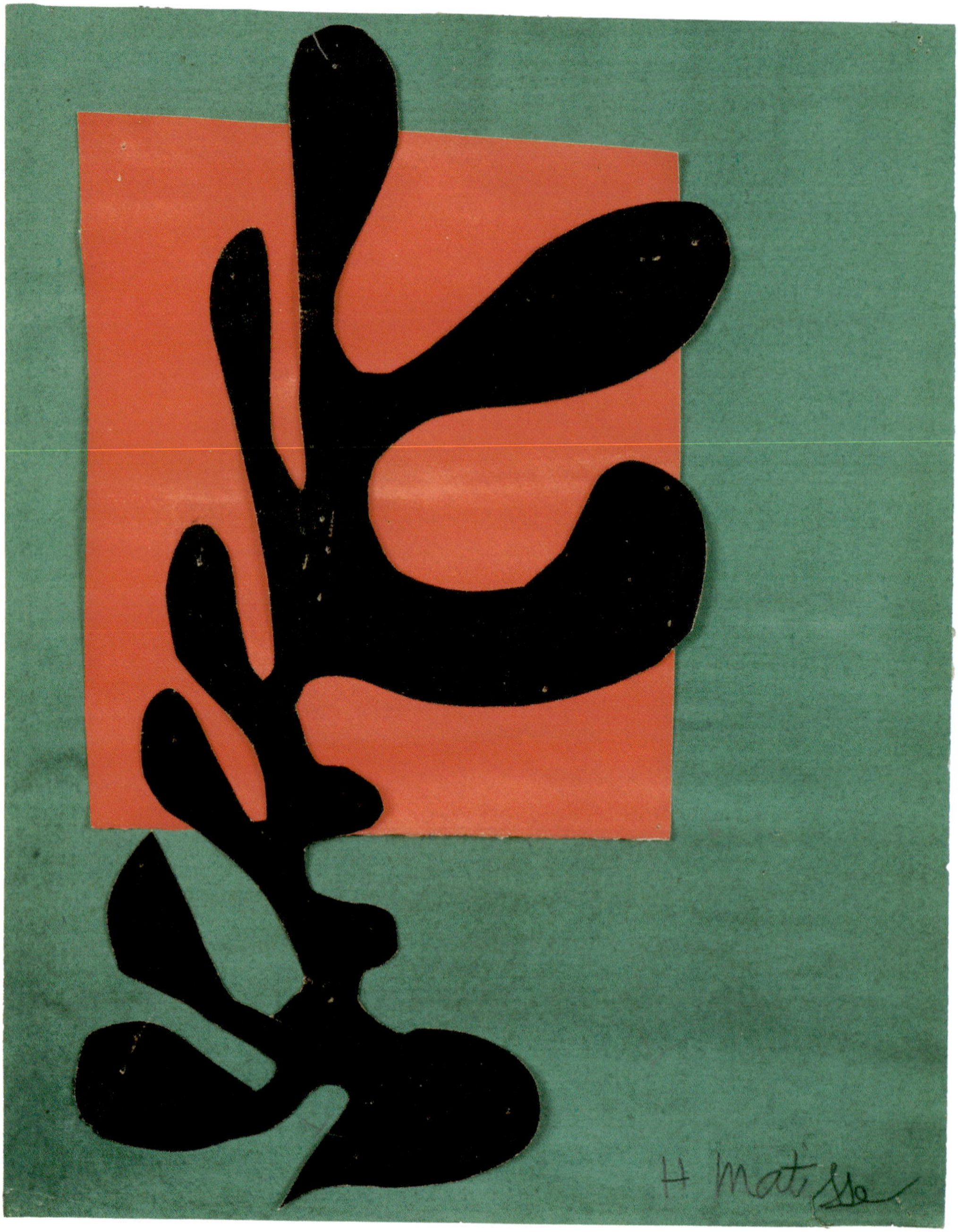
H Matisse

Xavier-Gilles Néret

Océanie et le foisonnement des gouaches découpées

Le retour obsédant des souvenirs de Tahiti, 1946–1948

Si le voyage en Polynésie avait commencé à produire ses effets dès le travail de *La Danse* pour Barnes, les sensations emmagasinées alors ne ressurgirent explicitement qu'au milieu des années 1940, à travers les œuvres composées à partir des papiers gouachés et découpés. « Les souvenirs de mon voyage à Tahiti ne me sont revenus que maintenant, quinze ans après, sous forme d'images obsédantes : madrépores, coraux, poissons, oiseaux, méduses, éponges…[1] » Cela commença avec les planches de *Jazz*, « aux formes animales ou ondoyantes ». Et, peu à peu, les papiers envahirent l'appartement, constituant de véritables environnements de formes fluides, avant d'être fixés dans de grandes compositions décoratives, transposables en tapisseries, en céramiques ou en vitraux. Ce faisant, Matisse accomplissait le projet qu'il avait énoncé en 1942 à Aragon : « J'ai longuement préparé mon métier. Tout se passe comme si jusqu'ici je n'avais fait qu'apprendre, élaborer mes moyens d'expression. […] Tout se passe comme si j'étais quelqu'un qui se prépare à aborder la grande composition[2]. »

Pages 234/235
Henri Matisse dans le jardin de la villa de Tériade, *Saint-Jean-Cap-Ferrat, juin 1951*
Photo Henri Cartier-Bresson

Boxeur nègre, *1947*
Papiers gouachés, découpés, collés sur toile
32,1 x 25,4 cm
Collection particulière (Courtesy Yoshii Gallery, New York)

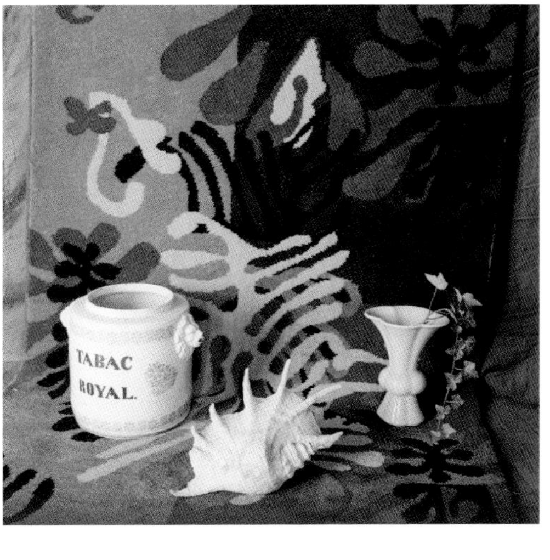

Objets dans l'atelier d'Henri Matisse
Le tapis Mimosa, *réalisé à partir de la maquette présentée p. 391, sert de fond.*
Photo Hélène Adant

Océanie, le ciel et *Océanie, la mer*

L'année 1946 fut particulièrement importante dans le développement des papiers gouachés et découpés. D'abord, comme en témoigne Lydia Delectorskaya, Matisse commença à se passionner pour les dessins au gros pinceau et à l'encre de Chine, alors qu'il était plus que jamais concentré sur la recherche de l'arabesque, à travers, d'une part, le dessin linéaire, la calligraphie et la composition d'ornements pour ses livres, et d'autre part, les « découpages » – la paire de ciseaux lui permettant de dessiner directement dans la couleur. Ensuite, il décida d'utiliser ces papiers pour leur donner une nouvelle dimension et aborder enfin la « grande composition », dans ce qui allait devenir *Océanie, le ciel* et *Océanie, la mer* (ill. p. 68–71).

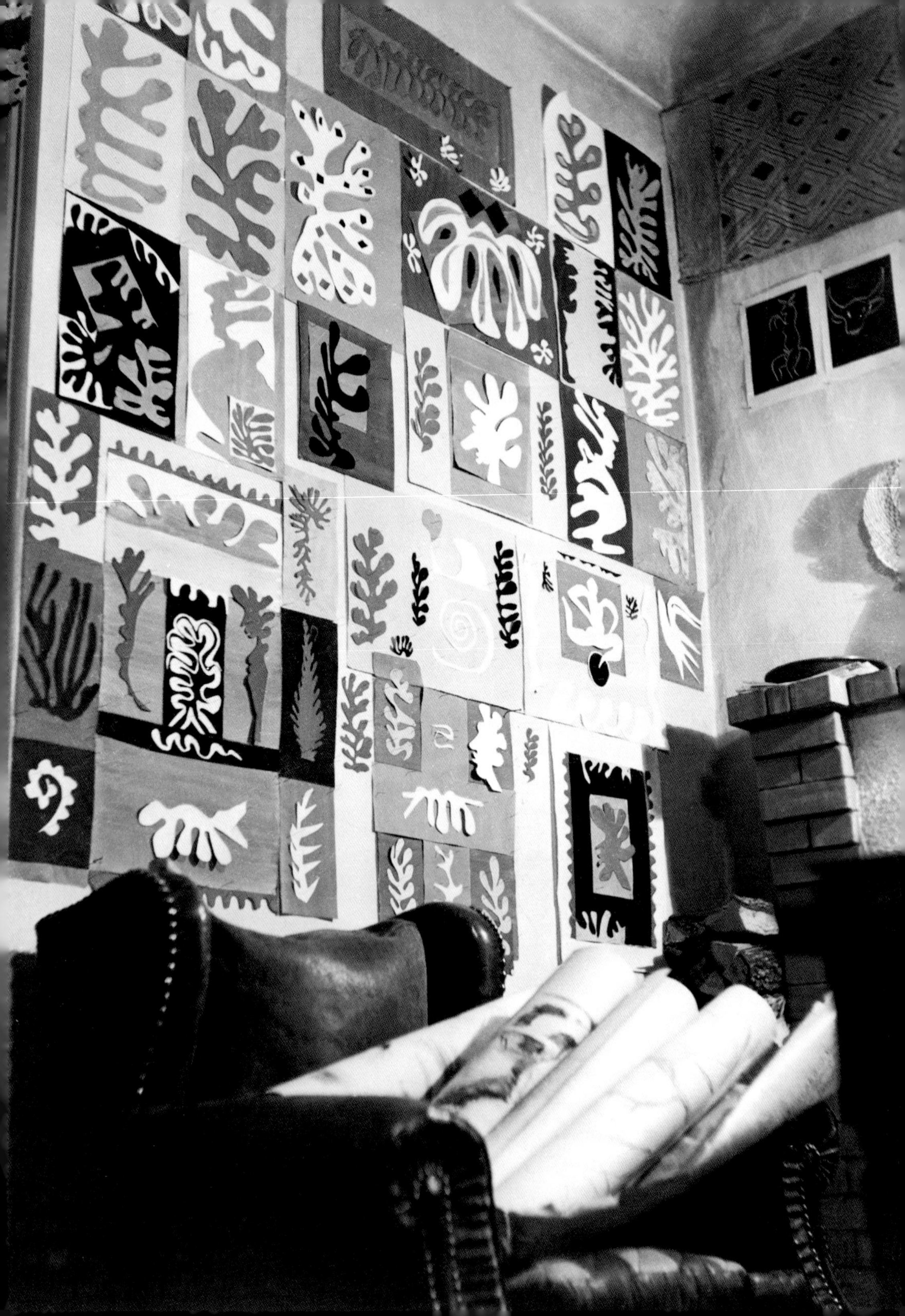

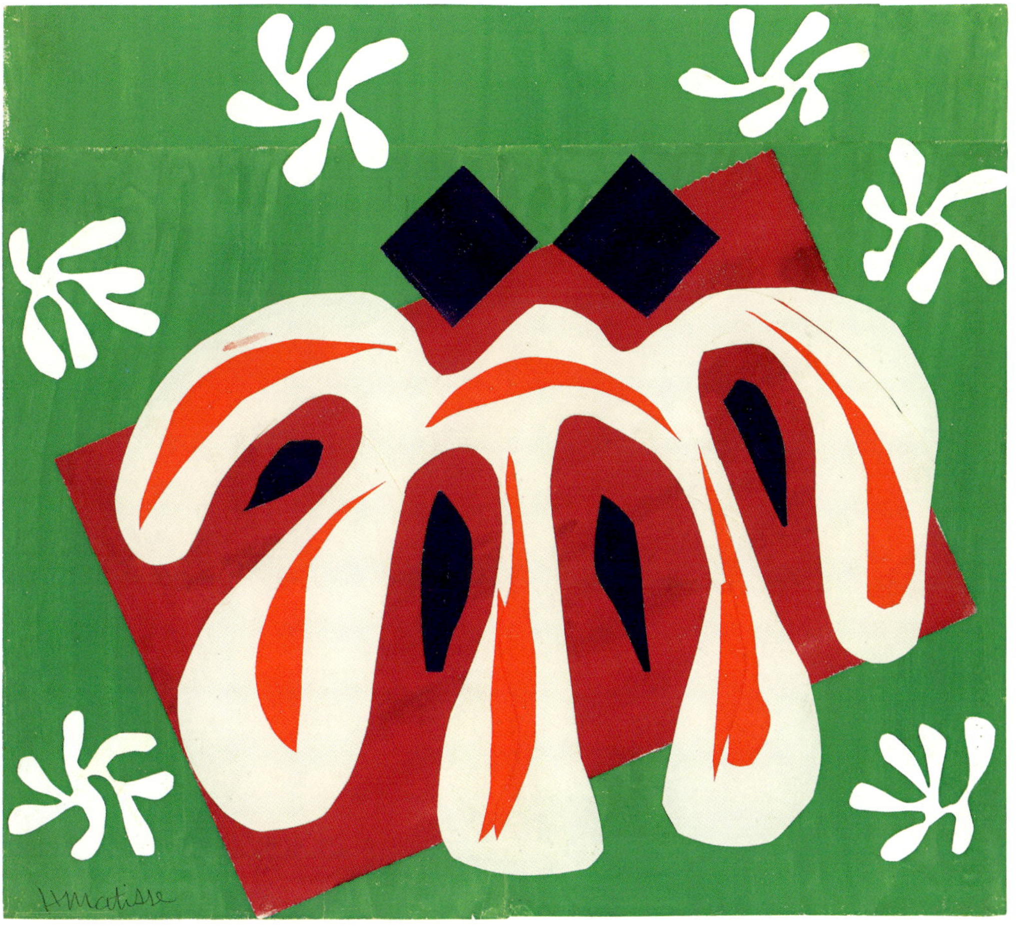

Villa « Le Rêve » avec des murs couverts de gouaches découpées, *Vence 1948*

Deux masques (La Tomate), *1947*
Papiers gouachés, découpés, collés sur papier, 47,7 x 52 cm
Collection particulière

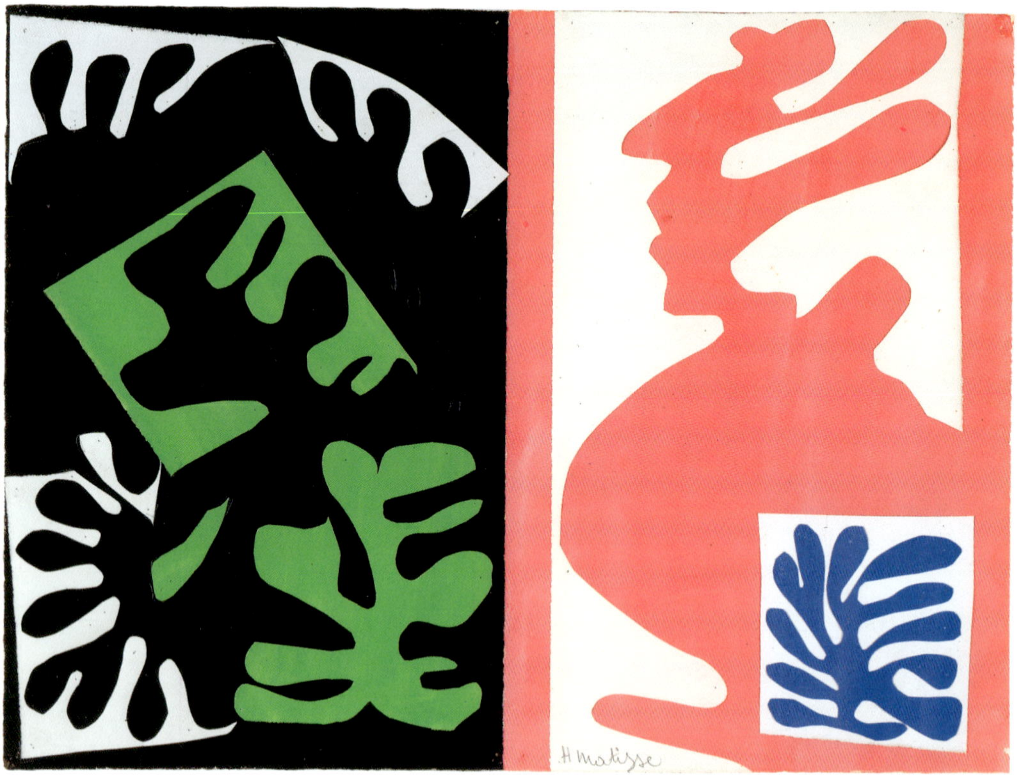

Composition, noir et rouge, *1947*
Papiers gouachés, découpés, collés sur papier, 40,6 x 52,7 cm
Davis Museum and Cultural Center, Wellesley College, Wellesley (MA), don du professeur et de Mme John McAndrew

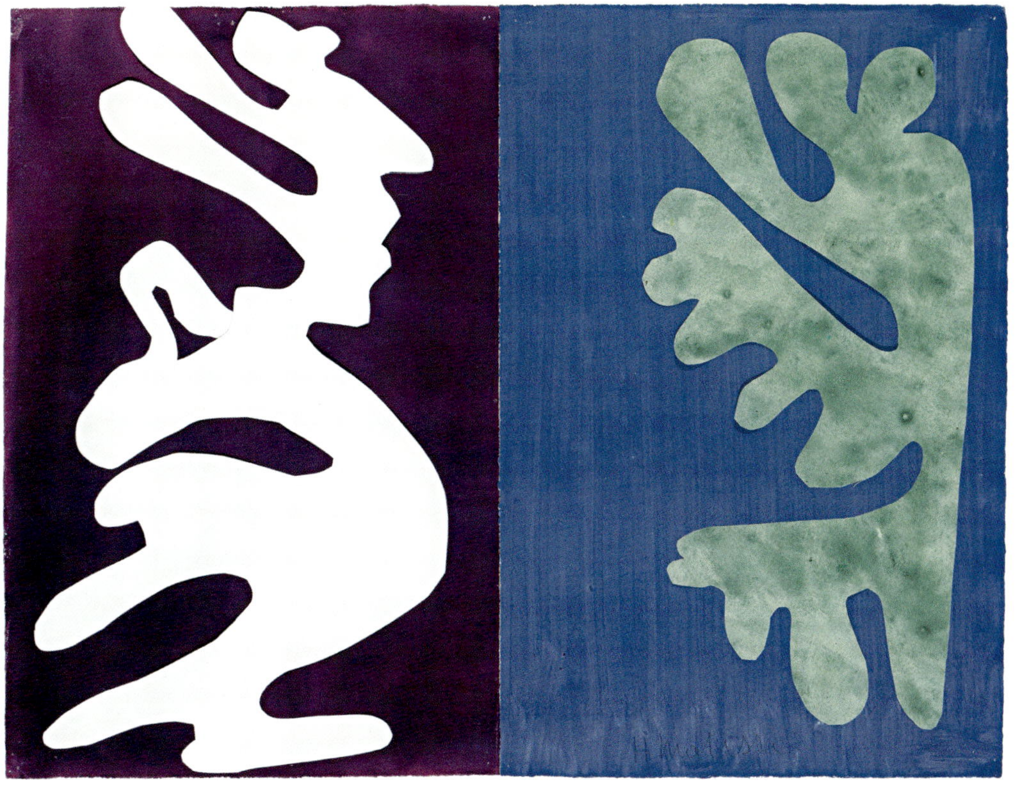

Composition, violet et bleu, *1947*
Papiers gouachés, découpés,
collés sur papier
40,5 x 52 cm
Danske Kunstindustriemuseet,
Copenhague

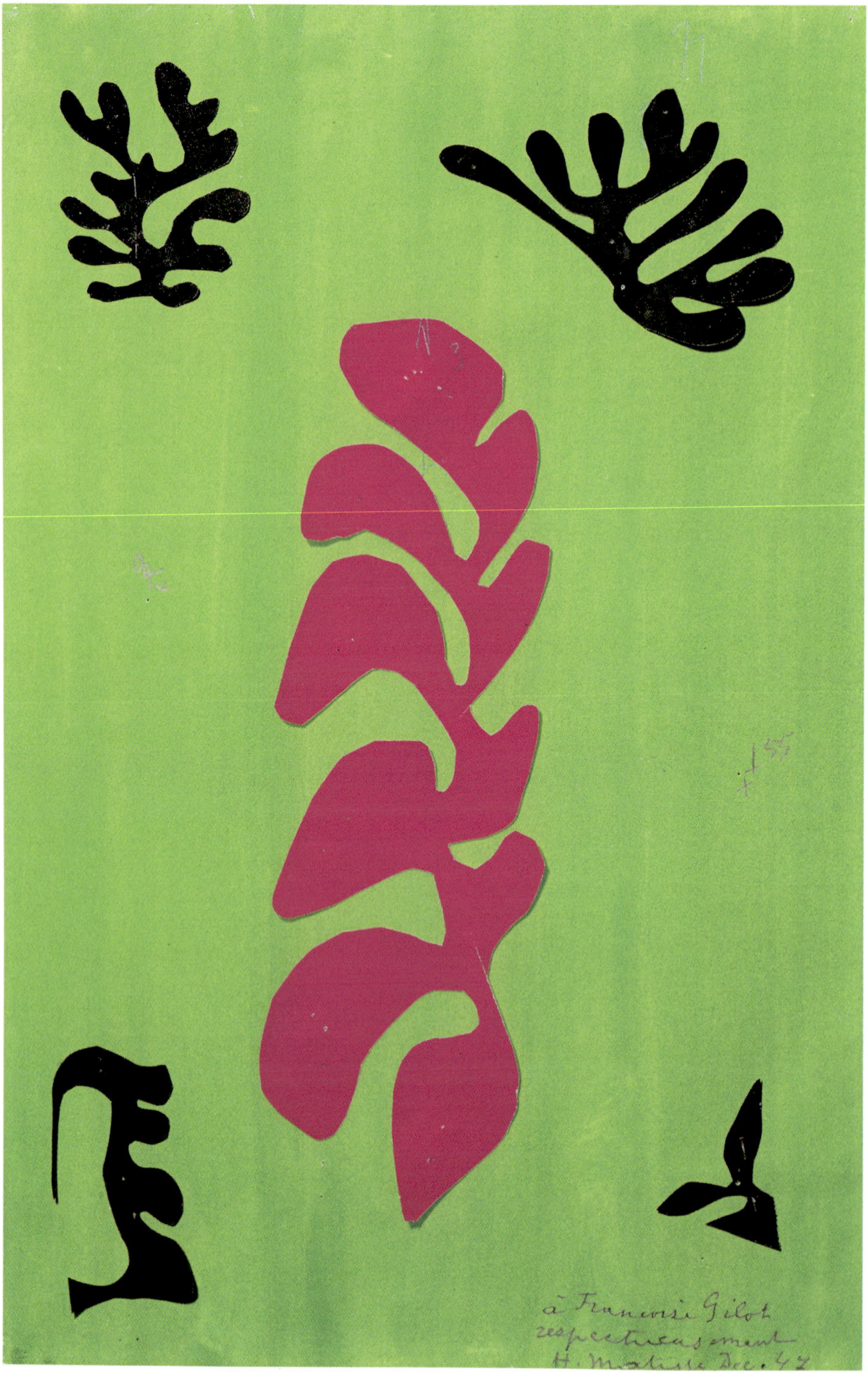
à Françoise Gilot
respectueusement
H. Matisse Dec. 47

Durant l'été 1946, Matisse épinglait sur un des murs de la chambre de son appartement du boulevard Montparnasse, couvert d'un tissu beige, des formes découpées avec des ciseaux dans du papier à lettres blanc (ill. p. 64–66). Opérant par là une synthèse plastique de ses sensations tahitiennes, il travaillait sur un carton à tapisserie pour la Manufacture des Gobelins, qui lui avait passé une commande. Ce type de projet l'intéressait alors au point de mettre entre parenthèses son œuvre de peintre de chevalet. C'est pourquoi, le 2 juin 1946 – soit quelques jours avant d'arriver à Paris où il avait repris l'habitude, depuis la fin de la guerre, de passer l'été –, il avait décliné une offre de contrat du marchand Paul Rosenberg, en lui écrivant vouloir « lâcher la peinture pour des travaux décoratifs tels que tapisseries, fresques etc. », ajoutant qu'il ne ferait « avant longtemps des tableaux qu'exceptionnellement »[3]. Finalement, pour des raisons techniques, ce premier projet pour la Manufacture des Gobelins ne put être réalisé. Le beige risquant d'être instable, le rapport de celui-ci avec le blanc n'aurait pas tenu, ce que ne pouvait accepter le perfectionniste qu'était Matisse. Il composa donc pour son commanditaire deux autres cartons sur le même thème, *Polynésie, le ciel* et *Polynésie, la mer*, avec deux types de bleu, foncé et turquoise, couleurs se prêtant mieux à la tapisserie (ill. p. 60–63). Ils furent terminés au mois d'avril 1948. Quant au premier projet, *Océanie*, il ne fut pas pour autant entièrement abandonné, puisqu'il prit la forme d'une tenture imprimée sur lin, tirée à trente exemplaires.

Océanie est une œuvre novatrice comparée aux premiers papiers découpés, de par son aspect monumental et la démarche formelle qu'elle implique. Il ne s'agit plus d'une recherche d'expression par surfaces colorées, comme on a pu l'observer avec les planches de *Jazz*. Matisse travaillant ici à partir de motifs blancs qu'il disposait sur une surface uniformément beige, cela lui permettait de suggérer une lumière sans ombre, d'intensité égale. Ainsi qu'il l'écrivait alors, dans une note capitale :

« Depuis déjà très longtemps, j'ai conscience de m'exprimer par la lumière ou bien dans la lumière, qui me semble comme un bloc de cristal dans lequel se passe quelque chose – ce n'est qu'après avoir joui longtemps de la lumière du soleil que j'ai essayé de m'exprimer par la lumière de l'esprit. En même temps que j'ai été amené à faire de grandes simplifications et de m'éloigner de ce que m'écrivait il y a quarante ans Maurice Denis : "N'oubliez pas que la peinture est avant tout un art d'imitation." Étant pris par la lumière je me suis souvent demandé, en même temps que je m'évadais en esprit du petit espace entourant mon motif et dont la conscience

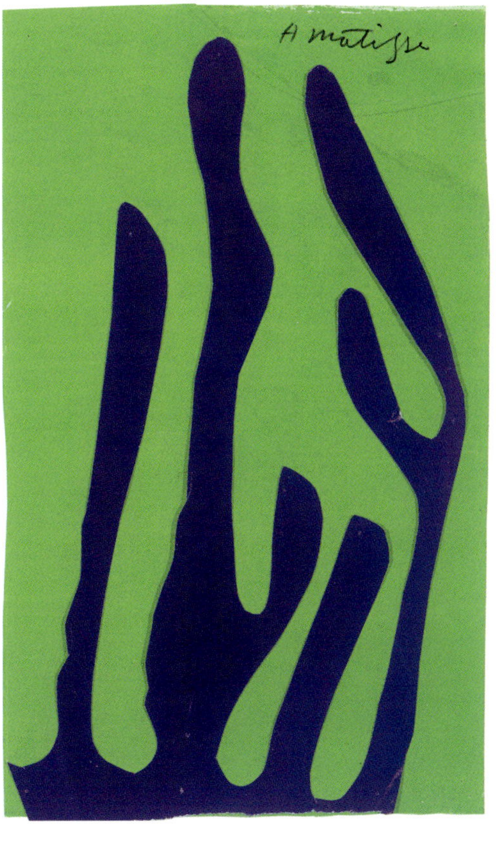

À Françoise Gilot,
décembre 1947

Algues, *1947*
Papiers gouachés, découpés, collés sur papier
24,8 x 14,6 cm
Fondation Pierre et Tana Matisse

Algue blanche sur fond rouge et vert, *1947*
Papiers gouachés, découpés, collés sur papier, encre
52,5 x 40,5 cm
Fondation Beyeler, Riehen/Bâle

Henri Matisse découpant des morceaux de papiers de couleur avec son assistante dans son atelier de Cimiez, *19 octobre 1954*
Détail
Photo Walter Carone

d'un espace semblable a suffit il me semble aux peintres du passé, je m'évadais donc de l'espace qui se trouvait dans le fond du motif du tableau, pour sentir en esprit au-dessus de moi, au-dessus de tout motif, atelier, maison même, un espace cosmique dans lequel on ne sentait pas plus les murs, que le poisson dans la mer. Aussitôt les valeurs (différences du Noir au Blanc) s'allègent et les parties d'ombre ne sont plus "profondes comme des tombeaux". La Peinture en devient aérée même aérienne[4]. »

Matisse exprime ici à nouveau son ambition de créer une œuvre décorative, médiation entre l'homme et son « décor », ou « espace cosmique », recherche qui était déjà à l'œuvre dans le travail de *La Danse* pour Barnes. D'ailleurs, les deux panneaux d'*Océanie* ne constituent-ils pas à leur manière une danse ? Il s'agit bien, comme le souligne Anne Coron, d'une variation de cette « sorte de danse du requin et de la mouette » évoquée en cette même année 1946 par Matisse à René Char, à propos du frontispice de *Pierre à Feu, Les Miroirs profonds*, « un dessin dans lequel le requin sort de l'eau et la mouette descend jusqu'à lui pour faire une figure de ballet, audessus des vagues », « une de mes interprétations du rapprochement sentimental du requin et de la mouette[5] » (ill. p. 261).

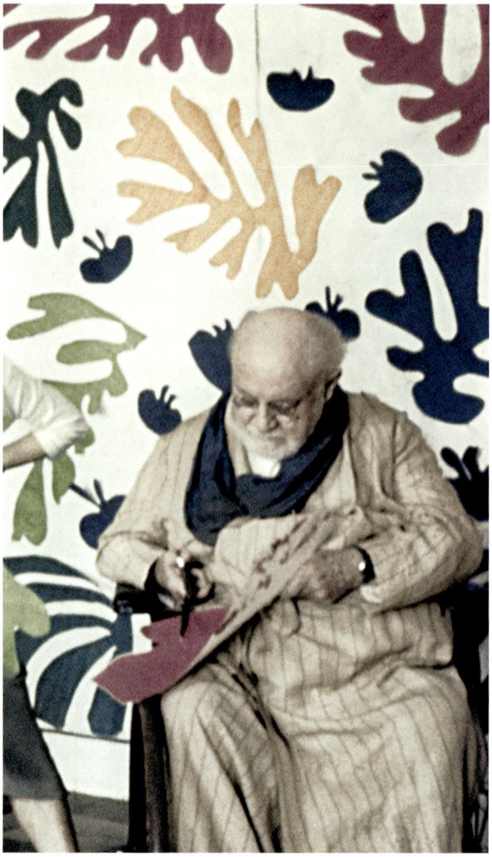

Toutefois, si *Océanie* permet de suggérer une lumière sans ombre, d'intensité égale partout, ce serait une erreur de croire que cette œuvre est plate. En effet, le travail réalisé sur les murs de l'appartement du boulevard Montparnasse est au contraire une mise en volume des souvenirs de voyage, comme l'était déjà à sa manière *Jazz*. Ainsi que le fait remarquer Marcelin Pleynet, « avant de servir à la réalisation d'une tenture imprimée sur lin, le diptyque d'*Océanie* ne se présente pas comme une œuvre frontale, mais comme ce que l'on dirait aujourd'hui « un environnement ». Les papiers découpés et agrafés se distribuent en angle sur deux des murs de l'appartement (l'un d'eux tenant compte d'une porte-fenêtre qui s'ouvre sur ses bords), de telle façon que, selon la règle « matissienne », ils fassent reculer les murs, donnant, dans un espace limité, l'idée d'immensité ; mais encore, dans leur disposition en angle, plaçant celui qui les regarde à l'intérieur même de l'œuvre (qui l'environne)[6]. » (ill. p. 66). Tel est bien l'enjeu du « décoratif cosmique » et cette remarque importante vaut plus généralement pour l'ensemble des derniers travaux de l'artiste, comme par exemple *La Perruche et la sirène*, gigantesque composition créée en 1952 dans un des angles de son atelier à l'hôtel Régina (ill. p. 256/257).

Malgré ses souffrances physiques, Matisse, en cette année 1946, dégageait une très grande sérénité, son travail des papiers gouachés et découpés lui

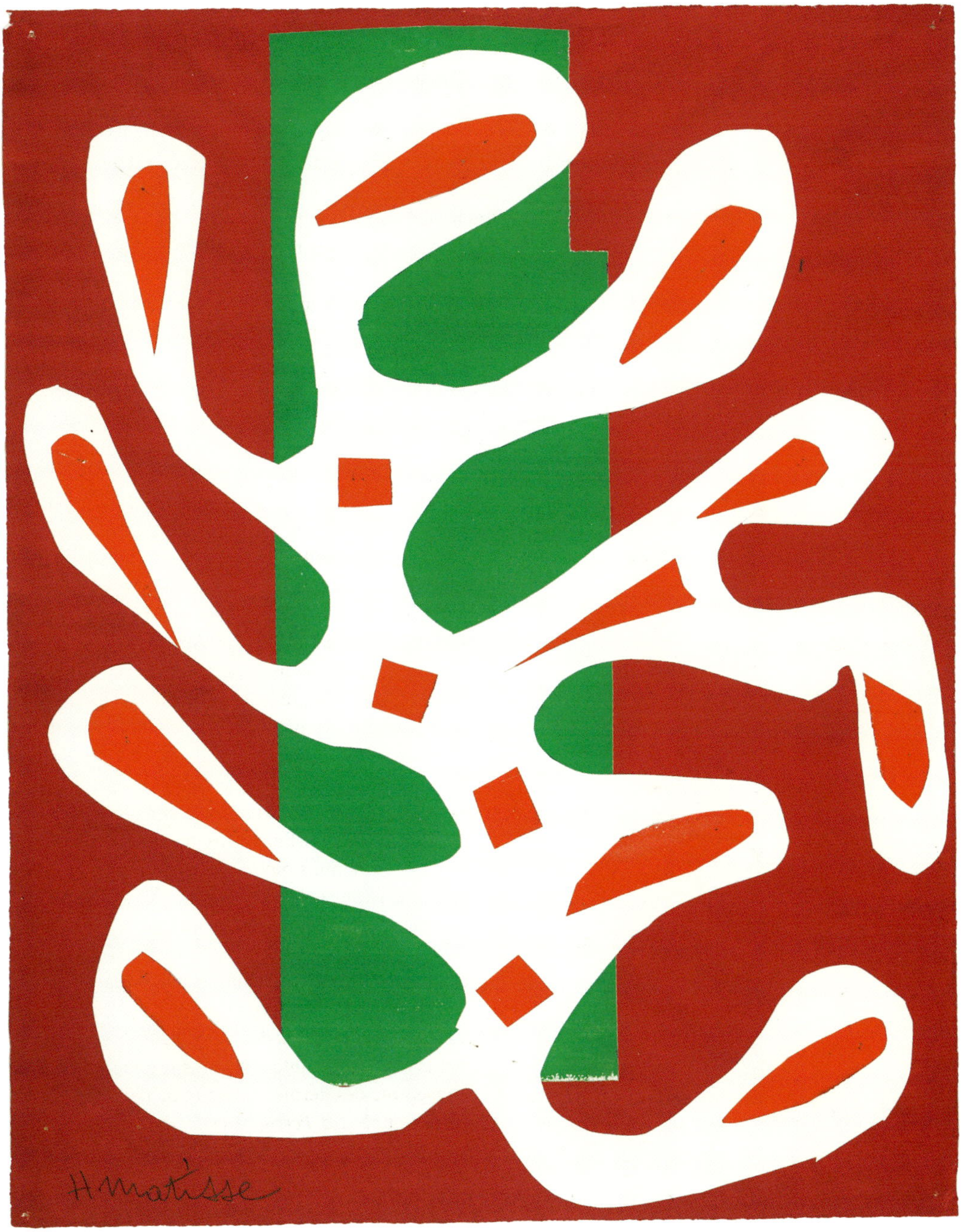
H. Matisse

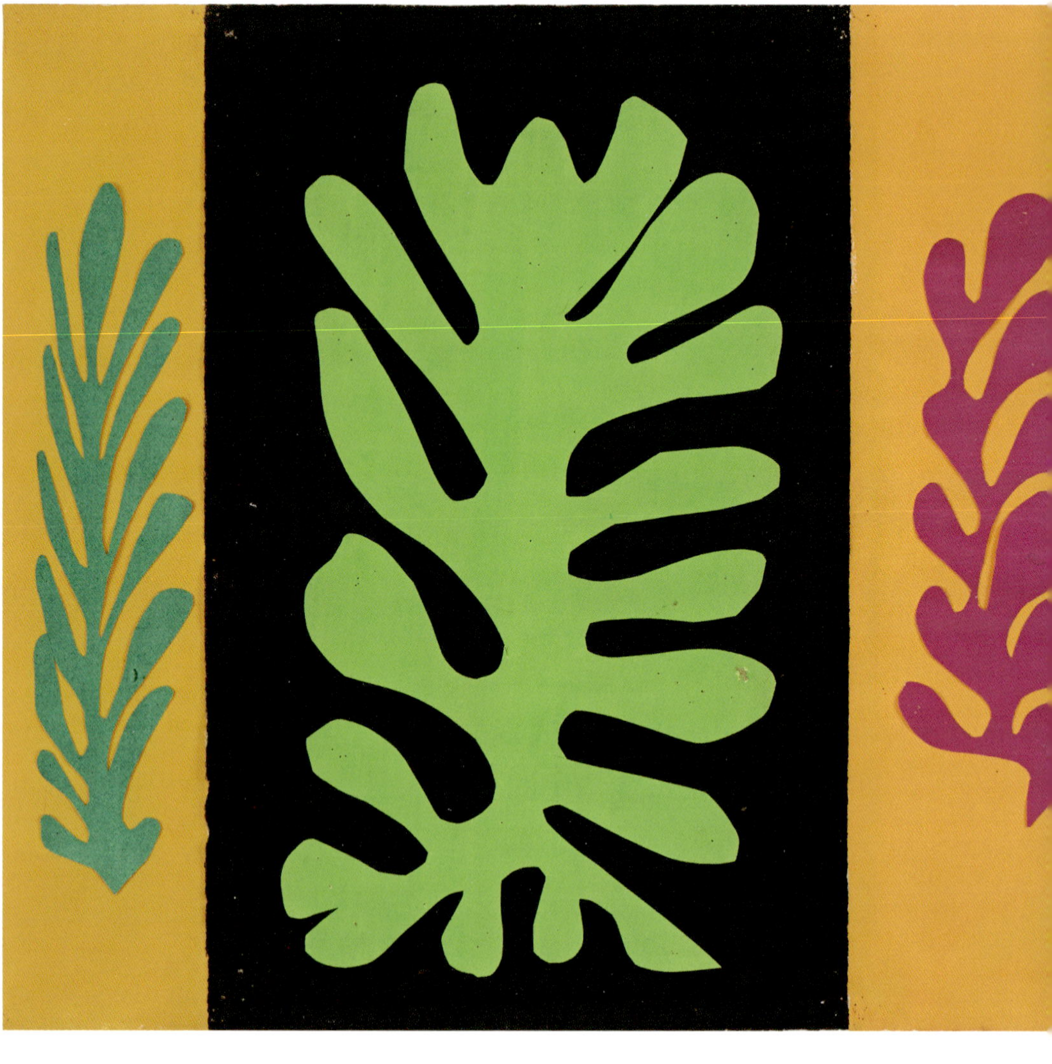

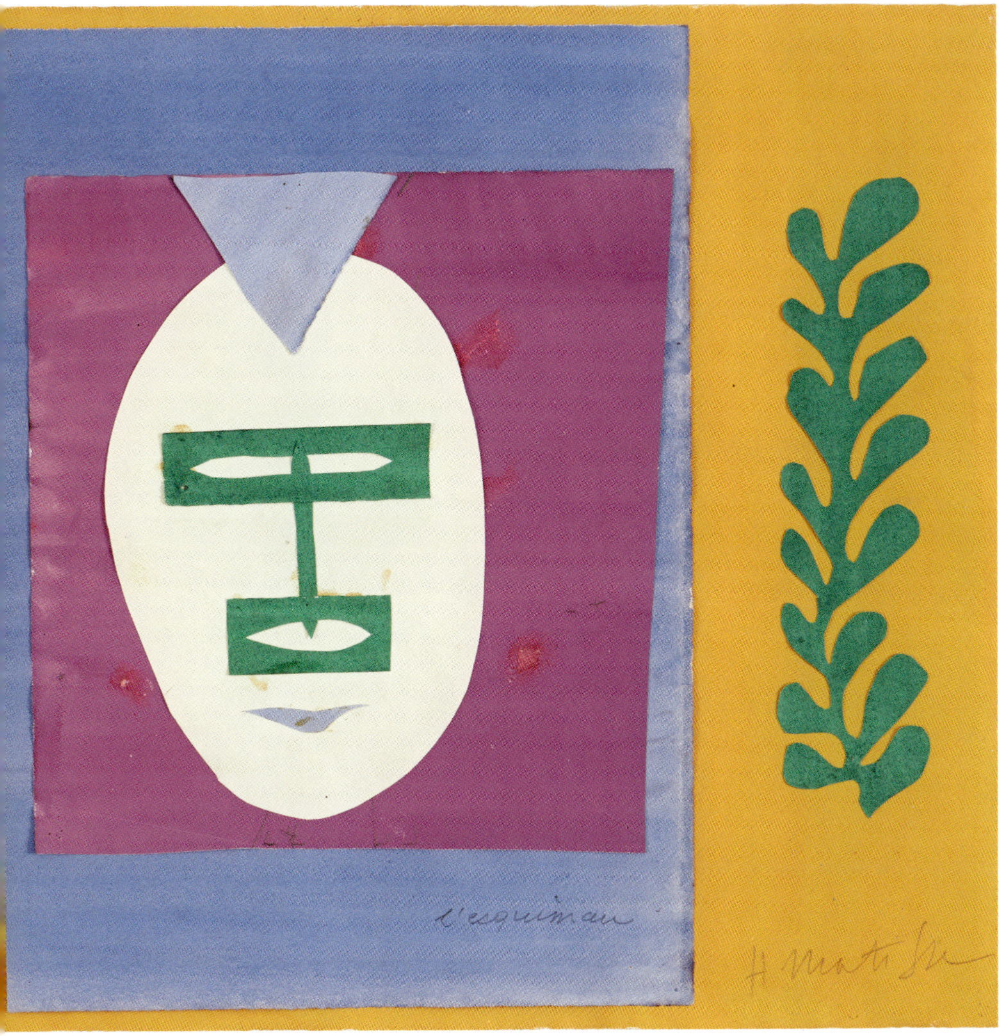
l'esquimau
H Matisse

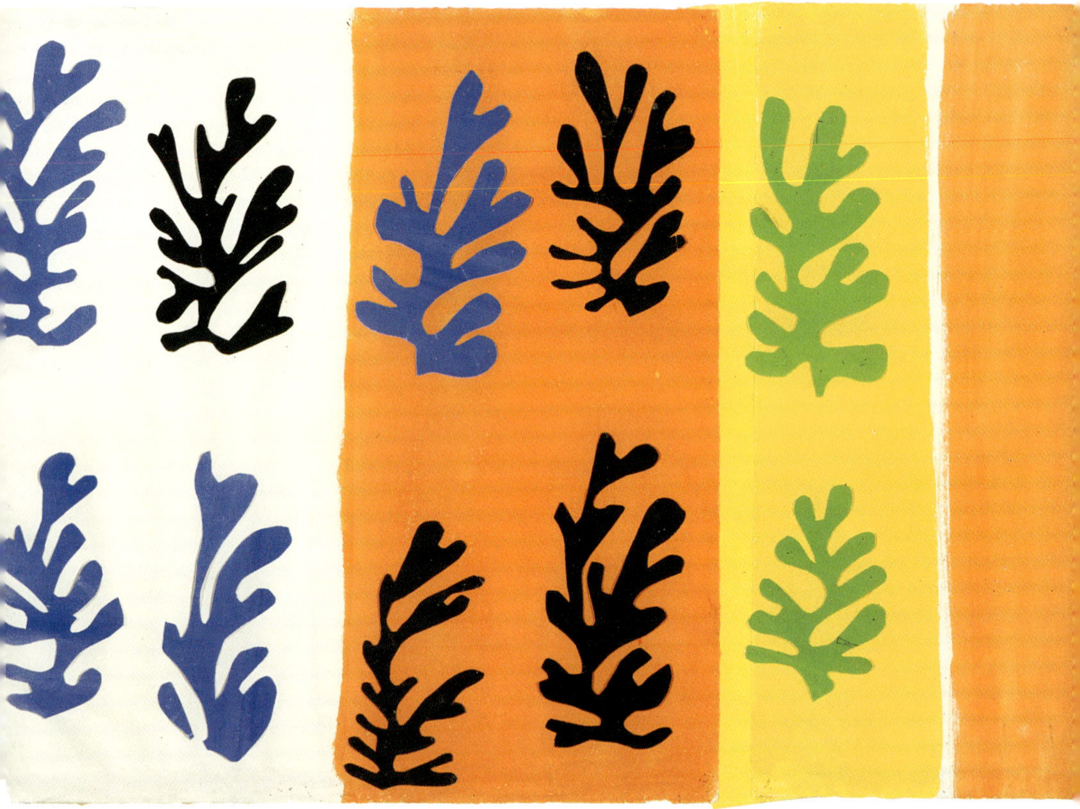

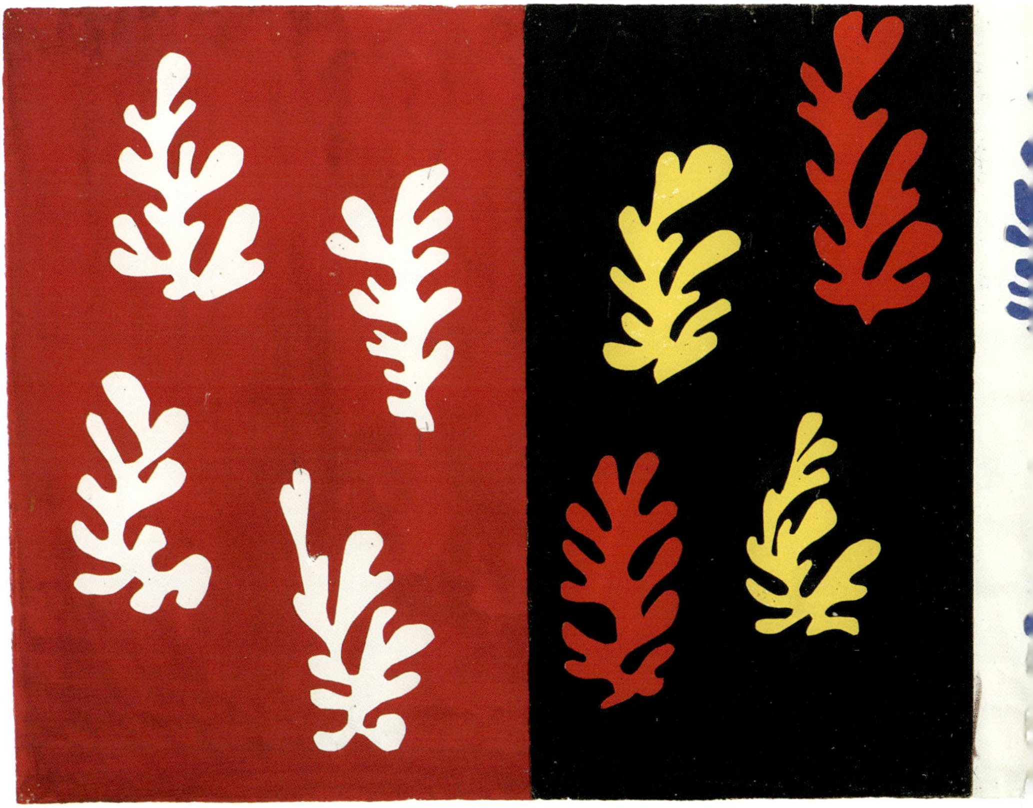

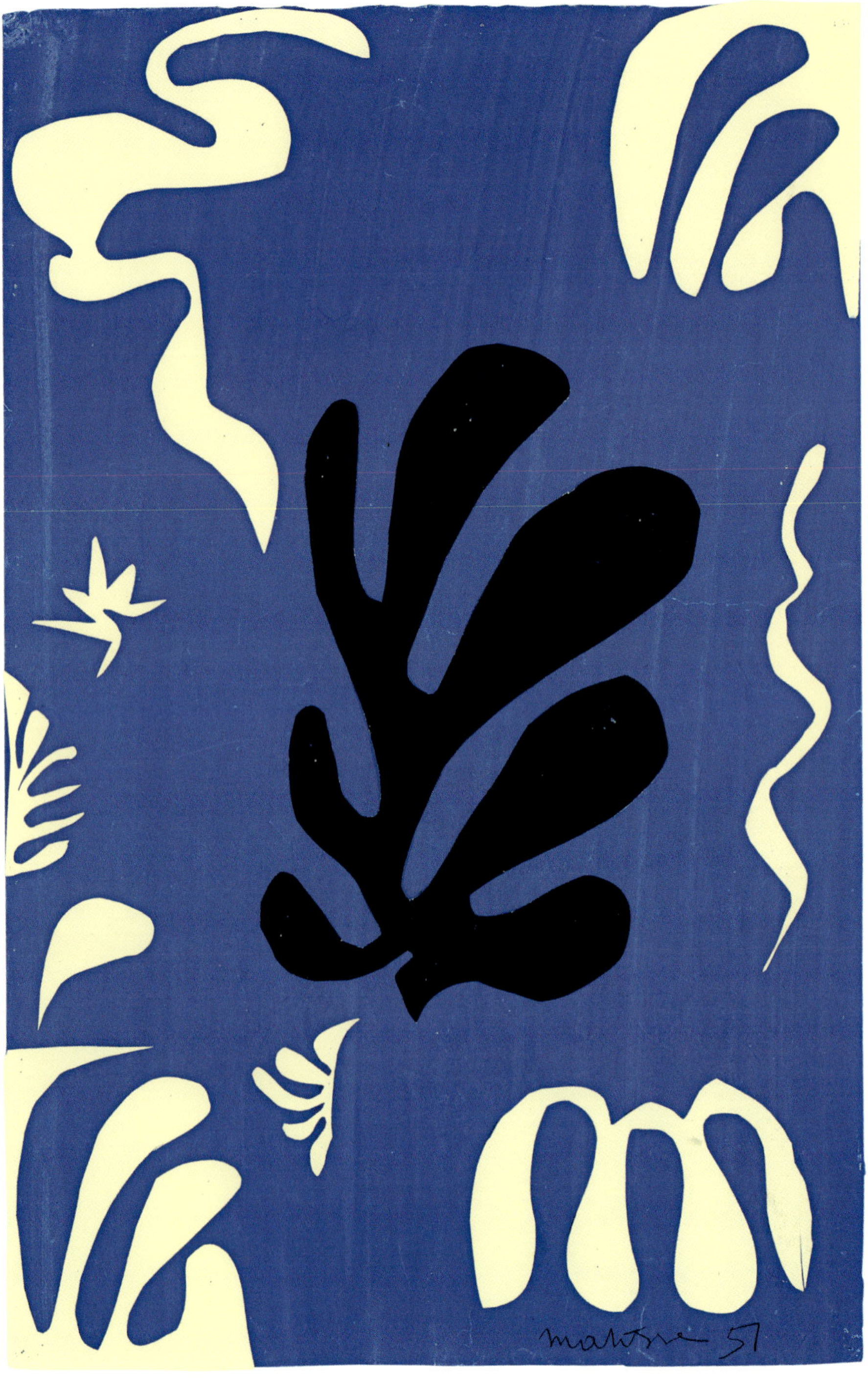

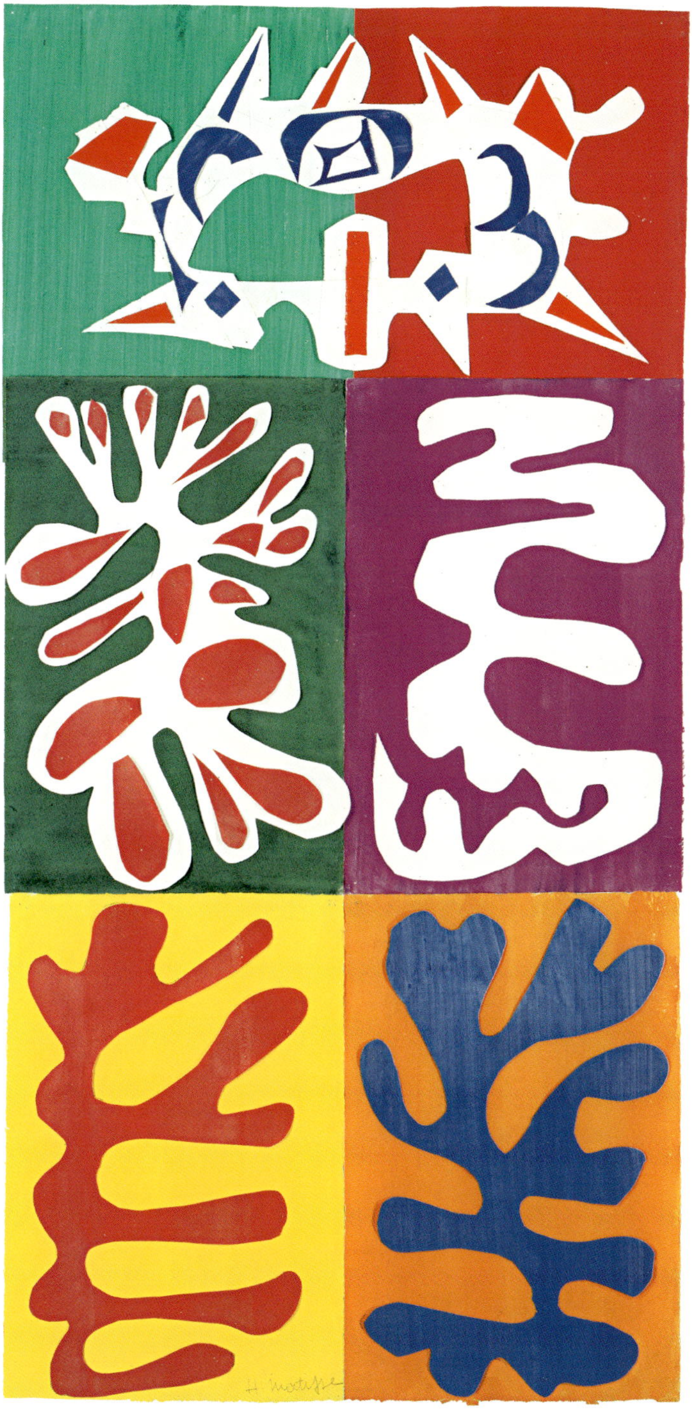

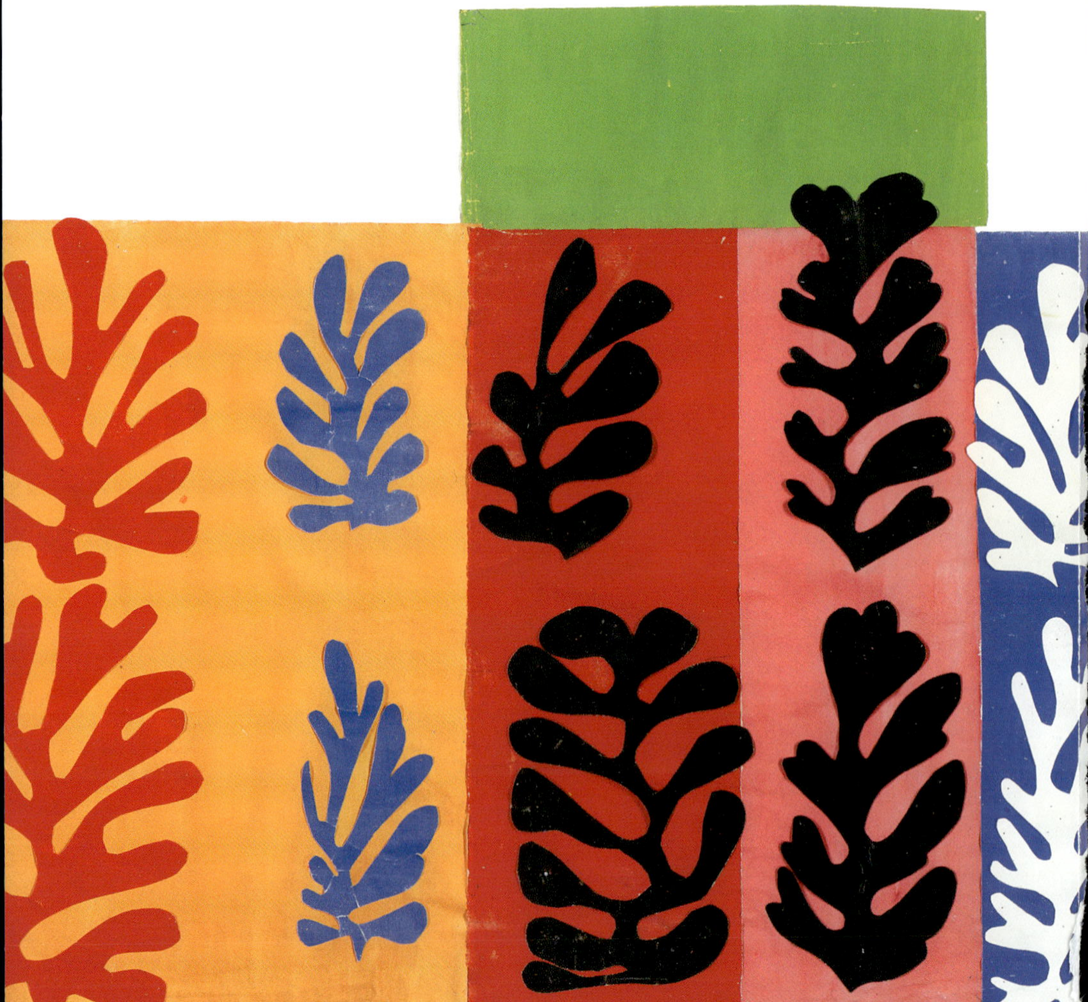

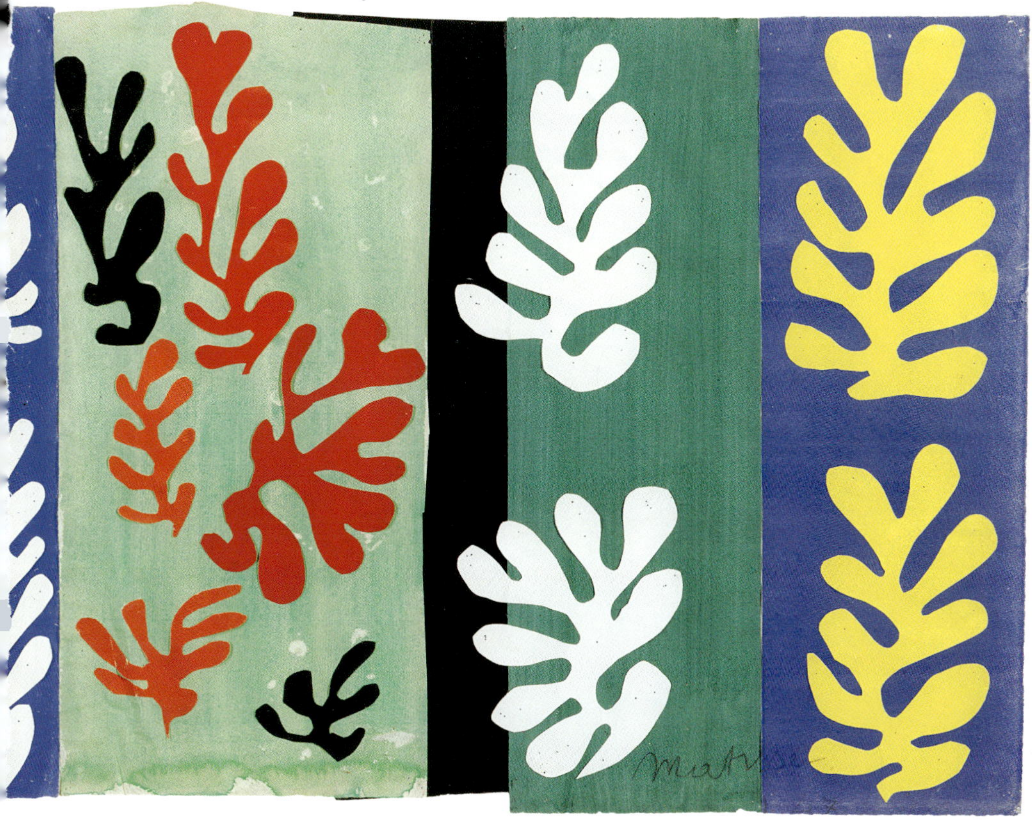

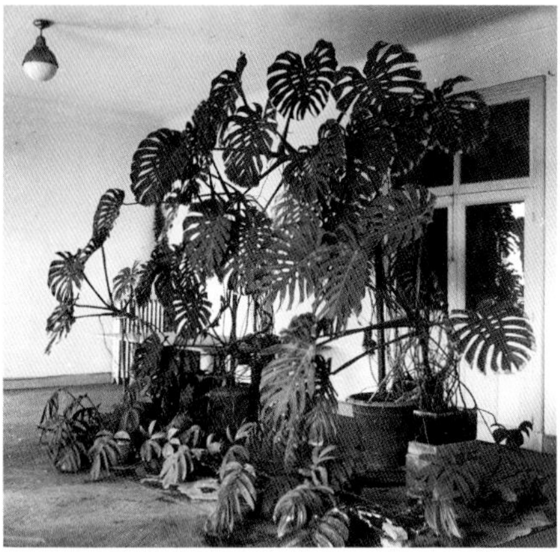

Atelier Matisse,
Hôtel Régina, *Cimiez-Nice*
Photo Hélène Adant

Pages 246/247
L'Esquimau, *1947*
Papiers gouachés, découpés, collés sur papier
40,5 x 86 cm
Danske Kunstindustrimuseet, Copenhague

Page 248
Composition fond bleu, *1951*
Papiers gouachés, découpés, collés sur papier
80 x 50 cm
Collection particulière

Pages 249–252
Composition (Les Velours), *1947*
Papiers gouachés, découpés, collés sur papier
51,5 x 217, 5 cm
Kunstmuseum Bâle

Page 254
Le Panneau au masque, *1947*
Papiers gouachés, découpés, collés sur papier
110 x 53 cm
Danske Kunstindustrimuseet, Copenhague

Page 255
Composition fond vert, *1947*
Papiers gouachés, découpés, collés sur papier
104 x 39,2 cm
The Menil Collection, Houston, TX

Exposition à la galerie Berggruen Paris, *1953*
Photo Hélène Adant

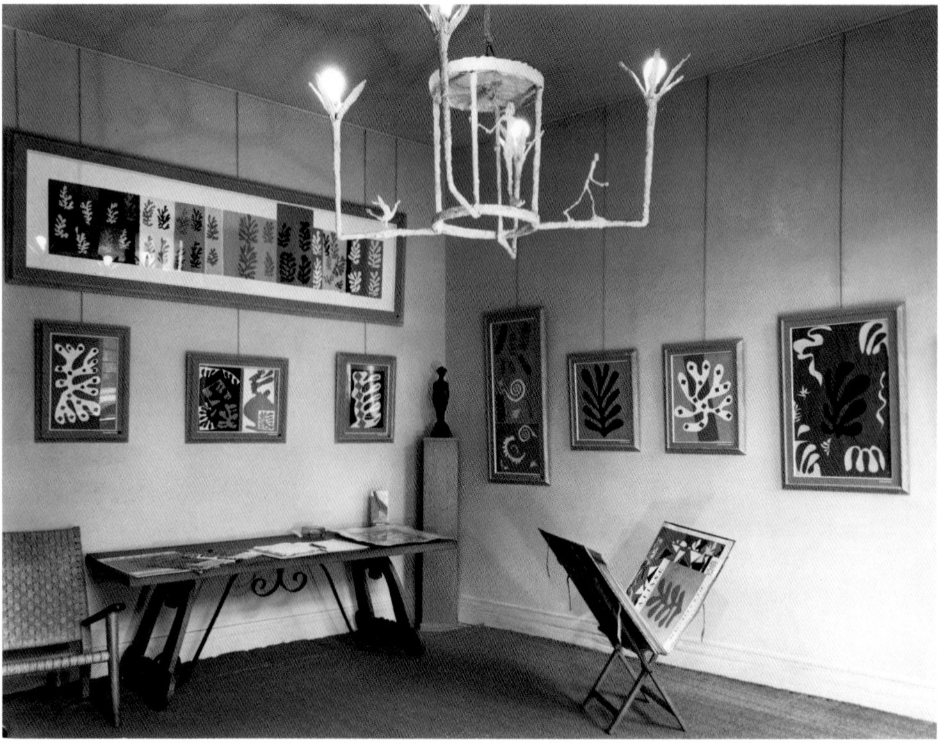

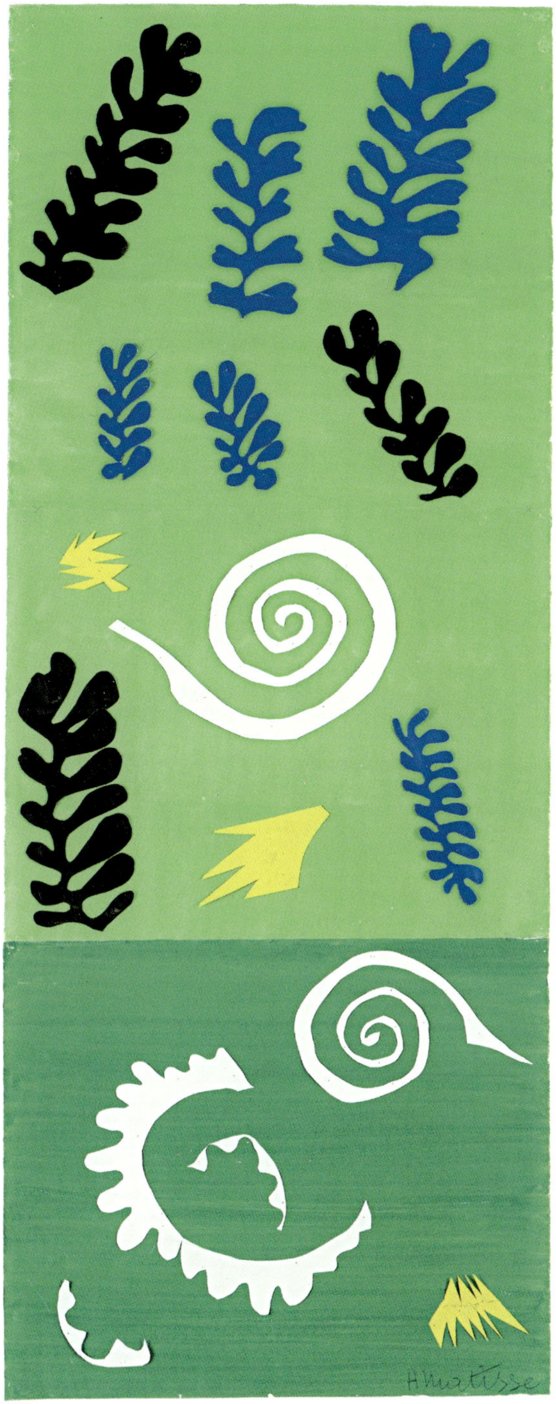
H. Matisse

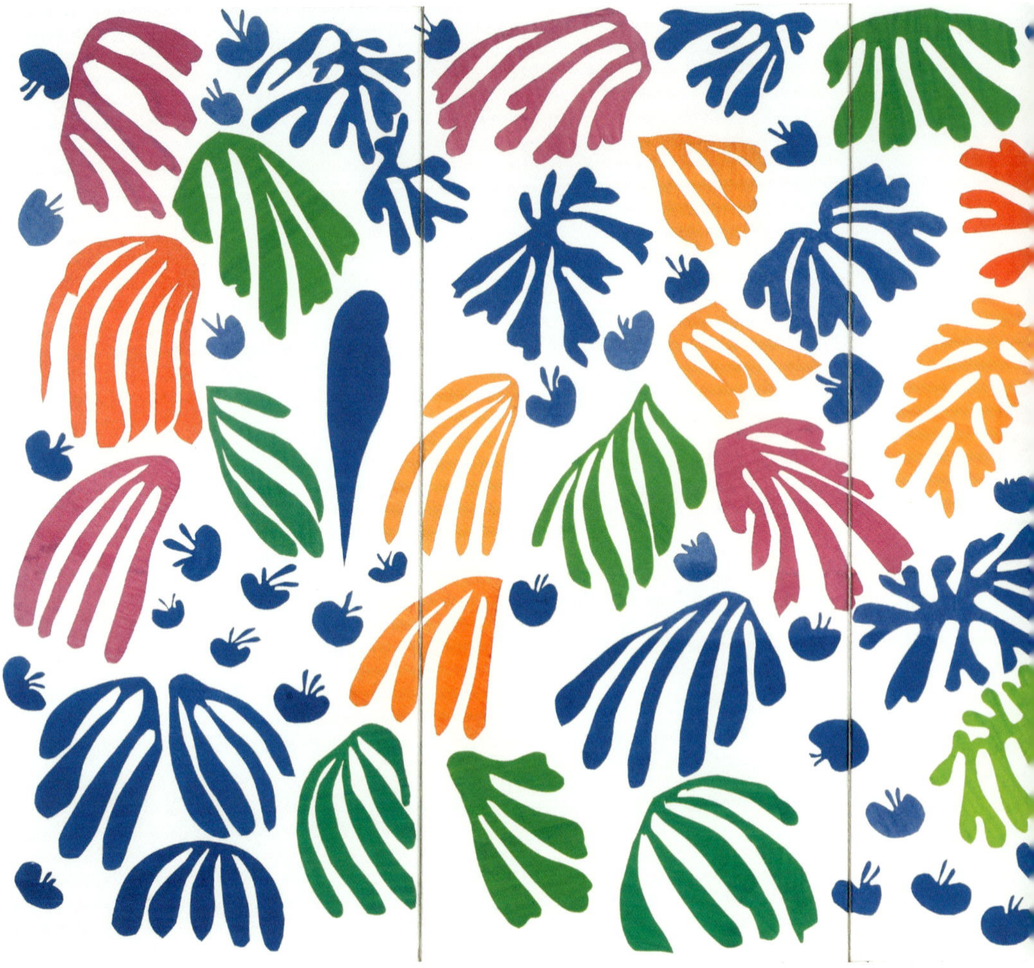

La Perruche et la sirène, *1952*
Papiers gouachés, découpés,
collés sur papier
337 x 773 cm
Stedelijk Museum, Amsterdam

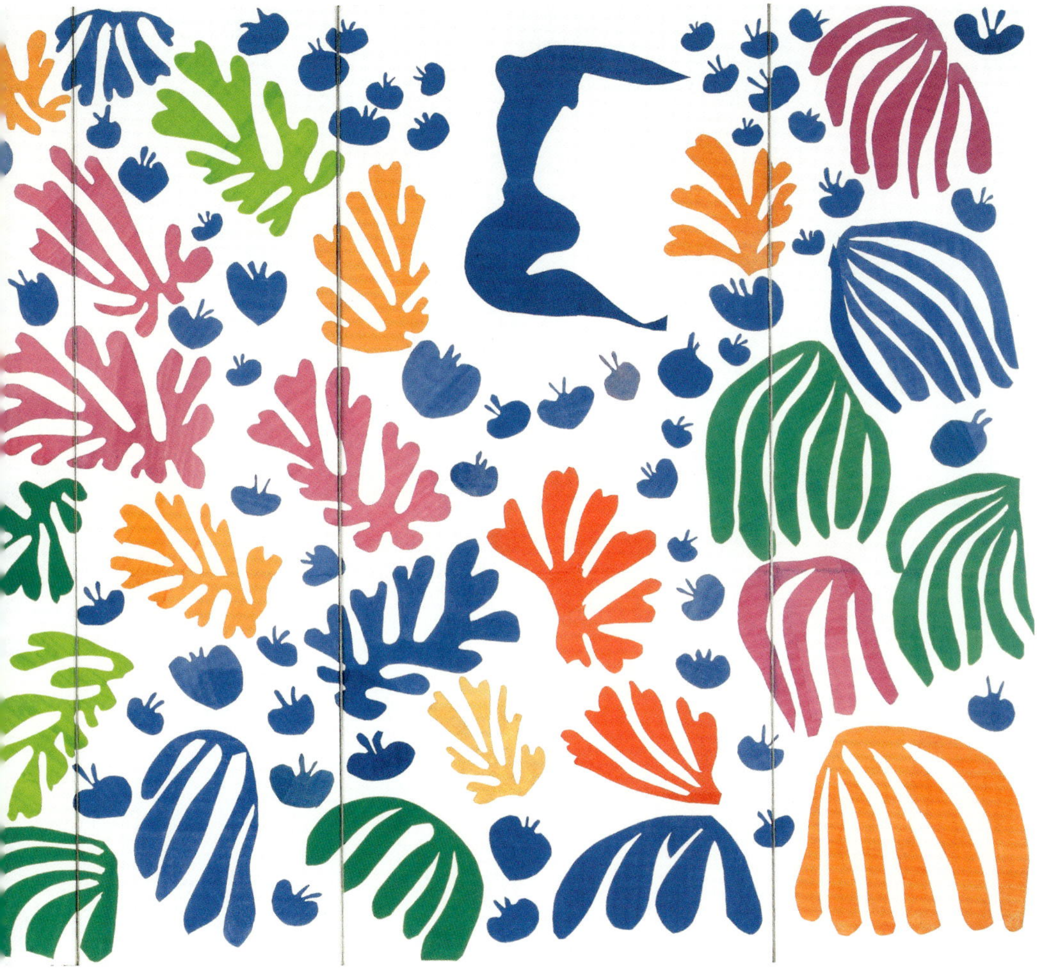

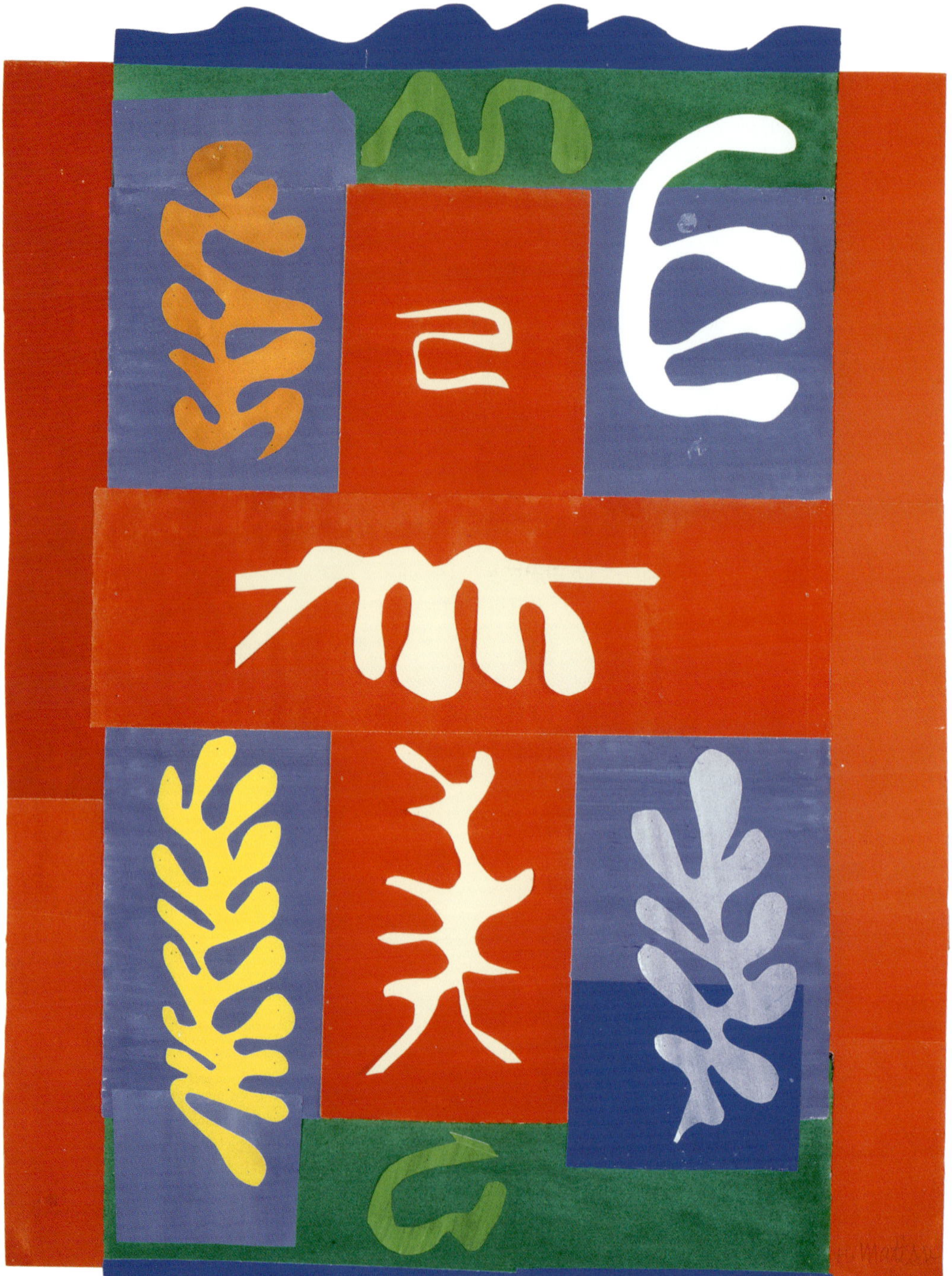

permettant de réaliser l'une de ses plus hautes ambitions. Plusieurs observateurs l'ont fait remarquer, à l'instar de Françoise Gilot. Quelques mois avant qu'il ne commençât à travailler au projet d'*Océanie*, lors de la première visite qu'elle lui rendit en février 1946 à la villa « Le Rêve » en compagnie de Picasso, le vieux fauve était « assis bien droit dans son lit [...]. On sentait Matisse serein, sûr de lui. Il était même désarmant quand il exprima son espoir d'avoir progressé d'une façon ou d'une autre dans ses œuvres récentes[7]. » Ce jour-là, surmontant sa timidité, la jeune femme demanda au maître comment il avait réussi à exprimer autant de « joie de vivre » et d'enthousiasme dans un tableau de 1912 qui se trouvait dans l'atelier de Picasso, *Nature morte aux oranges*. Matisse répondit alors que « pareille explosion de joie provenait de l'idée que l'œuvre d'art devait aboutir à une intensification de toutes les sensations susceptibles d'enrichir la vie intérieure de celui qui la regarde », ajoutant que cela n'avait rien à voir avec ses sentiments personnels du moment, puisqu'il se trouvait sans le sou à Tanger et envisageait sérieusement le suicide[8]. On peut penser que Matisse ne tint pas uniquement ces propos dans le but d'« épater » son ami et grand rival Picasso, mais surtout parce qu'il était convaincu que les papiers gouachés et découpés allaient lui permettre d'aboutir, plus que jamais, à une « intensification de toutes les sensations susceptibles d'enrichir la vie intérieure » du public, en donnant, dans un espace limité, l'idée d'immensité. Il affirma cette conviction, en la déclarant sans ambiguïté le 24 octobre 1946, dans une lettre à Zika Ascher : « Pensez que vous avez une œuvre importante de moi appelée à un grand retentissement. Considérez-la comme je vous dis *car j'ai raison*. C'est une chose importante pour moi [...]. Elle est appelée à devenir célèbre. *Je suis certain de ce que j'avance*[9]. » C'est aussi la raison pour laquelle Matisse insistait pour qu'*Océanie*, *Polynésie*, et plus généralement ses œuvres créées à partir des papiers gouachés et découpés, fussent exposées avec ses autres travaux, de facture plus classique.

Composition à la croix rouge, *1947*
Papiers gouachés, découpés, collés sur papier
74,1 x 52,4 cm
Collection particulière
(Courtesy Nancy Whyte Fine Arts, New York)

Le foisonnement de 1947–1948

Après dix mois passés à Paris, où il avait créé *Océanie* et *Polynésie*, il redescendit à Vence en avril 1947, où il resta jusqu'à la fin de l'année 1948. Une accalmie dans ses maux lui ayant autorisé encore le grand effort de peindre, il réalisa des huiles et de grands dessins au pinceau à l'encre de Chine, dont certains seraient reproduits dans le numéro 21–22 de la revue *Verve*. Toutefois, loin d'abandonner sa pratique des « découpages », il l'approfondit et exécuta de nombreuses gouaches, aux dimensions plutôt modestes. Ces œuvres fleurirent sur les murs de sa chambre à la villa « Le Rêve », chacune ayant un support individuel en papier. Cet environnement constituait un jardin extraordinaire, propice à la rêverie. On peut observer que prédominait alors le motif de la feuille-algue, déjà présent dans certaines planches de *Jazz*, motif aux variations multiples, remarquable par son ambiguïté même qui lui confère une grande force suggestive (ill. p. 236, 239, 243, 254–255 et 258). À la limite de l'abstraction, il peut apparaître comme un signe renvoyant aussi

Le premier livre d'art en édition de poche : *Pierre à Feu*,
édité par Aimé Maeght, 1947
La pierre et le feu symbolisent la rencontre de deux esprits ; le peintre et le poète déclenchant l'étincelle de la création.

bien au végétal qu'à l'anthropomorphique. Ainsi, la figure ne disparaît pas entièrement, comme on peut l'observer dans *Deux masques (La Tomate)*, où elle est suggérée, sous une forme totémique (ill. p. 239). Comme le déclarait Matisse, « il suffit d'un signe pour évoquer un visage[10] ». Cette stylisation à la limite de l'abstraction laisse libre cours à l'imagination du spectateur, qui se trouve alors stimulée. Plus que jamais dans l'œuvre de Matisse, « l'élément humain » est « tempéré sinon exclu », afin d'empêcher que « l'esprit du spectateur » ne soit « arrêté par ce caractère humain avec lequel il s'identifierait et qui le séparerait en l'immobilisant de la grande association harmonieuse, vivante et mouvementée, de l'architecture et de la peinture »[11].

En avril 1948, un armateur proposa à Matisse d'acheter le mur entier, tandis qu'Aimé Maeght lui avait offert d'en exposer les œuvres. Il écrit ainsi à son fils Pierre le 5 avril 1948 : « J'ai parfait mon mur de découpages. Un armateur qui fait un bateau de luxe s'appelant “le génie français” destiné à l'Orient jusqu'au Japon me propose de me l'acheter pour mettre dans son bateau dans un cadre sérieux et sous glace. J'ai dit que j'y réfléchirai. Mais un gros obstacle : dans ces pays d'humidité excessive toutes mes gouaches moisiraient. J'aime mieux les garder ou les encadrer par motifs. Maeght m'a demandé de les exposer, j'ai refusé. Quoiqu'il m'ait dit que ça lui rendrait service[12] ! » Finalement, Matisse leur donna le statut d'œuvres achevées et décida de les exposer, à New York, puis à Paris. Du 9 au 27 février 1949, Pierre Matisse présenta les œuvres des années 1947–1948 dans sa galerie new-yorkaise. À côté des huiles et des grands dessins au pinceau à l'encre de Chine, figuraient en bonne place les gouaches découpées. Même si celles-ci ne trouvèrent pas alors d'acquéreur, l'exposition fut un succès. Puis, du 15 juin au 25 septembre 1949, le musée national d'Art moderne de Paris en reprit pour l'essentiel la scénographie. Cette exposition, intitulée « Henri Matisse. Œuvres récentes 1947–1948 », comportait treize peintures, vingt-deux dessins et vingt-et-un papiers découpés. L'un d'entre eux, *Boxeur nègre*, fut reproduit en couleur en couverture du catalogue (ill. p. 236).

Matisse surréaliste ?

Océanie, *Polynésie* et l'ensemble des « découpages » qui envahissaient les murs de sa chambre dans les années 1940, ne constituent-ils pas autant d'expressions de l'inconscient de Matisse, rapprochant dès lors ces œuvres d'un aspect essentiel du surréalisme ? L'inventeur des papiers gouachés et découpés n'entretenait-il pas avec ce mouvement des rapports plus complexes qu'il ne semble de prime abord ? Dans une lettre à Rouveyre du mois de janvier 1949, Matisse commentait ainsi un dessin suggérant une paire de seins dans les nuages : « Qu'est ceci ? Ne suis-je pas devenu surréaliste ? Oui, Rouveyre André. Ceci veut dire : bouillottes pour ton lit[13]. » Ce propos n'est-il qu'ironique ?

Certes, il y eut toujours distance, voire opposition déclarée, entre Matisse et le surréalisme. En 1928, André Breton engagea la polémique en classant Matisse et Derain dans la catégorie des « vieux lions décourageants et découragés », et en précisant alors : « De la forêt et du désert dont ils ne

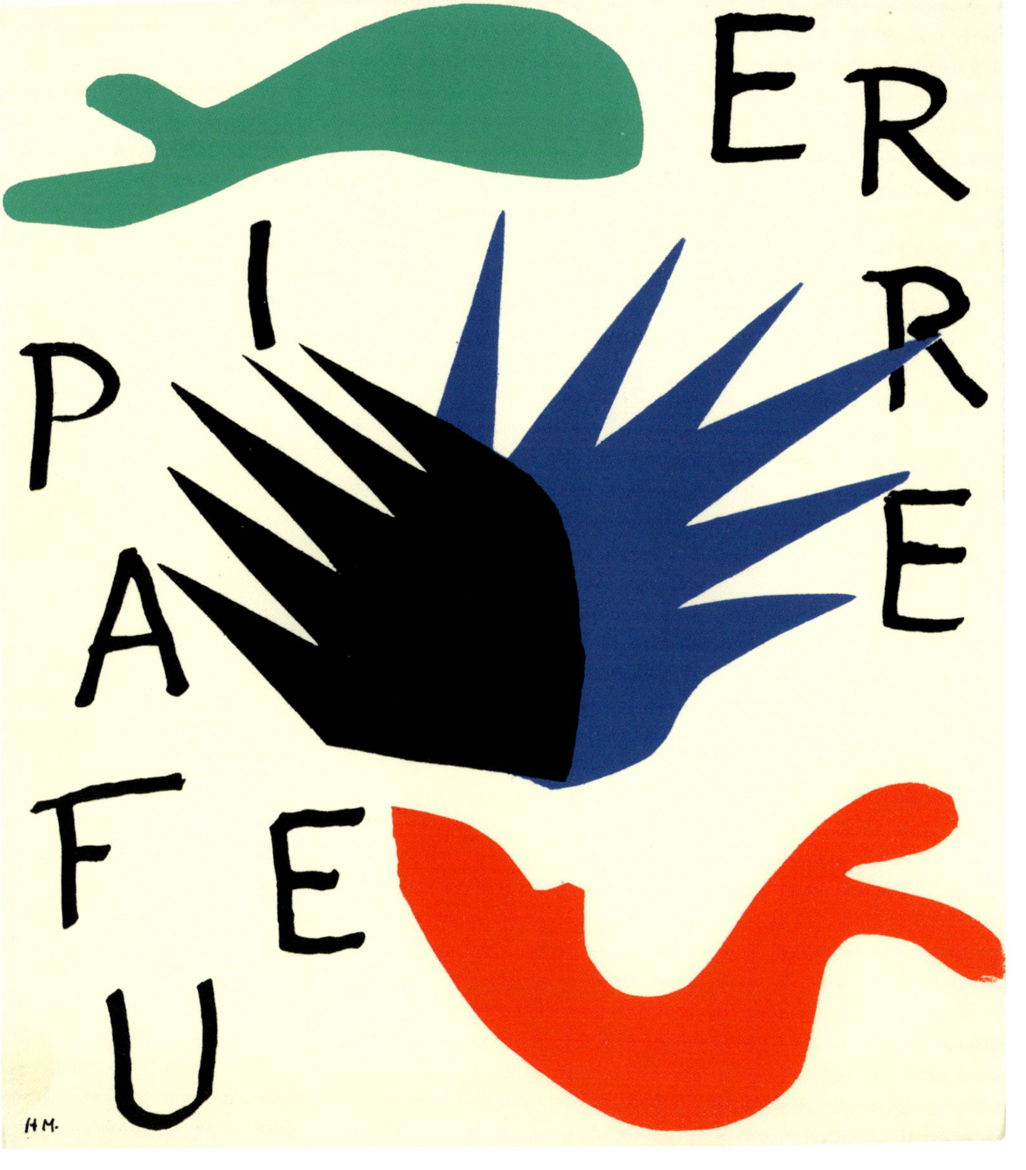
PIERRE
A
FEU
HM.

Éléments végétaux, *1947*
Papiers gouachés, découpés, collés sur papier, 65,6 x 50 cm
Nationalgalerie, Musée Berggruen, Staatliche Museen zu Berlin

gardent pas même la nostalgie, ils sont passés à cette arène minuscule : la reconnaissance pour ceux qui les matent et les font vivre. Un *Nu* de Derain, une nouvelle *Fenêtre* de Matisse, quels plus sûrs témoignages à l'appui de cette vérité que "toute l'eau de la mer ne suffirait pas à laver une tache de sang intellectuelle" (Isidore Ducasse) ? Ainsi donc ces hommes ne se relèveront pas ? Voudraient-ils maintenant faire amende honorable à l'esprit, qu'ils sont à tout jamais perdus pour les autres comme pour eux-mêmes. [...] Je m'en voudrais de m'intéresser plus longtemps à une perte si totale[14]. » Vingt ans après la publication de ce texte, les deux hommes se rencontrèrent en vue d'une collaboration pour le numéro 21–22 de *Verve*. Collaboration finalement avortée, tant les positions du peintre et du poète étaient inconciliables. Le 10 novembre 1948, Matisse résuma ainsi l'événement au frère Rayssiguier : « Breton devait faire un long texte, que j'ai remplacé par des dessins. Il était venu au début de l'année, près d'Antibes, pour plusieurs mois. Nous avions beaucoup parlé, il me comprenait très bien. Je croyais qu'on pouvait tout dire. Mais avec lui il faut se méfier, il y a toujours des histoires. J'ai lu un de ses journaux : ce qui était de lui était très bon, je l'ai compris ; mais les articles des autres, des jeunes, pas du tout : lui m'a dit que ces articles ne l'intéressaient pas. C'est qu'il est le père du surréalisme – et aussi "son fossoyeur". En fait, c'est Lautréamont, c'est Nietzsche qui les a "fichus dedans". Ce sont des gens qui s'obligent à voir les choses d'une certaine façon. La vérité, ce sont eux qui la font. Breton n'a pas de sens artistique proprement dit. Pour cet article de *Verve*, il a fini par dire qu'étant donné ce que nous avions dit lors de sa dernière visite, il n'y avait pas besoin que lui, Breton, fasse le texte, qu'Aragon suffirait. » Selon Matisse, l'essentiel de la divergence venait du fait que les surréalistes considéraient qu'il n'était « pas intelligent » parce qu'il agissait « en passionné », alors que pour eux il aurait fallu dire ce que l'on « voulait » faire, « lucidement, d'avance[15]. » Quelques jours plus tard, Matisse reprit et précisa ce dernier point, capital à ses yeux, car il rendait impossible toute tentative de récupération de son œuvre par le mouvement dont Breton était la haute conscience : « Durant toute ma carrière, les surréalistes ont été contre moi, cela ne m'a d'ailleurs pas gêné, et maintenant ils voudraient me prendre avec eux. [...] Leur méthode à eux est de tout faire sauter dès le début. Moi je ne me débarrasse des vêtements que j'ai en trop que petit à petit. Il y a quarante ou cinquante ans, je marchais vers quelque chose qui m'attirait, [...] mais sans jamais savoir à l'avance où j'allais. [...] Or le surréalisme fait agir par "pure intelligence", ce n'est pas senti. » Lorsque Matisse revendiquait devant Breton de n'être « pas intelligent », en ce sens qu'il évoluait « par passion, par intuition, par instinct...[16] », c'était une autre manière d'exprimer la réserve fondamentale de Tériade à l'égard d'une peinture surréaliste trop littéraire ou banalement illustrative qui, parce qu'elle reposait sur la présence implicite d'un contenu narratif, minimisait l'autonomie de chaque œuvre, seul véritable critère de réussite selon l'avis de l'éditeur de *Jazz* et de son auteur.

Toutefois, malgré ces divergences incontestables, on peut regretter l'absence du texte de Breton, tant Matisse s'est approché à sa manière d'aspects essentiels de la démarche surréaliste. Ce n'est pas un hasard s'il a partagé

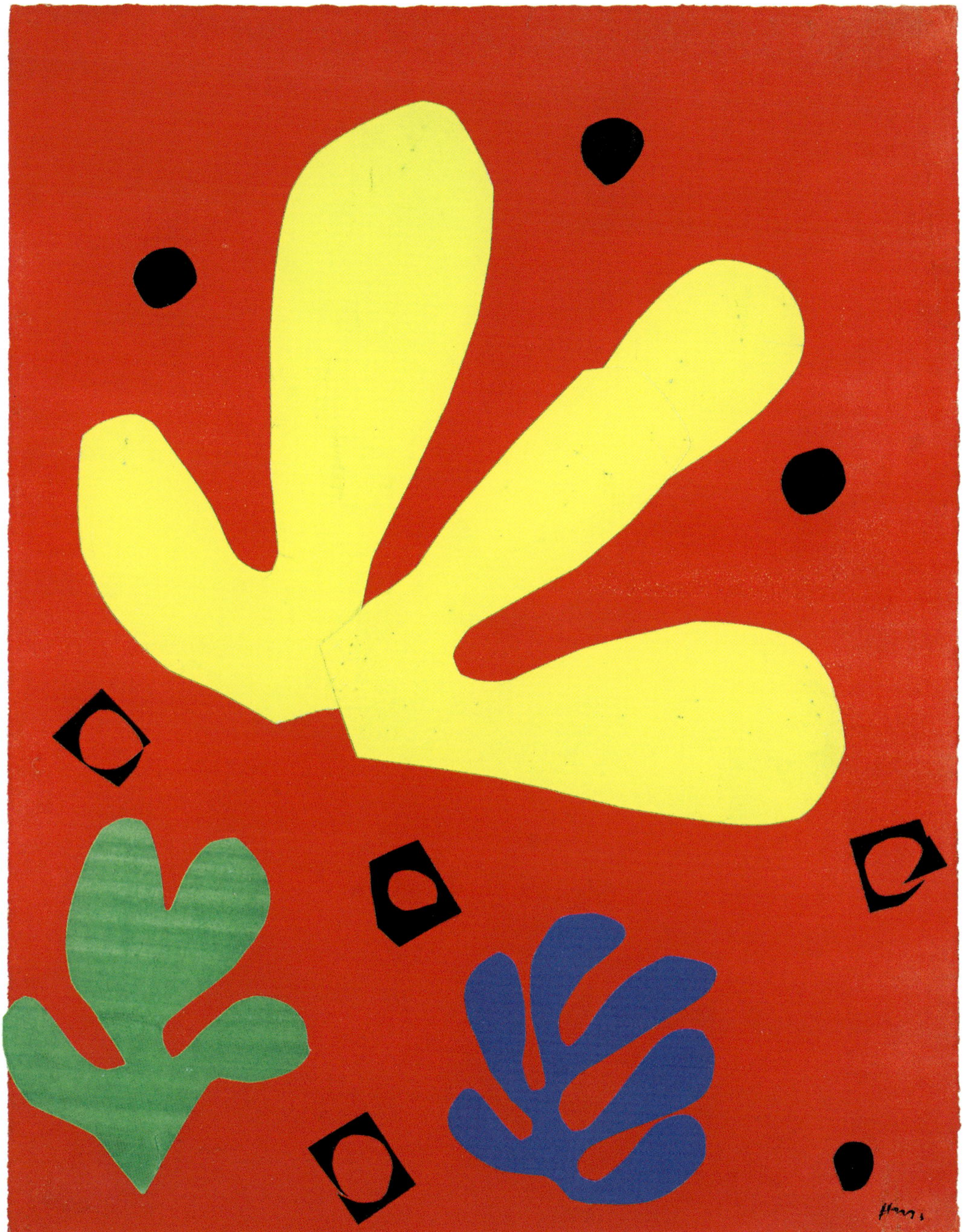

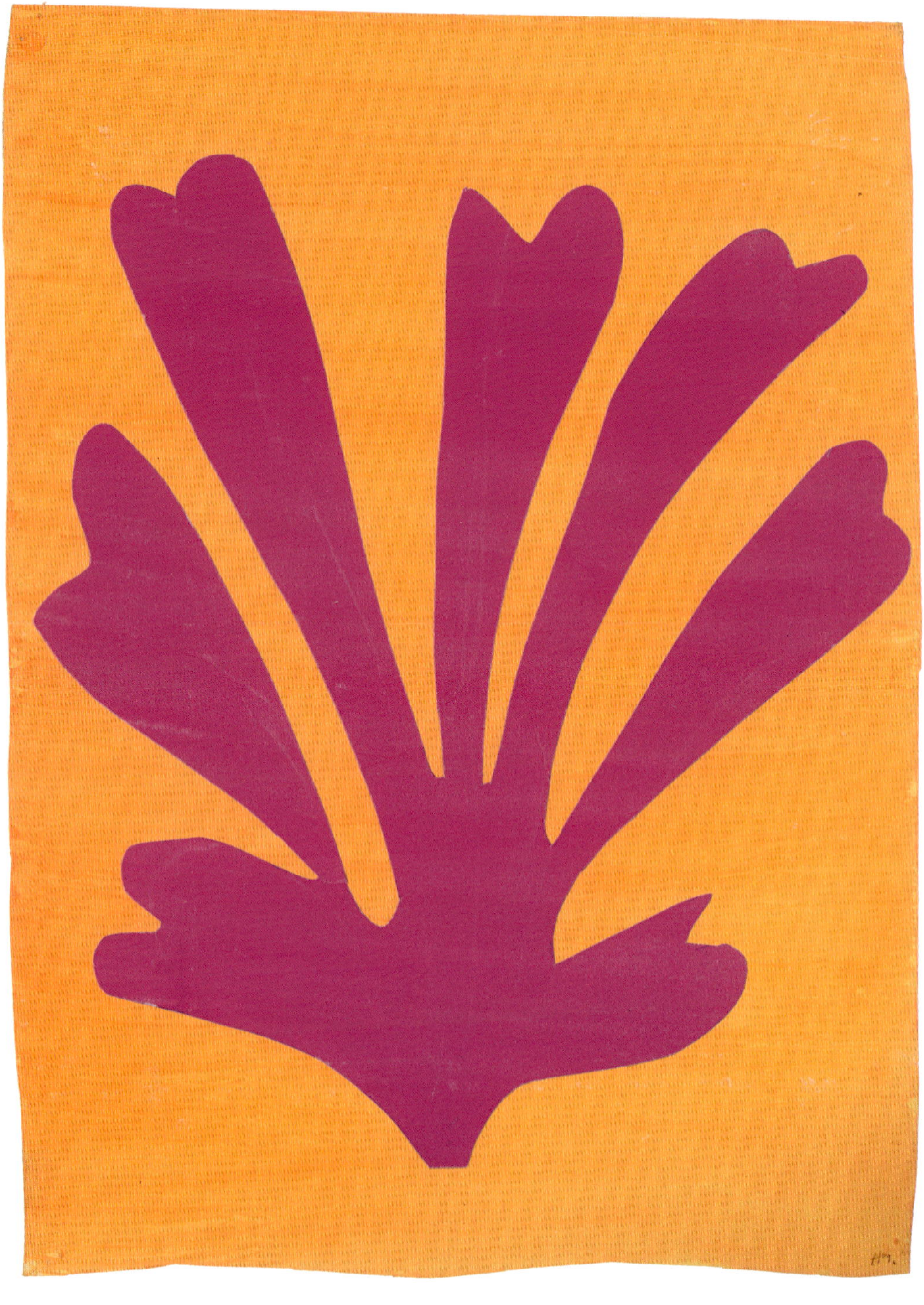

des relations privilégiées avec certains membres – ou anciens membres – du mouvement, comme Man Ray, Tristan Tzara, André Masson ou Louis Aragon. Il a en outre manifesté de l'intérêt pour l'œuvre de Lautréamont, allant même jusqu'à en conseiller avec malice la lecture au frère Rayssiguier, en lui disant « de ne pas le laisser dans les mains des enfants », avant d'ajouter : « Quand vous aurez commencé à le lire, vous voudrez continuer[17]. »

Par ailleurs, au cours des années 1930, Matisse mit de plus en plus explicitement l'accent sur le rôle déterminant de l'inconscient dans la création artistique, comme dans ce propos que rapporta Tériade, en 1933, dans *Minotaure* : « Les choses qu'on acquiert consciemment nous permettent de nous exprimer inconsciemment avec une certaine richesse. D'autre part, l'enrichissement inconscient de l'artiste est fait de tout ce qu'il voit et qu'il traduit picturalement sans y penser. Un acacia de Vésubie, son mouvement, sa grâce svelte, m'a peut-être amené à concevoir le corps d'une femme qui danse. » Dans ce même texte, Matisse insistait sur l'importance des études qui précèdent l'exécution d'un tableau, dans la mesure où elles permettent au peintre de « laisser aller l'inconscient[18] ». De la même façon, lui qui se disait si peu sensible au pittoresque des voyages, il les trouvait féconds comme moyen d'enrichir l'inconscient de l'artiste, ce qui fut, dans son cas, l'intérêt crucial du séjour à Tahiti : « J'ai vécu trois mois [à Tahiti], absorbé par l'ambiance, sans idée devant la nouveauté de tout ce que j'y voyais, anéanti, emmagasinant inconsciemment beaucoup de choses[19]. » Ces « choses » ressurgirent dans les gouaches découpées des dernières années, notamment celle réalisée en 1948 pour la couverture du numéro 21–22 de *Verve* dont, précisément, Breton devait au départ écrire le texte consacré à Matisse.

Celui-ci n'était d'ailleurs pas moins intéressé par les rêves que les surréalistes, racontant et interprétant, par exemple, un cauchemar qu'il avait fait lorsqu'il étudiait à l'École des beaux-arts, dans un entretien de 1941 avec Pierre Courthion. Et l'on peut voir dans bon nombre de gouaches découpées l'expression de l'inconscient ou du rêve. Ce fut parfois explicitement le cas, comme dans *Le Cauchemar de l'éléphant blanc* (ill. p. 168/169)dans *Jazz*. Plus largement, les déclinaisons du motif de la feuille-algue, les étranges formes embryonnaires, florales ou maritimes comme suspendues dans l'espace ne sont pas sans évoquer certaines œuvres de Max Ernst, Miró ou Masson, voire même quelques passages des *Chants de Maldoror* de Lautréamont. C'est pourquoi les termes utilisés par Tériade en 1936 dans *Minotaure* pour caractériser la démarche surréaliste peuvent aussi convenir pour celle des gouaches découpées : « un ensemble étonnant de propositions, de recherches et de réalisations qui se situent toujours à la frontière du précis et du sans limites, de l'immédiat et de l'imaginaire[20] » ; à condition de préciser que, chez Matisse, « cruelle lumière » et « désespoir » sont entièrement absents, et que sa beauté propre, loin d'être « convulsive », resplendit de sérénité, y compris lorsqu'il utilise le noir.

Palmette, *1947*
Papiers gouachés, découpés, collés sur papier
71,1 x 53,3 cm
Collection particulière

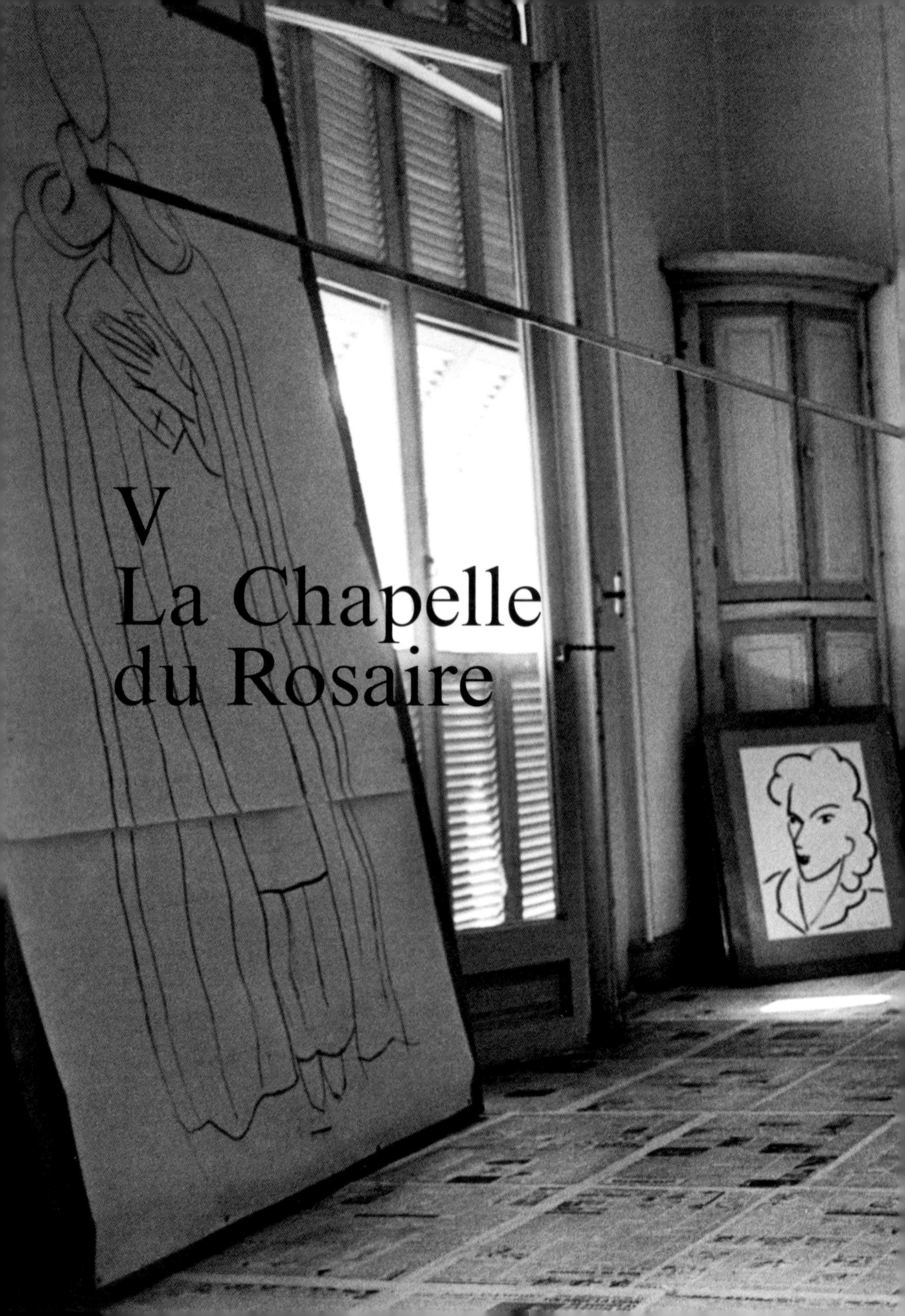

V
La Chapelle du Rosaire

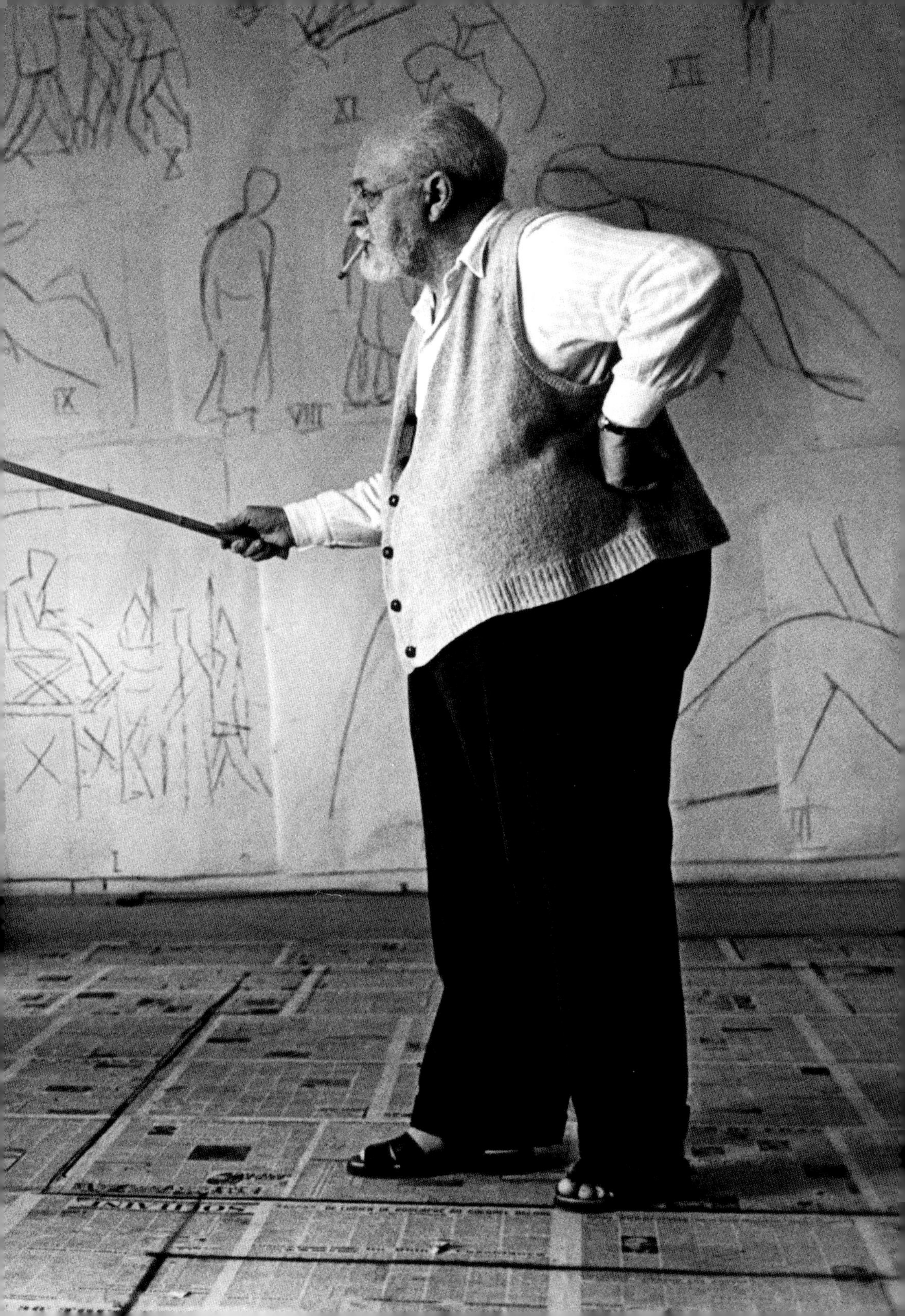

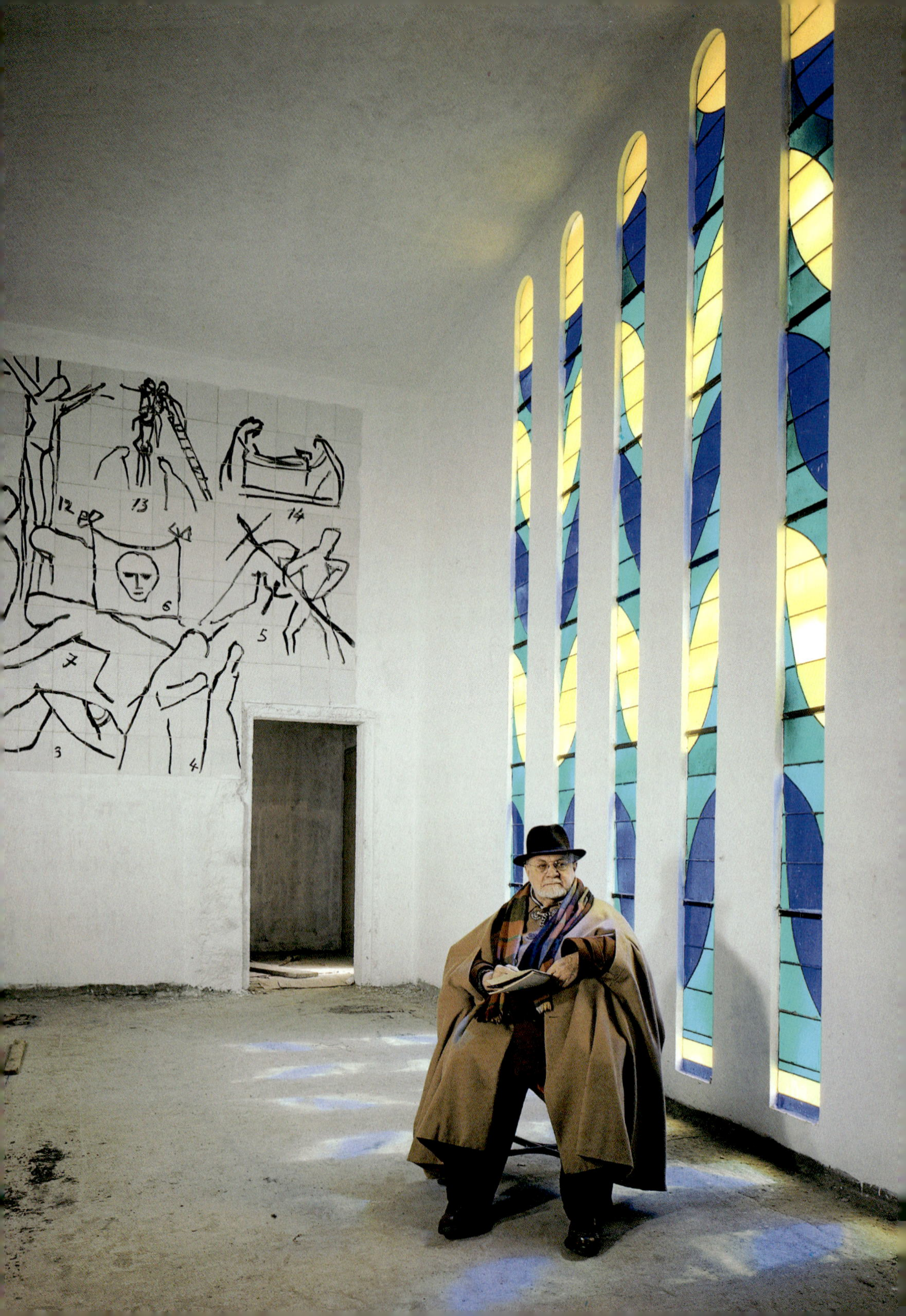
12
13
14
6
5
7
3
4

Xavier-Gilles Néret

« Ce sera un diamant, cette église »

La chapelle de Vence, 1947–1951

À côté du travail des papiers gouachés et découpés, une accalmie de ses maux permit encore à Matisse de peindre, de 1946 à 1948. Devant ces dernières toiles, véritable feu d'artifice d'intensité, on a le sentiment qu'il ne pouvait aller plus loin avec les moyens de l'huile et du pinceau. De Staël allait se suicider pour de telles raisons, ayant vu, comme il le dit lui-même, tout son œuvre dans un ciel de Turner. Matisse, quant à lui, « ressuscité » en 1941 et jouissant d'une « seconde vie », éprouvait plus que jamais l'irrépressible besoin d'inventer autre chose. Il en saisit l'occasion lorsqu'il accepta, en décembre 1947, le projet de décorer entièrement l'intérieur d'une chapelle pour la communauté dominicaine de Vence. Ce travail allait l'occuper intensément pendant trois ans, et il donna encore une dimension nouvelle à sa pratique des « découpages », par la construction de maquettes à l'échelle réelle, avant de faire tailler directement dans la couleur du verre les vitraux rêvés.

Pages 266/267
Henri Matisse dessinant pour les murs de la chapelle des Dominicains, dans une chambre de l'hôtel Régina ayant les mesures exactes de la chapelle, *Cimiez-Nice, 1950*
Photo Cornell Capa

Portrait d'Henri Matisse dans la chapelle du Rosaire à Vence, *1951*
Les carreaux au mur retracent les étapes du chemin de croix.
Photo Dmitri Kessel

« Ce sera un diamant, cette église »

Selon Matisse, la véritable initiatrice du projet de la chapelle fut Monique Bourgeois, jeune et belle infirmière qui avait soigné le peintre de 1942 à 1943, et était alors devenue son modèle, puis son aide-préparatrice. Rebaptisée sœur Jacques-Marie après son entrée au couvent en 1944, dans la congrégation des dominicaines du Rosaire, elle réalisa en 1947 un projet de vitrail qu'elle soumit à Matisse, qui le corrigea, avant de décider finalement de concevoir lui-même les vitraux et la décoration du bâtiment. C'était peut-être aussi en pensant à Giotto – qu'il admirait et dont il avait pu contempler en 1933 les fresques de la chapelle des Scrovegni à Padoue –, qu'il avait accepté ce projet. En effet, quelques mois auparavant, le 7 mai 1946, il avait écrit à Bonnard : « Je retrouve trois reproductions de Giotto de Padoue que je vous envoie. Giotto est pour moi le sommet de mes désirs, mais la route qui mène vers un équivalent à notre époque est trop importante pour une seule vie[1]. » Cette dernière réserve n'était pas en réalité un obstacle insurmontable pour Matisse, justement engagé dans une « seconde vie ». Rien ne pouvait plus l'empêcher de gravir le sommet de ses désirs. Le projet, dans un sanctuaire neuf, était de faire œuvre d'unité, de

Henri Matisse dans son studio travaillant à un dessin de la *Vierge à l'Enfant* pour sa chapelle de Vence, *1951*
Photo Dmitri Kessel

Dans l'atelier de Nice, à gauche la maquette de *L'Arbre de vie*, au centre *L'Ave*, à droite la maquette de la chapelle
Photo Hélène Adant

créer une atmosphère répondant à l'esprit de la communauté religieuse à laquelle il était destiné.

Les maquettes préparatoires pour les vitraux furent réalisées à partir de gouaches découpées, dans la plus pure tradition de *Jazz*. En effet, comme Matisse le dit au frère Rayssiguier, le 4 décembre 1947, en feuilletant son exemplaire de cet ouvrage : « Cela, ce sont des couleurs de vitrail », avant de préciser ce que serait la grande nouveauté du travail de la chapelle dans son cheminement : « Je coupe ces papiers gouachés comme on coupe du verre, seulement là elles sont disposées pour réfléchir la lumière, tandis que pour le vitrail, il faudrait les disposer pour que la lumière les traverse[2]. » Avec la gouache, la lumière est réfléchie, renvoyée, très atténuée, par la matité du support ; avec le vitrail, elle traverserait la surface colorée transparente et se trouverait magnifiée. Pour rendre plus pur encore cet apport, et réaliser son ambition fièrement déclarée au frère Rayssiguier en ces termes : « Ce sera un diamant, cette église[3] », Matisse, qui souhaitait d'abord décorer le pavage de la chapelle, y renonça finalement, pour laisser toute la place à la multiplicité des jeux de lumière traversant les vitraux. Il évita ainsi l'interférence des motifs avec les reflets, qui peuvent se répercuter, à certains moments de la journée, du sol jusqu'au plafond.

C'était bien cela qui intéressait par dessus tout l'artiste, comme il l'écrivit le 15 août 1949 au père Couturier : « J'attends beaucoup de surprises

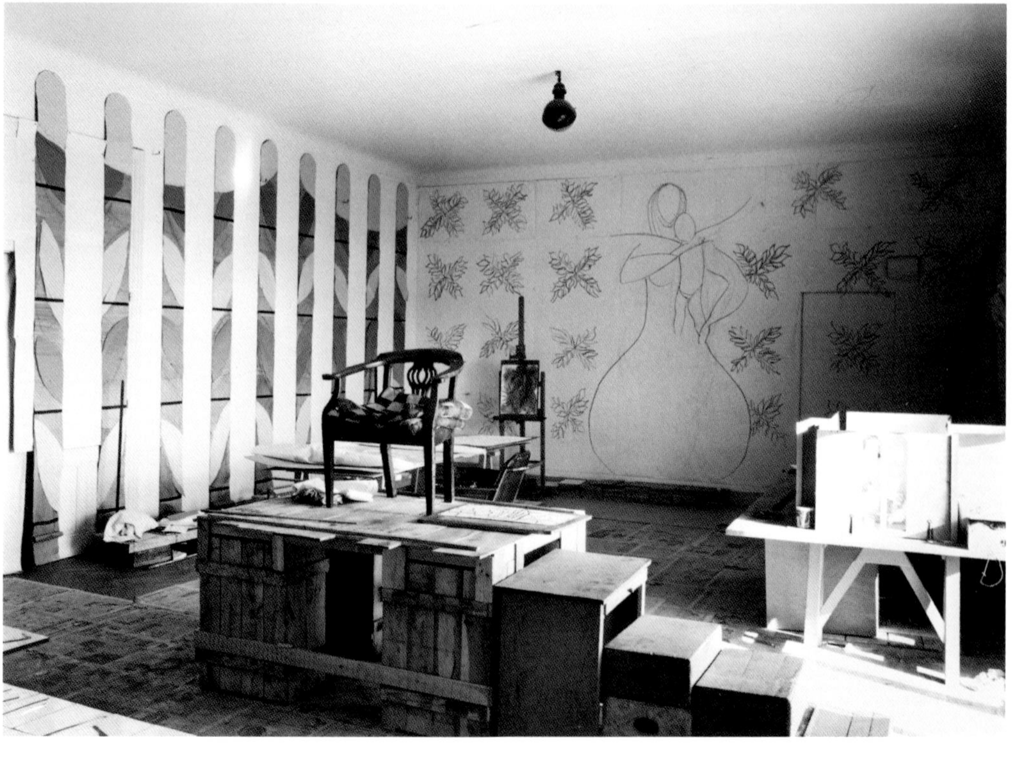

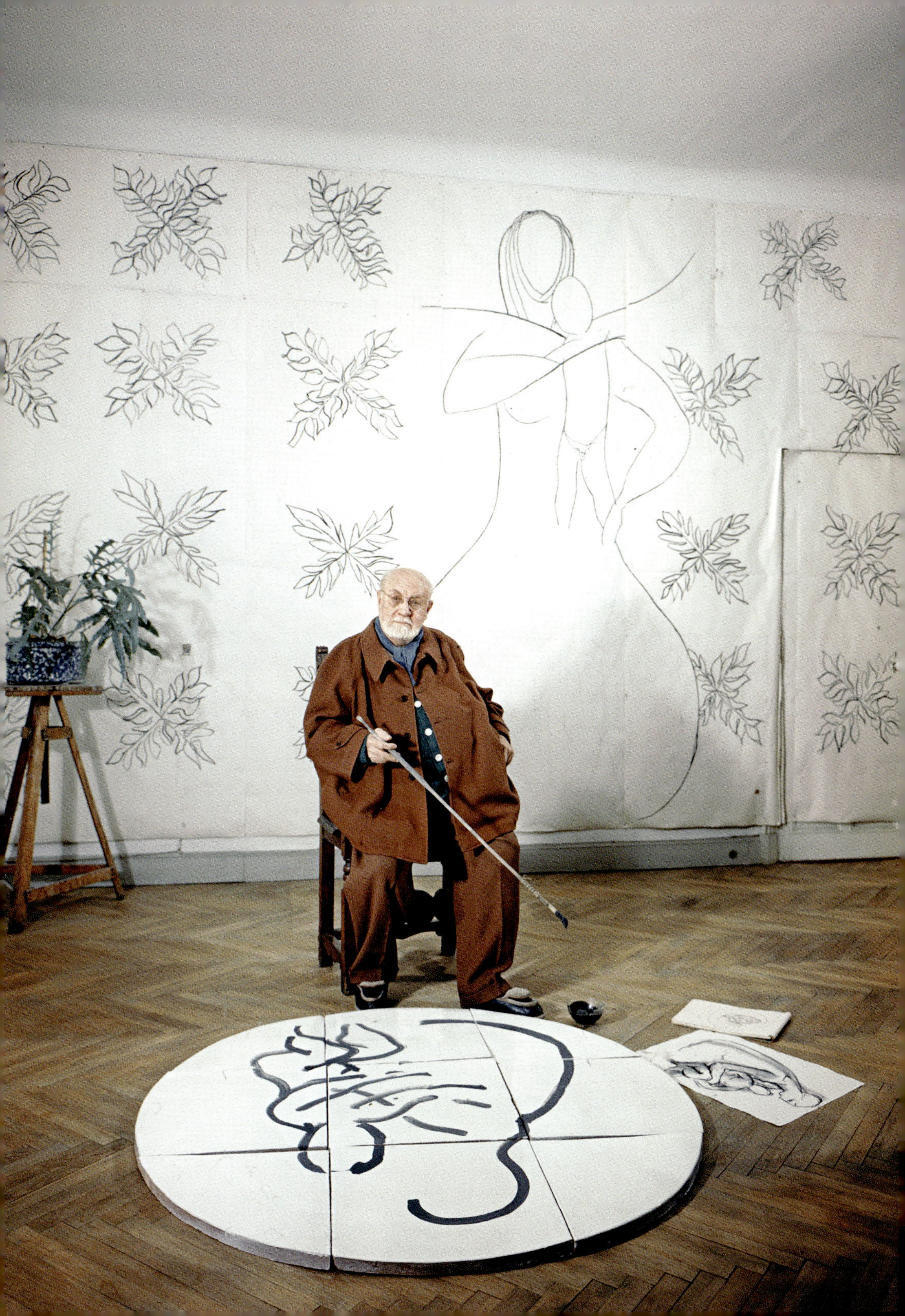

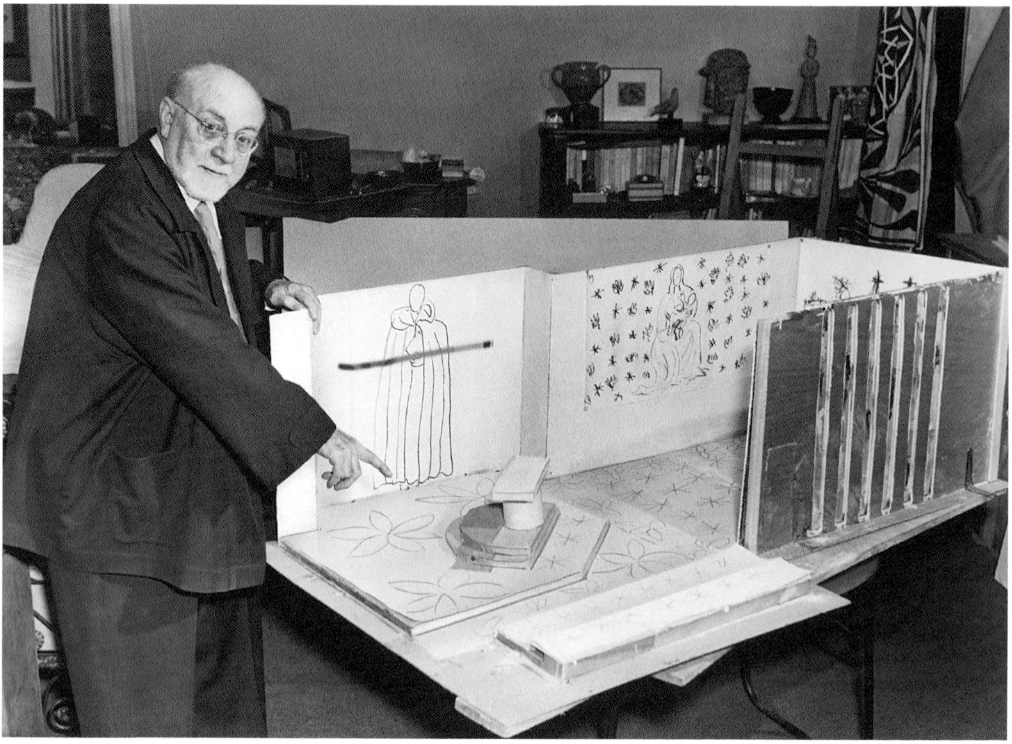

Henri Matisse présente des esquisses pour la chapelle dominicaine qu'il va ériger, *27 novembre 1948*
Photo The New York Times

agréables du côté des reflets[4]. » Il avait aussi prévenu ses commanditaires qu' « il y aurait beaucoup de luminosité, que cela scandaliserait beaucoup de gens[5] ». Il risquait en effet de choquer ceux qui pensent que la faiblesse de la lumière est nécessaire pour entretenir une atmosphère mystique et que les zones d'ombre sont propices à la prière. Mais, même pour une chapelle, Matisse n'allait pas renoncer à son ambition tôt proclamée de « remuer le fond sensuel des hommes », et il exacerba une fois encore ce « côté diamant » dont parlait Renoir, qu'il avait vu à Tahiti et fixé alors dans une « pochade ». Si le peintre de *La Joie de vivre* était incontestablement à sa manière un grand mystique, il n'en était pas moins hédoniste.

La réalisation d'un tel projet ne se fit pas sans difficultés ni tâtonnements. Ainsi, comme il l'avait fait pour *La Danse* au début des années 1930, Matisse exécuta successivement pour les vitraux de la chapelle trois projets en papiers gouachés et découpés. Il conçut les maquettes du premier durant l'été 1948 à Paris, à mi-dimensions. Ce furent alors *Jérusalem céleste* (ill. p. 278) – « J'ai devant moi une stabilité colorée qui me contente par des qualités indispensables[6] » – et *Fleuve de vie (Les Abeilles)*, compositions géométriques (ill. p. 276/277). Si Matisse dut finalement renoncer à *Fleuve de vie*, dont l'éclat était sans doute trop sensuel pour un sanctuaire dominicain, il n'en demeure pas moins qu'il y était très attaché. D'ailleurs, une fois le projet abandonné, la gouache découpée, alors rebaptisée *Les Abeilles*,

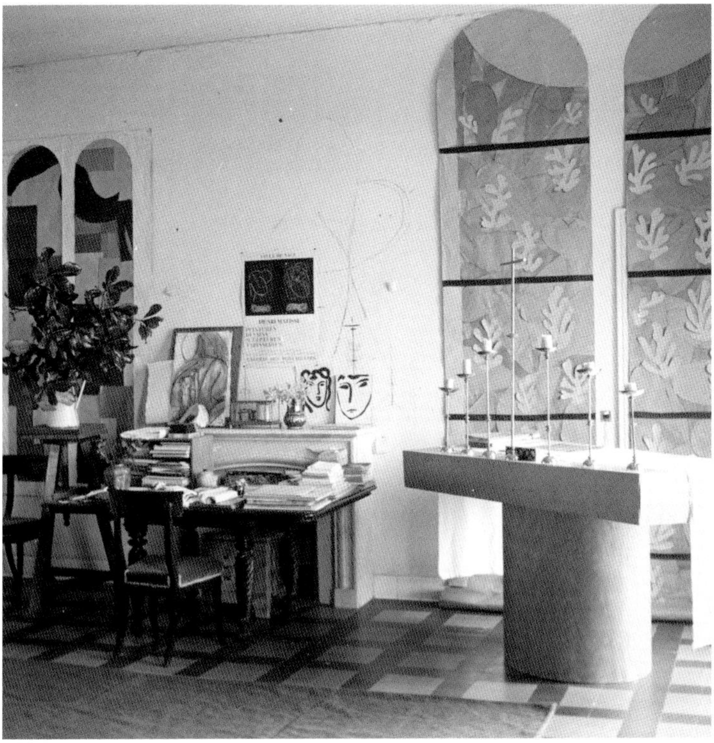

Le studio à Nice à l'hôtel Régina, *1951*
Avec la Jérusalem céleste *(ill. p. 278) et, derrière une maquette de l'autel,* L'Arbre de vie *(ill. p. 284)*
Photo Hélène Adant

occupa une place d'honneur dans la villa « Le Rêve », puis dans le salon des miroirs de l'hôtel Régina à Nice, qu'il regagna en 1949.

Entre novembre 1948 et janvier 1949, de retour à Vence, il exécuta donc un deuxième projet, *Vitrail bleu pâle*, où apparaissent des motifs obsessionnels de feuilles-algues, aux formes et aux couleurs variées, souvenirs du voyage à Tahiti (ill. p. 279). La maquette fut réalisée à taille réelle au Régina (ill. p. 270 et 274). Matisse, qui aimait affirmer qu'un centimètre carré de bleu ne produisait pas le même effet visuel qu'un mètre carré du même ton, accordait une grande importance à l'échelle et, comme il l'avait déjà fait à l'occasion de *La Danse* pour Barnes, il souhaitait travailler à l'échelle réelle de l'œuvre à créer. C'était précisément ce que lui permettait de faire son atelier du Régina, qu'il nommait son « usine », où il disposait de hauteurs de plafond bien plus favorables (3,60 mètres) que les modestes dimensions de la villa de Vence. Les patrons des vitraux, destinés aux 5 mètres de hauteur de la chapelle, ne tenaient d'ailleurs pas en entier sur les murs. La partie basse fut donc coupée et d'abord fixée au mur à côté de la partie supérieure, puis déroulée sur le sol. Toutefois, malgré ces conditions de travail favorables, ce deuxième projet dut être abandonné, Matisse ayant oublié de compter dans les dimensions de la composition la taille des barres de soutènement des vitraux. Il conçut alors, durant l'année 1949, un troisième projet en grandeur réelle, *L'Arbre de vie* (ill. p. 292), à partir d'un buisson de figuier

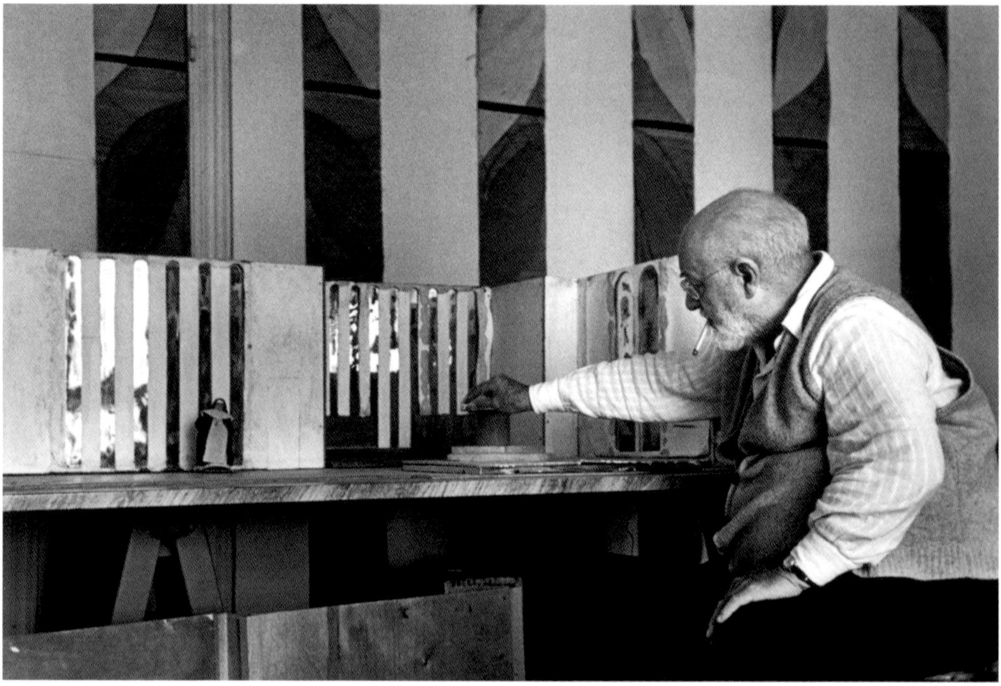

Matisse, travaillant à la maquette de la chapelle et installant « L'Arbre de vie », *1949*
Photo Robert Capa

de Barbarie que l'on trouve dans la région. À la structure géométrique des deux premiers projets, il substitua des formes organiques sur un fond vert, la composition se limitant à la tige et aux feuilles de la plante. Cette œuvre évoquait à ses yeux « une palmeraie ; également une oasis dans le désert, une proposition d'espérance[7] ».

Une fois la maquette conçue, Matisse, dont on a pu voir l'exigence de perfection lorsqu'il travaillait avec Tériade pour réaliser les couvertures de *Verve* ou les planches de *Jazz*, fit preuve d'une rigueur tout aussi implacable au moment de la réalisation des vitraux. En effet, il importait que la juxtaposition, qui pouvait a priori sembler brutale, du bleu outremer, du vert bouteille et du jaune citron parvînt à l'équilibre le plus harmonieux. Il se soucia donc d'obtenir une coloration précise et un certain dépoli des verres jaunes, qui entraîna de nombreuses démarches et prit beaucoup de temps. « Ces couleurs, déclara-t-il, sont tout à fait ordinaires quant à la qualité ; elles n'existent dans la réalité artistique que par leur rapport de quantités qui les magnifie et les spiritualise. À la simplicité de ces trois couleurs constructives s'ajoute une différenciation dans la surface de certains verres. Le jaune est dépoli et en devient seulement translucide, tandis que le bleu et le vert restent transparents, donc tout à fait limpides. Ce manque de transparence du jaune arrête l'esprit du spectateur et le retient à l'intérieur de la chapelle, formant ainsi le premier plan d'un espace qui commence dans la chapelle pour aller se perdre à travers le bleu et le vert jusque dans les jardins environnants. C'est ainsi que lorsqu'on aperçoit de l'intérieur, à travers le vitrail, une personne allant et venant dans le jardin, placée seulement à un mètre du vitrail, elle semble appartenir à un tout autre monde que celui de la chapelle[8]. »

Si Matisse est perfectionniste sur le plan technique, c'est donc à nouveau pour que la construction de l'espace plastique soit harmonieuse et donne au décoratif une dimension cosmique. Dans le cas des vitraux, la translucidité du dépoli laisse passer la lumière, mais arrête le regard ; par conséquent, les verres jaunes retiennent dans le sanctuaire, alors que la transparence des verres bleus et verts incite à l'évasion du regard et de la pensée. Par ce dispositif, en continuité avec ce qui était déjà un des aspects essentiels du projet de *La Danse* pour Barnes, il s'agit de produire la sensation d'un espace plus vaste ou, comme il le déclara, de « prendre un espace clos de proportions très réduites et lui donner par le seul jeu des couleurs et des lignes des dimensions infinies[9] » ; ou encore, « de donner à ce lieu, qui reste en soi assez quelconque, de l'espace et de la couleur[10] ».

La chapelle et Jazz

Afin d'équilibrer la surface intensément colorée des vitraux, Matisse décida de créer de grands dessins au large trait noir sur la blancheur immaculée du mur opposé. « La décoration à l'intérieur de la chapelle sera noire et blanche, rien d'autre. Vous verrez comme l'intensité d'une seule ligne noire peut équilibrer l'impact des vitraux de couleur[11]. » Matisse avait commencé à se passionner pour les dessins au gros pinceau et à l'encre de Chine en 1946. « Je suis arrivé à être convaincu qu'on peut tout exprimer en noir et blanc – confia-t-il au peintre japonais Riichiro Kawashima. Je m'intéresse à des lignes telles qu'elles apparaissent dans les peintures japonaises. Les lignes japonaises expriment bien la rondeur, la qualité, la flexibilité et la perspective, comme le font mes dessins. Mais les lignes de la peinture japonaise ont toujours un début et une fin. Les lignes de mes dessins n'ont ni départ ni arrivée, c'est-à-dire qu'il s'agit d'une ligne dont on ne peut savoir d'où on a commencé et où on a fini[12]. »

Dans la chapelle, sur un décor de carreaux de céramiques blancs se détachent les lignes noires et pures de trois grands motifs : un *Saint Dominique* monumental ramené à l'ovale parfait de son visage et aux plis de son manteau (ill. p. 283) ; une *Vierge à l'Enfant*, fleur parmi d'autres fleurs stylisées (ill. p. 271 et 309) ; et un *Chemin de Croix*, fait de la combinaison de signes élémentaires (ill. p. 268 et 309) ; cette austère symphonie dominicaine en noir et blanc ne s'illuminant de couleurs, selon les heures de la journée, que par la transparence des vitraux bleus et verts et la translucidité des jaunes, la meilleure heure de visite étant, selon Matisse, « la fin de la matinée, l'hiver, lorsque la lumière est nette et pure ». L'équilibre d'un tel espace, typiquement « matissien », est comparable au travail réalisé pour *Jazz*. Dans le livre ouvert, l'écriture calligraphiée noire sur la page blanche forme un angle avec les planches colorées reproduisant au pochoir les gouaches découpées. De manière analogue, dans la chapelle, les murs aux

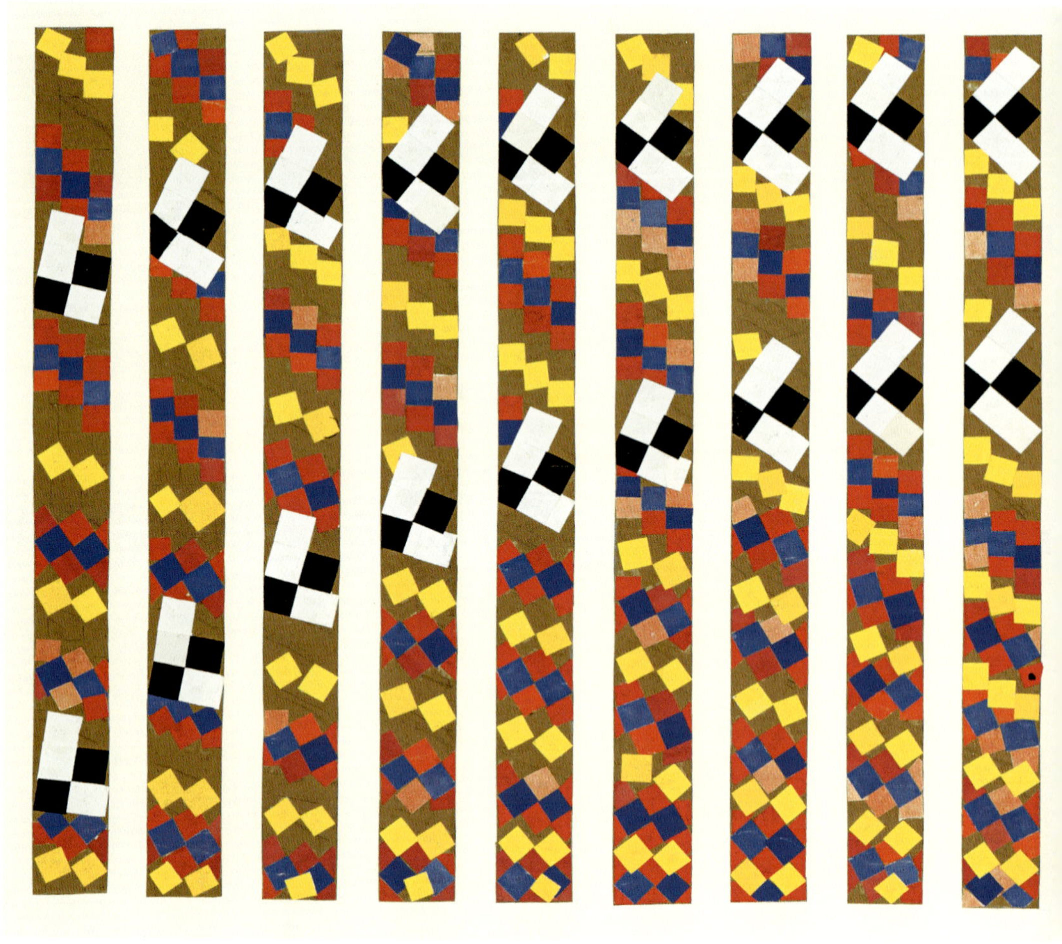

Les Abeilles, *été 1948*
Première maquette pour les vitraux de la chapelle
Papiers gouachés, découpés, collés sur papier, 101 x 241 cm
Musée Matisse, Nice

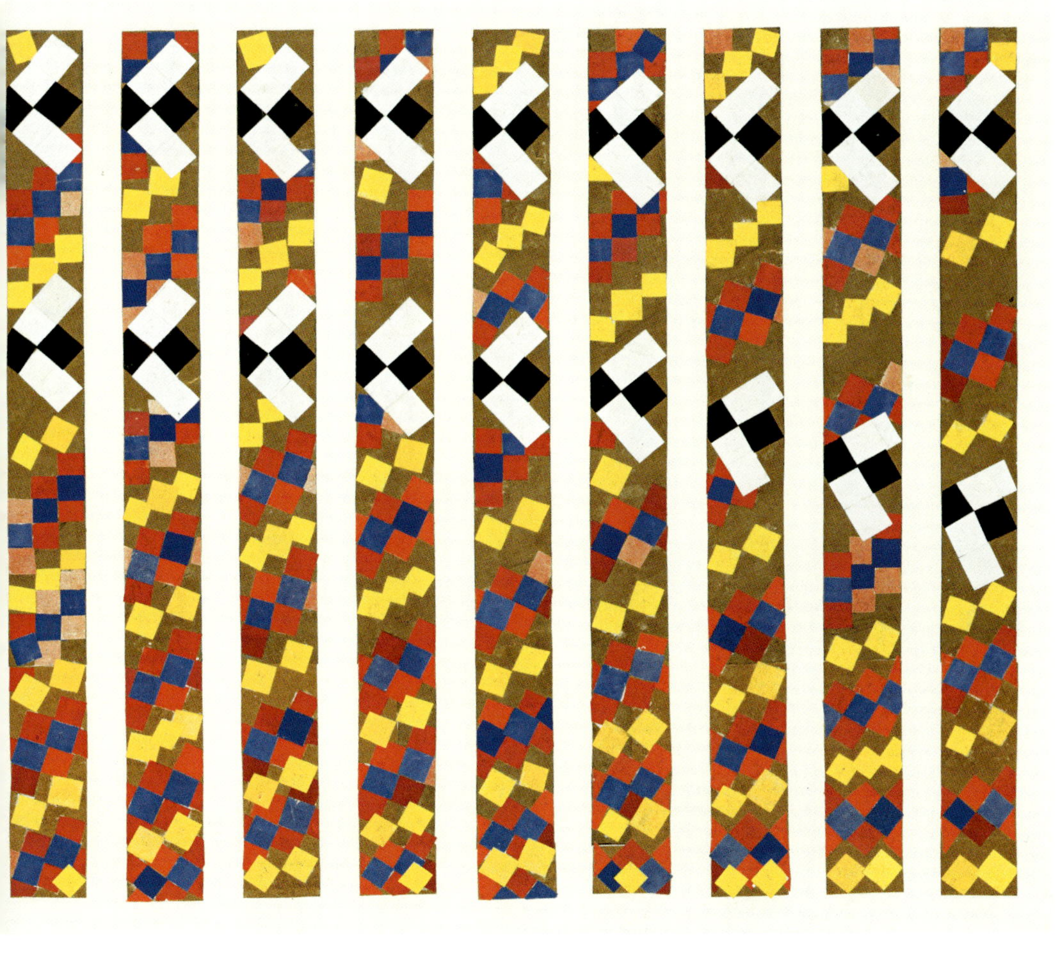

Page 278
Jérusalem céleste, *1948*
Première maquette, ainsi que Les Abeilles, *pour les vitraux de la chapelle*
Papiers gouachés, découpés, collés sur papier, 270 x 130 cm
Collection particulière

Page 279
Vitrail bleu pâle, *1949*
Seconde maquette pour les vitraux de la chapelle
Papiers gouachés, découpés, collés sur papier, 509,8 x 252,3 cm
Musée national d'Art moderne, Centre Pompidou, Paris

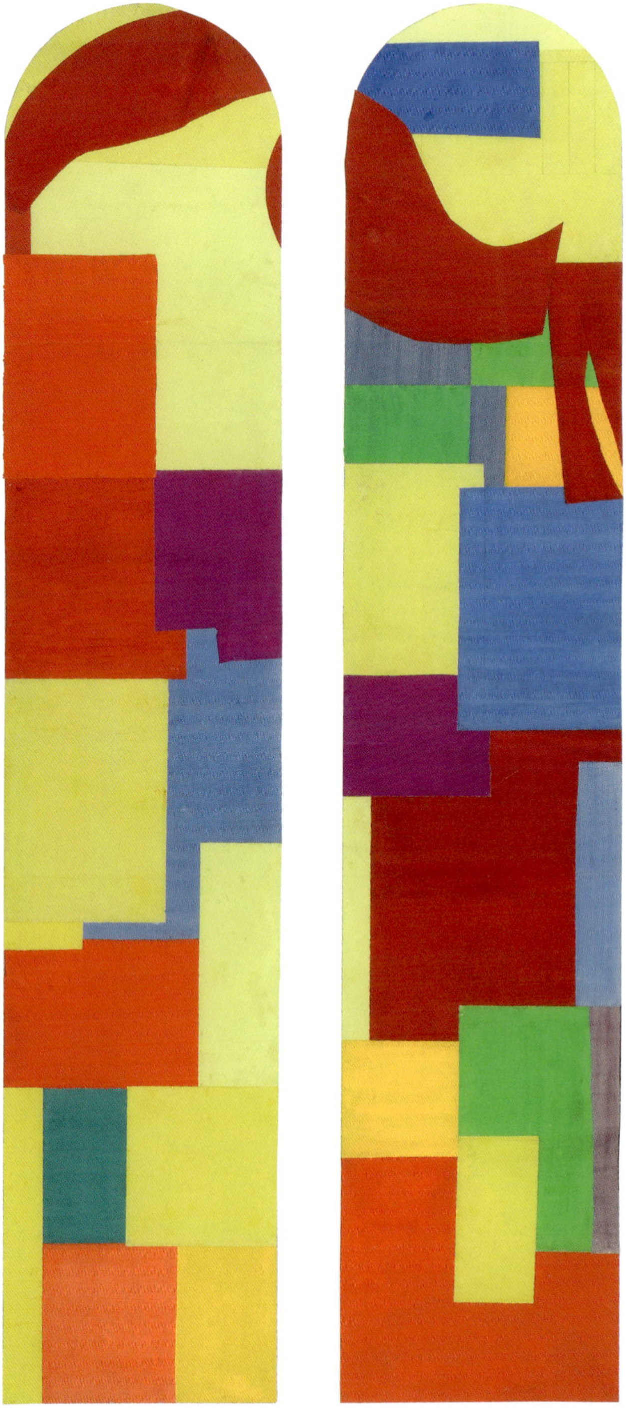

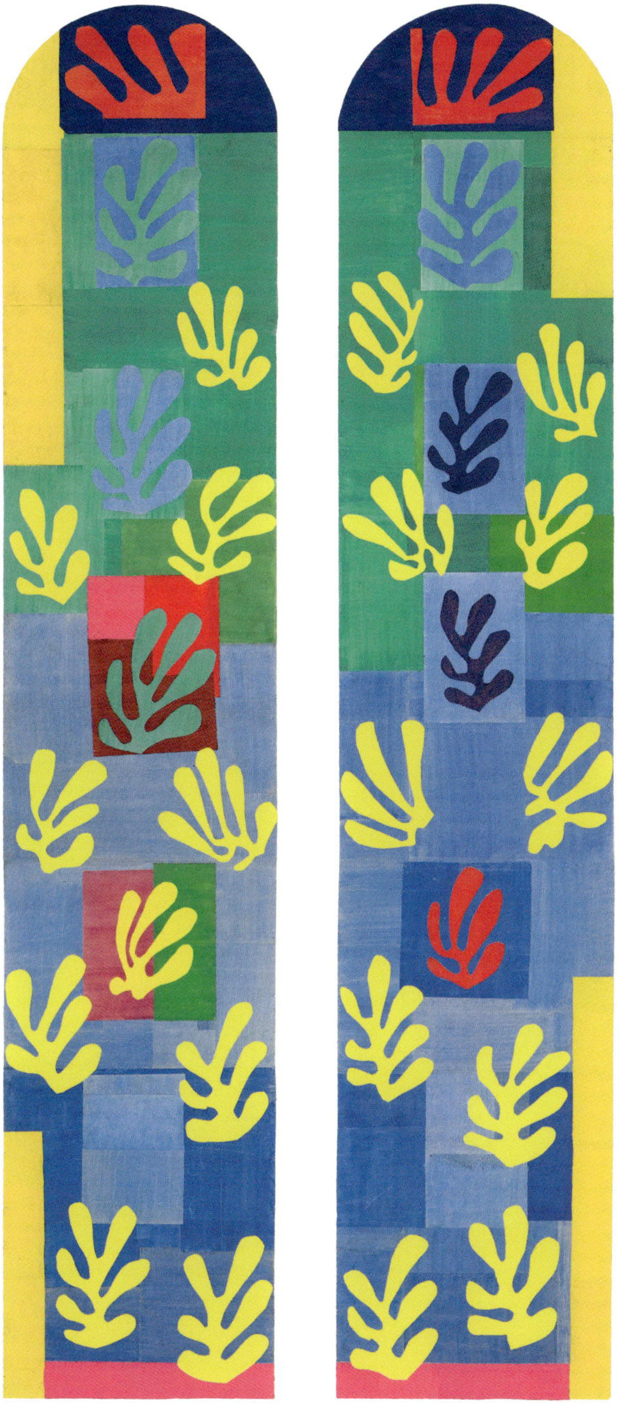

dessins noirs sur les carreaux de céramique blancs font angle avec les vitraux colorés créés à partir de maquettes de gouaches découpées (ill. p. 268 et 283). D'ailleurs, ces dessins monumentaux, aux yeux de Matisse lui-même, sont « l'équivalence visuelle d'un grand livre ouvert où les pages blanches portent des signes explicatifs de la partie musicale constituée par les vitraux[13] ».

L'artiste, qui voulait, « depuis très longtemps », « synthétiser son apport », put ainsi avec la chapelle « faire en même temps de l'architecture, des vitraux, de grands dessins muraux sur des céramiques et réunir tous ces éléments, les fondre en une unité parfaite[14] ». Il ne s'est d'ailleurs pas contenté de créer pour la chapelle une architecture intérieure. À ses yeux il s'agissait d'en faire un véritable « décor de théâtre[15] », et puisqu'au théâtre, il y a des costumes, Matisse créa aussi, à la fin de l'année 1950, les chasubles et les accessoires liturgiques, en partant encore de papiers gouachés et découpés. Sur les vingt compositions qu'il exécuta alors, il en garda douze permettant de réaliser six chasubles, aux couleurs exubérantes (ill. p. 286–293). À nouveau, comme dans la plupart des « découpages » de cette époque, ressurgirent les souvenirs inconsciemment emmagasinés à Tahiti, Matisse lui-même associant, selon des propos rapportés par Lydia Delectorskaya, le « souvenir d'une petite île des mers chaudes surchauffée de soleil » au rouge ardent de la chasuble, « les roseaux et les bambous » desséchés au jaune et « le pullulement des moustiques » au noir[16].

Hédonisme mystique

Matisse pourrait être qualifié d'hédoniste mystique. Ce n'est pas un hasard si le peintre de *Luxe, calme et volupté*, de *La Joie de vivre* et de *La Danse*, évoque souvent « Dieu » ou la « divinité » dans ses propos, et s'il a décidé de décorer une chapelle plutôt qu'un marché, comme le lui avait suggéré son ami et rival Picasso, ainsi que le rapporte Françoise Gilot :

« Picasso demanda à Matisse s'il était devenu croyant. Matisse répondit que la chapelle lui donnait l'occasion de travailler à tous les différents aspects d'un environnement complet et que, pour lui, c'était un projet artistique. "Mais priez-vous ?" demanda Picasso. "Je serais d'accord si vous étiez croyant. […] – Pour moi, rétorqua Matisse, tout cela est essentiellement une œuvre d'art. Je médite, et me pénètre de ce que j'entreprends. Je ne sais pas si j'ai ou non la foi. Peut-être suis-je plutôt bouddhiste. L'essentiel est de travailler dans un état d'esprit proche de la prière." Mais Pablo ne s'intéressait ni à la méditation ni au bouddhisme. Il essaya donc une autre tactique. "Pourquoi est-ce que vous ne feriez pas plutôt un marché ? Vous y peindriez des fruits, des légumes…" Et Matisse de répondre que ses verts étaient plus verts que les poires et ses oranges plus oranges que les citrouilles. Alors à quoi bon[17] ? »

On voit par là que, s'il y a une mystique « matissienne », elle est cependant très singulière. C'est d'abord, paradoxalement, celle d'un libre-penseur, comme le confirme son ultime collaboratrice, Lydia Delectorskaya :

« C'était un cliché, une repartie malicieuse dont Matisse usait toujours pour répondre aux compliments excessifs, conventionnels. […] Le mot *Dieu* en lui-même n'avait pas de poids pour Matisse. Matisse était et est resté jusqu'au bout un libre-penseur. *Quelque chose existe au-dessus de nous. Quelque chose.* Et dans son travail, il considérait qu'à certains moments, *quelqu'un* se substituait à lui. Mais ce *quelqu'un* n'était pas forcément une divinité ; c'était : *un autre que moi.* […] Des gens de différents bords voudraient convaincre le monde qu'avec l'âge, ayant eu peur de la mort, Matisse s'était converti au catholicisme et s'était occupé d'une chapelle pour "s'ouvrir la porte du Paradis avec une clé d'or" comme disaient certains. Il n'en est rien. Matisse n'avait pas peur de mourir, mais avait peur de souffrir pour mourir, souffrir physiologiquement. Peu avant sa mort, les sœurs de Vence avaient essayé d'insister pour qu'il "fasse ses Pâques". Son refus fut catégorique : *Ce que j'avais à faire, je l'ai fait de mon mieux, tout le reste est peu de choses*[18]. »

Un tel témoignage, émanant de la personne qui fut probablement la plus proche du maître durant les dernières années de sa vie, est difficilement contestable. Son grand mérite est d'écarter toute tentative de récupération de Matisse par « l'infâme » bigoterie cléricale. Toutefois, il y a bien chez ce libre-penseur, paradoxalement, une forme de mysticisme, et il n'utilise pas les mots « Dieu » ou « divinité » sans leur donner une signification précise. Par exemple, dans *Jazz*, il cite *L'Imitation de Jésus-Christ*, et s'interroge : « Si je crois en Dieu ? Oui, quand je travaille[19]. » Ou encore, dans une perspective comparable, il eut un jour avec sœur Jacques-Marie la conversation suivante : cette chapelle, « c'est pour moi que je la fais » ; – « Mais vous m'avez dit que c'était pour le bon Dieu ! » ; – « Oui, mais Dieu, c'est moi[20]. » « Dieu » ou la « divinité » signifient ainsi le plus souvent à ses yeux, avec humour, une force qui s'empare de lui lorsqu'il travaille, plus précisément lorsqu'il « crée ». Il s'agit là d'une véritable expérience métaphysique, irréductible à quelque religion institutionnelle que ce soit, par laquelle le peintre renoue avec le rythme vital universel, se sentant une partie de l'ensemble cosmique. Or c'est précisément lorsqu'il travaille à ses « découpages » qu'il semble vivre cette expérience de la façon la plus intense. « Quand je découpe, je n'existe plus. On est médium. C'est un rêve. Je suis étrangement étonné par les formes que je crée avec mes ciseaux, et leur signification m'apparaît ensuite. Tous ces découpages possèdent un rythme et sont pour moi une aide : ils rafraîchissent ma vision. Ce qu'il faut, avant tout, c'est rechercher le rythme vivant, l'esprit vivant qui est dans tout. Les Hindous donnent un rythme au règne végétal et au règne animal. J'ai été surpris lorsque j'ai découvert le rythme des feuilles de figuier[21]. » Dans ce propos d'une grande profondeur, il compare son expérience à celle des Hindous, de même qu'il avait évoqué le bouddhisme devant Picasso. Probablement se serait-il également senti proche des thèses de Spinoza, s'il avait lu l'*Éthique*, qui affirme que Dieu est la Nature, comprise comme Être absolument infini, dont chacun est une partie et ne peut s'élever à la béatitude suprême qu'en le

Henri Matisse assis à son chevalet, montrant un de ses dessins, *1948*
Photo Gjon Mili

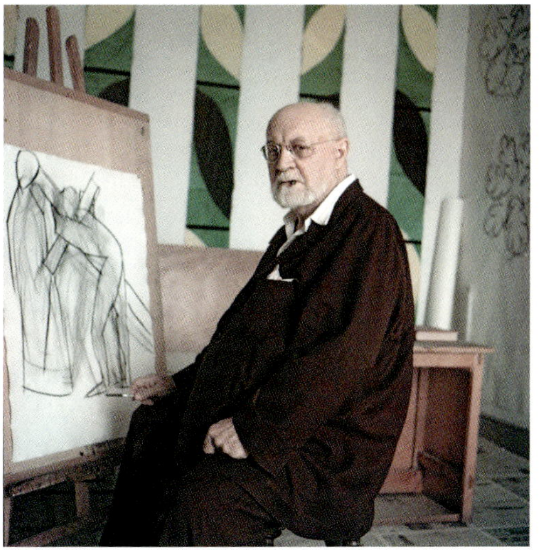

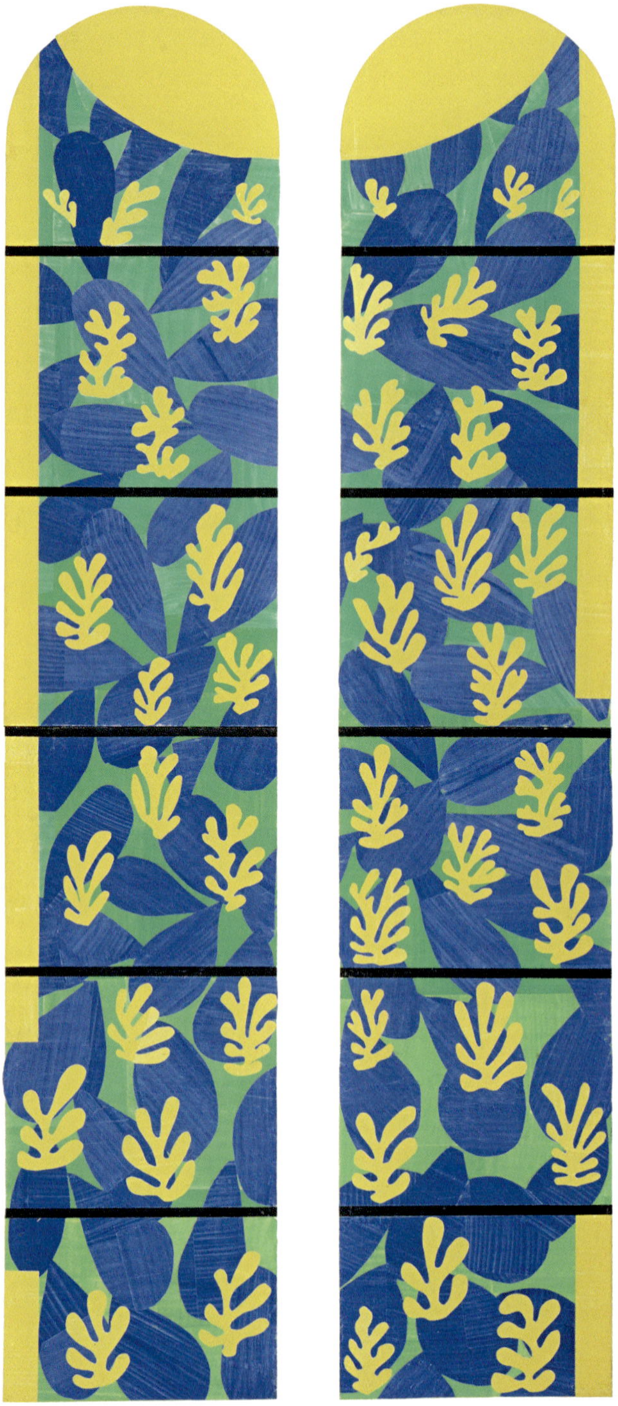

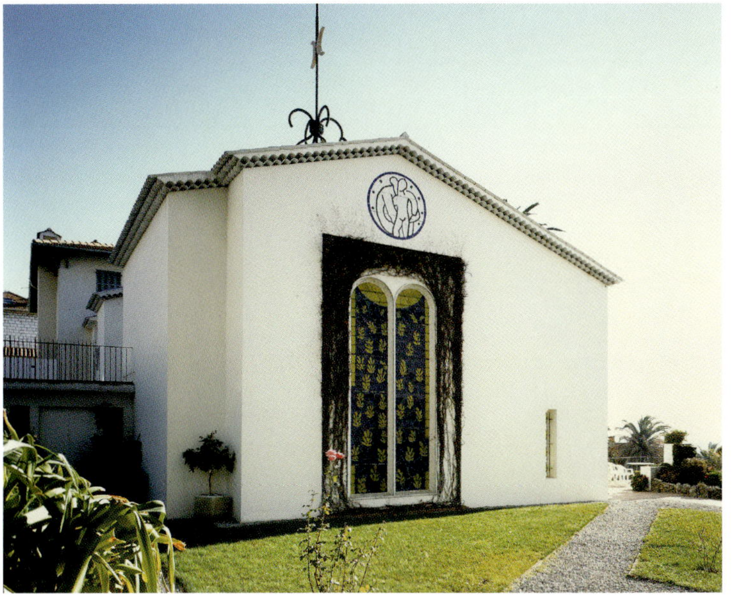

L'Arbre de Vie, *1949*
Troisième et dernière maquette pour les vitraux de la chapelle Papiers gouachés, découpés, marouflés sur toile 515 x 252 cm Musées du Vatican, Cité du Vatican

La chapelle du Rosaire à Vence

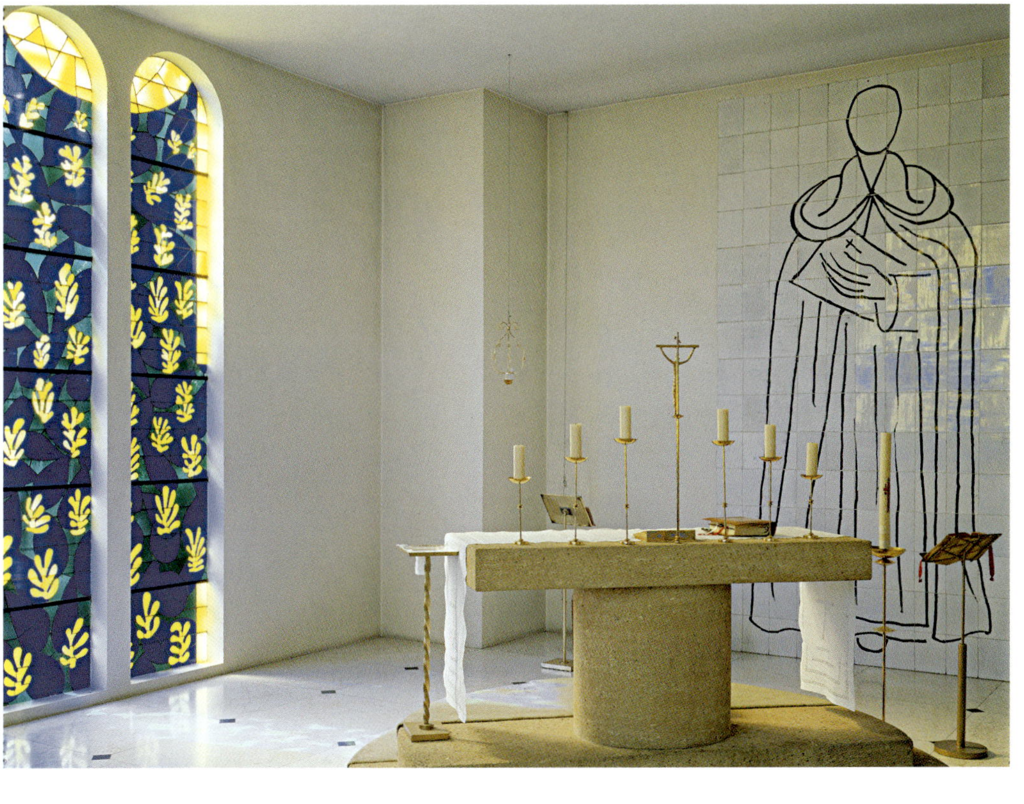

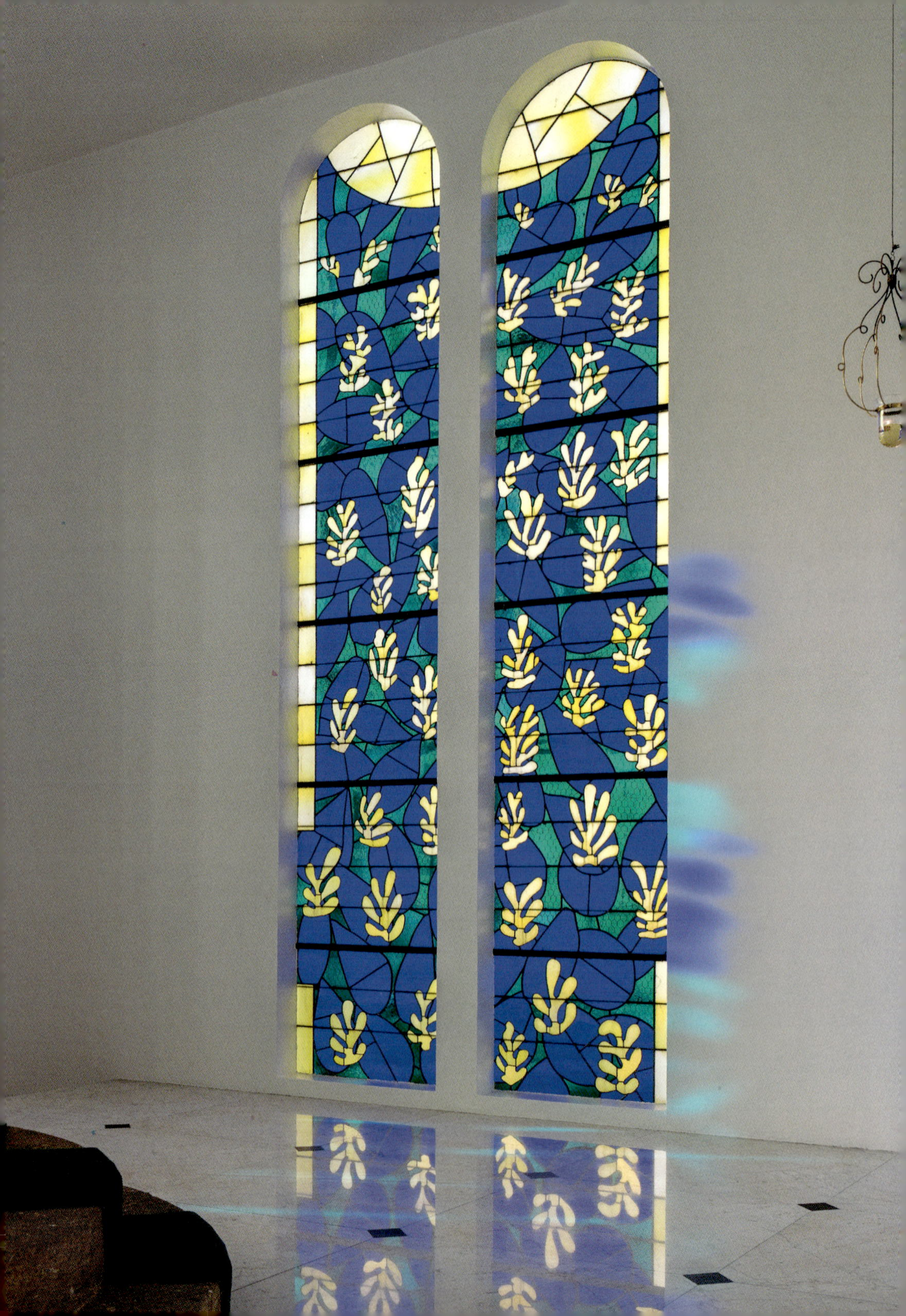

comprenant. Et, après tout, qui sait ? Peut-être Matisse a-t-il lu et médité l'*Éthique*…

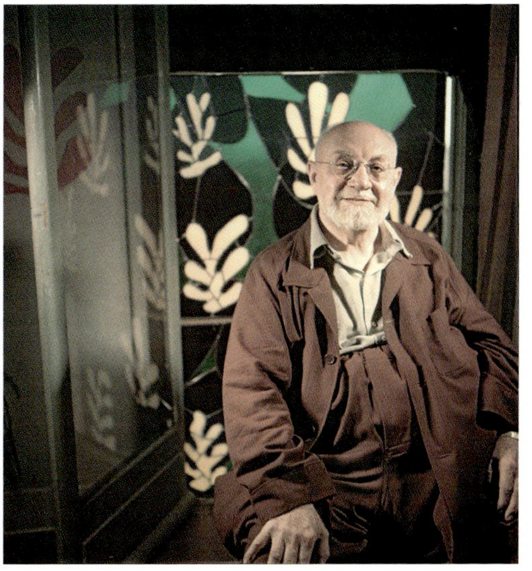

Quoi qu'il en soit, chez Matisse, l'expérience de la « divinité » se rattache à sa conception du décoratif cosmique. L'artiste est un médium, traversé par le rythme vivant, l'esprit vivant qui est dans tout, et l'œuvre qu'il crée est une fraction. « Je donne un fragment et j'entraîne le spectateur, par le rythme, je l'entraîne à poursuivre le mouvement de la fraction qu'il voit, de façon à ce qu'il ait le sentiment de la totalité[22]. » Et c'est en ceci essentiellement que l'œuvre est « décorative » : « que le monde environnant, la terre et ses formes, le ciel et ses feux, notre décor, ne nous soient plus étrangers, grâce à cette note médiatrice introduite par elle[23] ». Dès lors, s'il arrive à Matisse, comme c'est le cas dans *Jazz*, de se comparer au communiant de la religion catholique, c'est parce que l'œuvre d'art est à ses yeux l'insigne médiation permettant de communier avec la vie, avec le rythme vital universel, et d'éprouver plus intensément que l'on est une partie de la totalité cosmique. Ce faisant, par de simples rapports de couleurs, l'œuvre d'art remue « le fond sensuel des hommes[24] ».

Henri Matisse assis devant quelques-uns de ses vitraux, *1949*
Photo Gjon Mili

Double vitrail
« L'Arbre de vie », *1949*

En définitive, la chapelle de Vence puis les dernières gouaches découpées de Matisse peuvent apparaître comme les expressions les plus achevées de son hédonisme mystique et de sa volonté décorative. Georges Duthuit l'a bien souligné à sa manière, en affirmant que la chapelle marquait « une renaissance de la grande tradition de l'art roman et byzantin », et en ajoutant, pour préciser le sens de son propos : « Une des principales difficultés qui ont assailli Matisse tout au long de sa carrière est maintenant surmontée. L'esprit de la décoration est un danger pour autant que l'artiste travaille dans l'esprit de la peinture de chevalet. Mais dès qu'il se met à travailler en termes d'architecture, la décoration devient ornementation et l'espace même dans lequel le visiteur se meut assume le rôle que le peintre devait soutenir, auparavant, de sa propre tension[25]. » C'est ce que confirme, en un rapprochement qui peut d'abord sembler paradoxal, l'expérience d'un autre expert en la matière, l'un des plus importants architectes du XXe siècle, le grand Le Corbusier, qui fit part de son intense joie à Matisse, dans une lettre du 24 août 1951, écrite après avoir vu la chapelle de Vence : « Tout est joie et limpidité, jeunesse. […] Votre œuvre m'a donné une bouffée de courage – non que j'en manque, mais j'en ai rempli mes outres. Cette petite chapelle est un grand témoignage – celui du vrai. Grâce à vous, une fois de plus, la vie est belle. Merci[26]. » Un tel témoignage ne pouvait que confirmer Matisse dans son ambition, déclarée en ces termes : « Cette chapelle est pour moi l'aboutissement de toute une vie de travail, et la floraison d'un effort énorme, sincère et difficile. […] De cette expression du sentiment humain, les erreurs qu'elle peut contenir tomberont d'elles-mêmes, mais il restera une partie vivante qui pourra réunir le passé à l'avenir de la tradition plastique[27]. »

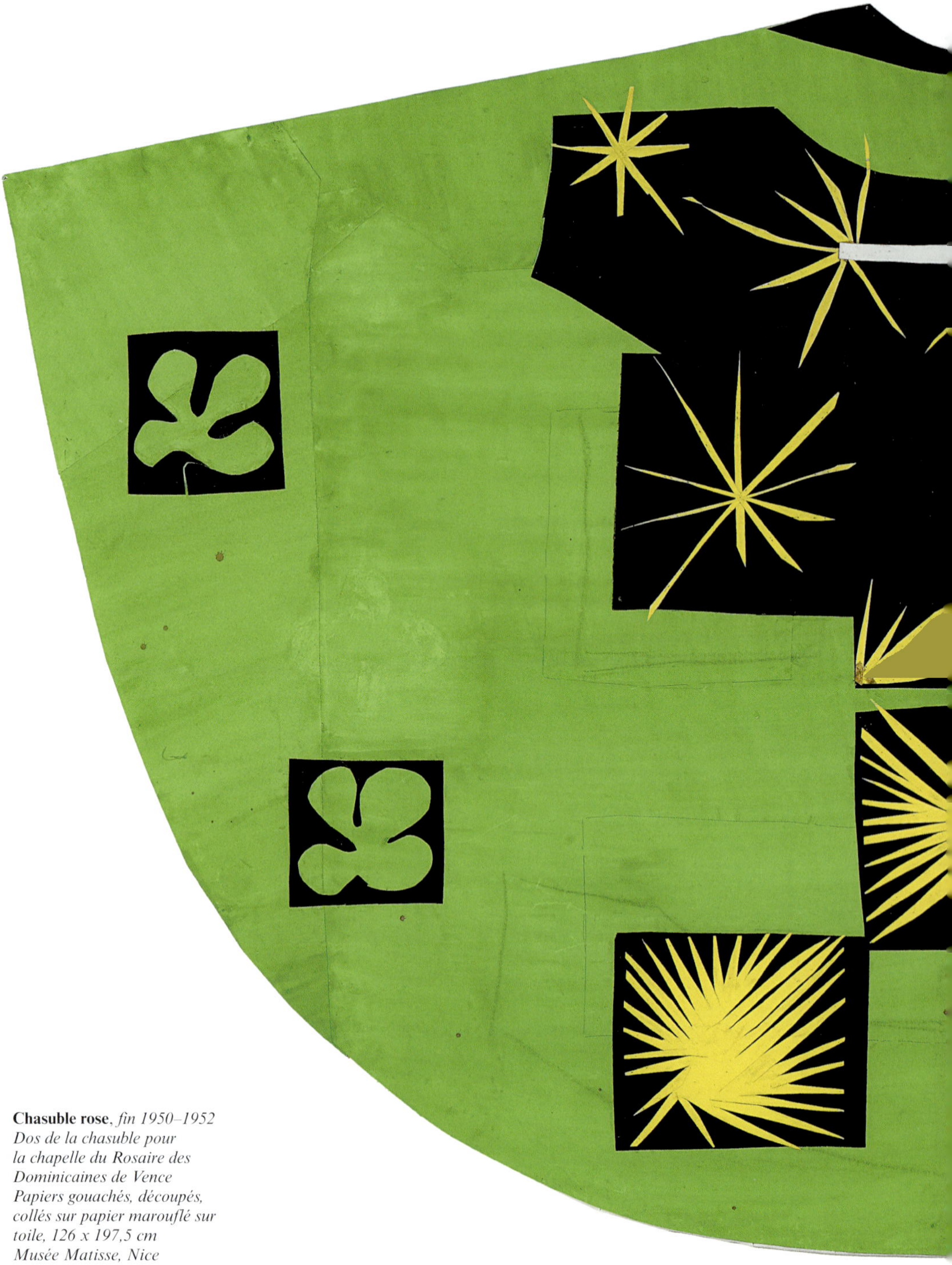

Chasuble rose, *fin 1950–1952*
Dos de la chasuble pour
la chapelle du Rosaire des
Dominicaines de Vence
Papiers gouachés, découpés,
collés sur papier marouflé sur
toile, 126 x 197,5 cm
Musée Matisse, Nice

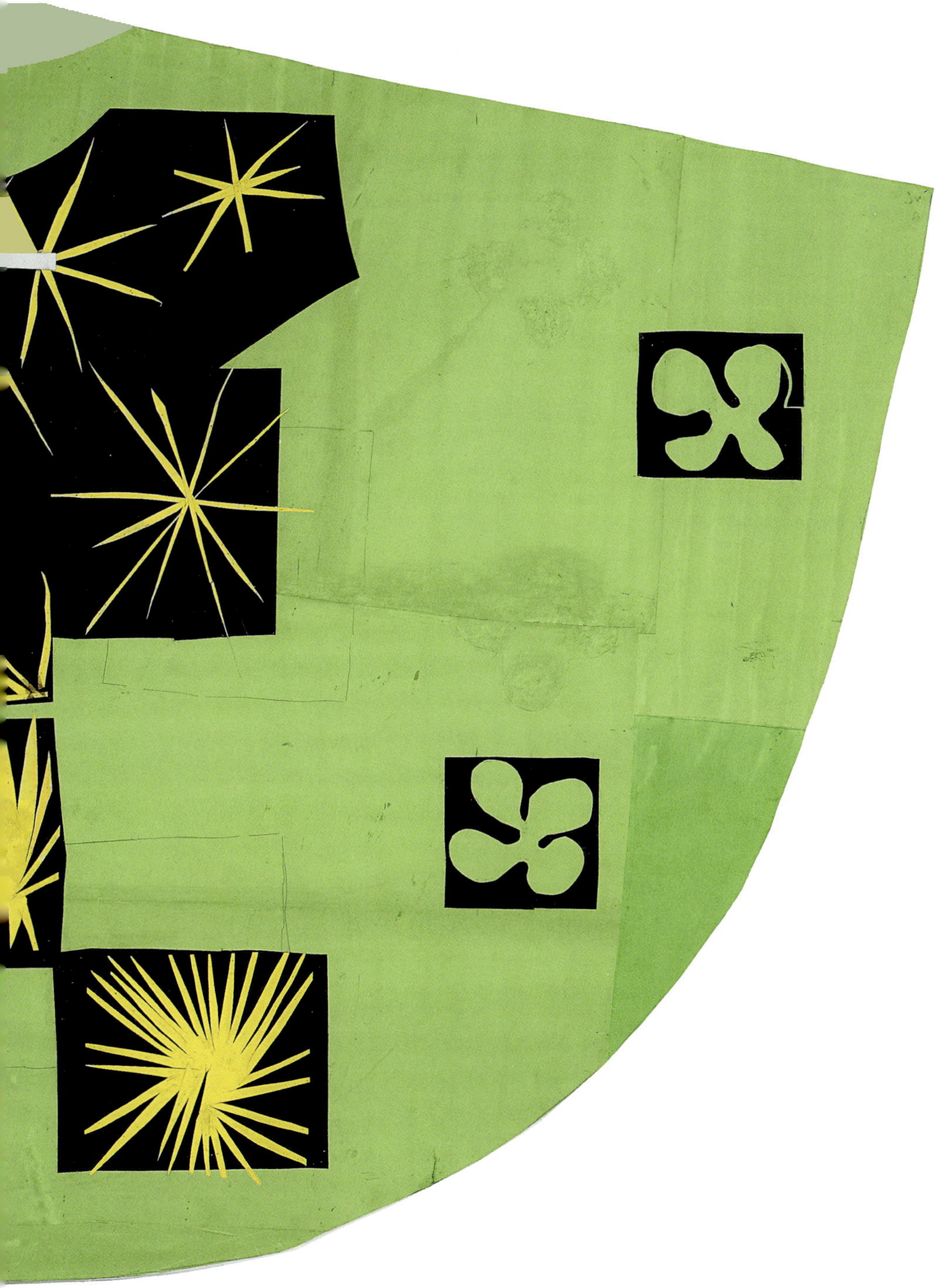

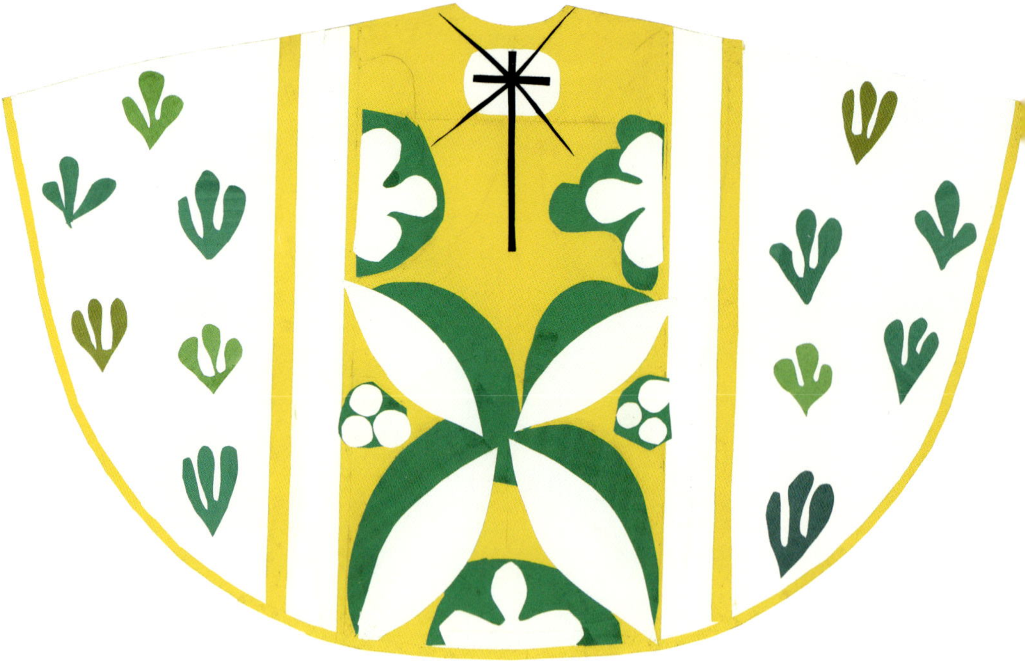

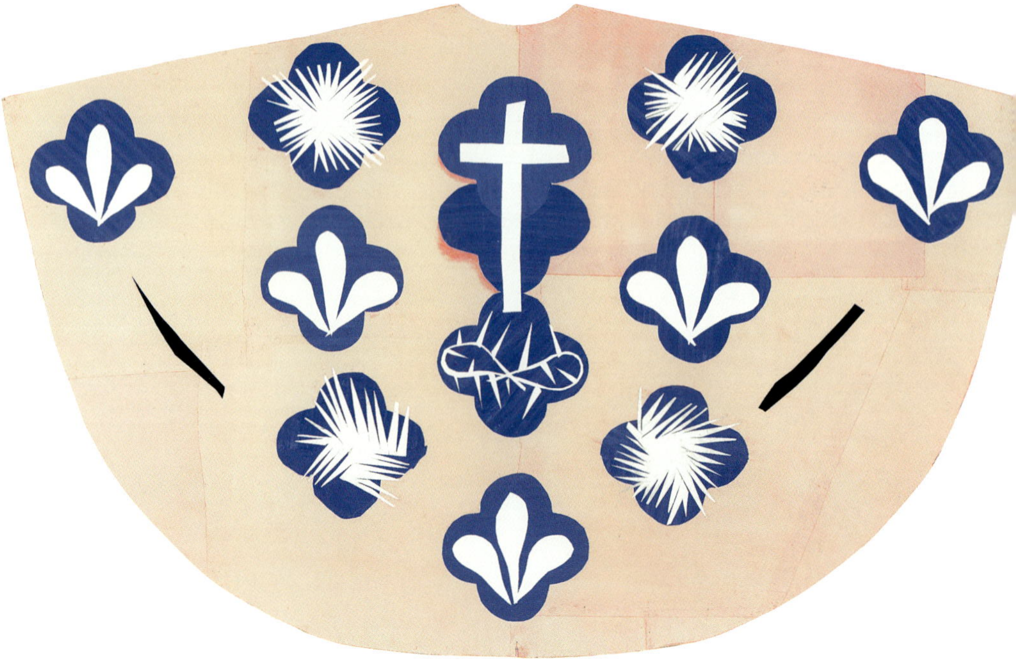

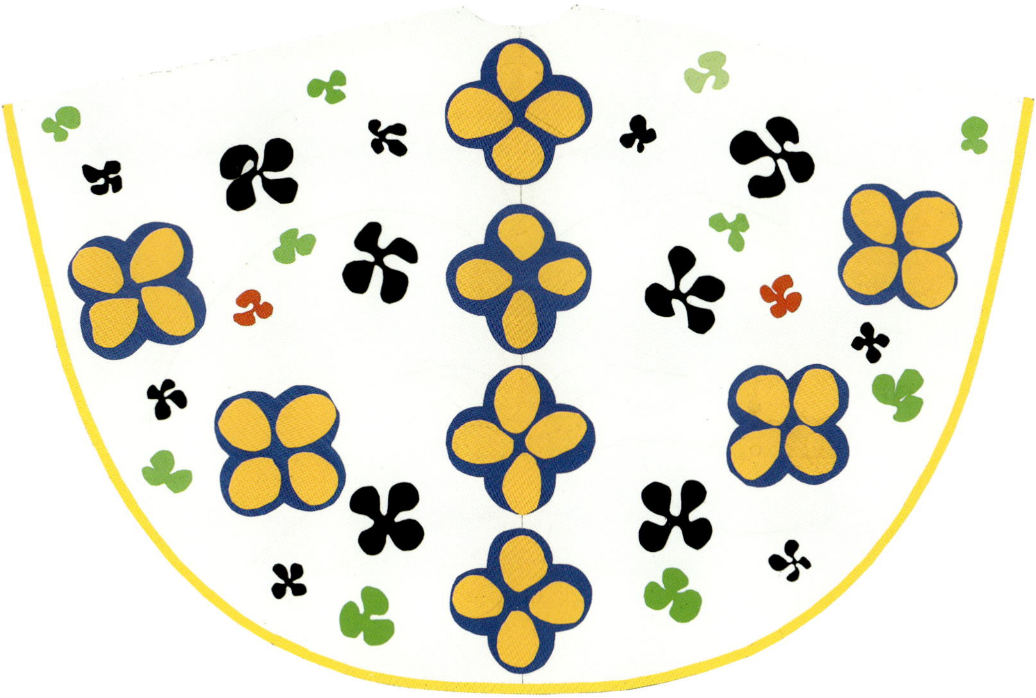

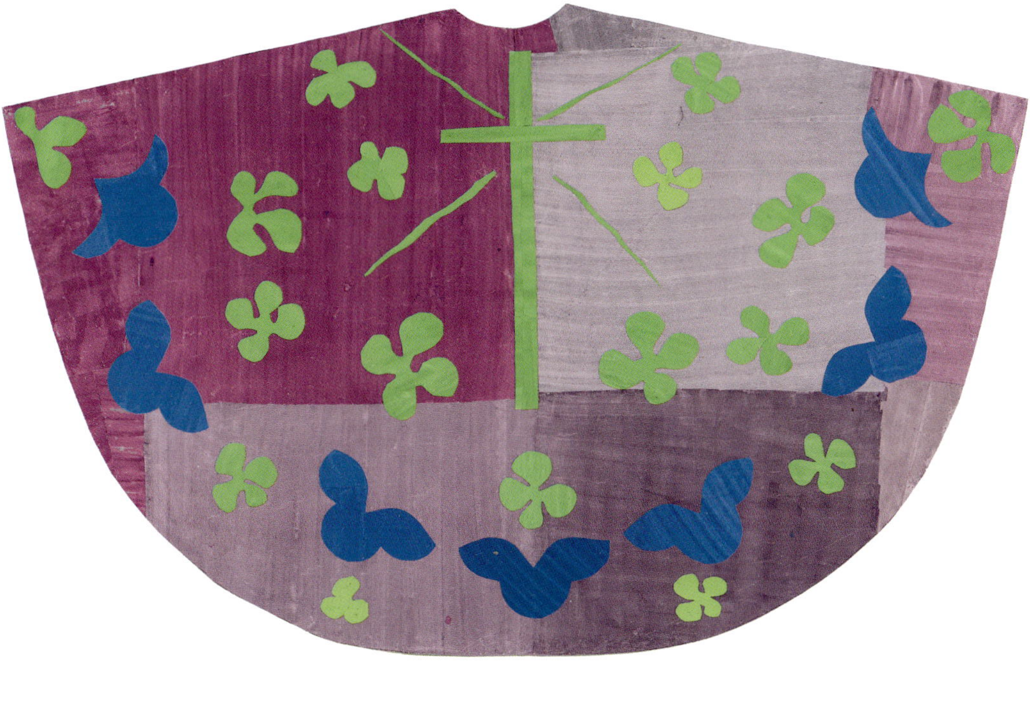

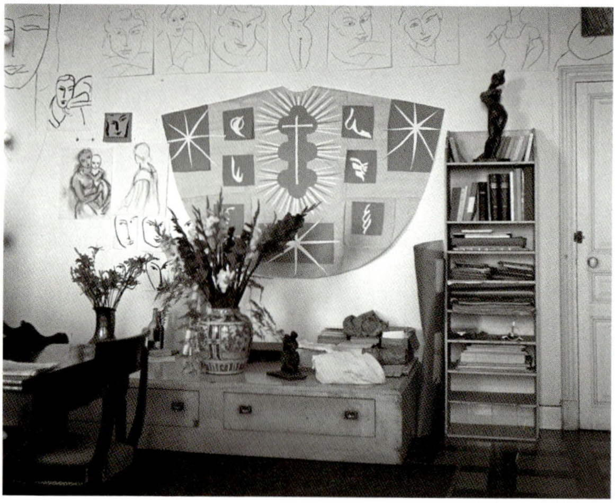

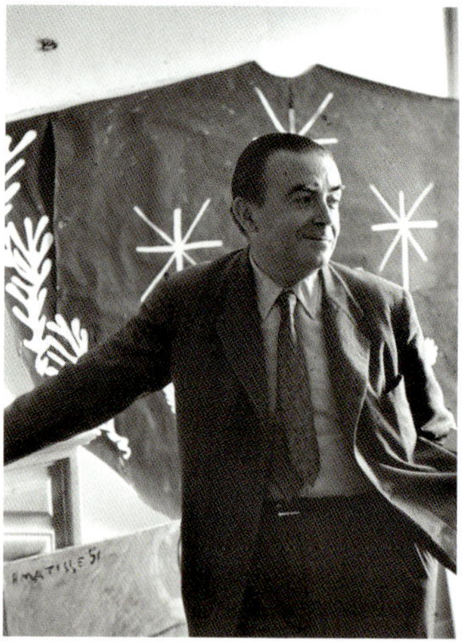

Maquette de la *Chasuble rose*
Photo Hélène Adant

Chasuble rose, *fin 1950–1952*
Dos de la chasuble pour la chapelle du Rosaire des Dominicaines de Vence
Papiers gouachés, découpés, collés sur papier marouflé sur toile, 126 x 197,5 cm
Musée Matisse, Nice

E. Tériade devant une des chasubles de Henri Matisse
Photo Henri Cartier-Bresson

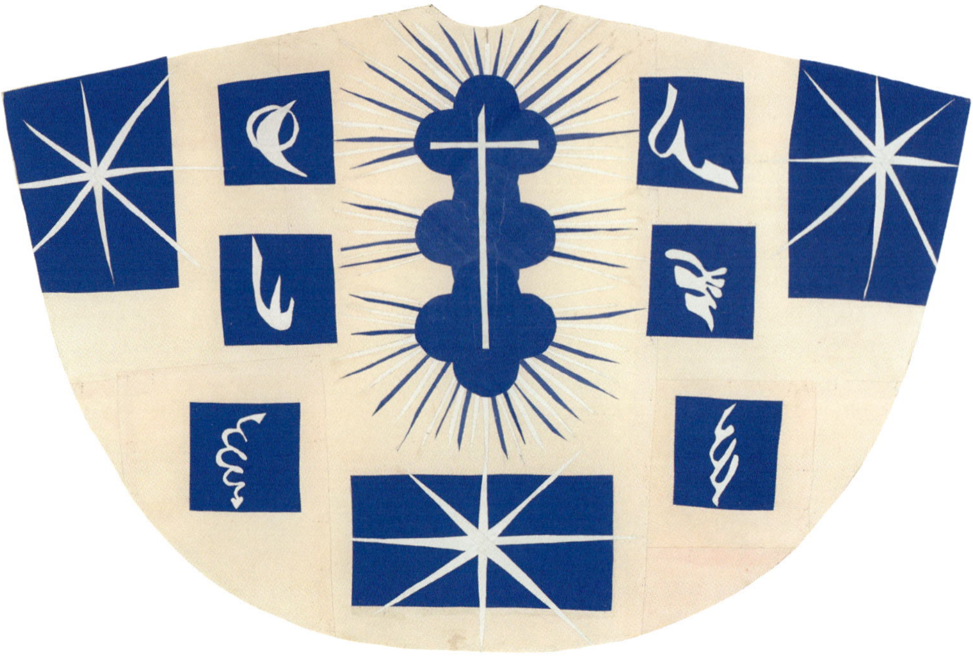

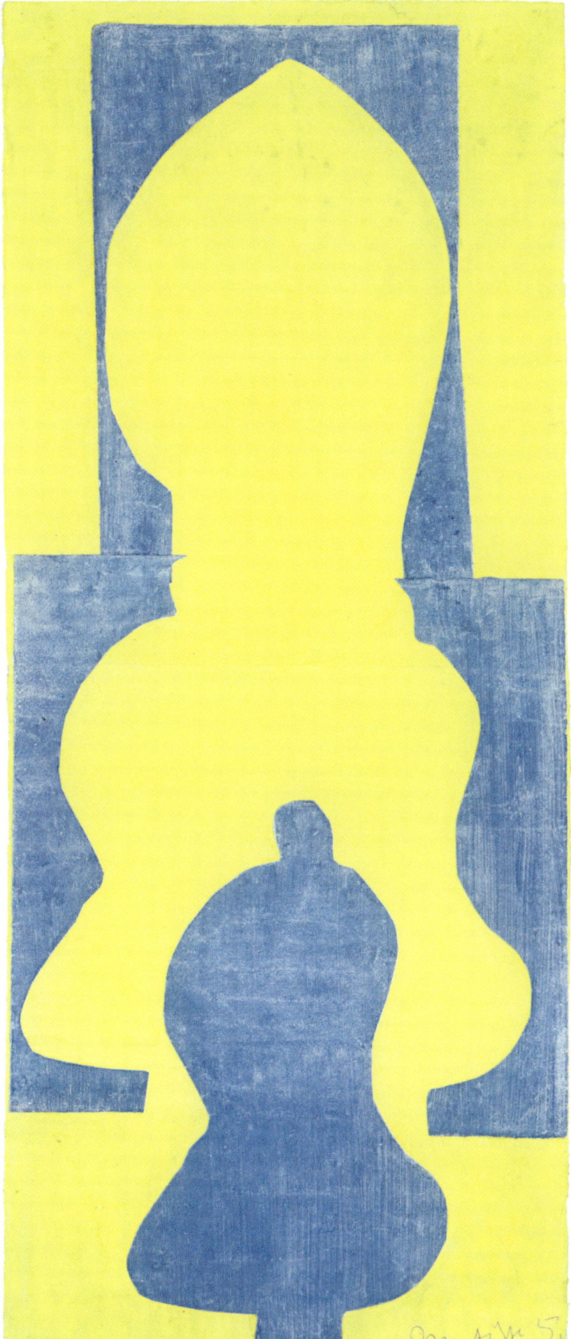

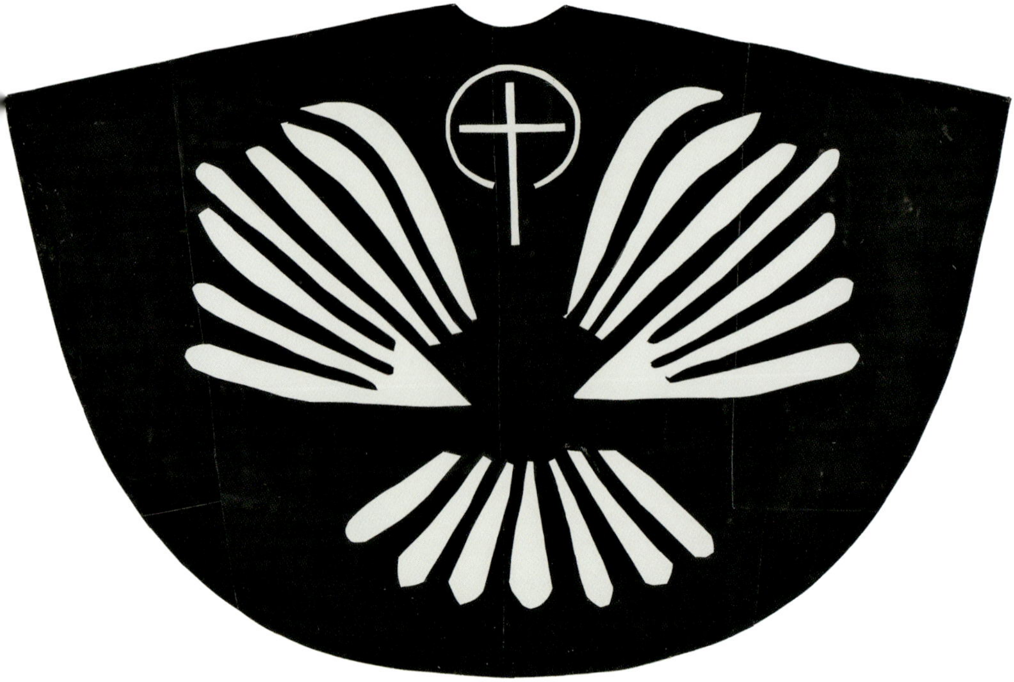

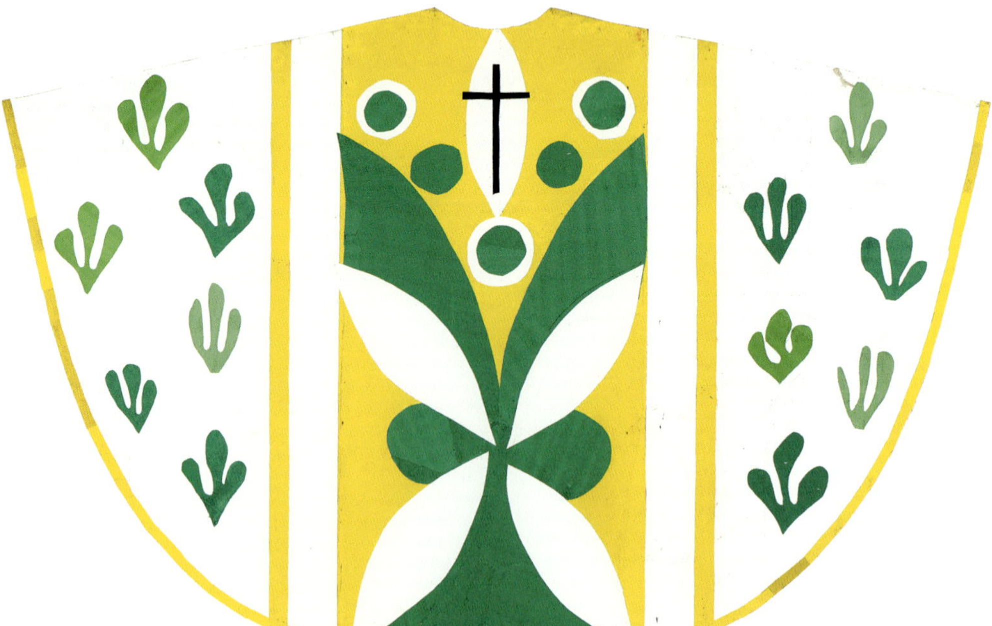

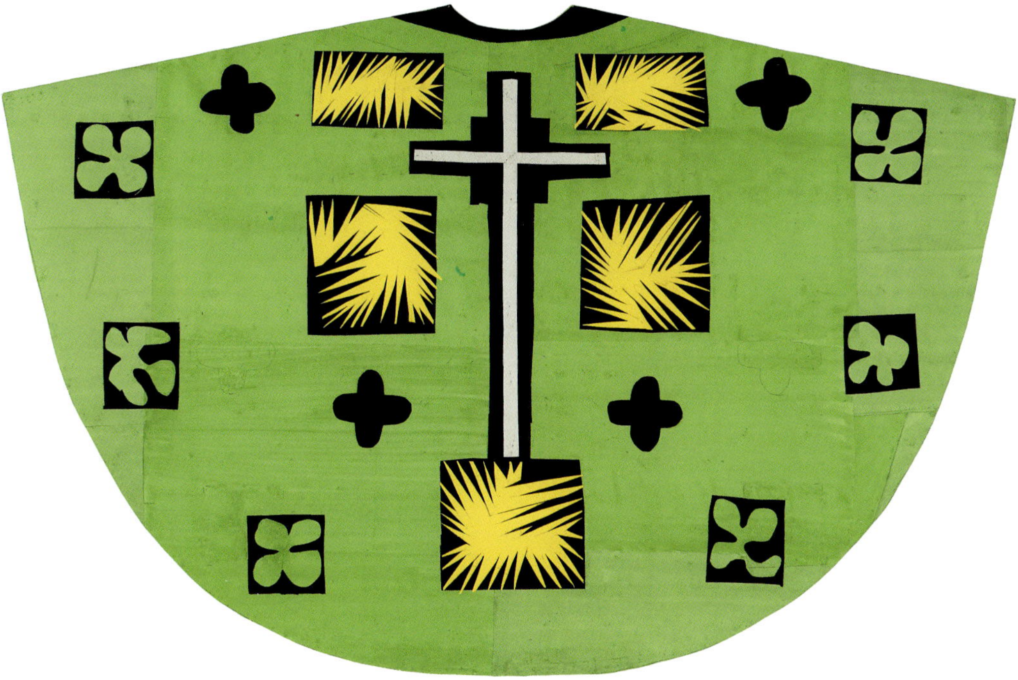

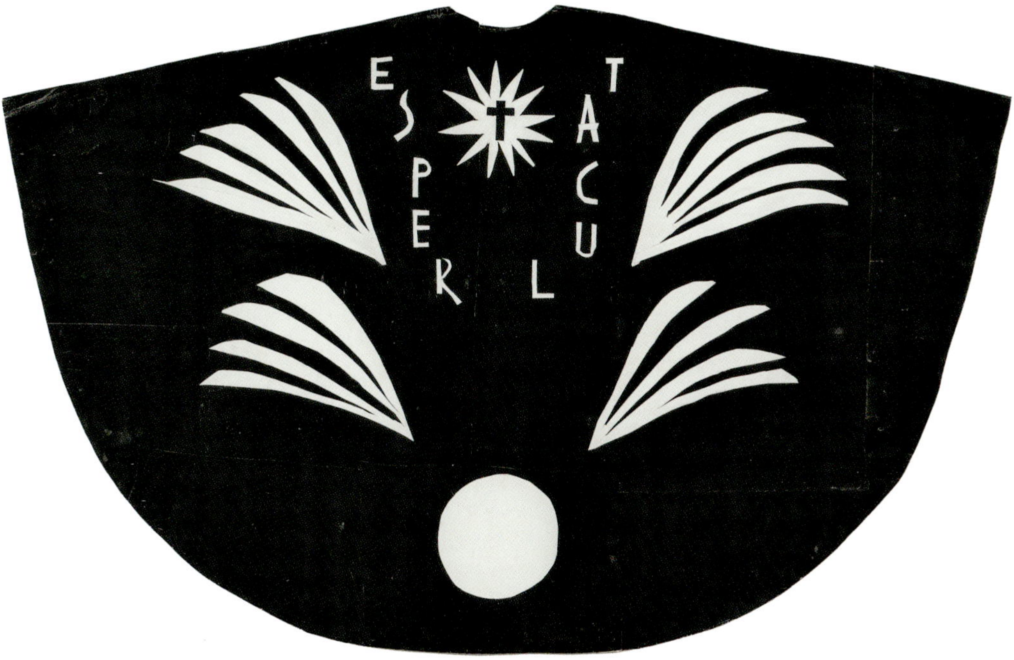

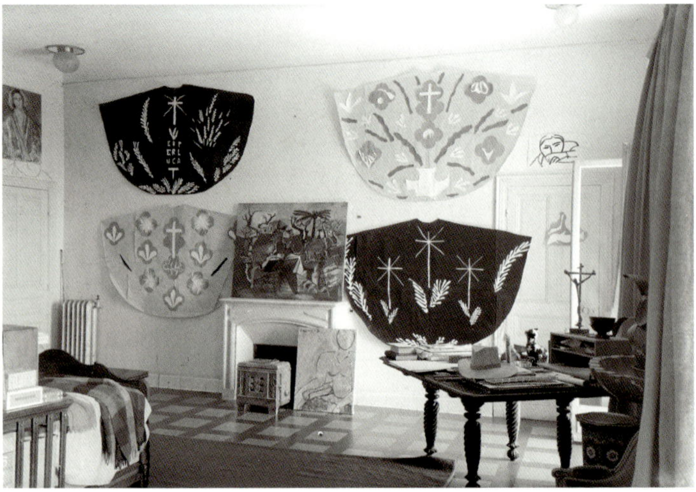

Intérieur à l'hôtel Régina, *Cimiez-Nice 1952*
Au mur, les maquettes des chasubles pour la Chapelle du Rosaire. Au-dessus de la cheminée, « Paysage d'hiver » de Picasso. Par terre, contre le mur, « Katia en robe jaune » d'Henri Matisse.
Photo Hélène Adant

Chasuble rose,
fin 1950–1952
Maquette préliminaire Chasuble pour la Chapelle du Rosaire des Dominicaines de Vence Papiers gouachés, découpés, collés sur papier marouflé sur toile
126 x 197,5 cm
Musée Matisse, Nice

Pages 289–292
Chasubles pour la Chapelle du Rosaire des Dominicaines de Vence, *fin 1950–1952*
Papiers gouachés, découpés, collés sur papier marouflé sur toile
Musée Matisse, Nice

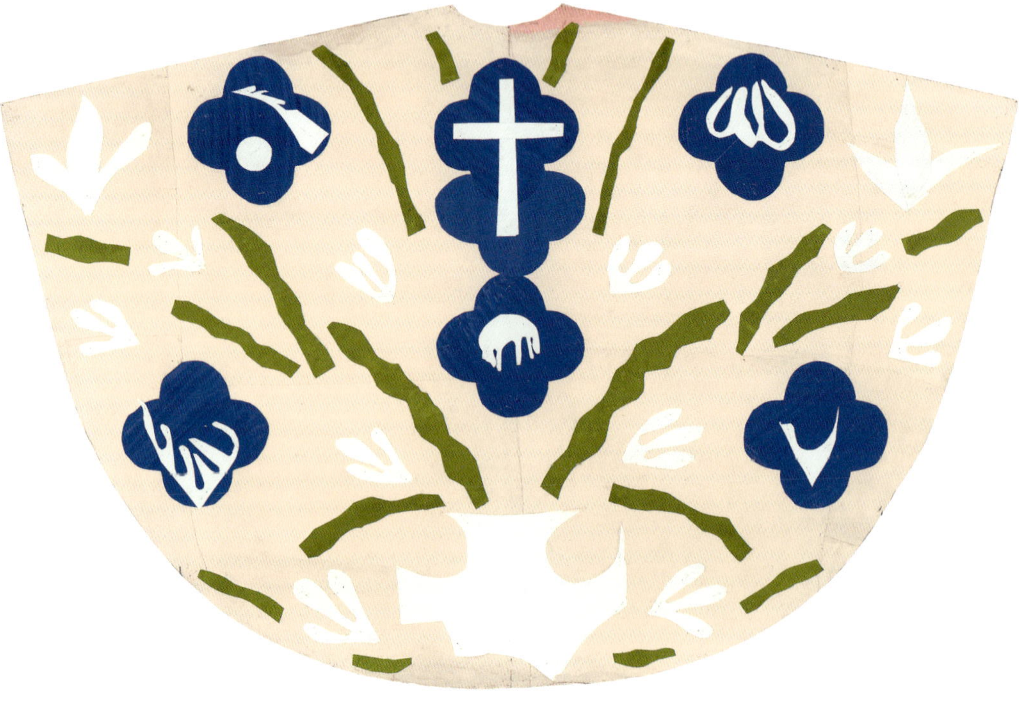

Henri Matisse et al.

Propos sur la chapelle du Rosaire

1948–1952

Lettre à Monseigneur Rémond, évêque de Nice[1]

La Cloche, *1951*
Papiers gouachés, découpés, collés sur papier marouflé sur toile, 122 x 48,5 cm
Collection particulière

Excellence,

Je vous présente en toute humilité la chapelle du Rosaire des Dominicaines de Vence. Je vous prie de m'excuser de ne pouvoir vous présenter moi-même ce travail en étant empêché par mon état de santé.

Cette œuvre m'a demandé quatre ans d'un travail exclusif et assidu, et elle est le résultat de toute ma vie active. Je la considère malgré toutes ses imperfections comme mon chef-d'oeuvre. Que l'avenir veuille bien justifier ce jugement par un intérêt croissant, en dehors même de la signification supérieure de ce monument.

Je compte, Excellence, sur votre longue expérience des hommes et votre haute sagesse pour juger un effort qui est le résultat d'une vie consacrée à la recherche de la vérité.

La chapelle du Rosaire[2]

Toute ma vie, j'ai été influencé par l'opinion courante de mes débuts, époque où l'on acceptait seulement de consigner les observations faites sur la nature, où tout ce qui venait de l'imagination ou du souvenir était appelé « chiqué » et sans valeur pour la construction d'une œuvre plastique. Les maîtres des Beaux-Arts disaient à leurs élèves : « Copiez bêtement la nature. »

Pendant toute ma carrière, j'ai réagi contre cette opinion à laquelle je ne pouvais me soumettre et cette lutte a été la source des différents avatars de ma route, pendant laquelle j'ai cherché des possibilités d'expression en dehors de la copie littérale, tel le divisionnisme et le fauvisme.

Ces révoltes m'ont conduit à étudier séparément chaque élément de construction : le dessin, la couleur, les valeurs, la composition, comment ces éléments peuvent s'allier en une synthèse sans que l'éloquence de l'un d'entre eux soit diminuée par la présence des autres et à construire avec ces éléments, non diminués de leur qualité intrinsèque par leur réunion, c'est-à-dire en respectant la pureté des moyens.

Chaque génération d'artistes voit différemment la production de la génération précédente. Les tableaux des impressionnistes, construits avec des couleurs pures, ont fait voir à la génération suivante que ces couleurs, si elles peuvent servir à la description des choses ou des phénomènes de la nature, ont en elles-mêmes, indépendamment des objets qu'elles servent à exprimer, une action importante sur le sentiment de celui qui les regarde.

C'est ainsi que des couleurs simples peuvent agir sur le sentiment intime avec d'autant plus de force qu'elles sont simples. Un bleu par exemple, accompagné du rayonnement de ses complémentaires, agit sur le sentiment comme un coup de gong énergique. De même pour le jaune et le rouge, et l'artiste doit pouvoir en jouer selon la nécessité.

Dans la chapelle, mon but principal était d'équilibrer une surface de lumière et de couleurs avec un mur plein, au dessin noir sur blanc.

Cette chapelle est pour moi l'aboutissement de toute une vie de travail et la floraison d'un effort énorme, sincère et difficile.

Ce n'est pas un travail que j'ai choisi mais bien un travail pour lequel j'ai été choisi par le destin sur la fin de ma route, que je continue selon mes recherches, la chapelle me donnant l'occasion de les fixer en les réunissant.

Je pressens que ce travail ne sera pas inutile et qu'il pourrait rester l'expression d'une époque d'art, peut-être dépassée, je ne crois pourtant pas. Il est impossible de le savoir aujourd'hui, avant la réalisation des mouvements nouveaux.

De cette expression du sentiment humain, les erreurs qu'elle peut contenir tomberont d'elles-mêmes, mais il restera une partie vivante qui pourra réunir le passé avec l'avenir de la tradition plastique.

Je souhaite que cette partie, que j'appelle : mes révélations, soit exprimée avec suffisamment de force, pour être fertilisante et retourner à sa source.

La chapelle de Vence, aboutissement d'une vie[3]

Les céramiques de la chapelle du Rosaire de Vence ont suscité de tels étonnements que je voudrais essayer de les dissiper.

Ces panneaux de céramique sont constitués de grands carreaux de terre cuite émaillée en blanc et portent des dessins noirs filiformes qui les décorent tout en les laissant très clairs. Il en résulte un ensemble noir sur blanc, dans lequel le blanc domine, d'une densité formant un équilibre avec la surface du mur opposé, constituée par des vitraux qui vont du sol jusqu'au plafond et qui expriment, dans des formes voisines, une idée de feuillage toujours de même origine venant d'un arbre caractéristique de la région : le cactus à palettes garnies d'épines, fleurissant jaune et rouge.

Ces vitraux sont composés de verres de trois couleurs bien décidées, qui sont : un bleu outremer, un vert bouteille, un jaune citron, réunis dans chaque partie du vitrail. Ces couleurs sont tout à fait ordinaires quant à la qualité ; elles n'existent dans la réalité artistique que par leur rapport de quantités qui les magnifie et les spiritualise[4].

À la simplicité de ces trois couleurs constructives s'ajoute une différenciation dans la surface de certains verres. Le jaune est dépoli et en devient seulement translucide, tandis que le bleu et le vert restent transparents, donc tout à fait limpides. Ce manque de transparence du jaune arrête l'esprit du spectateur et le retient à l'intérieur de la chapelle, formant ainsi le premier plan d'un espace qui commence dans la chapelle pour aller se perdre à travers le bleu et le vert jusque dans les jardins environnants. C'est ainsi que lorsqu'on aperçoit de l'intérieur, à travers le vitrail, une personne allant et venant dans le jardin, placée seulement à un mètre du vitrail, elle semble appartenir à un tout autre monde que celui de la chapelle.

J'écris sur ces vitraux – l'expression spirituelle de leur couleur ne me paraît pas contestable – simplement pour établir la différence entre les deux grands côtés de la chapelle, qui, décorés différemment, se soutiennent en s'opposant. D'un espace de clair soleil sans ombre qui enveloppe notre esprit à gauche, passant à droite, nous trouvons les murs de

Cérémonie de bénédiction et pose de la première pierre,
12 décembre 1949
De gauche à droite, sœur Jacques-Marie, Monseigneur Rémond (évêque de Nice), M. Hugues (député-maire de Vence)
Photo Hélène Adant

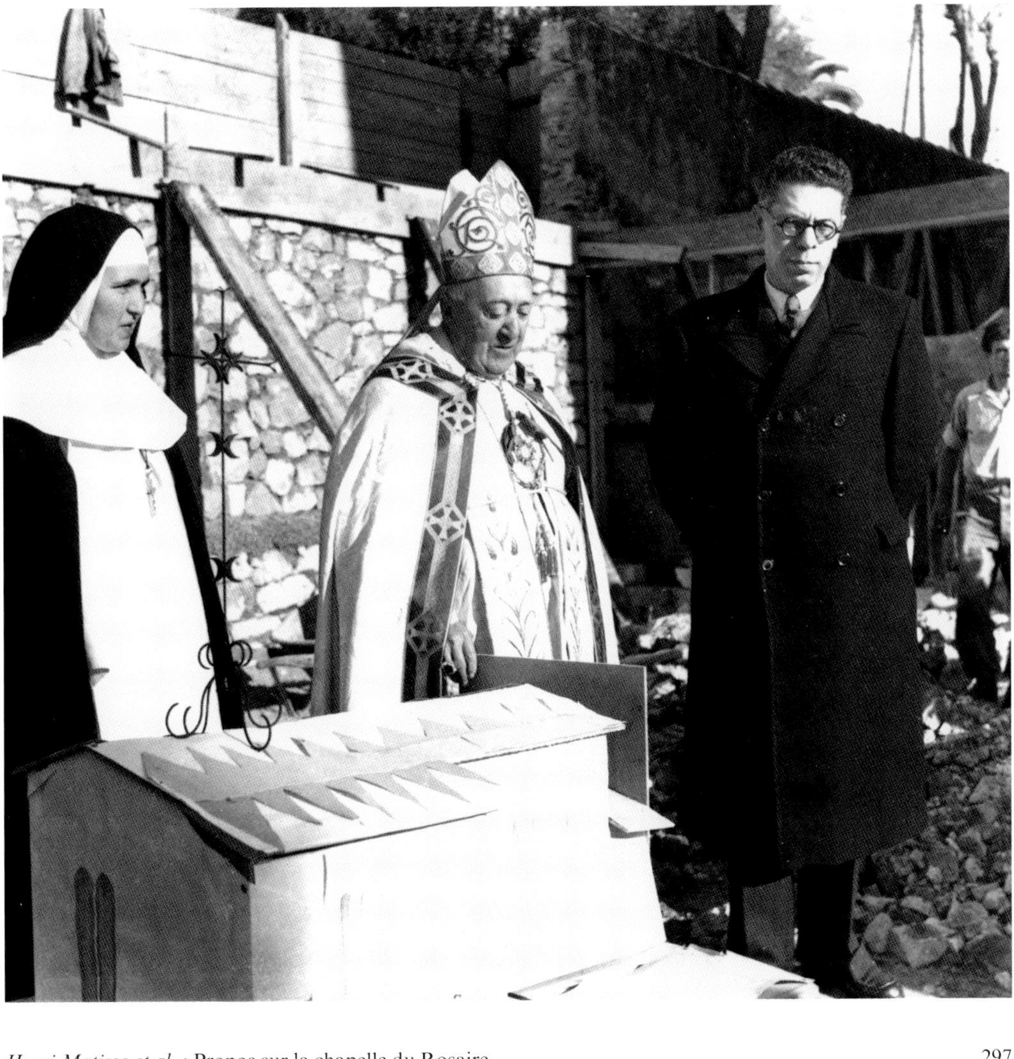

céramiques. Ils sont l'équivalence visuelle d'un grand livre ouvert où les pages blanches portent des signes explicatifs de la partie musicale constituée par les vitraux.

En somme les céramiques sont l'essentiel spirituel et expliquent la signification du monument. Aussi deviennent-elles, malgré leur apparente modestie, le point important qui doit préciser le recueillement que nous devons éprouver, et je crois devoir préciser, en insistant, le caractère de leur composition.

Dans leur exécution, l'artiste y est révélé en toute liberté. C'est ainsi que tout d'abord ayant prévu ces panneaux comme une illustration de ces grandes surfaces, à l'exécution il a donné un sens différent pour l'un des trois : celui du *Chemin de Croix*.

Le panneau de *Saint-Dominique* et celui de la *Vierge et de l'Enfant Jésus* sont à la même hauteur d'esprit décoratif, et leur sérénité a un caractère de tranquille recueillement qui leur est propre, tandis que celui du *Chemin de Croix* s'anime d'un esprit différent. Il est tempétueux. Là est la rencontre de l'artiste avec le grand drame du Christ qui fait déborder sur la chapelle l'esprit passionné de l'artiste. Tout d'abord, l'ayant conçu dans le même esprit que celui des deux premiers panneaux, il en avait fait une procession par la

Henri Matisse dessine sur les murs de la chapelle en utilisant un fusain fixé sur un long bâton, *1948*
Photo Gjon Mili

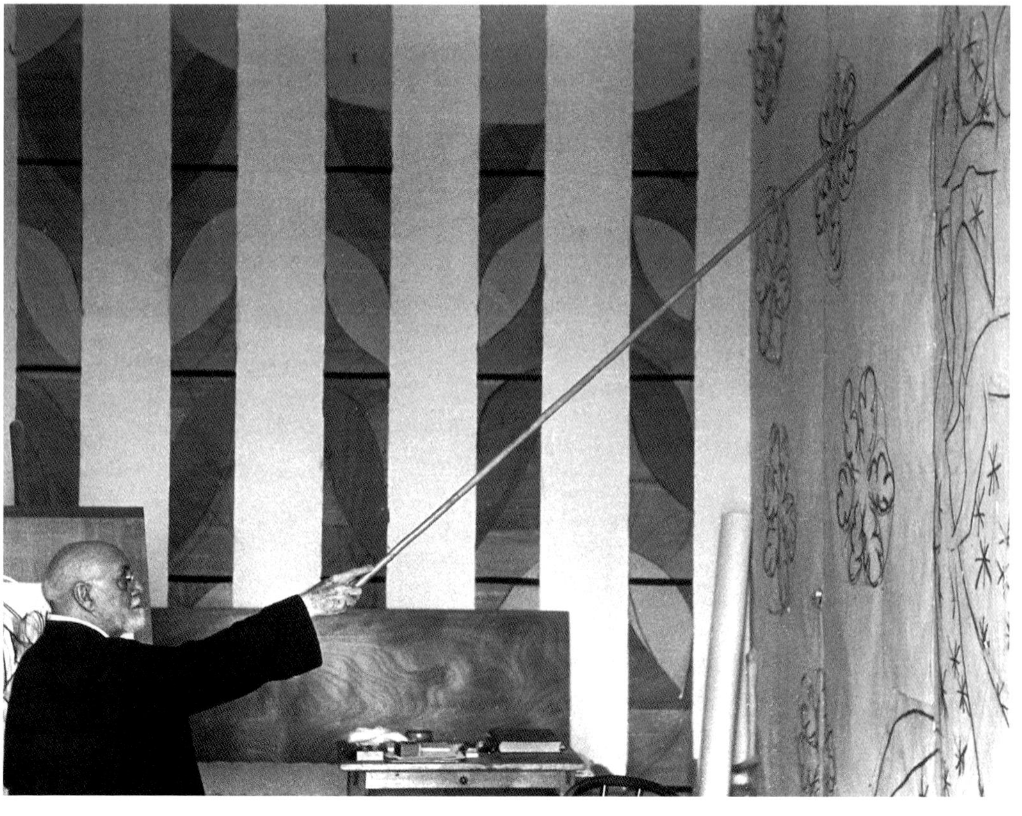

succession des scènes. Mais, s'étant trouvé empoigné par le pathétique de ce drame si profond, il a bouleversé l'ordonnance de sa composition. L'artiste en est devenu tout naturellement le principal acteur : au lieu de refléter ce drame, il l'a vécu et l'a exprimé ainsi. Il a bien conscience du mouvement d'esprit que donne au spectateur ce passage de la sérénité au dramatique. Mais la Passion du Christ n'est-elle pas ce qu'il y a de plus émouvant parmi ces trois sujets ?

Je voudrais ajouter à ce texte que j'ai compris le noir et le blanc des costumes des Sœurs comme un des éléments de la composition de la chapelle et, pour la musique, j'ai préféré aux sons bruyants – quoique savoureux mais explosifs – des orgues la douceur des voix de femmes pouvant s'insinuer en chants grégoriens dans la lumière frémissante et colorée des vitraux.

À André Rouveyre, 6 avril 1949 :

[...] Si tu connaissais ma vie, avec cette chapelle que je voudrais voir terminée. Sait-on jamais à mon âge, mon grand âge. Je suis à la merci des conséquences d'une grippe.

À André Rouveyre, 6 juillet 1949 :

Je voudrais que [mon travail sur la chapelle] soit comme une fleur. Je voudrais en faire mon chef-d'œuvre.

(Schneider, 1970)

À Henri Laurens, 22 octobre 1949 :

Je suis toujours à la chapelle. C'est vraiment un travail passionnant, d'accorder un pareil ensemble – vitraux, céramiques, noir sur blanc, extérieur et flèche en fer. [...] La flèche porte-cloche est lourde sur la chapelle – elle devra être comme une fumée s'élevant mince et légère dans la tranquillité du soir – oh, oh, oh, on verra bien.

(Schneider, 1970)

À Henri Laurens, 4 novembre 1949 :

Je suis comme un boxeur fin prêt auquel on dit : non, mon vieux, c'est pour dans deux mois (pour moi, c'est sept mois) – que faire en attendant (surtout quand on a comme moi, 80 ans et qu'on veut consacrer ses forces dernières à ce travail important) ? [...] Je suis toujours attelé à la chapelle. C'est un gros problème dont je pense avoir réussi, c'est celui de toute une vie de travail. [...] Je dois jongler[5] et tenir en équilibre expressif deux forces, la couleur du vitrail du côté droit et le blanc et noir sur le côté gauche : même quantité de surfaces. Je puis le faire puisque j'ai fini mes cartons dont cependant la dernière main doit se faire en réalité, c'est-à-dire sur les carreaux blancs. C'est très délicat et subtil et je crois les posséder.

(Schneider, 1970)

À André Rouveyre, 25 décembre 1950 ::

La chapelle a reçu ses vitraux. Ils sont placés. C'est un enchantement extraordinaire. Je ne puis t'en dire plus, car je manque de modestie à leur sujet.

À André Rouveyre, 27 février 1951 :

Avec cette chapelle à terminer, je ne puis trouver un moment de détente sans me figurer que je laisse fuir l'énergie qui me permettra enfin de conclure.

À André Rouveyre, s. d. (Pâques 1951 ?) :

Bonnes Pâques cher Rouveyre,

Je suis sur les boulets avec cette chapelle dont l'essentiel *pour moi en est terminé.*

J'avais toujours peur d'un coup de chien qui ne m'aurait pas permis de tout y faire comme je le désire. Mais c'est accompli. L'inauguration aura lieu cet été, en juin probablement. Je t'invite à y venir.

Propos rapportés par Rosamond Bernier[6]

[...] Matisse, dans sa quatre-vingtième année, est tout entier absorbé par le projet de ce qu'il décrit lui-même comme « une église pleine de gaieté – un espace qui rende les gens heureux[7] ».

« [...] Les vitraux iront du sol au plafond sur 5 mètres de hauteur », explique Matisse avec enthousiasme. « Ce seront des formes de couleur pure, très brillantes. Pas de figures, rien que le patron des formes. Imaginez le soleil se déversant à travers le vitrail – il lancera des reflets colorés sur le sol et les murs blancs, tout un orchestre de couleurs. [...] La décoration à l'intérieur de la chapelle sera noire et blanche, rien d'autre[8]. Vous verrez comme l'intensité d'une seule ligne noire peut équilibrer l'impact des vitraux de couleurs[9]. »

[...] Matisse dut imaginer une technique spéciale pour l'exécution de ces dessins [les grands panneaux noirs et blancs de la *Vierge et l'Enfant*, du *Chemin de Croix* et de *Saint-Dominique*] qui sont immenses, alors qu'il ne peut quitter son lit. Il explique : « Ce sera tout à fait efficace. Les murs seront plâtrés, mais je dessinerai sur des carreaux de tuiles blanches qui auront été cuits une première fois, puis revêtus d'une préparation spéciale. Je dessinerai dessus, après quoi ils seront cuits à nouveau, de façon à fixer la ligne. Ces carreaux seront de petite taille, donc faciles à manier. Une fois ce travail terminé, ils seront appliqués sur les murs, donnant une surface vivante d'une brillance bien définie. »

« Ce que vous voyez ici », continua Matisse, « n'est que des croquis de travail. Je fais un grand nombre de dessins préparatoires, et le dessin final sera fait directement sur la terre cuite. Je dessine un sujet encore et encore jusqu'à ce que je le sente réellement en moi. » Il remarqua que je regardais une grande esquisse de tête de jeune fille dessinée directement sur la porte de la pièce où nous nous tenions : « J'ai fait ce dessin les yeux bandés[10]. Après avoir travaillé avec un modèle toute la matinée, je voulais savoir si je le possédais vraiment. Je me suis fait bander les yeux et conduire à la porte. » Le dessin semblait presque aussi sûr et libre que les autres croquis.

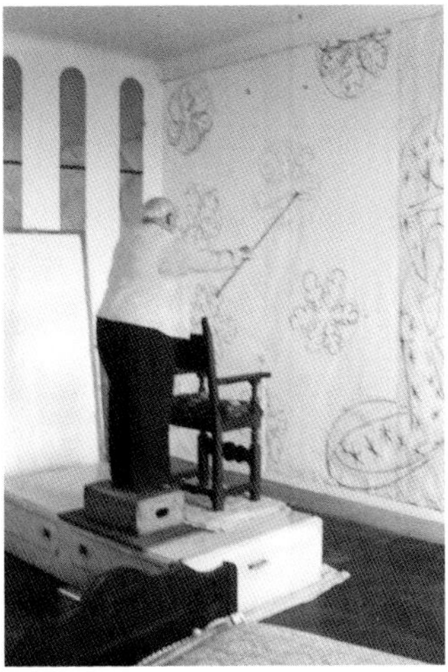
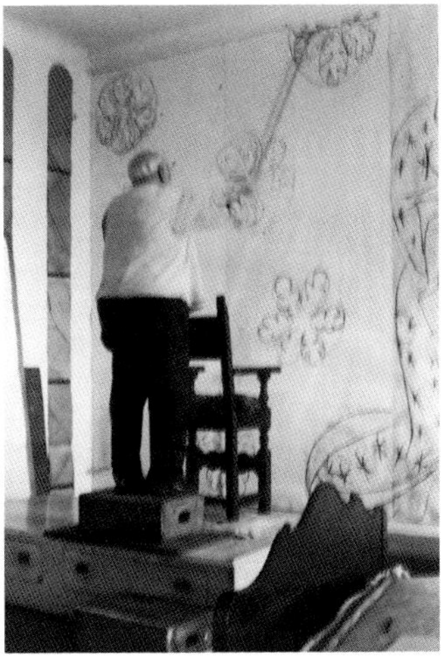
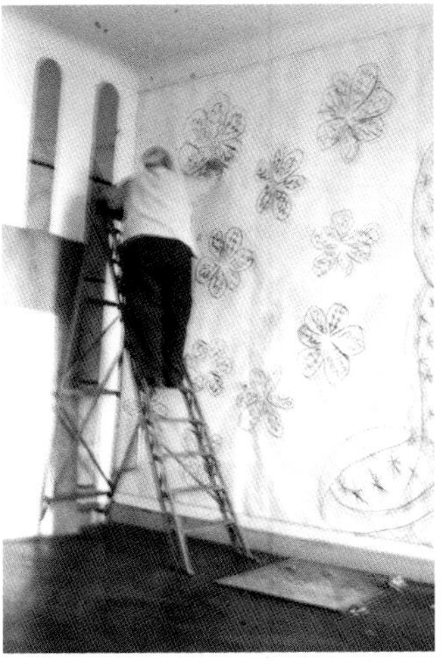

Henri Matisse dessine sur les murs de la chapelle, *1948*
Photos Hélène Adant

[...] Matisse n'a pas travaillé à un tableau de chevalet depuis des mois, et il ne s'y remettra pas avant que l'église soit terminée. « J'ai tout mon temps pour la peinture », dit-il avec entrain, « je n'ai que 80 ans ! ».

Rapportés par Monseigneur Rémond :

« J'ai commencé par le profane, et voici qu'au soir de ma vie, tout naturellement je termine par le divin. Au cours de ma carrière, j'ai bataillé, je me suis heurté contre des forces qui semblaient vouloir m'arrêter. Un jour, je me suis trouvé devant l'issue tant désirée. Ce n'est pas moi qui l'ai découverte, qui ai réalisé mon état d'âme, il me semble qu'une idée, un idéal, se sont imposés à moi. »

(Propos extraits de *L'Art sacré*, juillet-août 1951)

Rapportés par André Lejard :

L'art doit-il avoir un contenu religieux ou spirituel ? Ne se suffit-il pas à lui-même ? Est-ce à dire que la peinture moderne, par exemple, doive être un art de délectation ?

« L'art moderne est certes un art de délectation, mais cela n'implique nullement qu'il n'ait pas un contenu religieux ou spirituel. Je n'ai pas éprouvé le besoin d'opérer une conversion[11] pour exécuter la chapelle de Vence. Mon attitude intérieure ne s'est pas modifiée ; elle est demeurée celle que j'ai eue, celle que j'ai devant un visage, une chaise ou un fruit. »

(Lejard, 1951)

Rapportés par André Verdet :

Avec la réalisation de la chapelle de Vence, on a dit, entre autres, que vous vous étiez rapproché de la religion catholique ?

« On a dit beaucoup et écrit beaucoup. On a fait circuler des tas d'histoires, en Europe et en Amérique. L'œuvre d'art n'était plus qu'un prétexte à histoires.

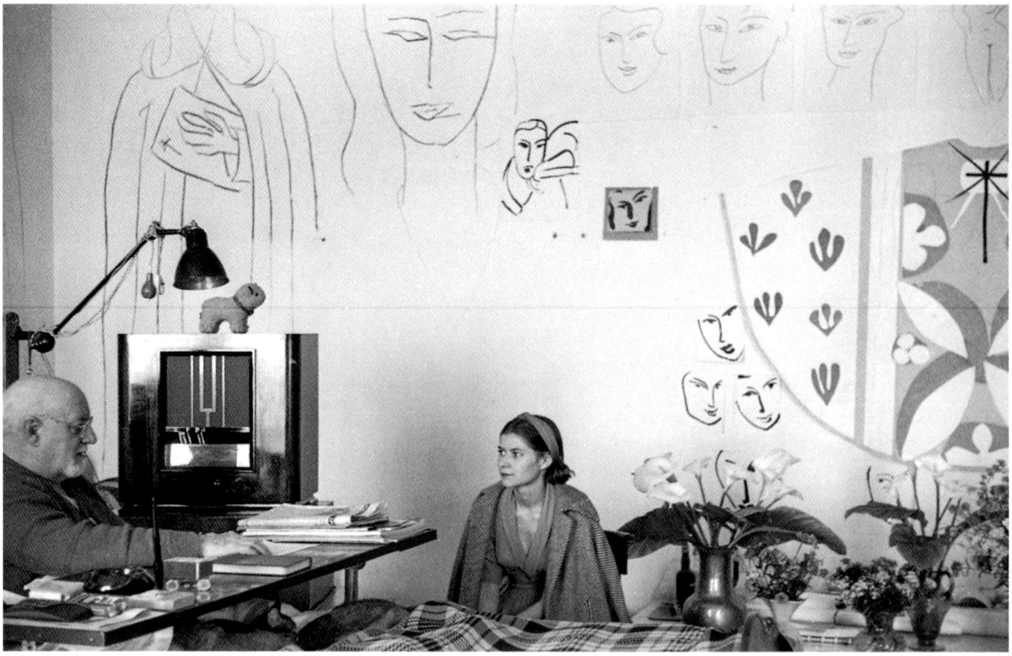

Henri Matisse assis sur son lit et conversant avec une visiteuse dans son appartement de l'hôtel Régina, *Cimiez-Nice, juin 1951*

Tout d'abord, l'art sacré demande une bonne hygiène morale. Ma seule religion est celle de l'amour de l'œuvre à créer, l'amour de la création et de la grande sincérité. J'ai fait cette chapelle avec le seul sentiment de m'exprimer *à fond*. J'ai eu là l'occasion de m'exprimer dans la totalité de la forme et de la couleur. Ce travail a été pour moi un enseignement. J'y ai fait jouer le jeu des équivalences. J'y ai fait s'équilibrer des matériaux d'existence fruste avec des matériaux précieux. Les choses se sont rapprochées et ont chanté par la loi des contrastes. La multiplication des plans est devenue unité du plan.

Et c'est à dessein que je répète encore que ce n'est pas en copiant l'objet que je pourrai le faire naître dans l'esprit du spectateur, comme je le sens, mais par la seule vertu de l'équivalence synthétique.

Revenons à Vence : on ne peut pas y introduire du rouge, dans cette chapelle… Pourtant ce rouge existe et il existe par contraste des couleurs qui sont là. Il existe par réaction dans l'esprit de celui qui observe. »

(Verdet, 1952)

« Je m'interroge souvent, j'interroge souvent mon œuvre pour savoir si j'ai réussi à dominer complètement, moi le peintre et le décorateur, cette architecture, cette masse de béton. Ai-je pensé assez à l'extérieur ?

Je sais, on reproche à mon *Chemin de Croix* d'être trop simple, trop hâtif, quelques-uns, de bons amis même ! Mais n'ont-ils pas compris que j'ai traité cela sur le mode allusif, que c'est une représentation volontairement signalétique. C'est comme un panneau, un total de signes. »

(Propos extraits de « Architecture et décoration », *XXe siècle*, numéro consacré à Henri Matisse, 1970)

Rapportés par Raymond Escholier :

« La saison la plus favorable [pour visiter la chapelle de Vence], c'est l'hiver – L'heure la meilleure, alors, c'est 11 heures du matin. À cause des vitraux dont, vous le savez, la mission est de transfigurer le noir et le blanc qui règnent sur ce sanctuaire dominicain et d'y faire rayonner tout le prisme céleste. »

(Escholier, 1956)

Rapportés par Georges Charbonnier[12] :

« L'intérêt est certainement – comme dans la peinture en général – de donner, avec une surface très limitée, l'idée de l'immensité.

Henri Matisse dans la chapelle du Rosaire à Vence, au fond, frère Rayssiguier, *1951*
Photo Hélène Adant

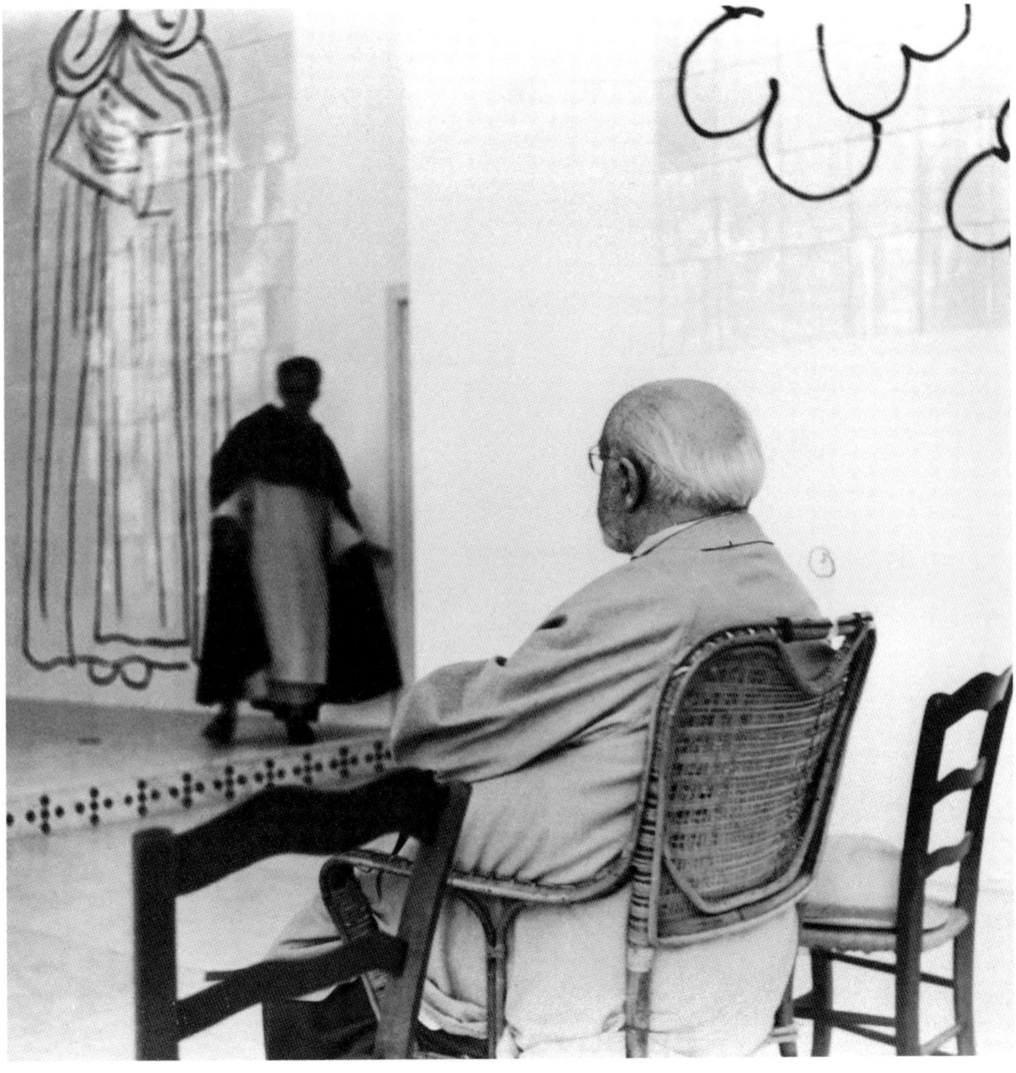

C'est ce que j'ai fait à la chapelle de Vence. C'est une chapelle de couvent, et malgré tout, j'ai donné, me semble-t-il, l'idée d'une immensité, qui touche l'esprit et même les sens. Le rôle de la peinture, je crois, le rôle de toute la peinture décorative, est d'agrandir les surfaces, de faire en sorte que l'on ne sente plus les dimensions du mur. »

Pourquoi avez-vous décoré la chapelle de Vence ?

« Parce que, depuis très longtemps, je voulais synthétiser mon apport. C'est alors que s'est trouvée cette occasion. J'ai pu faire, en même temps, de l'architecture, des vitraux, de grands dessins muraux sur des céramiques, et réunir tous ces éléments, les fondre en une unité parfaite. J'ai même doté cette chapelle d'une flèche qui a plus de 12 mètres[13] de haut. Et cette flèche – en fer forgé – qui a plus de 12 mètres n'écrase pas la chapelle mais, au contraire, lui donne de la hauteur. Parce que cette flèche, je l'ai faite comme un dessin – un dessin que je ferais sur une feuille de papier – mais c'est un dessin qui monte. Lorsqu'on voit une chaumière qui fume, vers la fin de la journée, on regarde cette fumée qui monte et qui monte… et l'on n'a pas du tout l'impression qu'elle s'arrête. C'est un peu le sentiment que j'ai donné avec ma flèche.

De même pour l'intérieur, pour l'autel : un officiant est placé devant le public. Il fallait donc décorer l'autel de façon légère, afin que l'officiant puisse voir ses fidèles et que les fidèles puissent voir l'officiant. Il y a donc dans les éléments une légèreté qui correspond à ce besoin. Cette légèreté donne le sentiment de dégagement, de franchissement ; si bien que ma cha-

Henri Matisse conversant avec père Couturier dans la chapelle de Vence qui va être bientôt consacrée, *17 mai 1951*

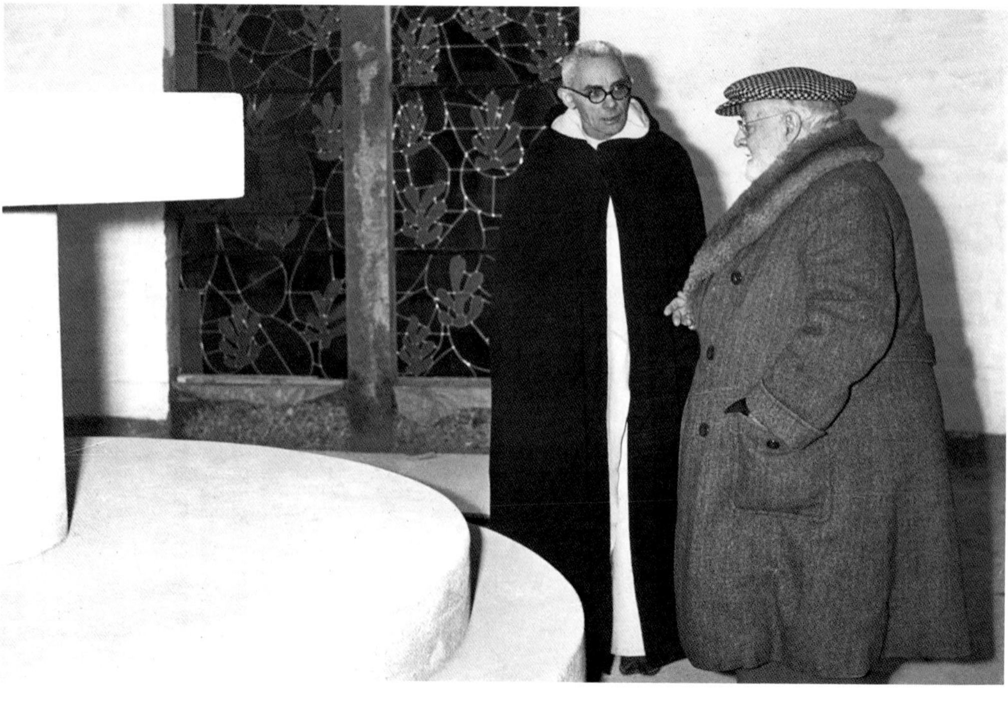

pelle n'est pas : *Frères, il faut mourir*. C'est au contraire : *Frères, il faut vivre !* »

Pensez-vous – je n'ignore pas que je formule ma question avec maladresse – qu'il existe un art religieux ?

« Tout art digne de ce nom est religieux. Soit une création faite de lignes, de couleurs : si cette création n'est pas religieuse, elle n'existe pas. Si cette création n'est pas religieuse, il ne s'agit que d'art documentaire, d'art anecdotique... qui n'est plus de l'art. Qui n'a rien à faire avec l'art. Qui vient à une certaine époque de la civilisation, pour expliquer et démontrer aux gens sans éducation artistique, des choses qu'ils pourraient remarquer sans qu'on ait besoin de le leur dire. Les spectateurs sont paresseux d'esprit. Il faut leur mettre sous les yeux une image qui leur laisse des souvenirs et les entraîne même un peu plus loin... Mais, c'est là un art dont nous n'avons plus besoin maintenant. Cet art-là est dépassé. »

Lorsque vous faites une chapelle, [...], que cherchez-vous à communiquer [au visiteur] ?...

« Je veux que les visiteurs de la chapelle éprouvent un allègement d'esprit[14]. Que, même sans être croyants, ils se trouvent dans un milieu où l'esprit s'élève, où la pensée s'éclaire, où le sentiment lui-même est allégé. Le bénéfice de la visite naîtra aisément, sans qu'il soit besoin de se cogner la tête par terre. »

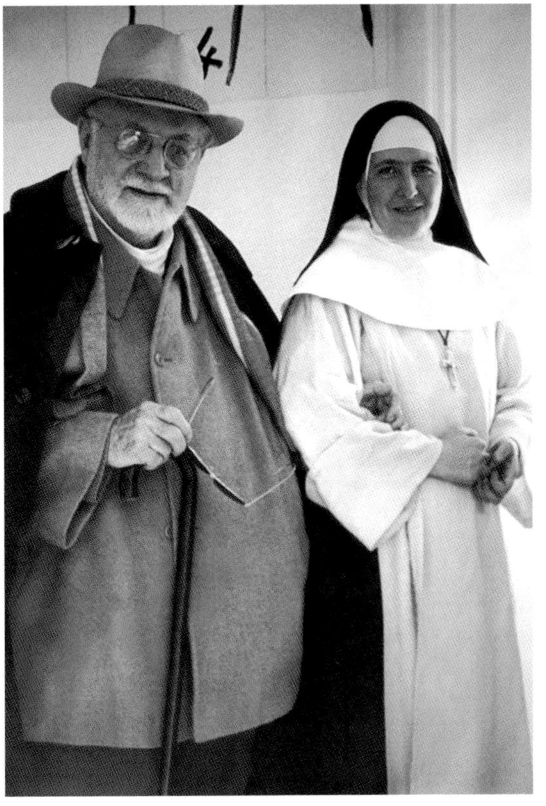

Henri Matisse avec sœur Jacques-Marie à la chapelle du Rosaire, *Vence*
Photo Gilles Bassignac

Ce bénéfice, ne songez-vous pas à le procurer également à celui qui voit une toile ?

« C'est évident. Un tableau qui n'engendrerait pas ce sentiment-là n'existerait pas. Un tableau de Rembrandt, de Fra Angelico, un tableau d'un bon artiste, suscite toujours cette espèce de sentiment d'évasion et d'élévation d'esprit. Ce n'est pas parce que le tableau est un tableau de chevalet qu'il échappe à cette nécessité. Un tableau de chevalet, qu'est-ce qu'un "tableau de chevalet" ? C'est une peinture qu'on garde dans la main, si vous voulez. Mais cette peinture doit cependant entraîner l'esprit du spectateur beaucoup plus loin que le tableau. Je ne conçois pas une peinture dépourvue de cette qualité-là. Sinon, c'est une image. Or, aujourd'hui, grâce à la photographie, on fait de si belles images – même en couleurs – que le devoir de l'artiste, du peintre, est de donner davantage ; ce que la photographie ne donne pas. »

Rapportés par Marie-Alain Couturier[15] :

« Picasso était furieux que je fasse une église – *Pourquoi est-ce que vous ne feriez pas plutôt un marché ? Vous y peindriez des fruits, des légumes*. Mais

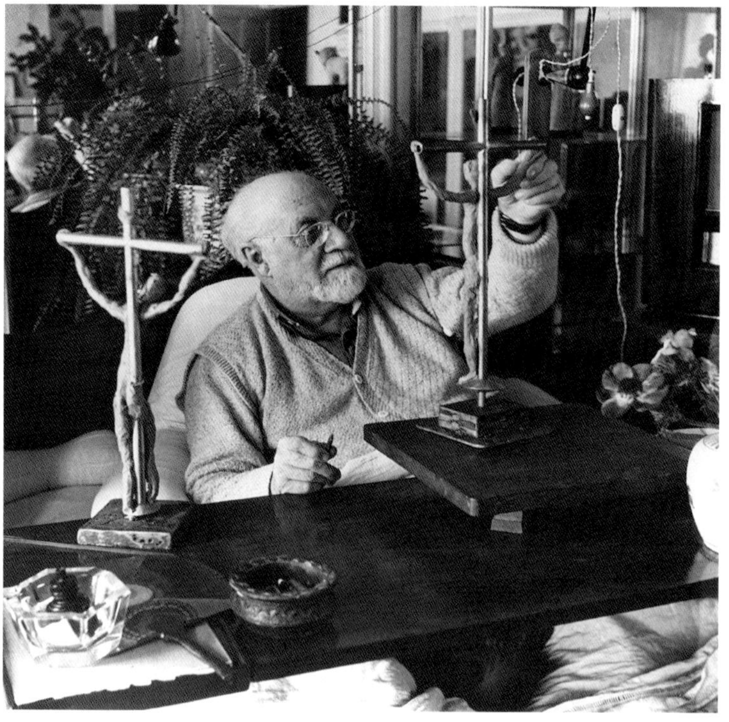

Henri Matisse travaillant de son lit à une sculpture du Christ pour la chapelle du Rosaire, *1950*
Photo Hélène Adant

je m'en fiche pas mal : j'ai des verts plus verts que les poires et des oranges plus oranges que les citrouilles. Alors à quoi bon ? – Il était furieux[16]. » (9 août 1948)

Matisse veut [pour les vitraux de la chapelle] des verres francs, un peu gueulards au besoin, très ordinaires, quand ceux qu'on lui a montrés sont trop beaux, trop veloutés : « Les raffinements, c'est moi qui les mettrai, par les rapports. » (7 octobre 1948)

Matisse (séance de dessin)[17]. Au moment de commencer les petits croquis à la plume, son angoisse incroyable. Lydia lui dit : « Allons, ne vous énervez pas comme ça. » Et lui, assez violemment : « Je ne suis pas énervé, mais j'ai le trac. […] » Je lui demande s'il a le même trac quand il va dessiner une feuille de figuier que quand il doit dessiner un visage. « Oui, tout à fait », me dit-il. […] Il n'a pas de mots pour parler du « sacré », mais il le sent fortement. Par exemple, il élimine certains dessins pour le *Saint-Dominique* de Vence : « Pas celui-là : il a l'air de prier lui-même. Quand on vient, il faut qu'on trouve un soutien, pas un copain. » (7 octobre 1948)

« Je marche maintenant sur un terrain purifié », parlant de la différence entre son *Ronsard* et la chapelle. À Skira, qui lui dit en riant : « Alors, vous ne ferez plus de petites filles ? » – il hésite, puis répond : « J'espère que si. » […] À propos des « corrections » que Perret proposait pour l'architecture [de la chapelle] : « Je ne peux pas. Dès qu'on veut changer la moindre des choses à ce que je fais, aussitôt je sens que ça se détache de moi. C'est fini, ça ne m'intéresse plus. – Alors n'importe qui peut le faire, ce n'est pas la peine que ce soit moi. » (25–30 novembre 1948)

« Il faut que je sois si pénétré, si imprégné de mon sujet, que je puisse le dessiner les yeux fermés. » – Un peu plus tard : « Il faut que j'arrive à dessiner (il s'agit du *Chemin de Croix*[18]) les yeux bandés. » […] Si pénétré de la grandeur de ce qu'il va représenter qu'il n'a plus à se contrôler : « Ça sort tout naturellement de moi, et alors le signe lui-même est noble. » (décembre 1948)

« Mon travail consiste à m'imbiber des choses. Et après, ça ressort. » (3 février 1949)

Quand Matisse a, pour la deuxième fois, abandonné le grand carton du vitrail derrière l'autel pour Vence, [...] très clairement, il n'a rien dans la tête, ne sait plus du tout ce qu'il va faire. Je lui demande comment il va procéder. Il me dit : « Je vais probablement mettre une tache de couleur, et puis tout suivra. » Il insiste toujours fortement (mais comme un ouvrier, pas du tout systématiquement) sur « cette unité vivante et vitale, organique, de l'œuvre d'art en gestation. » (février 1949)

« Je lui ai dit, à Picasso : Oui, je fais ma prière, et vous aussi, et vous le savez très bien : quand tout va mal, nous nous jetons dans la prière, pour retrouver le climat de notre première communion. Et vous le faites, vous aussi. Il n'a pas dit non. Ces dessins-là, il faut qu'ils vous sortent du cœur. » (29 mars 1949)

Il a refait hier tout le panneau de la *Vierge* : les fleurs en croix y sont très belles, mais la *Vierge* avant me paraissait mieux. Parlant de l'exécution définitive sur céramique, je lui dis en riant : « Je suis sûr que ce sera encore tout autre chose ». Il me répond vivement : « Pas du tout, ce ne sera pas autre chose. C'est comme une prière qu'on redit de mieux en mieux. – Je n'ai jamais pu faire les choses que je ne sentais pas en moi. Ces fleurs, je les avais en moi depuis des années, je les avais observées à Vence dans les bordures du jardin. » (16 août 1949)

Nous parlons longuement du manteau des chevaliers du Saint-Esprit [...] dont le souvenir, après trente ans, réapparaît dans le vitrail de Vence. Il me dit : « Je suis fait de tout ce que j'ai vu. » (28 août 1949)

« J'ai voulu créer un espace spirituel dans un local réduit. » – Sa pensée est : un espace infini[19]... De plus, ce qu'il m'a répété dès le début, il y a trois ans : « Dites bien que ce sera là le couronnement[20] de toute ma carrière. » (8 septembre 1949)

À propos de la chapelle, il me dit : « J'ai créé un espace religieux. » (17 juillet 1951)

« Il faut que ça pousse en moi comme une plante dans la terre ». Ce matin, il insistait sur l'unité de sentiment dans toute son œuvre, sur le sentiment religieux dans lequel il a toujours peint. « Même les odalisques », dit-il. (29 décembre 1949)

Matisse à Picasso : « Au fond, Picasso, il ne faut pas que nous fassions les malins. Vous êtes comme moi : ce que nous cherchons tous à retrouver en art, c'est le climat de notre première communion. » (avril 1950)

Je lui dis à propos de la chapelle : « Vous pouvez être fier de vous ». Il me répond : « Je suis content, mais je n'ai *jamais* été fier de ce que je faisais. Chaque fois que j'avais fait tout ce que je pouvais avec mes dix doigts, quelque chose venait l'achever, qui ne dépendait pas de moi, qui venait d'ailleurs. Il faut faire tout ce qu'on peut, et au moment où tout est fini quelque influence céleste[21] vient tout terminer... Mais cela ne vous servira pas pour la prochaine fois. Ayez confiance, marchez, ça viendra en route. »

[...] Je dois noter que, comme il me le dit lui-même, depuis quelque temps il pleure à la moindre émotion. « Ne faites pas attention », dit-il, « c'est de la faiblesse physique ». [...] Par exemple, quand mère Agnès le remercie de tout ce qu'il a fait pour la chapelle et qu'il répond : « Ne me remerciez pas, je n'y ai pas droit, je n'ai fait que faire mon devoir : j'ai été forcé de faire cela, j'y étais poussé. » Et ses yeux se remplissent de larmes. (23 juin 1951)

Je relève ces notes écrites par lui pour une première version de sa *Préface pour Vence :* « … Le dessin *à l'ancienne*, c'est-à-dire conscient de l'importance de l'acte lui-même, ce qui paralyse tous les sentiments profonds des choses. […] Réminiscences du passé – donc introduction d'éléments hasardeux dans le cerveau qui devrait garder une sorte de virginité. »

Matisse, me parlant du médaillon de céramique de la *Vierge à l'Enfant*, me dit : « Je suis tellement dominé par ce qu'il y a en moi que je n'ai pas fait de sexe à l'Enfant jésus. C'est une fillette. J'espère que ce n'est pas choquant. » (24 juin 1951)

Matisse (mars) : « J'ai peur de m'endormir : du moment où je suis sans défense, on pourrait me prendre en défaut. Toute ma vie j'ai été comme ça. » – Il l'entend de sa lutte d'artiste contre tout ce qui menace l'intégrité de sa vision […]. « Je suis habité par des choses qui me réveillent et qui ne se montrent pas. – Comme c'est curieux ! on est conduit, on ne conduit pas. Je ne suis qu'un serviteur. » (1951)

Matisse me dit aussi qu'une Indochinoise lui avait fait dire qu'elle avait retrouvé dans la chapelle de Vence l'atmosphère religieuse d'une pagode, et comme je lui dis qu'à une certaine hauteur, tout se ressemble, « Mais naturellement », me dit-il, « puisqu'il n'y a qu'un seul Dieu. » (17 février 1952)

L'été dernier Matisse était allé à Paris, à Notre-Dame : « La foule immense, des têtes à perte de vue, l'architecture, les vitraux et, par moments, les vagues de la musique de l'orgue passant sur ces têtes, tout cela était très impressionnant. Quand je suis sorti, je me suis dit : « Eh bien ! en face de tout cela, qu'est-ce que la chapelle ?… Alors je me suis dit : c'est une fleur. Ce n'est qu'une fleur, mais c'est une fleur. » (8 mars 1952)

Nous parlons de la chasuble noire : je lui dis que ce n'est pas une chasuble triste, mais une chasuble de résurrection. Il me répond : « C'est ce qu'il faut, n'est-ce pas ? La mort n'est pas la fin de tout, c'est une porte qui s'ouvre. » Aussitôt ses yeux se remplissent de larmes.

Hier en rentrant de Vence en auto, comme nous arrivons à la baie des Anges, il me dit : « Quand j'entre dans la chapelle, je sens que c'est moi tout entier qui suis là – enfin tout ce que j'ai eu de meilleur, quand j'étais un enfant, ce que j'ai essayé de garder toute ma vie. » (15 mars 1952)

« Je suis comme le voyageur qui a fait sa valise et qui attend le train et qui sait que l'heure ne peut plus beaucoup tarder. Il y a des gens qui voudraient recommencer leur vie. Moi pas. J'ai fait ce que j'avais à faire ; je ne voudrais pas recommencer[22]. » (20 juin 1952)

Le père McGlynn, voyant Matisse, lui demande si, travaillant non pour des religieuses mais pour des paysans, il aurait mis des yeux et une bouche à ses visages[23]. « Oui, probablement. » Mais, dans ce cas, considérez-vous que ce serait aussi sincère ? « Oui, évidemment, mais ç'aurait été moins expressif. »

Matisse : Je veux noter ici une grave et émouvante confidence. Il me parle de la chapelle ; il me dit : « Cette chapelle, ce n'est pas moi qui l'ai voulue. J'ai été forcé de la faire. Elle m'a été imposée. » […] Il me parle de l'angoisse qui accompagnait ces temps derniers ses crises d'asthme : « À ces moments-là, je dis des prières, comme le *Notre Père*, le *Je vous salue Marie*, mais l'autre jour, j'avais trop d'ennuis (ennuis de famille et musée du Cateau), je ne savais plus où me tourner, alors j'ai prié *directement* et j'ai dit : *Après tout, j'ai obéi…* Naturellement, je n'ai pas eu de réponse, mais, à partir de ce moment, j'ai été apaisé, délivré. » Ses yeux étaient pleins de larmes en me disant ces choses.

Il me dit encore : « J'ai traversé la vie comme un homme pressé, traqué. Un jour Picasso m'a dit une chose très bien. Il m'a dit : *Nous devons travailler comme des ouvriers*. Mais pour la chapelle, ce n'était plus cela. Tout est venu d'ailleurs, de plus haut que moi. »

Inauguration de la Chapelle de Notre-Dame du Rosaire, décorée par Henri Matisse, 25 juin 1951
Photo Henri Cartier-Bresson

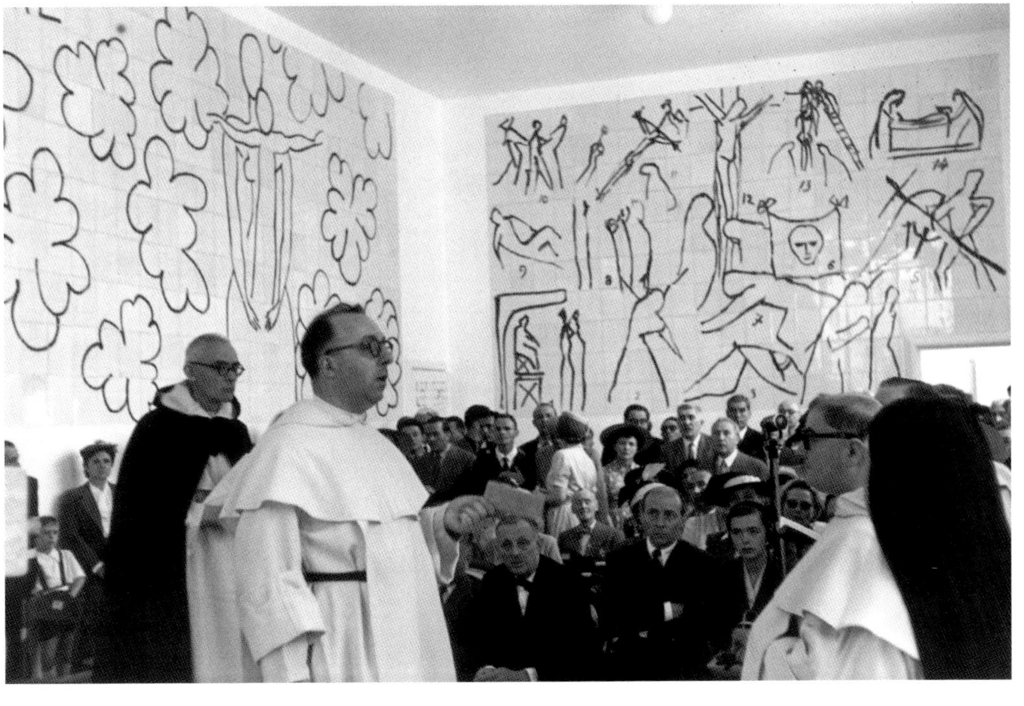

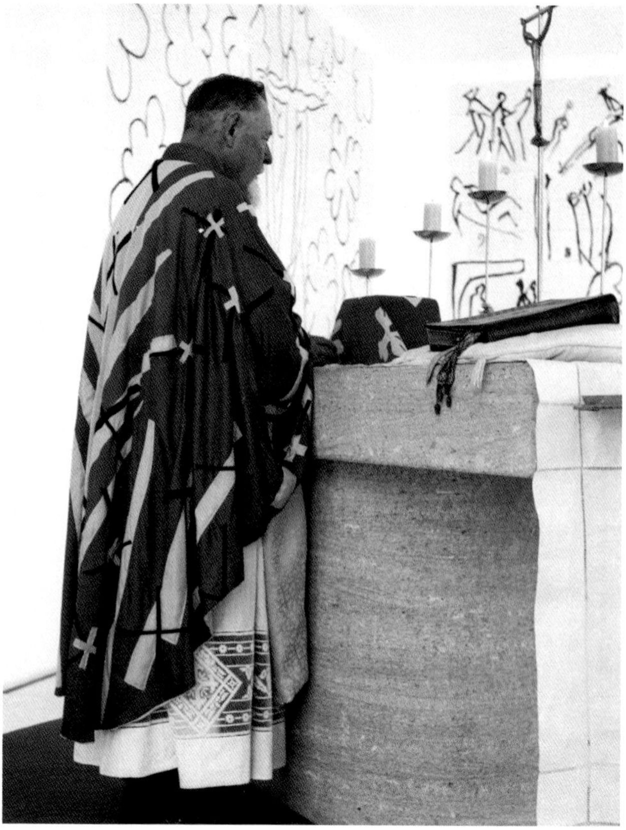

Un prêtre porte l'une des chasubles pendant une messe célébrée dans la chapelle de Vence
Photo Hélène Adant

Porte du confessional
Photo Lucien Hervé

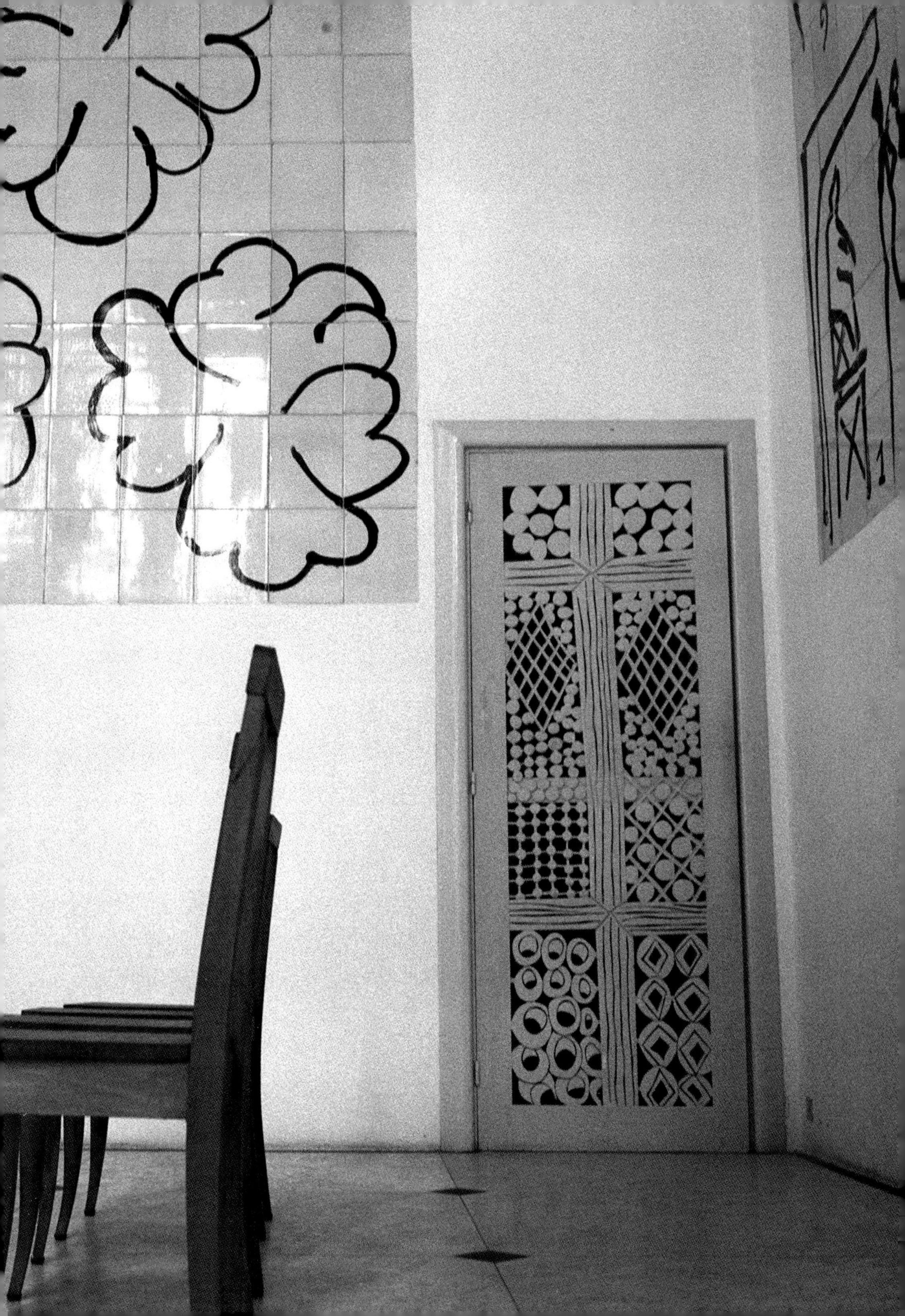

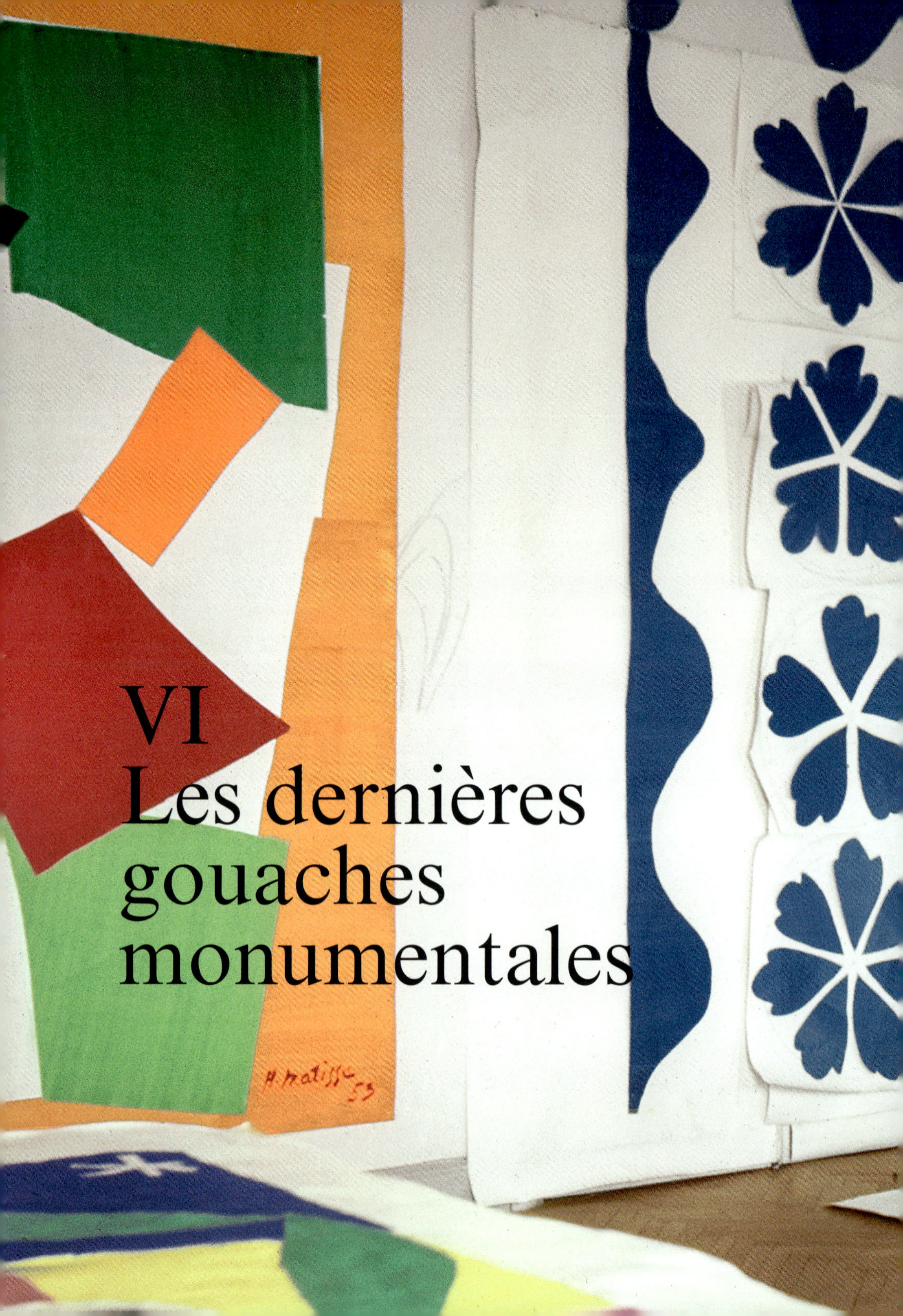

VI
Les dernières gouaches monumentales

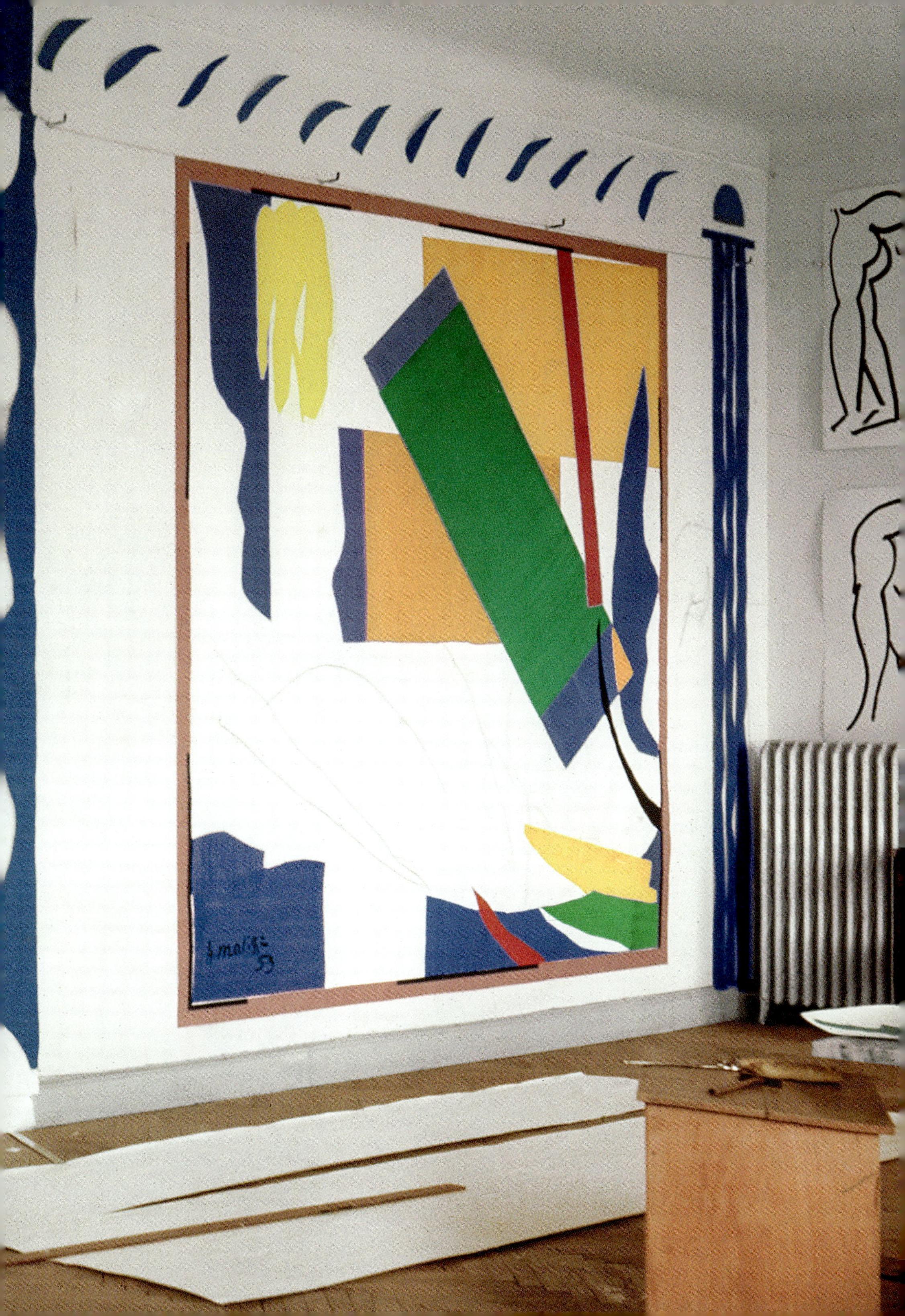

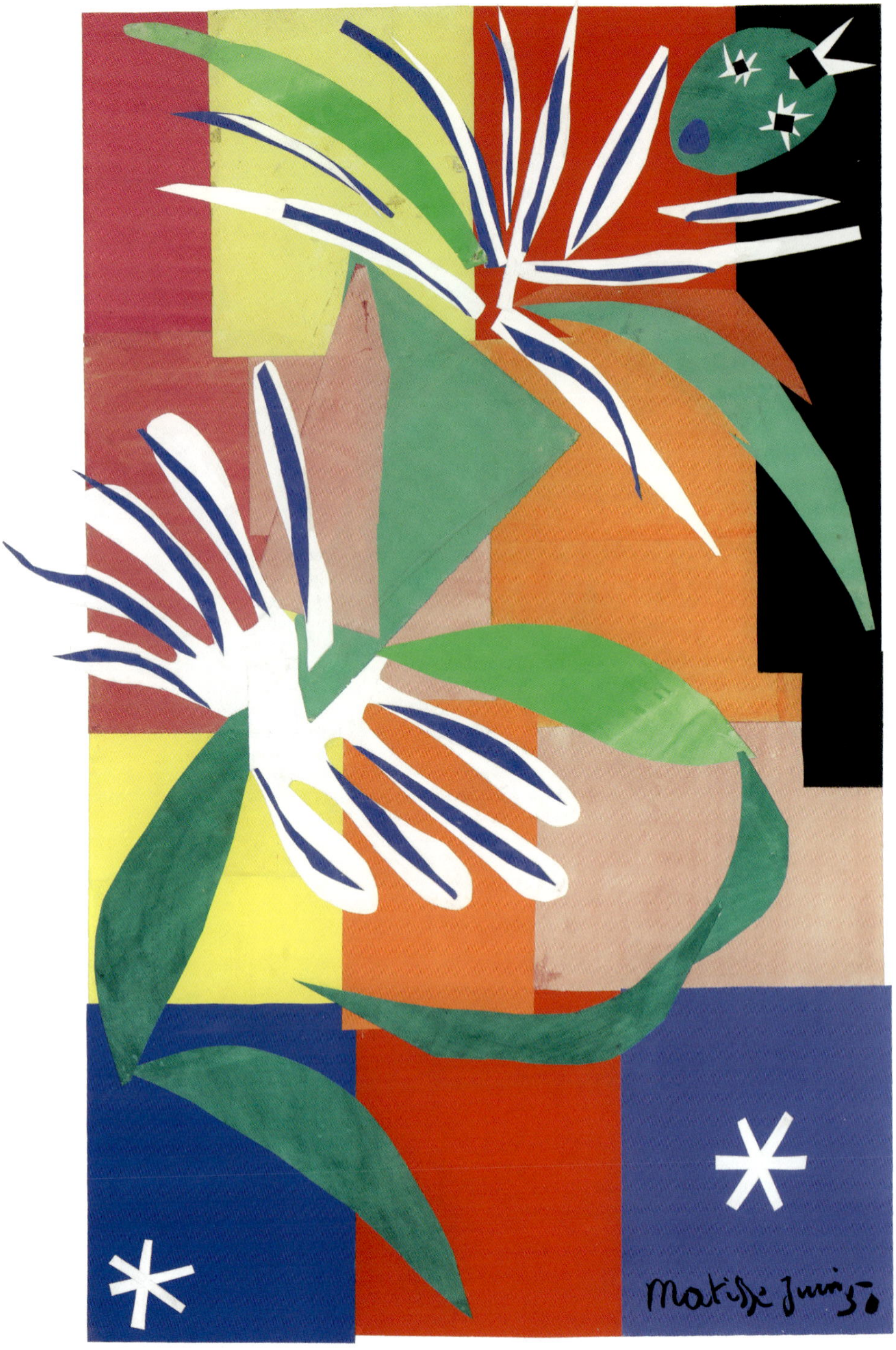
Matisse Juin 50

Xavier-Gilles Néret

Les dernières gouaches monumentales

L'apothéose de la « grande composition », 1950–1954

Un jardin extraordinaire

« Jamais aucun peintre n'a chatouillé, comme Matisse, la peinture jusqu'à de tels éclats de rire », nota Picasso au dos de l'un de ses propres dessins, en décembre 1951, soit six mois après la consécration de la chapelle de Vence. Son ami rival travaillait alors à la réalisation des dernières gouaches monumentales et païennes, comme s'il voulait, selon son habitude, équilibrer, contrebalancer sa construction destinée à des fins spirituelles par la création d'un univers peuplé de « femmes-platanes, taille demi-dieux ». Quant à Aragon, quelque peu perturbé à l'instar de Picasso par l'épisode religieux de Matisse, il note avec soulagement : « Les dessins de cette période sont d'une merveilleuse sensualité, d'une pureté de lignes et d'une simplicité, qui montrent bien la persistance au-delà de la chapelle de ce culte païen de la femme… » Au terme de sa vie, « pressé comme un voyageur qui prépare ses dernières valises » (à Rouveyre en 1952), l'artiste entendait en effet communiquer sa dernière vision du paradis terrestre, inspirée de ses souvenirs océaniens, avec ses compositions florales, comme des jardins à la française bien singuliers, et ses géantes alanguies ou athlétiques.

Au cours des dernières années de sa vie, le papier gouaché et découpé fut le principal moyen d'expression de Matisse, mettant en œuvre la couleur. Après le feu d'artifice d'intensité des « Intérieurs de Vence » de 1946–1948, il exécuta seulement deux peintures, *Katia* et *La Gandoura bleue*, en 1951. Le caractère monumental de la plupart des dernières gouaches peut s'expliquer en partie par l'expérience de la chapelle, les projets de vitraux ayant été conçus en grandeur réelle au Régina, à Nice. Cependant, bien qu'importante, cette expérience ne fit en réalité qu'accentuer une volonté qui avait commencé à s'exprimer quelques mois après le séjour à Tahiti, à travers le travail de *La Danse* pour Barnes, et s'était prolongée dans les diptyques décoratifs *Océanie et Polynésie*. Mais il fallut attendre les années 1950 pour que Matisse parvienne à l'apothéose de la « grande composition », dont le

Pages 312/313
Le grand atelier à l'hôtel Régina, *Cimiez-Nice, 1953–1954*
Photo Lydia Delectorskaya

Danseuse créole, *1950*
Papiers gouachés, découpés, collés sur papier, 205 x 120 cm
Musée Matisse, Nice

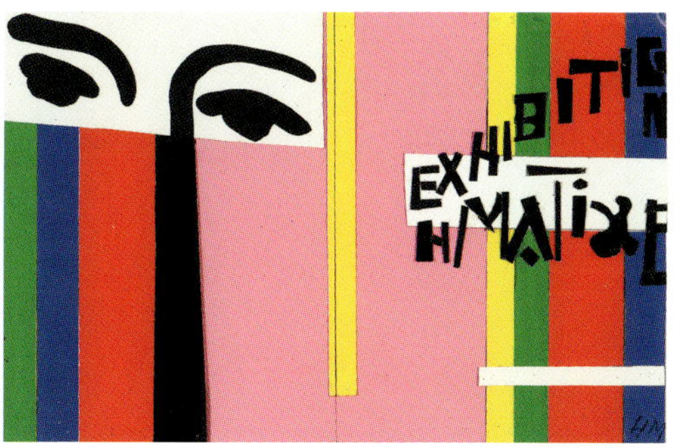

Exposition H. Matisse, *1951*
Couverture
Papiers gouachés, découpés et collés, 27 x 40 cm
The Museum of Modern Art, New York

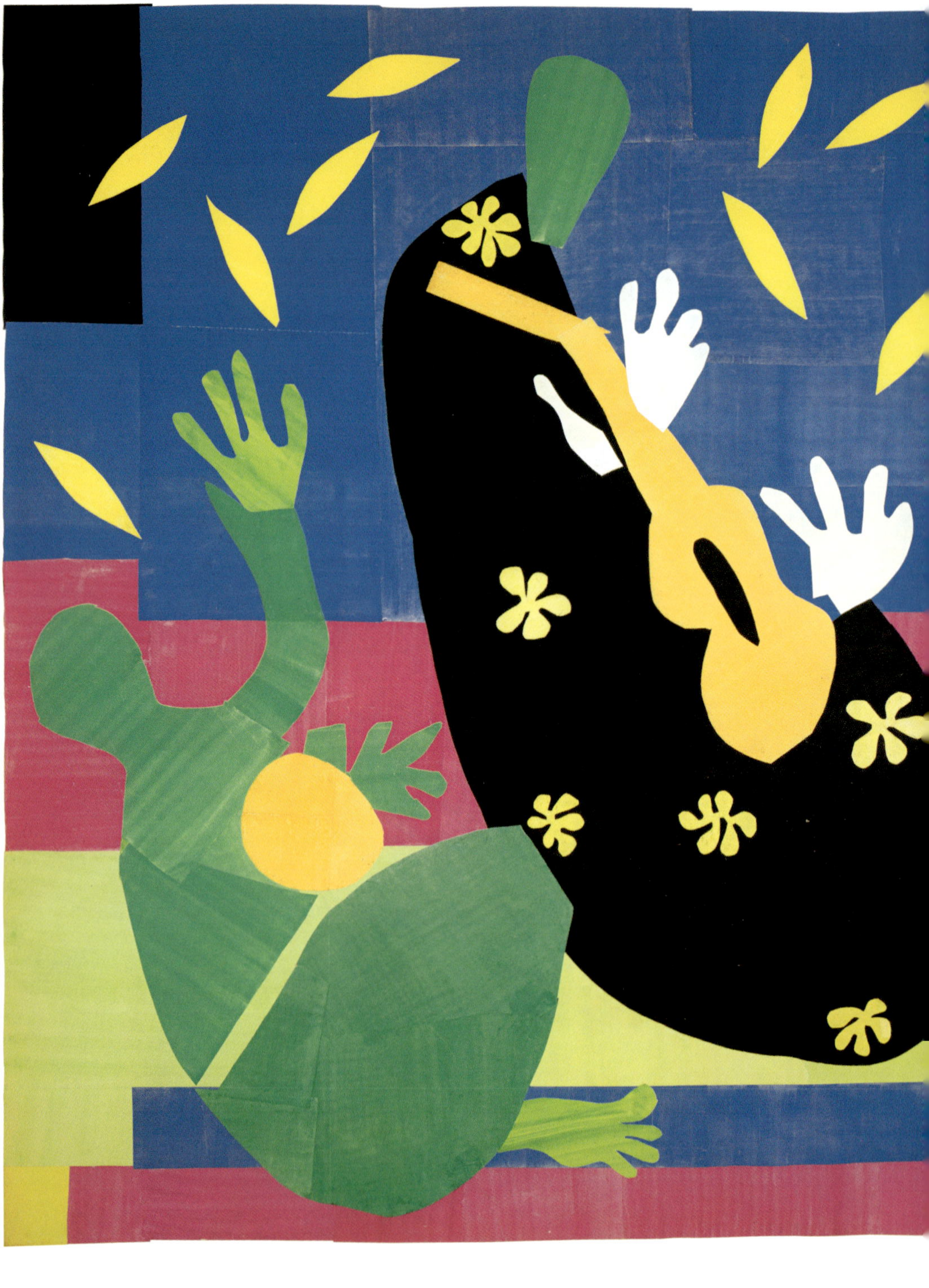

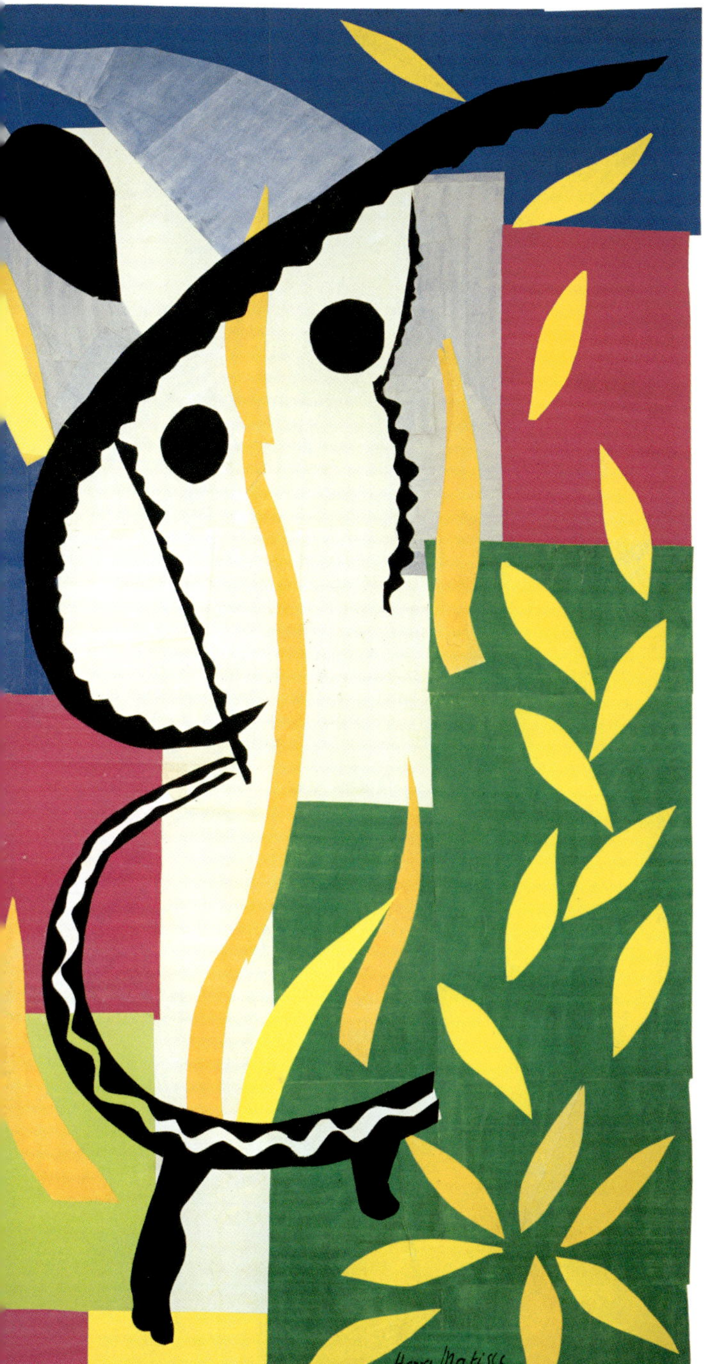

La Tristesse du roi, *1952*
Papiers gouachés, découpés, marouflés sur toile, 292 x 386 cm
Musée national d'Art moderne, Centre Pompidou, Paris

Zulma, *1950*
Papiers gouachés, découpés, collés sur papier, crayon
238 x 133 cm
Statens Museum for Kunst, Copenhague, J. Rump Collection

magnifique numéro 35–36 de *Verve*, *Dernières œuvres de Matisse 1950–1954*, (ill. p. 209) fut probablement le plus beau témoignage publié.

La Perruche et la sirène en est l'un des plus remarquables exemples, grand jardin paradisiaque, nouvelle danse où se mêlent le ciel (perruche, palmes, fruits) et la mer (sirène, feuilles-algues) au sein d'un espace purement plastique (ill. p. 244 et 256/257). Cette grande composition, équilibre entre exubérance et sérénité, créée en 1952, couvrait deux murs perpendiculaires dans son appartement du Régina, formant un véritable environnement décoratif, avant d'être finalement reportée sur une surface plane composée de six panneaux accolés qu'achèterait le libraire Pierre Berès.

« Vous voyez, comme je suis obligé de rester très souvent au lit à cause de mon état de santé, je me suis fait un petit jardin, tout autour où je peux me promener. [...] Il y a des feuillages, des fruits, un oiseau[1]. » Les figures stylisées de la perruche et de la sirène apparaissent aux extrémités de la composition, au sein d'une variation de motifs végétaux de différentes couleurs sur fond blanc, selon les formes principales de la palme, de la feuille-algue, et d'un fruit évoquant la grenade, les multiples formes d'un même bleu constituant une arabesque dansante.

Pour réaliser cette œuvre, avant de découper les papiers gouachés, Matisse avait d'abord dessiné sur le mur avec un fusain fixé à l'extrémité d'une canne à pêche. Car, même si le plus souvent, il taillait directement dans la feuille de papier, improvisant à la manière d'un musicien de jazz, il lui arrivait de s'appuyer sur un dessin préalable, qu'il utilisait alors comme une partition. Outre *La Perruche et la sirène*, ce fut le cas pour quelques autres de ses monumentales compositions, notamment pour *Zulma* (ill. p. 319), *La Négresse* – comme on peut le voir sur des photographies d'époque (ill. p. 326/327) –, ou encore *Les Acanthes* (ill. p. 344), où les traits de brouillon au crayon finalement non complétés de découpages n'ont pas été effacés.

Parenté avec l'Orient

Dans *La Perruche et la sirène*, comme dans de nombreuses grandes gouaches des dernières années – la série des *Nus bleus* (ill. p. 382–385), *La Gerbe* (ill. p. 348/349), *Les Acanthes*, etc. –, Matisse utilisa des fonds blancs qui marquaient à ses yeux une parenté avec l'Orient. Le fond blanc symbolisait pour lui le vide essentiel dans la construction de l'image. « J'avais déjà remarqué que dans les travaux des Orientaux, le dessin des vides laissés autour des feuilles comptait autant que le dessin même des feuilles[2] », écrivit-il à André Rouveyre. « Les vides sont essentiels, car ils permettent de créer une atmosphère ou « ambiance expressive ». « Observez, demanda-t-il à André Verdet, cette grande composition : feuillage, fruits, ciseaux ; un jardin. Le blanc intermédiaire est déterminé par l'arabesque du papier-couleur découpé qui donne à ce blanc-ambiant une qualité rare et impalpable. Cette qualité est celle du contraste. Chaque groupe particulier de couleurs a lui-même une atmosphère particulière. C'est ce que j'appelerais l'ambiance expressive[3]. »

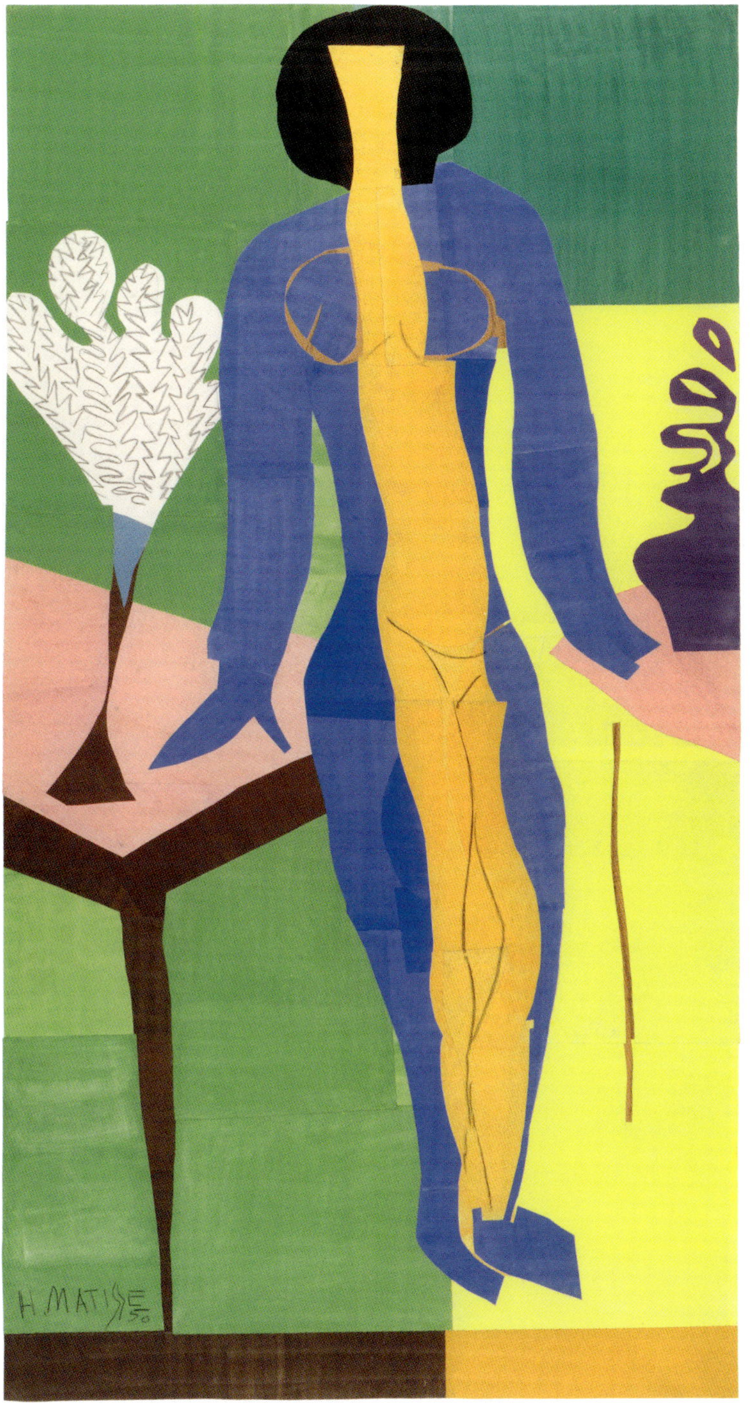
H. MATISSE 50

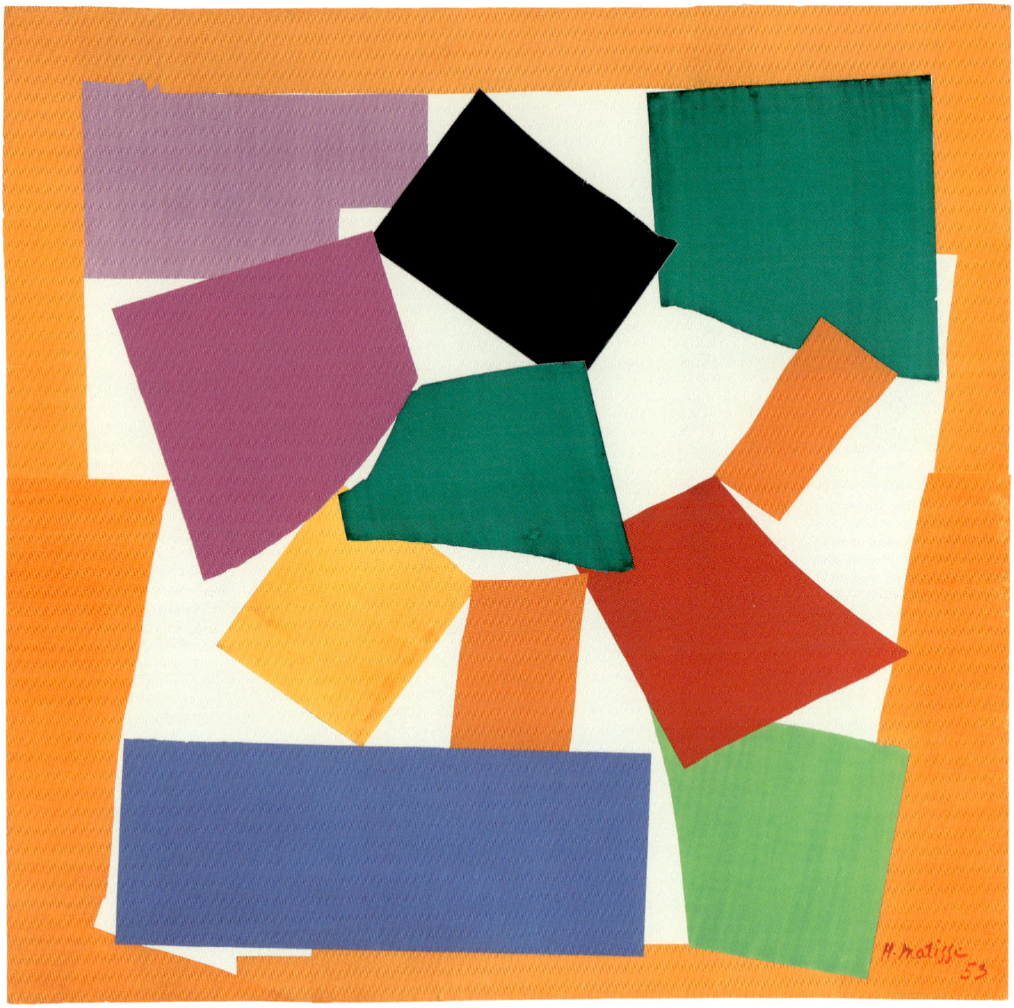

L'Escargot, *1952–1953*
Papiers gouachés, découpés,
collés sur papier
286 x 287 cm
Tate Modern, Londres

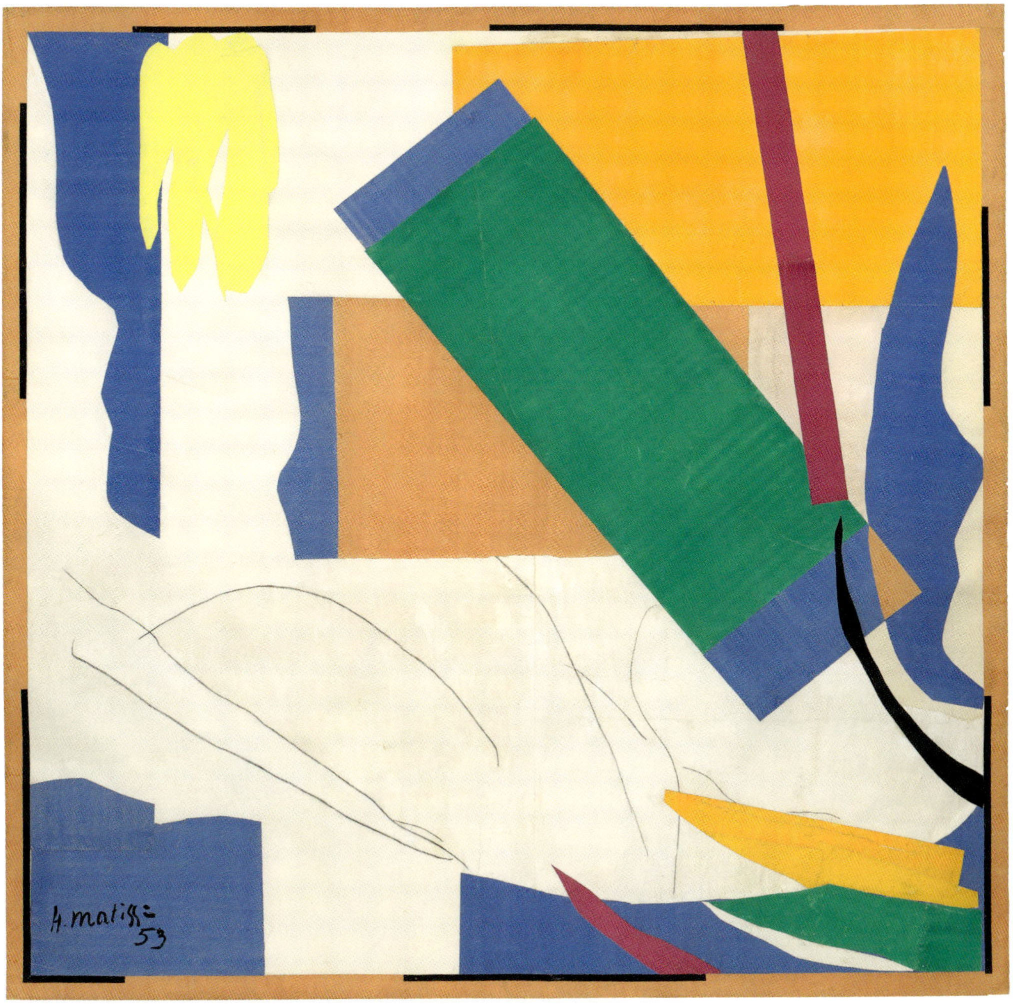

Souvenir d'Océanie, *1952–1953*
Papiers gouachés, découpés, collés sur papier marouflé sur toile, fusain, 286,4 x 286,4 cm
Museum of Modern Art, New York, Simon Guggenheim Fund

Lierre en fleur, *1953*
Maquette pour un vitrail proposé au mausolée d'Albert Lasker
Papiers gouachés, découpés, collés sur papier
284,2 x 286,1 cm
Museum of Fine Arts, Dallas (TX)

Intuitivement attiré par la création de ce type d'ambiance expressive, Matisse avait très tôt renoncé à se soumettre aux règles de la perspective mathématique, en vigueur depuis la fin du Moyen Âge en Occident – lui qui, aux dires de sa fille Marguerite, aurait eu 0 à l'épreuve de perspective du concours d'entrée à l'École des beaux-arts. Briser de telles règles, qui permettent de proposer un espace imaginaire et de représenter des objets, c'est d'abord assumer la bidimensionnalité du tableau et l'intégrer à l'espace présent, notre décor. Par ailleurs, Matisse ne cherche pas à représenter des objets « réels », mais à en extraire des signes plastiques traduisant son sentiment : il a substitué à la perspective mathématique ce qu'il nommait, précisément, une « perspective de sentiment ». « Mes dessins définitifs au trait ont toujours leur espace lumineux et les objets qui les constituent sont à leurs différents plans ; donc en perspective, mais en perspective de sentiment, en perspective suggérée[4]. » Celle-ci, qui sollicite la participation du spectateur, est plus proche des conceptions artistiques orientales – byzantines, indiennes ou chinoises – que de la rigueur géométrique occidentale. Ainsi, certaines pratiques de Matisse constituent, selon Jean-François Billeter, « un moyen terme qui manquait » entre l'« esthétique occidentale classique » et l'« esthétique chinoise », et plus spécialement « ce qu'expriment les calligraphes chinois[5] ». À l'image du calligraphe chinois, Matisse va de l'objet au signe, et « il faut étudier longtemps un objet pour savoir quel est son signe ». « Le caractère du dessin ne dépend pas des formes copiées avec exactitude sur la nature ou bien de la réunion de détails exacts patiemment assemblés, mais du sentiment profond de l'artiste devant les objets qu'il a choisis, sur lesquels son attention s'est arrêtée et dont il a pénétré

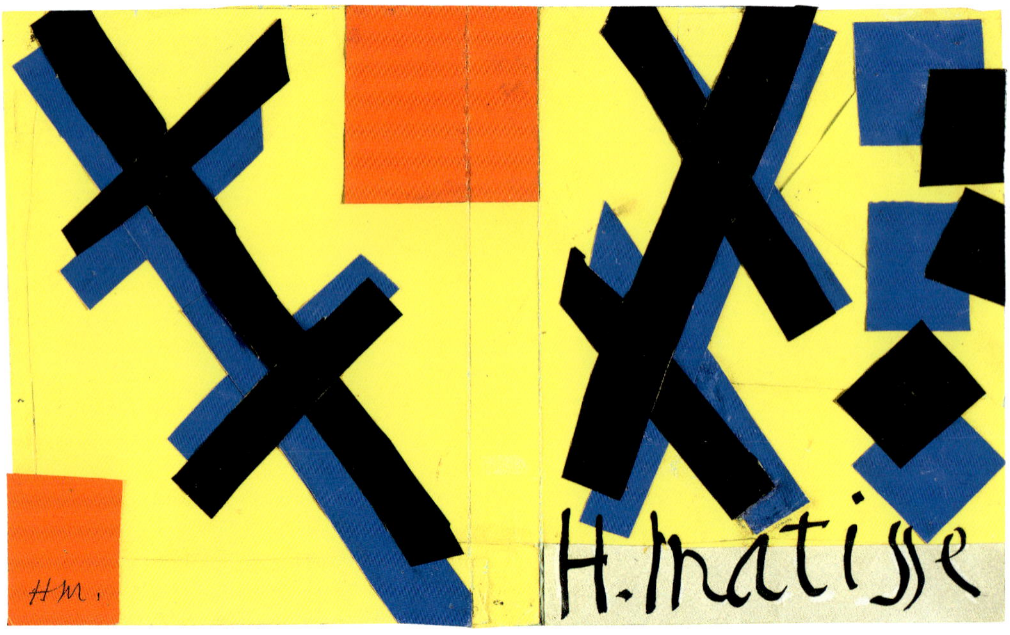

Matisse, His Art and His Public, *1951*
Maquette de la couverture
Papiers gouachés, découpés et collés, 27 x 42,9 cm
The Museum of Modern Art, New York

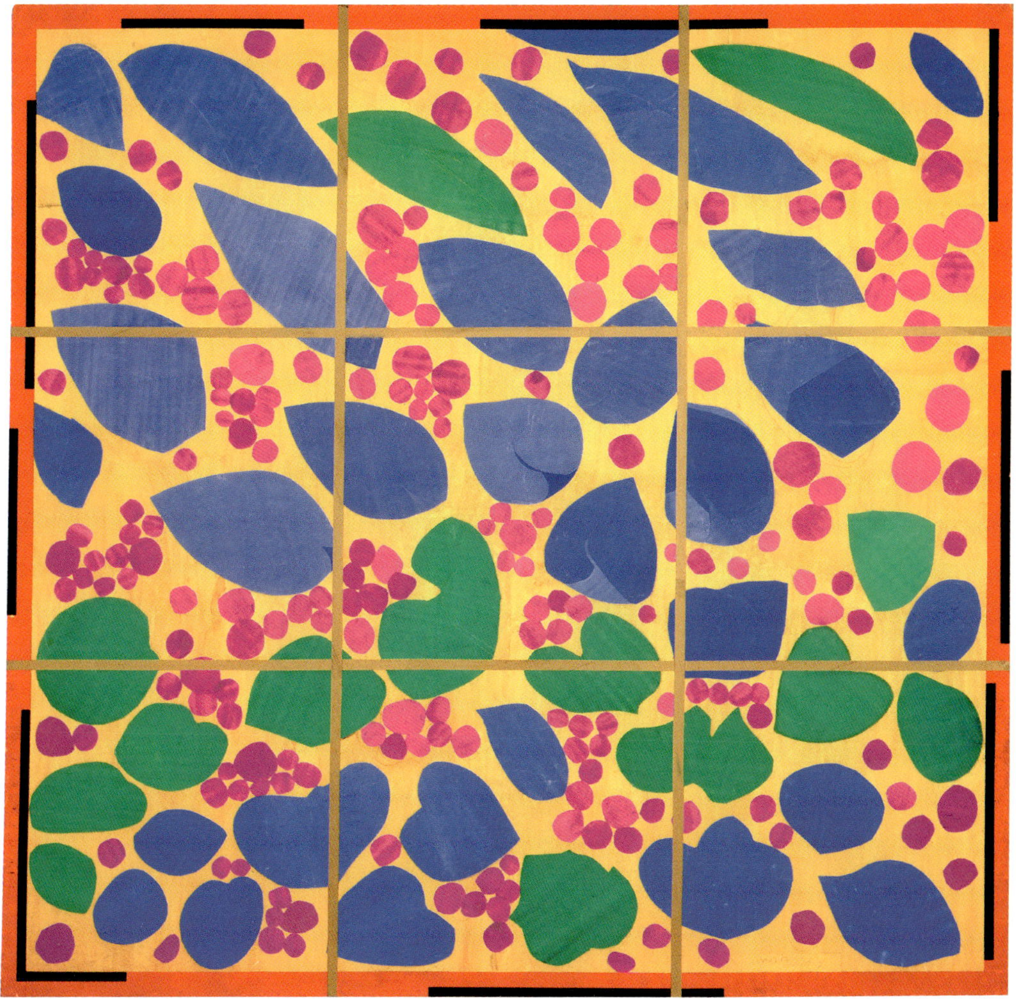

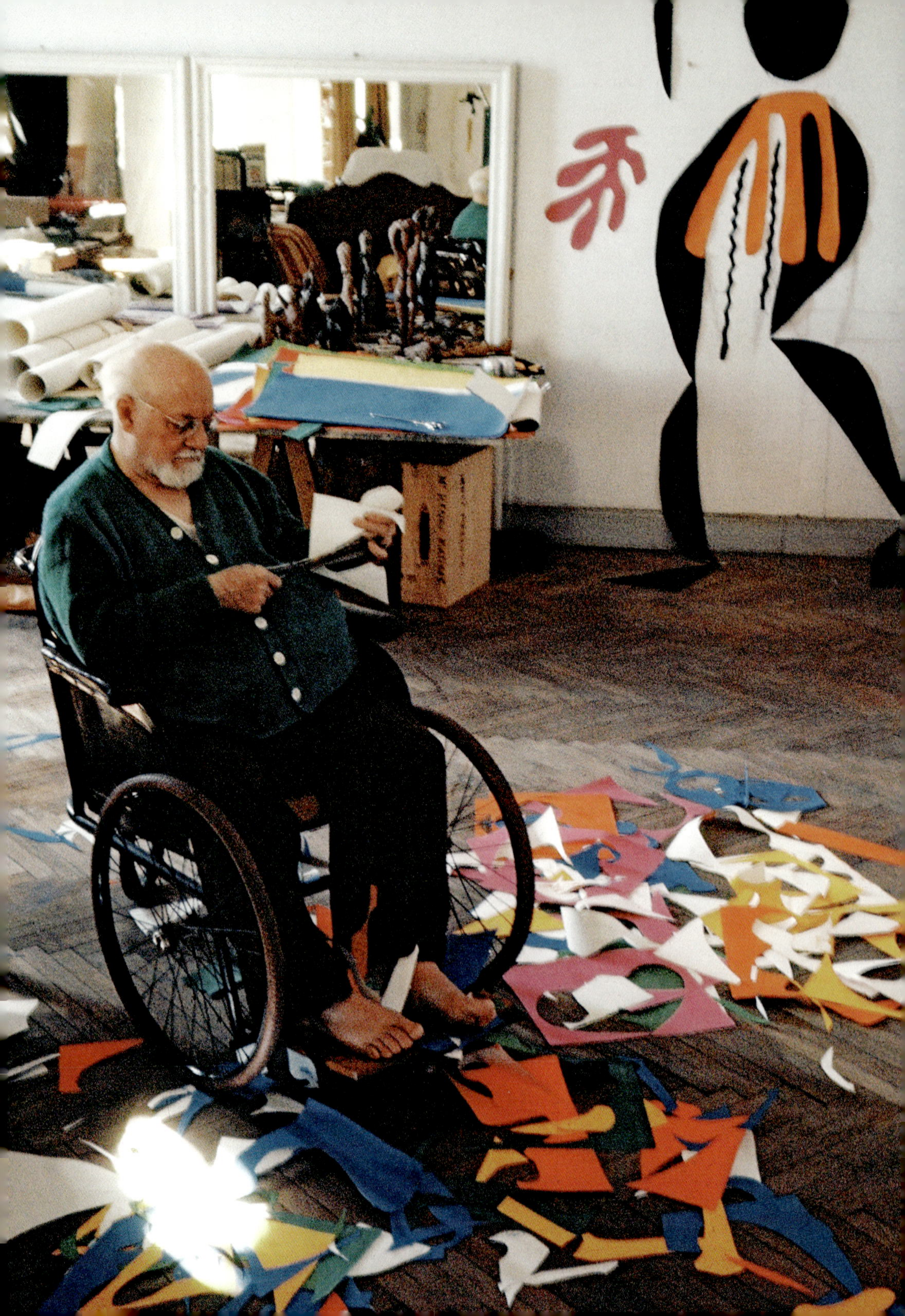

Henri Matisse travaillant à des découpages géants, *Nice, 1952*
Photo Hélène Adant

L'atelier d'Henri Matisse à l'hôtel Régina, *Cimiez-Nice, avril 1952*
La Négresse, *sur le mur, et, à gauche, reflet dans le miroir d'un état du* Nu bleu IV
Photo Hélène Adant

l'esprit. » L'important étant pour Matisse que les signes chantent les uns avec les autres au sein d'une composition : « le signe pour lequel je forge une image n'a aucune valeur s'il ne chante pas avec d'autres signes[6] », créant ainsi « l'ambiance expressive ».

Dans les papiers gouachés et découpés, cette perspective de sentiment est plus ou moins suggérée. C'est le cas dans *Zulma*, souvenir du Maroc (ill. p. 319) qui marque le retour au thème profane conventionnel cher à Matisse du nu dans un intérieur. La figure centrale monumentale est debout entre deux tables, que le spectateur voit en contre-plongée, sur lesquelles elle prend appui, ce qui suggère une profondeur spatiale. En revanche, sur la plupart des autres gouaches, en particulier celles construites à partir de fonds unis, il n'y a plus de repères perspectifs, ce qui n'empêche pas, paradoxalement, d'éprouver une sensation très intense de volume en leur présence – plus encore, peut-être, que face à Zulma. Georges Duthuit vécut l'expérience en 1956, lorsqu'il visita la rétrospective Matisse au musée national d'Art moderne de Paris : « D'où vient l'impression de volumes, dans les gouaches de la fin, où il n'y a qu'une couleur plate, sans trace de modelé, et une ligne ? Tout cela est assez mystérieux, évidemment, et, s'il y a une chimie de la couleur infiniment délicate, je ne tiens nullement à parler de magie… Et pourtant, en art et en poésie, ce mot n'a pas à nous faire peur. Mettons simplement que Matisse est parvenu à dégager, non pas de la couleur mais des rapports de couleurs, des ressources émotives qu'on ignorait avant lui, et la plus riche de toutes, riche à ne pouvoir plus être comblée, le sentiment de l'unité de toutes choses, dont le symbole est la lumière[7]. »

Matisse crée une impression de volumes par le simple moyen de l'arabesque, inséparable des rapports de couleurs, sans tomber dans l'anecdote et le pittoresque qui sont pour lui étrangers à l'art. « L'humain, qu'est-ce que c'est en somme ? C'est la faculté qu'ont certains êtres de s'identifier avec leur entourage, avec les personnes qui les entourent, les fleurs qu'ils voient, les paysages dans lesquels ils vivent. Les couleurs d'un tableau, comme les phrases d'une symphonie, n'ont pas besoin d'anecdote pour donner au spectateur ou à l'auditeur le sentiment que l'artiste est un être sensible ou généreux8. » Pour Matisse, l'anecdote risque de faire obstacle à la puissance évocatoire de l'œuvre.

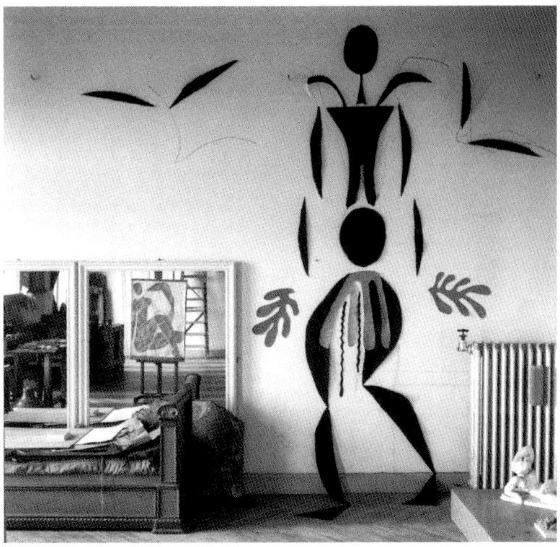

Selon la conception occidentale classique, la fonction de l'art est l'imitation. Dans ce cas, l'identification serait l'exigence d'être fidèle à son modèle. Mais il ne s'agit pas de cela chez Matisse, puisqu'il prend dans son propos l'exemple de la symphonie, c'est-à-dire d'un art qui n'est pas d'imitation, la musique. Il pourrait dès lors faire sienne la célèbre et si belle formule de Paul Klee, selon laquelle « la peinture ne reproduit pas le visible, mais rend visible ». Ce sentiment est celui de l'« espace spirituel » que Matisse évoque souvent dans ses propos. « Dans un espace très restreint… j'ai voulu inscrire, comme je

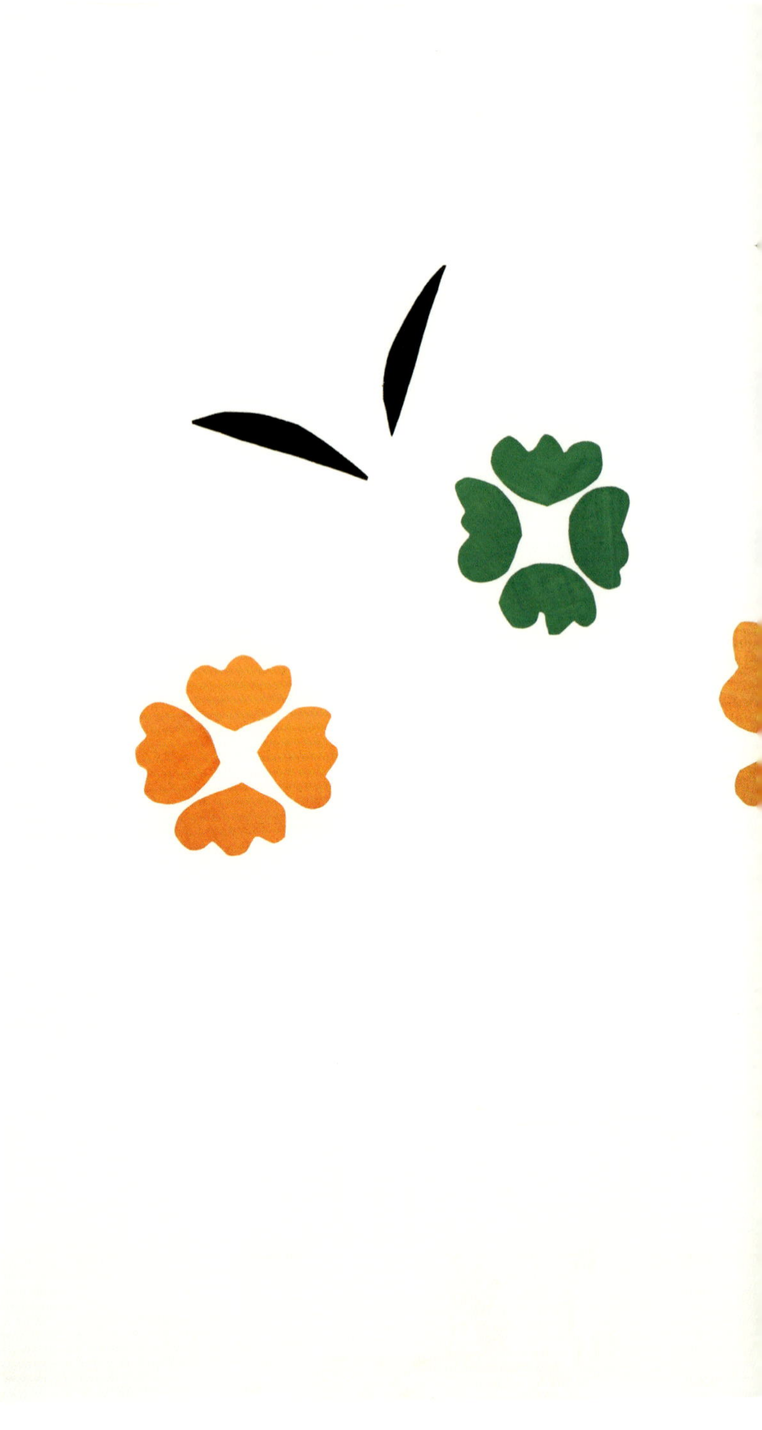

La Négresse, *1952–1953*
Papiers gouachés, découpés,
collés sur toile
453,9 x 623,6 cm
National Gallery of Art,
Washington D. C.
Ailsa Mellon Bruce Fund

Pages 328–330
Les Mille et une nuits,
juin 1950
Papiers gouachés, découpés,
collés sur papier, 140 x 374 cm
Carnegie Museum of Art,
Pittsburgh (PA), acquis grâce
à la générosité de la famille
Sarah Mellon Scaife

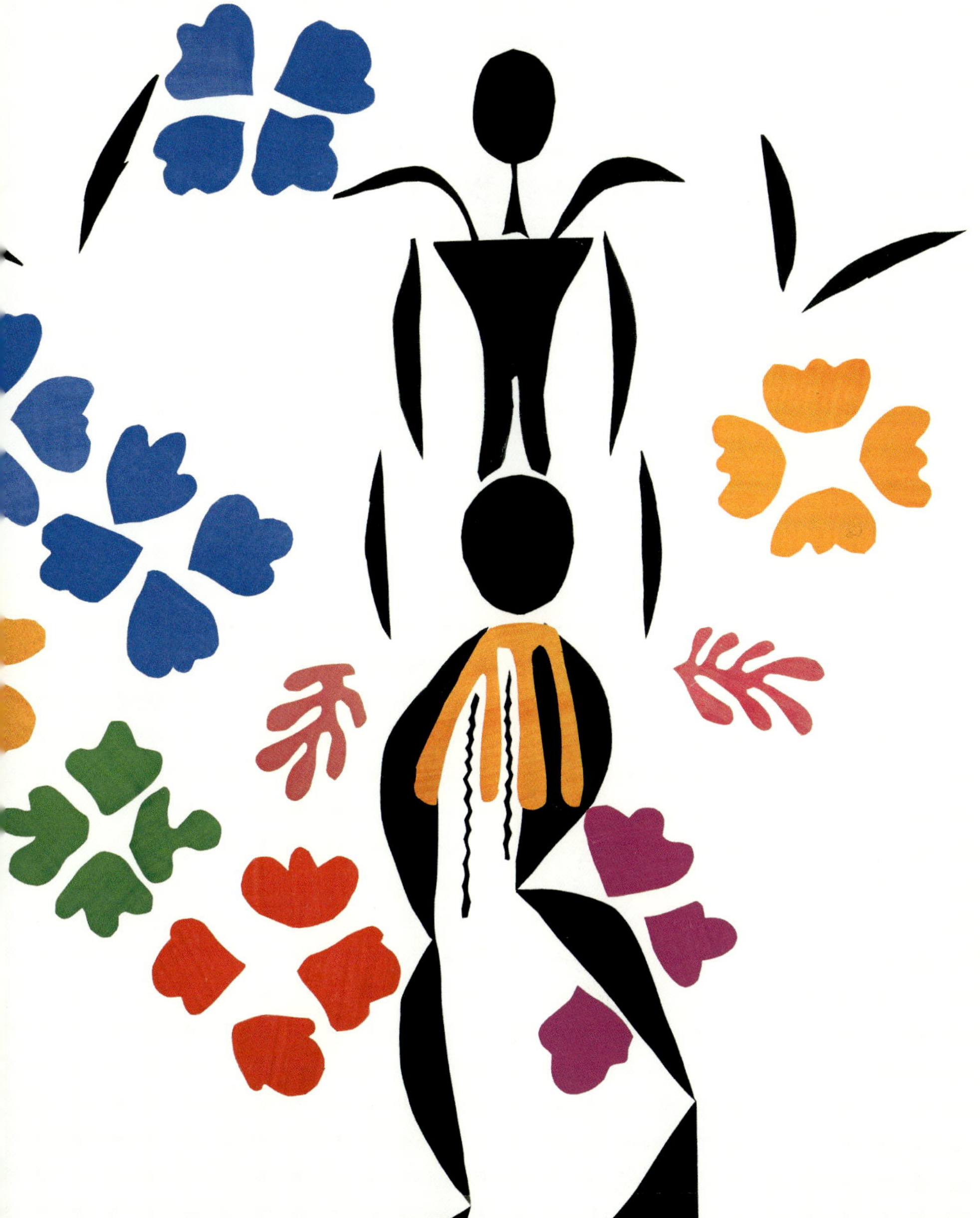

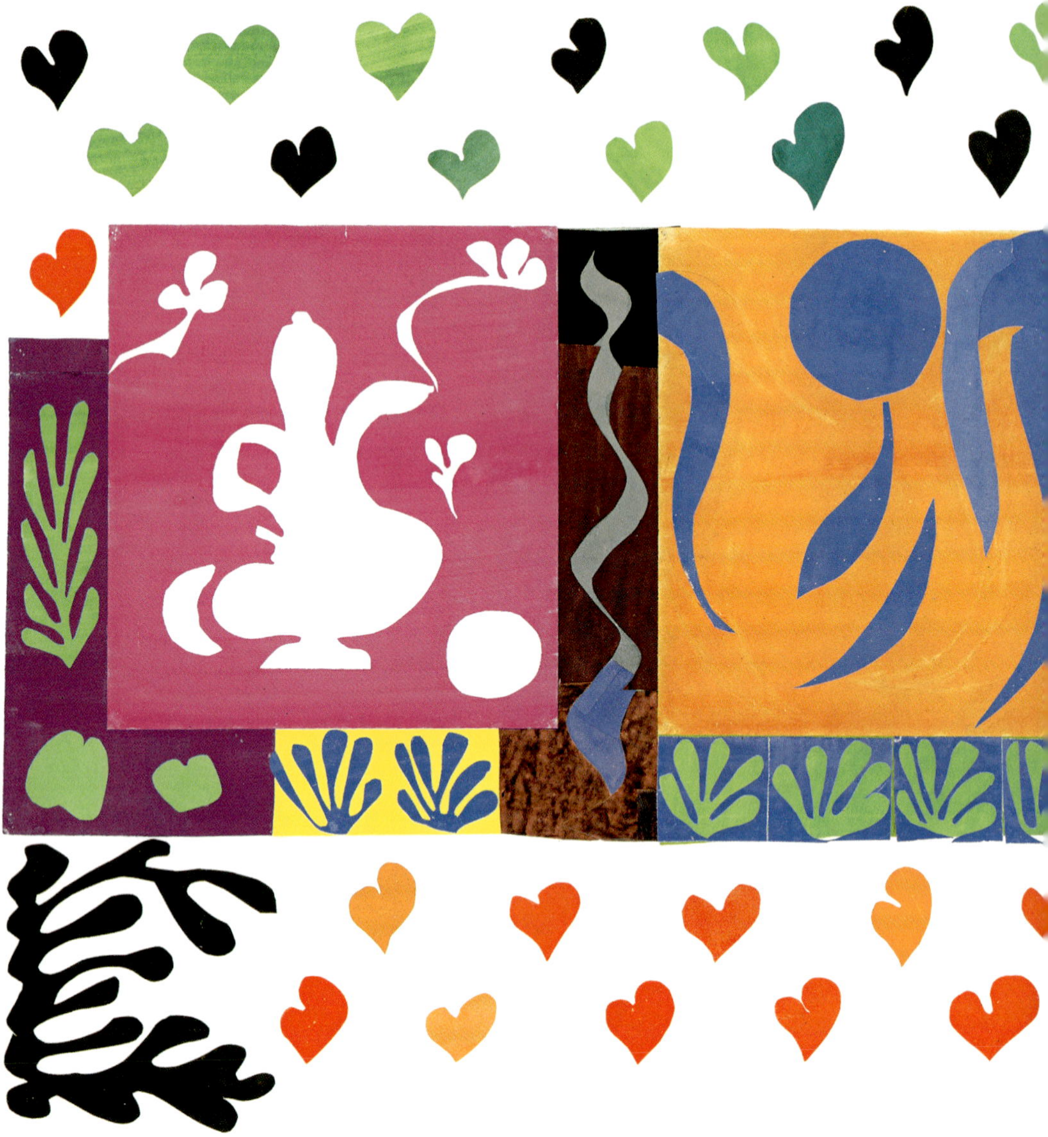

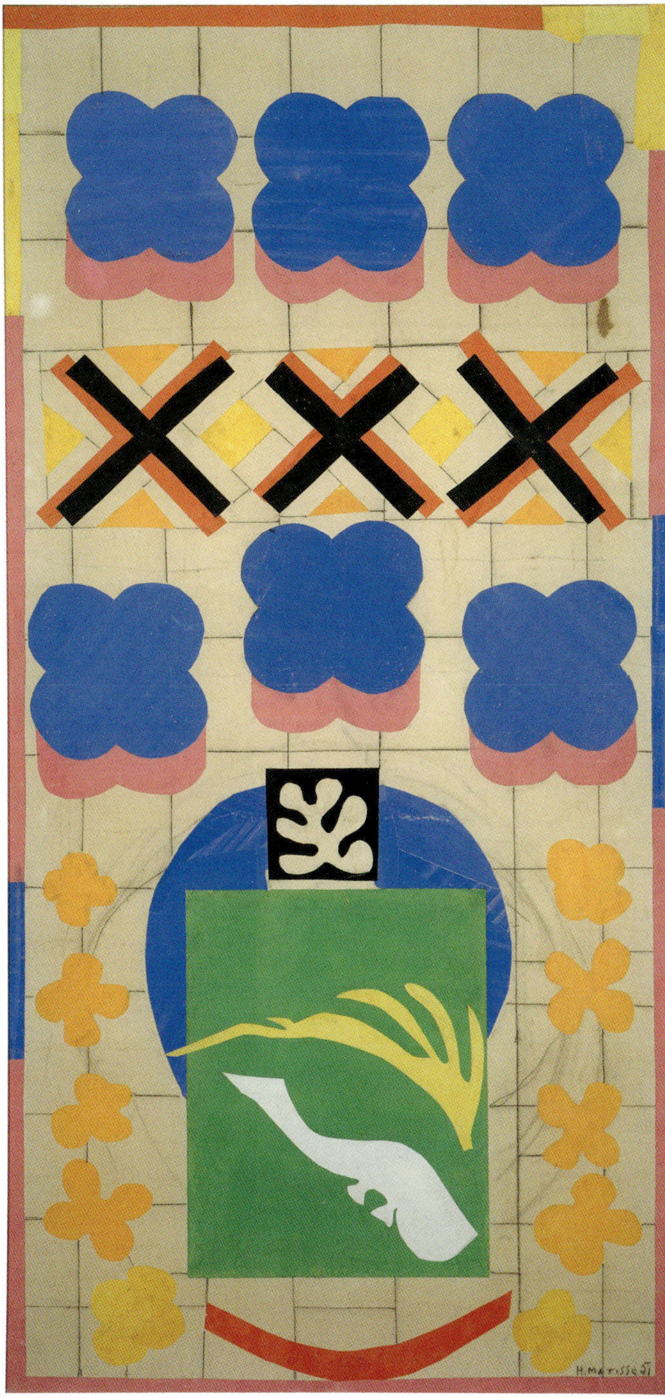
H. MATISSE 51

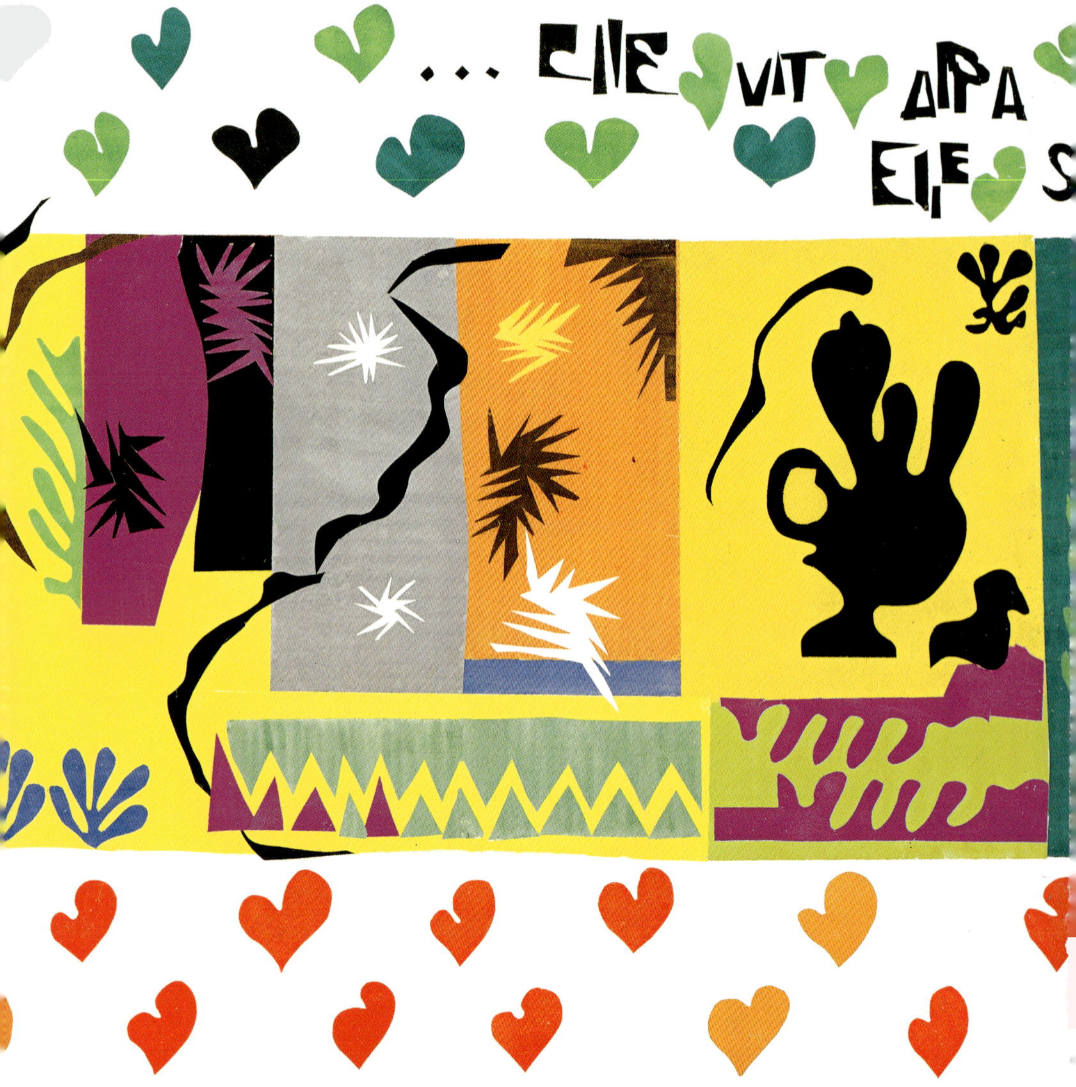

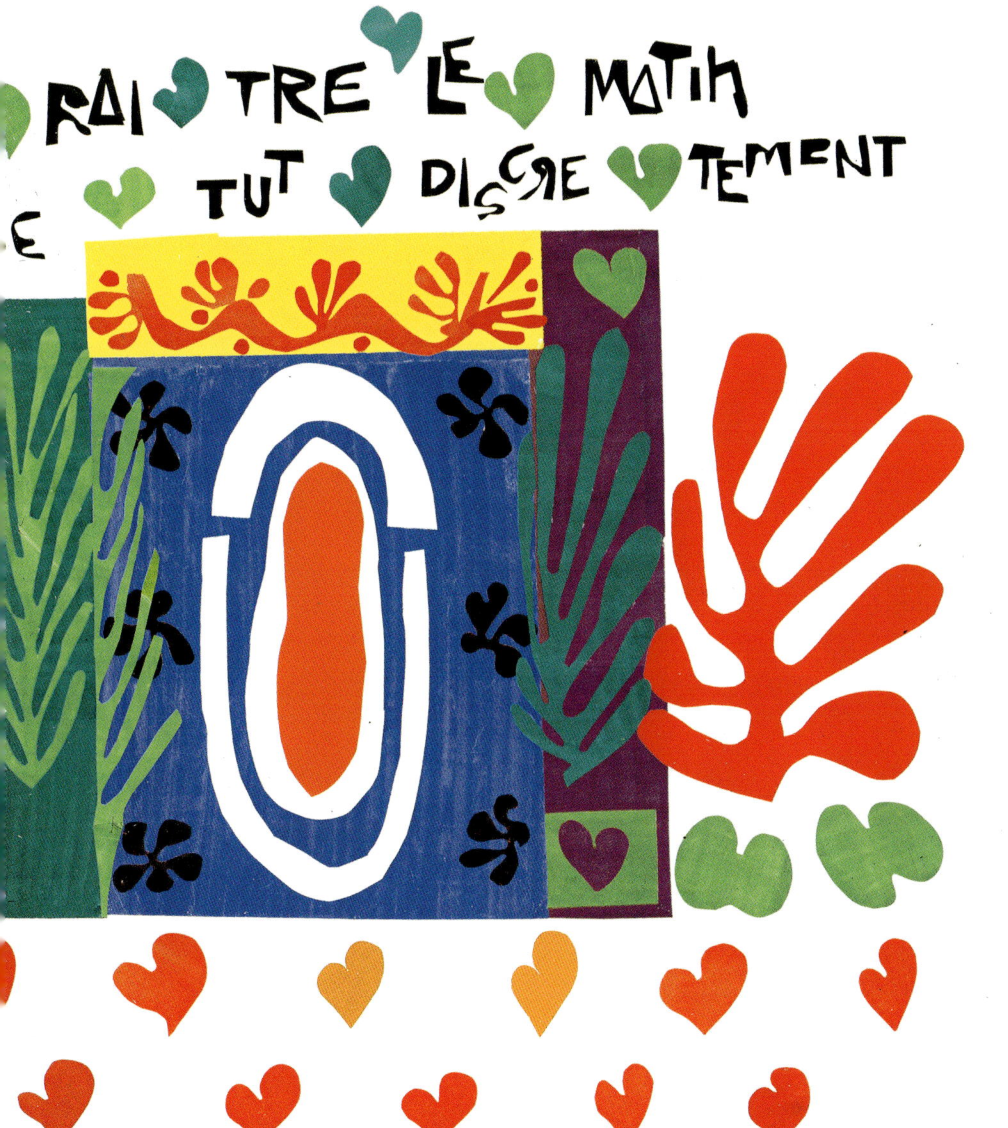
RAI TRE LE MATIN
E TUT DISCRE TEMENT
H. matisse Juin 50

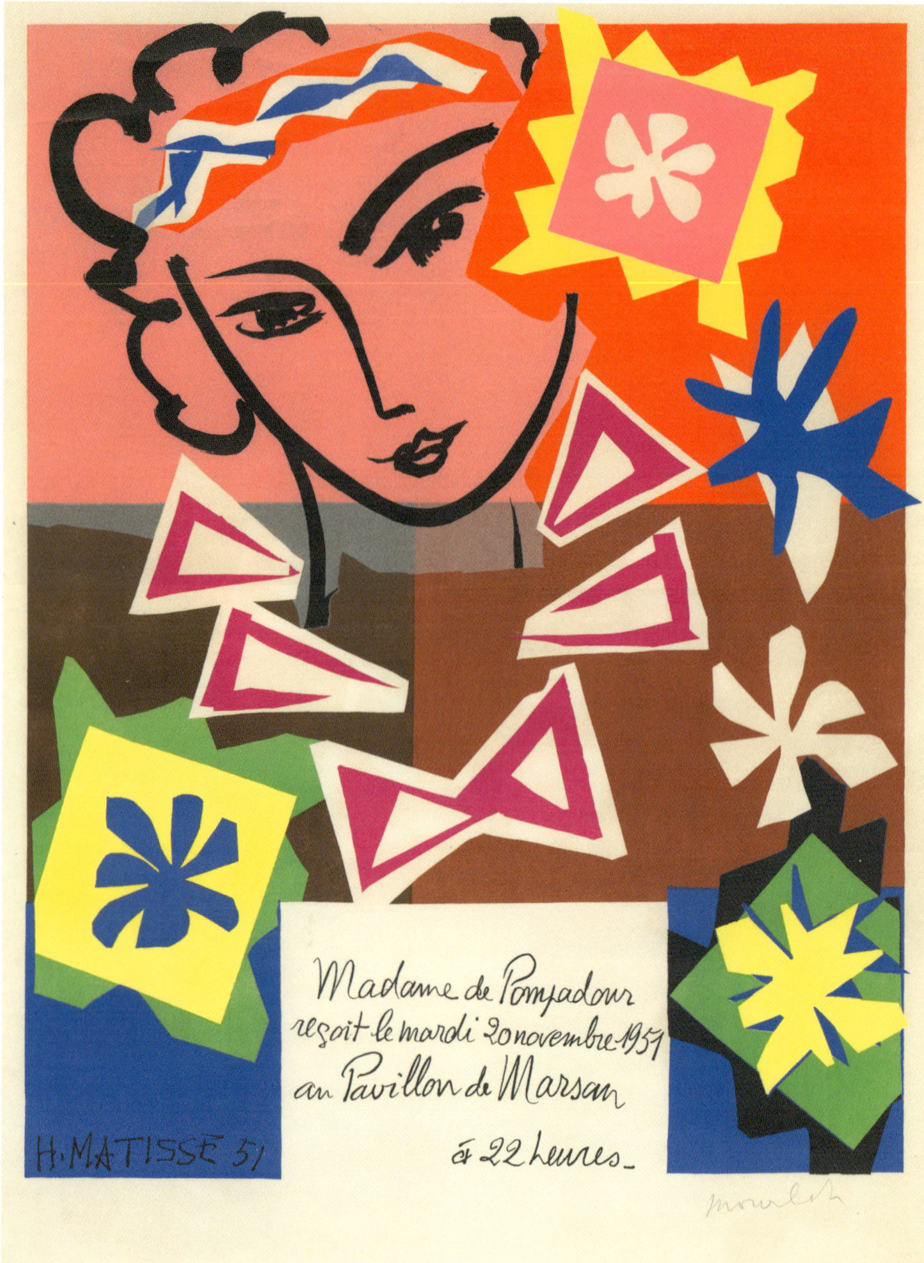
Madame de Pompadour
reçoit le mardi 20 novembre 1951
au Pavillon de Marsan
à 22 heures.
H. MATISSE 51

l'avais fait jusqu'ici dans des tableaux de cinquante centimètres ou de un mètre, un espace spirituel, c'est-à-dire un espace aux dimensions que l'existence même des objets représentés ne limite pas[9]. » L'enjeu est, au moins depuis *La Danse* pour Barnes, de suggérer « un espace plus grand, un véritable espace plastique »[10]

Dans le cas de Matisse, la distinction entre art représentatif et abstrait est donc moins pertinente que celle entre l'anecdote et son refus. Il a certes rompu avec la représentation de la nature par les règles de la perspective mathématique, mais son travail n'en procède pas moins d'une véritable communion avec le réel, et son point de départ demeure un rapport aux données naturelles qu'il perçoit. « Sans nul doute, comme le fait remarquer Georges Duthuit, les recherches des abstraits, sur un peintre qui venait de frôler la tombe et que l'âge inexorablement y ramenait, ont contribué à lui permettre d'acquérir ce regain d'audace et de liberté. Mais il n'a pas fait de l'abstraction. [...] Sa simplification s'opère encore sur les données de la perception directe et à partir des données naturelles[11]. » Duthuit illustre alors son propos en prenant un exemple radical, *Souvenir d'Océanie*, une gouache collée sur toile de 1952–1953, qui se trouve aujourd'hui au Museum of Modern Art, à New York (ill. p. 321). Dans cette œuvre « qui, pour un lecteur superficiel, ne serait qu'une harmonieuse combinaison de carrés et de courbes, on n'en devine pas moins la présence de tout un paysage[12] ». Le titre joue ici un grand rôle, orientant la sensibilité et l'imagination du spectateur.

Page 331
Madame de Pompadour, *1951*
Affiche pour le bal de l'école des Arts décoratifs de Paris
79,5 x 55,3 cm

Poissons chinois, *1951*
Maquette pour un vitrail destiné à la villa de Tériade à Saint-Jean-Cap-Ferrat
Papiers gouachés, découpés, collés sur papier
192,2 x 91 cm
Collection particulière

Les « femmes-platanes »

Parmi les signes que Matisse se plaisait à extraire du réel, dans ces jardins extraordinaires constitués par les dernières grandes gouaches, fleurirent notamment de nombreuses « femmes-platanes » – pour paraphraser ce qu'il dit un jour au sujet d'une très belle et grande femme. Le maître resta ainsi jusqu'à la fin de sa vie fidèle à sa déclaration de 1908 : « Ce qui m'intéresse le plus, ce n'est ni la nature morte ni le paysage, c'est la figure. C'est elle qui me permet le mieux d'exprimer le sentiment pour ainsi dire religieux que je possède de la vie[13]. »Une figure trop anecdotique, précisément, risquerait de détourner l'esprit du spectateur de l'identification à tout ce qui l'entoure, car il serait « arrêté par ce caractère humain avec lequel il s'identifierait et qui le séparerait en l'immobilisant de la grande association harmonieuse, vivante et mouvementée, de l'architecture et de la peinture », comme il le déclarait à propos de *La Danse* pour Barnes[14].

Chez Matisse, la figure aura toujours été principalement féminine, depuis *Luxe, calme et volupté*

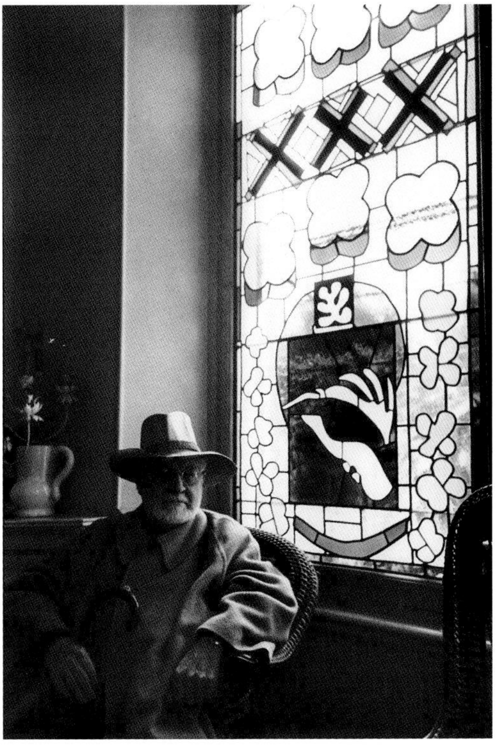

Henri Matisse dans la villa de Tériade,
Saint-Jean-Cap-Ferrat, juin 1951
Photo Henri Cartier-Bresson

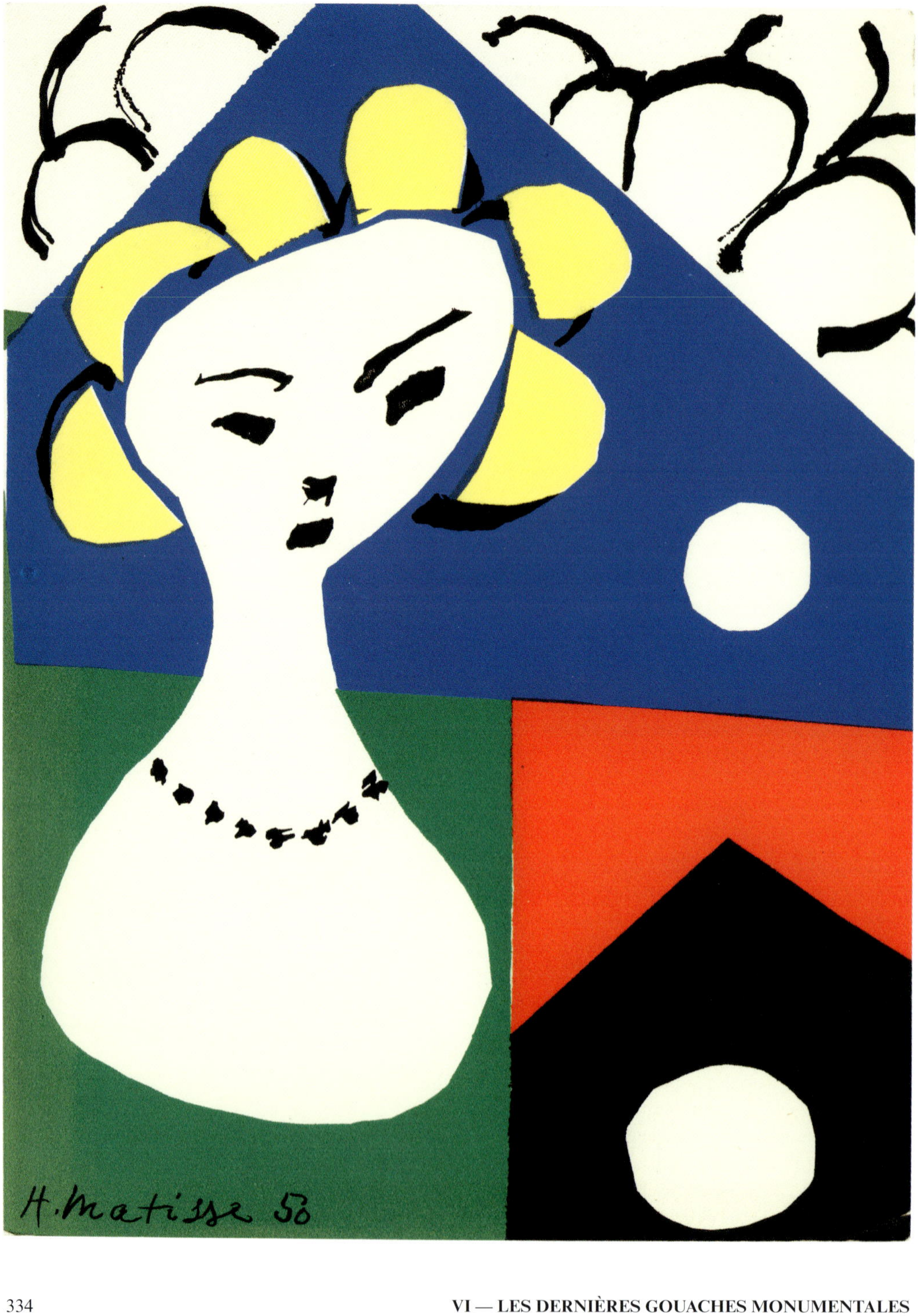
H. Matisse 50

jusqu'aux *Nus bleus*, en passant par *La Joie de vivre*, les multiples *Danses* et autres *Odalisques*. Il avait d'ailleurs un rapport très particulier au corps de ses modèles, aimant que leurs genoux touchent les siens, manière de communier sensiblement et sensuellement avec le réel. Une telle communion transparaît dans un événement fort singulier qu'il rapporta à l'un de ses amis qui admirait en sa présence *Nu bleu, sauteuse de corde* (ill. p. 343) : « Cette belle enfant posait pour moi. Mais je sentais quelque chose qui n'allait pas. C'était toujours à l'endroit du dos. Mon dessin devenait dur, raide. Je me reprenais, rien à faire. C'était comme une gêne. Soudain je compris. Et je dis au modèle de faire examiner son dos par un médecin. Diagnostique : déplacement des vertèbres du haut vers l'intérieur[15]. »

Les figures féminines de Matisse, ses « femmes-platanes », sont, depuis *La Danse* et de plus en plus, comme à l'étroit et font éclater les cadres, donnant une impression de monumentalité. Ainsi le rêve, l'exagération l'emportent-ils chez lui sur le réalisme. L'atelier de Matisse ressemble dans les années 1950 à une serre chaude dans laquelle se développent de riches floraisons et poussent ces « femmes-platanes » qu'il affectionne et invente. Plus ces créatures deviennent dessin et aplats de couleur, plus leur existence charnelle s'affirme. Elles vont perdre peu à peu leur chapeau, leur blouse, leurs accessoires et même leur visage pour devenir « cette nouvelle Ève aux longues jambes, aux cuisses rondes, à la taille de guêpe, aux seins prononcés, qui trahissent à travers les aplats et les arabesques le désir éternel de l'homme », comme l'écrivait un insigne expert en la matière, Gilles Néret[16].

Dans cette serre, ainsi qu'en témoignent des photographies, a pu par exemple fleurir la *Négresse* (ill. p. 326/327), construite par Matisse avec des formes qui rappellent des bananes, et pouvant apparaître comme inspirée par Joséphine Baker, la « Reine des années folles », que sa ceinture de bananes pour tout costume rendit célèbre ; ou encore *Danseuse créole* (ill. p. 314), gouache exécutée en juin 1950. L'œuvre tire son exubérance de la façon dont les courbes de cette femme-bouquet bougent sur le fond en damier irrégulier, structure géométrique composée de grands rectangles colorés, à l'image des gouaches découpées pour la chapelle de Vence, notamment *Jérusalem céleste* et le *Vitrail bleu pâle* (ill. p. 278/279). Toutefois, plus encore que la *Négresse* ou *Danseuse créole*, les *Nus bleus*, courbes

Henri Matisse à la Maison de la Pensée Française, *1950*
Couverture du catalogue de l'exposition

Pages 336/337
Apollon, *1953*
Papiers gouachés, découpés, pinceaux et encre
327 x 423 cm
Moderna Museet, Stockholm

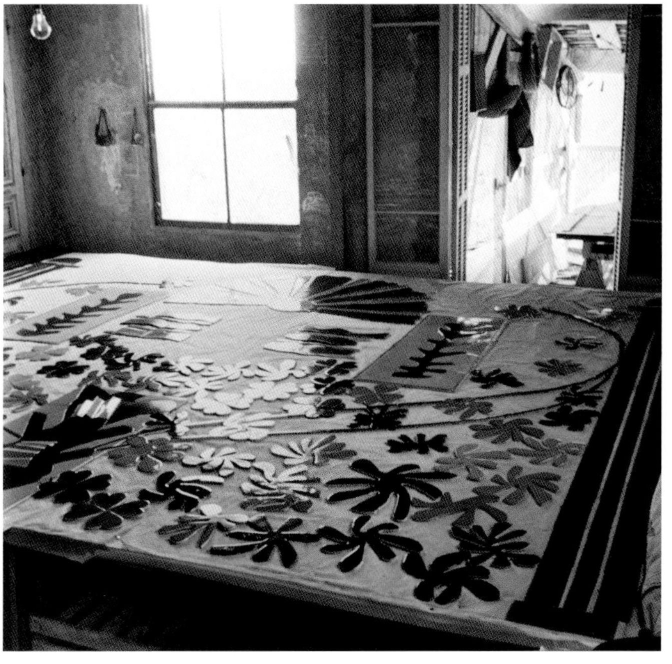

Carreaux pour la version céramique d'« Apollon » avant le montage final, au studio Charles Cox,
Juan-les-Pins, vers 1953
Photo Hélène Adant

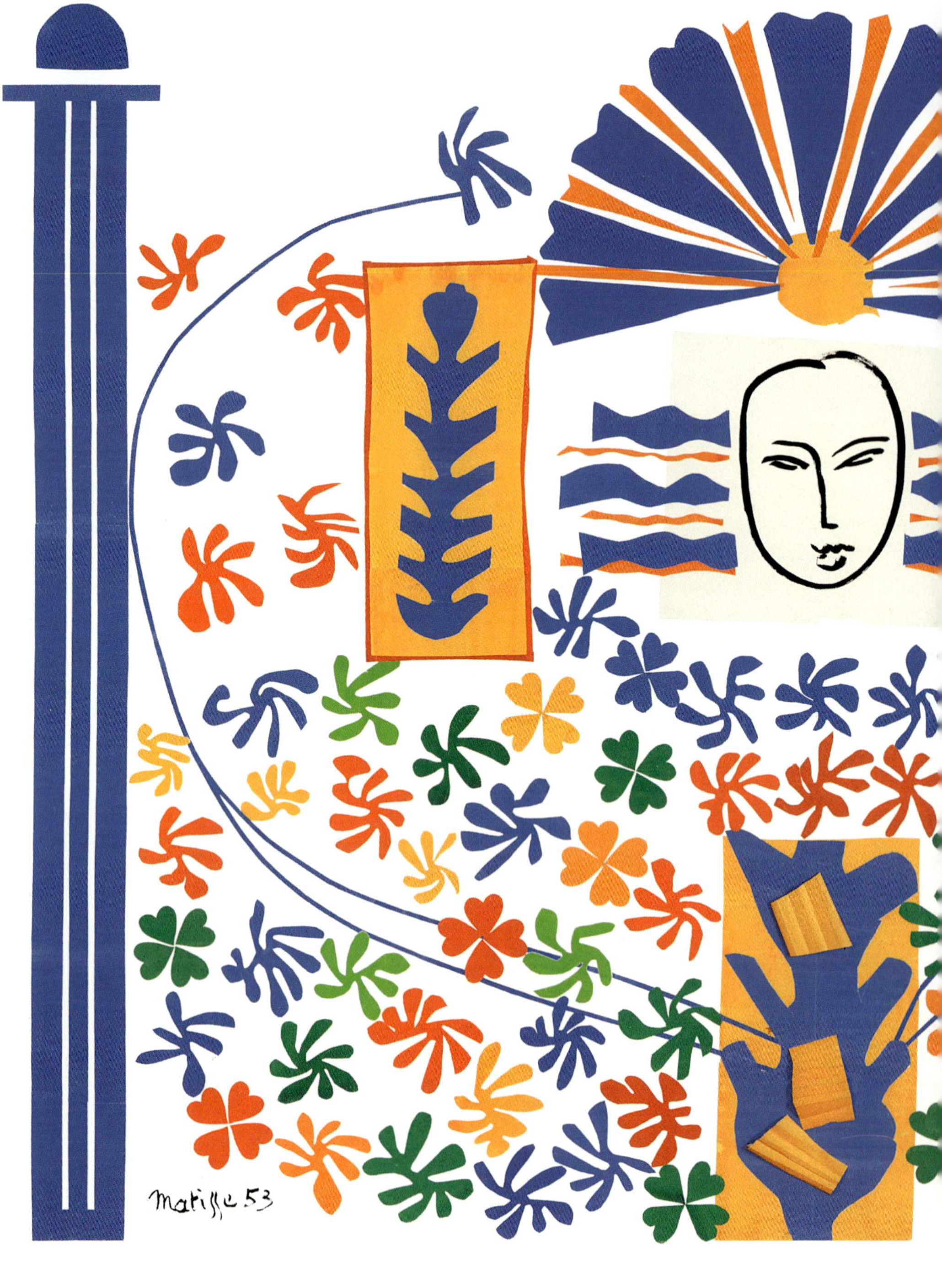
Matisse 53

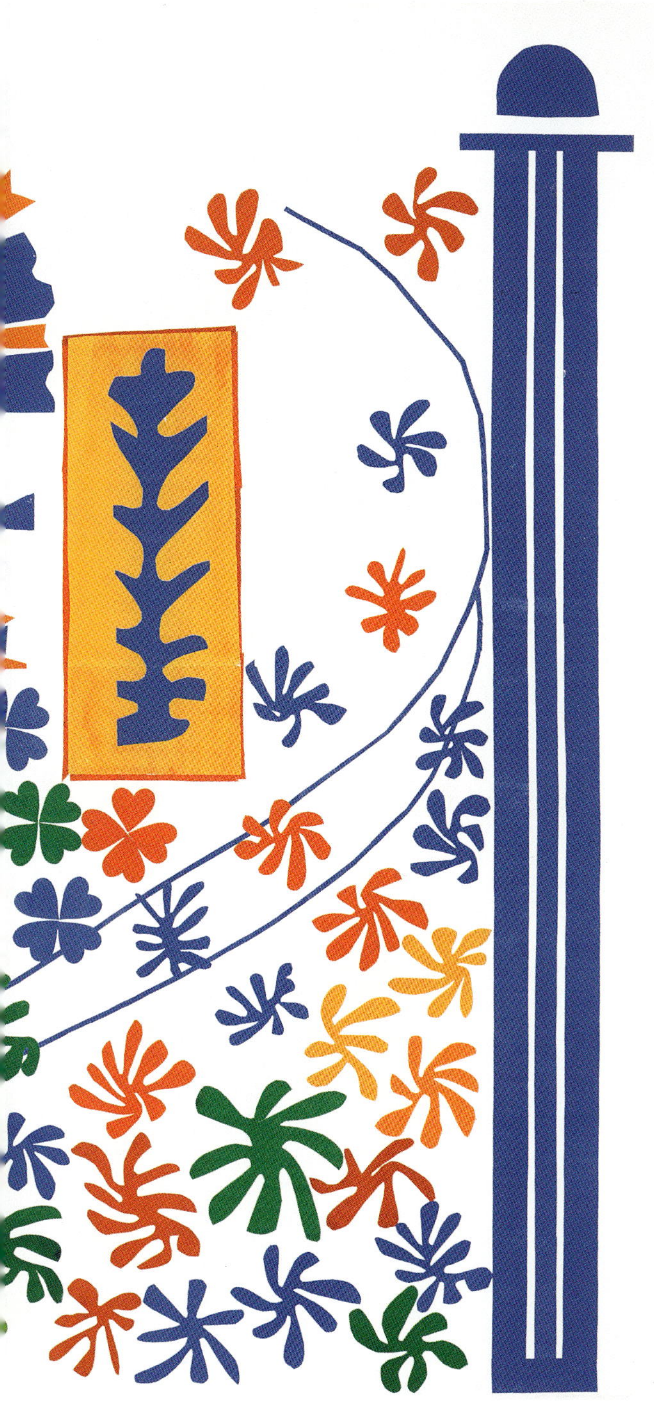

essentielles des corps, constituent la quintessence de la figure libérée de tout caractère anecdotique et le sommet de la simplicité, les moyens plastiques se réduisant à du bleu découpé et fixé sur un fond blanc (ill. p. 382–385). L'arabesque du trait suggère des corps repliés sur eux-mêmes, selon une pratique ancienne du peintre, dans les *Odalisques* comme dans des sculptures telles *Vénus à la coquille* (ill. p. 367), et représente la version « matissienne » des jeunes géantes aux pieds desquelles Baudelaire eût aimé jouer. À l'origine, ces figures avaient été conçues pour être intégrées dans la monumentale composition murale qui allait devenir *La Perruche et la sirène* (ill. p. 256/257), après que Matisse eût décidé d'utiliser à leur place les formes éponymes. Finalement, quatre *Nus bleus* sont indépendants, alors que certaines figures de la série furent intégrées à d'autres ensembles plus vastes, *Femmes et singes* et *La Piscine* (ill. p. 372/373 et 375–378). À côté de ces œuvres, voisinaient dans l'atelier d'autres « femmes-platanes » composées en 1952 à partir de la même teinte, notamment *La Chevelure*, les *Nu bleu debout* et les *Nu bleu, sauteuse de corde* (ill. p. 343, 364 et 379) – dont l'une se singularise d'ailleurs de manière étrange, parce que Matisse, selon la légende, manqua un jour de papier gouaché bleu et prolongea les jambes d'une autre couleur : ce fut la composition dite « aux bas verts » (ill. p. 342).

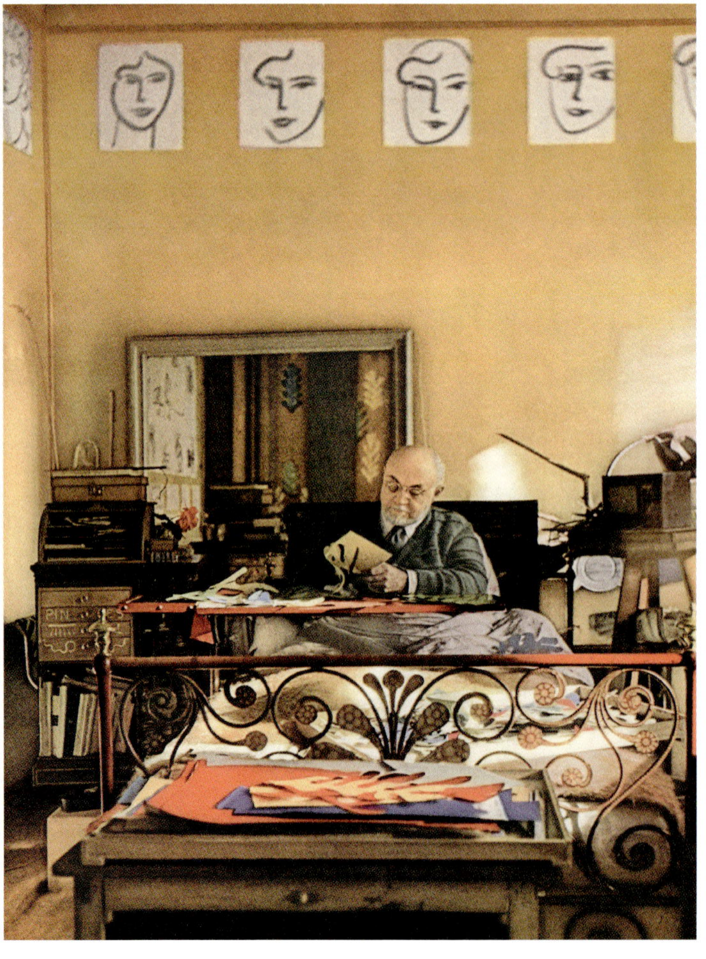

Henri Matisse assis dans son lit, travaillant à ses maquettes pour les chasubles de la chapelle du Rosaire, *Vence, vers 1949*
Photo Clifford Coffin

Réception des gouaches découpées

Malgré le plaisir qu'elles lui procuraient, Matisse ne composait pas ses gouaches monumentales pour son seul agrément, mais souhaitait que l'on reconnût ce travail comme un moyen d'expression picturale à part entière. Les premières présentations publiques des papiers découpés, de petits et moyens formats, avaient eu lieu en 1949, d'abord à New York, dans la galerie de Pierre Matisse, puis à l'occasion d'une exposition au musée national d'Art moderne de Paris. Au début de la décennie suivante, il décida d'exposer régulièrement des gouaches de grande dimension au Salon de mai à Paris, à côté d'œuvres créées par les artistes de la nouvelle génération – gouaches qui furent, telles *Zulma* en 1950 ou *La Tristesse du roi* en 1952, particulièrement remarquées et qui remportèrent un vif succès.

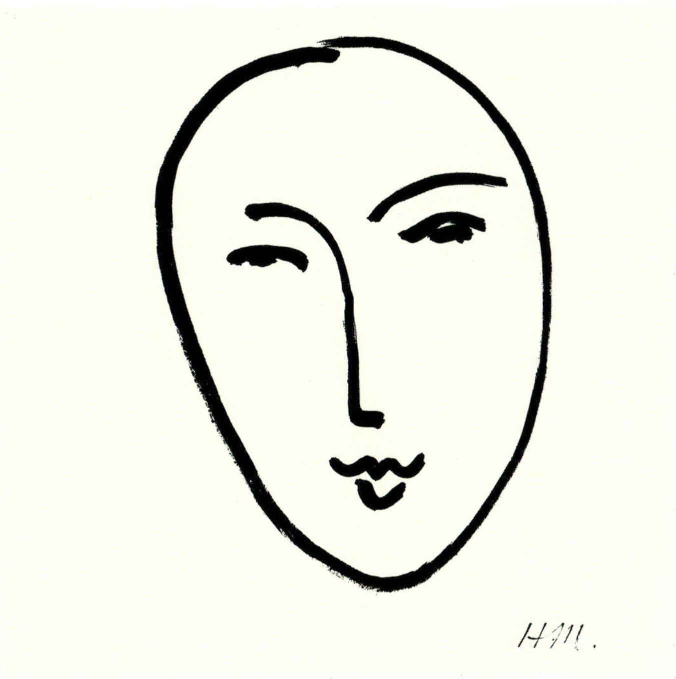

Masque, *1952*
Encre et pinceau sur papier
70 x 70 cm
Collection particulière

Pourtant le procédé était tout neuf, il n'avait jamais servi, et il était difficile pour les critiques professionnels de rattacher cette nouvelle façon de peindre aux autres déjà existantes. On ne pouvait pas le comparer au « papier collé » des cubistes qui visait au spectacle d'une géométrie construite à partir de matériaux divers et inattendus, ni au « collage » des surréalistes qui combinait des formes préétablies et permettait d'interpréter les hasards de leur rencontre. En effet, de la manière la plus générale, le collage se caractérise comme l'irruption d'éléments bruts prélevés directement dans la réalité, provenant d'un grand magasin, d'une librairie ou de la rue, et incorporés à la surface du tableau ou de la feuille de papier, pour former une composition. En 1912, Braque avait utilisé pour la première fois dans une œuvre (*Compotier et verre*) un papier manufacturé, trouvé dans un magasin de décoration d'Avignon, un papier peint imitant le grain du bois, dans lequel il avait découpé des rectangles pour les coller sur plusieurs dessins au fusain. Ce fut alors, par ce geste iconoclaste qu'il allait développer avec Picasso (« inventeur » du procédé de collage un peu plus tôt avec *Nature morte à la chaise cannée*), l'entrée fracassante dans l'art du papier journal, du papier à musique, du papier peint et de tout matériau ou fragment d'objet, instaurant un nouveau mode de représentation de la réalité, où celle-ci est suggérée par des éléments évocateurs au lieu d'être représentée de façon illusionniste. Toutes les avant-gardes les plus importantes – futuristes, constructivistes, dadaïstes, surréalistes – s'emparèrent à leur manière de ce geste inaugural. Deux voies principales s'ouvrirent alors devant le collage : la première – celle de Schwitters notamment – prolongeant le geste de Braque et Picasso, mit en avant la pure violence de l'impact du matériau et les possibilités poétiques et formelles qu'elle libérait ; la seconde fut la voie surréaliste – celle de Max Ernst puis du non moins génial Styrsky – qui insistait sur le rapprochement, la juxtaposition et

Page 340
Fleurs de neige, *1951*
Papiers gouachés, découpés, collés sur papier, 173,1 x 81 cm
Metropolitan Museum of Art, New York, collection Jacques et Natasha Gelman, 1998

Page 341
La Vis, *vers 1951*
Papiers gouachés, découpés, collés sur papier, 175 x 82 cm
Collection particulière
Reproduction lithographique du découpage original sur papier

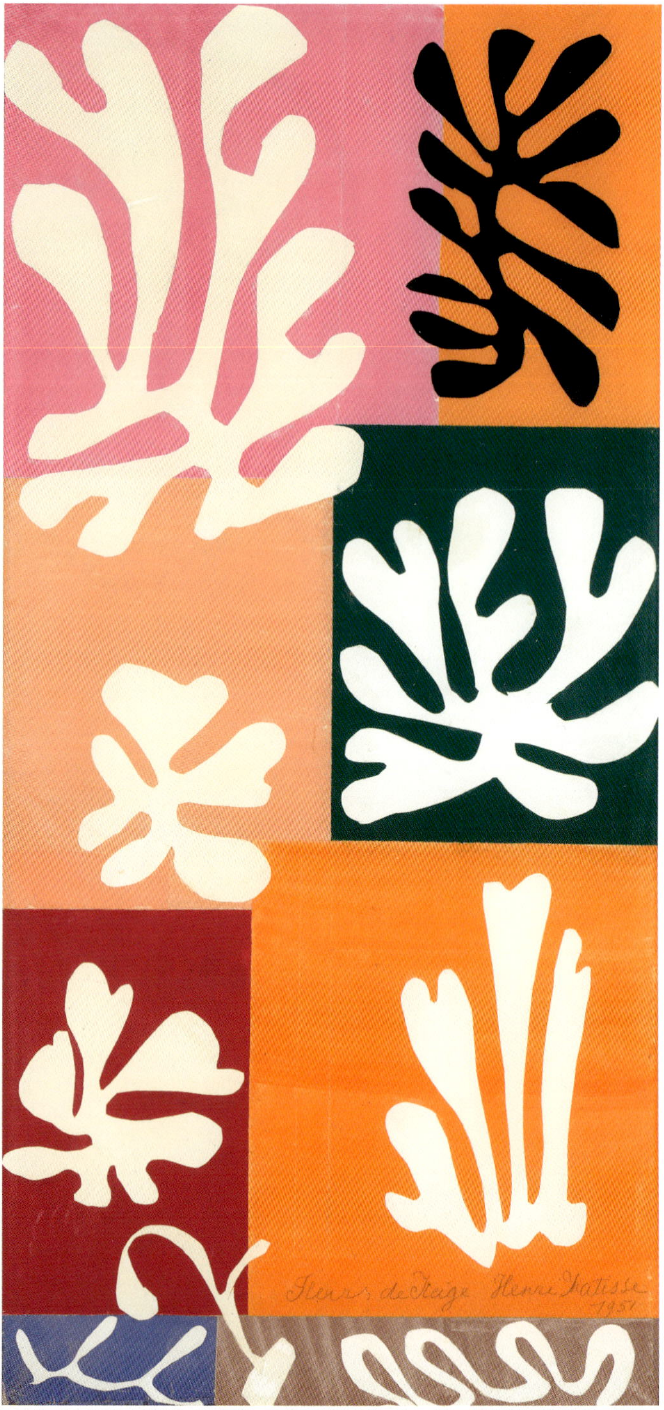
Fleurs de Neige Henri Matisse
1951

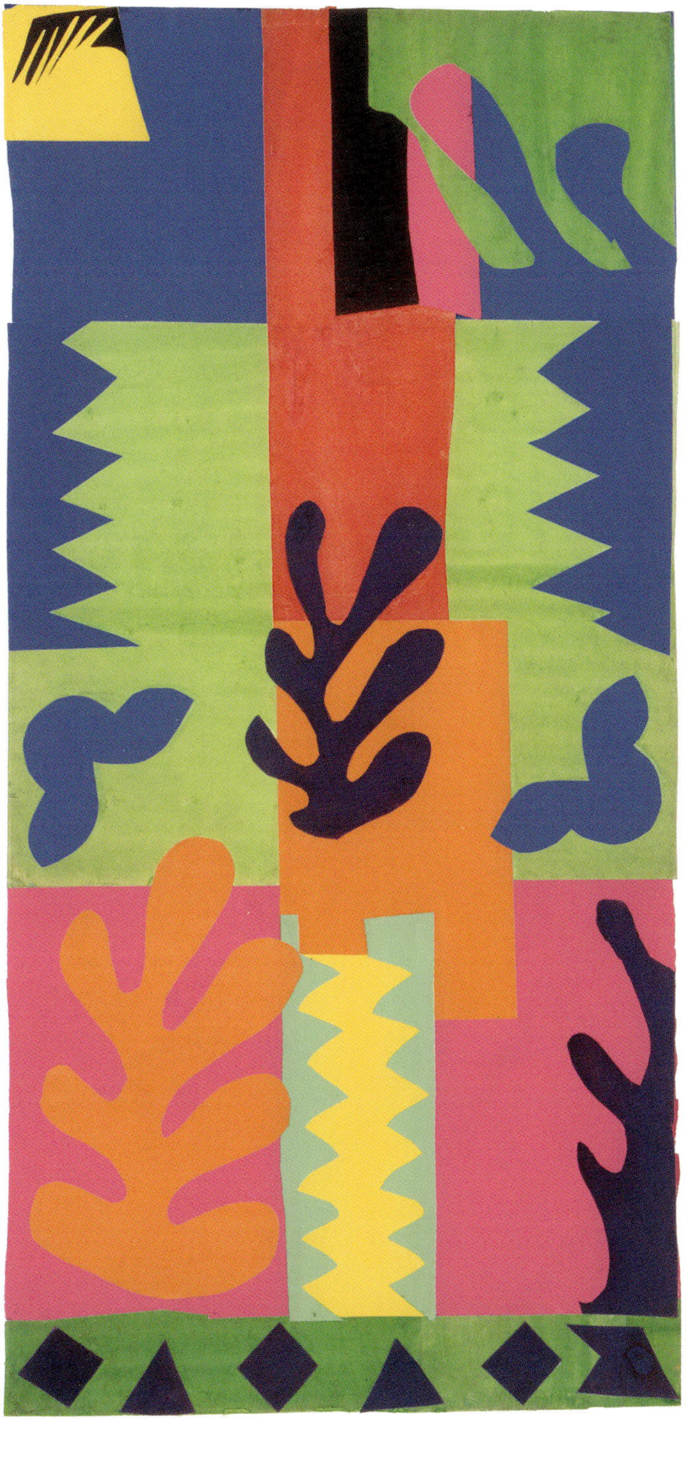

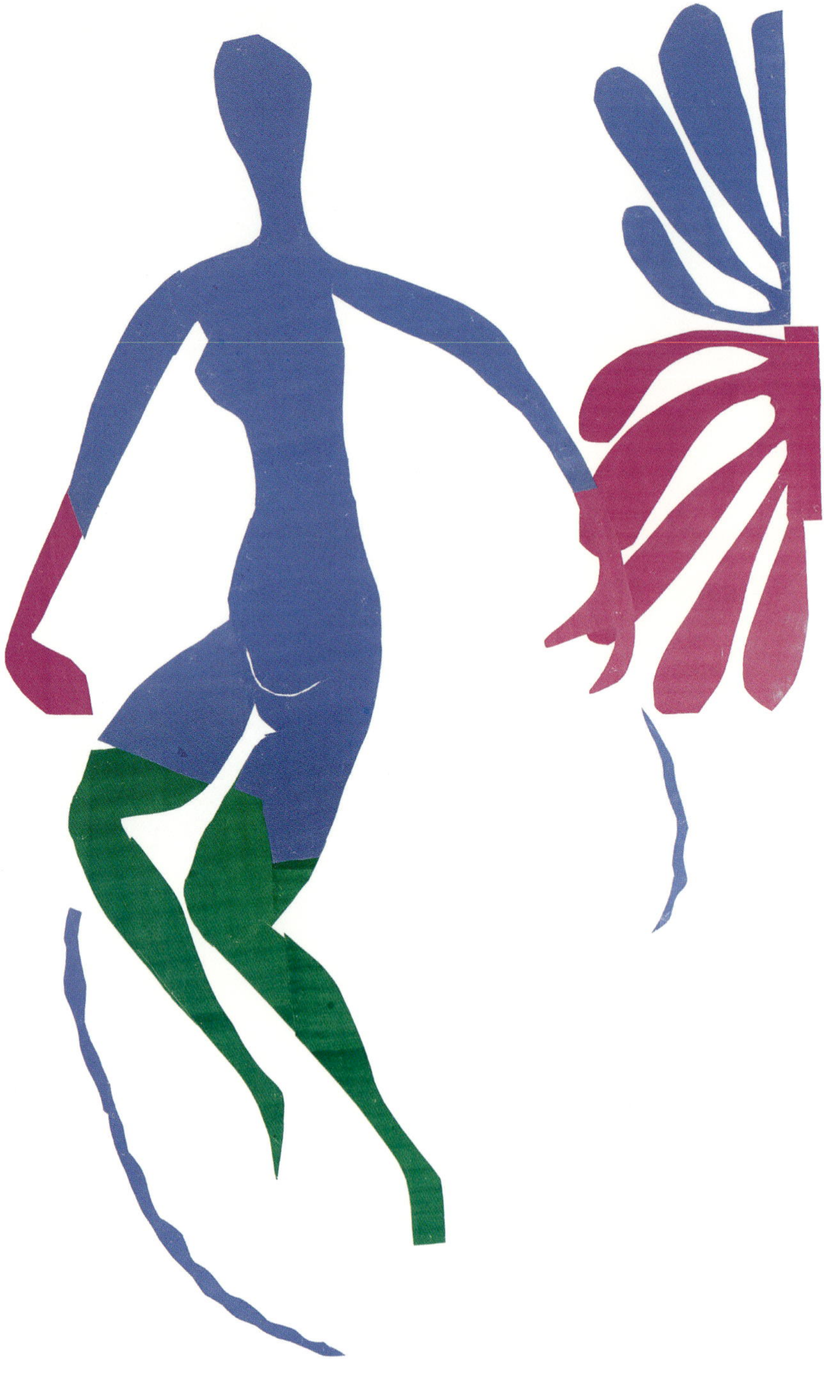

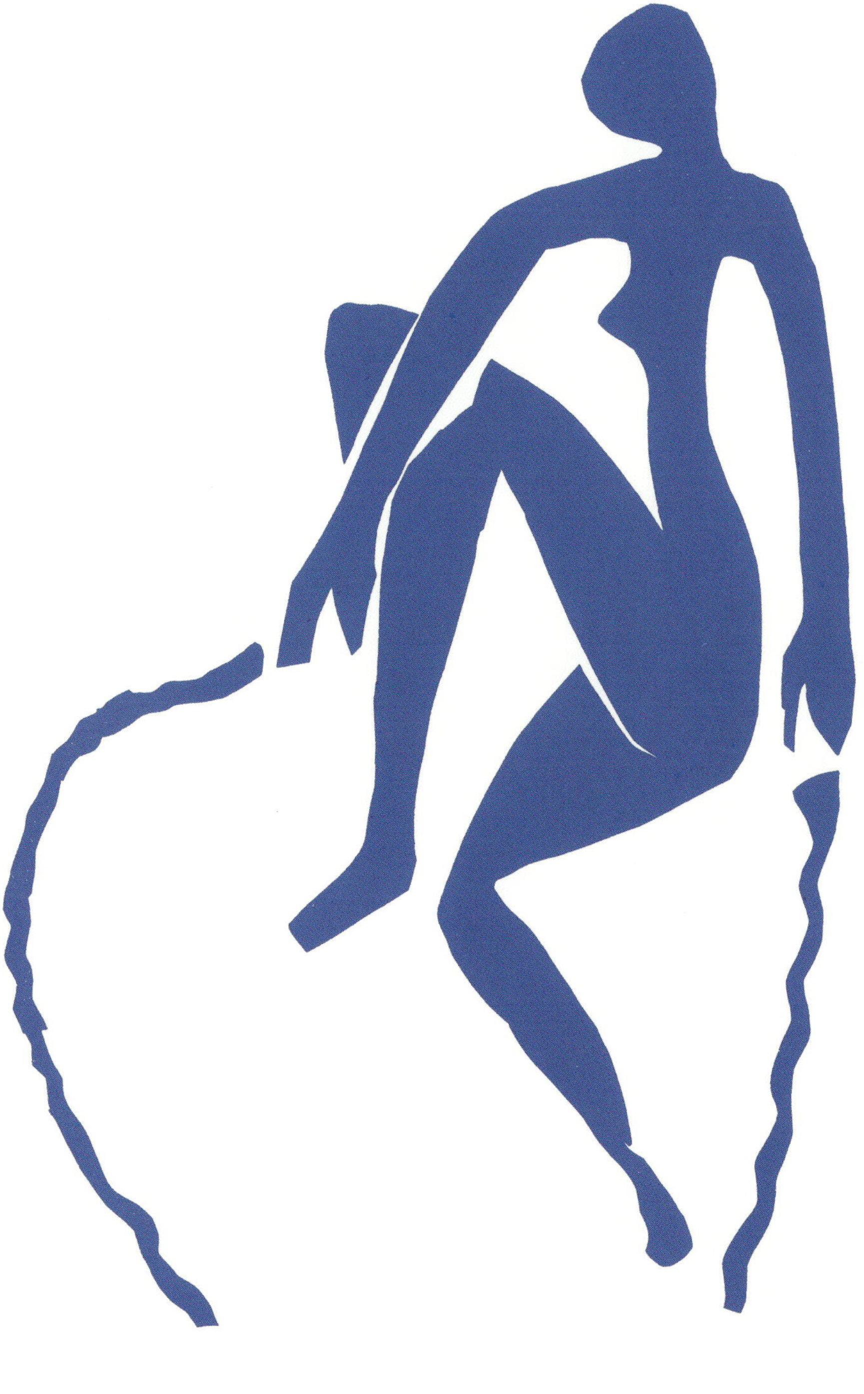

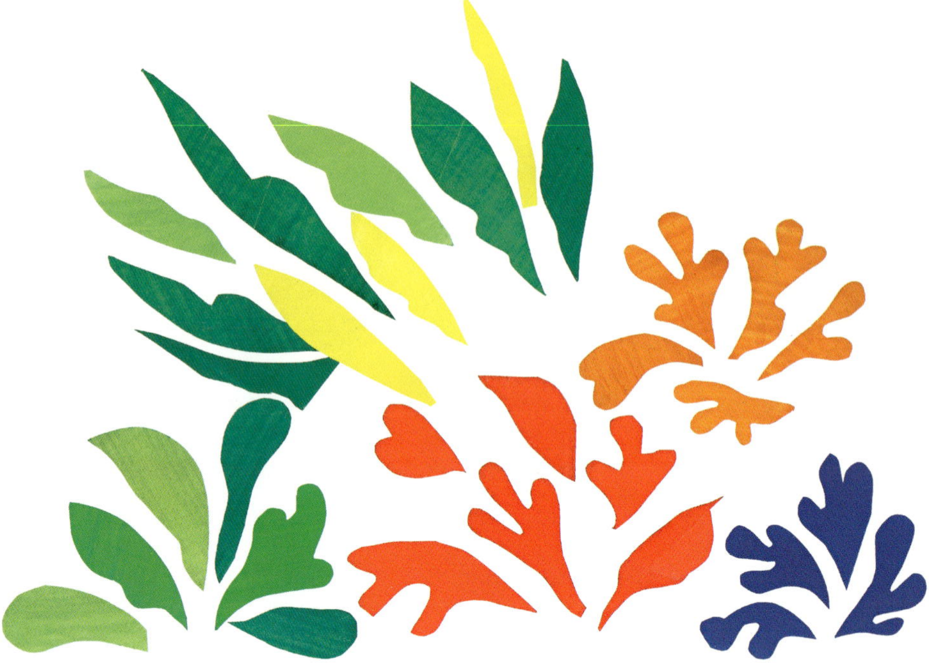

Les Acanthes, *1953*
Maquette pour une céramique
Papiers gouachés, découpés,
fusain, 311 x 350,5 cm
Kunstmuseum de Bâle

la contamination métaphorique des images, ouvrant une dimension narrative et critique. Or, il n'y avait rien de tout cela dans le procédé inventé par Matisse. Certes, il découpait du papier et le fixait en des compositions. Mais la matière première qu'il utilisait ne consistait ni en des produits manufacturés ni en des images préexistantes, extraites de gravures ou de magazines. Il taillait directement dans la couleur, dans le papier préalablement gouaché par une aide d'atelier selon la teinte précise qu'il requérait. Par ailleurs, le découpage était pour lui tout le contraire d'un geste violent et destructeur, c'était un mouvement paisible, aboutissant à une beauté décorative, loin de la beauté convulsive chère aux surréalistes.

Les gouaches monumentales exposées reçurent immédiatement l'adhésion du public. Celui-ci avait eu le temps, depuis 1905, de s'habituer à la démarche des fauves, ici perpétuée et radicalisée par les découpages de Matisse. Ainsi, *Zulma* (ill. p. 319) fit sensation en 1950, et fut d'ailleurs aussitôt achetée par le Statens Museum for Kunst de Copenhague. Gaston Diehl rapporte avoir été marqué par « l'émotion spontanée qui s'empara de tous les membres du comité du Salon de mai en 1950 lorsqu'on apporta le grand panneau *Zulma*. Le soir même, parce qu'il n'aurait plus osé, avouait-il, le faire le lendemain, Alfred Manessier adressait au peintre une lettre pour le remercier de la joie qu'il lui avait procurée[17] ». Un tel témoignage est corroboré par celui du père Couturier, qui écrivit au peintre, le 24 mai 1950 : « Tout le monde dit : "C'est ce qu'il y a de plus neuf et de plus jeune" [...] c'est vrai qu'à côté, tout paraît fané et laborieux[18]. » De même Tériade, fidèle à lui-même et à son admiration pour Matisse, s'exclama : « Quelle surprise, quel éblouissant tableau votre nu de ce jeune Salon de mai dont vous êtes l'exposant le plus jeune ! Et quelle santé ! J'aurais bien voulu que vous voyiez votre envoi parmi les autres. Il éclate de vraie santé, c'est le mot qui vient à l'esprit au milieu de toutes ces peintures tourmentées, d'une audace équivoque et d'une foi triste et branlante. On respire devant votre construction colorée et l'on pense que tout n'est pas encore perdu. Mais quelle blague [...] pour les jeunes ! Merci pour la bonne leçon[19]. » Après la reconnaissance des peintres et du public, vint celle de l'institution. *La Tristesse du roi* (ill. p. 316/317), œuvre monumentale de près de trois mètres sur quatre, présentée au Salon de mai en 1952, fut acquise par le musée national d'Art moderne l'année suivante et aussitôt installée en bonne place, dans le grand hall d'honneur, au-dessus de l'escalier, marquant ainsi la reconnaissance officielle des papiers découpés. En vue de cet achat, Jean Cassou, le conservateur du musée, qui avait manqué *Zulma* deux ans auparavant, écrivit à Matisse, le 25 mars 1952 : « J'ai pensé qu'il nous faudrait avoir de vous, au musée, un témoignage de cette technique du papier découpé à laquelle vous consacrez, depuis quelques années, votre génie d'invention. [...] J'aimerais tant voir représentée cette partie décorative et monumentale de votre œuvre, laquelle est déjà si diverse et comporte tant de recherche dans les domaines les plus divers. » Un tel souhait satisfit Matisse, qui répondit, le 9 avril 1952 : « Votre lettre concernant *La Tristesse du roi* me touche beaucoup, car elle me confirme dans mon opinion sur ce panneau que je considère comme égal à tous mes meilleurs tableaux » ; et il ajouta qu'il le trouvait même supérieur à *Zulma* : « Cette dernière, quoique de très bonne qualité, n'a ni la qualité, ni l'ampleur, ni l'expression profondément pathétique de *La Tristesse du roi*[20]. »

Si *La Tristesse du roi* peut en effet apparaître comme l'un des chefs-d'œuvre de Matisse, égal à ses meilleurs tableaux, c'est en raison de sa puissance d'évocation qui tient d'abord à la « science » des couleurs, de l'arabesque et de la composition propre à l'artiste, et que l'on ne peut que constater dans une jouissance silencieuse. Mais cette puissance tient aussi au caractère énigmatique de la signification de l'œuvre, irréductible à toute interprétation de type anecdotique. On peut certes y voir le traitement d'un thème biblique, une image liée au *Cantique des cantiques*, où Salomé danse devant Hérode ; on peut aussi l'interpréter comme une méditation sur le temps et la mémoire, un dernier autoportrait du peintre en vieillard, ultime salut de l'artiste. Mais l'œuvre reste profondément énigmatique. Il est notamment difficile de dire où se trouve le « Roi triste » suggéré par le titre, et que Matisse évoquait dans une lettre au père Couturier : « Avez-vous vu

Page 342
Nu bleu aux bas verts, *1952*
Papiers gouachés, découpés, collés sur papier, 260 x 168 cm
Collection particulière
Reproduction lithographique du découpage original sur papier

Page 343
Nu bleu, sauteuse de corde, *1952*
Papiers gouachés, découpés, collés sur papier, 145 x 98 cm
Nationalgalerie, Musée Berggruen, Staatliche Museen zu Berlin

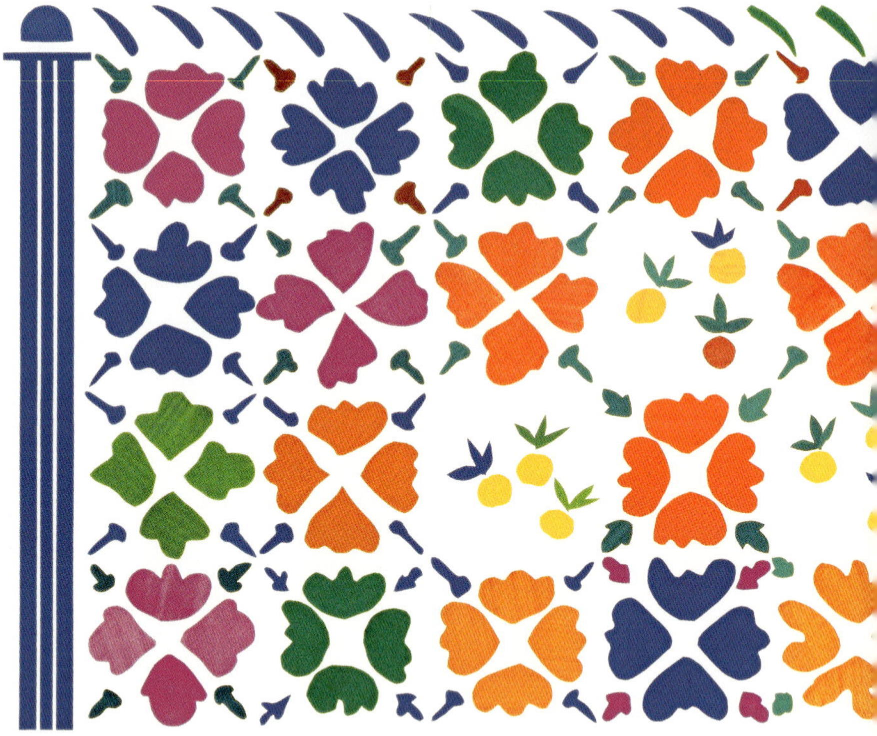

Décoration, fleurs et fruits, *1953*
Maquette pour une céramique
Papiers gouachés, découpés
410 x 870 cm
Musée Matisse, Nice

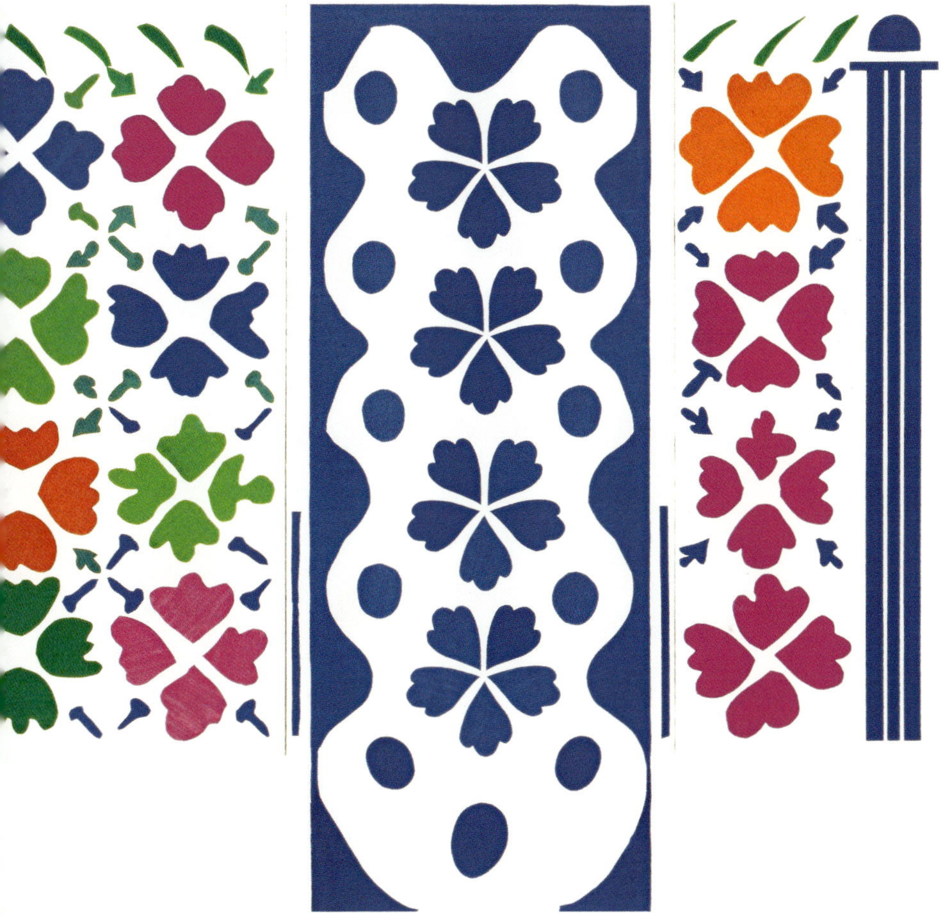

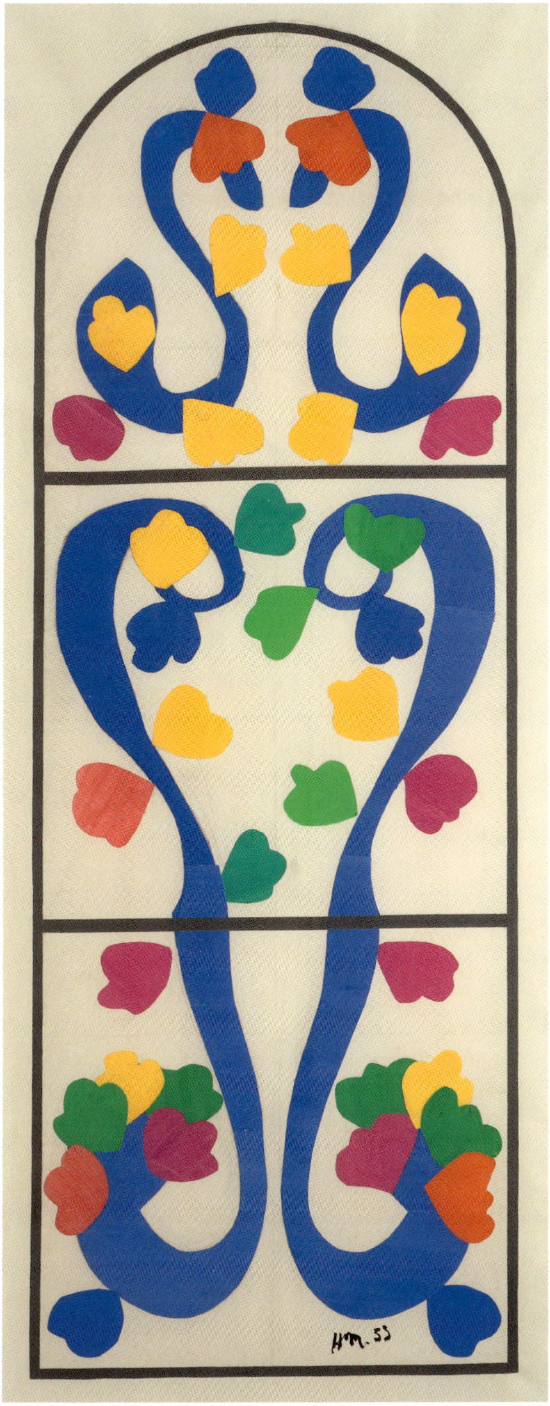

Pages 348–349
La Gerbe, *1953*
Papiers gouachés, découpés, collés sur papier
294 x 350 cm
University of California Art Galleries, Los Angeles (CA)
Collection UCLA Wight Art Gallery, Hammer Museum. Don de M. et Mme Sidney F. Brody

La Vigne, *1953*
Papiers gouachés, découpés, collés sur papier
265 x 94 cm
Musée Matisse, Le Cateau-Cambrésis

Pages 351–354
Les Coquelicots, *1953*
Papiers gouachés, découpés, collés sur papier
80 x 342 cm
The Detroit Institute of Art, Détroit

Page 355
L'atelier d'Henri Matisse à Cimiez, *novembre 1954*
Au plafond, des dessins de ses petits-enfants Jackie, Gérard et Claude ; au mur en face du lit, le dernier découpage de Matisse, Rosace. *Il s'agit d'une ébauche pour le vitrail de l'Union Church à Pocantico Hills (NY), commandé par Nelson Rockefeller en souvenir de sa mère Abby*
Photo Dmitri Kessel

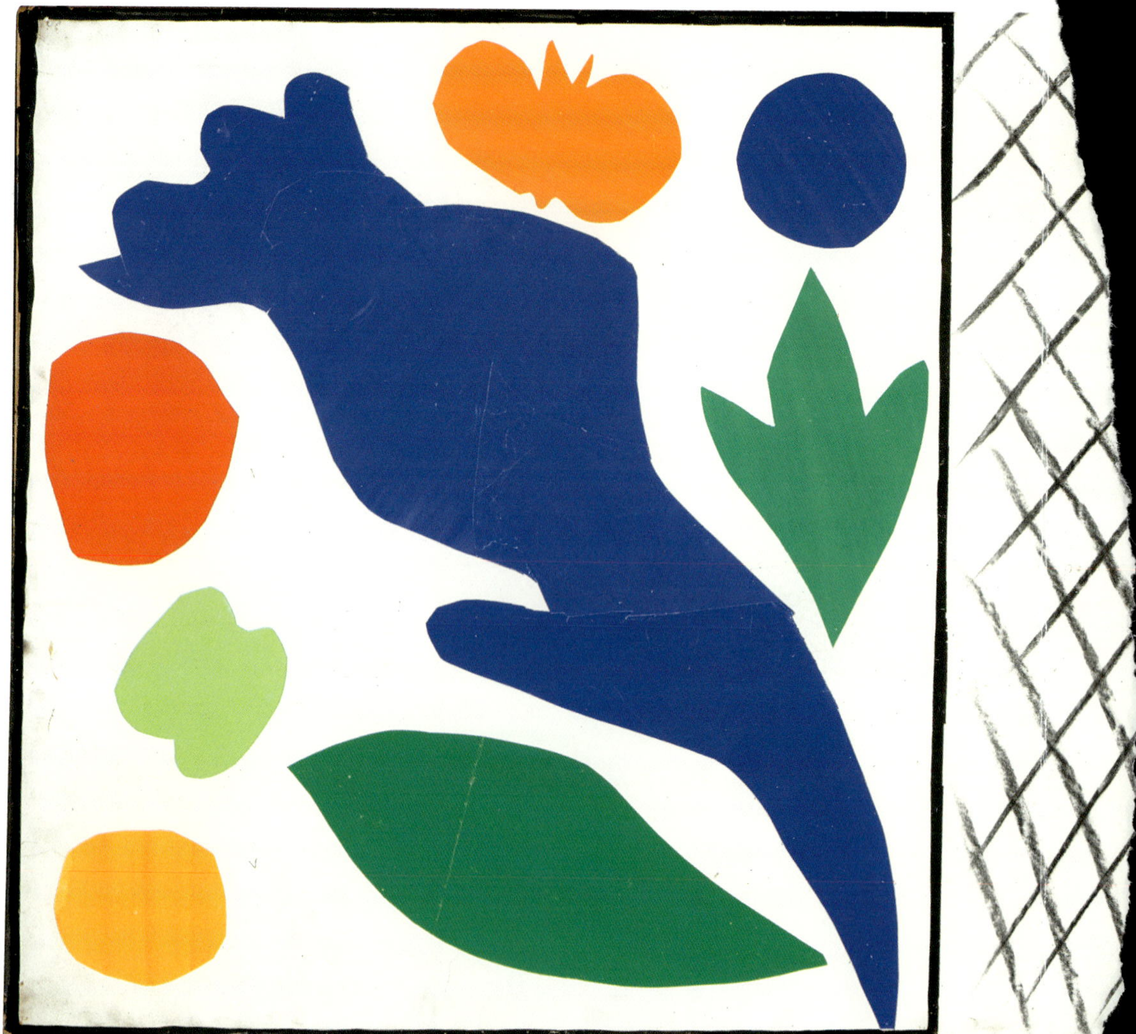

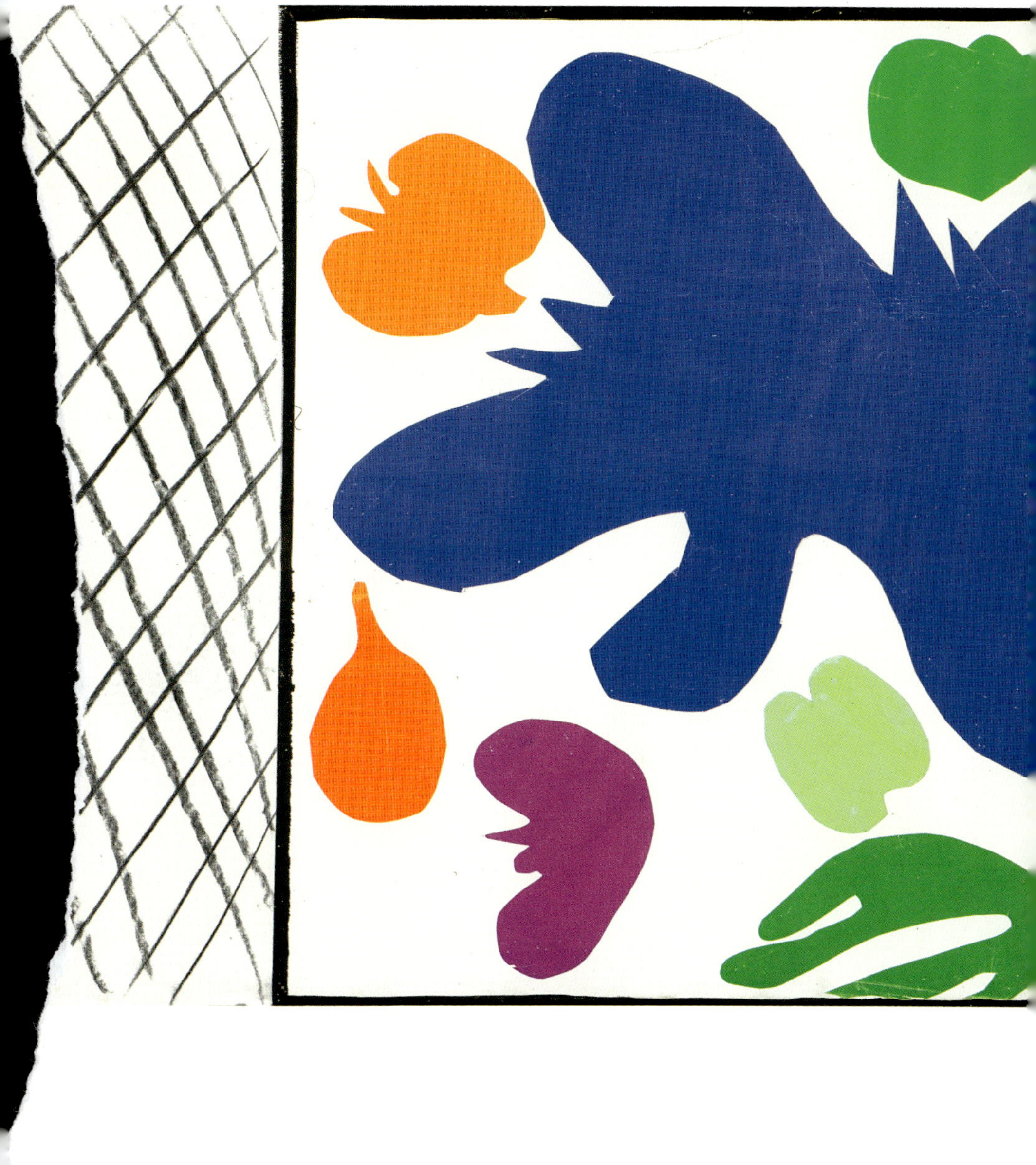

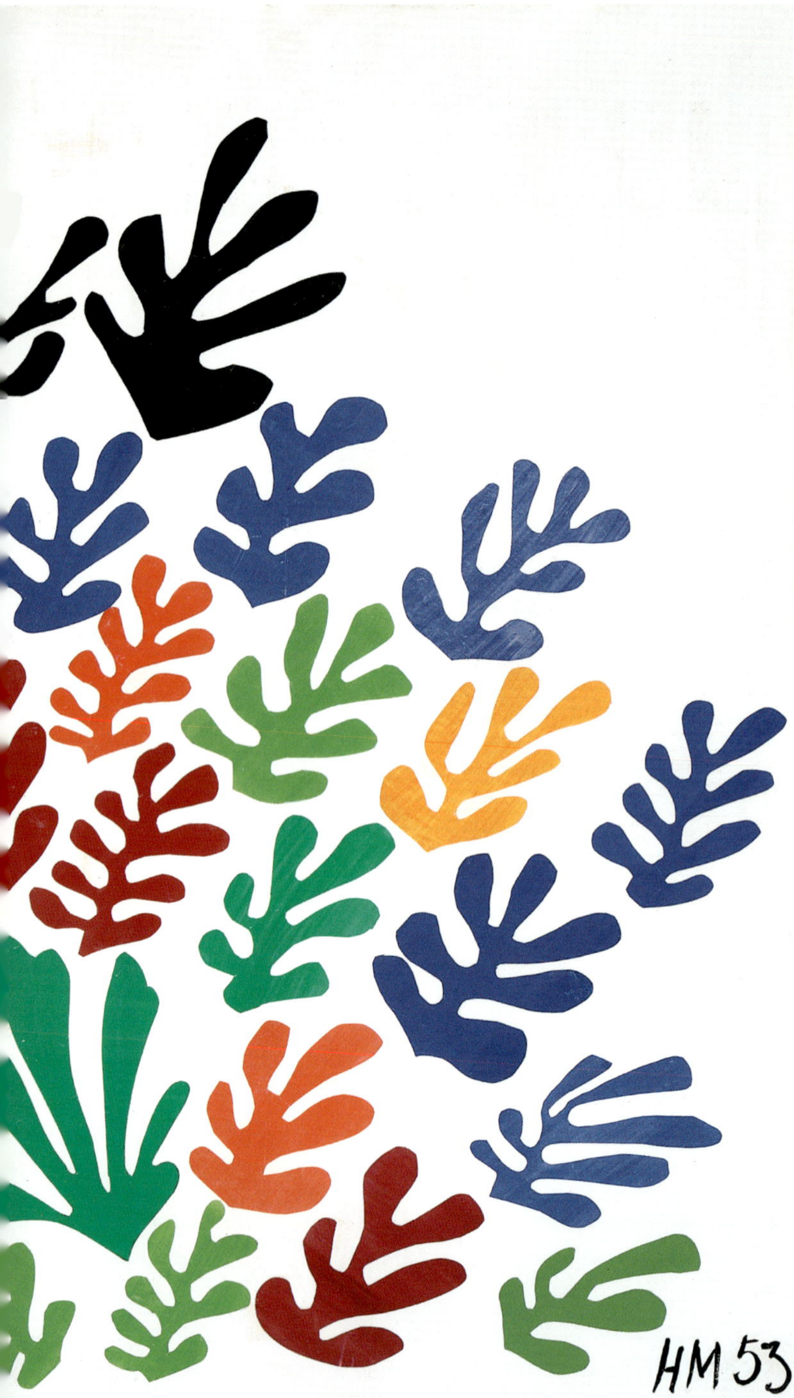
HM 53

chez moi un grand panneau à la gouache avec des figures : le Roi triste, une danseuse charmeuse et un personnage grattant une espèce de guitare de laquelle s'échappait un vol de soucoupes volantes couleur d'or, faisant le tour supérieur de la composition pour aboutir en masse autour de la danseuse en action [21] .» Le roi est-il l'un des deux musiciens qui accompagnent la danseuse ? La description faite par Matisse est trop allusive pour que l'on puisse répondre avec certitude. Ainsi, peut-être serait-ce l'artiste lui-même, devenu spectateur du tableau, qui se divertit avec mélancolie dans un salon de musique.

Les dernières commandes décoratives : « habiter poétiquement »

Si les achats de *Zulma* et de *La Tristesse du roi* par d'importants musées touchèrent Matisse dans la mesure où ils signifiaient une reconnaissance officielle des œuvres créées avec le procédé des papiers gouachés et découpés au même titre que ses peintures de chevalet, ces œuvres n'étaient pourtant pas naturellement destinées à une présentation dans un cadre muséal, de par leur vocation explicitement décorative. En effet, le décoratif ayant chez Matisse une dimension cosmique, et l'œuvre apparaissant comme une médiation permettant d'« habiter poétiquement », celle-ci ne devrait en principe pas rester confinée dans l'espace du musée – et encore moins, d'ailleurs, dans ses réserves, ou dans les coffres-forts de collectionneurs fortunés. Ce fut probablement la raison principale pour laquelle Matisse, durant les derniers mois de sa vie, utilisa les papiers gouachés et découpés pour préparer des commandes décoratives de grandes dimensions, des céramiques murales et des vitraux s'inscrivant dans des architectures, lieux de vie, faisant ainsi preuve, une fois encore, d'une continuité exemplaire dans sa démarche depuis le séjour à Tahiti, prolongeant le sillon déjà creusé avec *La Danse*, les diptyques *Océanie* et *Polynésie*, ou la chapelle de Vence. Ainsi, durant les mois d'octobre et de novembre 1952, il transforma la première maquette du *Fleuve de vie*, créée à l'origine pour le projet de Vence et devenue entre-temps *Les Abeilles* (ill. p. 276/277), pour être adaptée à l'architecture de l'école maternelle du Cateau-Cambrésis. « Ce vitrail a valeur de symbole. J'ai fait le rêve de donner la joie aux hommes. J'ai voulu créer au Cateau une féerie de couleurs qui serait comme un esprit de lumière[22]. »

Matisse se contenta de donner la joie aux hommes principalement dans des cadres privés. Tel serait notamment le cas de *La Gerbe* (ill. p. 348/349), céramique murale réalisée pour décorer la maison californienne d'un couple d'Américains, Mme et M. Brody, qui lui avaient passé commande par l'intermédiaire de son fils Pierre. Avant d'aboutir à ce résultat, Matisse élabora plusieurs projets successifs, comme il l'avait fait pour *La Danse* ou pour la chapelle. L'art de la composition n'étant pas une science *a priori*, il implique souvent des tâtonnements, surtout lorsque l'œuvre doit s'inscrire dans une architecture, afin de réenchanter la vie. Bien que Matisse sût travailler dans l'improvisation comme un musicien de jazz, et par exemple réaliser des

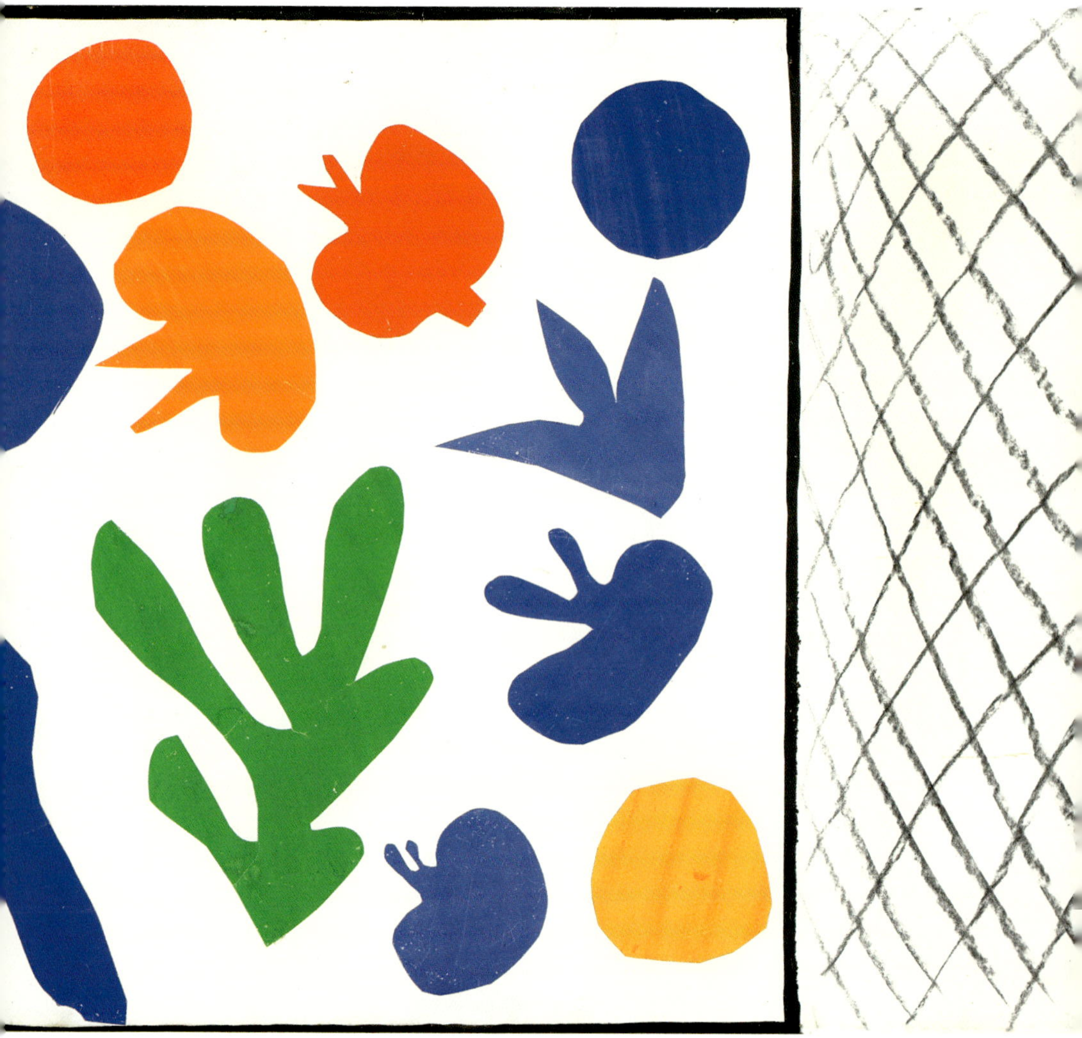

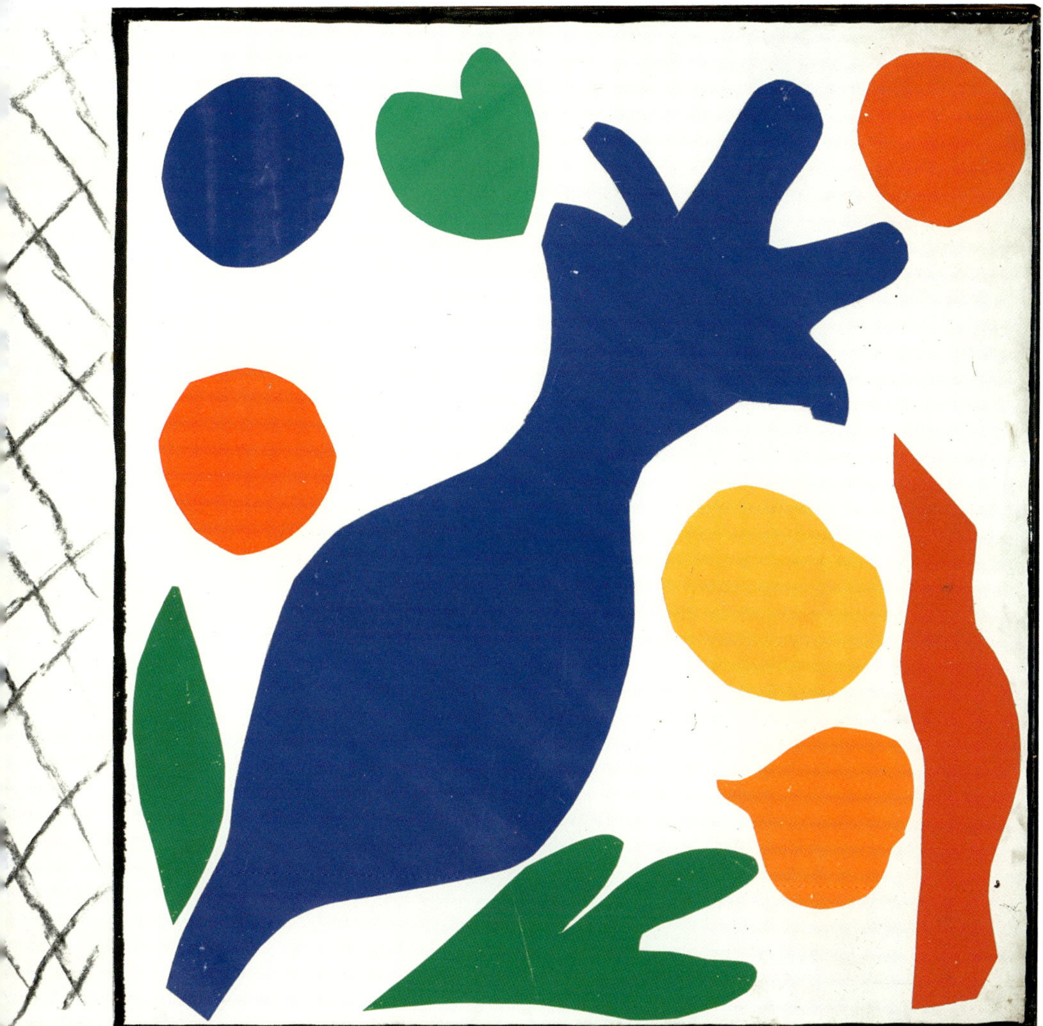

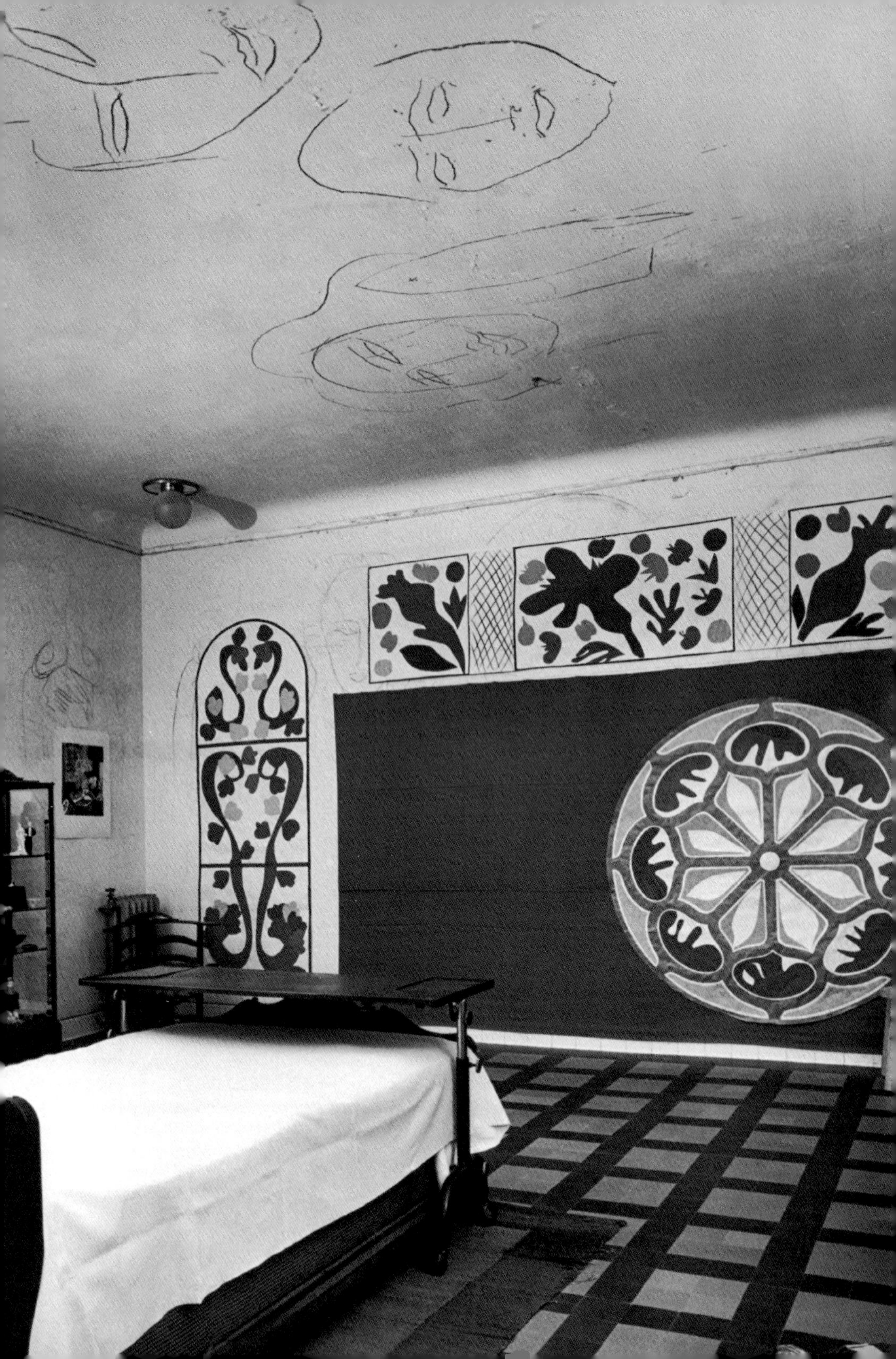

gouaches découpées qui le satisfissent en quelques instants, en revanche, il composait ses œuvres les plus ambitieuses très lentement. Ce grand perfectionniste, qui se plaisait à affirmer qu'un peintre n'avait d'ennemi que ses mauvais tableaux, considérait qu'il ne créait lui-même « guère que sept à huit tableaux par an », le reste de sa production n'apparaissant à ses yeux que comme des travaux de « recherches[23] ». Ainsi, pour les Brody, il se mit une première fois au travail à la fin de l'année 1952 sans connaître les dimensions exactes de leur mur, et termina au mois d'octobre la *Grande Décoration aux masques* (ill. p. 50–52), composition décorative d'environ 10 mètres de long sur 3 mètres de haut, qu'il considéra immédiatement comme un chef-d'œuvre : « C'est une pleine réussite et je crois même ma dernière œuvre dans ce genre. Je m'y suis donné en pleine poitrine[24]. » En mars 1953, après avoir été informé des dimensions du mur, il acheva *Apollon* (ill. p. 336/337). Le mois suivant, il reçut la visite des Brody qui lui précisèrent ce qu'ils espéraient, « quelque chose de plus simple comme un semis de taches colorées sur du blanc », ajoutant que le panneau en cours serait trop grand pour leur mur[25]. Matisse conçut alors *Décoration, fleurs et fruits* (ill. p. 346/347), puis *La Gerbe*, quatrième composition qui répondait enfin aux désirs des Brody. Cette œuvre constitue, à côté de *La Tristesse du roi*, un autre testament de Matisse, mêlant parfaitement l'extrême complexité des rapports de couleurs à ce qui se manifeste immédiatement comme une absolue simplicité, libérée de tout caractère anecdotique, les motifs étant organisés en un grand bouquet multicolore jaillissant sur le fond blanc, vide essentiel. *La Gerbe* est d'autant plus émouvante qu'elle peut apparaître comme la variation « matissienne » de « l'éclat multiple » mallarméen – achèvement de la volonté qui dure une vie – ici plus que jamais joyeux et pur.

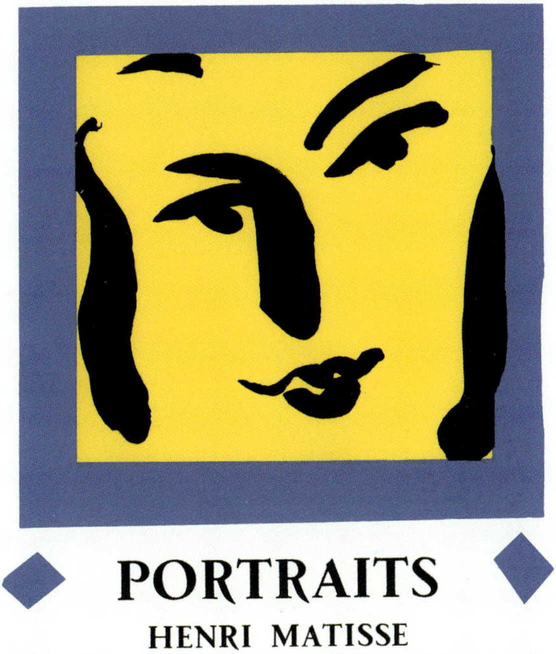

***Portraits* d'Henri Matisse**, *vers 1954*
Couverture
André Sauret – édition du Livre, Monte-Carlo, 1954

La Gerbe est par ailleurs difficilement séparable d'un autre travail ultime de Matisse, *Les Acanthes* (ill. p. 344). Cette œuvre, elle aussi composée à partir de gouaches découpées sur fond blanc et destinée à être réalisée en céramique, est particulièrement significative de l'évolution de l'artiste, si on la compare à une toile homonyme qu'il avait peinte en 1912. En effet, alors que, dans celle-ci, la plante à la végétation luxuriante, découverte par Matisse dans l'exaltation à Tanger, était un élément au sein d'un paysage, dans celle-là, près d'un demi-siècle plus tard, elle n'est plus qu'un signe plastique

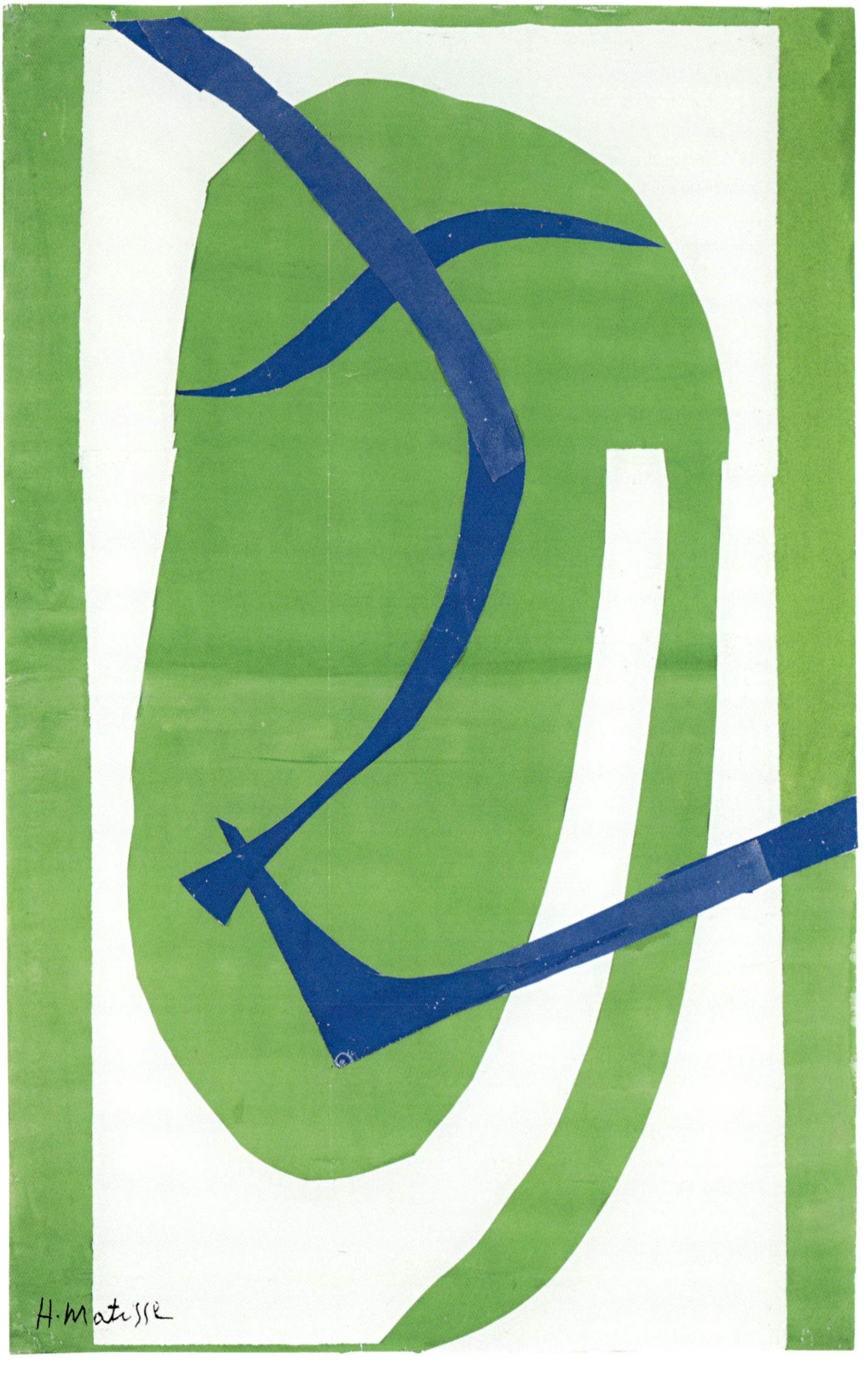
H. Matisse

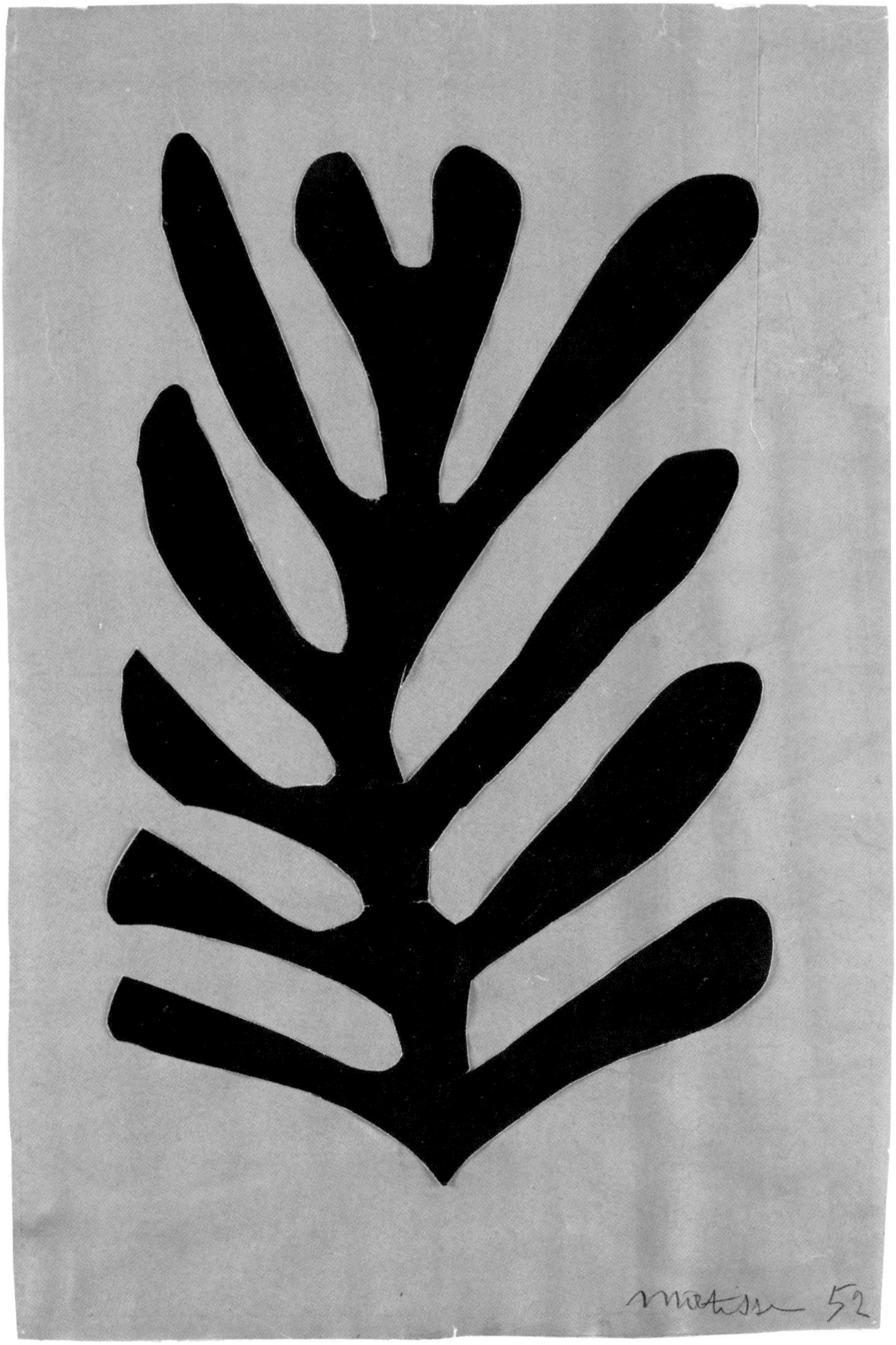

Livres illustrés, estampes et sculptures, *1952*
Maquette pour la couverture
Papiers gouachés, découpés, collés sur papier, 20,7 x 14,5 cm
Courtesy Galerie Malingue, Paris

hautement stylisé, abstrait de tout environnement, pur « éclat multiple », éparpillement de motifs colorés qui suscite le sentiment d'un espace aéré, comme si l'air circulait entre les feuilles ou, mieux encore, comme s'il n'y avait plus que de l'air et de la lumière.

Matisse ne considérait pas ces compositions comme de simples esquisses préparatoires, mais bien comme des œuvres originales à part entière, raison pour laquelle, par exemple, il exposa *La Gerbe* au Salon de mai à Paris en 1954, quelques mois avant de mourir. Elle fut d'ailleurs présentée au public telle qu'il conservait chez lui la plupart de ses gouaches, c'est-à-dire sans que les motifs découpés fussent collés mais simplement fixés par des épingles, probablement pour en souligner l'aspect aéré, cette « vie du papier » qu'évoquait André Rouveyre pour *Jazz*[26]. Les motifs découpés ne furent finalement collés qu'à la clôture du Salon, avant d'expédier l'œuvre en Amérique. Si la plupart des gouaches de Matisse sont aujourd'hui collées, c'est avant tout pour les protéger et les conserver, comme le faisait d'ailleurs l'artiste lorsqu'il se séparait de l'une d'entre elles. En revanche, les œuvres que lui-même ou ses proches gardaient étaient le plus souvent simplement épinglées, afin de préserver la flexibilité du papier favorisant les jeux menus de la lumière et ses changements incessants.

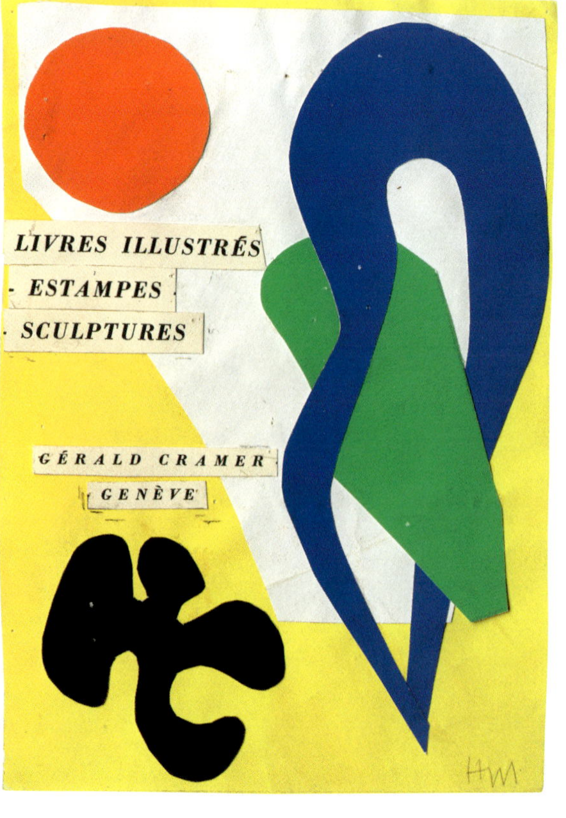

« En haut de la montagne gravie »

Ainsi, au terme de sa « seconde vie », malgré la vieillesse et les souffrances physiques, Matisse a pu atteindre une véritable sérénité tout aérienne, grâce à sa pratique des papiers gouachés et découpés. Celle-ci, déclara-t-il, « me porte littéralement à une très haute passion de peindre, car en me renouvelant entièrement, je crois avoir trouvé là un des points principaux d'aspiration et de fixation plastiques de notre époque. En créant ces papiers découpés et colorés, il me semble que je vais avec bonheur au-devant de ce qui s'annonce. Jamais, je crois, je n'ai eu autant d'équilibre qu'en réalisant ces papiers découpés. Mais je sais que c'est bien plus tard qu'on se rendra compte combien ce que je fais aujourd'hui était en accord avec le futur [27] ».

Fort de cette conviction, il se sentait transporté de joie par « la lumière intérieure », qu'il ignorait encore à la grande époque du fauvisme triomphant. « À ce moment là, j'ignorais la lumière intérieure, la lumière mentale, ou morale si vous préférez.

Aujourd'hui, je vis chaque jour dans cette lumière. » Les papiers gouaches et découpés furent donc la manifestation de la tâche qu'il s'était assignée : « Trouver la joie dans le ciel », vivre chaque jour dans la lumière intérieure, et il pouvait enfin, avant « l'éclat multiple », « chanter comme l'enfant selon les élans de son cœur, en haut de la montagne gravie »[28].

Pour finir, personne mieux que Matisse ne peut exprimer avec des mots la puissance lumineuse et aérienne de son expérience d'une beauté décorative permettant l'identification cosmique, dans un propos qui enveloppe en définitive l'essentiel de sa démarche, véritable hédonisme pictural et mystique :

« C'est en rentrant dans l'objet, en s'y oubliant, qu'on le découvre et qu'en le découvrant on se retrouve mieux soi-même. Que de fois, parti d'ici et rentré chez moi dans l'atelier de Cimiez, je continue à être la colombe, à vivre son vol. Je me reconquiers alors dans l'œuvre. Le Chinois a dit qu'il fallait s'élever avec l'arbre, je ne connais rien de plus vrai[29].

Ainsi, à Paris, les patrons d'Académies devraient supprimer de leur programme des tas d'heures d'études à l'atelier pour de longs arrêts au jardin zoologique. Les élèves y apprendraient là, dans l'observation constante, des secrets de vie embryonnaire, des frémissements. Ils pourraient ainsi y acquérir peu à peu ce *fluide* que les vrais artistes arrivent à posséder.

Ces vols successifs de colombes, leurs orbes, leurs courbes glissent en moi comme dans un grand espace intérieur. Vous ne pouvez pas vous figurer à quel point, en cette période de papiers découpés, la sensation du vol qui se dégage en moi m'aide à mieux ajuster ma main quand elle conduit le trajet de mes ciseaux. C'est assez difficilement explicable. Je dirai que c'est une sorte d'équivalence linéaire, graphique de la sensation du vol. Il y a aussi la question de l'espace *vibrant*. Donner de la vie à un trait, à une ligne, faire *exister* une forme, cela ne se résout pas dans les académies conventionnelles mais au dehors, dans la nature, à l'observation pénétrante des choses qui nous entourent. Un infime détail peut nous révéler un grand mécanisme, un rouage essentiel de vie. Au départ, les apprentis-peintres peuvent avoir le don de la vie des choses. La plupart des enfants qui peignent l'ont… Ils tracent une figure, mettent une couleur, établissent un rapport et l'image ainsi fixée *existe*, respire, participe… »[30]

Page 358
Le Masque japonais, *1950*
Papiers gouachés, découpés, collés sur papier, 79,5 x 49,5 cm
Collection particulière

Page 359
Feuille noire sur fond vert, *1952*
Papiers gouachés, découpés, collés sur papier, 60 x 39 cm
The Menil Collection, Houston (TX)

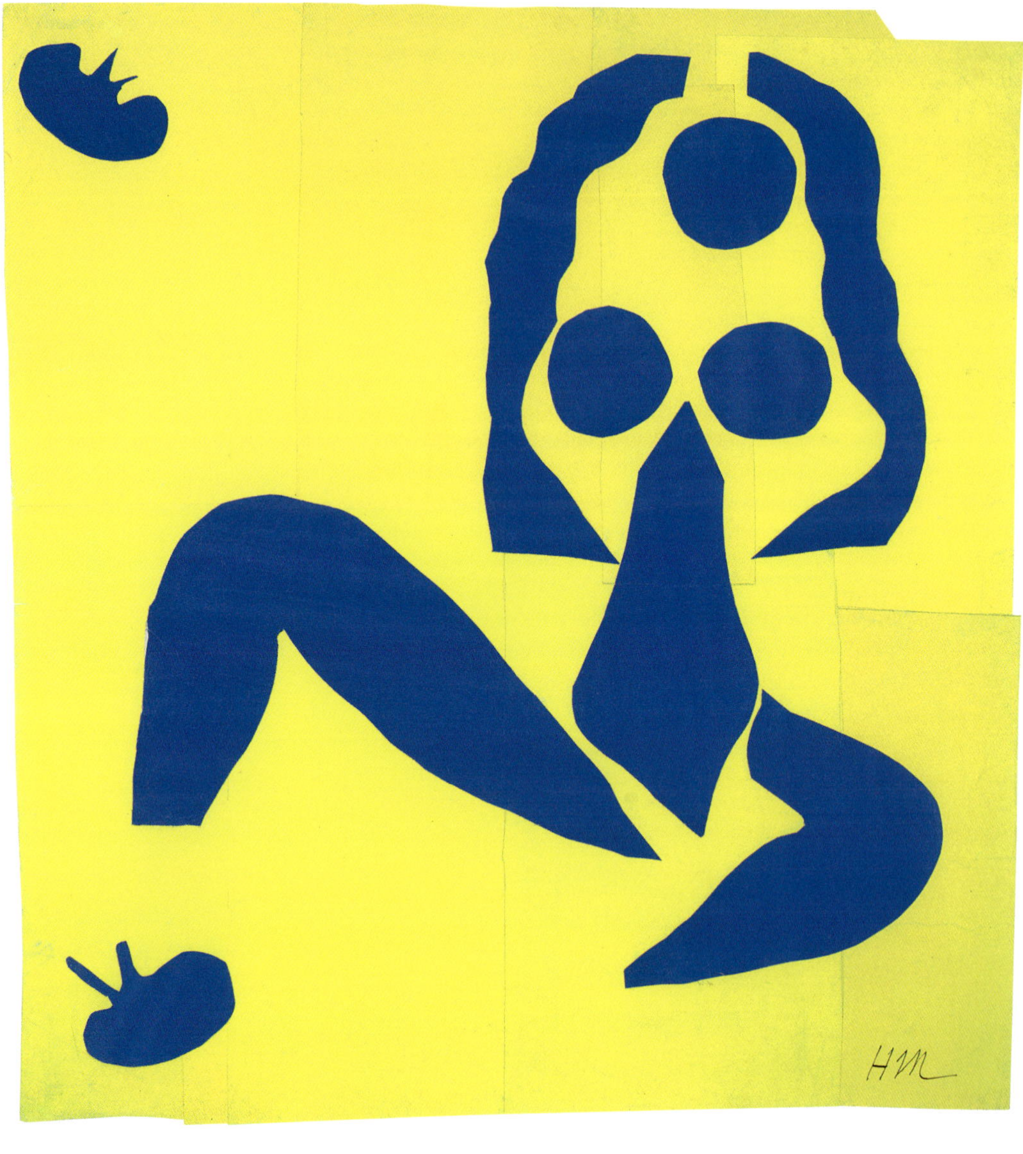

Henri Matisse

Déclarations

« Cette mode de distinction du figuratif et du non-figuratif »

1949–1952

Propos rapportés par André Lejard[1]

Si vous jetez un regard d'ensemble sur votre œuvre, comment la jugez-vous ? Quelle partie vous en semble aujourd'hui la plus importante ?

« Je n'ai pas à juger mon œuvre. Elle vaut par elle-même. Je ne saurais d'ailleurs en dissocier une partie. Elle constitue un tout. Mes découvertes successives s'intègrent l'une dans l'autre. J'essaie de me comprendre ; chacune de mes œuvres est une tentative dans ce sens. J'espère y parvenir un jour. Ce qui m'intéresse le plus en ce moment, c'est mon œuvre dernière : la chapelle de Vence. Elle est l'aboutissement actuel de mes recherches antérieures. »

Dans votre œuvre, de quelle manière jugez-vous vos incursions dans d'autres techniques que la peinture : sculpture, tapisserie, papiers découpés ?

« Le fond demeure le même. Chacune des techniques aide l'autre. Peinture, sculpture, tapisserie, etc. sont l'expression de moi-même à un titre égal. Elles se complètent mutuellement. Je n'ai pas à porter de jugements sur ces différentes formes d'expression. L'œuvre agit par elle-même ; si elle n'est pas lisible, c'est qu'elle n'est pas assez claire ou que les autres ne sont pas assez perspicaces. »

[...] *Vers quel style s'oriente la peinture moderne ?*

« J'ignore vers quel style s'oriente la peinture et je n'ai pas à le savoir. On avance sans connaître le point d'arrivée. »

La peinture s'oriente-t-elle vers un nouveau dessin, une nouvelle couleur, un nouvel espace ?

« Je n'ai rien à dire sur ce point. Mon œuvre le dit pour moi. C'est aux autres de déceler ce vers quoi je tends. Ce n'est pas à moi de l'expliquer. Je n'ai pas la faculté de deviner ce qui va se passer. Le présent me suffit. »

Croyez-vous que la peinture à l'huile convienne encore à ce nouveau langage qui se décèle dans la peinture d'aujourd'hui ? Le tableau de chevalet n'a-t-il pas fait son temps ? N'avez-vous pas trouvé vous-même dans le papier découpé un authentique moyen d'expression ?

« Ce nouveau langage auquel vous faites allusion n'implique pas à mes yeux la condamnation

La Grenouille, *1952*
Papiers gouachés, découpés, collés sur papier, 141 x 134 cm
Fondation Beyeler, Riehen/Bâle

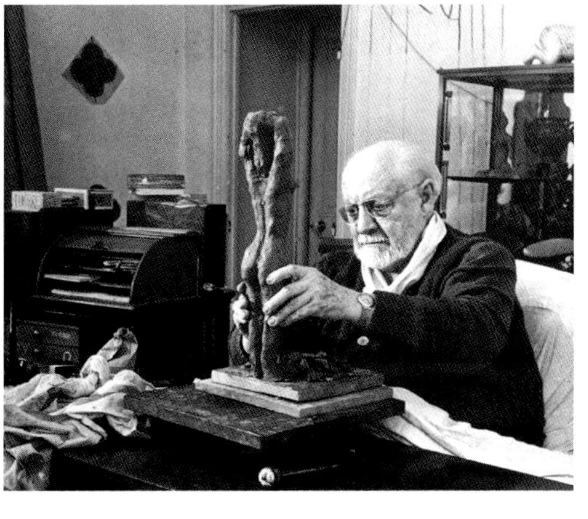

Henri Matisse dans son appartement assis dans son lit et sculptant un nu de femme, *novembre 1951*
Photo Dmitri Kessel

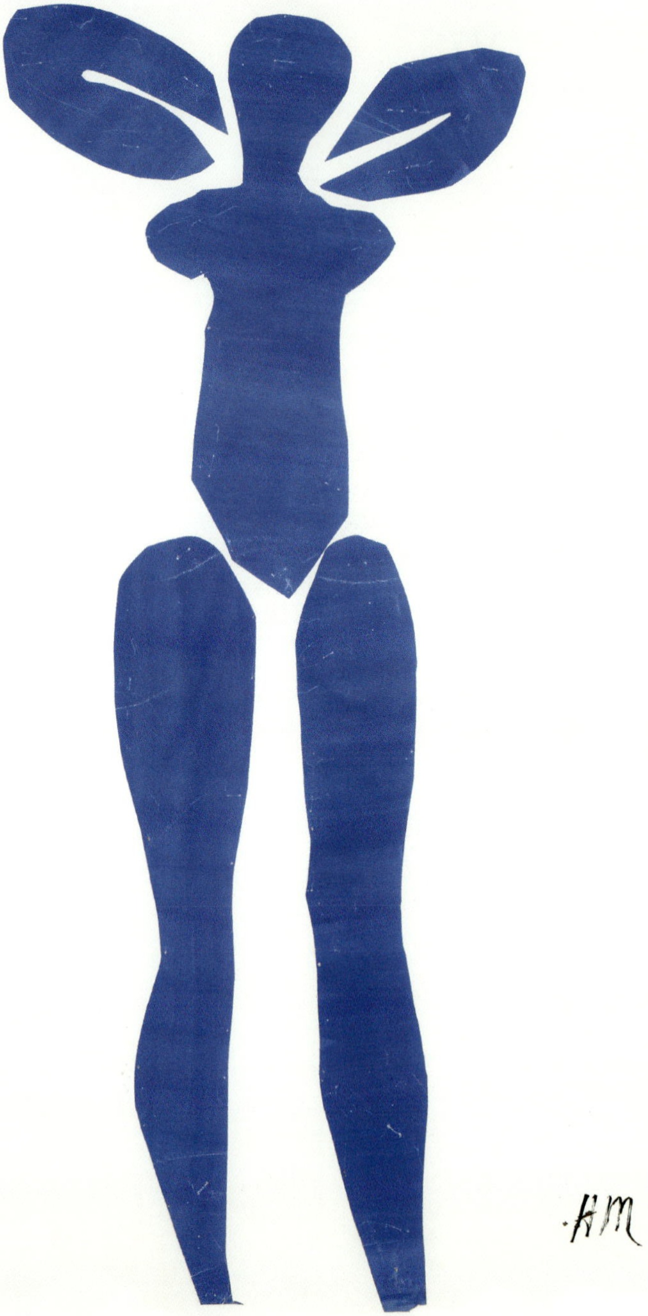

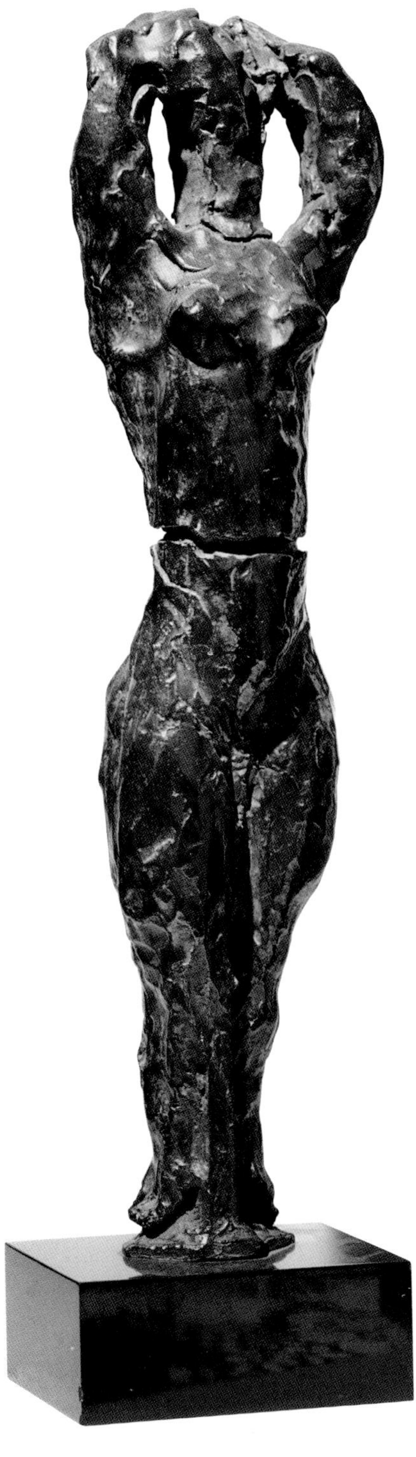

de la peinture à l'huile et, par conséquent, de la peinture de chevalet. Je suis personnellement tourné en ce moment vers des matières plus mates, plus immédiates, ce qui me conduit à chercher un nouveau moyen d'expression. Le papier découpé me permet de dessiner dans la couleur. Il s'agit pour moi d'une simplification. Au lieu de dessiner le contour et d'y installer la couleur – l'un modifiant l'autre –, je dessine directement dans la couleur, qui est d'autant plus mesurée qu'elle n'est pas transposée. Cette simplification garantit une précision dans la réunion des deux moyens qui ne font plus qu'un.

Je ne recommande absolument pas cette forme d'expression comme un moyen d'étude. Ce n'est pas un départ, mais un aboutissement. Cela exige infiniment de subtilité et un long acquis. Il faut étudier longuement, ne pas se hâter. Ainsi, celui qui commence par le signe, aboutit très vite à une impasse. Moi, je suis allé des objets au signe.

Dans mon esprit, le papier découpé n'implique pas une condamnation de la peinture à l'huile. Ces deux modes d'expression sont également valables à mes yeux. »

Propos rapportés par André Verdet

Les papiers découpés sont-ils pour vous un besoin de surprise ?

« Non. Là, c'est la matière-papier qui reste à discipliner, à faire vivre et à augmenter. Pour moi, c'est un besoin de connaissance. Les ciseaux peuvent acquérir plus de sensibilité de tracé que le crayon ou le fusain.

Observez cette grande composition : feuillage, fruits, ciseaux ; un jardin. Le blanc intermédiaire est déterminé par l'arabesque du papier-couleur découpé qui donne à ce blanc-ambiant une qualité rare et impalpable. Cette qualité est celle du contraste. Chaque groupe particulier de couleurs a en lui-même une atmosphère particulière. C'est ce que j'appellerai l'ambiance expressive. »

Votre livre Jazz *a eu un grand retentissement. Beaucoup le considèrent comme un des tournants de votre évolution constante. Comment avez-vous eu l'idée de ce livre ?*

« En dessinant aux ciseaux dans des feuilles de papier colorées à l'avance, d'un même geste pour associer la ligne à la couleur, le contour à la surface. L'idée m'est simplement venue de les réunir et Tériade en a fait un volume. Oui, *Jazz* a eu un grand retentissement et j'ai senti que je devais continuer, car jusqu'ici le travail était rendu futile par un manque de coordination entre les différents éléments agissant par sensations globales. Parfois la difficulté venait : lignes, volumes, couleurs et quand je les réunissais tout s'effondrait, l'un détruisant l'autre. Il fallait recommencer, chercher la musique et la danse, trouver l'équilibre et éviter le conventionnel. Un nouveau départ, de nouveaux exercices, des découvertes. Je peux vous confier que c'est du livre *Jazz*, de mes papiers découpés, que par la suite sont nés mes vitraux. Il ne suffit pas de mettre les couleurs, si belles soient-elles, les unes auprès des autres, il faut encore que ces couleurs réagissent les unes sur les autres. Sinon, c'est de la cacophonie. *Jazz* est un rythme et une signification. »

(Propos rapportés dans *Prestiges de Matisse*, Paris, Émile Paul, 1952)

« Ces vols successifs de colombes[2], leurs orbes, leurs courbes glissent en moi comme dans un grand espace intérieur. Vous ne pouvez pas vous figurer à quel point, en cette période de papiers découpés, la sensation du vol qui se dégage en moi m'aide à mieux ajuster ma main quand elle conduit le trajet de mes ciseaux. C'est assez difficilement explicable. Je dirai que c'est une sorte d'équivalence linéaire, graphique de la sensation du vol. Il y a aussi la question de l'espace *vibrant*. Donner de la vie à un trait, à une ligne, faire *exister* une forme, cela ne se résout pas dans les académies conventionnelles mais au-dehors, dans la nature, à l'observation pénétrante des choses qui nous entourent. Un infime détail peut nous révéler un grand mécanisme, un rouage essentiel de vie. Au départ, des apprentis-peintres peuvent avoir le don de la vie des choses. La plupart des enfants qui peignent l'ont… Ils tracent une figure, mettent une couleur, établissent un rapport et l'image ainsi fixée *existe*, respire, participe, ce n'est pas une chose morte, une chose qui ressemblerait, par exemple, à un vieux morceau d'épluchure tombé d'un vieux morceau de vie morte…

[Cette technique nouvelle des papiers découpés] me porte littéralement à une très haute passion de peindre, car en me renouvelant entièrement, je crois avoir trouvé là un des points principaux d'aspiration et de fixation plastiques de notre époque. En créant ces papiers découpés et colorés, il me semble que je vais avec bonheur au-devant de ce qui s'annonce […][3]. »

(Rapportés dans « Les Heures azuréennes », *XXe siècle*, Hommage à Matisse, Paris, 1970)

« Cette mode de distinction du figuratif et du non-figuratif[4] »

Que pensez-vous de l'abstrait – considérez-vous que le peintre doive déduire ses abstractions des formes de la nature, ou que l'on doive créer la forme, abstraction faite de la nature ?

« Il y a toujours une mesure de réalité. Le reste, je suis d'accord, relève de l'imagination. Mais il n'y a pas de lois tant que l'œuvre est en cours. On ne saurait établir de programmes. La peinture est un art sérieux et grave :

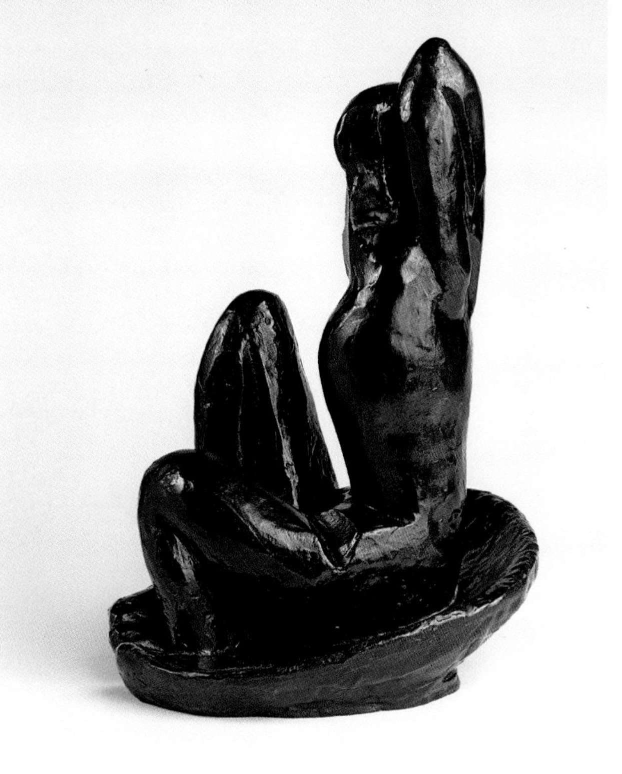

Page 364
Nu bleu debout, *1952*
Papiers gouachés, découpés, collés sur papier, 115,5 x 76,3 cm
Metropolitan Museum of Art, New York, don de la fondation Pierre et Tana Matisse

Page 365
Nu debout (Katia), la taille cassée, *1950*
Bronze
Hauteur : 45,2 cm
Collection particulière

Vénus à la coquille I, *1930*
Bronze
Hauteur : 31 cm
Musée Matisse, Nice

The Sculpture of Henri Matisse, *1952*
Affiche de l'exposition à la Tate Gallery, Londres
82 x 57,5 cm

nous ne possédons pas encore toute son âme, tout son principe ; nous n'avons pas non plus la liberté, et c'est ce dont nous avons le plus besoin. » (Entretien avec R. W. Howe, 1949[5])

Existe-t-il pour vous quelque antinomie entre l'art figuratif et l'art non-figuratif ? Que pensez-vous de la vogue actuelle de l'art abstrait parmi les jeunes ?

« Je ne comprends pas la distinction entre l'art figuratif et l'art non-figuratif. L'art abstrait tel qu'on l'entend actuellement me paraît constituer une tendance dangereuse. Il obéit à l'esprit de facilité. Les artistes "abstraits" ne se raccrochent à rien, ni à eux, ni aux objets. (Ils s'ignorent mutuellement). »

Ce que vous venez de me dire se trouvait déjà dans votre réponse à une enquête des Cahiers d'art, *il y a quelques années. Vous vous expliquiez en ces termes :*

« L'abstraction n'est qu'un moyen éternel dont les artistes ont toujours usé. Mais il ne faut pas se laisser entraîner par la tentation, faire l'épreuve des moyens en étant dupes. » (Lejard, 1951)

Pensez-vous que l'art abstrait d'aujourd'hui puisse conduire vers l'impasse ?

« Tout d'abord, je déclarerai qu'il n'y a pas *un* art abstrait. Tout art est abstrait en soi quand il est l'expression essentielle dépouillée de toute anecdote. Mais ne jouons pas sur les mots… On peut dire tout de même qu'aujourd'hui s'il n'est plus besoin, en peinture, d'expliquer par la constitution physique, il est pourtant nécessaire qu'un artiste qui exprime l'objet par synthèse tout en ayant l'air de s'en écarter ait *en lui*, porte *en lui*, l'explication de cet objet. Il doit finir par l'oublier nécessairement mais, je le répète, il faut qu'il ait profond *en lui*, le souvenir réel de cet objet et des réactions de cet objet dans son esprit. On part d'abord d'un objet. La sensation vient ensuite. On ne part pas d'un vide. Rien n'est gratuit. Les peintres dits *abstraits* d'aujourd'hui, il me semble que beaucoup trop d'entre eux partent d'un vide. Ils sont gratuits, ils n'ont plus de souffle, plus d'inspiration, plus d'émotion, ils défendent un point de vue *inexistant* ; ils font l'imitation de l'abstraction. On ne trouve pas d'expression dans ce qui voudrait être les rapports de leurs couleurs. S'ils n'arrivent pas à créer des rapports, ils peuvent prendre en vain toutes les couleurs. Le rapport, c'est la parenté entre les choses, c'est le langage commun ; le rapport, c'est l'amour, oui, l'amour. Sans ce rapport, sans cet amour, il n'y a plus de critère d'observation donc il n'y a plus d'œuvre d'art. »

(Entretien avec Verdet, 1952[6])

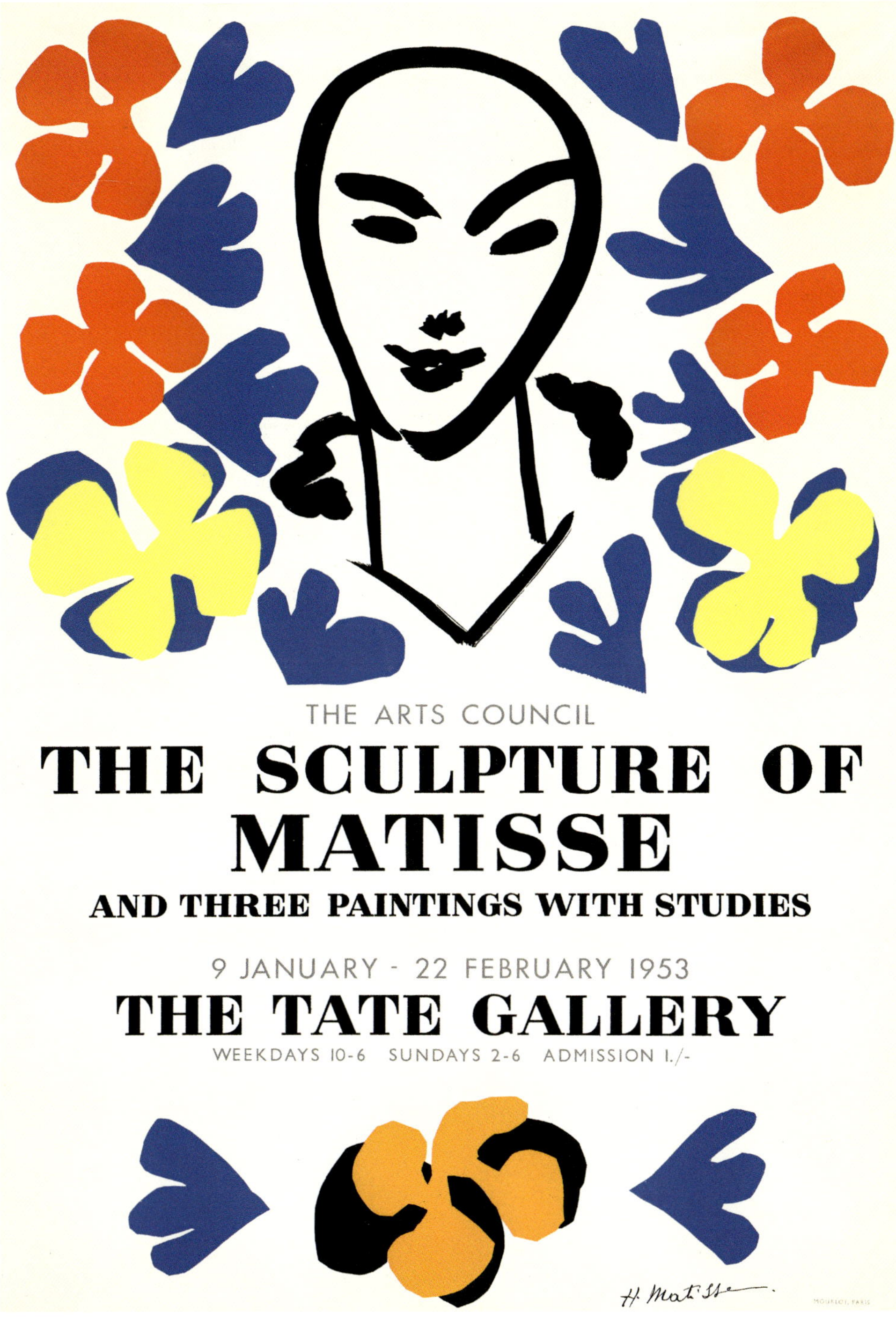
THE ARTS COUNCIL
THE SCULPTURE OF
MATISSE
AND THREE PAINTINGS WITH STUDIES
9 JANUARY - 22 FEBRUARY 1953
THE TATE GALLERY
WEEKDAYS 10-6 SUNDAYS 2-6 ADMISSION 1./-
H. Matisse

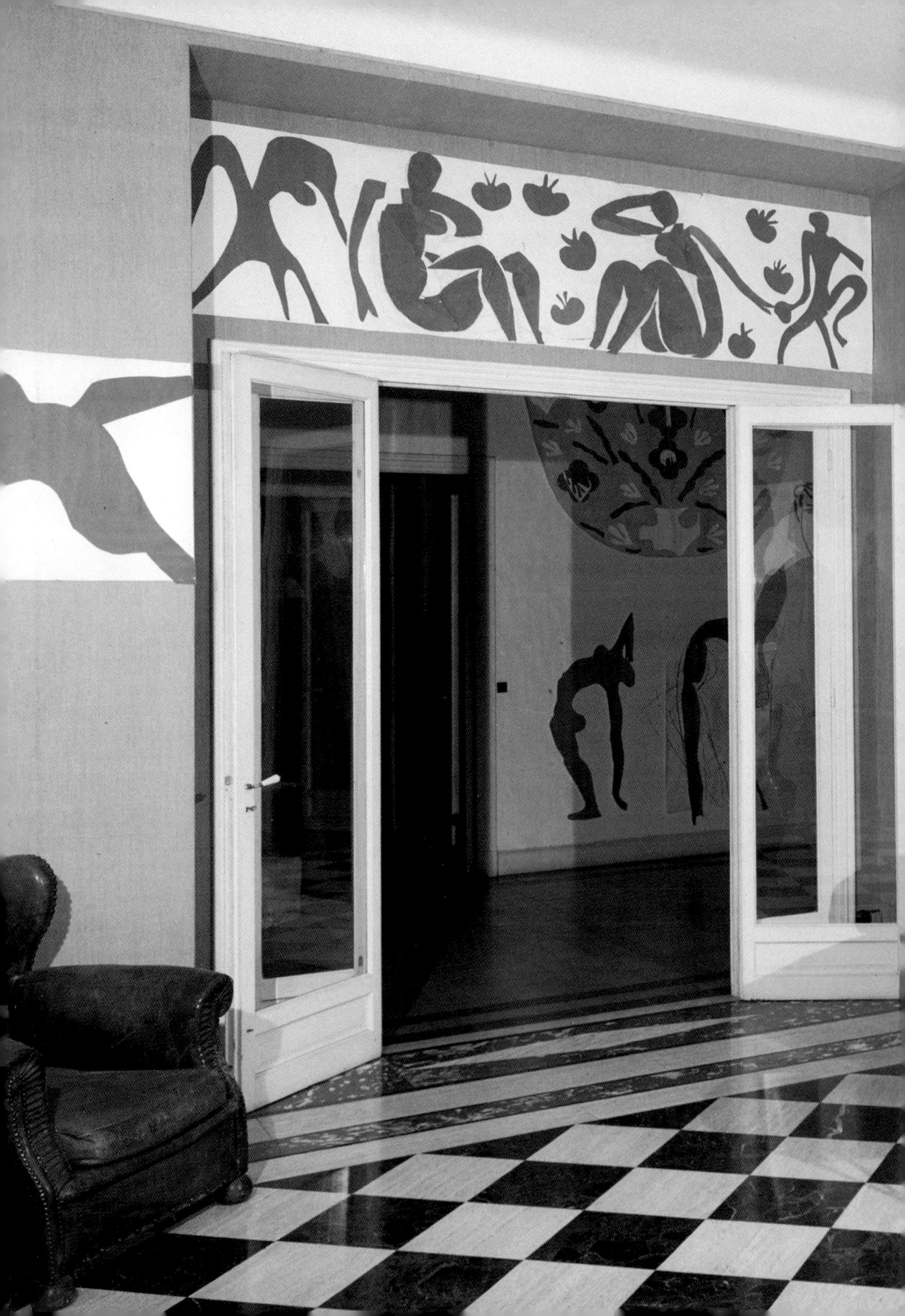

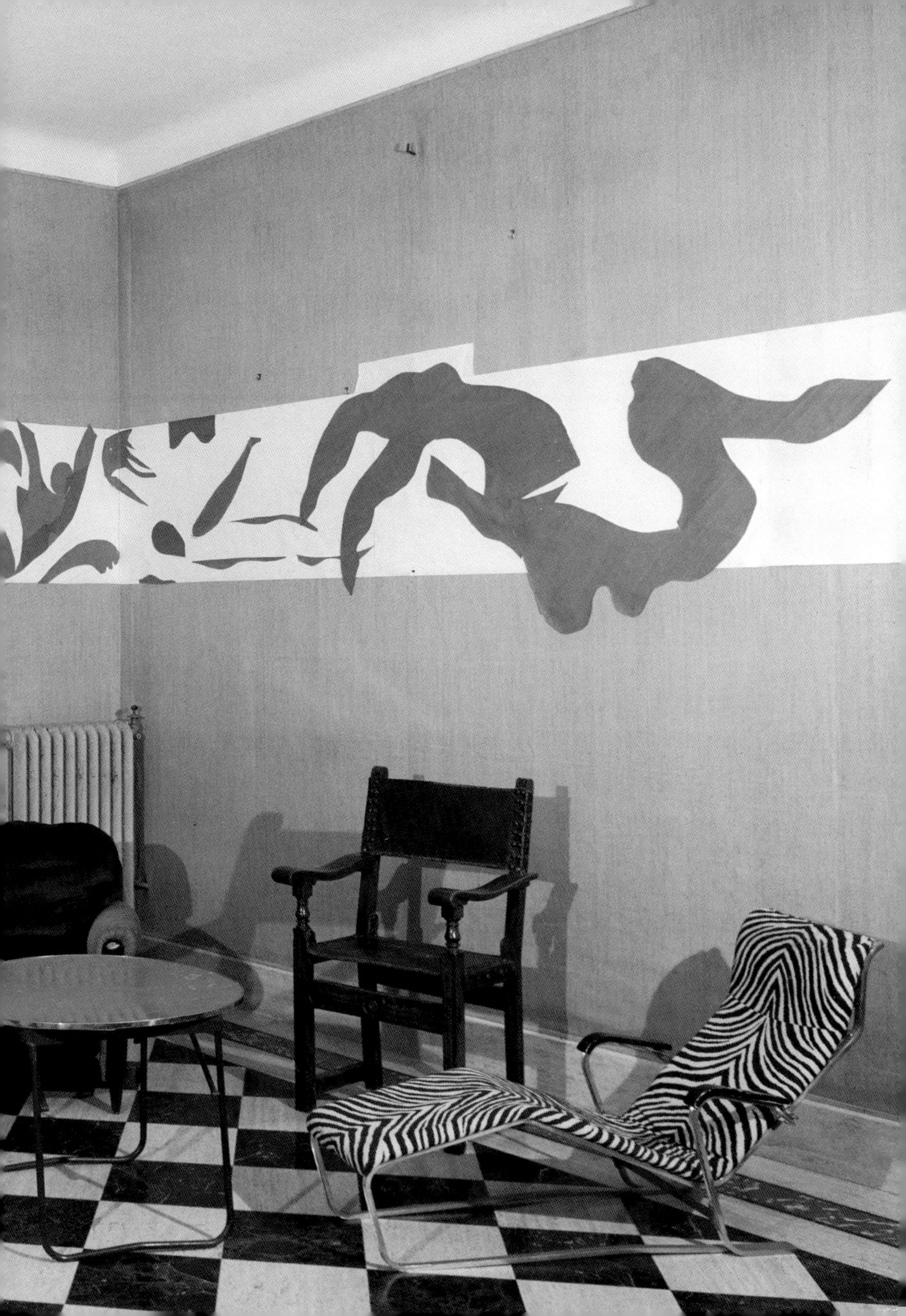

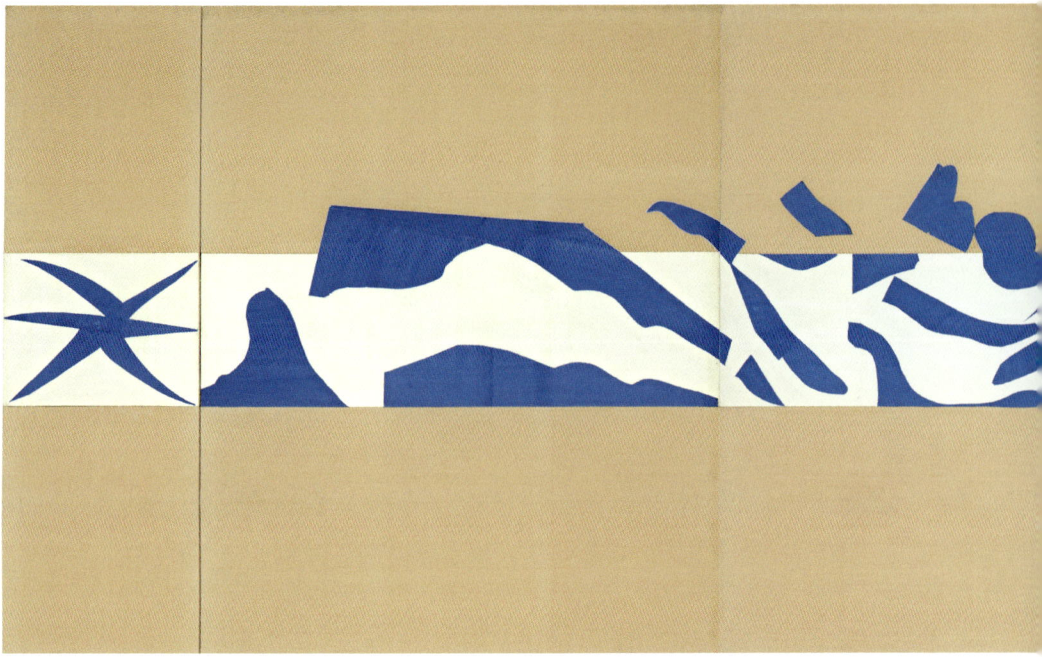

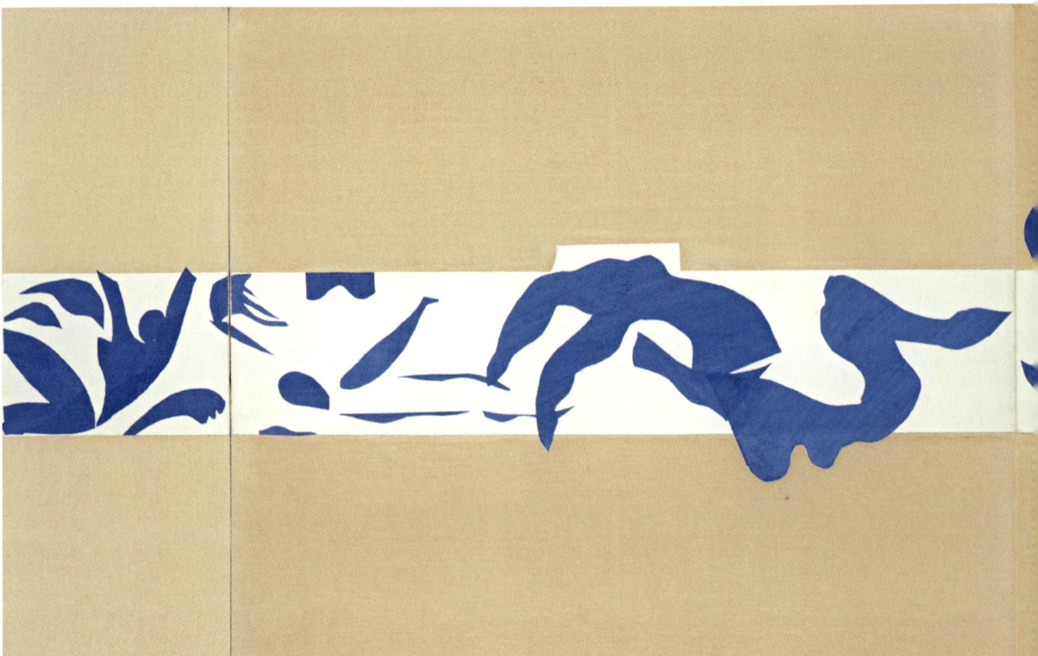

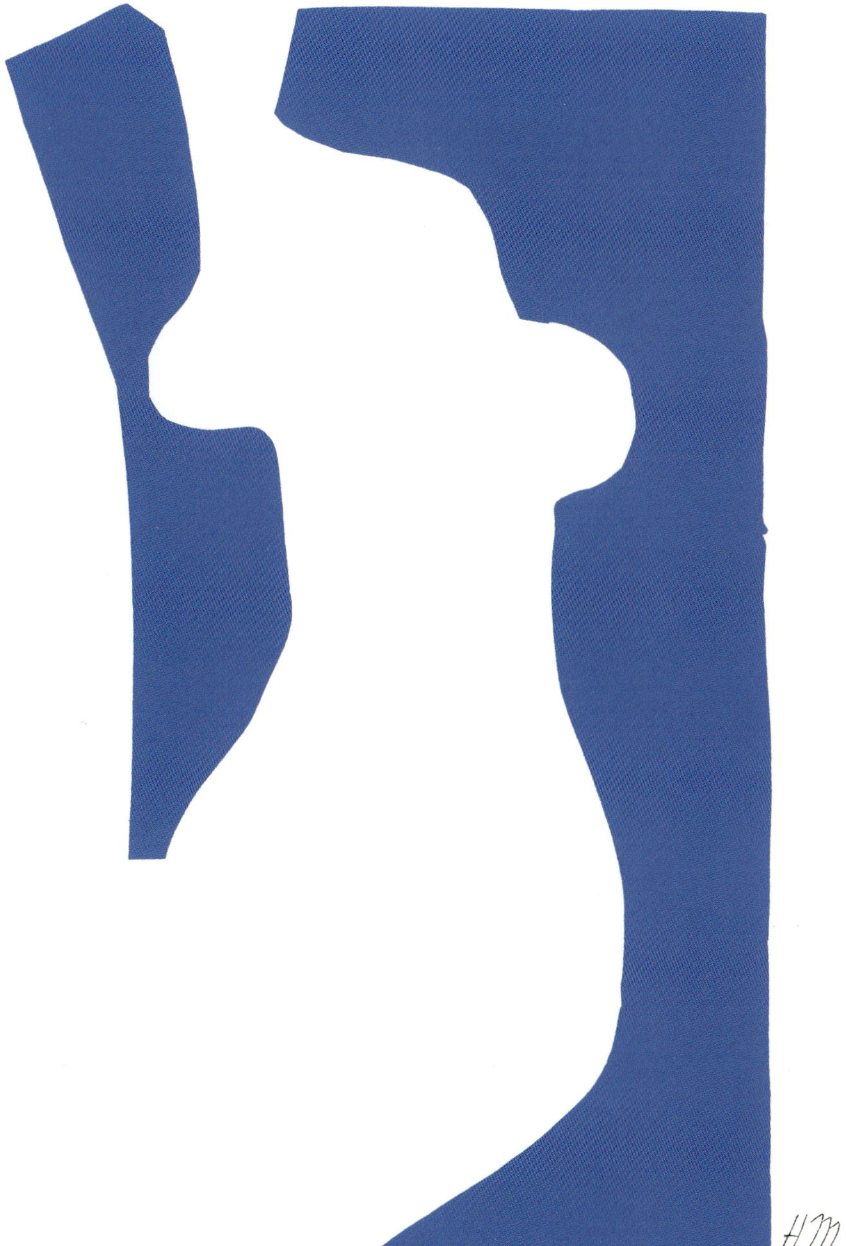

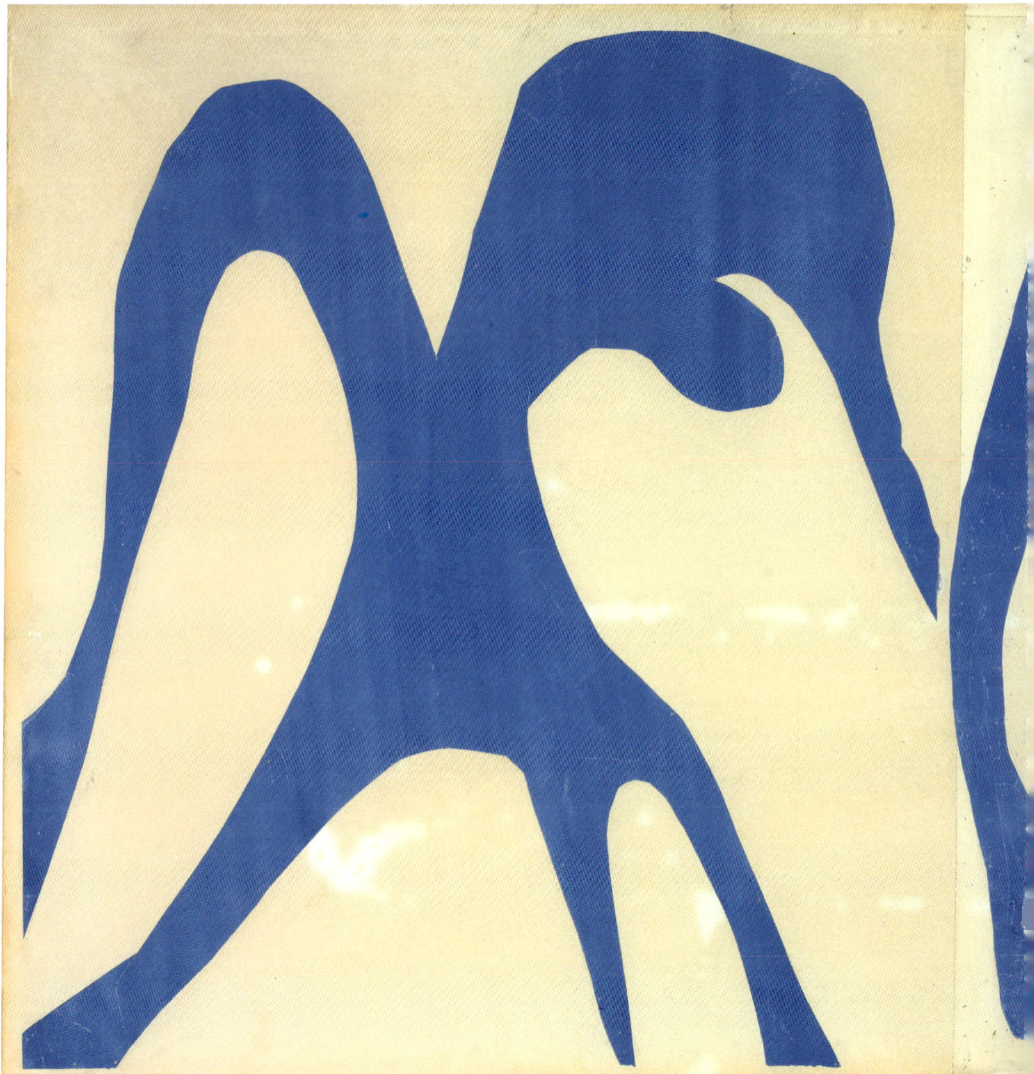

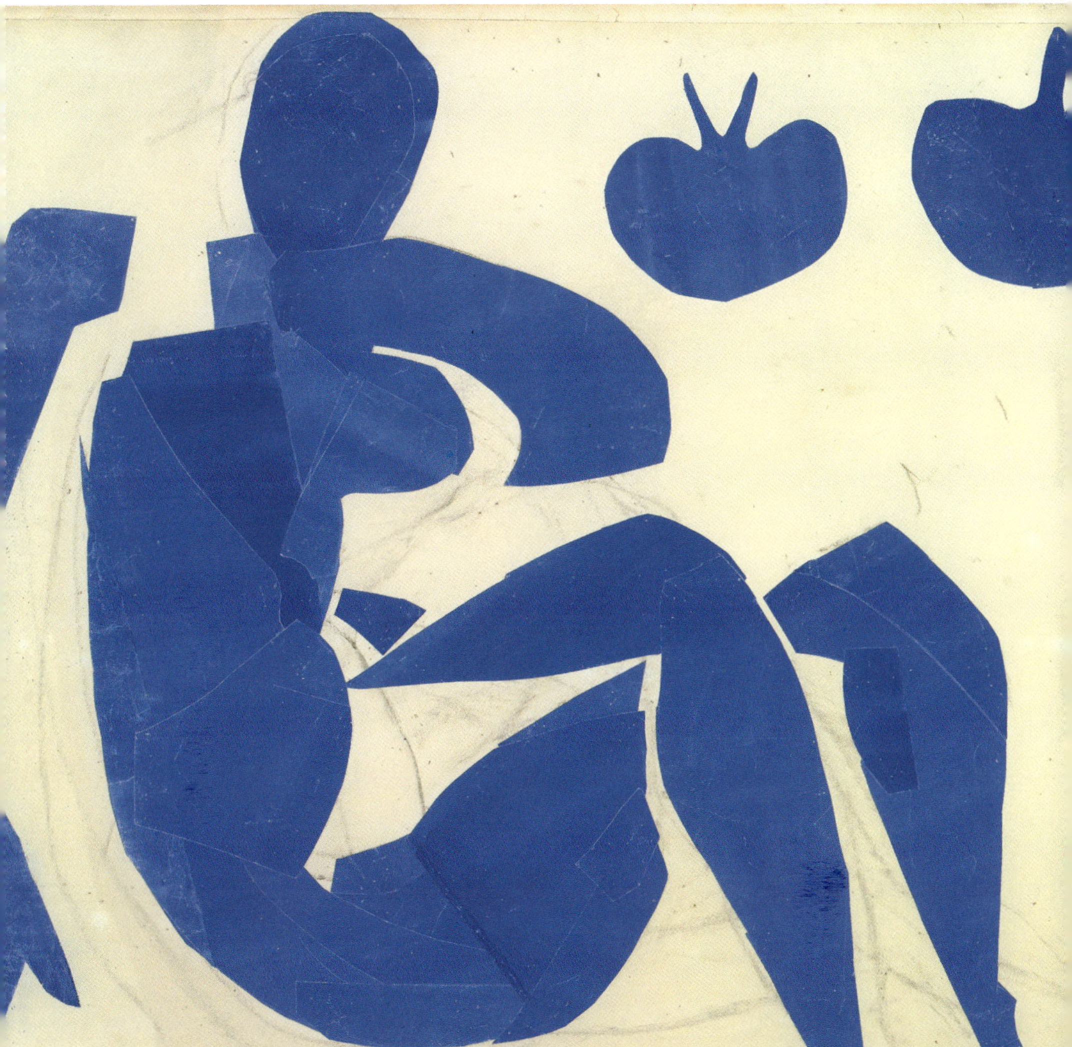

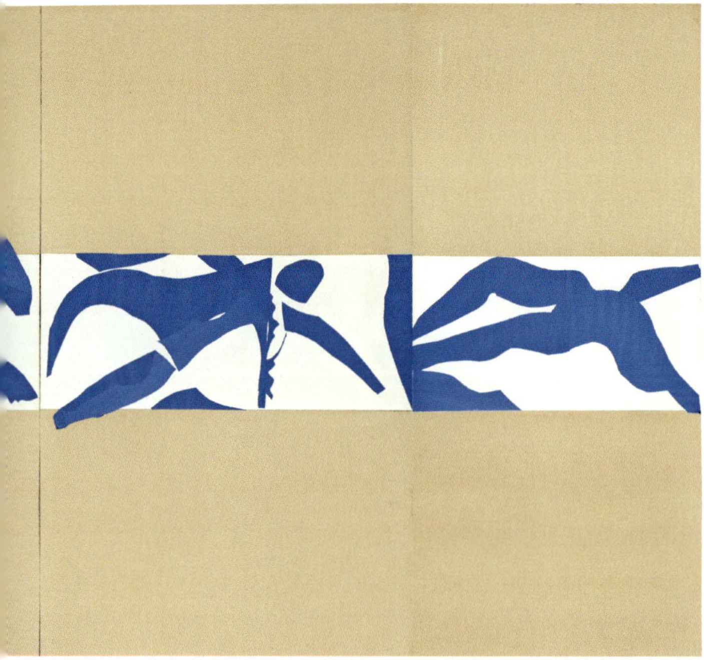

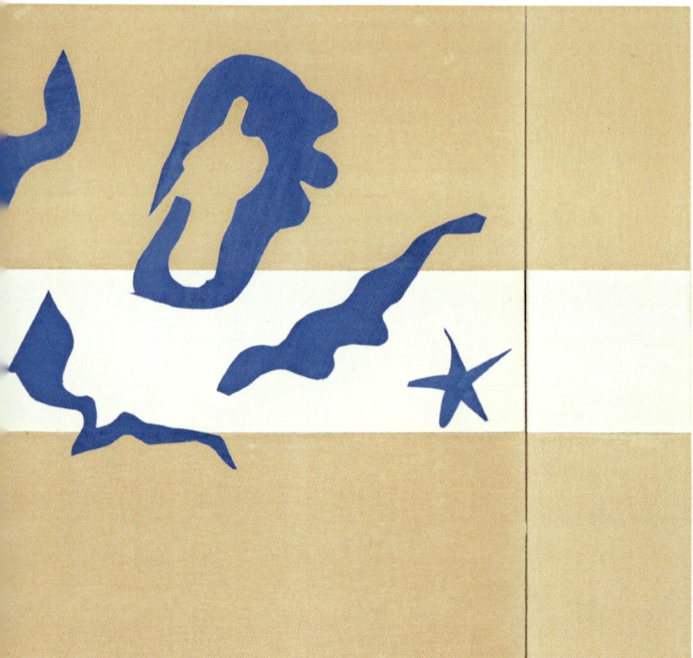

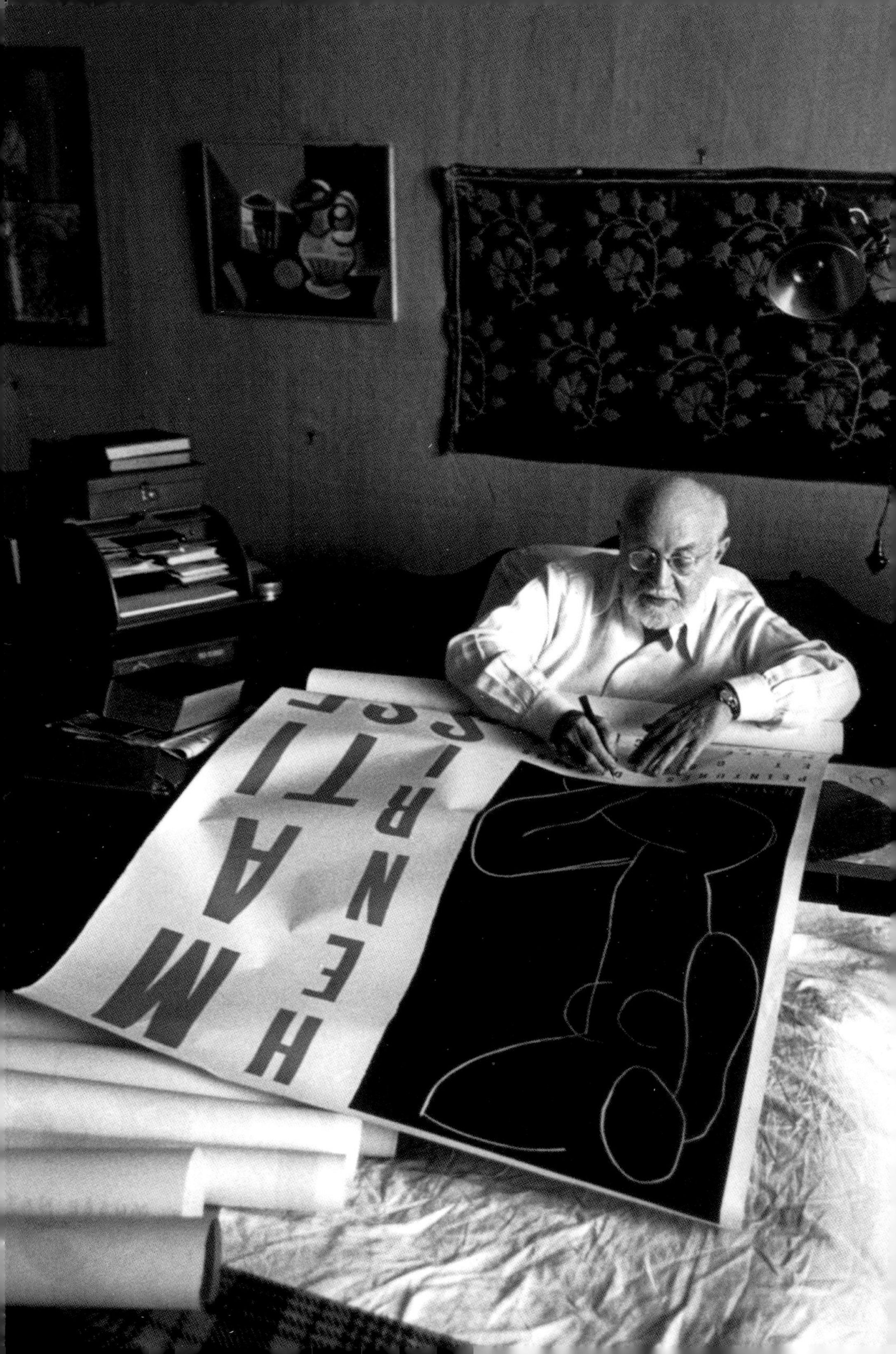

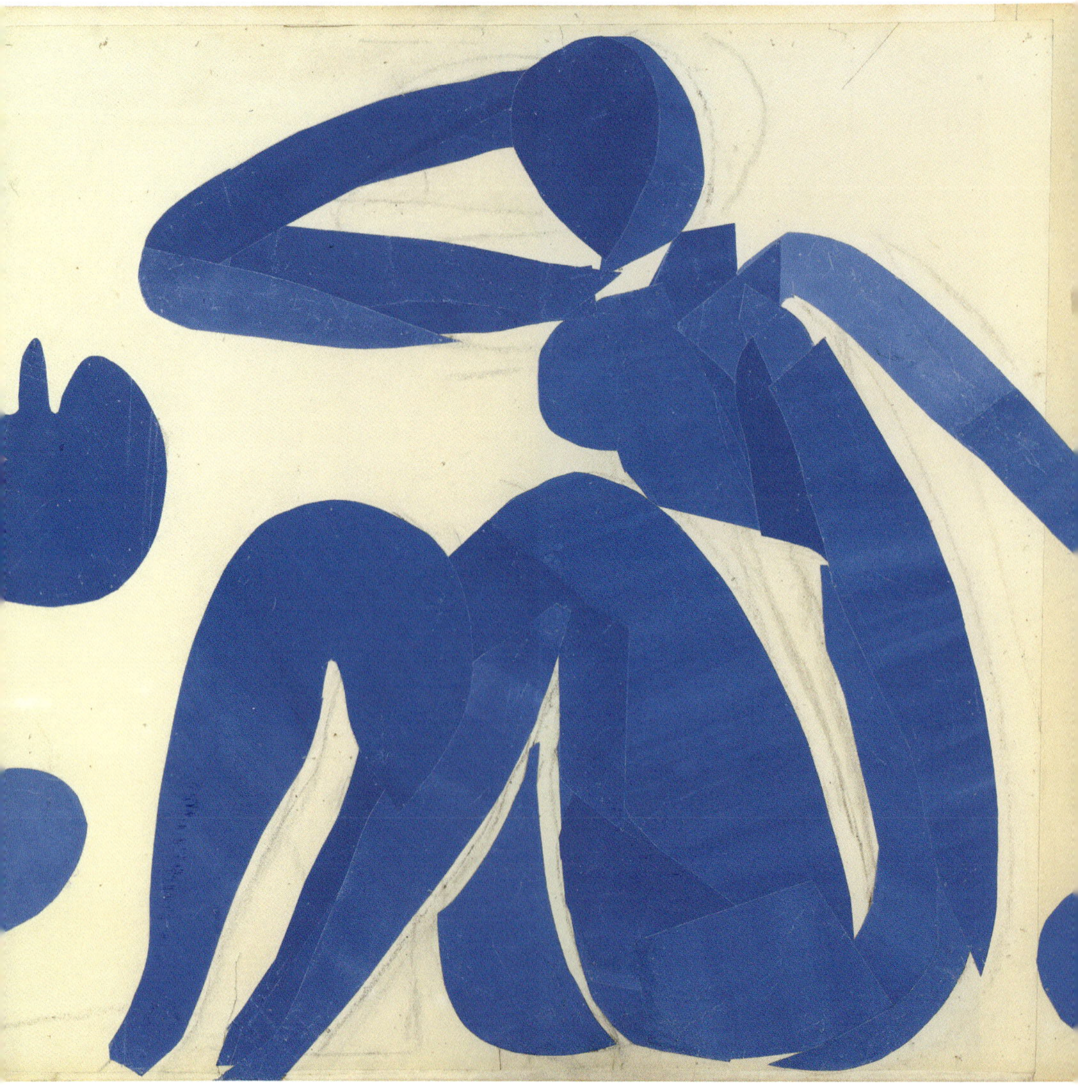

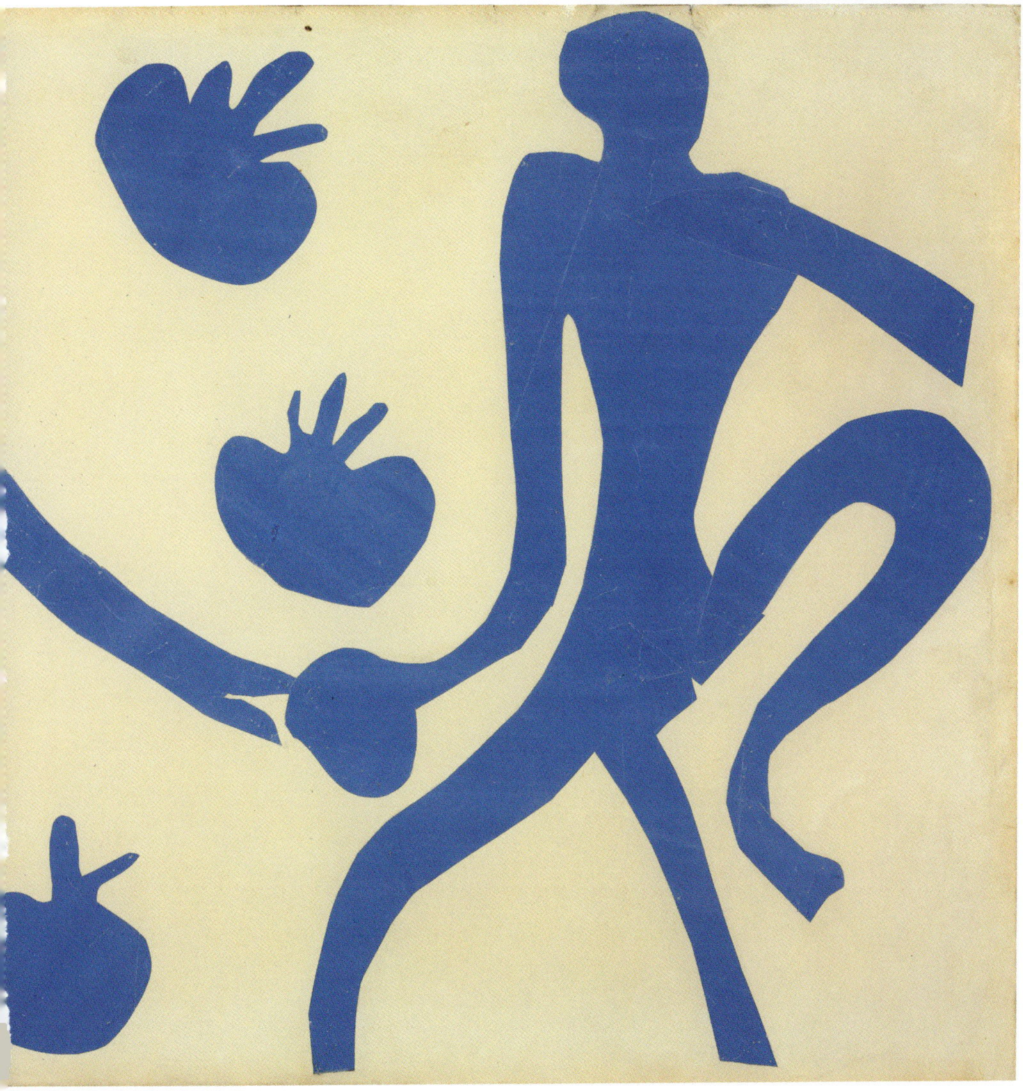

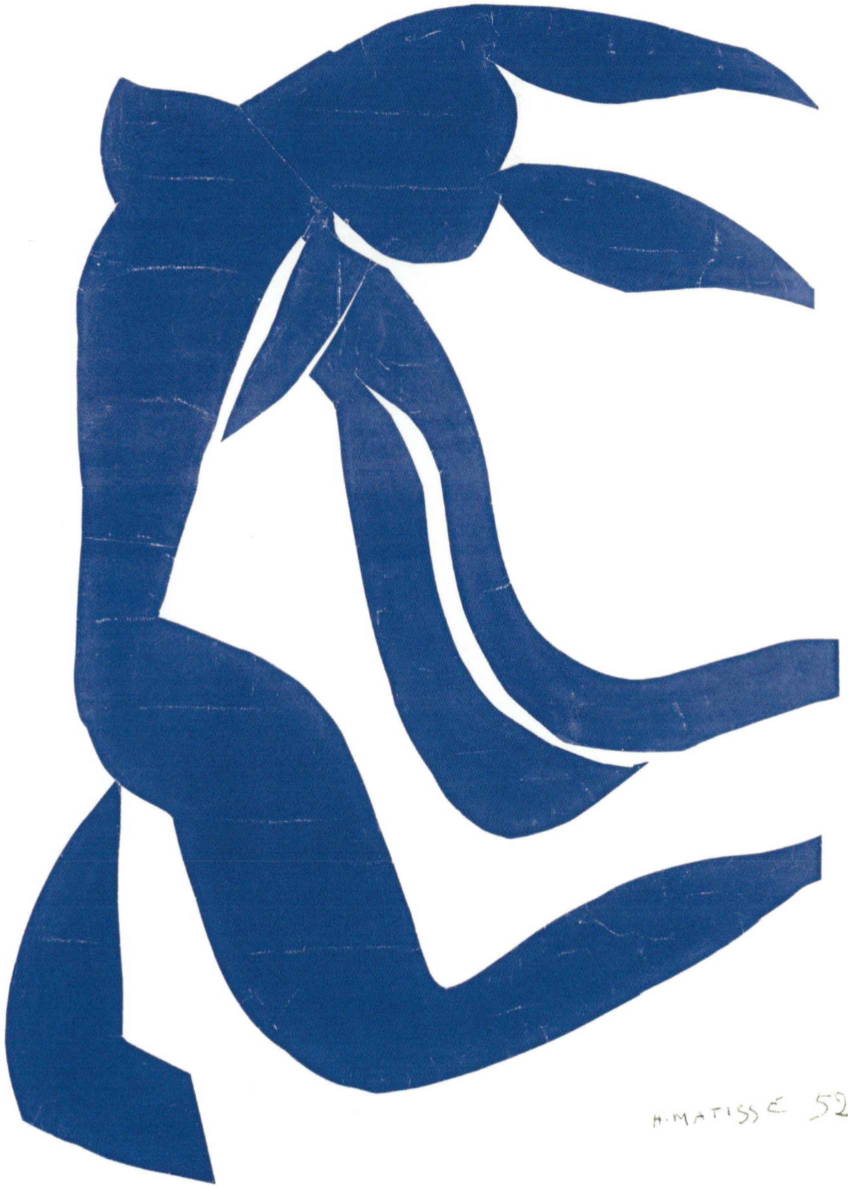
H. MATISSE 52

Pages 370/371
La « pièce du nord » dans l'appartement d'Henri Matisse à l'hôtel Régina,
Cimiez-Nice, 1953
Sur le mur : Femmes et singes *et* La Piscine
Photo Hélène Adant

Pages 372/373
La Piscine, *1952*
Neuf panneaux muraux en deux parties : papiers gouachés, découpés et collés sur papier peint blanc, monté sur grosse toile, 230,1 x 1645 cm
The Museum of Modern Art, New York, Mme Bernard F. Gimbel Fund

Page 374
Vénus, *1952*
Papiers gouachés, découpés, collés sur papier, 101,2 x 76,5 cm
National Galley of Art, Washington D. C.
Reproduction lithographique du découpage original sur papier

Pages 375–378
Femmes et singes, *1952*
Papiers gouachés, découpés, collés sur papier, charbon 71,7 x 286,2 cm
Musée Ludwig, Cologne

Page 379
La Chevelure, *1952*
Papiers gouachés, découpés, collés sur papier, 108 x 80 cm
Collection particulière

Page 382
Nu bleu I, *1952*
Papiers gouachés, découpés, collés sur papier, 106 x 78 cm
Fondation Beyeler, Riehen/Bâle

Page 383
Nu bleu II, *1952*
Papiers gouachés, découpés, collés sur papier, 116,2 x 88,9 cm
Musée national d'Art moderne, Centre Pompidou, Paris

Page 384
Nu bleu IV, *1952*
Papiers gouachés, découpés, collés sur papier, 103 x 74 cm
Musée Matisse, Nice

Page 385
Nu bleu III, *1952*
Papiers gouachés, découpés, collés sur papier, 112 x 73,5 cm
Musée national d'Art moderne, Centre Pompidou, Paris

Page 386
Femme à l'amphore et grenades, *1953*
Papiers gouachés, découpés, collés sur papier, 243,8 x 96,2 cm
National Galley of Art, Washington D. C.
Reproduction lithographique du découpage original sur papier

Page 387
Femme à l'amphore, *1953*
Papiers gouachés, découpés, collés sur papier, 168,5 x 48 cm
Musée national d'Art moderne, Centre Pompidou, Paris

Henri Matisse travaillant dans son lit à l'hôtel Régina,
août 1949
Photo Robert Capa

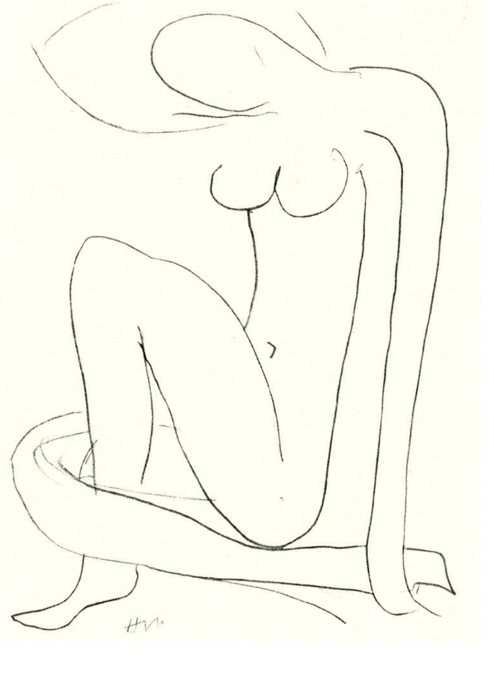

Femme assise le bras sur la tête, *1952*
Étude pour le Nu bleu II
Crayon sur papier, 27 x 21 cm
Photo Archives Matisse

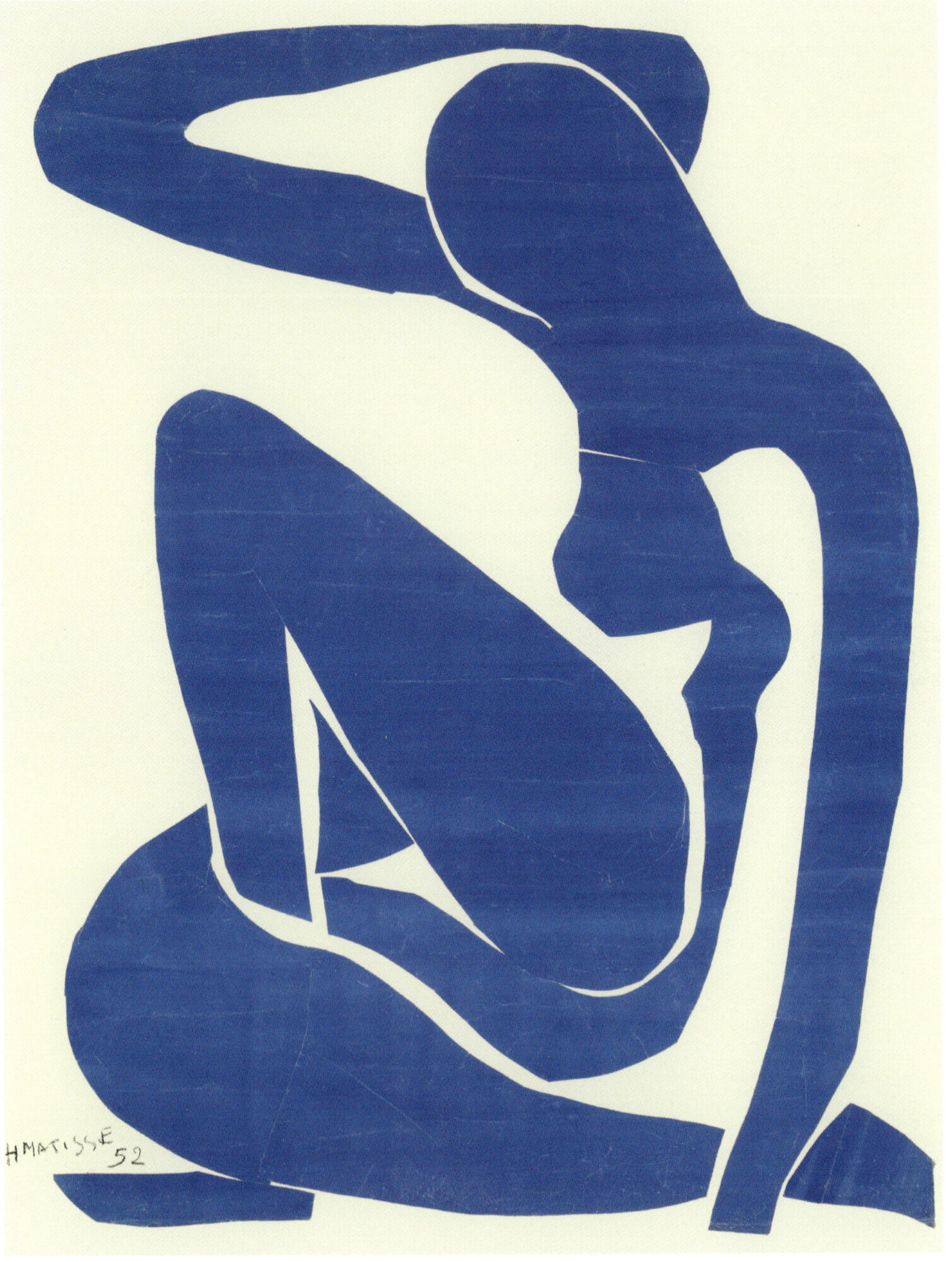
H MATISSE
52

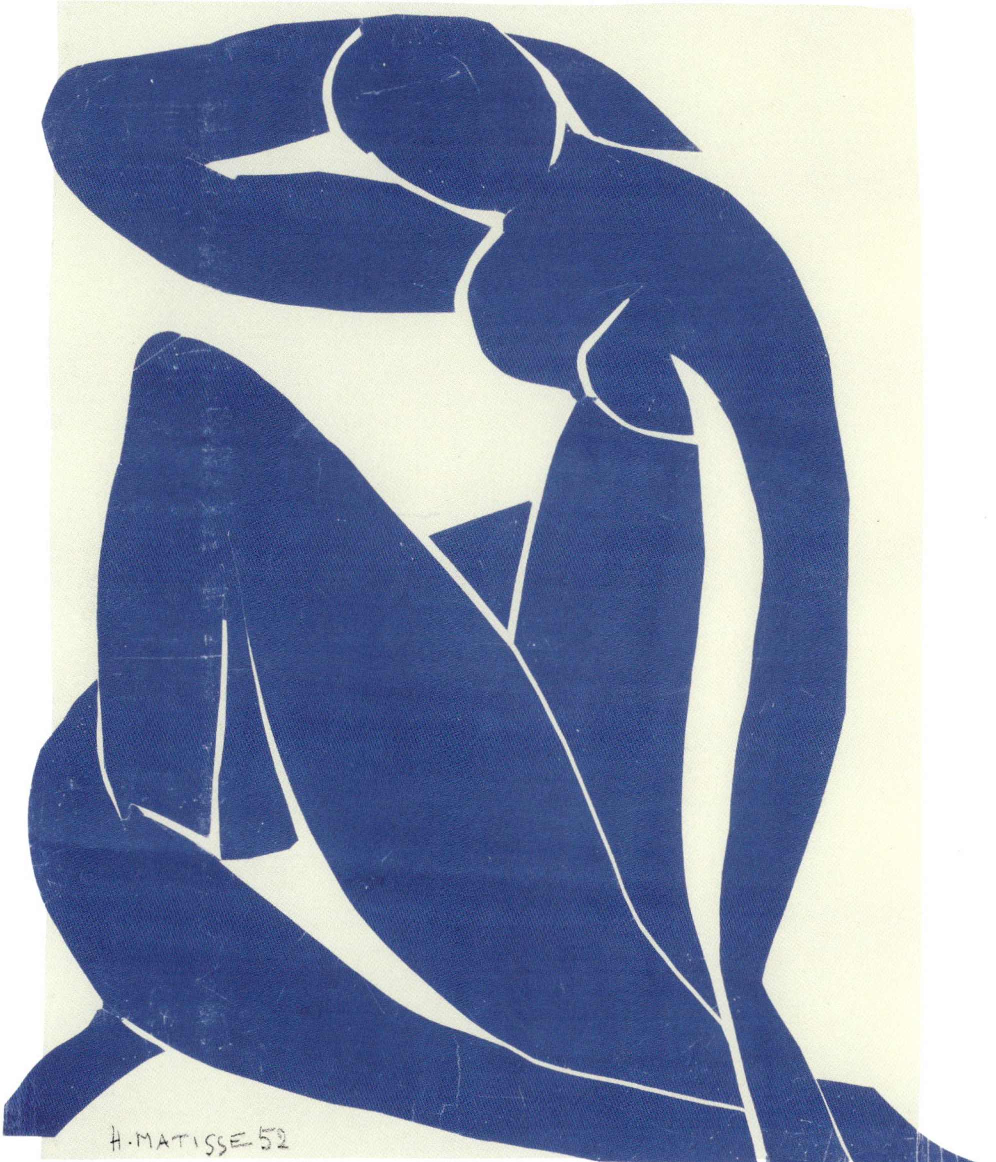
H. MATISSE 52

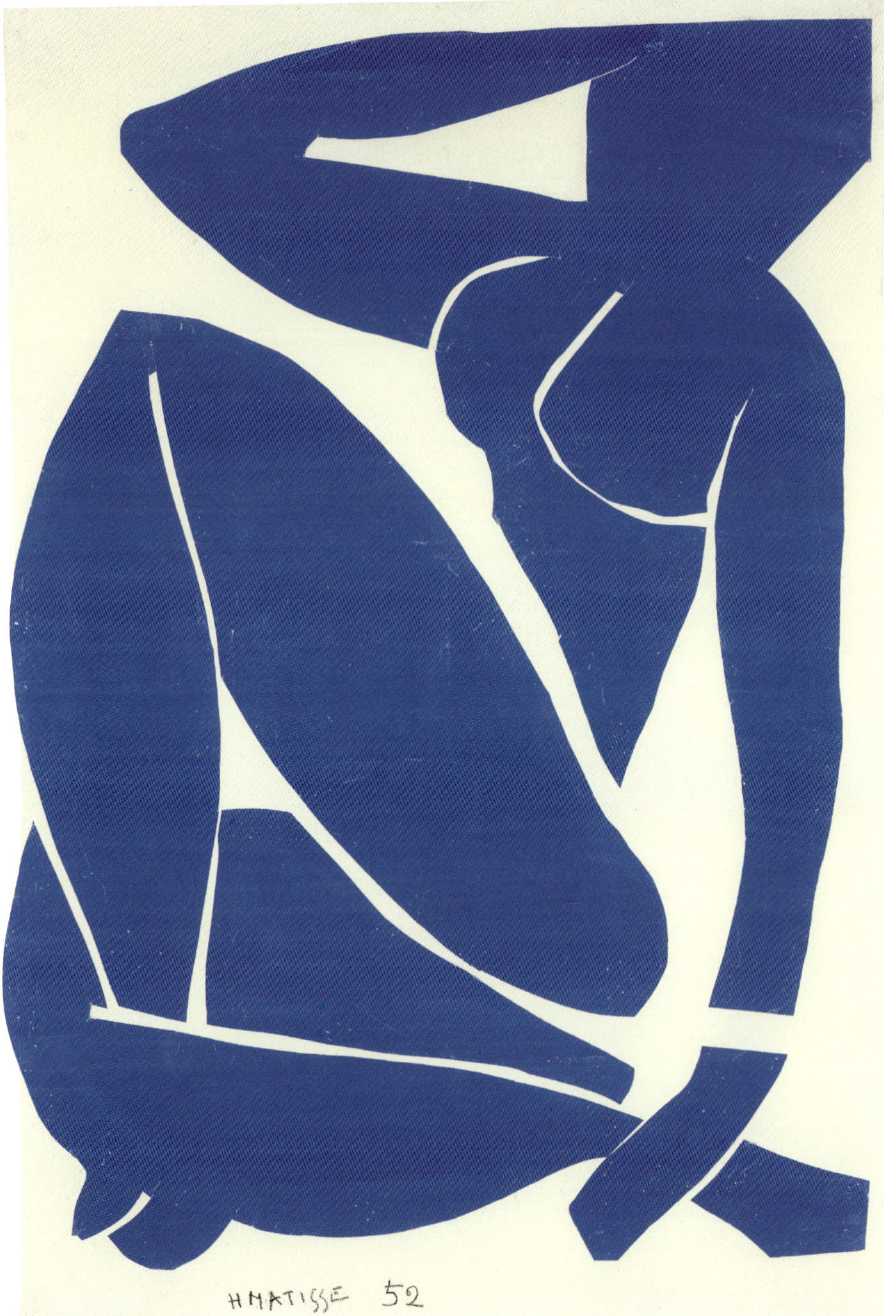
HMATISSE 52

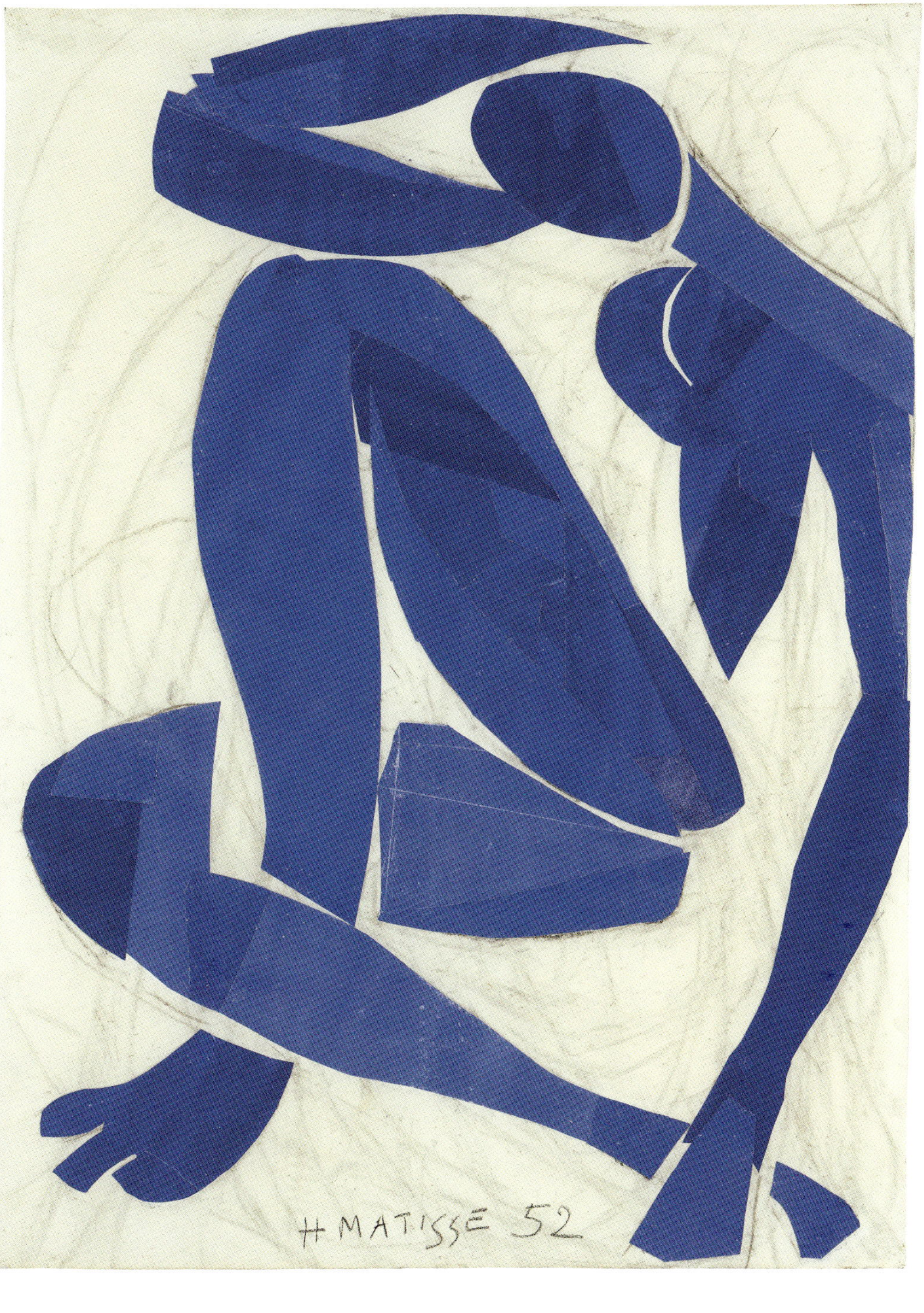
H MATISSE 52

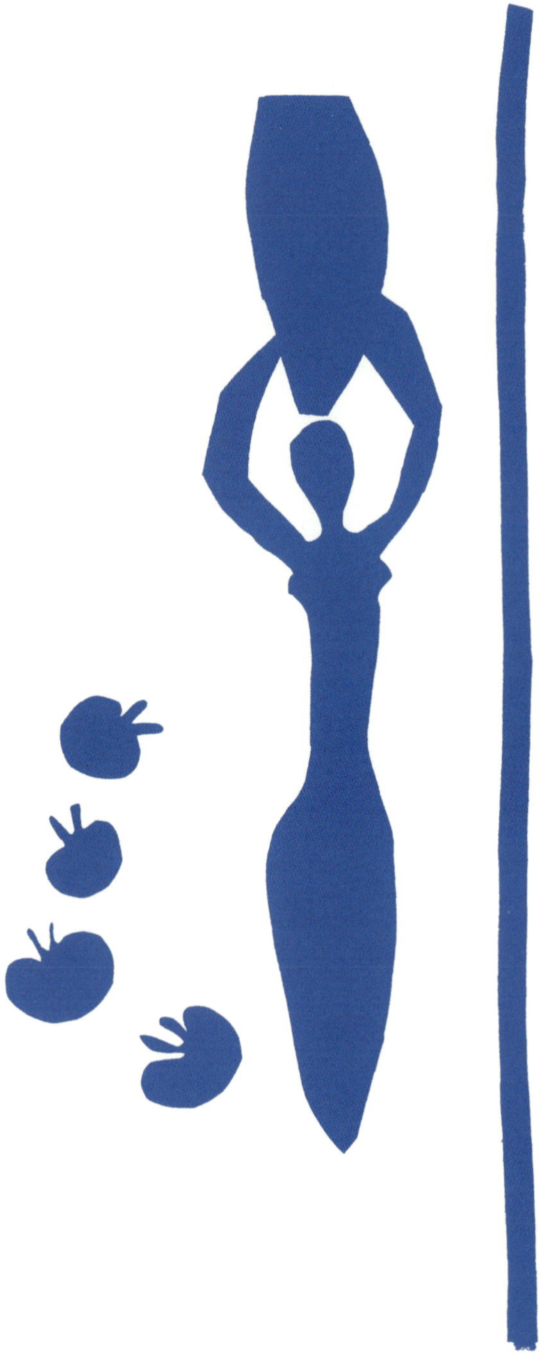

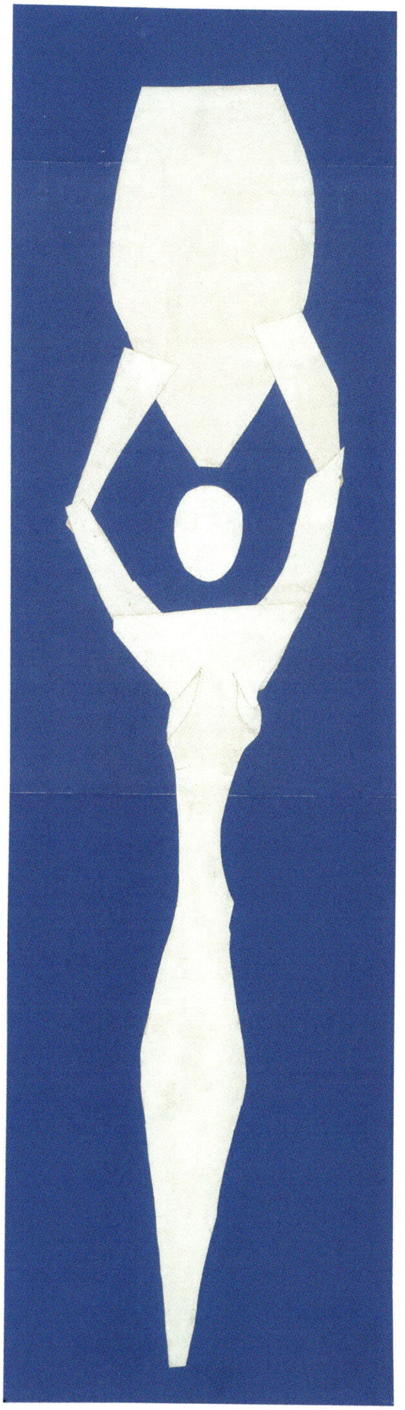

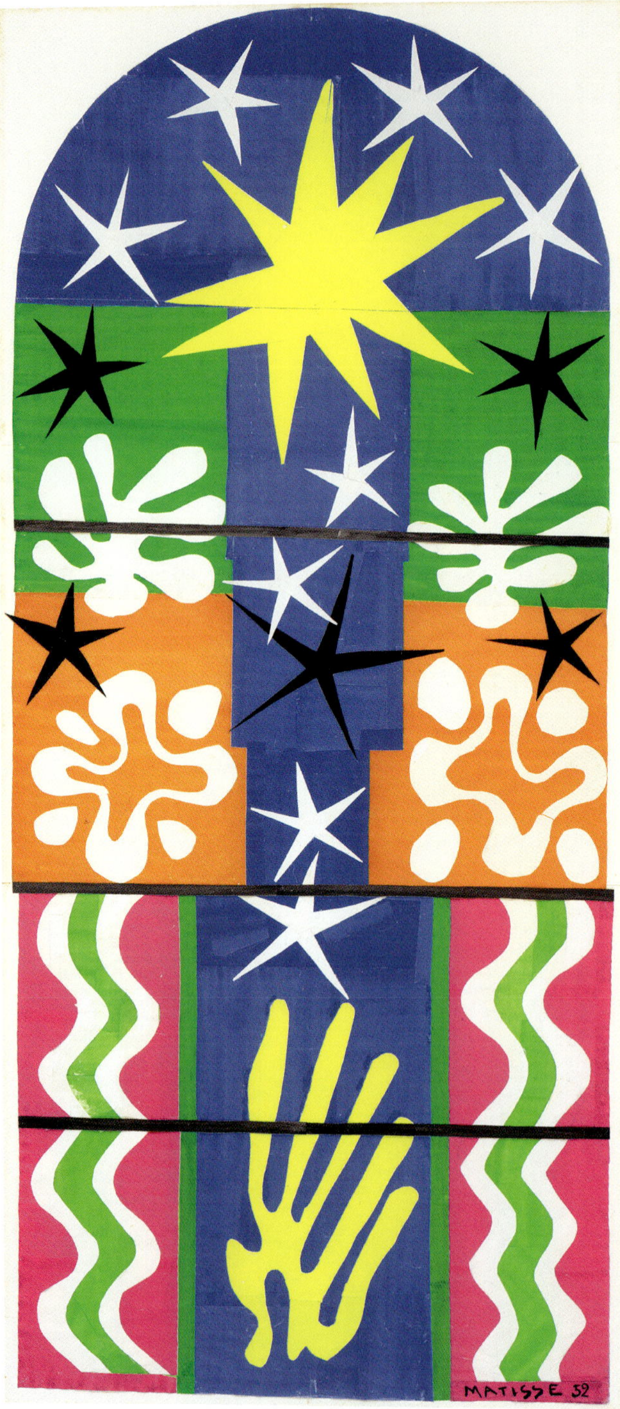
MATISSE 52

Louis Aragon

Le ciel découpé

Extrait, 1965

Nuit de Noël, *1952*
Maquette pour un vitrail
Papiers gouachés, découpés, marouflés sur panneau Homasote
322,6 x 135,9 cm
The Museum of Modern Art, New York, don de la Time Inc.

Les collages, cela ressemble assez à cet assemblage d'où naît un nouvel objet, mais non pas un être-objet... à première vue. C'est-à-dire dans la mesure où il s'agit d'un trompe-l'oeil, où ce qui est peint, ce qui est feint, s'appuie sur l'objet collé, prend dans l'objet collé un passeport de réalité, un visa de réalité.

Je pensais ainsi, quand il m'est revenu à la mémoire un passage du *Plaisir de peindre*, d'André Masson. Il y est dit : *Autrefois les artistes « abstraits », « non-figuratifs », « suprématistes », s'appelaient tout bonnement potiers, brodeurs, dessinateurs en papiers peints, ce qu'ils étaient. Aujourd'hui, ils se disent peintres et, cela ne coûtant rien, peintres absolus...*

On voit bien par là que, pour André Masson, le faux-semblant, que ce soit l'art abstrait ou le papier dit peint, c'est la non-peinture, le non-peint. Tandis que la peinture, c'est le *vrai-semblant* (et ne me corrigez pas le trait d'union !). L'objet collé ou le papier mural.

On discutera pour ce dernier, disant qu'il n'est pas nécessairement « non-figuratif », qu'il pourra se faire semis de roses ou de petits bateaux, ou encore se couvrir de ramages. Prenons cet exemple dernier : même s'il est tout feuilles, donnant aux esprits positifs le sentiment de s'être payé une tapisserie, et aux imaginatifs celui de se trouver en pleine forêt, il n'agit pas comme un paysage, il ne nous transporte pas parmi les arbres, nous n'y perdons pas de vue son caractère décoratif, comme la plus belle des broderies sur une robe est impuissante à nous faire oublier la femme. Le papier-mural demeurera un faux-semblant ; la peinture, elle, a pour but la vrai-semblance. Peindre, c'est imposer entre les choses un rapport donné, irrécusable.

Mais le collage n'est-il pas le non-peint ? Il y a des collages dont on peut le dire. Tous les collages ne se prêtent pas à cette interprétation. D'abord parce que, dans le collage, le *non-peint* n'est pas ce qui est donné pour la peinture : le *non-peint* est un point de départ de la peinture, ce qui est différent. Comprenez-moi : dans la peinture traditionnelle, l'artiste part de zéro, du blanc, du vide, mais dans le collage, le point de départ c'est l'objet donné, l'objet non-peint sans doute, mais qui se trouvera finalement incorporé à la peinture, acclimaté dans la peinture. C'est-à-dire que le trompe-l'œil s'est renversé : l'espace peint, la pensée du peintre a pris le pas sur l'objet initial, l'objet réel, emprunté au monde extérieur, semble peint. Il y a toujours

Mimosa, *1949–1951*
Maquette pour le tapis visible à la page 237
Papiers gouachés, decoupés, collés sur toile, 148 x 98 cm
Ikeda Museum of 20th Century Art, Itoh City, Japon

faux-semblant, mais comme une manche retournée demeure une manche. J'entends dans le collage qui ne se borne pas à l'objet collé, le collage cubiste et non pas le collage dada.

De ce que je dis est un exemple, qui vaut d'un peu rêver, dans les collages d'Henri Matisse.

À l'époque où je voyais souvent ce grand peintre, il était dans la période où, semblait-il, comme un jeu, il avait commencé, entre deux toiles, de grandes saisons de dessin, à combiner ce qui avait l'air de sortes de maquettes, d'abord, comme des tableaux pensés avec un assemblage de papiers de couleur… Remarquez que trente ans plus tôt, avec la simplification de la couleur, qui suivit la période fauve, la technique nouvelle de Matisse, procédant par plans, sans modelé, aurait pu, devant un visiteur, passer aussi d'abord pour une maquette, après quoi vient la toile à peindre… L'œil s'habitue, et ce qui était pour lui le non-peint devient la peinture. Mais, devant les premières images de ce qui fut *Jazz* et les premiers panneaux décoratifs, où reparaissaient d'ailleurs des formes que j'avais vu constituer cinq ou six ans plus tôt les obsessions de Matisse, comme par exemple ces éléments des divers *lagons*, souvenirs de Tahiti, maintenant comme libérés et amenés à une vie picturale indépendante… j'eus cet enfantillage de parler papier-peint et je vis bien au froncement de l'œil de Matisse qu'il entendait cela dans ma bouche comme une expression péjorative. J'eus le désir de me rattraper.

Je tentai donc d'effacer l'impression faite, m'excusant de l'illogisme qu'il y avait à assimiler au papier-peint, justement ces découpages dont la couleur était empruntée au papier découpé, et non point peinte. Parce que le propre des collages matissiens était précisément d'être des collages de papiers de couleur, et non de représentations d'objets, au lieu par exemple, comme chez Max Ernst, d'être des collages d'objets représentés, des collages de formes. Cela n'arrangea rien : et Matisse me fit observer que ses collages étaient avant tout des *découpages*, il tenait à ce mot-là. Des découpages peints. Car si la couleur n'était pas dans le tableau apportée avec un pinceau, elle avait été préalablement préparée à la gouache sur des feuilles de papier, dans lesquelles le ciseau dessine après coup. C'était sur quoi Matisse insistait, et qu'au lieu que le dessin fût, comme dans la peinture antérieure, toujours premier à la couleur, au lieu que le dessin ménageât, cernât, « préparât » des espaces qui pouvaient avoir formes de fleurs, d'objets, de personnages, sur les fonds, des plans peints de la composition, ici la couleur était peinte d'abord, puis découpée, c'est-à-dire dessinée après coup par le ciseau, entourée par la forme des éléments de la composition. Donc, il était parfaitement faux de dire, comme je l'avais fait, que l'usage du papier de couleur se substituait à la peinture, la couleur préalablement choisie et exécutée à la gouache avait au contraire caractère dominant ici, cela était aussi loin du collage non-peint que du papier-peint, c'est-à-dire du faux-semblant. Les gouaches découpées de Matisse recréaient par d'autres voies les rapports divins entre les objets de nature. Il n'est pas de doute que, pour lui, coller, qui était souvent d'ailleurs épingler, avec les variations d'espace et de rapports de masses qu'il apportait ensuite à ces surfaces combinées, jouant avec

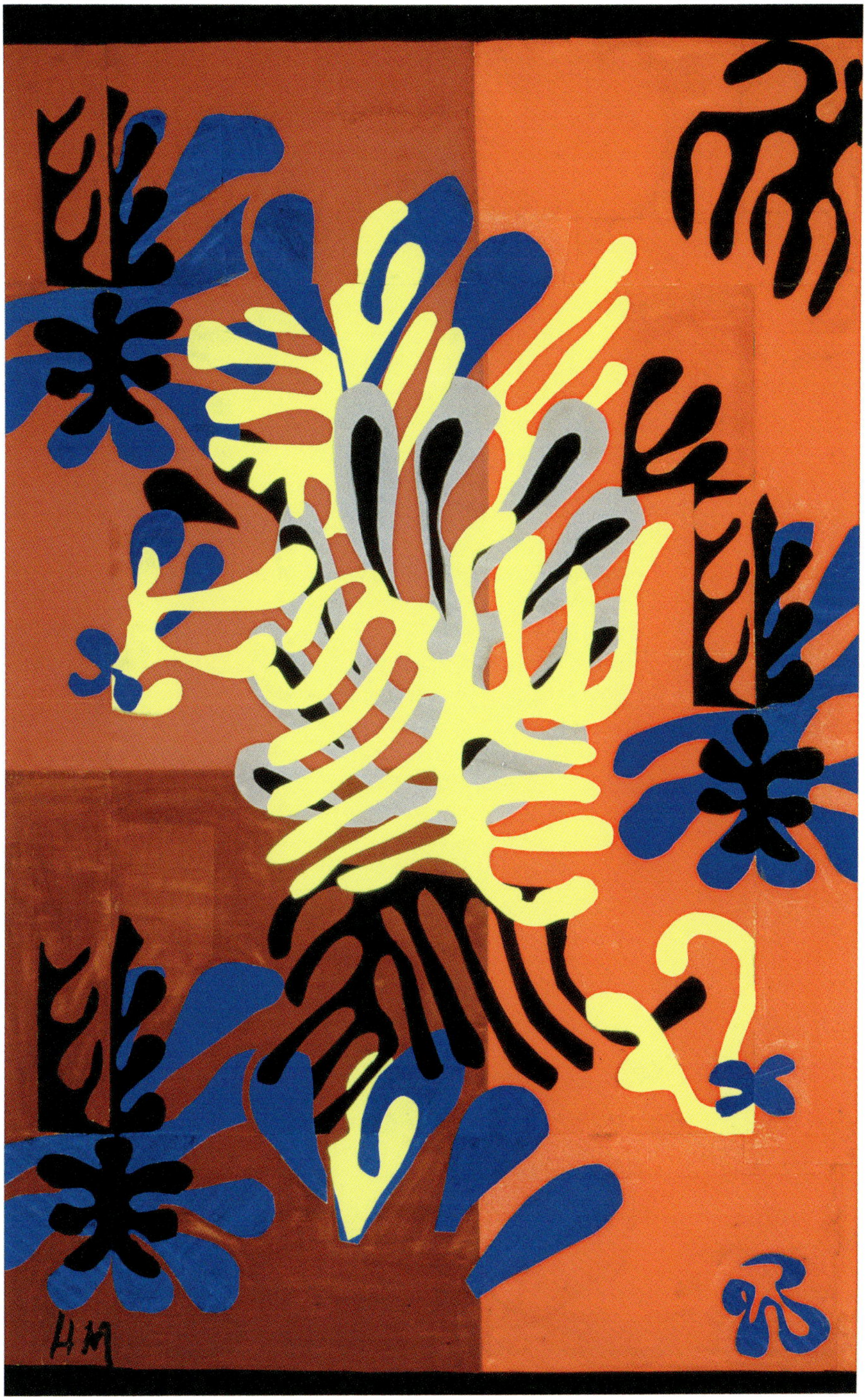

Henri Matisse au travail à l'hôtel Régina,
Cimiez-Nice 1951
Photo Walter Carone

Pages 394/395
Les gouaches découpées d'Henri Matisse dans la villa « Le Rêve »
Vence, 1948
Photo Michel Sima

elles à plusieurs reprises… coller, c'était peindre. Au delà même du fait que le papier découpé avait été matériellement peint par lui.

Au fond, Henri Matisse n'était pas si loin de Madeleine Lalande : sinon du papier-peint, il était tout près de dire de ses gouaches découpées, pour décoratives qu'on les tînt, qu'elles *pensaient* : en ce sens où le tableau est la pensée du peintre, la semblance de sa pensée, et non pas le faux-semblant d'objets à elle demeurés extérieurs. Le rapport qui a été établi entre les personnages du *Déjeuner sur l'herbe* de Manet est une pensée fixée, tout comme, sur leurs épingles, pour les papiers gouachés de *La Négresse* de Matisse (1952). Vous ne me suivez pas ? Je disais que Matisse n'était pas si loin qu'il paraît de la pensée de Madeleine Lalande. Son mari ne disait-il pas qu'il y avait en elle *… la conviction que de l'ambiance créée par un papier-peint dépendait la bonne entente d'une famille, d'un couple…* que Madeleine *était un peu sorcière et que de ses conseils en matière de papier-peint dépendait l'humeur qui régnerait entre les murs remis à neuf, fraîchement tapissés…* Et Matisse, lui, écrivait au conservateur du Philadelphia Museum of Art, Harry Clifford, en 1948 : *J'ai toujours souhaité que mes œuvres aient la légèreté et la gaieté du printemps qui ne laisse jamais soupçonner le travail qu'il a coûté…* et il avait dit en 1945 au critique des *Lettres françaises : La caractéristique de l'art moderne est de participer à notre vie. Un tableau dans un intérieur répand autour de lui une joie par les couleurs qui nous allège… Un tableau sur un mur devrait être comme un bouquet de fleurs dans un intérieur. Les fleurs ont une expression, tendre ou vive. Ou, simplement le plaisir nous vient d'une surface de jaune ou de rouge, qui fait valoir des fleurs d'expression plus tendre comme des roses, des violettes, des marguerites, comparées aux orangés ardents et purement décoratifs des soucis.*

N'était-il pas, lui aussi, un peu sorcier ? N'avait-il pas eu toute la vie prétention de régenter l'humeur de ceux qui voyaient sa peinture *(ce que je rêve, c'est un art d'équilibre, de pureté, de tranquillité, sans sujet inquiétant ou préoccupant, qui soit pour tout travailleur cérébral, pour l'homme d'affaires, aussi bien que pour l'artiste des lettres un lénifiant, un calmant cérébral, quelque chose d'analogue à un bon fauteuil qui le délasse de ses fatigues physiques…* écrivait Matisse dans *La Grande Revue* du 25 décembre 1908. Et, dans le texte de *Jazz*, il écrivait : *Trouver la joie dans le ciel, dans les arbres, dans les fleurs. Il y a des fleurs partout pour qui veut bien les voir).*

Vous rappelez-vous ce que dit *Le Grand Jamais : le papier peint… procédait peut-être par hypnose, il agissait peut-être comme un paysage, le ciel, même quand on ne le regarde pas…*

Si loin que soient les gouaches découpées de Matisse du papier-peint de Madeleine Lalande, n'est-ce pas cette commune conviction qui anime le vieux peintre, et la jeune sorcière, que vrai-semblant et faux-semblant peuvent agir sur l'humeur de l'homme, l'un et l'autre comme le ciel ? Étrange ambition moderne, que de vouloir donner un ciel à l'être humain. Et peu importe après tout, que ce soit par la ruse du papier-peint, ou le triomphe de la peinture. Il suffit à Henri Matisse de deux pans bleu drapeau d'un ciel qu'il s'est choisi pour cerner entre leurs découpes la blancheur incomparable d'une Vénus. Le collage ici, sa découverte, c'est d'avoir su maintenir entre eux cet écart où s'invente la nudité, comme sur un mur une tache de soleil.

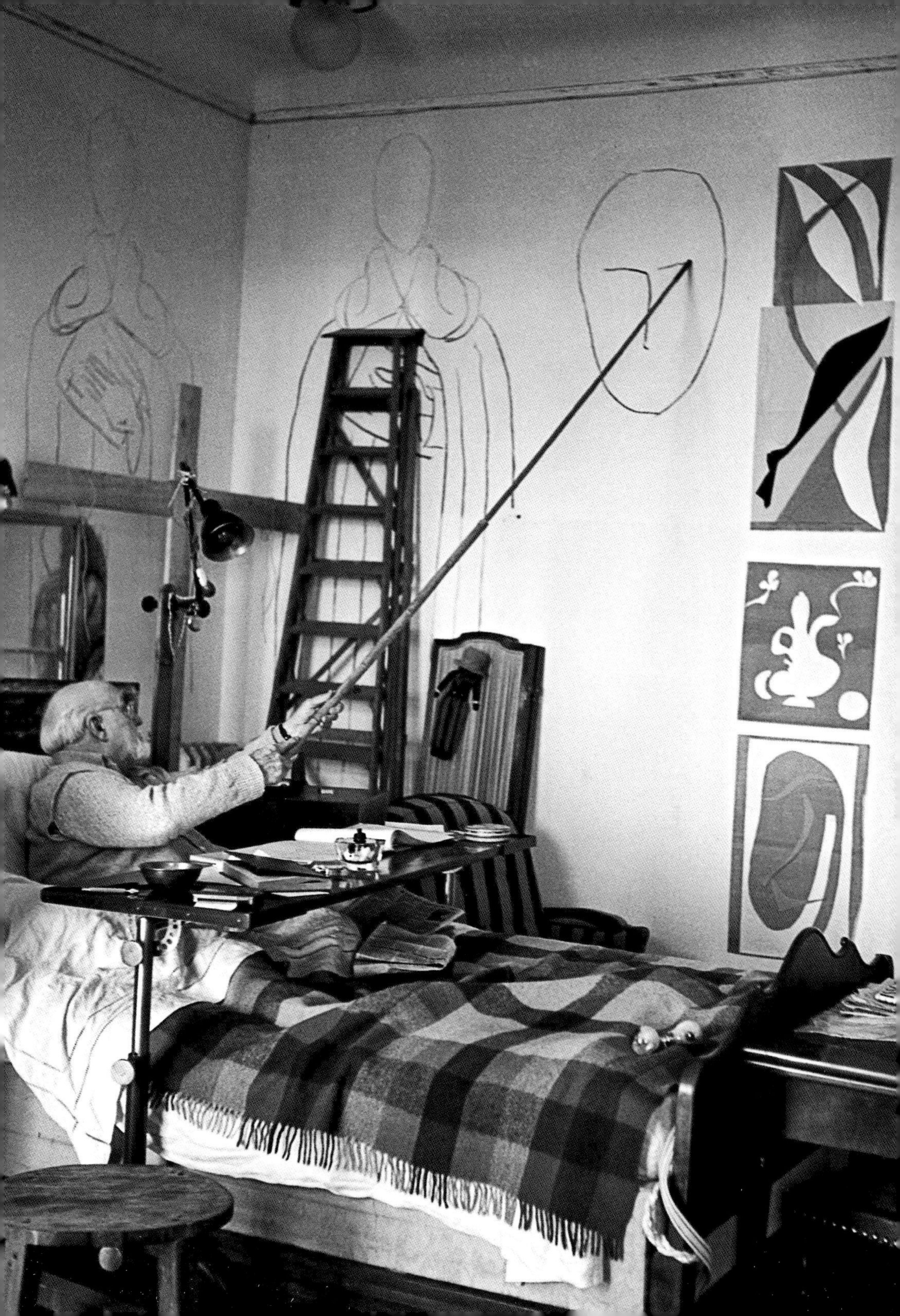

Annexes

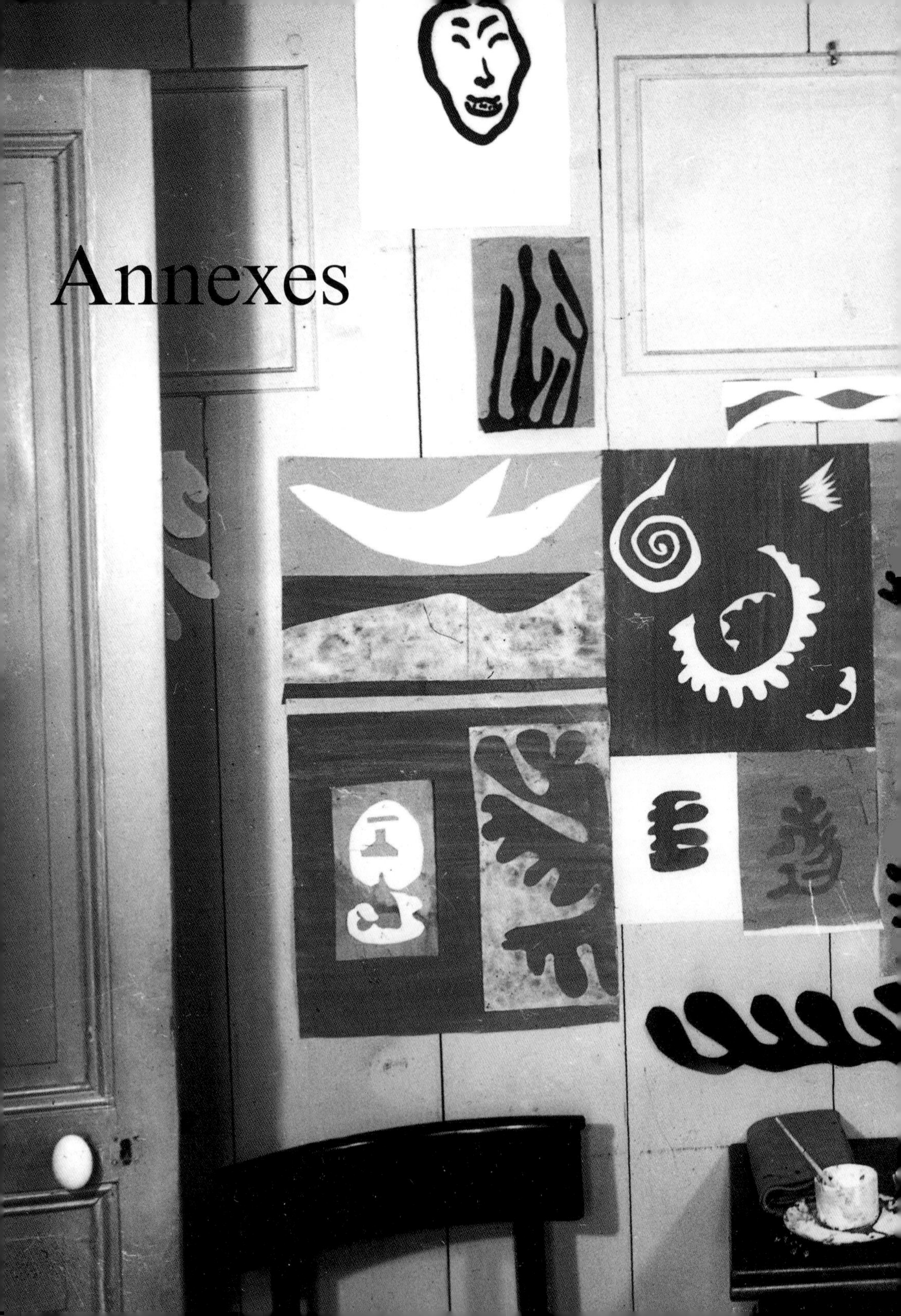

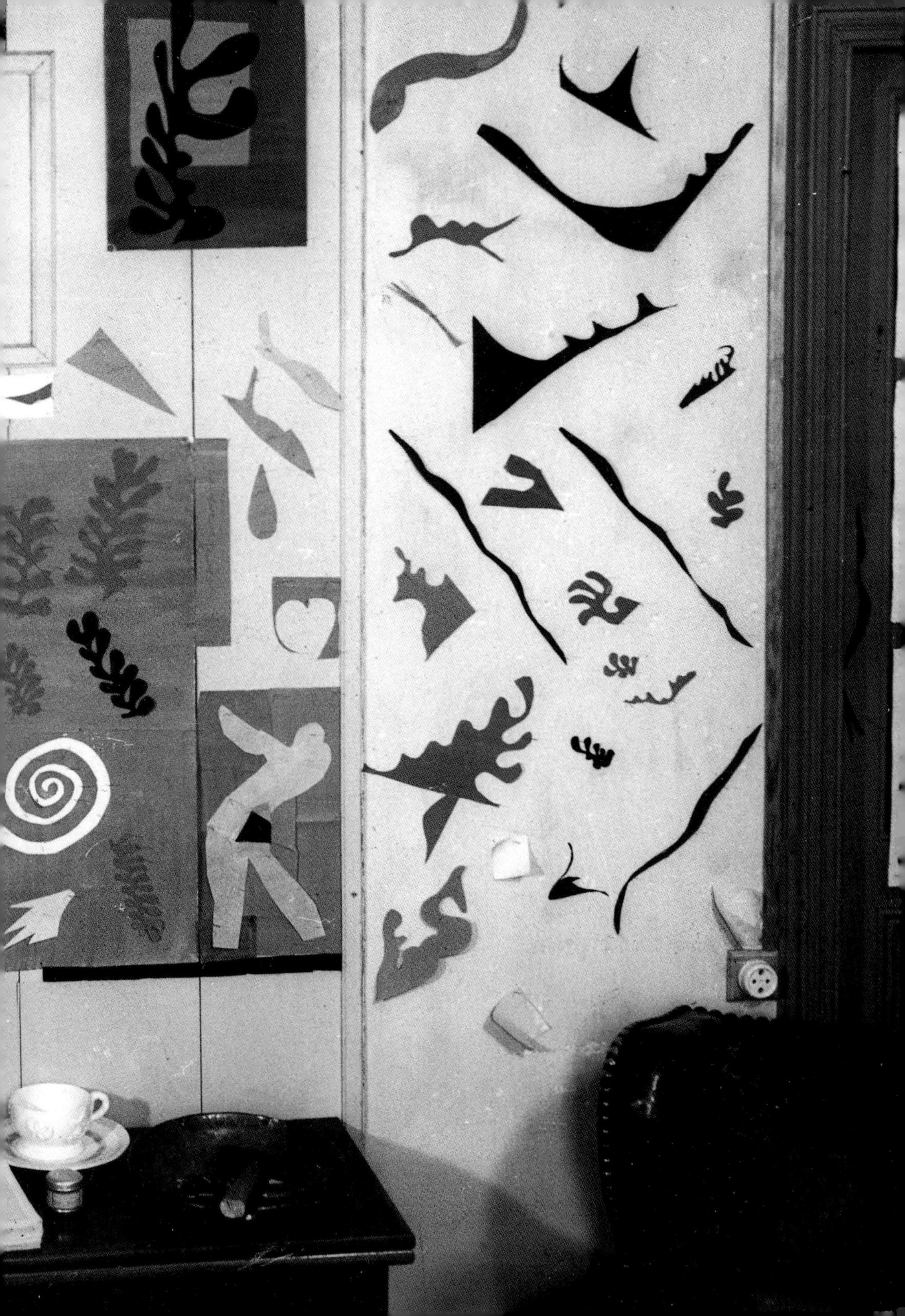

Notes

Pour les propos de Matisse, nous renvoyons autant que possible à la très utile édition établie par Dominique Fourcade, *Écrits et propos sur l'art*, Hermann, 1972, en précisant soit le destinataire du propos, soit celui qui le rapporte, avec le millésime du propos ou de sa publication.
Quant aux notes aux propos de Matisse, elles sont pour l'essentiel puisées dans cette même édition de Dominique Fourcade.

Page 6
Les papiers découpés de Matisse
Le décoratif cosmique

1 Henri Matisse, Maria Luz, 1952; *Écrits et propos sur l'art*, p. 249
2 Henri Matisse, Tériade, 1929; *Écrits et propos sur l'art*, p. 94–96
3 Stéphane Mallarmé, *Divagations*, « Bucolique »; *Œuvres complètes II*, Bibliothèque de la Pléiade, 2003, p. 256

I. Tahiti

Page 10
Tahiti. La recherche d'un « autre espace », 1930

1 Pierre Schneider, *Matisse*, Flammarion, 1984 (nouvelle édition mise à jour, 1992), p. 731
2 Henri Matisse, Régine Pernoud, 1953; *Écrits et propos sur l'art*, p. 321
3 Charles Baudelaire, *Le Peintre de la vie moderne*; *Œuvres complètes II*, Bibliothèque de la Pléiade, 1976, p. 690
4 Paul Gauguin, *Noa Noa*, p. 43 du manuscrit autographe; Jan Förlag, 1947
5 Henri Matisse, Tériade, 1936; *Écrits et propos sur l'art*, p. 128
6 Henri Matisse, Jacques Guenne, 1925; *Écrits et propos sur l'art*, p. 79
7 Henri Matisse, entretien radiophonique, 1942; *Écrits et propos sur l'art*, p. 80
8 Bonnard/Matisse, *Correspondance*, Gallimard, 1991, p. 64
9 Henri Matisse, Florent Fels, 1929; *Écrits et propos sur l'art*, p. 102
10 Henri Matisse, André Verdet, 1952; *Écrits et propos sur l'art*, p. 103
11 Henri Matisse, Tériade, 1930; *Écrits et propos sur l'art*, p. 102–103
12 Henri Matisse, Tériade, 1930; *Écrits et propos sur l'art*, p. 107–109
13 Annotation au verso d'une photographie prise par Matisse
14 Henri Matisse, Jean Guichard-Meili, 1967; *Écrits et propos sur l'art*, p. 103
15 Lettre à sa femme, 30 mars 1930, archives H. Matisse, Paris
16 Lettre à sa femme, 13 avril 1930, archives H. Matisse, Paris
17 Henri Matisse, Georges Charbonnier, 1960; *Écrits et propos sur l'art*, p. 200
18 H. Matisse, M. A. Couturier, L.-B. Rayssiguier, *La Chapelle de Vence, Journal d'une création*, éditions du Cerf, 1993, p. 290
19 André Masson, *Conversations avec Henri Matisse*; in *Critique*, mai 1974, p. 394
20 Henri Matisse, Tériade, 1930; *Écrits et propos sur l'art*, p. 106
21 Pierre Courthion, *Henri Matisse*, Rieder, 1934, p. 41
22 Henri Matisse, Tériade, 1952; *Écrits et propos sur l'art*, p. 123
23 Lettre à sa femme, 2 avril 1930, archives H. Matisse, Paris
24 Henri Matisse, Tériade, 1930; *Écrits et propos sur l'art*, p. 106
25 Lettre à sa femme, 17 avril 1930, archives H. Matisse, Paris
26 Cf. note 2
27 Henri Matisse, Tériade, 1952; *Écrits et propos sur l'art*, p. 125
28 Friedrich Nietzsche, *Le Gai savoir*, I, 42; traduction Patrick Wotling, GF Flammarion, 1997, p. 98–99
29 Tériade, « Tahiti, Hollywood et le cinéma, vus par Matisse », *L'Intransigeant*, 13 novembre 1930
30 Lettre à sa femme, 6 mai 1930, archives H. Matisse, Paris
31 Henri Matisse, Tériade, 1929; *Écrits et propos sur l'art*, p. 92
32 Cf. note 8, p. 51
33 Cf. note 18, p. 289
34 Pierre Courthion, *La Conquête de la lumière*, in *XXe siècle*, 1970, p. 56 et 62

Page 40
Entretien avec Tériade

1 « Entretien avec Tériade », *L'Intransigeant*, 19, 20 et 27 octobre 1930; *Écrits et propos sur l'art*, p. 101–112
2 *Jeune fille en robe jaune*, Baltimore Museum of Art, Cone Collection
3 *On peut remplacer naturellement la couleur variée par le noir et le blanc; en tout cas ne pas lutter avec la nature pour faire de la lumière : il faut chercher un équivalent, travailler sur des voies parallèles, puisque nous employons des choses mortes. Autrement, il faudrait en venir à mettre le soleil derrière la toile. Le tableau doit posséder un pouvoir de génération lumineuse. Ce pouvoir s'éprouve lorsque la composition, placée dans l'ombre, garde sa qualité, lorsque, placée dans le soleil, elle résiste à son éclat* (Duthuit, 1949).
4 De retour de Tahiti, Matisse écrit à Bonnard : *Bon séjour, bon repos. Ai vu toutes sortes de choses. Vous raconterai ça. Ai vécu vingt jours dans une « île de corail »; lumière pure, air pur, couleur pure : diamant saphir émeraude turquoise. Poissons mirobolants. N'ai absolument rien fait, excepté mauvaises photos* (Matisse-Bonnard, 1970).
5 *J'ai voulu simplement rapporter de mon très court séjour [à la montagne, en Suisse, en 1901] de petites peintures, de simples images. Je ne crois pas que les paysages de montagne puissent profiter aux peintres. La différence d'échelle empêche tout contact intime. C'est pourquoi, je crois très bon un séjour de quelques semaines dans la montagne, mais comme repos complet* (Escholier, 1956).
6 *Mais vous savez, un peintre, particulièrement un Français, doit être très prudent. Un Français parle toujours trop. Ils me posèrent tant de questions là-bas – par exemple, ils demandèrent si les peintres américains ne devaient pas rester dans leur pays. J'ai dit que New York devrait les inspirer, que j'aimais votre pays. Mais peut-être New York me plaisait-il parce que c'était pour moi une nouveauté, j'étais là en visiteur. Après tout, ai-je ajouté, il est éducatif de voyager; même les peintres français allaient en Italie pour voir la peinture ancienne. Vos peintres auraient très vraisemblablement besoin d'aller à Paris par pur souci d'éducation. Mais les journalistes écrivirent que Matisse considérait que les Américains devaient rester chez eux! Pourquoi ont-ils fait cela? […] Dans votre pays on est encore dans un état de précipitation incessant, et, pour l'art, le loisir est nécessaire. Cela viendra. Vous possédez des artistes réellement doués* (Dudley, 1934).
7 Dorothy Dudley lui demandant si Albert C. Barnes avait un « œil » réellement sensible, Matisse répondit : *Certainement oui, sinon comment aurait-il fait sa collection? Vous savez, il possède 340 Renoir, plus que personne d'autre au monde. Et 80 Cézanne, des toiles très importantes, et de beaux Seurat, qui sont rares, et un merveilleux Greco* (Dudley, 1934).
8 Le prix Carnegie avait été décerné à Matisse en 1927.

II. La Danse

Page 72
Vers le dépassement de la peinture de chevalet
***La Danse* pour Barnes, 1930–1933**

1 Henri Matisse, Dorothy Dudley, 1934; *Écrits et propos sur l'art*, p. 140

2 Note de Matisse en 1946 dans un carnet ; in Pierre Schneider, *Matisse*, Flammarion, 1992, p. 618
3 Gaston Diehl, *Henri Matisse*, Pierre Tisné, 1954, p. 85 ; *Écrits et propos sur l'art*, p. 151–152
4 *Op. cit.*, p. 152
5 Georges Duthuit, « Notes sur la rétrospective Matisse au MNAM à Paris », 1956 ; in *Écrits sur Matisse*, École nationale supérieure des beaux-arts, 1992, p. 161
6 Henri Matisse, Georges Charbonnier, 1960 ; *Écrits et propos sur l'art*, p. 63
7 Pierre Courthion, n° spécial *XXe siècle*, p. 45
8 Henri Matisse, Georges Charbonnier, 1960 ; *Écrits et propos sur l'art*, p. 63
9 Cf. note 3
10 Lettre à B. N. Ternovetz, directeur du musée d'Art occidental moderne à Moscou, 20 juin 1935
11 Il en existe deux versions, l'une qui se trouve aujourd'hui au Museum of Modern Art de New York, l'autre au musée de l'Ermitage à Saint-Pétersbourg.
12 Henri Matisse, Georges Charbonnier, 1960 ; *Écrits et propos sur l'art*, p. 154
13 Georges Duthuit, « Le tailleur de lumière », *Verve*, n° 35–36, 1958, in *Écrits sur Matisse*, École nationale supérieure des beaux-arts, 1992, pp. 184–185
14 Henri Matisse, Régine Pernoud, 1953; *Écrits et propos sur l'art*, p. 321
15 Henri Matisse, Romm, 1934 ; *Écrits et propos sur l'art*, p. 146–147
16 Henri Matisse, « Notes d'un peintre », 1908 ; *Écrits et propos sur l'art*, p. 50
17 Henri Matisse, Florent Fels, 1925 ; *Écrits et propos sur l'art*, p. 50
18 Cf. note 16, p. 49
19 Françoise Gilot, *Matisse et Picasso*, Robert Laffont, 1991, p. 35–36
20 Cf. note 5, p. 155
21 Stéphane Mallarmé, *Divagations*, « Bucolique » : « Sur les remparts, tonne, peu loin, le canon de l'actualité : que le bruit puisse cesser à une si faible distance pour qui coupe, en imagination, une flûte où nouer sa joie selon divers motifs celui, surtout, de se percevoir, simple, infiniment sur la terre. » *Œuvres complètes II*, Bibliothèque de la Pléiade, 2003, p. 256
22 Note de Matisse, publiée à l'origine in *Henri Matisse, Œuvres récentes, 1947–1948*, musée national d'Art moderne, 1949 ; in *Matisse*, catalogue établi par Isabelle Monod-Fontaine, Centre Georges Pompidou, 1989, p. 384
23 Lydia Delectorskaya, *Henri Matisse, L'apparente facilité*, Maeght, 1993, p. 277
24 *Op. cit.*

Page 86
Notes sur *La Danse* de Merion
1 *J'ai placé dans mes panneaux juste au-dessus des entre-fenêtres, un ton plus foncé que tout le reste, une surface en noir pur qui est le plus noir dans l'ensemble. Ainsi, j'ai créé une sympathie de défense entre toutes les parties du grand mur : entre-fenêtres et panneaux. Si bien qu'en voyant la lumière des fenêtres, on voyait les noirs et les autres couleurs* (propos à Pierre Courthion, cités dans Guichard-Meili, 1967).
2 Au moment d'aborder ce travail, Matisse déclarait à André Masson : *J'arrive à l'âge où il est bon de prendre conseil de sa jeunesse* (propos cités dans Schneider, 1970).
3 *Peut-être serait-il important d'indiquer que la composition du panneau est sortie d'un corps à corps de l'artiste et des 52 m² de surface, dont l'esprit de l'artiste a dû prendre possession, et non pas le procédé moderne de projection d'une composition sur une surface un certaine nombre de fois plus grande, « à la demande » et calquée. L'homme avec son projecteur qui recherche un avion dans l'immensité du ciel ne le parcourt pas au même titre que l'aviateur. Je pense que vous saisissez, si je m'explique clairement, la différence essentielle des deux conceptions* (note de Matisse publiée dans Escholier, 1956).

III. *Verve* et *Jazz*

Page 98
***Verve*. Les prémisses de *Jazz*, 1936–1940**
1 Adrienne Monnier, in *Verve*, n° 13, 1945
2 Michel Anthonioz, *L'Album Verve*, Flammarion, 1987, p. 21
3 *Minotaure*, n° 7, 1936
4 *Minotaure*, n° 8, 1936
5 Pour les numéros 1, hiver 1937 ; 8, été 1940 ; 13, novembre 1945 ; 21–22, automne 1948 ; 23, avril 1949 ; 35–36, été 1958
6 Les numéros 13, novembre 1945, *De la couleur* ; 21–22, automne 1948, *Vence 1944–1948* ; et 35–36, été 1958, *Dernières œuvres de Matisse*
7 Cf. note 2, p. 35
8 *Op. cit.*, p. 125
9 Lettre de Tériade à Matisse, 20 août 1940, archives H.Matisse, Paris

Page 108
***Verve*, numéro 1 : hiver 1937**
1 Adrienne Monnier, *Verve*, n° 13, novembre 1945

Page 116
***Verve*, numéro 8 : été 1940**
1 Lettre d'Henri Matisse à André Rouveyre, 3 juin 1947 : *Je suis resté à Paris, occupé à préparer mon voyage [...] et lorsque les alertes m'ont obligé à descendre dans les abris humides et froids, j'ai craint la monotonie et ai pensé à quitter Paris.*
2 Pierre Schneider, *Henri Matisse*, Flammarion, 1984

Page 124
***Verve*, numéro 13 : novembre 1945**
1 Propos d'Henri Matisse à Tériade (*L'Intransigeant*, 14 janvier 1929 et *Verve*, n° 13)
2 Madame Marguerite Lang
3 *C'est presque miraculeusement, en effet, qu'il s'est remis de l'opération d'un cancer du duodénum et des deux embolies pulmonaires qui s'ensuivirent. « J'ai appris il y a quelques jours qu'à la clinique les religieuses m'appelaient le Ressuscité. »* (Pierre Schneider : *Henri Matisse*, Flammarion, 1984)
4 *Op. cit.*

Page 132
Une « seconde vie ». Matisse « le ressuscité », 1941
1 Pierre Schneider, *Matisse*, Flammarion, 1992, p. 738
2 *Op. cit.*
3 *Correspondance entre Charles Camoin et Henri Matisse*, La Bibliothèque des Arts, 1997, p. 154
4 Henri Matisse, André Rouveyre, 1941 ; *Écrits et propos sur l'art*, p. 188
5 Henri Matisse, Pierre Matisse, 1940 ; *Écrits et propos sur l'art*, p. 186
6 Henri Matisse, Paul Signac, 1905 ; *Écrits et propos sur l'art*, p. 182
7 Henri Matisse, Georges Duthuit, 1962 ; *Écrits et propos sur l'art*, p. 182
8 « De la couleur », *Verve*, n° 13, 1945
9 Henri Matisse, Gaston Diehl, 1954 ; *Écrits et propos sur l'art*, p. 134
10 Henri Matisse, *Le Point*, 1939 ; *Écrits et propos sur l'art*, p. 162
11 Henri Matisse, Maria Luz, 1952 ; *Écrits et propos sur l'art*, p. 249
12 Gaston Diehl, *Henri Matisse*, Pierre Tisné, 1954, p. 93
13 Henri Matisse, André Rouveyre, 1943 ; *Écrits et propos sur l'art*, p. 192

Page 138
Lettres et extraits, 1940–1947
1 Selon Hanne Finsen, qui a édité la correspondance de Matisse et Rouveyre, cette lettre daterait de juin 1943.
2 *Le Chinois a dit qu'il fallait s'élever avec l'arbre. Je ne connais rien de plus vrai* (Verdet, 1952).
3 Dans des notes de 1948 pour *Jazz*, Matisse écrivait : *Je sens les rapports entre les choses de mon ravissement. Pendant que je dessine l'olivier que je vois de mon lit... Lorsque l'inspiration s'est écartée de l'objet, observer les vides qui sont entre les branches. Observation n'ayant pas de*

rapport immédiat, direct avec l'objet. Ainsi on échappe à l'image habituelle de l'objet dessiné, au cliché « olivier ». En même temps, on s'identifie avec l'objet (publiées dans Duthuit, 1962). *Je ne peins pas les choses, je ne peins que les différences entre les choses* (Aragon, 1971).

4 *Voyez, si j'ajoute ensuite des nervures, je tue la lumière de mes feuilles, ou alors, il faut que je les indique tout de suite, qu'avant d'avoir dessiné, je les admette comme faisant partie intégrante de mon dessin. Et alors, c'est ça... Voilà tout le dessin* (Courthion, 1942).

5 Les trois tableaux de Poussin auxquels Matisse fait allusion sont aujourd'hui connus respectivement sous le nom de *L'Automne* (1660–1964), *Apollon et Daphné* (1664) et *L'Hiver* (1660–1664).

6 Aragon (dans « Matisse-en-France ») rapporte ce propos de Matisse en 1942 : *Je suis d'une époque, que voulez-vous? où on avait l'habitude d'en référer toujours à la nature, où l'on peignait toujours d'après nature. La nature m'accompagne, m'exalte. Action contemplative, contemplation active... Comment dire?* (Aragon, 1971).

7 On trouvera dans le catalogue de l'exposition *Matisse,* Statens Museum for Kunst, Copenhague, 1970, une reproduction des deux croquis illustrant ces lignes. Le premier figure un homme debout ouvrant les bras et le second un homme les bras fermés.

8 Recueilli par Gaston Diehl dans *Peintres d'aujourd'hui*, collection Comoedia-Charpentier, juin 1943

9 Matisse disait en 1909 à ses étudiants : *Pensez aux dures lignes du châssis ou du cadre, elles ont de l'influence sur les lignes de votre motif* (rapporté par Pierre Dubreuil, cité dans Diehl, 1954). À la fin de sa vie, à André Verdet qui lui demande si « le tableau, basé sur les conceptions de l'arabesque, ne devrait pas être placé sur le mur, sans cadre », il répondra : *L'arabesque ne porte que soutenue par les quatre côtés du tableau. Avec cet appui, elle prend sa force. Quand les quatre côtés font partie de la musique, on peut placer l'œuvre sur un mur, sans cadre* (Verdet, 1952).

10 Et le cadre devait lui-même être en accord étroit avec la peinture ; ainsi Matisse écrivait-il à Morosov vers 1911 : *Je viens d'apprendre que vous avez acquis chez Bernheim, une de mes natures mortes favorites, quoique ancienne, mais il me semble un peu dur de la voir partir chez vous dans un cadre aussi ordinaire. Si vous avez l'intention de l'habiller d'une façon plus en rapport avec sa qualité, je me mets à votre disposition pour vous trouver un cadre ancien du prix de 150 F environ (de 100 à 200) qui serait l'accompagnement nécessaire du tableau.* Autre lettre au même, du 19 avril 1913, à propos des tableaux composant le « triptyque marocain » : *Les cadres ont été destinés pour les tableaux et sont gris – ils sont peints à la colle. Dans le cas où ils auraient des traces de doigts, en les frottant légèrement avec une éponge un peu humide (légèrement humide) on pourrait enlever ces taches : la surface de la peinture s'enlevant en frottant avec l'éponge ; au cas où il serait impossible de le faire, n'importe quel peintre décorateur vous les repeindra après avoir enlevé à l'eau jusqu'à l'enduit blanc la peinture grise du cadre. Ce gris est fait avec du blanc d'Espagne ou un autre blanc en poudre, un peu de noir et un peu de bleu outremer et de la gélatine pour coller* (lettres publiées dans le catalogue de l'exposition *Henri Matisse*, Moscou et Leningrad, 1969).

11 Propos recueillis par Gaston Diehl dans *Problèmes de la peinture*, 1945, Lyon, Confluences

12 *Le dessin est, avant tout, expression. Une main indique moins efficacement le chemin qu'une flèche. Plus le moyen est incomplet, plus la sensibilité doit se manifester. Mon dessin représente une peinture exécutée avec des moyens restreints* (Fels, 1929). De même plus tard à Georges Charbonnier : *Moi, je crois que la peinture et le dessin disent la même chose. Le dessin est une peinture faite avec des moyens réduits sur une surface blanche, une feuille de papier, avec une plume et de l'encre, on peut, en créant certains contrastes, créer des volumes, on peut, en changeant la qualité du papier, donner des surfaces souples, des surfaces claires, des surfaces dures, sans toutefois mettre ni ombres ni lumières... Pour moi, le dessin est une peinture faite avec des moyens réduits et qui peut être tout à fait intéressante, qui peut très bien soulager l'artiste de ses émotions. Aussi bien que la peinture. Mais la peinture est évidemment une chose plus nourrie et dont l'action sur l'esprit est plus forte* (Charbonnier, 1960). À Pallady : *Pourquoi ne peins-tu pas? Le dessin est tout de même la femelle et la peinture le mâle* (Hommage à Pallady, Bucarest, 1971).

13 D'une lettre à André Rouveyre : *« Un bon » dessin doit être comme une corbeille (ou un panier) d'osier (j'aime mieux panier parce qu'il représente une surface plus grande à l'esprit) dont on ne peut enlever un brin sans faire un trou. Pourquoi aussi mettre : « un bon », pourquoi pas simplement : « un dessin doit ». Qu'en pense le fin écrivain?*

14 *Derrière le Miroir*, n° 1, décembre 1946

15 *Pissarro me disait un jour : « Manet est plus fort que nous tous, il a fait de la lumière avec du noir »* (Marchand, 1947). Et Matisse disait d'Odilon Redon : *Une grande expression très particulière par les noirs et les blancs* (Duthuit, 1949).

16 Propos recueillis par Gaston Diehl dans *Art Présent*, n° 2, 1947

17 L'exposition *Der Mohammedischen Ausstellung* à Munich eut lieu en 1910, et le voyage de Matisse à Moscou en 1911.

18 *La croix byzantine, l'imagination et la raison* (note de Matisse en marge de « Matisse-en-France », Aragon, 1971).

19 Sous ce titre emprunté à une expression de Matisse dans une lettre à André Rouveyre du 6 octobre 1941, nous publions des extraits de lettres écrites à divers correspondants entre 1940 et 1947, extraits qui marquent certains moments de ce conflit qui ne se résoudra pour Matisse qu'avec *Jazz* et les papiers découpés.

20 En 1905 déjà, Matisse écrivait à Paul Signac : *Avez-vous trouvé dans mon tableau des* Baigneuses [Luxe, calme et volupté] *un accord parfait entre le caractère du dessin et le caractère de la peinture? Selon moi, ils me paraissent totalement différents l'un de l'autre, et même absolument contradictoires. L'un, le dessin, dépend de la plastique linéaire ou sculpturale, et l'autre, la peinture, dépend de la plastique colorée* (lettre publiée dans le catalogue Schneider, 1970). Et Matisse notait la même année à Collioure : *Employer le dessin pour indiquer l'expression des objets les uns par les autres... Employer la couleur pour son intensité lumineuse, dans ses diverses combinaisons, accords, et non pour définir les objets* (note citée dans Duthuit, 1962).

21 En 1939 Matisse a peint notamment *La Hongroise à la blouse verte, Liseuse sur fond noir* (au musée national d'Art moderne, Paris), *Le Gros bouquet de reines-marguerites, Nature morte : citrons et pot d'étain, Femme assise et guitare, La France, et La Musique* (à l'Albright Knox Art Gallery de Buffalo). En décembre 1939 et janvier 1940 il travaille à *La Blouse roumaine* (Paris, musée national d'Art moderne).

22 Matisse travaille toujours à *La Blouse roumaine.*

23 En mai et juin dans la région de Saint-Jean-de-Luz, il a peint *Intérieur à Ciboure* (musée d'Albi) ; il est de retour à Nice fin août, et reprendra en septembre les tableaux de la série *La Blouse roumaine*.

24 Sauf le dernier paragraphe, cité en anglais dans Barr, 1951, p. 256, et retraduit ici.

25 Le tableau ici décrit par Matisse est vraisemblablement *Le Rêve de 1940* (également connu sous le nom de *La Dormeuse*, Paris, collection particulière, n° 192 du catalogue Schneider). En octobre Matisse achève *La Blouse roumaine*, qui aura donc également duré près d'un an.

26 Pierre Schneider (p. 93 du catalogue de 1970) publie et date cette lettre de 1940 ou 1941.

27 Il s'agit de *Nature morte au coquillage sur table de marbre noir* (au musée des Beaux-Arts Pouchkine de Moscou), achevé en novembre 1940. *Secolul 20* publie également une photographie d'un croquis de Matisse détaillant à Pallady les couleurs de ce tableau.

28 Notamment *Nature morte aux huîtres* du Kunstmuseum de Bâle et *Vase de fleurs et plat d'huîtres* (collection Paul Petridès, Paris). On connaît également *Les Huîtres* de la collection Gustav Zumsteg (Zurich), peint en 1941. Matisse peindra d'autres « huîtres » en 1943, parmi lesquelles *Tulipes et huîtres sur fond noir*, collection Pablo Picasso, et *Nature morte sur table bleue*.

29 En juin 1941, il peint plusieurs tableaux sur le thème *Jeune fille à la robe blanche* (collections Henry Joly et Georges Renand notamment). Trois des dessins d'après lui-même auxquels Matisse fait allusion dans sa lettre du 4 juin sont reproduits dans *La Revue des arts*, n° 2, juin 1956.

30 Cette lettre a été publiée dans *La Revue des arts* n° 2, puis dans le catalogue Schneider, 1970 avec quelques variantes. La version publiée ici est légèrement plus complète que les deux précédentes.

31 L'essentiel de ce dernier paragraphe a été publié dans le catalogue Schneider, 1970, où il est attribué à une autre lettre, datée « fin 1941 ».

32 En juillet, Matisse a peint notamment *Narcisses et fruits* (collection Max Moos, Genève) ; en septembre, *Nature morte sur la table de marbre* (musée national d'Art moderne, Paris ; Matisse appelait cette toile *Le Diapason*) ; en octobre, *Lierre en fleurs* (collection Albert D. Lasker, New York).

33 Quelques tableaux peints à la fin de 1941 : *La Robe jaune et la robe écossaise* (dont une version appartient au musée national d'Art moderne de Paris et une autre à la Phillips Gallery de Washington) ; *La Conversation*, et *Nature morte au Magnolia* (musée national d'Art moderne, Paris).

34 Sauf la première phrase, inédite.

35 Le texte anglais, d'après lequel nous retraduisons, dit : « into color and design ». *Par le dessin et la couleur* serait sans doute plus proche de la terminologie habituelle de Matisse.

36 La série de *Thèmes et Variations* représente l'essentiel de cet effort ; elle a été publiée en 1943 à Paris par l'éditeur Fabiani, précédée du texte de Louis Aragon « Matisse-en-France ». Au début de 1942, Matisse a peint entre autres *La Femme à la voilette*, dont il demandait à Aragon : *Vous ne trouvez pas que c'est un peu direct ? Un peu Manet ?* (propos cité dans Aragon, 1971).

37 En août 1942, Matisse attaque la série des tableaux du thème *Danseuse au tutu bleu* (reproduite principalement dans Matisse – *16 peintures*, Paris, éditions du Chêne, 1950, et dans *Cahiers d'art*, 1940–1944), qui culmine dans *Danseuse, fond noir, fauteuil rocaille* de septembre (ex-collection Marcel Duchamp).

38 En septembre, Matisse exécute la série des tableaux du thème *Jeune fille devant la fenêtre : Robe blanche et ceinture noire ; Robe rose, la fenêtre ouverte et les volets fermés ; Robe violette ; La Porte noire* (collection Contemporary Art Establishment, Zurich) ; *Intérieur aux barres de soleil* (collection Lydia Delectorskaya, Paris) – série reproduite dans *Verve*, volume IV, n° 13, 1945. En octobre 1942, Matisse peint notamment *Danseuse au tutu bleu sur une table* et *Jeune femme en rose*, et surtout en décembre *L'Idole* (collection Albert D. Lasker, New York) et *Jeune femme assise* (collection Pablo Picasso).

39 En janvier 1943 Matisse peint *Michaela* (collection Maurice Newton, New York) ; en février il peint entre autres *Le Luth* (collection Sidney Broody, Los Angeles), *Tulipes et huîtres sur fond noir* (collection Picasso), *Nature morte sur table bleue, et Citron et saxifrages* (collection Siegfried Rosengart, Lucerne).

40 En mars, Matisse a peint *Nature morte aux citrons, fond fleur delisé* (The Museum of Modern Art, New York) et *Le Tabac royal* (collection Albert D. Lasker, New York). Mais surtout, c'est en 1943 qu'apparaissent en nombre les gouaches découpées ; à notre connaissance, les premiers travaux de Matisse à base de gouaches découpées et collées remontent à la préparation de *La Danse* (Barnes Foundation) dans les années 1931–1933 ; après quoi, il faut attendre 1936 (couverture des exemplaires de tête de *Cahiers d'art*, n° 3–5, 1936) pour en trouver un nouvel exemple ; il exécute ensuite selon la même technique la couverture du premier numéro de *Verve* (1937), puis les études des décors pour *L'Étrange Farandole*, ballet de Léonide Massine, en 1938, et en 1939 la couverture du n° 8 de *Verve* (vol. II) ; *La Chute d'Icare* (fond noir) publiée dans *Verve*, vol. IV, n° 13, et la couverture de ce numéro datent de juin 1943 ; plusieurs gouaches découpées reprises en 1947 dans *Jazz* sont de ce même été 1943.

41 Il s'agit probablement de photographies d'œuvres de Paolo Uccello.

42 *Je crois qu'en dessin, j'ai pu dire quelque chose, j'ai beaucoup travaillé cette question* (Marchand, 1947).

43 En 1947, Matisse peint non seulement *La Jeune anglaise* et *Madame L. D. portrait vert, bleu et jaune*, mais également l'importante série des « intérieurs » de Vence reproduite dans *Verve*, vol. VI, n° 21–22, représentant soit des natures mortes, soit des personnages toujours devant une fenêtre ; 1947 est par ailleurs l'année où *Jazz* voit le jour. Matisse peindra beaucoup en 1948 également. Au cours de cette même période 1947–1948, il exécute toute une série de dessins au gros pinceau. Mais, si l'on connaît au moins encore deux tableaux de 1951, c'est en fait dès le début de 1948 qu'il exécute les premières études pour la chapelle de Vence en quoi résidera désormais – ainsi que dans les grandes gouaches découpées de la fin de sa vie – l'essentiel de son travail sur la couleur, son ultime renouvellement, synthèse, aboutissement et résolution de *l'éternel conflit*…

44 Sauf le premier paragraphe, inédit, et l'expression *genre de poème*, qui ne figure pas dans la version publiée par Pierre Schneider.

45 Publiées dans le catalogue de l'exposition *Henri Matisse. Aquarelles, Dessins*, galerie Jacques Dubourg, Paris, 1962

46 *Tout ce que nous voyons passe par la rétine, s'inscrit dans une petite chambre puis s'amplifie par l'imagination. Il faut trouver la quantité et la qualité de timbre pour impressionner l'œil, l'odorat et l'esprit. Faire goûter entièrement une plante de jasmin, par exemple. Trouver la quantité et la qualité des couleurs* (Verdet, 1952).
– Savez-vous que l'homme n'a qu'un œil, qui regarde et enregistre tout, cet œil, comme un superbe appareil photographique, fabrique de minuscules clichés très précis, tout petits ; en possession de ce cliché, l'homme se dit : cette fois je connais la réalité des choses et le voilà tranquille pour un instant, puis lentement se superposant à ce cliché un autre œil surgit, invisible, qui, lui, fabrique de toute pièce un autre cliché. Alors notre homme n'y voit plus clair, un combat s'engage entre le premier œil et le deuxième œil, la lutte est acharnée, finalement le deuxième œil a le dessus, fait prisonnier le premier œil, sans discussion au poteau ; dominant la situation le deuxième œil peut continuer désormais son travail, élaborer son propre tableau selon les lois de la vision intérieure, cet œil unique se trouve ici [et Matisse montre le sommet de son crâne] (Marchand, 1947).

47 *Oui, j'utilise le noir pour refroidir le bleu* (MacChesney, 1913). *Vous voyez cette toile ? Ce que vous croyez être du noir est du bleu de Prusse, une des couleurs les plus difficiles à employer. En fait de noir, c'est ce qu'il y a de plus froid. Voyez, à côté, la garance et la terre de Sienne brûlée. Toutes ces couleurs sont pures.* – [Montrant une autre toile :] *Cette fois-ci, c'est du noir ivoire, pas du bleu de Prusse* (Dauberville, 1958).

48 Publiés dans le catalogue de l'exposition *Henri Matisse, Aquarelles, Dessins*, galerie Jacques Dubourg, Paris, 1962

Page 162

Lettre à Tériade

1 1947. Cette lettre permet de bien marquer les deux pôles où se situe simultanément Matisse. D'un côté, un peintre qui s'explique avec affabilité sur son art (Matisse n'eut-il pas l'humour d'écrire à Pierre Bonnard, à propos d'une visite qu'il venait de faire au Cannet : *Je regrette de n'avoir pas vu complètement le* Bouquet de roses. *Je me promettais de le voir avant mon départ mais le temps trop court et l'intérêt de la conversation (je parlais de moi) m'en ont empêché* – lettre du 8 janvier 1940, Matisse-Bonnard, 1970) et que concernent d'ailleurs principalement ses propres sensations (sur le point d'aller visiter une exposition d'art chinois et se rendant compte qu'il n'en avait nulle envie, n'avoua-t-il pas à Simon Bussy, « avec un curieux et presque désarmant mélange de honte et de fierté » : *Je ne m'intéresse qu'à moi* – cité dans Gowing, 1966), artiste le plus sincère qui fût, jusqu'au bout soucieux de clarifier et d'éviter toute mésinterprétation de son œuvre. D'autre part, un homme éprouvant dès les premiers jours de sa maturité gêne et profonde insatisfaction à s'exprimer autrement que par sa peinture : au fil des textes qui jalonnent sa production et dans nombre des entretiens qu'il accorda et dont il favorisa même parfois la publication, nous avons pu le voir adresser à maintes reprises – avant tout s'adresser à lui-même – de véritables mises en garde contre cette propension du peintre à *empiéter sur le domaine de l'homme de lettres ; j'ai pleinement conscience, en effet, que la meilleure démonstration qu'il puisse donner de sa manière est celle qui résultera de ses toiles, écrit-il en tête de* Notes d'un peintre. En 1911, soit trois ans plus tard, il refuse à Kandinsky un article pour *Der Blaue Reiter*, arguant que *pour écrire, il faut être un écrivain!* (cité par Klaus Lankheit dans son édition critique de *Der Blaue Reiter*, Munich, Piper, 1965) ; en plein entretien avec Dorothy Dudley, il s'écrie : *Mais que voulez-vous que je dise? Un peintre devrait n'avoir rien à dire, sa peinture parle pour lui* (Dudley, 1934).

Au sortir de son opération, encore à Lyon, il écrit à André Rouveyre le 27 avril 1941 : *J'occupe ma convalescence à écrire des souvenirs de caractère peu profond ;* au même, le 4 juin : *Ma convalescence m'a rendu très bavard, et un éditeur* […] *étant près de mon lit à la clinique a regretté de ne pas faire quelque chose de ces bavardages* […] *et je me suis laissé faire pour un livre où il serait consigné un tas de souvenirs ayant plus ou moins trait à la peinture, plutôt à la vie du peintre. J'ai ainsi dépensé mon énergie renaissante.* […] *Étant donné le caractère des souvenirs, j'ai tenu à ce que le titre du livre porte* Bavardages, *et non comme l'éditeur le voulait* Entretiens, *qui est trop exigeant. Je veux que ce soit léger. Que penses-tu de ceci :* […] Bavardages de Henri Matisse? […] *Il est dit dans le livre que j'ai rencontré l'éditeur à Lyon, après ma sortie de clinique où j'avais passé plusieurs mois sans voir personne ; que la bonde a sauté et que des flots de souvenirs me sont revenus, et que j'ai bien voulu qu'il les rapporte.* […] *J'avais eu un moment l'idée de mettre comme titre :* […] Une convalescence – Bavardages de Henri Matisse […]. *Ça m'a paru tout de suite manquer de discrétion, et* Bavardages *me semble mieux, qu'en penses-tu?* L'éditeur concerné était Albert Skira. Mais André Rouveyre dissuadera Matisse de ce projet, ainsi que le laisse penser la lettre que ce dernier lui écrit le 22 août 1941 : *Je te remercie encore de ta franchise. Tu m'as donné une véritable preuve d'amitié. Je comprends tout à fait que ce que j'ai écrit ou qu'on m'a fait écrire ne me représente pas moralement et n'est qu'un côté banal de moi-même. D'ailleurs je n'ai pas à chercher un autre langage que celui qui m'est naturel. J'ai donc fait un pas de clerc que je ne regrette pas pourtant – moi qui fais mes idées sur l'expérience – il n'y a que l'expérience personnelle qui compte – c'est réel.*

Un peintre n'existe que par ses tableaux. – Il faut faire ce qu'on peut, ne rien laisser au hasard : un peintre n'a d'ennemi que ses mauvais tableaux (Courthion, 1942) ; des déclarations de cet ordre reviennent comme un *leitmotiv* : Matisse, ayant effacé un tableau que Louis Aragon avait admiré à une visite précédente, déclare à son interlocuteur : *Nous ne devons pas faire des autographes. On laisse toujours trop de tableaux. Un peintre n'a vraiment d'ennemis sérieux que ses mauvais tableaux* (« Matisse-en-France », Aragon, 1971).

2 À Vence.

Page 166

***Jazz*. Le livre « décoratif » par excellence, 1943–1947**

1 Lettre de Tériade à Matisse, 20 août 1940, archives H. Matisse, Paris

2 Henri Matisse, galerie Herbage, cat. n° 44, Cannes, 1981

3 Georges Duthuit, « Notes sur la rétrospective Matisse au MNAM à Paris », 1956 ; in *Écrits sur Matisse*, École nationale supérieure des beaux-arts, 1992, p. 157

4 Françoise Gilot, *Matisse et Picasso*, p. 104

5 *Op. cit.* p. 103

6 Michel Anthonioz, *L'Album Verve*, Flammarion, 1987, p. 150

7 H. Matisse, M. A. Couturier, L.-B. Rayssiguier, *La Chapelle de Vence, Journal d'une création*, Cerf, 1993, p. 35

8 *Matisse*, catalogue établi par Isabelle Monod-Fontaine, Centre Georges Pompidou, 1989, p. 344–350

9 Brassaï, *Conversations avec Picasso*, Gallimard, 1997, p. 313

10 *Matisse*, catalogue établi par Isabelle Monod-Fontaine, Centre Georges Pompidou, 1989, p. 346

11 *Matisse, Rouveyre, Correspondance*, Flammarion, 2001, p. 205

12 *Op. cit.* p. 226

13 Henri Matisse, « Comment j'ai fait mes livres », 1946 ; *Écrits et propos sur l'art*, p. 211

14 Lettre de Tériade à Matisse, 25 janvier 1944

15 *Matisse, Rouveyre, Correspondance*, Flammarion, 2001, p. 486 ; *Écrits et propos sur l'art*, p. 241

16 *Matisse une seconde vie*, Hazan, 2005, p. 208

17 *Matisse, Rouveyre, Correspondance*, Flammarion, 2001, p. 479

18 *Matisse, Rouveyre, Correspondance*, Flammarion, 2001, p. 478 ; *Écrits et propos sur l'art*, p. 240–241

19 *Matisse, Rouveyre, Correspondance*, Flammarion, 2001, p. 486–487

20 Henri Matisse, Pierre Matisse, 1940 ; *Écrits et propos sur l'art*, p. 183–184

21 François Fédier, *L'art en liberté*, Pocket, 2006, p. 229–230

22 Henri Matisse, Guillaume Apollinaire, 1907 ; *Écrits et propos sur l'art*, p. 58

23 Georges Duthuit, « Le tailleur de lumière », *Verve*, n° 35–36, 1958, in *Écrits sur Matisse*, École nationale supérieure des beaux-arts, 1992, pp. 184–185

Page 190

Les textes de *Jazz*, 1947

1 Paris, Tériade, 1947

2 Parole prononcée notamment lors du premier entretien radiophonique de 1942 (cf. *supra* p. 127). Pierre Courthion rapporte également que Matisse déclara à un débutant venu lui demander conseil : *Vous voulez faire de la peinture? Commencez alors par vous couper la langue, car désormais vous ne devez vous exprimer qu'avec vos pinceaux* (Courthion, 1942).

3 *Si j'étais jeune, je ferais le tour du monde en avion. Je trouve que c'est quelque chose d'extraordinaire. Songez qu'en quelques heures on peut être en Inde, en Chine, en Afrique du Sud. C'est miraculeux!* (Howe, 1949).

4 *Vous voyez : rompre avec l'habitude, la routine conformiste. Toulouse-Lautrec, un jour, s'est écrié : « Enfin je ne sais plus des-*

siner.» Cela voulait dire qu'il avait trouvé sa ligne véritable, son dessin véritable, son langage propre de dessinateur. Cela voulait dire encore qu'il avait quitté les moyens employés pour apprendre à dessiner (Verdet, 1952). Et Louis Aragon rapporte que Matisse aimait à citer Hokusaï disant: *Si je vivais plus longtemps, je pourrais peindre.* En marge de quoi Matisse a noté: *Ou bien: enfin je ne sais plus dessiner* (Aragon, 1971).

5 D'une lettre à Rouveyre, le 18 octobre 1947: *Je suis arrivé à posséder le sentiment de l'horizontale et de la verticale de façon à rendre expressives les obliques qui en résultent, ce qui n'est pas facile* (Schneider, 1970).

Page 196

Lettres à André Rouveyre sur *Jazz*, 1947–1948

1 Alors qu'il travaillait à *Jazz,* Matisse écrivit à Tériade le 7 mars 1944 au sujet de son livre: *Ce joujou d'un sou me fatigue et tout mon être se révolte devant son importance envahissante! Il me tarde de voir ce que votre équipe parisienne en a fait. En tout cas, j'en ai les yeux fatigués – je ne sors plus qu'avec des verres teintés 70 % – et je compte sur vous pour me rapporter de Paris une canne blanche – les alcools violents sous toutes les formes me sont interdits par la faculté.*

2 Le livre fut exposé à Paris, à la librairie Pierre Berès.

3 Lettre partiellement publiée dans le catalogue Schneider, 1970.

4 *J'ai été amené à faire du papier découpé pour associer la couleur et le dessin, d'un même mouvement* (propos de juillet 1948 transcrits par le père Couturier dans *Se garder libre,* 1962).

5 Partiellement publiée dans le catalogue Schneider, 1970.

Page 200

***Verve*. numéro 21–22: automne 1948**

1 Pierre Schneider, *Matisse,* Flammarion, 1984

2 On comprendra également l'attitude de Breton, reconnaissant dans l'étrangeté de certaines formes nées sous le pinceau de Matisse et, plus encore, «dans la furie qui le ruait sur la toile vide confusément comme si jamais il n'avait peint», comme disait Mallarmé à propos de Manet, l'intervention féroce, cruelle, découverte d'une force inconnue, «une force, dira-t-il en 1952, que je pensais aujourd'hui comme étant étrangère à une vie d'homme normal», qui, s'emparant du peintre, le transformait en médium (Pierre Schneider, *op. cit.*).

3 *Combat*, journal quotidien national dirigé à la Libération par Albert Camus et qui avait une grande influence sur les milieux artistiques et intellectuels.

4 Louis Aragon, *Henri Matisse, roman*, Gallimard, 1971

5 Cf. note 1

IV. Océanie

Page 234

***Océanie* et le foisonnement des gouaches découpées Le retour obsédant des souvenirs de Tahiti, 1946–1948**

1 Brassaï, *Conversations avec Picasso*, Gallimard, 1997, p. 313

2 Henri Matisse, Louis Aragon, 1942; *Écrits et propos sur l'art*, p. 204

3 *Matisse et L'Océanie*, Le Cateau-Cambrésis, 1998, p. 27

4 Henri Matisse, note de 1946, Louis Aragon, 1971; *Écrits et propos sur l'art*, p. 103–104

5 Henri Matisse, René Char, 1946; *Écrits et propos sur l'art*, p. 231–232

6 Marcelin Pleynet, *Henri Matisse*, Gallimard, 1990, p. 226

7 Françoise Gilot, *Matisse et Picasso*, Robert Laffont, 1991, p. 30–31

8 *Op. cit.*, p. 35–36

9 *Henri Matisse Paper Cut-Outs*, The St. Louis Art Museum and The Detroit Institute of Arts, 1977, p. 279

10 Henri Matisse, Paule Martin, 1955; *Écrits et propos sur l'art*, p. 274

11 Henri Matisse, Romm, 1934; *Écrits et propos sur l'art*, p. 146–147

12 Lettre à son fils Pierre, 5 avril 1948; in *Matisse, une seconde vie*, Hazan, 2005, p. 186

13 *Matisse, Rouveyre, Correspondance*, Flammarion, 2001, p. 509

14 André Breton, *Le Surréalisme et la peinture*, N. R.F., 1928; «Nouvelle édition revue et corrigée», Gallimard, 1965, p. 9

15 H. Matisse, M. A. Couturier, L.-B. Rayssiguier, *La Chapelle de Vence, Journal d'une création*, Skira, 1993, p. 93

16 *Op. cit.*, p. 98

17 *Op. cit.*, p. 96

18 Henri Matisse, Tériade, 1933; *Écrits et propos sur l'art*, p. 126–127; dans une perspective semblable, Matisse a pu déclarer: «Le chemin de mon crayon sur la feuille de papier a, en partie, quelque chose d'analogue au geste d'un homme qui chercherait, à tâtons, son chemin dans l'obscurité. Je veux dire que ma route n'a rien de prévu: je suis conduit, je ne conduis pas.» (Note de 1942, Louis Aragon, 1971; *Écrits et propos sur l'art*, p. 164); ou encore: «Je m'en remets à mon inconscient et la preuve en est si flagrante que, si l'on me dérange pendant l'opération, il ne m'est plus possible de retrouver le fil» (Francis Carco, 1953; *Écrits et propos sur l'art*, p. 165).

19 Henri Matisse, Raymond Escholier, 1956; *Écrits et propos sur l'art*, p. 126

20 *Minotaure*, n° 8, 1936

V. La Chapelle du Rosaire

Page 268

«Ce sera un diamant, cette église» La chapelle de Vence, 1947–1951

1 Bonnard/Matisse, *Correspondance*, Gallimard, 1991, p. 127; *Écrits et propos sur l'art*, p. 49

2 H. Matisse, M. A. Couturier, L.-B. Rayssiguier, *La Chapelle de Vence, Journal d'une création*, éditions du Cerf, 1993, p. 33

3 *Op. cit.*, p. 63

4 *Op. cit.*, p. 225

5 *Op. cit.*, p. 36

6 *Op. cit.*, p. 61

7 *Henri Matisse, Zeichnungen und Gouaches découpées*, Stuttgart, 1993; cf. aussi un propos à André Verdet, cité dans *Écrits et propos sur l'art*, p. 265, sur le rouge écarté de la composition, mais qui existe dans l'esprit de celui qui observe.

8 Henri Matisse, *France-Illustration*, 1951; *Écrits et propos sur l'art*, p. 259

9 Henri Matisse, Marie-Alain Couturier, 1951; *Écrits et propos sur l'art*, p. 270

10 Cf. note 2, p. 101

11 Henri Matisse, Rosamond Bernier, 1949; *Écrits et propos sur l'art*, p. 263

12 Propos rapportés par le peintre japonais Riichiro Kawashima, «Les mots de Matisse», trad. française archives succession Henri Matisse; in René Percheron et Christian Brouder, *Matisse, De la couleur à l'architecture*, Citadelles & Mazenod, 2002, p. 209–210

13 Henri Matisse, *France-Illustration*, 1951; *Écrits et propos sur l'art*, p. 260

14 Henri Matisse, Georges Charbonnier, 1960; *Écrits et propos sur l'art*, p. 266

15 Cf. note 2, p. 101

16 *Chasubles de Matisse*, Le Cateau-Cambrésis, 1997

17 Françoise Gilot, *Matisse et Picasso*, Robert Laffont, 1991, p. 208

18 Henri Matisse, Lydia Delectorskaya, Louis Aragon, 1971; *Écrits et propos sur l'art*, p. 271

19 Henri Matisse, *Jazz*, 1947; *Écrits et propos sur l'art*, p. 238

20 Pierre Schneider, *Matisse*, Flammarion, 1992, p. 675

21 Propos recueillis par Célia Bertin, *Le Figaro littéraire*, 24 avril 1948

22 Henri Matisse, Georges Charbonnier, 1960; *Écrits et propos sur l'art*, p. 154

23 Georges Duthuit, «Le tailleur de lumière», *Verve*, n° 35–36, 1958, in *Écrits sur Matisse*, École nationale supérieure des beaux-arts, 1992, p. 184–185

24 Henri Matisse, Tériade, 1936; *Écrits et propos sur l'art*, p. 128

25 Georges Duthuit, « Notes à l'occasion de conférences aux États-Unis », 1940–1954 ; in *Écrits sur Matisse*, École nationale supérieure des beaux-arts, 1992, pp. 123–124

26 René Percheron et Christian Brouder, *Matisse De la couleur à l'architecture*, Citadelles & Mazenod, 2002, p. 260

27 Henri Matisse, « La Chapelle du Rosaire », 1951 ; *Écrits et propos sur l'art*, p. 258

Page 294

Propos sur la chapelle du Rosaire, 1948–1952

1 Juin 1951 ; cette lettre a été lue par le père Couturier lors de l'inauguration de la Chapelle, puis publiée dans *L'Art Sacré*, n° 11–12, juillet-août 1951.

2 Texte publié dans *Chapelle du Rosaire des Dominicaines de Vence*, Vence, 1951.

3 *France-Illustration*, Noël 1951

4 *Non, je ne savais pas [que je réussirais si bien] – je ne bluffe pas. Des émotions en nous nous poussent à créer. L'artiste travaille et arrive à un stade où se produit une explosion. Et je ne puis dire pourquoi, dans le cas de cette chapelle, les couleurs se sont avérées si subtiles et harmonieuses* (« What I want to say », *Time*, 24 octobre 1949).

5 Lydia Delectorskaya (citée par Louis Aragon) rappelle une expression de Matisse à propos de la chapelle de Vence : [*Il s'agissait*] *de jongler avec une feuille de papier à cigarettes et une canne* (« Que l'un fût de la chapelle », Aragon, 1971).

6 Extraits de « Matisse designs a new church », *Vogue*, n° 131–132, 15 février 1949 ; retraduits de l'anglais.

7 *Que tous ceux qui visitent ce lieu le quittent heureux et reposés* (propos rapportés par Joseph A. Barry, « Matisse turns to religious art », *New York Times Magazine*, 26 décembre 1948).

8 *Les murs seront blanchis à la chaux, et c'est ainsi que toutes les peintures seront faites de noir sur du blanc* (Barry, 1948).

9 *Vous comprenez, dit Matisse à un journaliste de* Time, *[dans cette chapelle] les couleurs n'existent pas et cependant elles existent* (« What I want to say », 1949).

10 *Certaines de mes gravures, je les ai faites après des centaines de dessins, après l'essai, la connaissance, la définition de la forme et, alors, je les ai faites les yeux bandés* (Fels, 1929).

11 Protestant devant Joseph Barry contre l'idée que le fait qu'il travaille à un édifice religieux puisse impliquer de sa part un repentir du paganisme de sa jeunesse, Matisse déclarait dès 1948 : *À ma façon, j'ai toujours chanté la gloire de Dieu et de ses créations. Je n'ai pas changé* (Barry, 1948).

12 In *Le Monologue du peintre*, Julliard, 1960. Les deux premières phrases sont également les deux dernières de la partie de l'entretien de Matisse avec Georges Charbonnier concernant *La Danse* de la Barnes Foundation.

13 *Ah ! J'ai eu parfois du mal avec l'architecte qui travaillait sous ma direction. Cette immense croix de fer qui ne repose que sur un toit à l'italienne, frère Rayssiguier ne pouvait pas s'y faire… Alors, j'ai recouru à notre ami Perret ; Perret est venu, et par bonheur, il m'a donné raison* (Escholier, 1956).

14 *Je veux que ceux qui entreront dans ma chapelle se sentent purifiés et déchargés de leurs fardeaux* (Couturier, 1951).

15 Extraits de *Se garder libre*, Paris, éditions du Cerf, 1962

16 Françoise Gilot fut témoin de la conversation suivante : « Mais pourquoi faites-vous ces choses-là [répéta Picasso à Matisse] ? Je serais d'accord si vous étiez croyant. Dans le cas contraire, je pense que vous n'en avez moralement pas le droit ».
– Pour moi, rétorqua Matisse, tout cela est essentiellement une œuvre d'art. Je médite, et me pénètre de ce que j'entreprends. Je ne sais pas si j'ai ou non la foi. Peut-être suis-je plutôt bouddhiste. L'essentiel est de travailler dans un état d'esprit proche de la prière (Gilot, 1965).

17 Le père Couturier a posé pour les dessins préparant le panneau de *Saint Dominique* de la chapelle de Vence.

18 *Ces choses-là, il faudrait les savoir tellement par cœur qu'on puisse les dessiner les yeux bandés* (Couturier, 1951).

19 Le Père Couturier avait déjà publié dans la revue *L'Art sacré* de juillet-août 1951, c'est-à-dire du vivant de Matisse, ce propos relatif à la chapelle : *Prendre un espace clos de proportions très réduites et lui donner par le seul jeu des couleurs et des lignes des dimensions infinies* (Couturier, 1951). Lydia Delectorskaya (citée dans « Que l'un fût de la chapelle », Aragon, 1971) corrige cependant fort justement la constante propension du père Couturier à infléchir la pensée de Matisse du « spirituel » au « religieux » en passant par « l'infini » : « Non, pas du tout (écrit Lydia Delectorskaya à propos de la notion d'espace infini). Bien *un espace spirituel.* »

20 Souci en effet bien net dans l'esprit de Matisse qui disait à Joseph Barry dès décembre 1948 : *Cette chapelle sera pour moi la possibilité de mettre en application les recherches de ma vie tout entière* (Barry, 1948).

21 Dès 1951, dans *L'Art Sacré*, le père Couturier transcrivait ces propos de Matisse : *À partir d'un certain moment, ce n'est plus moi, c'est une révélation : je n'ai qu'à me donner.* – Dans *Se garder libre*, on peut lire en date du 15 juillet 1948 : « [Matisse] parlant de ses dessins pour des portraits. Il s'agit de croquis très rapides : *à partir d'un certain moment, c'est une espèce de révélation, ce n'est plus moi. À ces moments, il y a un véritable dédoublement de moi : je ne sais plus ce que je fais, je m'identifie à mon modèle.* » – Par ailleurs, le Père Couturier note en date du 22 juin 1948 : « L'autre dimanche, comme je laisse échapper le mot 'miraculeux' devant certaine toile [Matisse me dit] : *C'est toujours Dieu qui me tient la main ; je ne suis pas responsable.* » – Autre note du père Couturier citant Matisse (14 juin 1949) : *Je crois à un Dieu qui me domine et me force à marcher dans telle direction* (Couturier, 1962). Lydia Delectorskaya (citée par Louis Aragon) fait à ce sujet l'indispensable mise au point suivante : « C'était un cliché, une repartie malicieuse dont Matisse usait toujours pour répondre aux compliments excessifs, conventionnels. […] Le mot Dieu en lui-même n'avait pas de poids pour Matisse. Matisse était et est resté jusqu'au bout un libre-penseur. *Quelque chose existe au-dessus de nous. Quelque chose.* Et dans son travail, il considérait qu'à certains moments *quelqu'un* se substituait à lui. Mais ce *quelqu'un* n'était pas forcément une divinité ; c'était : *un autre que moi.* […] Des gens de différents bords voudraient convaincre le monde qu'avec l'âge, ayant eu peur de la mort, Matisse s'était converti au catholicisme et s'était occupé d'une chapelle pour 's'ouvrir la porte du Paradis avec une clé d'or' comme disaient certains. Il n'en est rien. Matisse n'avait pas peur de mourir, mais avait peur de souffrir pour mourir, souffrir physiologiquement. Peu avant sa mort, les sœurs de Vence avaient essayé d'insister pour qu'il 'fasse ses Pâques'. Son refus fut catégorique : *Ce que j'avais à faire, je l'ai fait de mon mieux, tout le reste est peu de choses.* » (« Que l'un fût de la chapelle », Aragon, 1971).

22 À André Marchand Matisse déclarait en 1947 : *Ah ! quel métier passionnant, c'est curieux comme la vie est courte, maintenant je vois ce que j'ai à faire, je voudrais recommencer, mais jamais une vie de peintre n'est suffisante, on laisse le travail en route, l'essentiel est de bien dire ce que l'on a à dire* (Marchand, 1947). – Et à Russell Warren Howe lui demandant en 1949 ce qu'il ferait s'il était un jeune peintre aujourd'hui : *Je serais très reconnaissant, répondit Matisse en souriant, mais sérieusement, ma vie vous indique ce que je ferais. Je ferais ce que j'ai fait. J'arrive maintenant pour ainsi dire à la fin du parcours, et je ne puis savoir exactement ce que je ferais si j'en étais au début. Je ne suis plus précisément jeune, et il faut la jeunesse pour voir dans le futur. Si j'étais jeune, je ferais quelque chose, et c'est après l'avoir fait que je saurais à quelles recherches vouer ma vie.*

Aujourd'hui, pour le peintre, tout est cher – les couleurs, le matériel, la vie elle-même. Si j'étais un jeune peintre, je prendrais un métier comportant un salaire, et ainsi je serais indépendant et pourrais peindre en toute liberté. Mon art n'en souffrirait pas. Si je faisais de la mauvaise peinture, si je décorais des biscuits de Noël, là oui, mon art en souffrirait, mais être employé de banque ou charger les trains de marchandise ferait au contraire très bien l'affaire (Howe, 1949).

23 Interrogé par Georges Charbonnier sur le fait de savoir pourquoi, chez nombre de peintres contemporains, le visage humain devient anonyme, Matisse répond : *Est-ce pour moi que vous dites cela? Parce que je ne mets pas d'yeux, quelquefois, ni de bouche à mes personnages?… Mais c'est parce que le visage est anonyme. Parce que l'expression porte dans tout le tableau. Les bras, les jambes, tout cela ce sont des lignes qui agissent comme dans un orchestre, un registre, des mouvements, des timbres différents. Si on met des yeux, un nez, une bouche, ça n'a pas grande utilité, au contraire, ça paralyse l'imagination du spectateur et ça oblige à voir une personne d'une certaine forme, une certaine ressemblance, etc. tandis que si vous donnez des lignes, des valeurs, des forces, l'esprit du spectateur s'engage dans le dédale de ces éléments multiples… et alors… l'imagination est délivrée de toute limite!* (Charbonnier, 1960). Et Matisse disait à Paule Martin à propos de ces mêmes panneaux de la chapelle de Vence : *Il suffit d'un signe pour évoquer un visage, il n'est nul besoin d'imposer aux gens des yeux, une bouche… il faut laisser le champ libre à la rêverie du spectateur* (propos rapportés dans « Il mio maestro Henri Matisse », *La Biennale di Venezia*, n° 26, décembre 1955).

VI. Les dernières gouaches monumentales

Page 314

Les dernières gouaches monumentales L'apothéose de la « grande composition », 1950–1954

1 André Verdet, *Prestiges de Matisse*, Émile-Paul, 1952, p. 20–21
2 Matisse, Rouveyre, *Correspondance*, Flammarion, 2001, p. 269 ; *Écrits et propos sur l'art*, p. 168
3 Henri Matisse, André Verdet, 1952 ; *Écrits et propos sur l'art*, p. 249–250
4 Henri Matisse, « Notes d'un peintre sur son dessin », 1939 ; *Écrits et propos sur l'art*, p. 161
5 Cf. Jean-François Billeter, *L'Art chinois de l'écriture*, Skira, 1989, p. 71, 223–224, 240, 280
6 Henri Matisse, Maria Luz, 1952 ; *Écrits et propos sur l'art*, p. 249
7 Georges Duthuit, « Notes sur la rétrospective Matisse au MNAM à Paris », 1956 ; in *Écrits sur Matisse*, École nationale supérieure des beaux-arts, 1992, pp. 154–155
8 Henri Matisse, Léon Degand, 1945 ; *Écrits et propos sur l'art*, p. 308
9 Henri Matisse, Maria Luz, 1952 ; *Écrits et propos sur l'art*, p. 246
10 Henri Matisse, Gaston Diehl, 1947 ; *Écrits et propos sur l'art*, p. 203
11 Cf. note 7, p. 159
12 *Op. cit.*, p. 161
13 Henri Matisse, « Notes d'un peintre », 1908 ; *Écrits et propos sur l'art*, p. 49
14 Henri Matisse, Romm, 1934 ; *Écrits et propos sur l'art*, p. 146–147
15 Jean-Louis Ferrier, n° spécial *XXe siècle*, p. 42
16 Gilles Néret, *Henri Matisse*, Taschen, 1996, p. 195
17 Gaston Diehl, *Henri Matisse*, Pierre Tisné, 1954, p. 81
18 H. Matisse, M. A. Couturier, L.-B. Rayssiguier, *La Chapelle de Vence, Journal d'une création*, Cerf, 1993, p. 336
19 Lettre de Tériade à Matisse, 20 mai 1950, archives H. Matisse, Paris ; in *Matisse, une seconde vie*, Hazan, 2005, p. 252
20 *Matisse*, catalogue établi par Isabelle Monod-Fontaine, Centre Georges Pompidou, 1989, pp. 381–382
21 Lettre au père Couturier, 8 mai 1952 ; in *Matisse*, catalogue établi par Isabelle Monod-Fontaine, Centre Georges Pompidou, 1989, p. 382
22 René Percheron et Christian Brouder, *Matisse, De la couleur à l'architecture*, Citadelles & Mazenod, 2002, p. 302
23 Pierre Courthion, n° spécial *XXe siècle*, p. 45
24 Lettre à Pierre Matisse, 2 novembre 1952, Pierpont Morgan Library New York ; in *Matisse, une seconde vie*, Hazan, 2005, p. 252
25 Lettre à Pierre Matisse, 18 mai 1953, Pierpont Morgan Library New York ; in *Matisse, une seconde vie*, Hazan, 2005, p. 252
26 Cf. note 2, p. 479
27 André Verdet, n° spécial *XXe siècle*, p. 115 ; *Écrits et propos sur l'art*, p. 251
28 Henri Matisse, André Rouveyre, 1945 ; *Écrits et propos sur l'art*, p. 294
29 Cf. note 31, p. 250–251
30 *Op. cit.* p. 250–251

Page 362

Déclarations. « Cette mode de distinction du figuratif et du non-figuratif », 1949–1952

1 Extraits de « Propos de Henri Matisse », *Amis de l'Art*, n° 2, octobre 1951.
2 C'est peut-être ici le lieu de noter l'importance de la passion de Matisse pour les oiseaux. Henry de Montherlant, à qui Matisse faisait visiter en 1937 la grande volière occupant une pièce de son appartement de l'hôtel Regina à Cimiez, rapporte ces propos du peintre : *Quelquefois, en achetant un de ces oiseaux, je trouvais qu'il coûtait vraiment bien cher… Mais, quand j'étais pour crever* [Matisse avait été atteint d'une grippe infectieuse l'hiver précédent], *j'ai dit à ma femme : « Regarde comme j'ai eu raison de me faire plaisir en achetant ces oiseaux. » Il faut toujours faire ce qui vous fait plaisir* (Montherlant, 1938). La guerre lui imposera cependant de se défaire au moins partiellement de cette volière : *J'attends un marchand d'oiseaux qui va, je l'espère, me débarrasser en partie. Ce n'est pas nécessité de faire cela qui me préoccupe, mais l'incertitude dans laquelle on vit et la honte de subir une catastrophe dont on n'est pas responsable. Comme m'a dit Picasso : « C'est l'École des beaux- arts ». Si tout le monde faisait son métier comme Picasso et moi faisions le nôtre, ça ne serait pas arrivé* (lettre à Pierre Matisse, 1er septembre 1940, publiée dans Schneider, 1970). Mais Matisse conservera suffisamment d'oiseaux pour faire impression sur J. et H. Dauberville lorsqu'ils lui rendent visite en 1942 : *Voyez ces oiseaux, ils m'encombrent. J'ai commencé à en avoir à une époque où je faisais le portrait d'une Américaine. J'en ai acheté quelques-uns derrière Notre-Dame, sur le quai de la Mégisserie. Maintenant, j'en suis envahi. Ils me gênent. Je les conserve quand même* (Dauberville, 1958). Matisse dira encore à André Verdet en 1952 : *Il y a quelques années, ici, dans cette grande pièce [de l'hôtel Régina, à Cimiez], il y avait plus de trois cents oiseaux. Des perruches, des merles, des pigeons, des espèces rares. Ils voletaient dans des volières. Les pigeons, eux, étaient libres dans la chambre. On se serait cru dans une forêt. C'est de là que vient la colombe qui a servi à Picasso pour son affiche. C'est moi qui la lui ai donnée, et depuis elle a fait le tour du monde* (Verdet, 1952).
3 Au père Couturier en février 1950 : *Les artistes sont faits pour traduire les événements de leur temps, mais ils le font avec des signes qui ne sont pas lisibles pour tous* (Couturier, 1962).
4 Sous ce titre que nous empruntons à une expression de Matisse dans une lettre à André Rouveyre du 25 décembre 1947, nous publions des propos tenus sur ce sujet à divers interlocuteurs.
5 Russel Warren Howe : *Half-an-Hour With Matisse,* ‹ Apollo ›, XLIX, Février 1949, p. 29
6 André Verdet : « Entretiens avec Henri Matisse » ; in *Prestiges de Matisse*, Paris 1952, p. 37–76

Bibliographie sélective

ALLIEZ, Eric, BONNE, Jean-Claude, *La Pensée-Matisse, portrait de l'artiste en hyperfauve*, Paris, Le Passage, 2005.
ANTHONIOZ, Michel, *L'Album Verve*, Paris, Flammarion, 1987.
ARAGON, Louis, *Henri Matisse, roman*, Paris, Gallimard, 1971 (réédition, collection « Quarto », 1998).
ARIKHA, Avigdor, *Two Books : « The Apocalypse of Saint-Sever » 1028–1072 ; Henri Matisse : « Jazz », 1943–1944*, Los Angeles, Los Angeles County Museum of Art, 1972 (catalogue d'exposition).
BALDASSARI, Anne, MONOD-FONTAINE, Isabelle, COWLING, Elizabeth, GOLDING, John, ELDERFIELD, John, VARNEDOE, Kirk, *Matisse Picasso*, Paris, RMN / Centre Pompidou, 2002 (catalogue d'exposition).
BARR, Alfred H., *Matisse His Art and His Public*, New York, The Museum of Modern Art, 1951 (réédition, Londres, Secker and Warburg, 1975).
BERGGRUEN, Olivier, HOLLEIN, Max (sous la direction de), *Henri Matisse. Drawing with Scissors. Masterpieces from the Late Years*, Munich, Prestel, 2002 (catalogue d'exposition).
BERNIER, Rosamond, « Matisse designs a new church », in *Vogue* 131–132, 1949.
BERTIN, Célia, « Visite à Henri Matisse », in *Le Figaro littéraire*, 24 avril 1948.
BILLETER, Jean-François, *L'Art chinois de l'écriture*, Genève, Skira, 1989.
BRASSAÏ, Jules Halasz, *Conversations avec Picasso*, Paris, Gallimard, 1964 (réédition, 1997).
CASSOU, Jean, *Henri Matisse : Œuvres récentes, 1947–1948*, Paris, Musée national d'art moderne, 1949 (catalogue d'exposition, avec des notes non signées de Matisse).
CHARBONNIER, Georges, « Entretien avec Henri Matisse », in *Le Monologue du peintre*, T.2, Paris, Julliard, 1960.
CLIFFORD, Henry, *Henri Matisse Retrospective Exhibition of Paintings, Drawings and Sculpture*, Philadelphie, Philadelphia Museum of Art, 1948 (catalogue d'exposition, avec textes d'Aragon et de Matisse).
COQUIO, Catherine, AVICE, Jean-Paul, *André Rouveyre, 1879–1962, entre Apollinaire et Matisse*, Paris, Bibliothèque historique de la Ville de Paris, 1995 (catalogue d'exposition).
COURTHION, Pierre, *Henri Matisse*, Paris, Rieder, 1934.
COURTHION, Pierre, « Le Papier Collé du Cubisme à nos jours » et « Les Papiers Découpés d'Henri Matisse », in *XXe siècle* 6, 1956.
COWART, Jack, « Matisse's Artistic Probe : the Collage », in *Arts Magazine* 49, 1975.
COWART, Jack, FLAM, Jack D., FOURCADE, Dominique, HALLMARK NEFF, John, *Henri Matisse. Paper Cut-Outs*, St. Louis et Detroit, The St. Louis Art Museum and the Detroit Institute of Arts, 1977 (catalogue d'exposition).
DE CHASSEY, Eric, *La Violence décorative. Matisse dans l'art américain*, Nîmes, Jacqueline Chambon, 1998.
DELECTORSKAYA, Lydia, *Henri Matisse. L'apparente facilité*, Paris, Maeght, 1986.
DELECTORSKAYA, Lydia, *Henri Matisse. Contre vents et marées. Peintures et livres illustrés de 1939 à 1943*, Paris, Éditions Irus et Vincent Hansma, 1996.
DIEHL, Gaston, *Henri Matisse*, Paris, Pierre Tisné, 1954.
DIEHL, Gaston, *Henri Matisse*, Paris, Nouvelles Éditions Françaises, 1970.
DUROZOI, Gérard, *Matisse*, Paris, Hazan, 1989.
DUTHUIT, Claude, DUTHUIT-MATISSE, Marguerite, *Henri Matisse, Catalogue raisonné de l'œuvre gravé*, Paris, les auteurs, 1983.
DUTHUIT, Claude, *Henri Matisse, Catalogue raisonné des ouvrages illustrés*, Paris, l'auteur, 1988.
DUTHUIT, Georges, *Les Fauves*, Genève, Éditions des Trois Collines, 1949.
DUTHUIT, Georges, « Le tailleur de lumière », in *Verve*, n° 35–36, 1958.
DUTHUIT, Georges, *Le Feu des signes*, Genève, Skira, 1962.
DUTHUIT, Georges, *Représentation et Présence : Premiers Écrits et Travaux 1923–1952*, Paris, Flammarion, 1974.
DUTHUIT, Georges, *Écrits sur Matisse*, éd. Rémi Labrusse, Paris, École nationale supérieure des beaux-arts, 1992.
ELDERFIELD, John, *The Cut-Outs of Henri Matisse*, New York, Braziller, 1978.
ELDERFIELD, John, *Henri Matisse : A Retrospective*, New York, The Museum of Modern Art, 1992 (catalogue d'exposition).
ESCHOLIER, Raymond, *Henri Matisse*, Paris, Librairie Floury, 1937.
ESCHOLIER, Raymond, *Matisse, ce vivant*, Paris, Librairie Arthème Fayard, 1956.
FEDIER, François, *L'Art en liberté. Cours de philosophie*, Paris, Pocket, 2006.
FELS, Florent, *Propos d'artistes*, Paris, La Renaissance du Livre, 1925.
FELS, Florent, *Henri Matisse*, Paris, Chroniques du Jour, 1929.
FINSEN, Hanne, WIVEL, Mikael, *Matisse, Kapellet i Vence*, Copenhague, Ordrupgaard, 1993 (catalogue d'exposition).
FINSEN, Hanne (sous la direction de), *Matisse, une seconde vie*, Paris, Hazan, 2005 (catalogue d'exposition).
FLAM, Jack, *Matisse on Art*, Londres et New York, Phaidon, 1973 (édition révisée, Berkeley et Los Angeles, University of California Press, 1995).
FLAM, Jack (auteur de la partie consacrée à Matisse), *De Cézanne à Matisse. Chefs-d'œuvre de la Fondation Barnes*, Paris, Gallimard / Electa – RMN, 1993 (catalogue d'exposition).
FRANZ, Erich (sous la direction de), *Signac et la libération de la couleur. De Matisse à Mondrian*, Grenoble, RMN, 1997 (catalogue d'exposition).
FOURCADE, Dominique, MONOD-FONTAINE, Isabelle (sous la direction de), *Henri Matisse. Dessins et sculpture*, Paris, Centre Georges Pompidou, 1975 (catalogue d'exposition).
FOURCADE, Dominique, « Autres Propos de Matisse », in *Macula* 1, 1976.
FOURCADE, Dominique, MONOD-FONTAINE, Isabelle (sous la direction de), *Henri Matisse 1904–1917*, Paris, Centre Georges Pompidou, 1993 (catalogue d'exposition).
GILOT, Françoise, *Matisse and Picasso, A Friendship in Art*, New York, Doubleday, 1990 (traduction française, Paris, Robert Laffont, 1991).
GIRARD, Xavier (sous la direction de), *Cahiers Henri Matisse*, notamment : n° 1, *Matisse et Tahiti*, Nice, 1986 ; n° 2, *Matisse : Photographies*, Nice, 1986 ; n° 3, *Matisse : L'Art du livre*, Nice, 1986 ; n° 7, *Les chefs-d'œuvre du Musée Matisse, Nice-Cimiez*, Dijon, RMN, 1991 ; n° 8, *Matisse. La Chapelle du Rosaire*, Nice, RMN, 1992.
GIRARD, Xavier, *Matisse à Nice, 1917–1954*, Paris, Assouline, 1996.
GOLDIN, Amy, « Matisse and Decoration : The Late Cut-Outs », in *Art in America* 63, 1975.
GUICHARD-MEILI, Jean, *Henri Matisse, son œuvre, son univers*, Paris, Fernand Hazan, 1967.
GUICHARD-MEILI, Jean, *Les Gouaches découpées de Henri Matisse*, Paris, Fernand Hazan, 1983.
LABRUSSE, Rémi, *Matisse. La Condition de l'image*, Paris, Gallimard, 1999.

LASSAIGNE, Jacques, *Henri Matisse, Les Grandes gouaches découpées*, Paris, Musée des Arts Décoratifs, 1961 (catalogue d'exposition).
LAUDON, Paule, *Matisse. Le Voyage en Polynésie*, Paris, Adam Biro, 1999.
LEJARD, André, « Propos de Henri Matisse », in *Amis de l'Art* 2, 1951.
LEYMARIE, Jean, *Le Fauvisme*, Genève, Skira, 1959 (nouvelle édition, 1987).
LEYMARIE, Jean, « Les grandes gouaches découpées de Matisse à la Kunsthalle de Berne », in *Quadrum* 7, 1960.
LEYMARIE, Jean, *Éloge de Tériade*, Alice Tériade, 2002.
LUZ, Maria, « Témoignage : Henri Matisse », in *XXe siècle* 2, 1952.
MARCHIORI, Giuseppe, « Papiers Découpés », in *La Biennale di Venezia* 26, 1955.
MASSON, André, *Entretiens avec Georges Charbonnier*, Paris, Julliard, 1958.
MASSON, André, « Conversations avec Matisse », in *Critique* 324, 1974 (numéro Henri Matisse).
MATISSE, Henri, *Dessins, Thèmes et Variations*, précédé de « Matisse-en-France » par Aragon, Paris, Martin Fabiani, 1943.
MATISSE, Henri, « Comment j'ai fait mes livres », in *Anthologie du livre illustré par les peintres et sculpteurs de l'école de Paris*, Genève, Skira, 1946.
MATISSE, Henri, « Océanie : tenture murale », in *Labyrinthe* 2, 1946.
MATISSE, Henri, *Jazz*, Paris, Éditions Verve, 1947.
MATISSE, Henri, *Chapelle du Rosaire des Dominicaines de Vence*, Vence, 1951.
MATISSE, Henri, *Jazz*, Postface de Tériade, Munich, Piper, 1957.
MATISSE, Henri, *Jazz*, avec une introduction de Riva Castleman, New York, George Braziller, 1983.
MATISSE, Henri, BONNARD, Pierre, *Correspondance 1925–1946*, éd. Jean Clair et Antoine Terrasse, Paris, Gallimard, 1991.
MATISSE, Henri, COUTURIER, Marie-Alain, RAYSSIGUIER, Louis-Bertrand, *La Chapelle de Vence, Journal d'une création*, éd. Marcel Billot, Paris, Cerf, 1993.
Henri Matisse. Zeichnungen und Gouaches découpées, Stuttgart, Hatje, 1993 (catalogue d'exposition, textes de L. Delectorskaya, O. Dreyer, J. Flam, U. Gauss, X. Girard, R. Hennessy, A. Stolzenburg).
***Matisse. Visages découverts** 1945–1954*, Paris, Adam Biro, 1996 (catalogue d'exposition).
MATISSE, Henri, CAMOIN, Charles, *Correspondance entre Charles Camoin et Henri Matisse*, éd. Claudine Grammont, Lausanne, La Bibliothèque des Arts, 1997.
MATISSE, Henri, ROUVEYRE, André, *Correspondance*, éd. Hanne Finsen, Paris, Flammarion, 2001.
***Henri Matisse – Ellsworth Kelly :** dessins de plantes*, Paris, Gallimard – Centre Pompidou, 2002 (catalogue d'exposition).
MATISSE, Henri, *Jazz*, Arcueil, Anthèse, 2004.
Matisse, His Art and His Textiles. The Fabric of Dreams, Londres et New York, Royal Academy of Arts et The Metropolitan Museum of Art, 2004 (catalogue d'exposition).
MEYER, Franz, *Henri Matisse, 1950–1954, Les Grandes gouaches découpées*, Berne, Kunsthalle, 1959 (catalogue d'exposition).
MONOD-FONTAINE, Isabelle, *Matisse*, Paris, Centre Georges Pompidou, 1979 (2e édition revue et augmentée en collaboration avec A. Baldassari et C. Laugier, 1989).
MONOD-FONTAINE, Isabelle, LAUGIER, Claude, *Dation Pierre Matisse*, Paris, Centre Georges Pompidou, 1992 (catalogue d'exposition).
NÉRET, Gilles, *Matisse*, Paris, Nouvelles Éditions Françaises, 1991.
NÉRET, Gilles, *Henri Matisse. Gouaches découpées*, Cologne, Taschen, 1994.
NÉRET, Gilles, *Matisse*, Cologne, Taschen, 1996.
NOËL, Bernard, *Matisse*, Paris, Fernand Hazan, 1983 (2e édition revue et corrigée, 1987).
PAGE, Suzanne (sous la direction de), *Autour d'un chef-d'œuvre de Matisse, Les trois versions de La Danse Barnes (1930–1933)*, Paris, Musée d'art moderne de la Ville de Paris, 1993 (catalogue d'exposition).
PAGE, Suzanne (sous la direction de), *Le Fauvisme ou « l'épreuve du feu ». Éruption de la modernité en Europe*, Paris, Paris musées, 1999 (catalogue d'exposition).
PERCHERON, René, BROUDER, Christian, *Matisse. De la couleur à l'architecture*, Paris, Citadelles et Mazenod, 2002.
PLEYNET, Marcelin, *Henri Matisse*, Paris, La Manufacture, 1988 (nouvelle édition, Paris, Gallimard Folio / Essais, 1990).
REVERDY, Pierre, « Matisse dans la lumière et le bonheur », in *Verve*, n° 35–36, 1958.
RUSSELL, John, *The World of Matisse, 1869–1954*, New York, Time Life-Books, 1969.
SARDA, Marie-Anne (sous la direction de), *Matisse et Mallarmé*, Vulaines-sur-Seine, Musée Mallarmé, 2002 (catalogue d'exposition).
SCHNEIDER, Pierre, *Henri Matisse, Exposition du centenaire*, Paris, Grand Palais, 1970 (catalogue d'exposition).
SCHNEIDER, Pierre, *Matisse*, Paris, Flammarion, 1984 (nouvelle édition mise à jour, 1992).
SELZ, Jean, *Henri Matisse*, Paris, Flammarion, 1964.
SŒUR JACQUES-MARIE, *Henri Matisse. La Chapelle de Vence*, Nice, Grégoire Gardette, 1993.
SOLIER, René de, « Matisse à Vence », in *Cahiers du Sud* 289, 1948.
SZYMUSIAK, Dominique (sous la direction de), *Matisse et Tériade*, Arcueil, Anthèse, 1996 (catalogue d'exposition).
SZYMUSIAK, Dominique, *Les Chasubles de Matisse*, Le Cateau-Cambrésis, Musée Matisse, 1997 (catalogue d'exposition).
SZYMUSIAK, Dominique (sous la direction de), *Matisse et l'Océanie. Le voyage à Tahiti*, Le Cateau-Cambrésis, Musée Matisse, 1998 (catalogue d'exposition).
TÉRIADE, André, *Henri Matisse Papiers découpés*, Paris, Berggruen & Cie, 1953 (catalogue d'exposition).
TÉRIADE, André, *Éditions Verve, Tériade éditeur*, Paris, Verve, 1957 (catalogue publié à l'occasion du vingtième anniversaire des Éditions Verve).
TÉRIADE, André, *Écrits sur l'art*, Paris, Adam Biro, 1996.
Tériade et les livres de peintres, Le Cateau-Cambrésis, musée Matisse, 2002 (catalogue d'exposition).
VERDET, André, *Prestiges de Matisse*, Paris, Éditions Emile-Paul, 1952.
Verve , n° 13, « De la couleur », 1945.
Verve, n° 21–22, « Vence 1944–1948 », 1948.
Verve, n° 35–36, « Dernières œuvres de Matisse 1950–1954 », 1958.
XXe siècle, numéro spécial : « Hommage à Matisse », 1970.
WENNBERG, Bo, *Henri Matisse : Apollon*, Stockholm, National Museum, 1957 (catalogue d'exposition).
WESCHER, Herta, *Collage*, New York, Harry N. Abrams, 1968.
WHEELER, Monroe, *The Last Works of Henri Matisse : Large Cut Gouaches*, New York, The Museum of Modern Art, 1961 (catalogue d'exposition).

Chronologie

1869 : Naissance d'Henri Matisse au Cateau-Cambrésis (Nord) le 31 décembre.

1882–1887 : Études au lycée de Saint-Quentin.

1887–1888 : Études de droit à Paris.

1889 : Clerc d'avoué à Saint-Quentin.

1890 : Une appendicite le cloue au lit ; sa mère lui offre une boîte de peintures. Naissance de sa vocation picturale. Suit les cours de dessin de l'école Quentin de La Tour tout en poursuivant son travail de clerc.

1891 : Son père accepte, à regret, qu'il suive sa nouvelle vocation et qu'il s'inscrive à l'Académie Julian à Paris, où enseigne Bouguereau.

1892 : Échec au concours de l'École des beaux-arts. Fréquente l'École des arts décoratifs où il rencontre Albert Marquet.

1893 : Élève libre dans l'atelier de Gustave Moreau, où il passe cinq années et se lie d'amitié avec notamment Marquet, Manguin et Camoin. Nombreuses copies au Louvre.

1894 : Naissance de sa fille Marguerite.

1895 : Officiellement inscrit à l'École des beaux-arts comme élève de Gustave Moreau. Premier voyage en Bretagne.

1896 : Expose avec succès au Salon de la Société nationale des beaux-arts dont il est élu membre associé. L'Etat achète *La Liseuse*. Deuxième voyage en Bretagne où il rencontre John Russell, qui lui montre des Van Gogh.

1897 : Rencontre Camille Pissarro. Le tableau *La Desserte*, exposé au Salon de la Société nationale des beaux-arts, est mal reçu, mais défendu par Gustave Moreau. Troisième voyage en Bretagne.

1898 : Épouse Amélie Parayre. Séjour à Londres où il voit les œuvres de Turner. Long séjour en Corse, puis à Toulouse, patrie de sa femme ; découvre la lumière du Midi. Mort de Gustave Moreau.

1899 : Naissance de son fils Jean. Dernière participation au Salon de la Société nationale des beaux-arts. Travaille la peinture de motif avec Marquet. Vend la bague de fiançailles de son épouse pour acheter à Ambroise Vollard les *Trois Baigneuses* de Cézanne, ainsi qu'un plâtre de Rodin, une toile de Gauguin et un dessin de Van Gogh.

1900 : Difficultés financières. Travaille avec Marquet à la décoration du Grand Palais. Sa femme tient un magasin de modiste. Naissance de son fils Pierre.

1901 : Derain lui présente Vlaminck. Commence à exposer au Salon des Indépendants.

1902 : Expose chez Berthe Weill.

1903 : Fondation du Salon d'automne où il expose avec Rouault et Derain. Premières gravures. Visite une exposition d'art islamique au musée des Arts décoratifs.

1904 : Première exposition personnelle, chez Vollard. Séjour d'été à Saint-Tropez avec Paul Signac et Henri-Edmond Cross.

1905 : Expose au Salon des Indépendants *Luxe, calme et volupté*, que Signac achète. Premier été à Collioure, avec Derain. Au Salon d'automne éclate le scandale de la Cage aux Fauves. Les Stein achètent *La Femme au chapeau*.

1906 : Expose au Salon des indépendants *La Joie de vivre*, qu'achète Léo Stein. Voyage en Algérie (Biskra), d'où il rapporte des céramiques et des tissus. Montre une sculpture nègre à Picasso.

1907 : *Nu bleu, souvenir de Biskra* exposé au Salon des Indépendants. *Le Luxe (I)* exposé au Salon d'automne. Visite Venise, Padoue, Florence, Arezzo et Sienne.

1908 : Enseigne dans une école créée en son honneur par des admirateurs. Voyage en Allemagne. Publie « Notes d'un peintre » dans la *Grande Revue*. Exposition à New York. Chtchoukine lui achète *La Desserte, harmonie rouge*.

1909 : Installe son atelier à Issy-les-Moulineaux. Chtchoukine lui commande *La Danse* et *La Musique*. Fénéon lui fait signer son premier contrat chez Bernheim-Jeune. Abandonne peu à peu l'enseignement.

1910 : Première rétrospective à la galerie Bernheim-Jeune. Visite avec enthousiasme une exposition sur l'art islamique à Munich. *La Danse* et *La Musique* exposés au Salon d'automne. Voyage en Andalousie.

1911 : Voyage à Moscou pour l'installation de *La Danse* et *La Musique*. Étudie les icônes. Voyage à Tanger.

1912 : Visite une exposition de miniatures persanes au musée des Arts décoratifs. Nouveau voyage à Tanger.

1913 : Exposition de ses peintures marocaines chez Bernheim-Jeune. Participation à la « Sécession » de Berlin, à l'« Armory Show » à New York, puis à Chicago où *Nu bleu, souvenir de Biskra* est brûlé en effigie dans la rue.

1914 : Rencontre Juan Gris réfugié à Collioure et l'aide financièrement. Peint *Porte-fenêtre à Collioure*.

1915 : Exposition personnelle à la galerie Montross de New York. Rencontre Laurette, qui pose pour lui.

1916 : Exposition à Londres. Premier séjour à Nice.

1917 : S'installe à l'hôtel Beau Rivage, à Nice. Rend visite à Renoir, à Cagnes-sur-Mer.

1918 : Plusieurs visites à Renoir. Expose avec Picasso à la galerie Paul Guillaume.

1919 : Travaille avec un nouveau modèle, Antoinette.

1920 : Décors et costumes pour *Le Chant du rossignol* pour les Ballets russes de Diaghilev ; travail qui peut être considéré comme « précurseur » de celui des gouaches découpées. Été à Londres et à Étretat. Henriette, nouveau modèle.

1921 : Se partage entre Étretat, Nice et Paris.

1922 : Le Musée du Luxembourg achète *Odalisque au pantalon rouge*.

1924 : Exposition à New York. Importante rétrospective à Copenhague.

1925 : Voyage en Italie. Peint *Figure décorative sur fond ornemental*.

1927 : Exposition organisée par son fils Pierre Matisse à New York. Reçoit le prix Carnegie.

1928 : Expose à la Biennale de Venise.

1929 : Premier entretien avec Tériade publié dans *L'Intransigeant*. Tériade lui consacre un texte dans *Cahiers d'art*.

1930 : Importante rétrospective à Berlin. Voyage à Tahiti, via New York, Chicago, Los Angeles et San Francisco : « J'ai vécu trois mois [à Tahiti], absorbé par l'ambiance, sans idée devant la nouveauté de tout ce que j'y voyais, anéanti, emmagasinant inconsciemment beaucoup de choses. » Membre du jury du prix Carnegie, qui est attribué à Picasso. Le Docteur Barnes lui commande une grande décoration pour la salle d'honneur de sa fondation, à Merion.

1931 : Rétrospectives au Museum of Modern Art de New York, à la Kunsthalle de Bâle et à la galerie Georges Petit à Paris. Première version de *La Danse* pour Barnes ; utilise de grands papiers découpés pour faciliter le travail de composition, avec l'aide de son assistante ; geste « précurseur » des gouaches découpées. Travaille aux illustrations pour les *Poésies* de Mallarmé.

1932 : À cause d'une erreur de dimensions, travaille à une seconde version de *La Danse*. Parution des *Poésies* de Mallarmé avec eaux-fortes de Matisse. Tériade fonde avec Skira la revue *Minotaure*, dont il sera le directeur artistique jusqu'en 1936.

1933 : Voyage aux États-Unis pour installer *La Danse*. En cure près de Venise, se fait conduire à la chapelle des Scrovegni à Padoue pour voir les fresques de Giotto.

1934 : Exposition à la galerie Pierre Matisse de New York.

1935 : Lydia Delectorskaya, assistante de Matisse pour le projet Barnes, commence à poser pour lui. Utilise des papiers découpés dans le travail de composition de *Grand nu couché* (ou *Nu rose*).

1936 : Fait don des *Trois Baigneuses* de Cézanne au musée d'Art moderne de la Ville de Paris. Numéro spécial des *Cahiers d'art*, « Dessins de Matisse ». Réalise la couverture de *Minotaure*, n° 9, dernier numéro dirigé par Tériade.

Cahiers d'art, n° 3–5 (couverture uniquement pour les « exemplaires de tête » ; première couverture de Matisse réalisée à partir de papiers découpés).

1937 : Décors et costumes pour *Rouge et Noir (L'Étrange farandole)* des Ballets russes ; *Le Danseur* peut être considéré comme la première gouache découpée indépendante. La première version de *La Danse* pour Barnes entre au musée d'Art moderne de la Ville de Paris.

Verve, n° 1 (deuxième couverture de Matisse réalisée à partir de papiers découpés).

1938 : S'installe à l'ancien hôtel Régina sur les hauteurs de Cimiez (Nice). Exposition « Matisse, Picasso, Braque, Laurens » à Oslo, puis Copenhague et Stockholm.

Verve, n° 4, avec une lithographie de Matisse, *La Danse* (la couverture de ce numéro n'est pas de Matisse).

1939 : Première de *Rouge et Noir* à Monte Carlo. « Notes d'un peintre sur son dessin », texte publié dans *Le Point*.

1940 : Décide de rester en France. Se sépare d'Amélie.

Verve n° 8, avec la couverture dite « Symphonie chromatique ».

Tériade commence alors à exprimer le rêve d'un livre avec Matisse, qui aboutira sept années plus tard, avec *Jazz* : « Je rêve d'un livre sur "la couleur de Matisse" qui contiendrait toutes vos pensées déjà exprimées et nouvelles sur la couleur et serait illustré de grandes planches (beaucoup plus grand format que *Verve*) à la manière de la *Symphonie chromatique* et de la *Danse* [pour *Verve*, n° 4]. Ce serait passionnant que vous exprimiez tout le développement possible de la couleur avec la plus grande liberté puisque la reproduction des collages colorés peut être absolument fidèle. »

1941 : Opéré d'une grave affection intestinale à la clinique du professeur Leriche à Lyon. Convalescence et « résurrection ». Restera en partie invalide, et travaillera dorénavant le plus souvent assis ou couché. Commence l'illustration de *Pasiphaé* de Montherlant et du *Florilège des Amours* de Ronsard.

1942 : « Il me semble être dans une seconde vie. » Aragon lui rend visite à l'Hôtel Régina. Echange des tableaux avec Picasso. Travaille à l'illustration des *Poèmes de Charles d'Orléans*.

1943 : S'installe à Vence, villa Le Rêve, où il réside jusqu'en 1948. Souffre de calculs de la vésicule biliaire. Son infirmière, Monique Bourgeois (qui deviendra sœur Jacques-Marie, initiatrice du projet de décoration de la chapelle de Vence), pose pour lui. « Dessine » l'écriture des *Poèmes de Charles d'Orléans*. Commence à travailler aux gouaches découpées du futur album *Jazz*, et se passionne de plus en plus pour ce procédé qu'il élève au rang d'un art à part entière.

1944 : Sa femme est emprisonnée et sa fille en voie de déportation pour faits de résistance. Travaille aux planches pour *Jazz*, ainsi qu'à l'illustration des *Fleurs du Mal* de Baudelaire. Picasso le fait inviter au Salon de la Libération.

1945 : Rétrospective au Salon d'automne. Expose avec Picasso au Victoria and Albert Museum à Londres. Expose chez Maeght ses toiles récentes avec les photographies de leurs états successifs.

Verve, n° 13, « De la couleur », entièrement consacré à Matisse (couverture, frontispice et page de titre réalisés en lithographie à partir de papiers découpés).

1946 : Commande d'une tapisserie par la Manufacture des Gobelins. Travaille aux grandes gouaches découpées *Océanie, le ciel* et *Océanie, la mer ;* puis *Polynésie, le ciel* et *Polynésie, la mer*. Se passionne pour les dessins au gros pinceau et à l'encre de Chine. « Dessine » l'écriture de ses textes pour *Jazz*. Publication des *Lettres de la religieuse portugaise* de Marianna Alcaforado, avec lithographies de Matisse.

1947 : Mort de Bonnard et de Marquet. Réalise de nombreuses gouaches découpées, qui envahissent ses murs. Fait de plus en plus de couvertures à partir de ce procédé. Exposition chez le libraire Pierre Berès, à l'occasion de la publication par Tériade de l'album *Jazz*. Début du projet de la chapelle du Rosaire à Vence, qui l'occupe pendant trois années, durant lesquelles il élabore des maquettes à partir de papiers découpés : « Je coupe ces papiers gouachés comme on coupe du verre, seulement là [dans *Jazz*] elles sont disposées pour réfléchir la lumière, tandis que pour le vitrail il faudrait les disposer pour que la lumière les traverse. »

Pierre à Feu, « Les Miroirs Profonds », Paris, Maeght.

Henri Matisse, Jazz, Paris, éditions Verve (« 20 hors-texte en couleurs dont 15 en double page réalisés d'après les découpages de Matisse et avec les couleurs même employées par l'artiste. Tirage 250 exemplaires sur Vélin d'Arches, 100 albums des planches de l'ouvrage. Format 32 x 42. »)

Art et Décoration 6.

André Rouveyre, Repli, Paris, éditions du Bélier.

1948 : Travaille au projet de décoration de la chapelle de Vence ; *Jérusalem céleste* et *Fleuve de vie*. Parution du *Florilège des Amours* de Ronsard.

Verve, n° 21–22, « Vence 1944–1948 », entièrement consacré à Matisse, avec couverture et frontispice réalisés en lithographie à partir de papiers découpés.

1949 : Retour à l'hôtel Régina, son « usine », où il peut réaliser des maquettes à l'échelle réelle pour la chapelle de Vence ; *Vitrail bleu pâle* et *L'Arbre de vie*. Pierre Matisse expose à New York les œuvres récentes de son père, notamment des gouaches découpées. Exposition au Musée national d'art moderne, à Paris, montrant aussi des gouaches découpées ; l'une d'entre elles, *Boxeur nègre*, est reproduite en couverture du catalogue.

Verve, n° 23.

Henri Matisse : Œuvres récentes, 1947–1948, Paris, musée national d'Art moderne (catalogue d'exposition).

Henri Matisse, Lucerne, musée des Beaux-Arts (catalogue d'exposition).

Georges Duthuit, Les Fauves, Genève, édition des Trois Collines.

1950 : Expose *Zulma* au Salon de mai à Paris, grande gouache découpée acquise par le Museum for Kunst de Copenhague. Les maquettes pour la chapelle de Vence sont exposées à la Maison de la Pensée française, à Paris. Grand Prix de peinture de la XXVe Biennale de Venise. Publication des *Poèmes de Charles d'Orléans*, manuscrits et illustrés par Matisse.

Henri Matisse : chapelle, peintures, dessins, sculptures, Paris, Maison de la Pensée française (catalogue d'exposition).

1951 : Inauguration de la chapelle de Vence, à laquelle il ne peut assister, étant trop souffrant. Premiers tableaux peints depuis 1948. Rétrospective au Museum of Modern Art de New York, puis à Cleveland, Chicago, et San Francisco.

Roman, Saint-Paul de Vence (revue littéraire).

Henri Matisse, Tokyo, National Museum (catalogue d'exposition).

Chapelle du Rosaire des Dominicaines de Vence par Henri Matisse, Vence, chapelle du Rosaire de Vence.

Chapelle du Rosaire des Dominicaines de Vence par Henri Matisse, encart de *France-Illustration*, numéro de Noël.

Alfred H. Barr, Matisse His Art and His Public, New York, The Museum of Modern Art.

Henri Matisse, New York, The Museum of Modern Art (catalogue d'exposition).

Henri Matisse, Thèmes et Variations, Le rêve — La chapelle, Stockholm, galerie Samlaren (catalogue d'exposition).

1952 : Crée de nombreuses et importantes gouaches découpées, dont la série des *Nus bleus*, *La Perruche et la sirène*, et la plus grande de toutes *La Piscine*. Réalise, pour la villa Natacha de Tériade, un vitrail, *Poisson chinois*, et une céramique murale, *L'Arbre*. Expose *Tristesse du roi* au Salon de mai à Paris, œuvre acquise par le Musée national d'art moderne. Transforme la maquette du *Fleuve de vie* (ou *Les Abeilles*), conçue à l'origine pour la chapelle de Vence, et en fait un vitrail pour l'école maternelle du Cateau-Cambrésis. Inauguration du musée Matisse au Cateau-Cambrésis.

Verve, n° 27–28 : Tristesse du roi en lithographie (la couverture de ce numéro n'est pas de Matisse).

Festival international d'art dramatique, Nice (programme).

Henri Matisse Gravures Récentes, Paris, Berggruen & Cie (catalogue d'exposition).

Matisse, Knokke-le-Zoute, Grande Salle des expositions de la Réserve (catalogue d'exposition).

Henri Cartier-Bresson, Images à la sauvette, Paris, éditions Verve.

Livres illustrés – Estampes – Sculptures, Genève, galerie Gérald Cramer (catalogue d'exposition).

André Verdet, Prestiges de Matisse, Paris, éditions Emile-Paul.

André Rouveyre, Apollinaire, Paris, Raisons d'être.

Échos, édition privée (textes de poètes contemporains).

1953 : Accepte des commandes privées, et crée notamment *Grande Décoration aux masques*, *Décoration fleurs et fruits*, *Apollon* et, en définitive, *La Gerbe*, céramique murale, pour décorer la maison californienne des Brody. Exposition à la Tate Gallery à Londres. Exposition des papiers découpés à la galerie Berggruen à Paris.

Les Peintres Témoins de leur Temps Le Dimanche, Paris, musée d'Art moderne de la Ville de Paris (catalogue d'exposition).

Henri Matisse Papiers Découpés, Paris, Berggruen & Cie (catalogue d'exposition).

1954 : Expose *La Gerbe* au Salon de mai à Paris. Alberto Giacometti lui rend visite à plusieurs reprises à l'hôtel Régina pour dessiner son portrait. Meurt le 3 novembre à Nice et est enterré au cimetière de Cimiez dans un terrain offert par la ville de Nice.

Henri Matisse Lithographies Rares, Paris, Berggruen & Cie (catalogue d'exposition).

Henri Matisse, Portraits, Monte-Carlo, André Sauret.

1956 : *Rétrospective Henri Matisse*, Paris, musée national d'Art moderne (catalogue d'exposition).

1958 : Verve, n° 35–36, « Dernières œuvres de Matisse 1950–1954 », entièrement consacré aux dessins et aux papiers découpés de Matisse, l'ultime chef-d'œuvre, après Jazz, de la collaboration avec Tériade.

Les principaux livres, catalogues et revues dont les couvertures ont été réalisées à partir de papiers découpés sont indiqués en gras.

Index

Les numéros de pages en chiffres droits se réfèrent aux illustrations, les numéros en italique à des occurrences dans le texte. Les titres des œuvres originales de Matisse sont mis en relief à l'aide d'une écriture italique grasse.

Crédits
Colophon

Images:
© akg-images: 18, © akg-images / Hélène Adant: 175, © akg-images / Bianconero: 2, 238, © akg-images / Erich Lessing: 20, 22; © Courtesy Thomas Ammann Fine Art, Zurich: 175, 264; © Artothek, Weilheim: 77, © Artothek / Hans Hinz: 332, 344; © The Barnes Foundation, Merion: 23, 84/85; © Bettmann / CORBIS: 304; © bpk Berlin: 369, © bpk Berlin, Photo Jens Ziehe: 1, 105, 172/173, 263, 343; © Bridgeman Art Library: 379; © Robert Capa © 2001 Cornell Capa / Magnum Photos / Agentur Focus: 266/267, 274, 380; © Carnegie Museum of Art, Pittsburgh: 328–330; © Henri Cartier-Bresson / Magnum Photos / Agentur Focus: 48/49, 98/99, 126, 132, 162, 164/165, 234/235, 288 en haut à droite, 309, 333; © Cliché Documentation générale du Centre Pompidou, MNAM © Fonds Hélène Adant, Bibliothèque Kandinsky, Dist. RMN-Grand Palais, centre de recherche et de documentation, MNAM / CCI, Centre G. Pompidou, Paris: 28, 64/65, 66 en haut, 116, 154, 214, 237, 253 en haut, 253 en bas, 270, 273, 288 en haut à gauche, 293 en haut, 297, 301, 310, 312/313, 325, 335, 370/371; © CNAC / MNAM Dist. RMN: 62/63, 68/69, 70/71, 74, 88/89, 190, 193, 196, 199, 279, 316/317, 383, 384, © CNAC / MNAM Dist. RMN – Jacques Faujour / Adam Rzepka: 78/79, © CNAC/MNAM Dist. RMN / Philippe Migeat: 147, 87; © Danske Kunstindustriemuseet, Copenhagen, Photo © Pernille Klemp: 241, 246/247; © Davis Museum and Cultural Center, Wellesley College, Wellesley: 240; © Fondation Beyeler, Riehen / Basel, Photo © Peter Schibli: 245, 362, 382; © Courtesy Galerie Malingue, Paris: 360; © Getty Images / Time Life Pictures, Photo © Dmitri Kessel: 138, 268, 271, 355, 363, © Getty Images / Time Life Pictures, Photo © Gjon Mili: 152, 281, 285, 298, © Getty Images / Time Life Pictures, Photo © Ullmann / Pix Inc.: 302; © Photo Walter Carone / Paris Match via Getty Images: 393; © Photo Gilles Bassignac: 305; © Photo David Huguenin: 284; © Lucien Hervé: 311; © Photo J. Hyde: 294; © Kunstmuseum Basel, Photo © Martin Bühler: 249–252; © laif / Photo © Hélène Adant: 303, 306, 324, © laif / Photo © Ina Bandy: 222, 223, 231, © laif / Photo © The New York Times / Redux: 272; © The Pierre and Tana Matisse Foundation Collection: 6, 171, 243; © The Menil Collection, Houston: 255, 359; © The Metropolitan Museum of Art / Art Resource / Scala, Florence © 2007. Image copyright: 340; © Moderna Museet, Stockholm, Photo © P. A. Allsten: 336/337; © Friedrich Murnau Stiftung, Wiesbaden: 42, 45 en haut à gauche, 59; © Musée de Grenoble: 21 en bas; © Musée Matisse, Le Cateau-Cambrésis: 54, Photo © Philip Bernard: 350, Photo © Claude Gaspari: 29; © Musée Matisse, Nice, Photo © Jean Bernard: 174 à gauche, 367, Photo © François Fernandez: 27, 286/287, 288 en bas, 289–292, 293 en bas; © Museum of Fine Arts, Boston, Photo © Gisèle Freund: 108; © Dallas Museum of Fine Arts: 323; © The Museum of Modern Art, New York / Scala, Florenz © 2009. Digital image: 76, 315, 321, 322, 372/373, 388; © Condé Nast Archive / CORBIS, Photo © Clifford Coffin: 338; © National Gallery of Art, Washington, Image © 2005 Board of Trustees: 326/327; © Rheinisches Bildarchiv, Cologne: 375–378; © RMN, Paris – Gérard Blot: 60/61, 314, 346/347, © RMN – Henri del Olmo: 283 en bas; © Roger-Viollet, Paris: 80/81, 146; © Rue des Archives, Paris: 145, © Rue des Archives, Photo © Michel Sima: 72/73, 148, 394/395; © Scala, Florence, Photo © 2007: 364; © Scoop / Paris Match, Photo © Walter Corone: 244; © Statens Museum for Kunst, Copenhagen: 319; © Stedelijk Museum, Amsterdam: 256/257; © Studio Lipnitzki / Roger-Viollet: ; © Tate, London © 2008: 320; © The Detroit Institute of Arts © 1998: 351–354; © University of California Art Galleries, Wight Art Gallery, Hammer Museum, Los Angeles, Photo © Robert Wedemeyer: 348/349.

Les textes :
Extraits de Louis Aragon: *Henri Matisse, roman* Copyright © Éditions Gallimard 1971 et 1998 / Extraits de Marie-Alain Couturier : *Se garder libre : journal, 1947–1954* Copyright © Les Éditions du Cerf 1962 et 2008 / Extraits de Henri Matisse : *Écrits et propos sur l'art*. Texte, notes et index établis par Dominique Fourcade Copyright © Hermann, Paris 1972 / Extraits de Rosamond Bernier : « Matisse designs a new church », Vogue, n° 131–132, 15 février 1949. Copyright © Rosamond Bernier / Extraits de *Verve* Copyright © Succession H. Matisse, Paris

Hohenzollernring 53
D–50672 Köln
www.taschen.com

Original edition:

Printed in Bosnia-Herzegovina
ISBN 978-3-8365-8918-5